Geldlose Zeiten und überfüllte Kassen

Johannes Bracht

Quellen und Forschungen
zur Agrargeschichte

Herausgegeben von
Stefan Brakensiek
Erich Landsteiner
Heinrich Richard Schmidt
Clemens Zimmermann

Band 55

Johannes Bracht

Geldlose Zeiten und überfüllte Kassen

Sparen, Leihen und Vererben in der ländlichen Gesellschaft Westfalens (1830-1866)

Lucius & Lucius · Stuttgart

Anschrift des Autors:

Dr. Johannes Bracht
Institut für Wirtschafts- und Sozialgeschichte
WWU Münster
Domplatz 20-22, 48143 Münster

E-Mail: jbracht@uni-muenster.de

Gedruckt mit Unterstützung von

Landschaftsverband Westfalen-Lippe

Wissenschaftsförderung der Sparkasse Soest

Stadtarchiv Soest

Deutsche Forschungsgemeinschaft

Sparkasse Soest

Bibliographische Information der Deutschen Nationalbibliothek

Die Deutsche Nationalbibliothek verzeichnet diese Publikation in der Deutschen Nationalbibliographie; detaillierte bibliographische Daten sind im Internet über http://dnb.ddb.de abrufbar

ISBN 978-3-8282-0578-9
ISSN 1617-0164

Umschlagentwurf: Isabelle Devaux, Stuttgart

Druck und Einband: Beltz Bad Langensalza GmbH, Bad Langensalza

Printed in Germany

Inhaltsverzeichnis

Vorwort

Kapitel 1:
Einleitung 1

1.1 Vermögenswirtschaft als Untersuchungsgegenstand 1
1.2 Impulse durch institutionellen Wandel 14
1.3 Borgeln – Löhne – Oberkirchen 21
1.4 Ländliche Klassengesellschaften? 29
1.5 Quellen, Methoden und Operationalisierungen 34
1.6 Zusammenfassung der Fragestellung 41
1.7 Gang der Darstellung 43

Kapitel 2:
Die Produktion als Grundlage für Vermögensflüsse 45

2.1 Marktintegration und Agrarwachstum 45
2.2 Ernten, Preise, Erlöse 49
2.3 Betriebsgrößenspezifische Einkommensschwankungen im Ackerbau 55
2.4 Kataster-Reinerträge und wirkliche Einkommen 63
2.4.1 Wiesen stellvertretend für Vieh- und Milchwirtschaft 67
2.4.2 Das Preisniveau der Schätzung 71
2.4.3 Lohnkosten anstelle von Familienarbeit 71
2.4.4 Zwischenresümee 73
2.5 Die Entwicklung der Kataster-Reinerträge 74
2.6 Die Feudalabgaben 76
2.7 Alternative Einkommen in Mischökonomien 83
2.8 Zwischenresümee 88

Kapitel 3:
Der Grundbesitz 91

3.1 Wertsteigerung ganzer Höfe 91
3.1.1 Vermögensbestandteile und Kapitalisierungsfaktoren 93
3.1.2 Abzüge für Grundlasten 99

3.2 Zunahme transferierter Werte 101
3.2.1 Formen und Überlieferung des Vermögenstransfers 102
3.2.2 Eheliches Güterrecht, Erbrecht, Erbpraktiken 106
3.2.3 Erbportionen und Abfindungen 1830-1866 116
3.3 Transaktionen auf dem Bodenmarkt 123
3.3.1 Wertsteigerung einzelner Parzellen 123
3.3.2 Geldflüsse und Liquidität im zeitlichen Verlauf 125
3.3.3 Die Eisenbahn nimmt und gibt 129
3.3.4 Gemeinheitsteilung in Löhne – Gründerzeit für Großbauern oder für Neubauern? 134
3.4 Zwischenresümee 139

Kapitel 4:
Der Kredit **143**

4.1 Pfade der Modernisierung von Kapitalmärkten 143
4.2 Grundlagen des Kredits im 19. Jahrhundert 150
4.2.1 Rechtliche Grundlagen des Kredits 150
4.2.2 Einordnung des Quellenzugangs 155
4.3 Leihen und Verleihen als Transaktionen und ökonomische Praxis 158
4.3.1 Einordnung des Datenmaterials: Real- und Personalkredite, Hypotheken und nicht eingetragene Kredite 158
4.3.2 Zweck des Kredits: Tageskredite, Investitionskredite, Kaufgelder, Abfindungen 163
4.3.3 Kreditaufnahme und Verschuldung 166
4.3.4 Zessionen: Handel mit Krediten 171
4.3.5 Rückzahlung 177
4.4 Kredite als Segment eines semi-lokalen Kapitalmarktes 186
4.5 Die Sparkasse als Kreditgeber 199
4.5.1 Institutionen auf dem Markt für Hypothekenkredite 199
4.5.2 Informationsvorteile und Nähe zum Kunden 203
4.6 Zwischenresümee 208

Kapitel 5:
Das Sparbuch **211**

5.1 Geld horten als vorinstitutionelle Liquiditätsreserve 212
5.2 Sparen und Sparkassen – Forschungsstand 214
5.3 Ländliche Sparer als Kundensegment der Sparkasse 217
5.3.1 Sparkassen in Westfalen – die Pioniere Bielefeld und Soest im Vergleich 217
5.3.2 Ländliche Sparer der Sparkasse Soest 221
5.3.3 Sozial- und Geschlechterdifferenz der Sparer 225

5.4 Die Entwicklung des Sparens in einer ländlichen Gesellschaft 237
5.4.1 Der Trend 1830-1867 237
5.4.2 Ressourcenflüsse pro Jahr 239
5.4.3 Saisonale Zyklen des Sparens 244
5.5 Sparen und Entsparen als Transaktionen und als Praxis einer individuellen Vermögenswirtschaft 248
5.5.1 Explorative Analyse von Sparverläufen 248
5.5.2 Laufzeiten 250
5.5.3 Individuelles Akkumulationstempo 252
5.5.4 Ein- und Auszahlungsfrequenz 256
5.6 Zwischenresümee 258

Kapitel 6:
Die Ablösungen **261**

6.1 Datengrundlage und -aufbereitung 262
6.2 Zentrale Elemente und Begriffe der Grundlastenablösungen 263
6.3 Eine Chronologie der Ablöseentscheidungen 269
6.3.1 Phase bis 1829 269
6.3.2 Phase 1829-1850 273
6.3.3 Phase 1850-1859 283
6.3.4 Phase ab 1860 286
6.4 Die Finanzierung der Ablösungen 287
6.4.1 Rentenbank (1850-1859) 287
6.4.2 Sparkassenguthaben 295
6.4.3 Kredite 300
6.4.4 Land für Geld 304
6.5 Die Abtragung der Schulden 305
6.6 Zwischenresümee 307

Kapitel 7:
Familienzyklus, Haushaltszyklus und individuelle Lebensökonomie **311**

7.1 Haushaltsgründung und Heirat 313
7.1.1 Konzepte zu Haushaltsgründung und Heirat 313
7.1.2 Heiraten in Borgeln 319
7.1.3 Neuansiedlungen in Borgeln 326
7.1.4 Zwischenresümee 331
7.2 Vermögensflüsse im Haushaltszyklus 332
7.2.1 Konzepte zur Ressourcenlenkung im Familienzyklus 332
7.2.2 Qualitative Analyse der familienzyklischen Lohnarbeit 339
7.2.3 Analyse der Vermögensflüsse 347
7.2.4 Zwischenresümee 361

7.3 Alter und „Ruhestand“ 363
7.3.1 Konzepte zur Entstehung der individuellen Altersvorsorge 363
7.3.2 Einflussfaktor Kinderzahl 372
7.3.3 Altersprofil des Sparguthabens 377
7.3.4 Entsparen nach der Hofübergabe? 378
7.3.5 Praxis von Hofbesitzern Ende des 19. Jahrhunderts: das Sparbuch als Zusatzversorgung 382
7.3.6 Praxis von Kleinbesitzern und Besitzlosen: sparen auf eine Leibzucht 386
7.4 Zwischenresümee 393

Kapitel 8:
Vermögensflüsse und Anlageziele **395**

8.1 Boden, Kredit und Sparbuch als Anlageformen 395
8.2 Untersuchung von Vermögensflüssen 399
8.2.1 Bemerkungen zur Operationalisierung und Modellbildung 399
8.2.2 Einflüsse auf Einzahlungen 402
8.2.3 Einflüsse auf Abhebungen 405
8.2.4 Einflüsse auf Kreditaufnahmen 407
8.2.5 Einflüsse auf Landkäufe 409
8.3 Grundbesitz als letztes Glied von Transaktionsketten 415
8.4 Zwischenresümee 421

Kapitel 9:
Resümee **423**

8.1 Wachstum und Erstarrung 423
8.2 Transaktionen und Entscheidungen 425
8.3 Ländliche Märkte, Märkte für ländliche Betriebe 429

Anhang **433**

A1 Basis-Tabellen 433
A2 Analyse von Sparverläufen – Datenorganisation und Grundbegriffe 437
A2.1 Konten-Rekonstruktion 438
A2.2 Beschreibung der Daten 440
A3 Analyse von Ablösebeziehungen – Datenorganisation 442
A4 Verwendete Maße und Währungen 443
A5 Abkürzungsverzeichnis 446
A6 Tabellenverzeichnis 447
A7 Abbildungsverzeichnis 450

A8 Nachweis einzelner Identifikationsnummern 452
A8.1 AblösIDs (Ablösebeziehungen) 452
A8.2 EIDs (Eigentumswechsel) 452
A8.3 HOFIDs (Höfe) 453
A8.4 InvIDs (Inventare) 456
A8.5 KonIDs (Kontrakte) 456
A8.6 KontoIDs (Kredit- und Sparkonten) 459
A8.7 LastIDs (Grundlasten) 460
A8.8 OFBIDs (Personen in den Familienrekonstitutionen) 462
A9 Quellenverzeichnis 466
A9.1 Häufig zitierte Quellen 466
A9.2 Vollständiger Archivaliennachweis 467
A9.3 Amtliche, gedruckte Quellen 470
A10 Datenbanken 473
A11 Literaturverzeichnis 474

Vorwort

Dies ist die überarbeitete Fassung meiner 2009 von der Philosophischen Fakultät der Westfälischen Wilhelms-Universität in Münster angenommenen Dissertation, hervorgegangen aus dem von der Deutschen Forschungsgemeinschaft geförderten Projekt „Beziehungen und Ressourcenflüsse in der ländlichen Gesellschaft: Soziale Netzwerke in Westfalen im 19. Jahrhundert".

Mein Dank gilt zu allererst Christine und Georg Fertig. Georg wählte seinerzeit mit Löhne, Oberkirchen und Borgeln drei Untersuchungsorte, deren Überlieferung sich als so ergiebig erwies, dass drei Bücher geschrieben werden konnten. Dass ich in der „Forschungsgruppe ländliches Westfalen" Fuß fasste, ist Christines hervorragendem Forschungsantrag zu verdanken. Oft durfte ich die Hilfe beider in Anspruch nehmen. Dank ihrer genauen Kenntnis des gemeinsamen Forschungsgegenstands stellte ihr Urteil stets die erste und nicht selten höchste Hürde für meine Schlussfolgerungen dar. Überdies schufen beide ein Arbeitsumfeld, das den Spaß an der Forschung immer wieder neu belebte und zu neuen Anstrengungen motivierte.

Mein zweiter Dank gilt den damaligen Hilfskräften unseres Projekts; ich möchte stellvertretend für alle nur Eva Lerche und Silke Goslar namentlich hervorheben. Die meisten habe ich längst aus den Augen verloren. Sie haben klaglos und gewissenhaft so manche ermüdende Datenerhebung ausgeführt und die Interpretation der Daten unterstützt. Ich erinnere mich gerne an die gute Zusammenarbeit.

Mein dritter Dank gilt Ulrich Pfister, dessen wissenschaftliche Arbeitsweise die meine ohne Zweifel stark prägte und den ich als Chef sehr zu schätzen gelernt habe.

Außer diesen begleiteten viele Personen die Arbeit in ihren verschiedenen Stadien. Die Münsteraner KollegInnen auf den „Ponyhof"-Workshops diskutierten Ergebnisse und Entwürfe. Martin Uebele und Ulf Christian Ewert trugen dazu bei, die statistischen Modelle zu optimieren. Michael Kopsidis hat mich vor einigen zu spekulativen Überlegungen bewahrt. Ina und Holger Mittelstraß, Ursula Bracht, Karin Ruhmöller, Maximilian Brand und Hendrik Tieke haben unter Zeitdruck Korrektur gelesen, Ulrich Pfister und Stefan Brakensiek die Arbeit begutachtet, und letzterer hat im Namen der Herausgeber die Aufnahme in diese Reihe gefördert.

Unverzichtbar für die Vollendung von Dissertation und Buch war außerdem die Kinderbetreuung des Arbeitgebers meiner Frau in Kiel. Und ohne die Finanzierung des Drucks durch die DFG, den Landschaftsverband Westfalen-Lippe, die Wissenschaftsförderung der Sparkassen-Finanzgruppe, das Stadtarchiv Soest und die Sparkasse Soest würde dieses Buch ebenfalls nicht vorliegen. Ich danke allen, die den Weg zu diesem Buch ebneten, und allen, die sich im Laufe der Jahre für meine Arbeit interessiert haben. Die eigene Freude an der Arbeit hätte auf Dauer nicht ausgereicht.

So manches wurde auf die Probe gestellt. Nun weiß ich, dass das Schreiben einer Dissertation auch ein großes Wagnis ist. Meine Frau Eva hat das Vorhaben immer mitgetragen. Sie hat dabei selbst viel Geduld aufbringen müssen. Vor allem meine beiden Töchter Judith und Maja mussten in den letzten Wochen des Öfteren erleben, dass ihre Ansprüche nicht immer mit der Drucklegung des Buches in Einklang zu bringen sind. Das von Judith ausgesprochene Verbot, ein neues Buch anzufangen, zeigt mir, dass ich die Nerven meiner Familie erschöpfend beanspruchte.

Mönkeberg / Münster, im November 2012 Johannes Bracht

Kapitel 1: Einleitung

> „Über die wirtschaftliche Lage der Bauern in früheren Jahrhunderten werden sich nie klare und unwiderlegbare Feststellungen treffen lassen. Zu viele Tatsachen können wir heute kaum oder gar nicht mehr nachprüfen (Verschuldung, Bodenertrag, Marktlage, Existenzminimum usw.).“[1]

1.1 Der Untersuchungsgegenstand

Die Betriebswirtschaft bäuerlicher Betriebe des 19. Jahrhunderts ist ohne Zweifel ein intensiv erforschtes Feld; in beiden Teilen des geteilten Deutschlands widmeten sich zahlreiche Historiker den Wirtschafts- und Einkommensbedingungen vor der Industrialisierung und Chemisierung der Landwirtschaft. In Westdeutschland bestimmte in den 1960er- und 1970er-Jahren einerseits die Einkommens- und Abgabenforschung Göttinger Provenienz das Bild. Forscher wie Friedrich-Wilhelm Henning und Walter Achilles strebten danach, die Betriebswirtschaft des 18. und beginnenden 19. Jahrhunderts in Einnahmen und Ausgaben zu rekonstruieren, mit modernen Bilanzierungstechniken auszudrücken und so der Gegenwart gegenüberzustellen.[2] Andererseits

---

1 Günther FRANZ: Der deutsche Bauernkrieg, 11., um ein Vorw. erw. Aufl., Darmstadt 1977, S. X, im Vorwort zur Ausgabe 1933, nach dem Hinweis in Werner TROßBACH: Historische Anthropologie und frühneuzeitliche Agrargeschichte deutscher Territorien. Anmerkungen zur Gegenständen und Methoden, in: Historische Anthropologie 5 (1997), S. 187-211, hier S. 187.

2 Wilhelm ABEL: Agrarkrisen und Agrarkonjunktur. Eine Geschichte der Land- und Ernährungswirtschaft Mitteleuropas seit dem hohen Mittelalter, 2., neu bearb. und erw. Aufl., Hamburg/Berlin 1966; Friedrich-Wilhelm HENNING: Die Verschuldung westfälischer Bauernhöfe in der zweiten Hälfte des 18. Jahrhunderts, in: ders. u.a., Landwirtschaft und ländliche Gesellschaft in Geschichte und Gegenwart. Festschrift Wilhelm Abel, Hannover 1964, S. 11-25; ders.: Dienste und Abgaben der Bauern im 18. Jahrhundert, Stuttgart 1969; ders.: Bauernwirtschaft und Bauerneinkommen in Ostpreußen im 18. Jahrhundert, Würzburg 1969; ders.: Bauernwirtschaft und Bauerneinkommen im Fürstentum Paderborn im 18. Jahrhundert, Berlin 1970; ders.: Kapitalbildungsmöglichkeiten der bäuerlichen Bevölkerung in Deutschland am Anfang des 19. Jahrhunderts, in: Wolfram FISCHER (Hg.), Beiträge zu Wirtschaftswachstum und Wirtschaftsstruktur im 16. und 19. Jahrhundert, Berlin 1971, S. 57-81; ders.: Die Innovationen in der deutschen Landwirtschaft im ausgehenden 18. und beginnenden 19. Jahrhundert, in: Frank R. PFETSCH (Hg.), Innovationsforschung als multidisziplinäre Aufgabe. Beiträge zur Theorie und Wirklichkeit von Innovationen im 19. Jahrhundert, Göttingen 1975, S. 155-168; ders.: Die Verschuldung der Bodeneigentümer in Norddeutschland im ausgehenden 18. und in den ersten zwei Dritteln des 19. Jahrhunderts, in: Helmut COING und Walter WILHELM (Hg.), Wissenschaft und Kodifikation des Privatrechts im 19. Jahrhundert, Bd. 3: Die rechtliche und wirtschaftliche Entwicklung des Grundeigentums und Grundkredits, Frankfurt a.M. 1976, S. 273-325; Walter ACHILLES: Ver-

prägte in den 1960er-Jahren der Stuttgarter Ansatz der Ablösungs- und Ablösegelderforschung die westdeutsche Agrargeschichte. Im Gefolge Friedrich Lütges erarbeiteten Eckhart Schremmer, Harald Winkel und Wolfgang von Hippel wichtige Studien zu Kapitalflüssen und betriebswirtschaftlichen Folgen der Bauernbefreiung.[3] Die starke DDR-Agrargeschichte befasste sich explizit mit der Gutswirtschaft und den Feudalbeziehungen, erforschte also ebenfalls zunächst wirtschaftliches Handeln auf der Ebene der Produktion, aber auch Umverteilungsprozesse und den resultierenden gesellschaftlichen Wandel.[4] In Nach-Wende-Forschungen zur Agrargeschichte blieben wirtschaftshistorische Fragestellungen allerdings blass.[5] Die bedeutendsten Anstöße der vergangen Jahrzehnte lieferten Rainer Beck, Hartmut Harnisch und Michael Kopsidis; Beck, indem er die ländliche Ökonomie mikrohistorisch durchdrang und schich-

---

mögensverhältnisse braunschweigischer Bauernhöfe im 17. und 18. Jahrhundert, Stuttgart 1965; ders.: Probleme der Einkommensermittlung in landwirtschaftlichen Betrieben bis zur Einführung der heute gebräuchlichen Buchführung, in: ZAA 21 (1973), S. 65-82; ders.: Das verfügbare Einkommen als Maßstab für die wirtschaftliche Lage der Bauern und Landbevölkerung im 18. Jahrhundert, in: Studia Historiae Oeconomicae 10 (1975), S. 55-69; ders.: Die Lage der hannoverschen Landbevölkerung im späten 18. Jahrhundert, Hildesheim 1982; ders.: Landwirtschaft in der Frühen Neuzeit, München 1991; ders.: Deutsche Agrargeschichte im Zeitalter der Reformen und der Industrialisierung, Stuttgart 1993; aus Stuttgarter Schule auch Eckart SCHREMMER: Agrareinkommen und Kapitalbildung im 19. Jahrhundert in Südwestdeutschland, in: Jahrbücher für Nationalökonomie und Statistik 176 (1964), S. 196-240. Außerdem Diedrich SAALFELD: Die Produktion und Intensität der Landwirtschaft in Deutschland und angrenzenden Gebieten um 1800, in: ZAA 15 (1967), S. 137-175. Historiographische Einordnung bei Clemens ZIMMERMANN: Ländliche Gesellschaft und Agrarwirtschaft im 19. und 20. Jahrhundert. Transformationsprozesse als Thema der Agrargeschichte, in: Werner TROßBACH und Clemens ZIMMERMANN (Hg.), Agrargeschichte. Positionen und Perspektiven, Stuttgart 1998, S. 136-163, hier S. 141. Kritisch dem Ansatz gegenüber Heide WUNDER: Agriculture and Agrarian Society, in: Sheilagh OGILVIE (Hg.), Germany. A New Social and Economic History, Bd. 2: 1630-1800, London u.a. 1996, S. 63-99, hier S. 66; Hartmut HARNISCH: Kapitalistische Agrarreform und Industrielle Revolution. Agrarhistorische Untersuchungen über das ostelbische Preußen zwischen Spätfeudalismus und bürgerlich-demokratischer Revolution von 1848/49, Weimar 1984, S. 40.

3 Friedrich LÜTGE: Die Bauernbefreiung in der modernen Wirtschaftsgeschichte, Minden 1948; Eckart SCHREMMER: Bauernbefreiung in Hohenlohe, Stuttgart 1963; Harald WINKEL: Die Ablösung der Grundlasten im Herzogtum Nassau im 19. Jahrhundert, in: VSWG 52 (1965), S. 42-62; ders.: Die Ablösungskapitalien aus der Bauernbefreiung in West- und Süddeutschland. Höhe und Verwendung bei Standes- und Grundherren, Stuttgart 1968; Wolfgang von HIPPEL: Die Bauernbefreiung im Königreich Württemberg, 2 Bde., Boppart 1977.

4 Harnisch, Agrarreform; Gérard BÉAUR und Jürgen SCHLUMBOHM: Einleitung. Probleme einer deutsch-französischen Geschichte ländlicher Gesellschaften, in: Reiner PRASS u.a. (Hg.), Ländliche Gesellschaften in Deutschland und Frankreich, 18. und 19. Jahrhundert, Göttingen 2003, S. 11-30, hier S. 12-13.

5 Jan PETERS (Hg.): Gutsherrschaft als soziales Modell. Vergleichende Betrachtungen zur Funktionsweise frühneuzeitlicher Agrargesellschaften, München 1995; ders.: (Hg.): Konflikt und Kontrolle in Gutsherrschaftsgesellschaften. Über Resistenz- und Herrschaftsverhalten in ländlichen Sozialgebilden der Frühen Neuzeit, Göttingen 1995; ders. (Hg.): Gutsherrschaftsgesellschaften im europäischen Vergleich, München 1997.

tenspezifische Produktionsmuster und Subsistenzstrategien erklärte; Harnisch, indem er Produktionsumstellungen und Marktorientierung der Produzenten als Folge der Bauernbefreiung beschrieb. Kopsidis schließlich erklärte die Produktionssteigerungen westfälischer Bauern im 19. Jahrhundert mit der steigenden Nachfrage in industrialisierten Räumen.[6] Alle drei folgten damit einer Tendenz der Geschichtsschreibung zumindest insoweit, dass sie sich für konkrete Handlungen der Bauern interessierten und diese als reflektierende Betriebsführer charakterisierten. Noch allerdings sind die Chancen einer „Anthropologisierung" in der Agrarwirtschaftsgeschichte nicht annähernd ausgeschöpft worden. Als Widerständler, als Familienstrategen und als Agenten ihrer Eigeninteressen sind sie bislang dargestellt worden. Nicht konsequent genug jedoch wurden ihre individuellen betrieblichen Entscheidungen untersucht.

So steht die deutsche Agrargeschichte insgesamt an einem Punkt, der gleich in zweierlei Hinsicht unbefriedigend ist. Da die Forschung zu den Einkommensmöglichkeiten des 18. Jahrhunderts zum Ergebnis hatte, dass das Einkommen der Bauern – auch infolge der feudalen Abhängigkeiten – keine über den Konsum hinaus gehenden Spielräume bot,[7] erübrigte sich die Frage, ob sie Vermögensbildung betrieben, mit welchen Instrumenten, und ob sie strategische Überlegungen daran knüpften. Zwar haben Historiker immer wieder die Kreditaufnahme der Bauern thematisiert,[8] doch in betriebswirtschaftlicher Perspektive bestenfalls mit dem Ergebnis, dass eine hohe Ver-

---

6 Harnisch, Agrarreform; Rainer BECK: Unterfinning. Ländliche Welt vor Anbruch der Moderne, München 1993; Michael KOPSIDIS: Marktintegration und Entwicklung der westfälischen Landwirtschaft 1780-1880. Marktorientierte ökonomische Entwicklung eines bäuerlich strukturierten Agrarsektors, Münster 1996.

7 Ausnahmen von der Regel, bezeichnenderweise für Regionen mit besonders guten agrarischen Bedingungen, sind Thomas ROBISHEAUX: Rural Society and the Search for Order in Early Modern Germany, Cambridge 1989 (für Hohenlohe) und Klaus-Joachim LORENZEN-SCHMIDT: Ein Verlaufsmodell für konjunkturbedingte Bodenmobilität, in: Ingwer MOMSEN (Hg.), Schleswig-Holsteins Weg in die Moderne. Zehn Jahre Arbeitskreis für Wirtschafts- und Sozialgeschichte Schleswig-Holsteins, Neumünster 1988, S. 105-112 (für die Elbmarschen).

8 Heinz BEIßNER: Die Verschuldung Schaumburger Bauernhöfe in der 2. Hälfte des 18. Jahrhunderts (Ämter Bückeburg und Arensburg), in: ZAA 38 (1990), S. 24-41; Andreas INEICHEN: Bäuerliche Verschuldung im Ancien Régime, in: Schweizerische Zeitschrift für Geschichte 42 (1992), S. 69-99; Werner BLESSING: 'Ökonom' und Geld. Zum bäuerlichen Kredit im Bayern des 19. Jahrhunderts, in: Zeitschrift für bayerische Landesgeschichte 60 (1997), S. 861-888; Willi A. BOELCKE: Der Agrarkredit in deutschen Territorialstaaten vom Mittelalter bis Anfang des 18. Jahrhunderts, in: Michael NORTH (Hg.), Kredit im spätmittelalterlichen und frühneuzeitlichen Europa, Köln / Wien 1991, S. 192-213; Reinhard JOHLER: Bäuerliches Kreditwesen im Alpenraum. Vorbemerkungen zu einer „economic anthropology", in: Historische Anthopologie 7 (1999), S. 146-153; Burghardt Freiherr VON SCHORLEMER-ALST: Die Lage des ländlichen Grundbesitzes in Westfalen, bezüglich Verschuldung und Kreditnoth, wie der Mittel zu deren Abhülfe, Münster 1868; Ernst SCHUBERT: Wucher und Kredit in Bayern vom 18. bis zur Mitte des 19. Jahrhunderts, in: Zeitschrift für bayerische Sparkassengeschichte 8 (1994), S. 21-44; sowie Henning, Verschuldung westfälischer Bauernhöfe; Henning, Verschuldung der Bodeneigentümer.

schuldung den Spielraum der Bauern noch weiter einengte. Dabei wies schon die ältere Forschungstradition auf sich weitende Einkommensspielräume im 19. Jahrhundert hin.[9] Nach diesem Befund hätte schließlich konsequenterweise die Frage nach dem realen finanzökonomischen Handeln der Bauern gestellt werden müssen. Geweitete Einkommensspielräume, durch Marktintegration abgenommene Preisschwankungen und somit beherrschbar gewordene Ausfallrisiken, und auch die zunehmende Übertragung von Verfügungsrechten von den Grundherrn auf die Bauern müssen Folgen für die bäuerliche Finanzwirtschaft gehabt haben. Anzunehmen ist, dass erst jetzt Investitionsziele ins Auge gefasst werden konnten. Wahrscheinlich ist es sogar primär dieser Wandel der Wirtschaftsbedingungen, der einen Wandel vom Wirtschaften in kurzen Zyklen, Erntejahren, hin zu einem betriebswirtschaftlich Planen bewirkte und für den deutschen Raum den Übergang von einer unterentwickelten zu einer sich entwickelnden Agrarökonomie markiert.[10] Eine Erforschung der Vermögen bäuerlicher Betriebe blieb jedoch auf Basis von Querschnitten und Betriebsberechnungen auf Momentaufnahmen beschränkt[11] und versäumte es, Bauern auf den Boden- und Finanzmärkten zu suchen. Umso bedeutender freilich wurde dann der Einschnitt der Agrarreformen gewertet, in deren Folge den Bauern all diese Marktinstrumente zu Verfügung standen. Folglich unterblieben Bemühungen, diese Märkte tatsächlich zu untersuchen. Wenngleich frühere Forschungen der genannten Schulen nie die Rolle von Märkten für die bäuerliche Ökonomie infrage stellten, so haben doch erst Harnisch und Kopsidis die aktive Teilhabe von Bauern an Märkten gezeigt. Ihre Ergebnisse beziehen sich allerdings vornehmlich auf Produktmärkte. Bauern als Akteure auf den Märkten für Produktionsfaktoren, also dem Land-, dem Kapital- und dem Arbeitsmarkt, stellen nach wie vor ein Desiderat dar, wenn auch von der internationalen Forschung immer stärker beachtet.[12] Georg Fertig zeigte unlängst anhand der drei hier ebenfalls behandelten Orte, dass die Bauern zwischen 1830 und 1866, also gerade in der Zeit der überregionalen Agrarmarktintegration, die Entwicklung eines Bodenmarktes sogar indirekt verhinderten, indem sie weiterhin die familiale Weitergabe von Land bevorzugten.[13] Dies zeigt, dass Märkte sich nicht simultan entwickelten, sondern gerade die Faktormärkte je spezifisch beurteilt werden müssen. Untersuchungen zu ländlichen Finanzmärkten stehen aus. Bislang wird die Entstehung eines Finanzmark-

---

9 Henning, Kapitalbildungsmöglichkeiten, S. 73-74; Schremmer, Agrareinkommen, S. 226-237.

10 Kopsidis, Marktintegration, S. 155-170, 346-347.

11 Achilles, Vermögensverhältnisse.

12 Stellvertretend für viele, auch im Folgenden noch zu nennende Forschungen Bas J. P. VAN BAVEL und Peter HOPPENBROUWERS (Hg.): Landholding and land transfer in the North Sea area (late Middle Ages-19th century), Turnhout 2004; Bruno BLONDÉ, Eric VANHAUTE und Michèle GALAND (Hg.): Labour and labour markets between town and countryside (Middle Ages – 19th century), Turnhout 2001.

13 Georg FERTIG: Äcker, Wirte, Gaben. Ländlicher Bodenmarkt und liberale Eigentumsordnung im Westfalen des 19. Jahrhunderts, Berlin 2007, S. 81-83.

tes mit dem Vorhandensein von Finanzinstituten gleichgesetzt, weil deren rapide Expansion ab der Mitte des 19. Jahrhunderts den Blick auf frühere, bereits bestehende Märkte verstellt.[14]

Mit der vorliegenden Arbeit möchte ich Land- und Geldtransaktionen ländlicher Haushalte und Betriebe des 19. Jahrhunderts untersuchen, sie zu einander in Beziehung setzen, um die Bedeutung von Finanzmärkten und Finanzinstituten für ländliche Ökonomien zu analysieren. Das Vermögen eines Betriebes ist in diesem Zusammenhang, insbesondere nach den Eigentumsspezifikationen Anfang des 19. Jahrhunderts (siehe Kapitel 3.1) zugleich das des bäuerlichen Privathaushaltes und das des Wirtschaftsbetriebes. Die übergeordnete Frage ist, welche Finanz- und Vermögensformen für die Betriebe Relevanz erlangten, welche Transaktionen Bauern vornahmen oder unterließen, und unter welchen Konditionen sie dies taten. Spezielles Augenmerk gilt dabei, Evidenz über einen diachronen Verlauf zu erlangen, da bislang eher Hypothesen von einer Ausweitung bzw. überhaupt erst von einem Auftreten der Märkte im Untersuchungszeitraum existieren.

[14] Diese Tendenz findet sich bei Maria BLÖMER: Die Entwicklung des Agrarkredits in der preußischen Provinz Westfalen im 19. Jahrhundert, Frankfurt 1990.

Tabelle 1-a: Optionen von Vermögenstransaktionen

Transaktionsabsichten	**Optionen**	
	Boden	**Kapital**
Deponieren	• Landkauf	• (Vergabe von Krediten) • Sparen bei Sparkasse • Horten zuhause
Liquidieren	• Landverkauf	• (Kündigen vergebener Kredite) • Kreditaufnahme • Auflösen von Sparguthaben • Zedieren einer Forderung
Investieren	• Landkauf • Hausbau u.ä. 1) • Meliorationen 2) • Reallastenablösungen	• (Vergabe von Krediten) • Ankauf einer zedierten Forderung • Sparen bei Sparkasse
Transferieren	• (Überschreiben von Parzellen)	• Ansprüche Sichern, insbes. in Form der Hypothek • Verschenken bzw. Vererben

Erläuterung: In Klammern diejenigen Transaktionen, die in dieser Arbeit allenfalls indirekt untersucht werden.

1) Zum Hausbau vgl. Volker GLÄNTZER: Baukonjunkturen und Bauinnovationen im Altkreis Bersenbrück, in: Rheinisch-westfälische Zeitschrift für Volkskunde 25 (1979/80), S. 11-33, Thomas SPOHN: Novationen des ländlichen Hausbaus im Großraum Dortmund während des 19. Jahrhunderts, in: Arbeitskreis für Hausforschung 1999, S. 91-115, und Helmut OTTENJANN: Zur Bau-, Wohn- und Wirtschaftsweise der bäuerlichen Oberschicht des Artlandes in der Zeit der Errichtung der Hofanlage Wehlburg, in: ders. (Hg.), Materialien zur Volkskultur nordwestliches Niedersachsen, Leer 1979, S. 39-109.

2) Zu Meliorationen vgl. Gudermann, Morastwelt.

Tabelle 1-a verzeichnet, in welcher Art die Faktormärkte für Land und Kapital von der ländlichen Gesellschaft im Untersuchungszeitraum für verschiedene *Transaktionen*[15] genutzt werden konnten, falls es die Rahmenbedingungen – Gesetze, Verfügungsrechte, Existenz von Instituten – zuließen. Unter *Deponieren* verstehe ich die „Bevorratung" von Vermögen mit dem Ziel des Bestandserhalts, nicht aber dem der Renditeerzielung. *Liquidieren* ist demgegenüber, Vermögen aufzulösen, um es einer neuen Verwendung zuzuführen. *Investieren* ist der Einsatz von Vermögen mit der Absicht, dieses zu vermehren. *Transferieren* schließlich ist die Übertragung von Vermö-

15 Ich spreche hier von Transaktionen, obwohl Transaktionen im engeren Sinne bilateralen Verkehr bezeichnen. Das Sparen bei einem Institut wird somit eigentlich noch abgedeckt, das Horten zuhause hingegen nicht, was in Anbetracht der Relevanz des Hortens (s. Kapitel 5.1) nicht so sehr ins Gewicht fällt.

gensbeständen, wie sie insbesondere im Generationenwechsel stattfindet. Einem Betrieb standen demnach zur Verwirklichung seiner Ziele für die meisten Arten von Transaktionen mehrere Optionen zu Verfügung. Gleichzeitig konnte eine Transaktion mehreren Zwecken dienen. Große Überschneidungen gab es etwa zwischen der bloßen Deponierung und der Investition mit Renditeziel. Ob verzinstes Sparen etwa eher zum Vermögenserhalt oder eher zur Vermögensvermehrung diente, ist eine der in den Analysen verfolgten Fragen.

Die Vielfalt der Optionen zeigt, wie wichtig gerade der Zusammenhang der Faktormärkte Boden und Kapital ist, denn es ist keineswegs geklärt, ob sie sich in der untersuchten Periode zueinander komplementär verhielten (wenn sie einander ergänzten), oder substitutiv (wenn sie einander ersetzten) oder gar symbiotisch (wenn sie einander voraussetzten).[16] In Bezug auf einen Produktionsprozess ist die Frage von Bedeutung, ob etwa ein Mangel an Kapital zur Investition in eine Maschine durch die Ausweitung des Faktors Arbeit wettgemacht werden konnte. In der Vermögenswirtschaft konnte eine wirtschaftliche Zwangslage überwunden werden, indem man Sparguthaben liquidierte, aber auch, indem man Land verkaufte. Die meisten Untersuchungen zu Faktormärkten analysierten bisher entweder den Boden- oder den Kreditmarkt. Meine Arbeit wird hier neue Erkenntnismöglichkeiten ausschöpfen.

Entscheidungen. Wie kann man Transaktionen bewerten? Ich werde in meiner Arbeit von ökonomischen Entscheidungen und Vermögensstrategien sprechen. Individuelle Akteure treffen ökonomische Entscheidungen, die sich in Transaktionen ausdrücken. Wirtschaftlichem Handeln wohnt, im Gegensatz beispielsweise zu familialen Entscheidungen, ein höheres Maß an Eindeutigkeit inne. Jede Transaktion ist aufgrund einer bestimmten Intention erfolgt, die es – unabhängig von einer kurzfristigen oder langfristigen Perspektive – zu erforschen gilt. Selbst für Entscheidungen aufgrund ökonomischer Notlagen gilt, dass diese intentional erfolgten. Bisweilen mag die Intention auf der Hand liegen: nämlich nicht zu verhungern. Doch in der Regel hatten die Akteure selbst in Notlagen verschiedene Optionen, diese Not zu bewältigen. Ökonomischer Zwang ist immer eine abstrakte Notlage, die keinen Handlungsweg präjudiziert, sondern zu eigenem Handeln zwingt.

Es wird diskutiert, ob man allein aufgrund der Analyse nicht-textlicher Daten bzw. der bloßen Rekonstruktion von Lebensereignissen oder ökonomischen Transaktionen, implizieren darf, dass Akteure Intentionen verfolgten, da man doch nicht die Perspektive des Akteurs kenne.[17] Ich meine: Die historischen Akteure werden die Alternativen zu ihren Entscheidungen erkannt, Risiken und Chancen eingeschätzt und auf dieser

---

16 G. Fertig, Äcker, S. 24-25.

17 Paolo VIAZZO und Katherine A. LYNCH: Anthropology, Family History and the Concept of Strategy, in: International Review of Social History 47 (2002), S. 423-452; Jan KOK: The Challenge of Strategy: A Comment, in: International Review of Social History 47 (2002), S. 465-485.

Grundlage Entscheidungen gefällt haben. Dabei können sie verschiedenen Motiven gefolgt sein. Auf den Kern reduziert stellt sich die Frage, ob die Akteure auf den ländlichen Finanzmärkten eher dem Prinzip der Maximierung oder der Genügsamkeit folgten. In der klassischen ökonomischen Theorie strebt der Akteur, der „homo oeconomicus", die Maximierung seines materiellen Nutzens an. Er kennt seine Präferenzen und kann diese widerspruchsfrei ordnen. Viele Menschen wirtschaften aber nicht ausschließlich zur Mehrung des materiellen Nutzens, sondern im Sinne eines Gesamtnutzens, der auch Emotionen beinhaltet.[18] In dem einen wie dem anderen Fall ist Voraussetzung, dass der Akteur „rationale" Entscheidungen fällt. Das wichtigste Alternativmodell ist die Erklärung eines ökonomischen Verhaltens als „satisficing". Hier strebt der Akteur nicht unbedingt eine Optimierung seiner Wahl an, sondern gibt sich in Anbetracht der Komplexität der Entscheidung und der Unwägbarkeiten mit einem Ergebnis zufrieden (satisfied), das seinen Ansprüchen gerecht wird (sufficing). Er verhält sich vor allem dann so, wenn die Informationen unzureichend, wenn der Entscheidungsprozess zu kompliziert, oder aber der Nutzengewinn durch zusätzliche Optimierung zu gering ist. In diesem Fall sind Entscheidungen nicht irrational, sondern „begrenzt rational". Oft wird dann auch auf erlernte Entscheidungsroutinen zurückgegriffen.[19]

Wie sich ein Akteur ökonomisch verhält, dürfte nicht nur individuell unterschiedlich, sondern auch vom Gegenstand abhängig sein. Für den spezifischen Gegenstand dieser Arbeit, Transaktionen auf Finanz- und Faktormärkten im 19. Jahrhundert, bei denen die jeweiligen Optionen für eine Entscheidung eher überschaubar waren, können bewusste Abwägungsprozesse vorausgesetzt werden. Diese litten aber auch unter starken Informationsasymmetrien, weshalb Akteure möglicherweise stark auf ihr „Routinewissen", etwa auf vergleichbare Entscheidungen der Vorfahren zurückgriffen. Zu erforschen sind also einerseits die Bedingungen der Märkte und die Entscheidungsgrundlage der Akteure. Zu untersuchen sind aber andererseits auch die Präferenzen der Akteure. Eine realistische Vorstellung lautet: Unter Abwägung der bekannten Chancen und Risiken sind den Akteuren die möglichen Ergebnisse einer Entscheidung erstrebenswert erschienen. Weil eine bestimmte Entscheidung getroffen wurde, und vorauszusetzen ist, dass der Akteur diese bewusst unter Kenntnis von Alternativen traf, ist zu erklären, worin der Akteur seinen Nutzen gesehen hat. Ich begreife dies als genuine Aufgabe des Historikers.[20]

---

18 Gebhard KIRCHGÄSSNER: Homo oeconomicus – Das ökonomische Modell individuellen Verhaltens und seine Anwendung in den Wirtschafts- und Sozialwissenschaften, 3., erg. u. erw. Aufl., Tübingen 2008.

19 Mathias ERLEI, Martin LESCHKE und Dirk SAUERLAND: Neue Institutionenökonomik, 1997, 2., erw. und überarb. Aufl. Stuttgart 2007, S. 7-8. Das Konzept der „bounded rationality" und des „satisficing" geht auf Herbert A. SIMON: A Behavioral Model of Rational Choice, in: Quarterly Journal of Economics 69 (1955), S. 99-118, zurück.

20 Viazzo / Lynch, Anthropology, S. 433; Kok, Challenge, S. 484.

Die Frage ist darüber hinaus, wann aus Entscheidungen Strategien werden. Unter Strategie lässt sich eine bewusste Planung von Handlungen verstehen, die sich ungeachtet kurzfristiger Ereignisse auf das langfristige Erreichen eines Zieles richtet. Strategie ist deshalb eine höchst rationale, kalkulierte Kette von Entscheidungen. Was die Interpretation historischer Handlungen betrifft, nehme ich gegenüber dem Begriff der Strategie eine zurückhaltende Position ein.[21] Ich halte die begriffliche Trennschärfe für ein wertvolles Gut und benutze den Begriff Strategie in dem Sinne, dass ein Akteur eine Entscheidung bewusst und mit Blick auf langfristige Erwartungen tätigte. Dies trifft auf nahezu jede investive Entscheidung zu, denn man handelt ja in der Erwartung langfristiger Gewinne. Derartige Deutungen nehme ich trotz des Fehlens direkt dokumentierter Willensbekundungen vor. Der Unterschied zu jenen Arbeiten, die den Begriff „Strategie" weiter fassen, besteht vor allem darin, dass ich Vermögensentscheidungen untersuche. Im Gegensatz zu Familienentscheidungen, die eingeübt und in ihrer Sinnhaftigkeit vielleicht nur nicht angezweifelt wurden,[22] wurden Vermögensentscheidungen meiner Meinung nach grundsätzlich bewusst durchgeführt. Deshalb kann von Strategien in ihrer engeren, direkten Bedeutung gesprochen werden.

Außerdem möchte ich den Begriff Strategie auf komplexere Handlungszusammenhänge, bspw. Akkumulations- und Entschuldungsstrategien beschränken. Ich gehe davon aus, dass auch Akteure des ländlichen Milieus im 19. Jahrhundert ökonomische Strategien verfolgten. Ich gehe nicht davon aus, dass alle Strategien letztlich das erwünschte Ergebnis erbrachten. Ebenso ist es möglich, dass ein signifikantes Ergebnis sich dem Akteur als eine Fügung glücklicher Zufälle darstellte. Doch kann einem signifikanten Ergebnis auch eine Strategie zugrunde gelegen haben, die es genauso vorsichtig zu analysieren gilt.

Zur Erklärung wirtschaftlichen Handelns auf Kapitalmärkten bietet die Forschung bislang folgende wegweisende Thesen an, die Kredit und Sparen in höchst unterschiedliche Kontexte stellen:

1. **Einkommensschwankungen**: Dass der Kreditmarkt genutzt wurde, weil die landwirtschaftlichen Erträge und damit die Einkommen stark schwankten und mit

---

21 „Strategien" sind in den vergangenen Jahren zu einem wichtigen Analyseziel der Sozialgeschichte herangereift. Die Suche nach Strategien steht dabei für eine umfassende Abkehr von strukturfunktionalistischen Betrachtungen und Hinwendung zu dem konkreten Handeln des Menschen in der Geschichte. Jedoch ist zuletzt in der Auseinandersetzung um das Forschungsfeld der Familienstrategien intensiv diskutiert worden, inwieweit Strategien überhaupt ein lohnendes Analyseziel einer mit seriellen Quellen arbeitenden Geschichtswissenschaft sein können. Theo ENGELEN: Labour Strategies of Families: A Critical Assessment of an Appealing Concept, in: International Review of Social History 47 (2002), S. 453-464; Laurence FONTAINE und Jürgen SCHLUMBOHM: Household Strategies for Survival: An Introduction, in: International Review of Social History 45 (2000), S. 1-17; Viazzo / Lynch, Anthropology; Kok, Challenge; Béaur / Schlumbohm, Einleitung, S. 27-28.

22 Vgl. G. Fertig, Äcker, S. 223.

Kredit zumindest die Lebenshaltung gesichert werden musste, findet sich als Motiv in unzähligen Forschungsbeiträgen. Nachgewiesen wurde etwa, dass Einkommensschwankungen in der Protoindustrie, verursacht durch Wegfall des Einkommens der Frau in der Kinderphase, Kreditaufnahme nach sich zog.[23] Unter Umständen, wenn keine Kredite mehr zu bekommen waren, konnte Land zu Geld gemacht werden.[24] Bei einer vornehmlich agrarischen Gesellschaft dürften sich folglich Kapitalflüsse als Funktion von Produktionsmenge, Konsum und Preisen beschreiben lassen.

2. **Konsumschwankungen**: Darüber hinaus greift die These, die den schwankenden Konsum – verstanden als Bedarfsdeckung im Rahmen der Hauswirtschaft – im bäuerlichen Haushalt für Liquidierungsaktionen verantwortlich macht. Ein argumentativer Fixpunkt dieser These sind die Ausführungen von Alexander Tschajanow zum Verhältnis von Arbeitskräften und Verbrauchern im bäuerlichen Haushalt. Eine Überzahl von Verbrauchern (Kinder) im Haushalt macht Ressourcenzuflüsse notwendig.[25] Aber auch Phasen mit entlohnten familienfremden Arbeitskräften, nötig etwa, solange die eigenen Kinder die Arbeit noch nicht ausführen können,[26] könnten mit einer Liquidierung von Vermögen einhergegangen sein.

3. **Haushaltsgründung**: Eine weitere klassische These besagt, dass es zu Heirat und Haushaltsgründung eines persönlichen Vermögens bedurfte, welches in Phasen mit hohen Reallöhnen schnell, mit niedrigen langsam aufgebaut werden konnte. Da von der Zahl der Heiraten die Geburtenhäufigkeit abhing, bestand ein Zusammenhang von Geburten und Sparfähigkeit bzw. Kapitalbildung.[27] Diese demographischen Zusammenhänge verleihen der These zusätzliches Gewicht.

4. **Nachlass (bequest motive)**: Hinterließ eine Person nach ihrem Tod ein nennenswertes Vermögen, so gibt es dafür im Wesentlichen drei Erklärungen: Vorsicht,

---

23 Ulrich PFISTER: Rural land and credit markets, the permanent income hypothesis and proto-industry: evidence from early modern Zurich, in: Continuity and Change 22 (2007), S. 489-518.

24 Philipp R. SCHOFIELD: Dearth, Debt and the Local Land Market in a Late Thirteenth-Century Village Community, in: Agricultural History Review 45 (1997), S. 1-17.

25 Alexander V. TSCHAJANOW (CAJANOV): Die Lehre von der bäuerlichen Wirtschaft. Versuch einer Theorie der Familienwirtschaft im Landbau [1923], ND d. Ausgabe Berlin 1923, Frankfurt 1987; darin: Gerd SPITTLER: Tschajanow und die Theorie der Familienwirtschaft, S. VII-XVIII; Daniel THORNER: Chayanov's concept of peasant economy, in: Alexander V. CHAYANOV, The theory of peasant economy, Homewood (Illinois) 1966, S. xi-xxiii.

26 Beschrieben etwa durch das Konzept des Rollenergänzungszwanges von Michael MITTERAUER: Formen ländlicher Familienwirtschaft. Historische Ökotypen und familiale Arbeitsorganisationen im österreichischen Raum, in: ders. und Josef EHMER (Hg.), Familienstruktur und Arbeitsorganisation in ländlichen Gesellschaften, Wien / Köln / Graz 1986, S. 185-323. Als Alternative zu dem Modell von Tschajanow bereits diskutiert bei Lutz K. BERKNER: The Stem Family and the Development Cycle of Peasant Household. An Eighteenth Century Austrian Example, in: American Historical Review 77 (1972), S. 398-418.

27 Frans VAN POPPEL und Jan NELISSEN: Economic opportunities and age of marriage: an analysis of 19th-century micro data for the Netherlands, in: Isabelle DEVOS und Liam KENNEDY (Hg.), Marriage and Rural Economy: Western Europe Since 1400, Turnhout 1999, S. 152-178.

Sicherung der Unterstützung im Alter oder aber Altruismus. Während bei reinem Vorsichtssparen die Vererbung eher einen zufälligen Nebeneffekt darstellt, ist sie bei den Motiven der Unterstützungssicherung und des Altruismus intendiert. Vererbung kann als direktes Instrument der Altbauern gelten, um die Kinder gewogen zu machen, sie auf dem Hof zu halten und sich ihre zukünftige Mitarbeit und Unterstützung zu sichern.[28] In diesem Fall ist die Vererbung Teil eines reziproken Tausches. Dass Schulden in hohem Maße aus Abfindungen bestanden, kann als Beleg für diese These gelesen werden.[29] Als altruistisch handelnd können schließlich solche Sparer bezeichnet werden, die ihren Nachkommen ein Leben in Wohlstand ermöglichen wollen, ohne selbst davon zu profitieren. Easterlin spricht bei amerikanischen Farmern von dem Bestreben, jedem Kind eine der elterlichen Farm gleichwertige zu übergeben, um seinen sozialen Status zu erhalten.[30] Ähnlich beschreibt Achilles die Motivation vor allem von norddeutschen Bauern, denen der Erhalt des Hofes und dessen Verbesserung, „damit es die Kinder einmal leichter haben", über alles geht.[31] Die altruistische Handlung ist etwas Redistributives. Die Altbauern verteilen die gewonnenen Besitzstände neu.[32] Ob aus altruistischen Motiven gegenüber den Kindern, ob aus materialistischen Gründen fürs eigene Wohlergehen: Die Akteure mussten in beiden Fällen sparen und ihre Vermögen mehren, um diese Ziele noch besser zu verwirklichen.

5. **Altersversorgung, entkoppelt von Netzwerken**: Ausschließlich das eigene Wohlergehen hatten die Akteure im Sinn, falls sie für den eigenen, von den Kindern unabhängigen Lebensabend sparten. Manche Autoren vermuten, dass dies schon auf Sparvorgänge im 19. Jahrhundert zutraf.[33] Gerade bei mit Immobilienbesitz ausgestat-

---

28 David Warren SABEAN: Aspects of kinship behavior and property in rural Western Europe before 1800, in: Jack GOODY, Joan THIRSK und Edward P. THOMPSON (Hg.), Family and inheritance: rural society in Western Europe, 1200-1800, S. 96-111.

29 Vgl. Henning, Verschuldung westfälischer Bauernhöfe, S. 21, und WINKELMANN: Die gegenwärtigen bäuerlichen Verhältnisse in der Provinz Westfalen, in: Verein für Socialpolitik (Hg.), Bäuerliche Zustände in Deutschland, Bd. 2, Leipzig 1883, S. 1-24, hier S. 11 und 14; die Abfindungszahlungen eine sehr hohe Bedeutung für Verschuldung beimessen.

30 Richard A. EASTERLIN: Population Change and Farm Settlement in the Northern United States, in: JEH 36 (1976), S. 45-75, hier S. 65.

31 Walter ACHILLES: Die Entbäuerlichung der Bauern (1880-1913). Dargestellt an den Regionen Magdeburger Börde, Anhalt, südliches Niedersachsen und Oldenburg, in: VSWG 76 (1989), S. 185-201, hier S. 185. Zitat dort ebenfalls als Zitat.

32 Karl POLANYI: The Great Transformation. Politische und ökonomische Ursprünge von Gesellschaften und Wirtschaftssystemen, Frankfurt am Main 1978, S. 71-87.

33 William A. SUNDSTROM und Paul A. DAVID: Old-Age Security Motives, Labor Markets, and Farm Family Fertility in Antebellum America, in: Explorations in Economic History 25 (1988), S. 164-197; Richard SUTCH: All Things Reconsidered: The Life-Cycle Perspective and the Third Task of Economic History, in: JEH 51 (1991), S. 271-288; Susan B. CARTER, Roger L. RANSOM und Richard SUTCH: Family Matters: The Life-Cycle Transition and the Unparalleled Antebellum American Fertility Decline, in: Timothy GUINNANE, William A. SUNDSTROM und Warren

teten Bauernfamilien ist zu vermuten, dass es zu einer Verflechtung von Übergabe und Altersversorgung kam. So wurde in Grundherrschaft und Eigenbehörigkeit (der westfälischen Form der Leibeigenschaft) wohlhabenden Altbauern ein Altenteil („Leibzucht") zugesprochen. Es ist zu fragen, wie sich ein etwaiger Übergang abspielte. Denkbar wäre etwa, dass Land verkauft und in Sparguthaben konvertiert, und dieses dann im Alter aufgezehrt wurde.[34]

Eng gekoppelt ist die These des Sparens für die individuelle Altervorsorge an die Entwicklung geeigneter Finanzinstrumente. Das individuelle Sparen bedeutete eine Abkehr von netzwerkbasierten Ressourcenflüssen. In Netzwerken flossen Ressourcen häufig zwischen Verwandten und wurden verwandtschaftliche Bande auch in Hinblick auf zukünftige Transaktionsoptionen geknüpft. Diese Netzwerke, so kann man in einem modernisierungstheoretischen Sinne vermuten, wurden aber nur solange zur Vermittlung von Ressourcen in Anspruch genommen, bis jene Institutionen, die heute diese Bedürfnisse stillen, in Aktion traten. Das Bestreben der Akteure zu individuellem Sparen beförderte die Institutionalisierung des Finanzsektors und trug zum Verschwinden der netzwerkbasierten Ökonomie bei.

6. **Institutionelle Schocks**: Schließlich seien noch jene Erklärungen angeführt, die Transaktionen als Reaktionen auf weitgehend exogene Schocks, insbesondere durch die Agrarreformen des 19. Jahrhunderts, sehen. Gemeinheitsteilungen belebten die Bodenmobilität,[35] potenzielle Käufer mussten für den Landkauf Liquidität herstellen. Grundsätzlich aber bestreiten neue Forschungen den Einfluss des institutionellen Wandels durch die Agrarreformen; Produktmärkte haben sich unabhängig von Reformen gebildet und trotz der Reformen entstand kein preisbildender Bodenmarkt.[36] Wie stark der Impuls der Grundlastenablösungen auf den Finanzmarkt war, ist zu prüfen. Bisweilen wird in der Ablösekreditnachfrage gar der Anfang der Entfaltung eines Kreditsystems gesehen.[37] Eine eingehende Untersuchung der Grundablösungen im

---

WHATLEY (Hg.), History Matters. Essays on Economic Growth, Technology, and Demographic Change, Stanford 2004, S. 271-327.

34 So die Schlussfolgerung von Pfister, Rural land and credit markets, S. 510.

35 Georg FERTIG: Gemeinheitsteilungen in Löhne: Eine Fallstudie zur Sozial- und Umweltgeschichte Westfalens im 19. Jahrhundert, in: Karl DITT, Rita GUDERMANN und Norwich RÜßE (Hg.), Agrarmodernisierung und ökologische Folgen. Westfalen vom 18. bis zum 20. Jahrhundert, Paderborn 2001, S. 393-426; Stefan BRAKENSIEK: Grund und Boden – eine Ware? Ein Markt zwischen familialen Strategien und herrschaftlichen Kontrollen, in: Prass u.a. (Hg.), Ländliche Gesellschaften, S. 269-290.

36 Michael KOPSIDIS: Agrarentwicklung. Historische Agrarrevolutionen und Entwicklungsökonomie, Stuttgart 2006, S. 371-374; ders., Marktintegration, S. 488, 493; G. Fertig, Äcker, S. 111-112.

37 Zum Beispiel Henning, Verschuldung der Bodeneigentümer, S. 310; Christof DIPPER: Die Bauernbefreiung in Deutschland 1790-1850, Stuttgart u.a. 1980, S. 124; Hans-Jürgen TEUTEBERG: Agrarhistorische Forschungen in Westfalen im 19. und 20. Jahrhundert: Entwicklung, Quellen und Aufgaben, in: WF 40 (1990), S. 1-44, S. 29; Andreas KULHAWY: „Bauernbefreiung" und

Zusammenhang mit den Kredit- und Sparmöglichkeiten der Vor-Reformzeit steht jedoch aus.[38]

Jede dieser Interpretationen und Erklärungen für die Nutzung von Faktormärkten hat Konsequenzen für weitere Bereiche der Wirtschafts- und Sozialgeschichte. Insbesondere werden Bezüge zwischen Ressourcenflüssen und der Bevölkerungsentwicklung hergestellt. Sparen für die Haushaltsgründung zog in guten Zeiten Bevölkerungswachstum nach sich, vermehrtes Altersvorsorge-Sparen hingegen dient der Erklärung des Geburtenrückgangs im 19. und 20. Jahrhundert (demografischer Übergang). Erstaunlich allerdings ist, dass kaum eine namhafte Darstellung Kredit oder Landbesitz als betriebliche Ressource betrachtet und Betriebsstrategien auf der Ebene von Kapitalflüssen untersucht. Tatsächlich ist es so, dass Kapital und Kredit bislang nur wenig Relevanz für die Agrarentwicklung bis ins letzte Viertel des 19. Jahrhunderts zugewiesen wird. Der bedeutendste Faktor der Agrarmodernisierung war Arbeit. Nachdem sich bereits in einer ersten Phase von ca. 1770 bis ca. 1830 die westfälischen Betriebe recht deutlich den Marktgegebenheiten angepasst hatten und sich, geografisch gesehen, um den Intensitätskern Ruhrgebiet ein Thünenscher Ring von eher intensiv wirtschaftenden Betrieben gebildet hatte, während die Betriebe der Peripherie nach wie vor extensiver wirtschafteten, verbreiteten sich intensivere Betriebsweisen besonders nach 1850 auch unter Betrieben, die nahe an Eisenbahnstrecken lagen, weil durch das neue Verkehrsmittel Transportkosten gesunken waren.[39] Wesentliche Innovationen der Agrarproduktion fanden erst im letzten Viertel des 19. Jahrhunderts größere Verbreitung: Maschinen, Guanodünger (obwohl bereits ab 1842 importiert)[40], Kunstdünger sowie Schädlings- und Unkrautvertilgungsmittel. Die eher graduellen Innovationen im Bereich der einfachen Geräte (verbesserte Pflüge) steigerten zwar die Arbeitsproduktivität, stellten aber keinen nennenswerten Kapitaleinsatz dar.[41] Infolgedessen lautet die derzeit gültige Erklärung, dass Ertragsteigerungen vornehmlich durch

Kredit: Aus der Praxis des Braunschweigischen Leihhauses, 1834-1930, in: Jürgen SCHLUMBOHM (Hg.), Soziale Praxis des Kredits. 16.-20. Jahrhundert, Hannover 2007, S. 121-151. Im Gegensatz dazu aber Schremmer, Bauernbefreiung, S. 140.

38 Dies ermöglicht auch nicht Kulhawy, Bauernbefreiung, da er auf die Institution des Braunschweigischen Leihhauses fokussiert.

39 Kopsidis, Agrarentwicklung, S. 324-331, sowie S. 352: „Ca. 64% des gesamten westfälischen Agrarwachstums 1830 bis 1880 [waren] auf eine verbesserte Arbeitsproduktivität zurückzuführen … und nur 36% [beruhten] auf einen Mehreinsatz an Arbeit pro Fläche Land". Dabei wurde in Regionen mit ehemals extensiver Bewirtschaftung die Arbeit produktiver eingesetzt, während in den agrarisch weit entwickelten „Hochleistungszentren" Ruhrgebiet und Hellweg die Reserven ausgeschöpft waren und mehr gearbeitet wurde.

40 Achilles, Agrargeschichte, S. 233; Reiner GROSS: Die bürgerliche Agrarreform in Sachsen in der ersten Hälfte des 19. Jahrhunderts. Untersuchungen zum Problem des Übergangs vom Feudalismus zum Kapitalismus in der Landwirtschaft, Weimar 1968, S. 153-154.

41 Kopsidis, Agrarentwicklung, S. 354; ders., Marktintegration, S. 32-33.

Vermehrung und bessere Ausnutzung des Faktors Arbeit bewirkt wurden. Die Agrarwirtschaft konnte sich also trotz ungleicher Entwicklung der Faktormärkte entwickeln. Tatsächlich zeigte Georg Fertig, dass es im Untersuchungszeitraum in Westfalen keinen preisbildenden Bodenmarkt gab. Zwei Konsequenzen sind denkbar: Entweder konnten die einzelnen Faktoren in einem veränderlichen Verhältnis zueinander eingesetzt werden. Oder aber es reichte, wenn die Inflexibilität eines Faktors – hier die des Bodens – durch die Flexibilität eines anderen Faktors ausgeglichen wurde, um die optimale Konstellation der Faktoren zu erlangen. Sprich: Wer viel Boden hatte, aber keine Betriebsmittel und keine Arbeitskräfte, erlangte diese auf den Märkten. So musste er sich nicht von Boden trennen. Will man hier zu einer Klärung kommen, muss in jedem Fall der Frage nachgegangen werden, ob der Finanzmarkt jene Flexibilität bereitstellte, die der Bodenmarkt verweigerte.

Untersucht werden die ausgeführten Fragestellungen mit einem Ansatz auf Mikrodaten-Niveau, d. h. mit Daten, die individuell für einzelne Betriebe vorliegen. Der Untersuchungszeitraum wird zwischen 1830 und 1867 liegen, nur stellenweise wird darüber hinaus gegangen. Für diese Auswahl gibt es Gründe, die der Quellenlage immanent sind (s. Kapitel 1.5). Der Untersuchungszeitraum endet also, bevor in den 1880er-Jahren ein mehrfacher Wandel der Wirtschaftsbedingungen stattfand, als die heimischen Agrarmärkte unter den Druck der internationalen Konkurrenz gerieten („grain invasion") und in der Landwirtschaft vermehrt Investitionsbedarf deutlich wurde (Mechanisierung).[42] Der Zeitraum selbst hingegen ist historisch strukturiert durch einerseits homogene institutionelle Bedingungen, die geeignet waren, einer Vermögenswirtschaft der Bauern Vorschub zu leisten, andererseits von Prozessen institutionellen Wandels, von denen die „Bauernbefreiung" nur der wichtigste ist.

1.2 Impulse durch institutionellen Wandel

Die Untersuchung ist angesiedelt in einem Zeitraum beschleunigten institutionellen Wandels, in dem einige der wichtigsten Grundlagen für die moderne Welt und insbesondere für die Agrarwirtschaft gelegt wurden. Diese Grundlagen lassen sich als Institutionen begreifen. Gemeint sind damit sowohl Organisationen, Körperschaften, Verwaltungsbehörden, Einrichtungen, als auch Normen, Regeln, Übereinkünfte, Praktiken, Verfahrensweisen, die eine Basis für die Transaktionen unter Akteuren bilden. Die fundamentalen Institutionen Hof und Familie bestanden fort. An anderen Institutionen aber spiegelt sich ein agrarhistorischer Epochenwandel wider. Zu Beginn des

---

[42] Vgl. Rita GUDERMANN: Morastwelt und Paradies. Ökonomie und Ökologie in der Landwirtschaft am Beispiel der Meliorationen in Westfalen und Brandenburg (1830-1880), Paderborn u.a. 2000, S. 15; Kopsidis, Marktintegration, S. 84.

Untersuchungszeitraums bestanden noch weitgehend unangetastet die ländliche Herrschaftsordnung mit ihrer Teilung des Eigentums in Herrschaft und Nutzung durch den Bauern, die kollektive Bewirtschaftung von Flächen (Gemeinheiten, Allmenden), der Flurzwang (wo er bestand) und weitere je nach Ort persönliche Verbindlichkeiten, die nach Meinung vieler politischer Akteure ihrer Zeit das Wirtschaften behinderten. Die meisten dieser Institutionen existierten gegen Ende des Untersuchungszeitraums nicht mehr. Es war also nicht so sehr die Einführung von Institutionen in die ländliche Welt, die für ökonomischen Wandel verantwortlich gemacht werden kann, sondern die Reformierung, die Beseitigung alter und Bildung neuer Institutionen.

Dabei hatten bis zum Beginn des Untersuchungszeitraum bereits Veränderungen stattgefunden, welche die Transaktionskosten der Wirtschaftspartner senkten, seien es Kosten in der Marktbeobachtung, der Geschäftsanbahnung, des Geschäftsabschlusses oder der Durchsetzung der Rechte der Partner. Dies sei in aller Knappheit an sechs Elementen erläutert, die auf je eigene Weise sich auf den Agrarsektor ausprägten:

Zu Beginn der Untersuchungsperiode legte die Vollendung der *Vereinheitlichung der Währungen* im preußischen Raum, begonnen 1821, für die gesamte Wirtschaft eine Basis, deren Auswirkungen nur erahnt, wohl aber kaum empirisch bestätigt werden können. Mit der Vereinheitlichung der zahlreichen im Untersuchungsraum vertretenen Währungen zu einer Standardwährung, dem Taler mit Silbergroschen und Pfennigen als Unterwährung, konnten die Transaktionskosten beinahe aller Geldgeschäfte enorm gesenkt werden.[43]

Das zweite Element stellt das *Hypothekenbuchsystem* dar, dessen Einführung allerdings zu Beginn des Untersuchungszeitraums unterschiedlich weit fortgeschritten war.[44] Wesentliche Elemente dieses Instituts sind die exakte Grundbesitzspezifikation und die, strengen Prinzipien unterliegenden, Verzeichnung von Krediten, die mit dem so spezifizierten Grundbesitz abgesichert wurden.[45] Während die Stadt- und Landgerichte die Hypothekenbücher führten,[46] bauten die preußischen Katasterämter die *Ka-*

[43] Jede Konvertierung von Währungen ist mit Kosten verbunden, selbst wenn die Währungen in einem festen Wechselkurs zueinander stehen. Die Situation vor 1821 war noch um Einiges pikanter. Die Umrechnungskurse waren volatil und nicht immer transparent. Keine der gängigen Währungen wurde im Dezimalsystem berechnet. Es gab Taler verschiedener Werte, unterteilt etwa in 54 Stüber oder 36 Mariengroschen oder auch 24 Gutegroschen. Die Folge der Vielfalt war, dass in Kreditgeschäften meist Wert darauf gelegt wurde, eine Kreditsumme in der gleichen Währung zurückbezahlt zu bekommen, wie sie vergeben wurde.

[44] G. Fertig, Äcker, S. 73. Diese Spezifikation von Eigentumsrechten ist ein in der ersten Hälfte des 19. Jahrhunderts sich über die meisten deutschen Staaten und auch Österreich sich erstreckender behördlicher Prozess, wenngleich Preußen hier vielleicht eine besonders gründliche Verfahrensweise wählte.

[45] G. Fertig, Äcker, S. 67-76 und A1.4, S. 234-235.

[46] Noch heute führen in den meisten Bundesländern die Amtsgerichte die Grundbücher.

taster auf, das dritte hier anzuführende Element.[47] Diese primär für Steuerzwecke gedachten Spezifikationen wiesen jeder Parzelle einen äußerst sorgfältig begründeten, standardisierten und überregional vergleichbaren Kataster-Reinertragswert zu, der die Grundlage für die Grundsteuer bildete (siehe Kapitel 2.4 und 2.5). Kataster und Hypothekenbücher waren in ihrem Wesen aufeinander bezogen. Allerdings wurden Besitzwechsel in beiden Verzeichnissen registriert, was im Vergleich beider Quellen zu Redundanzen und Widersprüchen führt.[48]

Hypothekenbücher und Kataster sind für diese Arbeit zweifach von Bedeutung. Zum einen sind sie Quellengrundlage. Zum anderen dürften auch durch sie Transaktionskosten gesenkt worden sein. Gläubiger, so ist anzunehmen, ließen sich durch die gestiegene Markttransparenz und durch eindeutigere Verfügungsrechte zum Kreditgeben verleiten. Positive Bewertungen dieses Modernisierungsvorgangs dürfen nicht darüber hinweg täuschen, dass es kaum tragfähige empirische Belege über den Prozess selbst gibt.[49] Dass die Hypothekenbücher den Kreditmarkt wirklich maßgeblich wandelten, muss bislang als pure, wenn auch plausible, Vermutung gelten.[50] Konkret untersucht wird im Folgenden, welche Bedeutung Hypothekenbücher für Kreditabsicherung erlangten und welchen Einfluss die hypothekarische Eintragung und die mit ihr verbundenen Transaktionskostenvorteile auf den Preis des Kredits, den Zins, hatten.

Ein in seiner Tragweite auf ökonomischen Wandel noch gar nicht untersuchter und in Ermangelung der Quellen auch im Folgenden nicht weiter verfolgter Aspekt ist die flächendeckende Einführung von *Feuerversicherungen* in Stadt und Land.[51] Die Feu-

---

47 Zuletzt Gerald KREUCHER: Die Urkatasteraufnahme in Westfalen. Düsseldorf: Landesarchiv Nordrhein-Westfalen, Münster 2008.

48 G. Fertig, Äcker, S. 74-76 und S. 234-235.

49 So setzt auch Angela REDISH: The Mortgage Market in Upper Canada: Window on a Pioneer Economy, in: Stanley L. ENGERMAN u.a. (Hg.), Finance, Intermediaries and Economic Development, Cambridge 2003, S. 111-131, ihre Untersuchung mit der Einführung der „land register" in Canada ein. B. A. HOLDERNESS: Credit in a rural community 1660-1800. Some Neglected Aspects of Probate Inventories, in: Midland History 3 (1975), S. 94-116, urteilt, die Hypothek sei als Anlageform die Alternative zur vorrangigen Investition in Land gewesen.

50 Zu der auf Robert C. Allen zurückgehenden These, die Ausformung des Hypothekenwesens in England Ende des 17. Jahrhunderts habe die dortige „agricultural revolution" begründet, siehe Kopsidis, Agrarentwicklung, S. 247.

51 Der Prozess ihrer Einführung begann bereits in der Frühen Neuzeit und vollzog sich ebenfalls territorial übergreifend. Die erste Brandkasse gründeten nach der verbreiteten Unternehmensgeschichte der Provinzial-Feuerversicherung Bauern der dithmarscher Ortschaft Süderauerdorf im Jahr 1537 auf genossenschaftlicher Basis. Auch in Westfalen waren Feuerversicherungen lange vor dem Untersuchungszeitraum etabliert. Die wichtigsten gesetzlichen Initiativen: In den Städten des Herzogtums Kleve, der Grafschaft Mark, des Fürstentums Minden und der Grafschaft Ravensberg 1722 bzw. 1723, auf dem Land der Mark, Mindens und Ravensbergs 1767, im Fürstbistum Münster 1768, im Fürstbistum Paderborn 1769 und im Herzogtum Westfalen 1778. 1836/37 wurden bestehende Kassen zusammengelegt und eine einzige Versicherung, die

erversicherung dürfte dreifach positiv auf die Herausbildung von Kapitalmärkten gewirkt haben: Zum Ersten kam es zu Aufnahme und eindeutiger Identifizierung und Wertschätzung der Häuser in Brandkatastern, die zu einer Kodifizierung von Besitzrechten und zu Transparenz von Werten noch vor den Steuerkatastern führte. Zum Zweiten stellte die Versicherung den Erhalt der Häuser sicher und verminderte so die Risiken von Gläubigern. Die spätere Zusammenlegung verschiedener Kassen und damit die Vereinheitlichung der Taxation dürfte zudem zu überregionaler Transparenz beigetragen haben.

Schließlich fiel die Einführung der ersten *Finanzinstitute* in den Untersuchungszeitraum. Nachdem in größeren Städten Ende des 18. Jahrhunderts die ersten Sparkassen entstanden waren, konnten schließlich ab den 1820er-Jahren immer größere Teile der ländlichen Gesellschaft diese Institute für ihre individuellen Finanztransaktionen in Anspruch nehmen (Kapitel 5.3). Aus diesen Entwicklungen resultierten im Untersuchungszeitraum neue Bedingungen für ökonomische Entscheidungen. Da mit Borgeln eine Untersuchungsgemeinde im direkten Aktionsbereich der quellenmäßig gut belegten Sparkasse Soest lag, wurde diese zur Analyse herangezogen. Dieses bietet Anlass zu fragen, wie diese Neuerung die Vermögenswirtschaft auf dem Land veränderte. Dabei wird ein Schwerpunkt auf die Beziehungen der Faktormärkte untereinander gelegt werden. Des Weiteren wird der Frage nachgegangen, ob das institutionelle Sparen individuelle Strategien der Vermögenswirtschaft begünstigte.

Alle bisher genannten institutionellen Neuerungen betrafen Betriebe und Haushalte in Stadt *und* Land. Anders verhält es sich mit den *liberalen Agrarreformen*, die in beinahe jedem deutschen Staat mit unterschiedlichem Verlauf, in unterschiedlichem Tempo und mit unterschiedlichen Ergebnissen die bis dahin bestehenden „alten“ Agrarinstitutionen beseitigten. Städter waren allenfalls dann tangiert, wenn sie „gutsherrliche Rechte“ an bäuerlichem Grund hatten. Auf dem Land allerdings stellten die Agrarreformen den vielleicht wichtigsten Wandlungsprozess des 19. Jahrhunderts dar. Kaum ein Zeitgenosse dürfte aber von „den Reformen“ gesprochen haben, beschäftigten diese doch mehrere Generationen. Hingegen unterschieden sie genau zwischen den Teilungen kollektiv genutzter Flächen (Allmenden, Gemeinheiten, Marken), der Abschaffung persönlicher Abhängigkeiten (Leibeigenschaft, Eigenbehörigkeit) und der Ablösung der Grundlasten.

Im Gegensatz zu den vorgenannten, die Transaktionskosten senkenden Reformen handelte es sich bei den Agrarreformen um solche des Eigentumsrechts, die jedoch gleichfalls bei Landkauf und -verkauf die Transaktionskosten zu senken halfen. Die Agrarreformen betrafen die ländliche Bevölkerung jeden Orts und jeden Staates. Sie

---

„Westfälische Provinzial-Feuer-Sozietät“ für die ganze Provinz eingerichtet. Insgesamt dazu Mechthild SIEKMANN: Die Brandversicherung im Hochstift Münster 1768-1805. Entstehung, Arbeitsweise, Quellen, in: WF 31 (1981), S. 154-168; Peter BORSCHEID: 275 Jahre Feuersozietäten in Westfalen. Vorsprung durch Erfahrung, Münster 1997.

beschäftigten die deutschen Regierungen und untergeordnete Verwaltungen jahrzehntelang und derart prominent, dass auch in der historischen Forschung die aus ihnen resultierenden Einflüsse zunächst als sehr stark eingeschätzt worden sind.

Um zunächst auf die Gemeinheitsteilungen Westfalens einzugehen: Die Folgen werden auf der Grundlage von Analysen von Stefan Brakensiek, Georg Fertig und Markus Küpkers tatsächlich als leicht intensivierungsfördernd einzuschätzen sein,[52] jedenfalls dann, wenn die allgemein bevorteilten Bauern das ihnen zugefallene Land weiterverkauften oder an Angehörige transferierten. Wenn ehemaliges Gemeinheitsland die Basis für Kleinstellen bildete, könnte es zu Modernisierungsimpulsen gekommen sein, weil Kleinbetriebe zwar wenig Land, aber im Verhältnis dazu viel Arbeitskraft einzusetzen hatten, wodurch gerade sie ihre Agrarwirtschaft besonders arbeitsintensiv ausübten.[53] Wenn das zugeteilte Land aber in Bauernhand verblieb, blieb vermutlich auch eine Kultivierung des Landes mittelfristig aus.[54] Für den Untersuchungsort Löhne, in dem im Untersuchungszeitraum die Gemeinheit geteilt wurde, hat Georg Fertig auf eine Wanderung der Parzellen nach der Teilung zu den Unterschichten hin hingewiesen.[55] Zu fragen ist im Anschluss daran, ob aus dieser Bewegung geschlossen werden kann, dass aus Gemeinheitsteilungen Impulse für Bodenmarkt und Kreditmarkt erwuchsen.

Was die Grundlastenablösungen angeht, geläufig auch als „Bauernbefreiung", so ist ein Kennzeichen der Vorgänge in rechtsrheinischen deutschen Territorien, dass die Pflichtigen Entschädigungszahlungen an die Berechtigten zu zahlen hatten. Während in Frankreich viele der feudalen Rechte 1793 ohne Kompensation abgeschafft wurden, sollten die deutschen Bauern ihren Herren ihre Bringschuld feudaler Abgaben und Dienste und die Obereigentumsrechte abkaufen, wobei bekanntlich Landabtretungen und Geldzahlungen möglich waren. Dieser Prozess setzte also in den deutschen Staaten des 19. Jahrhunderts Ressourcenflüsse in Gang und dynamisierte Boden- und Kreditmärkte – allerdings auf sehr unterschiedliche Weise. Am bekanntesten sind die Regulierungen lassitischen Besitzes im ostelbischen Preußen, wo viele Bauern ihre vollen Eigentumsrechte erst durch Abtretung von Teilen ihres Landes erhielten.[56] Die Finanzierung der Ablösungen in Gebieten der Grundherrschaft lässt sich hingegen so zusammenfassen, dass die Bauern die Berechtigten nicht mit Land, sondern mit

---

52 Markus KÜPKER: Weber, Hausierer, Hollandgänger. Demografischer und wirtschaftlicher Wandel im ländlichen Raum, Frankfurt a.M. / New York 2008, S. 254-276; Stefan BRAKENSIEK: Agrarreform und ländliche Gesellschaft. Die Privatisierung der Marken in Nordwestdeutschland 1750-1850, Paderborn 1991, S. 340-341; G. Fertig, Gemeinheitsteilungen; Starke Effekte schildert hingegen für Kurbrandenburg Harnisch, Agrarreform, S. 225-232.

53 Kopsidis, Agrarentwicklung, S. 364.

54 Ebd.

55 G. Fertig, Gemeinheitsteilungen.

56 Georg Friedrich KNAPP: Die Bauern-Befreiung und der Ursprung der Landarbeiter in den älteren Theilen Preußens, 2 Bde., Leipzig 1887; Harnisch, Agrarreform.

Geld entschädigten und dafür Kredite aufnahmen. Die unmittelbaren Konsequenzen der Ablösungen für die Bauern bestanden demnach weniger in Landeinbußen denn in hoher Kreditaufnahme.[57] Wenn man von Seiten der Politik schon nicht der Verschuldung vorbeugte, so sorgte man vielerorts mit der Einführung staatlicher Ablösebanken und deren Krediten zumindest dafür, dass die neue Abhängigkeit gegenüber dem Staat und nicht mehr gegenüber den bisherigen Herrschaften bestand. Dies war in Preußen erst 1850 der Fall, also lange nach den Anfängen der Ablösegesetzgebung Anfang des 19. Jahrhunderts.

Die Ablösungen zählen zu den wichtigsten Veränderungen des agrarischen Sektors im 19. Jahrhundert. Da nimmt es nicht Wunder, dass sie mit ökonomischem Wachstum und Industrialisierung in Verbindung gebracht wurden, allerdings ohne großen Erfolg.[58] Selbst für das Wachstum der westfälischen Agrarproduktion macht Kopsidis viel eher den Sog der Getreidenachfrage und die funktionierende westfälische Familienwirtschaft verantwortlich als Produktionsumstellungen infolge des institutionellen Wandels.[59]

---

57 Nach Konkursen und Notverkäufen mag bäuerliches Land aber ebenso in die Hände mancher Herren gelangt sein. Belege für das Bauernlegen bei Heinz REIF: Westfälischer Adel 1770-1860. Vom Herrschaftsstand zur regionalen Elite, Göttingen 1979, S. 227-230 und Gregory W. PEDLOW: The Survival of the Hessian Nobility 1770-1870, Princeton 1988, S. 91.

58 Bisher hat die Forschung intensiv versucht, in den Agrarreformen die Ursprünge für verschiedene makroökonomische und makrogesellschaftliche Prozesse zu finden. Am wichtigsten war wohl die Auseinandersetzung mit der Frage, inwieweit von den Agrarreformen Anstöße zur Wachstum und Industrialisierung ausgingen. Die Frage geht dabei auf ein Theorem der liberalen Reformer zurück, demzufolge mit den Agrarreformen die landwirtschaftliche Produktion und damit die Wirtschaft insgesamt stimuliert werden würde, weil der Bauer durch die unternehmerische Eigenverantwortung sowohl den vollen Nutzen seines Fleißes genießen könne, als auch die vollen Kosten seiner Misswirtschaft tragen müsse. Jedoch sind Zusammenhänge dieser Art nach derzeitigem Forschungsstand zu verneinen. Zwar kamen vielerorts die Bauern zu Wohlstand, ihre Investitionen in Industrieprodukte blieben aber gering (Dipper, Bauernbefreiung in Deutschland, S. 120-134). Eine andere Wendung der Frage nach den Verbindungen zwischen Agrarreformen und Industrialisierung ist die, ob die entschädigten Grundherren in Unternehmensgründungen der aufkeimenden Industrie investierten. In diesem Fall hätten die Ablösungen eine Umverteilung des Kapitals von den Bauern in die Unternehmen bewirkt. Nach dem heutigen Forschungsstand ist aber davon auszugehen, dass auch hier keine nennenswerten Impulse für die Industrialisierung ausgingen. Die Grundherren scheuten tendenziell das unternehmerische Risiko, entschuldeten sich und vergrößerten eher ihren Landbesitz (Hippel, Bauernbefreiung; Winkel, Ablösungskapitalien). Hingegen waren die Hauptfinanzierungsquelle der frühen Industrialisierung die Unternehmerfamilien (Peter COYM: Unternehmensfinanzierung im frühen 19. Jahrhundert – dargestellt am Beispiel der Rheinprovinz und Westfalen, diss. rer. pol., Hamburg 1971). Bisher gibt es keinen Nachweis dafür, dass das Eintreten und der Verlauf einer regionalen Industrialisierung von der Ausgestaltung der „Bauernbefreiung“ zuvor abhingen. In Westfalen sind die entscheidenden Ablösungen beispielsweise erst sehr spät erfolgt; dass die Industrialisierung im – teils westfälischen – Ruhrgebiet darunter gelitten hätte, ist nicht erkennbar.

59 Auch hat es keine „Agrarrevolution“ im Sinne einer Vorstufe der später einsetzenden „Industriellen Revolution“ gegeben. Wenn schon „Agrarrevolution“, dann eine, der es zunächst im 18.

Gerade die Vermögenswirtschaft der Bauern (und auch der Herrschaften) war durch die Ablösungen besonderen Anforderungen ausgesetzt. Mit den in den meisten Staaten gewählten Methoden der Ablösungen, die im Grundsatz die Rechte der Grundherrschaften bestätigten und daraus resultierend Wege der Entschädigung vorsahen, wurde unmittelbar in die Vermögenswirtschaft der Bauern eingegriffen. Die Kapitalmärkte waren, so ist bislang zu vermuten, für die Ablösungen kaum genügend ausgebildet. In Forschungen zu Kurhessen, Braunschweig und auch zu der westfälischen Region des Hochstifts Paderborn ist die Funktion der vom jeweiligen Staat eigens geschaffenen bzw. beauftragten Ablösungsbanken betont und in der Regel positiv bewertet worden.[60] Es muss also ein Bedarf an Kreditquellen vorgelegen haben oder aber zumindest von den Reformern als ein Hemmnis im Prozess der Reformen ausgemacht worden sein. Die Forschungen von Maria Blömer auf Basis des Hochstifts Paderborn haben dies bestätigt und diese die These formulieren lassen, die Ablösungen in Preußen seien vielerorts erst durch die Rentenbanken, also erst 1850, möglich geworden, weil bis dahin Kreditquellen fehlten.[61] Andreas Kulhawy argumentiert im Fall der Ablösungen im Herzogtum Braunschweig (ab 1834) ähnlich und sieht das dortige Leihhaus mit seinen Ablösekrediten als entscheidenden Faktor für eine schnelle Abwickelung der Ablösungen. Der private Kreditmarkt sei zu schwach gewesen, um allen Bauern Kredite bieten zu können. Dies habe erst das Leihhaus ausgeglichen.[62]

Jahrhundert die wachsende Bevölkerung zu ernähren gelang, und im 19. Jahrhundert dann aufgrund der Nachfrageimpulse die urbane und industrielle Bevölkerung versorgte. Für beides macht Kopsidis, Agrarentwicklung, S. 324-374, insbes. S. 371-374, eher die unternehmerische Gestaltungskraft des Bauern als die Agrarreformen verantwortlich.

60 Eihachiro SAKAI: Der kurhessische Bauer im 19. Jahrhundert und die Grundlastenablösung, Melsungen 1963, S. 106 für die Landgrafschaft Hessen. Hans-Jürgen TEUTEBERG: Der Einfluß der Agrarreformen auf die Betriebsorganisation und Produktion der bäuerlichen Wirtschaft Westfalens im 19. Jahrhundert, in: Fritz BLAICH (Hg.), Entwicklungsprobleme eine Region: Das Beispiel Rheinland und Westfalen im 19. Jahrhundert, Berlin 1981, S. 167-276, S. 222 und Reif, Adel, S. 230 und 234 für Westfalen. Edwin STERNKIKER: Die Rentenbanken in Preußen. Zu ihrer Geschichte, Organisation und Rolle im Prozess der kapitalistischen Bauernbefreiung, Diss. Uni Rostock 1987, S. 163 und ders.: Bäuerliche Ablösungsgelder, ihre Empfänger und Verwendungsarten in Preußen nach 1850, in: JWG 1986/3, S. 71-89, hier S. 80-81 und S. 86 für Preußen insgesamt. Gross, Agrarreform, S. 63 und 144 für das Königreich Sachsen. Eine ambivalente Bewertung der Ablösebanken für Realteilungsgebiete findet sich bei Christof DIPPER: Bauernbefreiung, landwirtschaftliche Entwicklung und Industrialisierung in Deutschland. Die nichtpreußischen Staaten, in: Toni PIERENKEMPER (Hg.), Landwirtschaft und industrielle Entwicklung. Zur ökonomischen Bedeutung von Bauernbefreiung, Agrarreform und Agrarrevolution, Stuttgart 1989, S. 63-78, hier S. 71, der ihnen zwar zubilligt, gerade Nebenerwerbsbauern die Finanzierung der Ablösungen ermöglicht zu haben. Indem diese Parzellen-Betriebe dann aber weiter existieren konnten, hätte dies aber eher den Wandel der ökonomischen Struktur hin zur Industrie erschwert.

61 Blömer, Entwicklung, S. XXIV, 79, 126. Aufgenommen wird dies von Kulhawy, Bauernbefreiung, S. 125.

62 Kulhawy, Bauernbefreiung, S. 136.

In ihren Bezügen zum Kapitalmarkt werfen die Grundlastenablösungen folgende konkrete Frage auf: Lösten Bauern so spät ab, weil ihnen liquides Kapital und Kredit fehlten? Aber auch die Wirkung der Ablösungen auf die Kapitalmärkte ist zu analysieren: Die Aufhebung des geteilten Eigentums, die vollständige Zuweisung der Eigentumsrechte an die Bauern, muss als eine deutliche Vereinfachung der Nutzbarkeit des Bodens als Pfand und als verkäufliche „Ware" gelten. Boden konnte nun vorbehaltlos und in vollem Maße beliehen werden. Weil gleichzeitig der Boden entlastet und die Ablösebanken eingeführt wurden, urteilte Christof Dipper, „die Grundentlastung hat also den bäuerlichen Kredit in großem Stil überhaupt erst geschaffen, ihn freilich anfangs auch eingegrenzt auf die Finanzierung der Ablösungsschulden, so daß Darlehen für Erbauseinandersetzungen, Unglücksfälle und Meliorationen nach wie vor schwierig und teuer blieben."[63] Was also geschah nach der Phase der Grundentlastungen? Begünstigten die Ablösungen eher die Ausweitung der Kreditaufnahme, oder ist es vielmehr, nach den Ablösungen und den resultierenden Kreditaufnahmen, geradezu zu einem Einbruch des Kapitalmarktes gekommen?

1.3 Borgeln – Löhne – Oberkirchen

Im Folgenden werden Daten aus den drei im Untersuchungszeitraum in der preußischen Provinz Westfalen gelegenen Gemeinden Borgeln, Löhne und Oberkirchen untersucht (siehe Karte 1). Die Auswahl der Orte wie die des Grundbestandes der Quellen ist bereits in zwei Vorgängerprojekten[64] getroffen worden. Diese erschlossen eine bedeutende Datenmenge, ohne die das hier beschriebene Projekt keine Grundlage gehabt hätte und die keinesfalls allein in diesem Vorhaben hätte erarbeitet werden können. Diese Auswahl erwies sich zum einen als forschungspragmatisch sinnvoll, zum anderen können auf diese Weise auch drei sehr verschiedene Agrarlandschaften miteinander verglichen werden.

---

63 Dipper, Bauernbefreiung in Deutschland, S. 125; ähnlich ders.: Die Bauernbefreiung in Deutschland. Ein Überblick, in: Geschichte in Wissenschaft und Unterricht 43 (1992), S. 16-31, hier S. 29. Vgl. die abweichende Deutung bei Heide WUNDER: Finance in the "Economy of Old Europe": The Example of Peasant Credit from the Late Middle Ages to the Thirty Years War [erstmals 1987], in: dies., Der andere Blick auf die Frühe Neuzeit. Forschungen 1974-1995, hg. v. Barbara Hoffmann u.a., Königstein / Taunus 1999, S. 77-103, hier S. 81, nämlich dass die Wissenschaft bäuerlichen Kredit vor den Agrarreformen als „private" Sache der Grundherren wertete.

64 G. Fertig, Äcker; Christine FERTIG und Georg FERTIG: Transfers von bäuerlichem Besitz: Westfalen im 19. Jahrhundert, in: AKA-Newsletter Nr. 17, 2005 (Arbeitskreis für Agrargeschichte), S. 15-27.

Karte 1: Die Untersuchungsorte in Westfalen

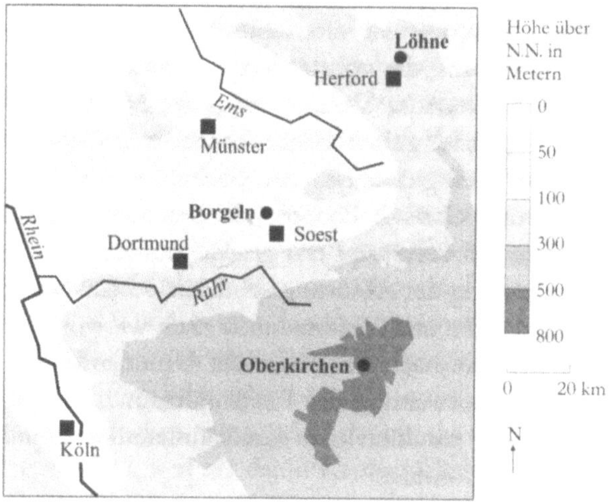

Kartografie: J. Bracht

Die Gemeinde Borgeln[65] liegt in der mit besten Böden ausgestatteten Soester Börde, etwa sieben Kilometer entfernt von Soest, einer Stadt, die um 1850 etwa 9.000 Einwohner hatte. Borgeln war ein Ort von bemerkenswerter ökonomischer Monostruktur. Die Banngesetze der Soester Börde hatten in der Frühneuzeit eine starke Stadt-Land-Trennung bewirkt, bei der alle Gewerbe der Stadt zugewiesen und nur die unmittelbaren Landhandwerke in den Gemeinden erlaubt waren. So betrieben die Borgeler ausschließlich Landwirtschaft mit starkem viehwirtschaftlichem Anteil und einer hohen Marktquote.[66] Gesinde war nachgefragt; Tagelöhner verdienten hier bereits in den 1840er-Jahren rund 60% mehr als in Löhne und immerhin noch 30% mehr als in Oberkirchen.[67] Der Stand der Landwirtschaft muss entsprechend dem Wertschät-

65 Die wichtigsten ortsgeschichtlichen Arbeiten sind Adolf CLARENBACH: Zur Hofes- und Familiengeschichte des Dorfes Stocklarn in der Soester Börde, in: Soester Zeitschrift 57 (1939), S. 50–108; ders.: Zur Hofes- und Familiengeschichte des Kirchspiels Borgeln in der Soester Börde. II. Stück: Blumroth und Hattropholsen, in: Soester Zeitschrift 59 (1942), S. 3–115; ders.: Zur Hofes- und Familiengeschichte des Kirchspiels Borgeln in der Soester Börde. III. Stück: Berwicke, in: Soester Zeitschrift 67 (1954), S. 3–115; ders. und Helmut RUDACK: Die Familien in den Wohnhäusern zu Welver-Borgeln im Kreis Soest bis 1946, Soest 1984 und ders., Günther RUDACK und Helmut RUDACK: Die Familien auf den Höfen und Kotten zu Welver-Borgeln im Kreis Soest zwischen 1532 und 1946, Soest 1977. Vgl. insgesamt zur Charakterisierung des Ortes G. Fertig, Äcker, S. 55-59.

66 Siehe Kapitel 2.

67 Siehe Kapitel 2.4.3.

zungsprotokoll, das 1828 die Katasteraufnahme vorbereitete,[68] als mäßig rationell bewertet werden. Wegen zu geringer Neigung der Ackerflächen stellte sich oft stauende Nässe als ein Problem dar, was auf Modernisierungspotenziale durch die ab den 1840er-Jahren verstärkt eingesetzten Drainagen hindeutet.[69] Der technische Standard war nicht ungewöhnlich hoch, der gewöhnliche Pflug zwar an Streichbrett, Kotter und Reißer aus Eisen, diese waren aber noch fix befestigt. Einer der größeren Höfe besaß jedoch schon 1867 eine dampfbetriebene Dreschmaschine.[70]

Die sechsjährigen Fruchtfolgen wiesen 1828 Klee und Hülsenfrüchte als feste Bestandteile auf, noch aber gehörte auch ein Brachjahr fest dazu. Luzerne und Esparsette wurden zu dieser Zeit erst sporadisch angebaut, mit zunehmender Tendenz. Da im Untersuchungszeitraum auch Weideflächen ab- und Wiesen zunahmen, kann man darauf schließen, dass die Betriebe danach strebten, eine dauerhafte Stallfütterung, Kernelement einer rationellen Landwirtschaft nach Albrecht Thaer, zu realisieren. Ab 1850 war Borgeln durch die Eisenbahn an das aufstrebende Ruhrgebiet angebunden, auch wenn der Ort selbst erst 1882 einen Haltepunkt bekam. Diese infrastrukturellen Verbesserungen waren nach dem derzeitigen Forschungsstand dafür verantwortlich, dass in Borgeln 1865 deutlich höhere Grundsteuer-Reinerträge als 1822/35 festgestellt wurden, während die beiden anderen Orte Rückgänge zu verzeichnen hatten (Kapitel 2.5). Die Borgeler hatten früher als die meisten Landbewohner Zugang zu einer Sparkasse (Kapitel 5.3).

Im Falle Borgelns waren die den Quellen zugrunde liegenden Bezirke nicht deckungsgleich. Die Familienrekonstitution beruht auf der Kirchengemeinde Borgeln, die Borgeln zum Kirchdorf hatte, aber zusätzlich noch die Dörfer Berwicke, Blumroth, Stocklarn und Hattropholsen und weitere Siedlungsplätze und Einzelhöfe umfasste (siehe Karte 2). Alle fünf Dörfer waren eigenständige politische Gemeinden. Die Kataster wiederum richteten sich an Steuergemeinden aus, und hier bildeten Borgeln und Stocklarn separate Steuergemeinden, die darüber hinaus aber über die Grenzen der Kirchengemeinde hinausgingen. Auf diese beiden Steuergemeinden beziehen sich die Analysen der Vermögenstransaktionen (Tabelle 1-b).[71] Trotz einer günstigen ökonomischen Lage stieg die Einwohnerzahl Borgelns im Untersuchungszeitraum, aber auch danach, nur gering an. Die Gründe dafür sind einerseits in einer restriktiven

---

68 Siehe Kapitel 2.4.

69 Wertschätzungsprotokoll Borgeln 1828, hier landwirtschaftliche Beschreibung. Siehe auch Kapitel 2.4.

70 Emil BIMBERG: Es war einmal. Lebensweise, Sitten und Gebräuche im Amt und Kirchspiel Borgeln und der Soester Boerde: Lebens-Erinnerungen eines Landwirts der Niederbörde, Soest 1911, S. 10.

71 Vgl. G. Fertig, Äcker, S. 61. Die dort angegebenen Einwohnerzahlen beziehen sich im Falle Borgelns nicht aufs Untersuchungsgebiet sondern auf das Kirchspiel, berücksichtigen aber unterschiedliche Methoden der Einwohnerzählung zwischen 1830 und 1866.

Karte 2: Der Untersuchungsort Borgeln

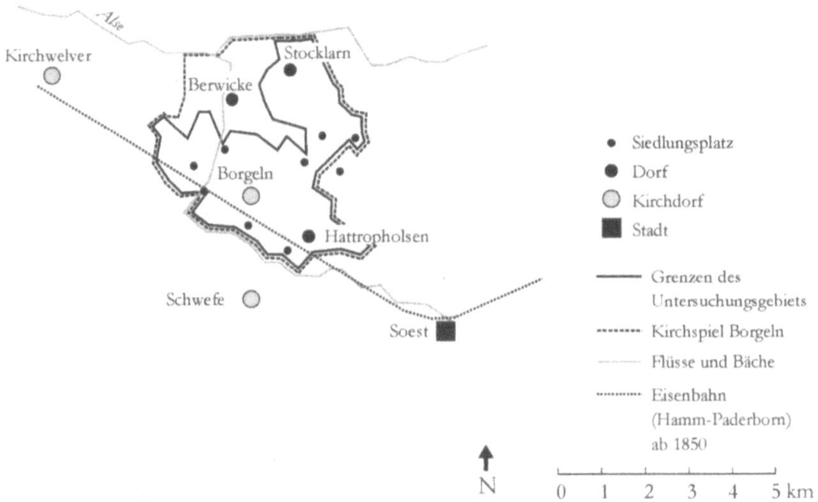

Kartografie: J. Bracht

gemeindlichen und staatlichen Ansiedlungspolitik zu finden (Kapitel 7.1), aber auch in den nicht allzu fernen, ab 1850 stark expandierenden Arbeitmärkten im Ruhrgebiet.

Im Falle Löhnes nahe Herford sind die Bezugsräume von Kirchenbüchern, Grundbüchern und Katastern weitgehend deckungsgleich, sieht man einmal davon ab, dass die Löhner Haushalte selbst in die zwei Steuergemeinden Löhne königlich (mit dem preußischen Staat als Obereigentümer) und Löhne-Beck (mit dem Gut Beck als Obereigentümer) aufgeteilt waren.

Noch in napoleonischer Zeit profitierte Löhne von einer Konjunktur seiner Leinen-Protoindustrie, die aber bereits um 1840 der Vergangenheit angehörte. Löhne wies damit typische Phänomene des Pauperismus auf. Viele wanderten aus.[72] Waren in

[72] Wilhelm EICKMEYER, Otto STEFFEN und Karl VOGT: Amerikaauswanderer aus den Gemeinden Löhne. Gohfeld, Obernbeck und Mennighüffen im 19. Jahrhundert, in: Beiträge zur Heimatkunde der Stadt Löhne, Sonderh. IV (1985), S. 144-184. Löhne verlor im Zeitraum 1839 bis 1881 295 Einwohner. Trotzdem stieg die Einwohnerzahl von 1126 im Jahr 1843 auf 1619 im Jahr 1885 an (Stephanie REEKERS und Johanna SCHULZ: Die Bevölkerung in den Gemeinden Westfalens, Dortmund 1952). Eine erste deutliche Welle bildete sich 1844, als sechs Familien mit ihren Kindern und vier Einzelpersonen aufbrachen. Zwei Jahre später brachen abermals zwei Familien auf. Daraufhin flachte das Interesse wieder ab. In den ersten Jahren der 1850er war die Auswanderung zwischenzeitlich gleich null, stieg aber wieder an und erreichte 1857 den

Tabelle 1-b: Einwohnerzahlen der Untersuchungsorte (1818-1885)

	1818	1843	1858	1871	1885
Kirchdorf Borgeln	426	503	539	580	565
Dorf Hattropholsen	122	133	128	137	166
Dorf Stocklarn	250	244	246	234	246
Blumroth	55	73	93	87	71
Untersuchungsort Borgeln [1)]	**853**	**953**	**1.006**	**1.038**	**1.048**
Steuer- und Kirchengemeinde Löhne	**855**	**1.126**	**1.237**	**1.356**	**1.619**
Steuergemeinde Westfeld		352			
Kirchengemeinde Oberkirchen [2)]	**1.526**	**1.991**	**1.962**	**1.909**	**1.898**

[1)] Nicht identisch mit der Kirchengemeinde Borgeln, zu der neben Borgeln, Hattropholsen, Stocklarn und Blumroth auch noch Berwicke zählt, welches aber nicht zum Untersuchungsort gehört.
[2)] Bestehend aus Steuergemeinden Oberkirchen, Westfeld und Sorpe.
Quellen: Reekers/ Schulz, Bevölkerung; Gemeinde WESTFELD (Hg.): 925 Jahre Westfeld im Wandel der Zeiten 1072-1997, o.O. 1997.

Borgeln Arbeitskräfte rar, so in Löhne eher zahlreich. Löhne erfuhr im Untersuchungszeitraum eine Reagrarisierung, auch wenn mehrere Nebenverdienstmöglichkeiten bestanden und sich entwickelten, so das Frachtfahren und die Zigarrenindustrie ab den 1850er-Jahren.[73] Zu vermuten ist auch, dass die Löhner Kolone die Situation nutzten, um die Bedingungen der Heuerlingsverträge zu verschärfen und etwa die Pachtzeit zu kürzen und die den Heuerlingen zugestandenen Nutzflächen und den Wohnraum zu verringern.[74] Wurde aus Borgeln hochgerechnet rund die Hälfte des produzierten Getreides exportiert, musste die Löhner Bevölkerung 40% des benötigten Getreides außerhalb des dörflichen Marktes einkaufen.[75] Löhne, das von der wichtigen Wasserstraße Weser profitierte, bekam im Jahr 1847 einen eigenen Bahnhof an der Eisenbahnlinie Köln-Minden (Karte 3) und erlangte damit die wesentliche Marktanbindung, konnte sie zu diesem Zeitpunkt aber nicht mehr zum Export nutzen.

höchsten Stand des Untersuchungszeitraums. In diesem Jahr wanderten sieben Familien und vier Einzelpersonen aus. 1860 kehrten weitere zwei Familien Ort und Land den Rücken, danach blieben die Auswanderungszahlen aber gering.

73 G. Fertig, Äcker, S. 45-48.

74 Beschrieben an einem Beispiel der Region Ravensberg: Stefan BRAKENSIEK: Sozialtypologie und -topographie eines Gewerbedorfes. Die Bauerschaft Bardüttingdorf, Ravensberg, im Vormärz, in: ZAA 45 (1997), S. 181-200.

75 G. Fertig, Äcker, S. 63.

Karte 3: Der Untersuchungsort Löhne

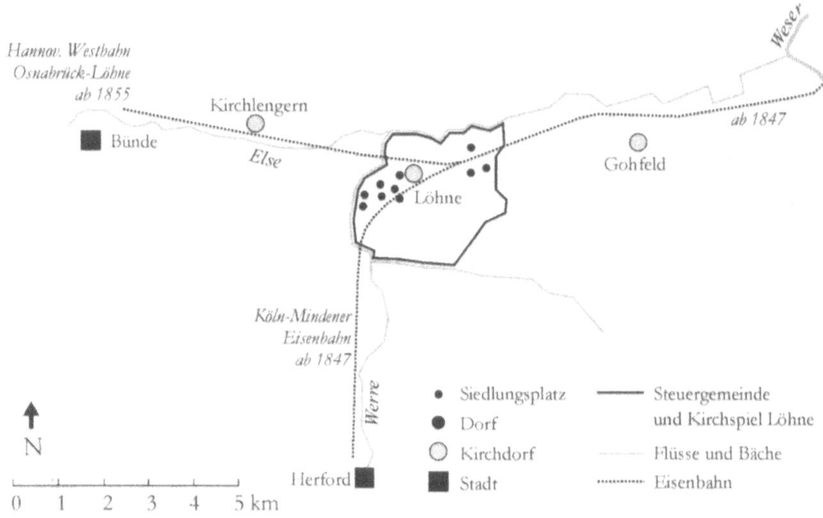

Kartografie: J. Bracht

In Löhne betrieb man Landwirtschaft in einer sechs- bis siebenjährigen Fruchtfolge, von denen mindestens vier mit Gerste, Roggen oder Hafer bestellt waren. Je ein Jahr lag das Ackerland brach, ein weiteres wurden Klee oder Hülsenfrüchte angebaut. Die Naturalerträge lagen 1824-28 um 15-20% unter dem Borgeler Niveau.[76] Auch in Löhne beurteilten die Taxatoren den Wiesenbau, den Kleeanbau und die Stallfütterung als verbesserungswürdig. Im Gegensatz zu Borgeln wurden 1865 nicht deutlich höhere Katasterreinerträge, also Reinerlöse abzüglich der Kosten, als 1822/35 geschätzt, sondern um 28% geringere. Dies bedeutet nicht, dass die Naturalerträge in Löhne zurückgegangen waren. Sie waren vermutlich ebenfalls deutlich höher als um 1822/35. Wohl aber war der Wert der Produkte nach Marktpreisen und nach Abzug der Kosten gesunken. Es fand also praktisch kein Zuwachs der landwirtschaftlichen Wertschöpfung statt. Vergleicht man die Summe der Kataster-Reinerträge der zwei agrarischen Untersuchungsorte, so lag 1822/35 Borgeln um 34% über dem Wert Löhnes, 1866 aber 200% darüber. Von einer Basis einer in etwa ähnlich modernen Produktionstechnik aus profitierten also die Löhner von den Marktgegebenheiten zwischen 1830 und 1866 deutlich weniger und nutzten vermutlich auch ihre Möglichkeiten der Naturalertragsteigerung nicht derart gut wie die Borgeler.

---

76 Wertschätzungsprotokoll Mennighüffen; Wertschätzungsprotokoll Borgeln.

Karte 3: Der Untersuchungsort Oberkirchen

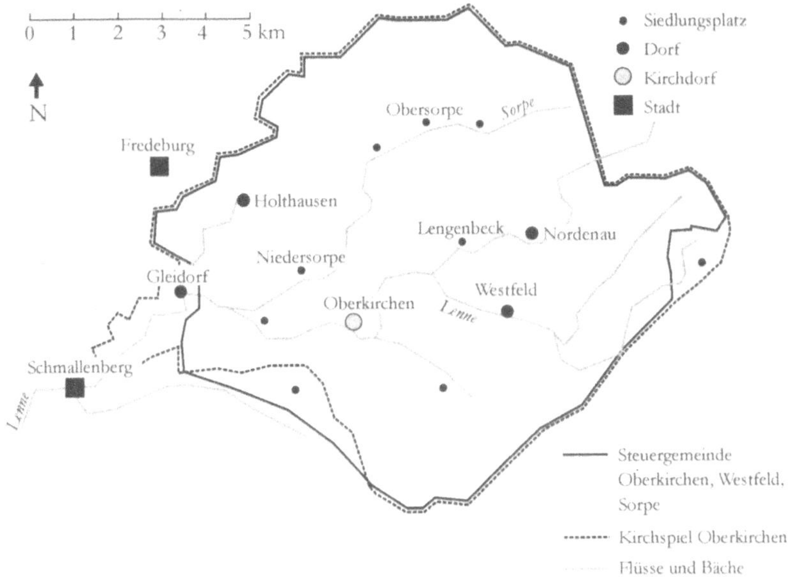

Kartografie: J. Bracht

Oberkirchen schließlich liegt in der Region des hohen Sauerlandes in einer Höhe von 433 Metern (Hauptort). Mit wenigen Ausnahmen war die Kirchengemeinde Oberkirchen, welche die Grundlage für die Familienrekonstitution bildete, deckungsgleich mit den drei Steuergemeinden Oberkirchen, Westfeld und Sorpe, deren Kataster und Grundbücher ausgewertet wurden (Karte 3). Grundakten mit Verträgen, Inventaren, Löschungsbewilligungen und Ablöserezessen sind aber allein aus der Steuergemeinde Westfeld erhalten.

Verglichen mit Löhne und Borgeln lag Oberkirchen ausgesprochen abgeschieden. Zwar befanden sich im Umkreis von 20 Kilometern vier Städte, Schmallenberg, Fredeburg, Winterberg und Berleburg, diese zählten allerdings jeweils nur 1.000 bis 2.000 Einwohner. Erst ab 1889 führte eine Eisenbahnstrecke von Norden in die nähere Umgebung Oberkirchens. Während in Borgeln und Löhne 75-80% des Gesamtreinertrags von Ackerflächen erbracht wurden, waren es in Oberkirchen nur 21%. Dementsprechend mussten 70% des benötigten Konsumgetreides importiert werden.[77] Hingegen entfielen 28% des Gesamtreinertrags auf Wiesen und ganze 37% auf Wälder. Mit dem Wald wurde in Oberkirchen also der Hauptteil der agrarischen Einkommen bestritten. Die Waldwirtschaft produzierte Bauholz für den Hellweg und Holzkohle fürs

---

[77] G. Fertig, Äcker, S. 48.

Siegerland.[78] Weil aber der Ruhrbergbau Grubenholz nachfragte und die Eisenbahn Holzschwellen benötigte, wurde generell im ganzen hohen Sauerland vermehrt Bauholz produziert. Die Waldwirtschaft allein wird aber die Oberkirchener nicht ernährt haben. Bei den Landbesitzern mit weniger als 10 ha Nutzfläche, immerhin zwei Dritteln aller, bestanden die Flächen weit weniger aus Holz als aus extensiv genutzten Weideflächen und Äckern. Heimgewerbliches Holzhandwerk und Wanderhandel ergänzten oder dominierten die Einkommen der Mischökonomien.[79]

Bisherige Forschungen sprechen daher für einen deutlichen Arbeitskräfteüberschuss in Oberkirchen, wenngleich der durchschnittliche Tagelohn in den 1840er-Jahren immerhin höher als der in Löhne war.[80] Erst mit dem Eisenbahnbau in das hohe Sauerland ab 1887 wandte sich Oberkirchen dem Tourismus zu, der heute noch das Hauptstandbein seiner Wirtschaft ist. Es ist weitgehend ungeklärt, wie sich die Haushaltsbudgets unter den Bedingungen des 19. Jahrhunderts gestalteten. Fertig weist auf den ausgiebigen zeitgenössischen Armutsdiskurs in den administrativen Quellen hin, sieht die Einkommensschwäche vieler Haushalte aber weitgehend aufgefangen durch eine funktionierende Armenfürsorge.[81] Der Anteil kollektiven und institutionellen Eigentums war 1830 und unverändert 1866 sehr hoch.

In diesen drei Untersuchungsorten waren bis zu den Ablösungen der „gutsherrlich-bäuerlichen Verhältnisse", d. h. der gemeinhin als Grundherrschaft bezeichneten Abhängigkeitsbeziehungen, verschiedene Besitzrechte in Kraft.[82] Die meisten Höfe waren „Kolonate". Bis zu den Ablösungen genossen die Bauern allenfalls ein Nutzeigentum und hatten Abgaben und niedrig bemessene Dienste zu leisten. Dennoch handelte es sich um ein günstiges Besitzrecht, gestand es doch ein Erbrecht zu und gestattete grundsätzlich – mit Einverständnis des Gutsherrn – auch Verkauf und Verpfändung. In der Praxis kaum unterschiedlich waren Erbpachtungen und Zinsgüter, etwa „Kotten", die zwei nächstwichtigen Besitzrechte in den drei Orten. Während bei der Erbpacht das Eigentum komplett beim Verpächter blieb, hatten die Nachsiedlerschichten des 16. bis 18. Jahrhunderts volles Eigentum an ihren Kotten und Neubauereien erworben. Allen gemeinsam waren Abgaben, Erbpacht oder Grundzinse an

---

78 Holzkohle wurde erst nach 1860 von der Steinkohle verdrängt. Bernward SELTER: Waldnutzung und ländliche Gesellschaft. Landwirtschaftlicher „Nährwald" und neue Holzökonomie im Sauerland des 18. und 19. Jahrhunderts, Paderborn 1995, S. 353-364.

79 Peter HÖHER: Heimat und Fremde. Wanderhändler des oberen Sauerlandes, Münster 1985, für die spätere Zeit. Auch G. Fertig, Äcker, S. 48-54, speziell S. 51: Demographische Analysen zeigen auch bis etwa 1850 eine die Wanderarbeit nicht unbedingt vollkommen bestätigende Charakteristik (Heiraten und Zeugungen im Dezember/Januar/Februar), ein agrarisches Muster schlug aber nach 1850 dann doch durch.

80 G. Fertig, Äcker, S. 61.

81 Ebd., S. 52-53.

82 Der folgende Absatz basiert im Wesentlichen auf ebd., S. 95-111.

Abbildung 1-A: Besitzverteilung in Borgeln 1829/30 (nur steuerpflichtige Landbesitzer)

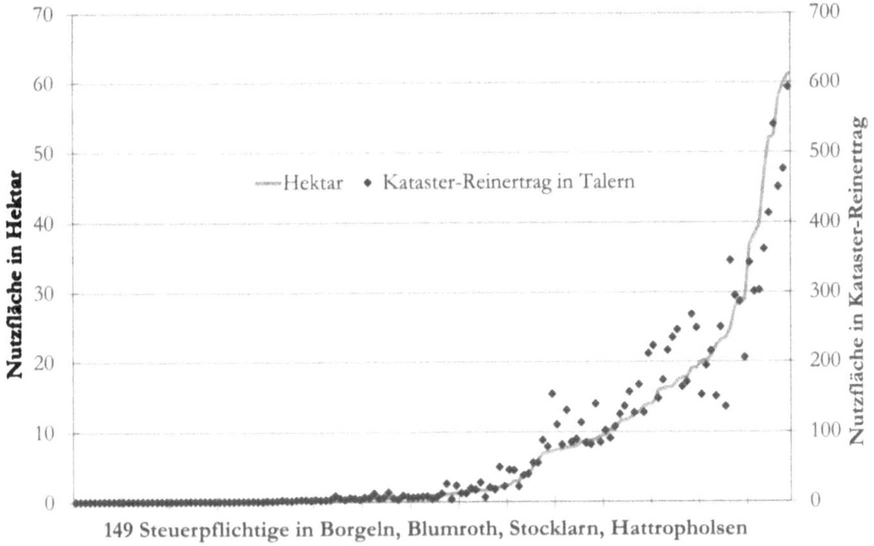

Quelle: Güterauszüge (Datenbank BOR, Tabelle Artikel)

die jeweiligen Gutsherrschaften, alle standen in Abhängigkeiten, die erst durch die Ablösungen beendet wurden (Kapitel 6).

1.4 Ländliche Klassengesellschaften

In allen drei Orten gab es große sozialstrukturelle Unterschiede zwischen vielen Klein- und Kleinstbesitzern und gut ausgestatteten bis reichen Bauern. Abbildung 1-A listet die Borgeler Landbesitzer ihrer Nutzfläche nach auf. Es handelt sich hierbei um 149 Steuerpflichtige, etwas mehr als die 143 „Feuerstellen", die das Wertschätzungsprotokoll für 1828 angibt.[83] Knapp zwei Drittel besaßen weniger als 3 ha. Das obere Drittel verteilte sich zu gleichen Teilen auf eine schmale Mittelschicht mit zwischen 3 und 20 ha und eine Oberschicht mit 20 bis 60 ha. Dies verweist auf den lokalen Arbeitsmarkt, der die Betriebe deutlich in Arbeitskraftanbieter und -nachfrager teilte. Auch wird dieser Befund unterstrichen durch die enorm hohe Zahl an Gesindekräften in Borgeln, die in etwa ein Drittel der Einwohnerschaft stellte. Dies war deutlich mehr als in den

[83] Daten für das Untersuchungsgebiet. Vgl. G. Fertig, Äcker, S. 62, mit Daten für die Steuergemeinde.

anderen Orten (Löhne 3%, Oberkirchen 10%). Die allermeisten Knechte und Mägde besaßen kein Land, wenngleich es auch Ausnahmen gab.[84]

In Löhne praktizierten die Bauern das Heuerlingssystem, bei dem sie Familien ohne Besitz eine Wohnung bzw. eine Kate und etwas Land vermieteten. Heuerlinge hatten folglich einen sehr kleinen landwirtschaftlichen Betrieb. Ihre Haushalte waren Versorgungseinheiten mit eigenem Feuer und der Klassensteuer unterworfen. Sie waren aber den jeweiligen Höfen zugehörig. Heuerlinge mussten „ihren" Bauern jederzeit bei der Arbeit zu Diensten sein, wobei der Bauer ihren Verdienst mit der Miete verrechnete. 1865 zählte Löhne 144 Höfe, darunter 71 Kolonate. 53 Kolonate und Neubauereien hatten insgesamt 72 Heuerlingshaushalte angesiedelt.[85] Löhner Heuerlinge werden ein besonderes Interesse gehabt haben, mit Land eine Basis der Selbstversorgung zu erlangen. Gelegenheiten ergaben sich bei der Gemeinheitsteilung in den 1840er-Jahren und bei den Landtransaktionen im Zuge des Eisenbahnbaus (Kapitel 3.3).

In der Tat drückt die Besitzverteilung 1866 eine gegenüber 1830 geringere Zahl an Bauern mit über 10 ha aus (Abbildungen 1-B und 1-C). Demgegenüber nahm die Zahl der landarmen Haushalte stark zu. Die Statistik der Besitzverteilung weist für Löhne wie für die beiden anderen Orte auch eine Zunahme der Ungleichverteilung aus, repräsentiert durch die höheren Ginikoeffizienten für das Jahr 1866 gegenüber 1830. Gerade die unteren Besitzgruppen sind 1866 zahlreicher vertreten gewesen. Allerdings werden Heuerlinge in der zugrundeliegenden Quelle, den Katasterunterlagen, nicht berücksichtigt. Die Darstellung für 1866 ist deshalb ergänzt um die Heuerlinge, die i. d. R. nur Klassensteuer, nicht aber Grundsteuer zahlten. Mit den Heuerlingen gleicht die Besitzverteilung Löhnes denen der beiden anderen Orte. Die Schicht der Löhner Landbesitzer allerdings war in sich relativ homogen; die größten Kolonate 1830, Imort, Eickmeyer und Elstermeyer verfügten alle je über 22 bis 26 ha. Das Reservoir an nach Landbesitz strebenden Personen und Paaren unterhalb dieser Klasse ist schwer zu beurteilen. Es lässt sich aber sagen, dass die Zahl der grundsteuerpflichtigen Landbesitzer bis 1866 stärker anstieg als die Einwohnerzahl (+35% gegenüber +20%). Dies kann als Indiz gewertet werden, dass die ländliche Gesellschaft entgegen dem deskriptiv-statistischen Befund ihre Ressourcen in der zweiten Jahrhunderthälfte etwas gleichmäßiger verteilte als zuvor.

---

84 G. Fertig, Äcker, S. 62. Siehe auch unten Kapitel 7.1.

85 KAH, A1125. Datenbank LOE, Tabellen Steuern und Personen-Steuern.

Abbildung 1-B: Konzentration des Landbesitzes in den drei Orten 1829/33 (Lorenzkurve)

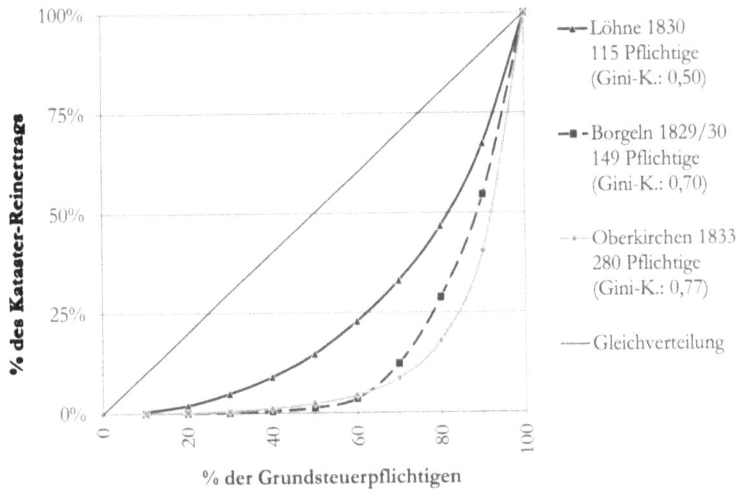

Abbildung 1-C: Konzentration des Landbesitzes in den drei Orten 1866 (Lorenzkurve)

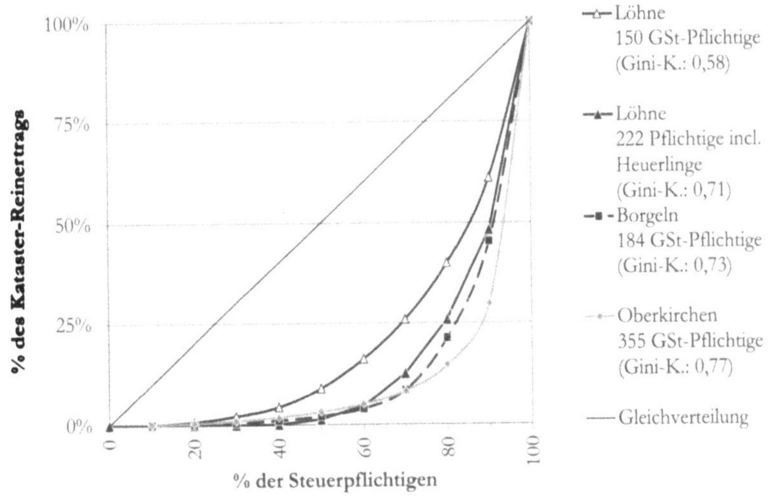

Erläuterung: GSt = Grundsteuer; Heuerlinge in Löhne nicht grundsteuerpflichtig.
Quellen: Güterverzeichnisse 1830, Güterauszüge 1866 (Datenbanken BOR, LOE, OKI, jeweils Tabelle Artikel), KAH, A1125 (1865).

In der auch in Oberkirchen sehr ungleichmäßigen Besitzverteilung bildete sich eine sehr kleine Spitze von ortsansässigen vermögenden Bauern mit um die 100 ha Nutzfläche heraus. Die Hälfte bis zwei Drittel ihres Landes bildeten Wald und Heideflächen. Hervorzuheben ist der Winkhauser Unternehmer Franz Kaspar Nückel[86], der nach massiven Zukäufen in den 1830er-Jahren einen Besitz von 157 ha akkumulierte und als Gläubiger und wohl auch als Auftrag- und Arbeitgeber innerhalb der Gemeinde Einfluss gewann. Beträchtliche 62% aller Ehepaare besaßen um 1830 kein eigenes Haus, weit mehr als in Borgeln und Löhne, wo es immerhin auch 37% bzw. 42% der Ehepaare waren.

Josef Mooser bewertete die soziale Ungleichheit der ländlichen Gesellschaft bis zur Mitte des 19. Jahrhunderts als „ländliche Klassengesellschaft". Diese These erwies sich in der Folgezeit als wegweisend.[87] Im Zentrum seiner Analysen standen die Gesellschaften der westfälischen Regionen Minden-Ravensberg und Paderborn. Obwohl zwei Regionen behandelnd, erlangte vor allem Moosers Analyse Minden-Ravensbergs und des dort praktizierten Heuerlingssystems größeren Einfluss. Moosers „ländliche Klassengesellschaft" bestand aus ausgesprochen einseitig verteilten Produktionsmitteln (Land bei den Bauern, Arbeit bei den Heuerlingen), die über ein Marktverhältnis vermittelt wurden. Dieses Marktverhältnis war überdies so bauernfreundlich, dass es zu sehr starker, eben „quasifeudaler" Abhängigkeit der Heuerlinge von den Bauern kam.[88] Einen wichtigen Baustein bildete darin noch die Leinen-Protoindustrie, die ebenfalls Heuerlinge an die Bauern band.[89] Letztere zogen aus diesem Klassengegensatz großen Profit und entwickelten ihrerseits „quasifeudalen" Lebensstil, erst recht nachdem „die liberalen Agrarreformen einen bäuerlichen Agrarkapitalismus entfesseln halfen."[90] Ein Hauptpunkt der Kritik an Mooser ist sein Gebrauch des Begriffs der Klasse.[91] Bestritten wird nicht die starke Ungleichheit als solche, wohl aber, dass diese

---

86 OKI OFBID 6256.

87 Josef MOOSER: Ländliche Klassengesellschaft 1770-1848. Bauern, Unterschichten, Landwirtschaft und Gewerbe im östlichen Westfalen, Göttingen 1984; Christof DIPPER: Ländliche Klassengesellschaft 1770-1848. Bemerkungen zu dem gleichnamigen Buch von Josef Mooser, in: Geschichte und Gesellschaft 12 (1986), S. 244-253.

88 Mooser, Klassengesellschaft, S. 247. In der Tendenz ähnlich Rolf BOTZET: Bauersleut und Heimarbeiter. Feldarbeit und Hausgewerbe im Ravensburger Land, Herford 1992. Jürgen SCHLUMBOHM: Lebensläufe, Familien, Höfe. Die Bauern und Heuerleute des Kirchspiels Belm in proto-industrieller Zeit, 1650-1860, Göttingen 1994, S. 606-614, schildert ebenfalls passagenweise große Abhängigkeiten.

89 Mooser, Klassengesellschaft, S. 83.

90 Ebd., S. 348 (Zitat), auch 226.

91 Ebd., S. 27. Mooser beruft sich auf Max Webers Definition und sieht als Klasse diejenigen vereint, deren Besitz- und Erwerbssituation gleich ist und sie durch Markt vermittelt mit anderen Klassen in Beziehung treten lässt.

allein durch den Markt erklärt werden kann (so hatten Heuerlinge auch nicht die gleichen Rechte wie Bauern) und dass es ein allgemeines Klassenbewusstsein der Heuerlinge gab. Vielmehr wird betont, verwandtschaftliche Beziehungen hätten die Gesellschaft ganz anders strukturiert, auch über Klassengrenzen hinweg.[92]

Diese Arbeit, die keine Untersuchung von Verwandtschaftsverbindungen beinhaltet, nimmt sich nur eines Teils der These an: Handelte es sich bei den Bauern des 19. Jahrhunderts um eine sich auf Kosten der Kleinbauern und Landlosen bereichernde Klasse? Wie entwickelte sich Ungleichheit im zweiten Jahrhundertdrittel und welche Bedeutung kam dabei Vermögenstransaktionen zu? Wie sind die Möglichkeiten unterschiedlicher Schichten bei Vermögensentscheidungen zu bewerten? Gab es soziale Mobilität, wenn ja, in welchem Maß?

Wie gesehen, waren alle drei Orte stark von sozialer Ungleichheit geprägt. Das im Zentrum der Spar- und Kreditanalysen stehende Borgeln, ohne Heuerlingssystem und ohne Protoindustrie, stellte einen „hot spot" der Agrarmodernisierung dar, in dem die Beziehungen innerhalb der ländlichen Gesellschaft in hohem Maße durch den Arbeitsmarkt geprägt waren. Der bereits von Georg Fertig festgestellte hohe Anteil an Lohnarbeit in dem Untersuchungsort Borgeln weist darauf hin, dass auch diese Region die wesentlichen Kriterien für eine ländliche Klassengesellschaft erfüllte, mehr sogar als das ostwestfälische Heuerlingssystem. Waren die neuen Instrumente der Vermögensbildung klassenspezifisch oder klassenübergreifend? Gerade für die von den Zeitgenossen den Unterschichten zugedachten Sparkassen ist zu fragen, ob nicht durch sie die Klasse der Landlosen zu Besitz kommen und so die Klassengegensätze nivelliert werden konnten. Mooser nimmt den Pauperismus des Vormärz zum Anlass, die Überlebensleistungen kleinst- und unterbäuerlicher Schichten und ihren Kampf um die notwendigen Ressourcen herauszustellen. Pauperismus war aber kein allgegenwärtiges Phänomen, sondern zu einem Gutteil mit dem Niedergang der Leinen-Protoindustrien verbunden. Die Arbeit soll somit auch erweisen, ob dieser „Plot" der sich verschärfenden Klassengegensätze weiterhin das Bild der ländlichen Gesellschaft im 19. Jahrhundert dominieren kann.

---

[92] Schlumbohm, Lebensläufe, S. 617-620. David Warren SABEAN: Property, Production, and Familiy in Neckarhausen, 1700-1870, Cambridge u. a. 1990, S. 422-427, dynamisiert dies, indem er für das 18. Jahrhundert Verflechtungen über soziale Schichten hinweg als dominant ansieht, für das 19. Jahrhundert aber Verwandtschaftsverbindungen innerhalb der eigenen Schicht. „Class relations" seien durch das Verwandtschaftsnetzwerk geleitet und reproduziert worden (S. 425). Christine FERTIG: Familie, verwandtschaftliche Netzwerke und Klassenbildung im ländlichen Westfalen (1750-1874), Stuttgart 2012, zeigt, dass in Löhne, trotz des Heuerlingssystems, vielfach Patenschaftsbeziehungen über den Klassengrenzen hinweg gebildet wurden, in Borgeln aber Bauern und Landlose gleichermaßen bäuerliche Paten suchten, eine Klassengesellschaft deswegen eher in Borgeln „gelebt" wurde.

1.5 Quellen, Methoden und Operationalisierungen

Während bisherige Arbeiten zu Faktormärkten sich zumeist auf einen Markt konzentrieren (also etwa Boden oder Kredit), werden in der folgenden Arbeit Märkte und ihre Interaktion anhand strategischen Handelns von Individuen betrachtet. Zudem werden Transaktionen auf familien- und lebenszyklische Ereignisse bezogen, was ebenfalls einen enormen Gewinn an möglichen Analysen und an Erkenntnismöglichkeiten bedeutet. Im Einzelnen basiert die Untersuchung auf einem breiten Korpus serieller Daten aus mehreren Quellenbeständen, die ihrerseits jedoch nicht *typisch* für die untersuchten Orte sind, sondern in ihrer Überlieferung (nicht in ihren Inhalten) *repräsentativ* für die ländliche Wirtschaft und Gesellschaft Preußens im Untersuchungszeitraum und für die meisten anderen deutschen Einzelstaaten des 19. Jahrhunderts ebenso, da sich die administrativen Lösungen zumeist stark glichen. Die ausgewerteten Bestände sind:

1. Katasterquerschnitte 1829/30/33 und 1866 sowie deren Urkarten aus den 1820er-Jahren[93]. Diese enthalten, geordnet nach Steuerartikeln (meist Höfen), Auflistungen von Parzellen mit deren Eigenschaften (Größe, Kataster-Reinertrag, Kulturart).

2. Hypothekenbücher, praktisch die Grundbücher unter altem Namen, die zwar einen größeren Zeitraum abdecken, deren Daten aber v.a. für den Zeitraum 1830 bis 1866 ausgewertet wurden. Hypothekenbücher enthalten Informationen zu Landtransaktionen und Hypothekenkrediten unter Angabe der gehandelten oder belasteten Parzellen.[94]

---

[93] Katasteramt Brilon, Flurkarten Oberkirchen, Westfeld und Sorpe; Fortschreibungsverhandlungen 1–3 der Steuergemeinde Oberkirchen, Fortschreibungsverhandlungen 1–2 der Steuergemeinde Sorpe und Fortschreibungsverhandlungen der Steuergemeinde Westfeld, Güterverzeichnisse 1833 der Steuergemeinden Oberkirchen, Westfeld und Sorpe (kurz: Güterverzeichnisse Oberkirchen), Güterauszüge 1866 der Steuergemeinden Oberkirchen, Westfeld und Sorpe (kurz: Güterauszüge Oberkirchen).
Katasteramt Herford, Mutterrollen Löhne (1830), Fortschreibungsverhandlungen 1831–1866 der Steuergemeinden Löhne-Königlich und Löhne-Beck, Güterverzeichnisse 1833 der Steuergemeinden Löhne-Königlich und Löhne-Beck (kurz: Güterverzeichnisse Löhne), Güterauszüge 1866 der Steuergemeinden Löhne-Königlich und Löhne-Beck (kurz: Güterauszüge Löhne), Urkarte Löhne, Reinkarte Löhne, Flurkarte Löhne.
Katasteramt Soest, Flurkarten Borgeln und Stocklarn.
LA NRW W, Güterverzeichnisse 1829 der Steuergemeinden Stocklarn und Borgeln (kurz: Güterverzeichnisse Borgeln), Güterauszüge 1866 der Steuergemeinden Borgeln, Blumroth, Stocklarn und Hattropholsen (kurz: Güterauszüge Borgeln).

[94] Grundbuchamt Bad Fredeburg, Hypothekenbücher 1–3 der Steuergemeinde Oberkirchen, Hypothekenbücher 1–4 der Steuergemeinde Sorpe, Hypothekenbücher 2–3 der Steuergemeinde Westfeld (kurz: Hypothekenbücher Oberkirchen). LA NRW OL, Hypothekenbücher Löhne 1–4, Hypothekenbuch Löhne-Beck 1 (kurz: Hypothekenbücher Löhne). LA NRW W, Hypothekenbücher Borgeln 1–13 (kurz: Hypothekenbücher Borgeln).

3. Kirchenbücher bzw. bestehende Familienrekonstitutionen.[95]

4. Grundakten, die die Belege zu den in den Hypothekenbüchern erfassten Transaktionen enthalten, also Verträge, Inventare, Quittungen, Hypothekenscheine, Löschungsbewilligungen. Intensiv ausgewertet wurden dabei Verträge (Testamente, Übergaben, Teilungen) und die Rezesse der Grundlastenablösungen.[96]

5. Journale der Sparkasse Soest 1830-1867. Dabei wurden mit Stichproben Querschnittsanalysen erstellt, vor allem aber selektiv die Konten der aus dem Untersuchungsgebiet Borgeln stammenden Kunden ausgewertet.[97]

6. Begleitendes Quellenmaterial administrativer Herkunft, etwa Gemeindeprotokolle oder Berichte.

Wesentlich für die Analysierbarkeit der Quelleninformationen ist die Verknüpfung der Informationen und Quellen untereinander. Kernstück der Auswertungen sind Datenbanken (auf Basis von MS Access), in die die seriellen Quellen weitestgehend Eingang fanden. Es sind dies drei gleich strukturierte Datenbanken bezüglich der drei Orte Löhne, Oberkirchen und Borgeln. Wesentlich ist hier, dass die Organisation der Daten und die Verknüpfungen von Datenbeständen untereinander über die Kategorie des Hofs erfolgten, die zwar in den Quellen genannt wird, die aber nicht dem Ordnungsprinzip der wichtigsten Quellen entspricht. Hypotheken- und Grundbücher sind in Folien organisiert, wobei ein Folium den Grund eines Hofes darstellen konnte und dann auch so benannt war. Ein Hofbesitzer konnte weitere Folien im Grundbuch besitzen, die nicht als Hofland bezeichnet wurden, die aber genauso zur Betriebswirtschaft des Hofes zählten. Ähnlich bei den Katastern, die in „Artikeln" organisiert waren. Auch hier gab es ganze Besitzkomplexe in einem einzigen Artikel, aber auch Streubesitz über mehrere Artikel des Katasters hinweg. Die hier in den Analysen er-

95 Landeskirchenarchiv Bielefeld, Kirchenbücher ev. Kirchengemeinde Löhne, Kirchenbücher ev. Kirchengemeinde Borgeln, Familienkartei ev. Kirchengemeinde Borgeln.
Privatbesitz Rudi Jung und Dierk Jung, Familienbuch Oberkirchen (Sauerland). Katholische Pfarrei St. Gertrud, Oberkirchen, einschließlich Filialen (Unveröffentlichtes Typoskript Bonn / Oberkirchen 1989). Clarenbach, Stocklarn; ders., Borgeln II; ders., Borgeln III; ders. / Rudack / Rudack, Welver-Borgeln; Clarenbach / Rudack, Welver-Borgeln; Manfred SCHLIEN: Familienbuch Löhne. 300 Jahre des Kirchspiels Löhne, Celle / Klein Hehlen 1993; ders.: Die Familien der Kirchspiele Gohfeld, Löhne und Mennighüffen, 17. bis 19. Jahrhundert, Celle / Klein Hehlen 2001.

96 LA NRW OL, Grundakten Löhne-Königlich und Löhne-Beck (kurz: Grundakten Löhne). LA NRW W, Grundakten Westfeld (kurz: Grundakten Westfeld); LA NRW W, Grundakten Soest, in Auswahl Borgeln, Stocklarn, Hattropholsen, Blumroth, Borgeler Linde, Borgeler Mühle, Fahnen (kurz: Grundakten Borgeln).

97 Stadtarchiv Soest, C 999-1019: Journale der Sparkasse Soest 1830-1867 (kurz: Sparkassenjournale). Gegründet als „Sparkasse zu Soest", später „Stadtsparkasse Soest", heute „Sparkasse Soest".

scheinende Basiskategorie des Hofes ist also eine betriebswirtschaftliche Einheit, rekonstruiert auf Basis der Quellen und der ortsgeschichtlichen Literatur.

Über technische Details der Datenaufnahme aus den Ablöserezessen und der den Journalen der Sparkasse Soest geben die Anhänge A2 und A3 Auskunft. Die Datenbank der Sparkassentransaktionen stellt dabei nur Informationen zu dem Untersuchungsgebiet Borgeln zu Verfügung. Sie enthält serielle Daten der Einzahlungen und Auszahlungen, also Kontobewegungen. Aus diesen Daten wurden für die Jahre 1830-1867 die Sparkonten und Kredite rekonstruiert, die Bewohner des Untersuchungsgebiets Borgeln bei der Sparkasse hatten. Diese in den Journalen genannten Sparkassenkunden wurden bei Übereinstimmungen des Namens, des genauen Wohnorts und des „Berufs" als Personen der Familienrekonstitutionen identifiziert und mit diesen technisch verknüpft.

Tabelle 1-c führt die wichtigsten Transaktionen auf, die zugleich Entitäten in der Datenbank-Organisation bilden. *Entitäten* bedeuten im Sinne der Technik der relationalen Datenbanken grundlegende Informationseinheiten, die durch eindeutige und unveränderliche Informationen definiert sind und denen durch Verknüpfung mit anderen Entitäten Sinnzusammenhänge verliehen werden. Etwa ist ein Bodenkauf eine Transaktion mit eindeutigen Eigenschaften wie Vertragsdatum, Datum des Eintrags und Kaufpreis. Diese gibt es im Zusammenhang mit diesem Bodenkauf nur ein einziges Mal. Es können aber mehrere Personen beteiligt gewesen sein, und es können mehrere Parzellen gehandelt worden sein. Diese stellen Entitäten an sich dar. Alle Transaktionen sind solche Entitäten.

Darüber hinaus wird ein Teil der Analysen mit berechneten *Zuständen zu bestimmten Zeitpunkten* bestritten. So ergibt sich aus Personen, die einer Familie zugeordnet sind, eine Familiengröße. Aus Kontobewegungen errechnet sich ein Kontostand, aus Krediten ein Schuldenstand, aus Bodenkäufen und -verkäufen eine Besitzgröße. Diese aus den Entitäten hergeleiteten Zustände sind gerade innerhalb der statistischen Analysen bedeutsam. *Zustände* lassen sich wiederum zu Longitudinaldaten zusammenfassen, aus denen Verläufe konstruiert werden können.

Die Untersuchung ist als mikrohistorische Verdichtung bei gleichzeitig vergleichendem Ansatz zu verstehen. Im Fokus der Untersuchung steht der Ort Borgeln in der Soester Börde. Die beiden anderen Orte, Löhne und Oberkirchen, sind aber mehr als reine narrative Satelliten. Der Basisquellenbestand bestehend aus Grundbüchern, Katastern, Verträgen und Ablöserezessen wurde in gleichem Maße für Löhne und Oberkirchen ausgewertet. Die Möglichkeiten komparatistischer Analyse werden ausgeschöpft, was für die Thesenbildung insoweit von Bedeutung ist, da jede aus dem Material eines Ortes geschöpfte These die Überprüfung am Material der beiden anderen Orte bestehen musste.

Tabelle 1-c: Eingesetzte Datenbanken

Entitäten und Transaktionen im Zeitraum 1830-1866 (Auswahl)	Datenbank OKI (Oberkirchen)	Datenbank BOR (Borgeln)	Datenbank LOE (Löhne)	Datenbank KONTEN (Spk. Soest, Borgeln betreffend)
1. Höfe (HofID)	**275**	**166**	**243**	
a) Eigentumswechsel an Grundstücken (EID)	1.152	1.020	916	
b) Hypotheken (LastID)	1.102	713	487	
c) Vermögensneuordnungen (KonID) 1)	179	297	185	
d) Inventare (InvID)	6	26	23	
f) Verwandlungen und Ablösungen der Feudallasten (AblösID)	150	203	144	
2. Personen (* oder + 1830-1870) (OFBID)	**3.775**	**2.789**	**18.401** 3)	
3. Familien (oo 1830-1870) (FamID)	**1.007**	**614**	**431**	
4. Sparkonten (1830-1867) (KontoID)				**601**
a) Einzahlungen auf Sparkonten (BewegID) 2)				2.411
b) Zins- und Auszahlungen von Sparkonten (BewegID)				1.283
5. Kredite (1830-1867) (KontoID)				**113**
a) Auszahlungen von Kreditsummen (BewegID)				123
b) Zins- und Rückzahlungen von Krediten (BewegID)				1.297

Quelle: Datenbanken BOR, LOE, OKI, KONTEN
1) Erbfälle, Übertragungen, Abfindungsregelungen, überliefert in Verträgen oder Testamenten; 2) Incl. Zinsgutschriften; 3) Incl. der zwei Kirchspiele Mennighüffen und Gohfeld.

Da das Datenmaterial auf Mikroebene vorliegt, können aus diesen Informationen statistisch auswertbare Datensätze generiert werden. Dabei werden in der Regel keine Stichproben gebildet, sondern es wird mit den Gesamtdaten gearbeitet. *Beschreibende Statistik* wird für jede einzelne Vermögensform (jeden einzelnen Faktormarkt) eingesetzt, um grundsätzliche Dimensionen wirtschaftlicher Transaktionen zu klären, z. B.: Welche Berufsgruppe leiht wie viel Geld? Wer verleiht Geld? Wie lange dauert es, bis

Kredite zurückgezahlt werden? Wird die Sparkasse von allen Schichten gleich stark genutzt? Wie hohe Summen werden angelegt? Die eingesetzte *analytische Statistik* wird die Verfahren der Linearen Regressionsanalyse, der Logistischen Regression und der Tobit-Regression umfassen. Diese kommen überall dort zum Einsatz, wo eine Anzahl von Transaktionen (pro Jahr) bzw. der Wert einer Transaktion bzw. das Ereignis einer Transaktion zu skalierbaren Variablen in Beziehung gesetzt wird.

Es wird in Analyse und Darstellung aber auch wiederholt die Rückbindung an Einzelfälle gesucht werden. Dies stellt sich gerade bei der Untergliederung und Differenzierung von Datensätzen als notwendiges Mittel der Interpretation dar. Schließlich haben wir es nicht mit homogenen Gesellschaften zu tun, sondern gerade in ökonomischer Hinsicht traten in jedem der Orte einzelne Ereignisse und Personen hervor, die besonders viele Transaktionen tätigten und das statistische Gesamtbild maßgeblich beeinflussen. Über die statistischen Methoden hinaus werden daher auch explizit desaggregative Zugänge gewählt.

Die Anwendung statistischer Methoden setzt voraus, dass die oben genannten lebenszyklischen und historisch-exogenen Faktoren, und wichtige Differenzierungsmerkmale für statistische Analysen operationalisiert werden. Dies betrifft folgende wichtige Punkte:

Ungleichheit: Um zwischen Haushalten verschiedener Schichten zu differenzieren, wird die historische Schichtung für Auswertungen operationalisiert werden. Vorrangig wird eine Besitzskala zum Einsatz kommen, die die wirtschaftliche Leistungsfähigkeit eines bäuerlichen Betriebs ausdrückt. Die Steuerverwaltung des 19. Jahrhunderts maß jeder Parzelle einen *Grundsteuer-Reinertrag* (im Folgenden auch Steuer-, Kataster- oder kurz Reinertrag genannt) bei, der die Ertragsfähigkeit in einem Geldwert ausdrückte. Diese Einzelwerte lassen sich aufsummieren zum Kataster-Reinertrag eines ganzen Betriebes. Für jede Parzelle ist der Steuerreinertrag aus der Aufnahme der Urkataster (Ende der 1820er-Jahre) erfasst. Da außerdem die jedem Betrieb am Jahresende zugehörigen Parzellen technisch zusammengestellt werden können, liegen für jeden Betrieb der drei Orte im Zeitraum diese Daten jahresgenau vor. Der Reinertrag ist in dieser Funktion schlicht eine Skala der Leistungsfähigkeit. Damit ergibt sich eine Besitzverteilung ohne definierte Klassengrenzen. Diese Werte sind datenbanktechnisch bereits von Georg Fertig erarbeitet worden, so dass auf diese Vorarbeiten zurückgegriffen werden konnte. Was der Reinertrag überdies über die realen monetären Einkünfte aus dem Besitz aussagt, klärt Kapitel 2.

Akteure: Wer agiert in der ländlichen Gesellschaft in finanzieller Hinsicht? Wer sind die historischen Subjekte, die für Ressourcentransaktionen in Betracht kommen?

Die Untersuchung setzt Transaktionen aus unterschiedlichen Vermögensbeständen zueinander in Beziehung, die durch unterschiedliche Verfügungsrechte gekennzeichnet sind. Die tatsächliche Aktion ist aus mehrerlei Gründen nicht unbedingt das, was in den Quellen steht. Dies hat systematische Gründe.

Grundeigentum ist nachgewiesen durch den Eintrag im Grundbuch; über ein Sparguthaben aber kann verfügen, wer das Sparbuch in Händen hält (Inhaberpapier). Wir haben es also mit *unterschiedlichen Besitzrechten* zu tun. Zugleich kann man *faktische Verfügung* nicht mit dem Verfügungsrecht gleichsetzen. So finden wir in den Sparkassenjournalen zahlreiche Beispiele, in denen Personen stellvertretend für die eigentlichen Inhaber Transaktionen tätigen, sei es weil sie offensichtlich deren Vertrauen genossen und deren Geschäfte begleitend zum eigenen Geschäft erledigten, sei es, weil beide tatsächlich dem gleichen Haushalt angehörten (etwa Vater und Sohn) und unklar ist, ob es sich um persönliches Geld oder etwa Geld der Wirtschaftsgemeinschaft Hof handelte. Darüber hinaus noch ist die *quellenmäßige Manifestation* nicht notwendigerweise deckungsgleich mit dem historisch interessanten Sachverhalt. Im Grundbuch sind Kredite auf die verzeichneten Parzellen, nicht aber auf die Eigentümer als Personen eingetragen. Im Zusammenspiel ergeben alle drei Faktoren eine Situation, in der nicht eindeutig eine Verfahrensweise als die einzig richtige gewählt werden kann. In den einzelnen Transaktionsbereichen liegen die Dinge folgendermaßen:

Der *Grundbesitz* ist weitgehend einzelnen Personen zugeordnet, indem im Grundbuch die Eigentümer und Eigentümerwechsel genau spezifiziert wurden, und auch der Eintrag erst das Eigentum am Grund konstituierte. Probleme ergeben sich in dreierlei Hinsicht:

1. Der eingetragene Eigentümer war nicht immer wirklich derjenige, der über das Grundstück verfügte und es bewirtschaftete, denn Eltern übertrugen beispielsweise auch minderjährigen Kindern den Besitz.[98] Bei Kindern nahe an der Volljährigkeit von 24 Jahren beantragten die Eltern bisweilen die vorzeitige Anerkennung. Unabhängig aber von der Volljährigkeit der Kinder kam es häufig vor, dass die Altbauern im sogenannten Nießbrauch weiterbewirtschafteten bis sie sich zur endgültigen, faktischen Wirtschaftsübergabe entschlossen, die dann aber keinen vertraglichen Niederschlag mehr fand. Im Fall der Minderjährigen im Kindesalter können wir klar entscheiden, dass anstelle ihrer die Sorgeberechtigten handelten, was in der Regel die Eltern, manchmal aber auch nicht bekannte Kuratoren waren. Im ersten Fall wurden die Altbauern trotz juristischen Eigentumswechsels weiterhin als Verfügende behandelt, im letzteren Fall, wenn ein volljähriger Hofübernehmer Nießbrauch gewährt, wurde er als neuer Verfügender behandelt (es sei denn, der Nießbrauch war zeitlich exakt bemessen).

2. Insbesondere im Ort Oberkirchen herrschte oftmals die Situation vor, dass nach Tod der Eltern alle Geschwister in eine Erbengemeinschaft eintraten, aus der nach und nach Geschwister ausstiegen und vom Hofnachfolger abzufinden waren. Mit je-

98 BOR EID 733: Parzellenverkauf an einen zweijährigen Sohn. BOR EID 132: Übertragung der Windhüvel-Kolonie an den achtjährigen Sohn.

dem Austritt konstituierte sich daher die Erbengemeinschaft neu. Dennoch liefen auch die Erbengemeinschaften in der Regel auf einen Singularbesitz eines der Geschwister, meist eines Bruders, hinaus. Vielleicht stand er sogar im Vorhinein als Übernehmer fest. Im Folgenden wurde das „Interregnum" der Erbengemeinschaften ignoriert und die Person, die aus der Gemeinschaft schließlich als Einzelperson übernahm, bereits ab Beginn als Eigentümer behandelt.

3. Der dritte Fall betrifft die in Löhne und Borgeln übliche eheliche Gütergemeinschaft, in der Mann und Frau ab dem Eintritt in die Ehe nur noch gemeinsames Vermögen besaßen, das gütergemeinschaftliche Vermögen nämlich (siehe Kapitel 3.2.2). Wir haben es im Grunde mit einem Ehepaar als Akteur zu tun. Die Gütergemeinschaft endete mit dem Tod eines der beiden, daran schloss sich meist eine „fortgesetzte Gütergemeinschaft" von Witwe(r) und Kindern an, und oft auch eine Wiederheirat mit abermaliger Gütergemeinschaft. Hierbei handelt es sich also um einen formal sehr diskontinuierlichen Prozess, obwohl doch meist sehr viel Kontinuität vorherrschte. Denn nicht allein, dass ein Ehepartner sein Wirtschaften meist fortsetzte; auch Kinder verblieben meist im gleichen Haushalt, und nicht zuletzt bestand der Hof als Wirtschaftsgrundlage fort, nun allerdings beschwert durch eingetragene Abfindungen an die Kinder. Für weitere Analysen habe ich bei Ehepaaren den Weg gewählt, jeweils nur den Ehemann als Akteur zu behandeln, was sicherlich angreifbar, aber in Anbetracht der dem Ehemann rechtlich eingeräumten Verfügungsgewalt vertretbar ist.

Aus der letzteren Schlussfolgerung aber ergeben sich weitere Zweifelsfälle, nämlich wenn eine Person mehrere Höfe ihr Eigentum nannte. Solche Fälle sind überliefert, etwa beim Borgeler Kolon Wilhelm Gösslinghof, der von 1815 bis 1832 nicht nur die 25-ha-Kolonie Gösslinghof sondern auch die 30-ha-Kolonie Steinhoff besaß. In seinem Fall nun ist obendrein überliefert, dass er und seine Frau beide Kolonate zugleich bewirtschafteten (und damit scheiterten),[99] in anderen Fällen aber ist anzunehmen, dass auch verpachtet wurde, wenngleich Zeitpacht in den Untersuchungsorten ein seltenes Phänomen war. In solchen Fällen fand dann das tägliche Wirtschaften des Eigentümers nur auf einem Hof statt; zu seiner Vermögensdisposition aber zählten natürlich beide Höfe. Ich habe in solchen Fällen den Akteur mit seinem Stammhof gleichgesetzt und zu diesem das Kapital des Zweithofes hinzugerechnet.

Ähnliches gilt im Prinzip für alle ausgewerteten *Lasten* und *Kredite,* wenn sie auf Eintragungen in den Grundbüchern zurückgehen. Zu den bei den Eigentümerwechseln genannten Problemen gesellt sich hier noch, dass nur der Gläubiger, nicht aber der Schuldner namentlich genannt wurde, da letzterer ja meist mit dem Eigentümer des verpfändeten Landes identisch war. Die Unsicherheit steckt freilich in diesem „meist". Denn teilten sich mehrere Eigentümer eine Parzelle oder ein Parzellenkonvolut, so konnten einzelne den ihnen gehörenden Teil auch einzeln belasten. Schuld-

---

[99] LA NRW W, Rentamt Soest, Nr. 248: Gösslinghoffs Kolonie in Borgeln, 1660-1850.

ner waren dann eben nicht alle eingetragenen Besitzer, sondern nur eine Auswahl unter ihnen, die dann aber namentlich genannt wurden.[100]

Sparkonten schließlich waren nicht an Landbesitz gebunden, sodass wir es hier mit einem größeren Personenkreis zu tun haben. Auch gab es keine Altersbeschränkung. Man muss also davon ausgehen, dass innerhalb eines Haushalts mehrere Personen separat voneinander Sparkonten besitzen konnten. Auszunehmen sind davon abermals Eheleute. Die eheliche Gütergemeinschaft (die in Borgeln galt) erstreckte sich auch auf Sparguthaben. In der Regel war es auch der Ehemann, der ein Konto einrichtete. Verheiratete Frauen eröffneten höchst selten Konten.[101] So war beim Sparen ebenfalls das Paar, wenn nicht gar der Hof als Einheit der Akteur.

Hof-Jahre, Personen-Jahre: Um Untersuchungen auf dem Niveau einzelner Betriebe zu ermöglichen, werden die Transaktionen bei den meisten Analysen pro Jahr aufsummiert und mit weiteren Faktoren des Betriebs und Jahres in Beziehung gesetzt. Dabei werden i. d. R. auch jene Jahre in die Untersuchungen einbezogen, in denen keine Transaktionen stattfanden. Das führt zu operablen Einheiten der Hof-Jahre, Personen-Jahre etc. Ein Hof-Jahr bedeutet eines der Jahre des Bestehens eines spezifischen Hofes. Die Gesamtzahl der Hof-Jahre ist also für alle Höfe die Summe aller Jahre, die sie im Untersuchungszeitraum bestanden. Bei Personen-Jahren findet sich darüber hinaus die Einschränkung nach Lebensphasen. Bei Sparflüssen z. B. hat die Zählung von Hof-Jahren gegenüber aggregierten Sparflüssen den Vorteil, dass große Vermögensbewegungen einzelner Höfe die Transaktionen kleiner Haushalte nicht überdecken und der „Jahresabschluss" jedes Hofes mit Konto gleichberechtigt gewertet wird.

1.6 Zusammenfassung der Fragestellung

Diese Arbeit beschäftigt sich mit bäuerlicher Vermögensbildung und mit Vermögenstransaktionen zwischen 1830 und 1866. Vermögenswirtschaft bedeutet in dem Zusammenhang eine Erweiterung des Verständnisses von Agrarwirtschaft als zyklische, saisonal geprägte Produktion um Transaktionen auf Faktormärkten. Untersucht werden dazu Hypothekenkredite, Landkäufe und -verkäufe, Sparbuchbewegungen und Kredite der Sparkasse.

---

100 BOR LastID 117, 131, 171, 248, 262, 263, 365, 625, 715, 805, 808, 826, 1022, 1027, 1028, 1309, 1426, 1465, 1466, 1596, 1639.

101 In acht Fällen besaßen beide Ehepartner nach ihrer Heirat zeitgleich Konten. In vier Fällen verliefen die Aktionen teilweise zeitgleich, etwa wenn die Konten am gleichen Tag aufgelöst wurden (KontoIDs 10 und 73, 686 und 81, 365 und 285, 508 und 514). Dies ist ein deutliches Zeichen dafür, dass das Geld einem gemeinschaftlichen Zweck zugeführt wurde. In ebenfalls vier Fällen aber gab es keine parallelen Aktionen auf den Konten der Eheleute (KontoIDs 34 und 732, 245 und 228, 319 und 315, 389 und 713 und 356).

Dabei nimmt die Arbeit drei Perspektiven ein: Erstens versucht sie, die tatsächlichen Entscheidungen der Bauern vor dem Hintergrund ihrer Spielräume auf den bestehenden oder sich entwickelnden Faktormärkten zu beurteilen. Zweitens versucht sie die ländlichen Märkte einzuordnen und miteinander zu vergleichen. Drittens konzentriert sie sich in einer Analyse der Sparkasse auf die Perspektive eines Instituts und möchte dessen Bedeutung für die ländliche Vermögenswirtschaft und gleichzeitig für die Struktur eines lokalen Finanzmarktes klären.

In der ersten Perspektive ist die zentrale Frage, welche Faktoren bäuerliche Betriebe veranlassten, Transaktionsentscheidungen vorzunehmen. Zur Diskussion gestellt und Analysen unterzogen werden dabei im Folgenden Erklärungsansätze, die Transaktionen mit strukturellen Bedingungen der bäuerlichen Wirtschaft, mit Einkommens- und Konsumschwankungen, mit familienzyklischen Bedürfnissen wie Haushaltsgründung, Nachlassorientierung oder Altersvorsorge, oder mit exogenen Marktimpulsen wie den Grundlastenablösungen begründen. Dabei sollen die sozialen Unterschiede im Blick behalten werden, um zu einer Einschätzung zu gelangen, ob die zutage getretenen Vermögensverläufe das Bild einer „ländlichen Klassengesellschaft" bestätigen, welches impliziert, dass Bereicherung der großen Bauern auf Kosten der Landlosen und Kleinstbesitzer stattfand. Eine besondere Stellung nehmen die Grundlastenablösungen ein. Hier wird gefragt, wo diese Reformen Vermögensentscheidungen der Bauern notwendig machten und wie diese getroffen wurden.

In der zweiten Perspektive wird analysiert, ob und wie sich Faktormärkte entwickelten, ob Bodenmarkt, Spareinlagen und Kreditmarkt komplementär zueinander standen, oder ob sie sich eher ergänzten. Nachdem der Bodenmarkt für die drei Untersuchungsorte als schwach nachgewiesen wurde, liegt das Augenmerk auf dem Kreditmarkt und auf dessen Flexibilität. Auch in dieser Perspektive spielt eine Rolle, welche Bedeutung den Ablösungen für die Kapitalmärkte zukam, ob sie etwa deren Entwicklung maßgeblich stimulierten.

Im Zusammenhang mit Gründung und Entstehen der ersten Finanzinstitutionen wird am Beispiel der Sparkasse Soest der Frage nachgegangen, ob die bäuerlichen Betriebe dringend nach diesen Institutionen verlangten und ihre Finanzprodukte (Kredit und Sparbuch) schnell in Anspruch nahmen. Dazu werden die bestehenden Märkte vor der Institutionalisierung charakterisiert und die Entwicklung der Sparkasse in Konkurrenz zu den anderen Marktteilnehmern untersucht werden.

Hypothekenkredite, Sparkonten, Sparkassenkredite und individuelle Ablösevorgänge waren allesamt bisher selten Basis für historische Arbeiten, in Verbindung mit Familien- und Grundbesitzrekonstitutionen im deutschen Raum noch nie. Nicht zuletzt wird Aufgabe dieser Arbeit sein, die Aussagekraft dieser Zugänge zur bäuerlichen Wirtschaft des 19. Jahrhunderts zu klären.

1.7 Gang der Darstellung

Kapitel 2 und 3 gelten zwei Basisgrößen für Kapitaltransaktionen. Erstens gilt es, die – regional unterschiedliche – Konjunktur für Agrarprodukte im Untersuchungszeitraum darzustellen, da sie eine Basis für Kapitalbildung, ökonomische Erwartungen und Risikoeinschätzung der Akteure bildete. Kapitel 3 wird darüber hinaus darstellen, wie der ländliche Grundbesitz als zentraler Vermögensbestandteil im Wert stieg, und zwar nicht allein, weil die Ertragsaussichten infolge der Konjunktur stiegen, sondern auch aus institutionellen Gründen der Besitzzuordnung und Grundbesitzbewertung. Des Weiteren wird Kapitel 3 auf Basis bestehender Forschungen[102] der Frage nachgehen, inwieweit Boden selbst ein liquidier- und handelbares Gut war, inwieweit er wirklich gehandelt wurde, denn auf diesem Wege könnten betriebliche Allokationsprozesse in Gang gekommen sein.

Kapitel 4 und 5 gelten den Transaktionen Kreditaufnahme und Sparen, repräsentiert durch die Instrumente des Hypothekenkredits und des Sparbuchs. In beiden Kapiteln gilt es, anhand der seriellen Daten die Verhaltensweisen der Akteure zu beschreiben und die Verwendungszwecke von Kredit und Sparguthaben zu ergründen. Hier wie dort wird auch der Frage nachgegangen, welche Bedeutung Institutionen und institutionellen Neuerungen zukam.

Kapitel 6 und 7 folgen dem umgekehrten Ansatz. In Kapitel 6 wird der konkrete agrarinstitutionelle Prozess der Grundlastenablösungen aufgegriffen und untersucht, mit welchen Instrumenten die Bauern den Finanzierungserfordernissen begegneten und welche Logik der Vermögenswirtschaft sich herauslesen lässt. In Kapitel 7 wird ausgehend von Beschreibungen und Thesen ökonomischen Verhaltens im Zusammenhang mit dem Haushalts- und dem individuellen Lebenszyklus geprüft, ob die Vermögensbereiche, insbesondere Kredit und Sparen, diese Bedürfnisse widerspiegeln.

Kapitel 8 schließlich bringt noch die Zusammenhänge der Transaktionen untereinander ins Spiel. Es widmet sich der Frage, ob es Austauschvorgänge zwischen Kredit, Sparen und Landtransaktionen gab und wie diese zu erklären sind.

---

[102] G. Fertig, Äcker.

Kapitel 2: Die Produktion als Grundlage für Vermögensflüsse

Für die in dieser Arbeit im Zentrum stehende Teilhabe bäuerlicher Betriebe an Faktormärkten ist eine Klärung der Entwicklung der Einkommen und Erlöse unverzichtbar. Ländliche Haushalte beziehen ihre Einkommen aus landwirtschaftlicher oder gewerblicher Produktion bzw. Handel oder aus landwirtschaftlicher oder gewerblicher Lohnarbeit, oder aus Kombinationen dieser Elemente. Insofern ist es nicht trivial zu klären, welche konjunkturellen Bedingungen etwa Sparverhalten begünstigten oder Verschuldung Vorschub leisteten. Ziel dieses zweiten Kapitels ist es, die konjunkturellen und regionalen Bedingungen der Untersuchungsorte zu spezifizieren, die wirtschaftlichen Möglichkeiten verschiedener Betriebsgrößen bzw. sozialer Schichten zu differenzieren und so eine Basis für die Analysen der Folgekapitel zu legen.

2.1 Marktintegration und Agrarwachstum

Es mangelt nicht an Darstellungen der agrarkonjunkturellen Entwicklung in der hier untersuchten Periode. Grundsätzlich wird diese weitgehend übereinstimmend für die meisten deutschen Territorien als eine günstige Zeit für landwirtschaftliche Erzeugung und bäuerliche Einkommen eingestuft. Nach Henning werden sich ab 1835 die Spielräume der ländlichen Ökonomien vergrößert haben. Erst um die Mitte des Jahrhunderts stiegen die Löhne allmählich an und bremsten diese Entwicklung.[103] Schremmer machte für die Gegend um Ludwigsburg in Württemberg eine Phase steigender Einkommen von 1821 bis 1872 aus, „goldene Jahre", im Wesentlichen gespeist aus im Verhältnis zurückgehenden Abgaben und Steuern.[104] Dipper spricht von „vier goldenen Jahrzehnten" geprägt von Nutzflächenerweiterung, Zunahmen der Ernteerträge und der Erlöse.[105]

---

103 Henning, Kapitalbildungsmöglichkeiten, S. 64/ 65.

104 Schremmer, Agrareinkommen, S. 231, Zitat S. 237. Henning, Kapitalbildungsmöglichkeiten, S. 72, wendet ein, die Reinertragssteigerung habe in Anbetracht der Preissteigerung und der Ablöselasten nur eine „Normalisierung" der Einkommen ermöglicht.

105 Christof DIPPER: Landwirtschaft im Wandel. Neue Perspektiven der preußisch-deutschen Agrargeschichte im 19. Jahrhundert, in: Neue Politische Literatur 38 (1993), S. 29-42.

Auch in Westfalen steigerten die Betriebe im 19. Jahrhundert ihre Erträge.[106] Ob dies allerdings so kontinuierlich verlief, darf bezweifelt werden. Mooser berichtet von hohen Belastungen gerade im Vormärz;[107] Henning sieht in dieser Zeit eher eine Normalisierung der Einkommen.[108] Die 1850er-Jahre schließlich haben sich als „Goldene Jahre" der Landwirtschaft eingeprägt. Hohe Einkommen und gerade erst im Steigen begriffene Löhne müssen vielen Landwirten erkleckliche Gewinne beschert haben. Insgesamt ist für die Jahrzehnte zwischen 1820 und 1880 gerade für Westfalen ein enormes Agrarwachstum festgestellt worden. Michael Kopsidis errechnete, die Wertschöpfung des Agrarsektors habe im Ganzen um 138% zugenommen, in der Viehproduktion noch stärker als in der Getreideproduktion.[109] Kopsidis' langjährige Forschungen mündeten jüngst in der These, Westfalen habe im 18. und 19. Jahrhundert eine Agrarrevolution erlebt, die sich hinter dem Vorbild der englischen Agrarrevolution vom 17. bis beginnenden 19. Jahrhundert nicht verstecken müsse. Ihm zufolge haben Westfalens Bauern in einer ersten Phase, noch im 18. Jahrhundert, so viel an Ertragssteigerung zuwege gebracht, dass die stark ansteigende Bevölkerung ohne nennenswerte Hungerkrisen ernährt werden konnte. In einer zweiten Phase ab den 1840er-Jahren vollzog sich in Westfalen eine Integration der Märkte für Agrarprodukte.[110] Speziell um das Jahr 1850 scheinen sich Prozesse beschleunigt zu haben.[111] Bis dahin bildeten sich Preise auf den Produktmärkten stark ernteabhängig und damit regional spezifisch. Mit der Eisenbahn verringerten sich die Transportkosten, sodass Agrarprodukte über größere Strecken gehandelt wurden, eine überregionale Nachfrage immer besser bedient werden konnte und lokale Ernteausgänge für die lokale Nahrungsmittelversorgung an Bedeutung verloren.[112]

---

[106] Kopsidis, Marktintegration, S. 446, 492 mit einer Mikroanalyse des großbäuerlichen Hofs Meierherm bei Lemgo; dazu Frank KONERSMANN: Von Betriebsgrößen zu Wirtschaftspraktiken: Die Betriebsgrößenfrage in der deutschen Agrar- und Sozialgeschichte, in: Prass u.a., Gesellschaften, S. 125-143, hier S. 136.

[107] Mooser, Klassengesellschaft, S. 116/ 117.

[108] Henning, Kapitalbildungsmöglichkeiten, S. 72.

[109] Kopsidis, Marktintegration, S. 492.

[110] Kopsidis, Agrarentwicklung, S. 332. Kernelemente der Argumentation schon in Kopsidis, Marktintegration.

[111] Kopsidis, Agrarentwicklung, S. 330.

[112] Hans-Heinrich BASS: Hungerkrisen in Preußen während er ersten Hälfte des 19. Jahrhunderts, St. Katharinen 1991, S. 60-66.

Abbildung 2-A: Entwicklung der Markt-, Normal- und Ablösepreise in Borgeln (1820-1866)

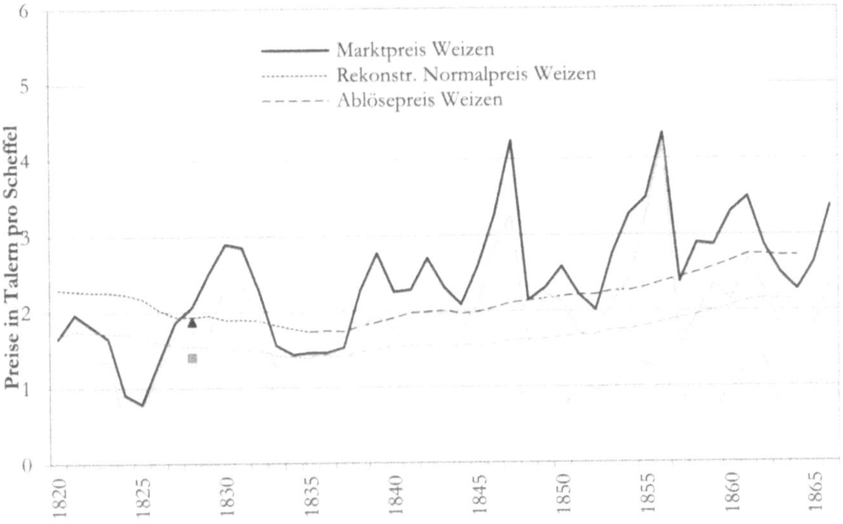

Quelle: LA NRW W, Kreis Soest, Landratsamt; Nr. 7; Wertschätzungsprotokoll Borgeln; Amtsblatt Regierungsbezirk Arnsberg. Soest. Die Marktpreise beziehen sich auf den Marktort Soest und sind gemittelt aus Mai- und Oktoberpreisen. Die Normalpreise sind für den Zeitraum 1820 bis 1830 rekonstruiert aus den Marktpreisen (die Preise der vierzehn Vorjahre, abzüglich der zwei höchsten und niedrigsten).

Bisher lässt sich die Entwicklung der durchschnittlichen landwirtschaftlichen Produktion jedoch nur für den gesamten Zeitraum nachzeichnen. Sowohl im Landbau als auch in der Viehwirtschaft stieg die Produktion im Verlauf des Untersuchungszeitraums stark an. Sowohl auf dem naturräumlich begünstigten Hellweg, in dem die Gemeinde Borgeln liegt, als auch im Sauerland, die Region des Untersuchungsortes Oberkirchen, konnten deutliche Steigerungen der Naturalerträge erreicht werden. Beim Weizen steigerten die Landwirte den Ernteertrag zwischen 1822/35 und 1878/82 um 100%, bei den übrigen Getreiden um 15-40%.[113] Beim Weizen wurden die höchsten Steigerungsraten realisiert, weil dieser auf dem überregionalen Markt besonders nachgefragt wurde, und Bauern deshalb seinem Anbau besonderes Augenmerk widmeten. Für Borgeln sind im Mittel aller Ackerklassen bereits für 1828 hohe Weizenerträge von 952 kg/ha, jedoch verhältnismäßig geringe Erträge an Roggen von 714 kg/ha und Gerste von 679 kg/ha überliefert. Damit nahm Borgeln innerhalb der Hellweg-Region eine noch deutlicher vom Export begünstigte Stellung ein. Diese

[113] Für den Hellweg von 631 kg/ha (1822/35) auf 1.284 kg/ha (1878/82). Für das Sauer- und Siegerland von 501 auf 997 kg/ha (Kopsidis, Marktintegration, S. 157/158).

Ertragssteigerungen legen es nahe, mit Kopsidis von einer zweiten Phase einer „westfälischen Agrarrevolution" zu sprechen.

Diese „Westfälische Agrarrevolution" ermöglichten die Bauern, und zwar indem sie sukzessive ihre Chancen der Teilhabe an der Nachfrage des Ruhrgebiets erkannten. Nur durch eigenes Zutun konnten sie „Industrialisierungsgewinner"[114] werden. Sie spezialisierten sich auf marktgängige Getreide, intensivierten die Kulturen und verlangten sich, den Familienangehörigen und dem Gesinde mehr Arbeit ab, während aber die Zahl der Arbeitskräfte eher konstant blieb.

Die *Normal-* und *Ablösepreise* (Abbildung 2-A) geben eine zusätzliche Erklärung für das bäuerliche Modernisierungsengagement.[115] Sie stellen ein langfristiges Preismittel dar, berechnet aus den Martinipreisen der 14 vorangegangenen Jahre, unter Ausschluss der beiden höchsten und der beiden niedrigsten. Anhand der Normalpreise und eines Kapitalisierungsfaktors berechneten die Verwaltungsbehörden die Werte von Naturalabgaben. Ab 1830 wurden diese Preise jährlich veröffentlicht. Die Zeitgenossen waren also in der Lage, Jahr für Jahr die aktuellen Preise mit einem Mittel der Preise der Vergangenheit zu vergleichen. Dieser Vergleich offenbarte schon ihnen, dass das Preisniveau ab dem Jahr 1835 kontinuierlich gestiegen war. Dies war eine günstige Ausgangsposition für betriebliche Entscheidungen.

Zu schließen ist insgesamt, dass gestiegene Durchschnittserträge und sukzessive steigende Preise, bei vermutlich lange zurückbleibenden Löhnen[116] insbesondere im Untersuchungsort Borgeln zu einer langen Phase kontinuierlicher Einkommenssteigerung führten.

---

114 Kopsidis, Agrarentwicklung, S. 339.

115 Im Zusammenhang mit den Grundlastenablösungen werden die Ablösepreise in Kapitel 6.2 intensiver behandelt werden. Eine Interpretation der Marktpreise erfolgt in Kapitel 2.2, die der Wertschätzungspreise in Kapitel 2.4.2.

116 Bis 1850 Daten bei Anna NEUMANN: Die Bewegung der Löhne der ländlichen „freien" Arbeiter im Zusammenhang mit der gesamtwirtschaftlichen Entwicklung im Königreich Preußen gegenwärtigen Umfangs vom Ausgang des 18. Jahrhunderts bis 1850, Berlin 1911, S. 330-331.

2.2 Ernten, Preise, Erlöse

Die im vorangegangenen Abschnitt hervorgehobenen langfristen Trends dürfen nicht darüber hinweg täuschen, dass Erträge und Erlöse der landwirtschaftlichen Betriebe im 19. Jahrhundert nach wie vor großen jährlichen Schwankungen unterworfen waren.

Der wichtigste Indikator für solche Schwankungen sind die Marktpreise. In der bereits angesprochenen Abbildung 2-A sind die für Borgeln geltenden Marktpreise dargestellt, bei denen es sich um die Mittelwerte der im Amtsblatt des Regierungsbezirks Arnsberg veröffentlichten Soester Mai- und Oktoberpreise handelt. In der Darstellung der Getreidepreisreihen allein treten insbesondere die Teuerungskrisenjahre 1830/31, 1846/47 und 1855 hervor.[117] Übereinstimmend gingen die Krisen unmittelbar auf witterungsbedingte Missernten zurück, aus denen Nahrungsmittelknappheit resultierte, die wiederum hohe Preise zur Folge hatten, unter denen auf Zukauf angewiesene Schichten litten. Die Höchstpreise wurden regelmäßig in den Sommermonaten 1831, 1847 und 1856 kurz vor dem Einbringen der neuen Ernte erreicht. Die Schwere der Konsequenzen der Krisen hing allerdings wesentlich von den regional spezifischen wirtschaftlichen Strukturbedingungen ab.[118]

Die Krise des Erntejahrs 1830/31 begann mit einer Missernte im Spätsommer 1829, auf die auch 1830 eine schlechte Ernte folgte. Besonders schwer wirkte die Verknappung der Lebensmittel in Ostwestfalen, wo sich auch die Protoindustrie in einer Strukturkrise befand und viele Haushalte durch ausbleibende Verdienstmöglichkeiten und hohe Getreidepreise doppelt getroffen waren.[119] Doch auch in rein agrarischen Kreisen waren sowohl Getreideproduzenten, als auch Lohnarbeiter getroffen, weil es wegen geringer Erntemengen ihre Arbeitskraft wenig nachgefragt wurde und sie deshalb Einkommenseinbußen zu erleiden hatten. Bass zufolge erfuhren die Regierungsbezirke Arnsberg 1830 und Minden 1831 schwere Hungerkrisen mit beinahe komplett zurückgehendem Bevölkerungswachstum. Im hier nicht mit Untersuchungsorten vertretenen Regierungsbezirk Münster erstreckte sich die Krise gar auf die Jahre 1830 bis 1832.[120]

Eine lokale Krise der landwirtschaftlichen Einkommen erlebten die Bauern der Regierungsbezirks Arnsberg des Weiteren 1842, die sich anhand der Getreidepreise

---

[117] Zur Krise 1830/31 in Ostwestfalen Hans-Heinrich BASS: Hungerkrisen in Preußen während er ersten Hälfte des 19. Jahrhunderts, St. Katharinen 1991, S. 178-212, zur Krise 1846/47 in Posen, Ostpreußen und im Rheinland ebd., S. 213-299. Insgesamt Clemens WISCHERMANN: Hungerkrisen im vormärzlichen Westfalen, in: Kurt DÜWELL und Wolfgang KÖLLMANN (Hg.), Rheinland-Westfalen im Industriezeitalter, Bd. 1, Wuppertal 1983, S. 126-146, hier S. 127.

[118] Bass, Hungerkrisen, S. 270-272.

[119] Wischermann, Hungerkrisen, S. 135 und 208-212.

[120] Bass, Hungerkrisen, S. 45-46. Vgl. hingegen Wischermann, Hungerkrisen, S. 128, dem zufolge die „Nahrungskrise 1830/31" nicht den Grad einer Hungersnot erreichte.

gar nicht erkennen lässt, die aber für den zu untersuchenden Gegenstand nicht unerheblich war. In den Berichten des Kreises Soest ist von einer Dürre und einer Krankheit des Rindviehs als Auslöser der Krise zu lesen.[121]

> „Die Landwirte sind in ihrer größten Mehrzahl nicht im Stande, die von ihren Höfen zu liefernde Roggenpacht aufzubringen. Sie müssen dieselben also in Gelde bezahlen und werden dadurch in Schulden geraten, da auch die anderen Fruchtarten so wenig Ertrag liefern, daß nur geringe Quantitäten zum Verkauf gebracht werden können. Das Vieh, ein bedeutender Gegenstand für den Gelderlös, ist so sehr im Preise gefallen, daß auch dieser Zweig der Landwirtschaft keinen wichtigen Ertrag abwirft."[122]

Im März 1843 ist erstmals davon die Rede, dass Unterschichten Mangel leiden.[123] In Oberkirchen-Westfeld befand sich die Bevölkerung 1843 laut dem Schmallenberger Bürgermeister, der schon Jahren zuvor immer sinkenden Wohlstand konstatierte, am Rande der Hungersnot. Auch „mittelmäßig Begüterte" litten Armut, weil obendrein kein Bargeld im Umlauf war.[124] Kamen vielerlei ungünstige Umstände zusammen, konnte es auch Bauern an die Existenz gehen.

Im Jahr 1846 blieben sowohl Getreide- als auch Kartoffelerträge stark zurück, worunter insbesondere die Ernährung der Unterschichten litt. Abermals kulminierte hier eine Entwicklung, die bereits mit schlechten Ernten 1844 und 1845 eingesetzt hatte. Im Sommer 1847 kletterten die Preise auf ein Rekordniveau, das dem von 1817 gleichkam. In allen drei westfälischen Regierungsbezirken durchlitten die Menschen 1847 eine Hungerkrise, am schwersten im Bezirk Münster.[125]

Was die Ertragslage der großen Höfe anbelangt, denen hier besonderes Interesse zukommt, so meldete der Landrat des ostwestfälischen Kreises Lübbecke im Mai 1847: „Selbst die größten Besitzer haben ausnahmsweise Bedarf [an Roggen], die meisten müssen selbst zukaufen, die mittleren schon seit Weihnachten, alle kleineren Besitzer und die Besitzlosen haben schon seit Monaten gar nichts mehr und auch keine Mittel, um zu kaufen..."[126] Ebenfalls im Mai 1847 schrieb der Schmallenberger Bürgermeister, die Hungersnot habe „namentlich in Westfeld den höchsten Gipfel erreicht wo man schon z.B. den Mehlstaub der Mühlenwände zur Stillung des Hun-

---

121 LA NRW W, Kreis Soest, Landratsamt, Nr. 13, Zeitungsberichte 1842-1843, fol. 149-150v. Siehe auch LA NRW W, Reg. Arnsberg III A Fach 332, Nr. 50: Hofakte Alteholz, Berwicke, in welcher der Kolon um Erlass der gutsherrlichen Pacht bittet und dies mit der schlechtesten Roggenernte „seit Menschengedenken" begründet.

122 LA NRW W, Kreis Soest, Landratsamt, Nr. 13, Zeitungsberichte 1842-1843, fol. 274-276v.

123 Ebd., fol. 379-380v.

124 LA NRW W, Kreis Meschede, Landratsamt Nr. 4, Zeitungsberichte 1843, unpaginiert, Meldungen vom 24.4.1843 und 22.8.1843.

125 Bass, Hungerkrisen, S. 45-47; Wischermann, Hungerkrisen, S. 138.

126 LA NRW W, Oberpräsidium 375, zit. nach Wischermann, Hungerkrisen, S. 129.

gers benutzt"[127]. Im gleichen Monat stiegen die Roggenpreise in ganz Westfalen auf ein außergewöhnliches Niveau von 4 bis 6 Taler pro Scheffel, unterschieden sich regional jedoch durchaus, weil die Getreidemärkte noch wenig integriert waren. Sehr betroffen waren einige ostwestfälische Kreise, darunter Herford (Mai 1847: 5,5 Taler/ Scheffel Roggen)[128]. Der Kreis Soest befand sich inmitten stärker betroffener Gebiete auf einem Niveau von 4,5 bis 5 Talern (Mai 1847 Borgeln: 5 Taler/ Scheffel Roggen)[129], während der gesamte südwestfälische, sauerländische Raum noch knapp darunter lag. Gegenüber dem Normalpreis erfuhr der Soester Marktpreis im Mai 1847 eine Steigerung um 100 bis 250%.

Die Teuerung 1846/47 ist zu einem Kulminationspunkt der zeitgenössischen Debatte um den vormärzlichen Pauperismus geworden und steht in der Forschung noch heute als pars pro toto für die krisenhafte erste Hälfte des 19. Jahrhunderts. Erstaunlich sind freilich die zeitgenössischen Berichte des Krisenjahres 1847 aus dem Amt Borgeln, die ein sehr eigenes Licht auf die Lage in der Börde werfen. So berichtete der Landwirt Emil Bimberg aus dem zum Kirchspiel Borgeln gehörenden Blumroth in seinen am Lebensabend verfassten Memoiren zwar von der „über alle Maßen schlecht[en]" Ernte 1846, infolge der es „auf den meisten Höfen ... nur dreimal des Tages zu essen" gab. „Auf vielen Höfen mußte ein Teil des Gesindes entlassen werden".[130] Tatsächlich berichtete der Amtmann des Amtes Borgeln/ Oestinghausen im Januar 1847 aber:

> „Der Weizen kostet jetzt über 3 rt 20 Sgr und die Gerste 2 rt 15 Sgr. – beides sind Fruchtsorten, von welchen der hiesige Landmann in diesem Jahr erübrigt und also verkauft. Wenn nun auch fast sämmtliche Landwirte nicht soviel Roggen geerntet haben, um ihre Pächte und eigenen Bedarf erübrigen zu können, so wird der Ausfall reichlich gedeckt und diese Einnahme übersteigt also die Ausgaben, mithin hebt sich der Wohlstand. Dagegen wird es den Handwerkern und Tagelöhnern schwer, das teure Brodkorn zu erschwingen. Die günstige Witterung hat es indessen zugelassen, daß die ländlichen Winterarbeiten sich häuften und die Landwirte veranlassten, Tagelöhner zu beschäftigen – es hat somit bisher Arbeitslosigkeit nicht in dem Maaße statt gefunden wie befürchtet werden musste und diese besonderen Verhältnisse sind Ursache, daß Klagen über Nahrungslosigkeit in größerem Umfang und besorgnißerregend bis jetzt nicht häufig vorgekommen sind."[131]

Zwei Monate später lautete das Urteil:

---

[127] LA NRW W, Kreis Meschede, Landratsamt Nr. 8, Meldung vom 23.5.1847.

[128] LA NRW W, Oberpräsidium Münster, Nr. 351, Bd.3-9. Siehe auch Kopsidis, Marktintegration, S. 356-375.

[129] LA NRW W, Landratsamt Soest, Nr. 14, fol. 609f. Siehe auch Kopsidis, Marktintegration, S. 356-375.

[130] Bimberg, Lebensweise, S. 8. Zu 1816/17 Kopsidis, Marktintegration, S. 434-450.

[131] LA NRW W, Kreis Soest, Landratsamt, Nr. 14, fol. 542-545.

„[Der] Wohlstand hebt sich beim hiesigen Landmann in Folge der sehr hohen Preise, während der Tagelöhner und Handwerker mit Mühe sein tägliches teures Brod erwirbt."[132]

Im September 1847 schließlich:

„Nach einer sehr reichen Ernte und der seither noch über den Mittelpreis bedeutend erhöhten Getreidepreise kann der Wohlstand sich nur bedeutend bessern".[133]

Im Januar 1848:

„Wohlstand hebt sich fortwährend, was die immer steigenden Preise der Grundstücke, sowie die größere Verlegenheit der Kapitalisten bekundet, welche ihre Kapitalien kaum zu 4% unterbringen können. Schulden-Tilgungen und vorzüglich Ablösungen von gutsherrlichen Gefällen, möglich geworden in Folge der reichen Ernte und hohen Preisen haben diese günstigen Verhältnisse herbeigeführt"[134].

Aus Schmallenberg meldete der Bürgermeister im gleichen Monat, wie schon alle Monate, ja Jahre zuvor, der Wohlstand sei „eher im Abnehmen"[135].

Neben den Hinweisen auf regional sehr unterschiedliche Ausprägungen von schlechten Ernten zeigen die zitierten Passagen auch die Soester Börde als prosperierende, von großen Höfen charakterisierte Agrarregion, in der eine Erntekrise nicht so sehr die produzierenden Betriebe traf, weil sich deren erntebedingte Einbußen sich in Grenzen hielten. Auf die betriebsgrößenspezifische Empfindlichkeit gegenüber den Ernteschwankungen wird im folgenden Kapitel systematischer eingegangen, da sie zum Verständnis der Unterschiedlichkeit von Einkommensschwankungen notwendig ist.

Zu einer dritten Teuerung kam es nach schlechten Kartoffelernten 1853/54, nach einem Getreideernteausfall 1855 und auch infolge von Importbeschränkungen bedingt durch den Krimkrieg. In der Folge stiegen die Preise 1856 ebenfalls auf hohes Niveau (Mai 1856 Soest: 3,1 Taler/ Scheffel Roggen, Mai 1856 Herford: 3,17 Taler/Scheffel Roggen)[136]. Bislang ist diese Krise nicht ergiebig untersucht worden. Infolge der Getreidemarktintegration waren die Preisausschläge nicht mehr so stark wie in der ersten Hälfte des Jahrhunderts. Auch brachten die Zeitgenossen brachten ihr nicht die Aufmerksamkeit entgegen wie der Krise von 1846/47. 1855 ereignete sich nach Bass im Regierungsbezirk Minden aber eine Bevölkerungskrise. Außerdem erreichte die Auswanderung aus dem Untersuchungsort Löhne 1857 einen Höchststand.[137] In Borgeln

132 LA NRW W, Kreis Soest, Landratsamt, Nr. 14, fol. 573-574.

133 Ebd., fol. 652-652v.

134 Ebd., fol.708-709v.

135 LA NRW W, Kreis Meschede, Landratsamt Nr. 9, Meldung vom 24.1.1848.

136 Bass, Hungerkrisen, S. 66. Siehe auch Kopsidis, Marktintegration, S. 356-375, insbes. 368. Vgl. Wischermann, Hungerkrisen, S. 142, der die Preise noch über denen von 1817 und 1847 sieht.

137 Nach Achilles, Agrargeschichte, S. 196, erreichte die Auswanderung Deutschlands insgesamt Mitte der 1850er-Jahre den höchsten Wert des 19. Jahrhunderts.

könnte sich der bereits starke Einfluss der industriellen Arbeitsmärkte an der Ruhr mildernd bemerkbar gemacht haben.

Bis zum Ende des Untersuchungszeitraums kam es dann zu keiner weiteren erntebedingten Teuerung, woran die gestiegene Getreidemarktintegration maßgeblichen Anteil hatte.

Ebenso wie Teuerungsjahre gab es auch Jahre mit ausgesprochen guten Erträgen. Auf die schwere Teuerung 1816/17 folgten Jahre mit guten Ernten und bedingt durch das Überangebot auch niedrigen Preisen.[138] Das extremste Jahr in dieser Hinsicht stellte 1824 dar, als der Preis im Oktober auf ein Minimalniveau fiel, das zumindest im Untersuchungszeitraum nicht wieder erreicht wurde. Die monatlichen Berichte aus dem Amt an den Landrat Esselen in Soest belegen dies. Im März 1821 heißt es: „Der Kornhandel geht wie die kaufmännische Sprache es nennt flau, sehr flau". Ein Jahr später: „Es ist fast gar keine Nachfrage nach Getreide". Im November 1822: „Das wenige Korn, daß in hiesiger Gegend verkauft wird, wird größtentheils von den Eigenthümern nach Herdeke [dem wichtigsten Getreidemarktort Westfalens, J.B.] gebracht, um bey diesen geldlosen Zeiten und zu den Wegen auch den Frachtverdienst außer Acht zu laßen". Wieder ein Jahr später: „Nach Getreide ist ganz und gar keine Nachfrage".[139] Diese Situation ist in der Agrargeschichte nach Wilhelm Abel als Agrarkrise bekannt. Von Not ist in diesen Sätzen keine Rede, vielmehr von ausbleibender Prosperität. Daraus wird deutlich, dass sich das wirtschaftliche Barometer der Bauern der Soester Börde am Export bemaß. Dies unterstreicht die Bedeutung dieser „Kornkammer" bereits vor dem Untersuchungszeitraum, nämlich als eine der „Zonen tiefer Marktprägung der Agrarerzeugung um ein dichtbesiedeltes gewerbliches Kerngebiet".[140]

Nach der Hochpreisphase zu Beginn der 1830er-Jahre blieben die Preise abermals auf niedrigem Niveau, stiegen aber ab 1838 substanziell. Auf ganz Westfalen gesehen stellte Kopsidis für die 1830er-Jahre um rund 21% bzw. 26% höhere Preise für Roggen bzw. Weizen gegenüber den 1820er-Jahren fest.[141] Der Bericht vom Dezember 1838 liest sich demnach auch ganz anders:

> „Die Getreidepreise sind im Ganzen noch im Steigen begriffen, was den wohltätigsten Einfluß auf den Wohlstand der Eingesessenen hat, der natürlich dadurch ebenso im Steigen ist, was der Preis der Grundstücke, welcher sehr hoch geworden, am deutlichsten zeigt."

Und im Oktober 1839:

---

138 Auch Kopsidis, Marktintegration, S. 441.

139 LA NRW W, Kreis Soest, Landratsamt, Nr. 4, fol. 21, 149, 231, 369.

140 Kopsidis, Agrarentwicklung, S. 328.

141 Kopsidis, Marktintegration, S. 441.

„Während in den benachbarten Staaten, namentlich England und Frankreich Mangel in Folge schlechter Ernte eingetreten ist, … benutzt der hiesige Landwirt seine günstige und gut eingescheuerte Ernte, deren Ertrag er zum Teil zu mehr als Mittelpreisen veräußern kann, um seinen Wohlstand zu fördern und dadurch zufriedener und glücklicher zu werden. Er hat dadurch zugleich Kräfte gewonnen, um in Bezug auf Förderung der Landeskultur sich immer weiter auszubreiten und dadurch auch für die Zukunft Mittel und Wege zu eröffnen, seinen erlangten Wohlstand zu sichern und ferner zu heben.“[142]

Im Durchschnitt ganz Westfalens stiegen auch in den 1840er-Jahren die Getreidepreise weiter an,[143] was sich für Soest an dem Preisdiagramm belegen lässt. Sie blieben von 1838 an bis zur Teuerung 1846/47 hoch.

Die frühen 1850er-Jahre schließlich waren gekennzeichnet von steigenden Preisen und gleichzeitig hohen Ernteerträgen. Die allgemein akzeptierte Erklärung ist, dass ab 1850 die Reduktion der Transportkosten durch die Eisenbahn voll zum Tragen kam und vor allem die Nachfrage des Ruhrgebiets die Preise nach oben zog. Die Teuerung 1855/56 markierte den Höhepunkt dieser Entwicklung, doch blieben die Preise auch danach auf einem hohen Niveau. Die 1860er-Jahre schließlich führten, den vorliegenden Forschungen zufolge zumindest, diese Tendenz fort. Vor allem die Erträge und die zum Verkauf gebrachten Erntemengen waren nun höher.[144] Im Hochsauerland allerdings, in dem der Untersuchungsort Oberkirchen liegt, sind auch für die 1850er-Jahre Krisenphänomene überliefert.[145] Im Gegensatz zur Börde hat der Schmallenberger Bürgermeister und Amtmann von 1840 bis 1853 nicht ein einziges Mal von steigendem Wohlstand in seinem Amt berichtet. Erst ab 1854 sieht er wiederholt die Bauern durch hohe Preise begünstigt und die Tagelöhner in der Not.[146]

142 LA NRW W, Kreis Soest, Landratsamt, Nr. 11, fol. 265-266, 486-490.

143 Kopsidis, Marktintegration, S. 441.

144 Ebd., S. 444.

145 LA NRW W, Kreis Meschede, Landratsamt Nr. 13.

146 LA NRW W, Kreis Meschede, Landratsamt Nr. 14, Meldung vom 22.3.1854.

2.3 Betriebsgrößenspezifische Einkommensschwankungen im Ackerbau

Klimatische Schwankungen und resultierende Erntemengen- und Preisschwankungen wirkten sich auf ländliche Haushalte unterschiedlich aus. Drei Gruppen sind zu unterscheiden. (1) Haushalte, deren Betriebsgröße geringer als die landwirtschaftliche Vollerwerbsgrenze[147] war, traten praktisch permanent als Nachfrager von landwirtschaftlichen Produkten auf dem Markt auf. Unter den Betrieben, die Überschüsse an Erzeugnissen des Ackerbaus vermarkten konnten, sind darüber hinaus (2) jene, für die reiche Ernten auch zunehmende Gewinne bedeuteten, zu trennen von (3) jenen, die nicht von guten Ernten, sondern von schlechten Ernten profitierten.

Für die erste Gruppe, die in normalen Jahren an und unter der Vollerwerbsgrenze wirtschaftenden Haushalte, gilt, dass sie in schlechten Erntejahren Brotgetreide oder Kartoffeln zukaufen mussten. Je schlechter die Ernte, desto größer die Nachfrage pro Betrieb und desto zahlreicher die nachfragenden Betriebe, da sich die Vollerwerbsgrenze nach oben verschob. Außerdem erlitten unterbeschäftigte Tagelöhner und das womöglich entlassene Gesinde „negative" Einkommen. Dies ist eine Krisenkonstellation, in der nicht so sehr der tatsächliche Angebotsrückgang an Getreide die Krise herbeiführte, als vielmehr die nun weitaus zahlreicheren, aber zahlungsschwachen Nachfrager durch den Markt nicht befriedigt werden konnten.[148]

Die Mindestnutzfläche, die zur Existenz eines landwirtschaftlichen Betriebes notwendig ist, war immer schon eine wichtige Größe in der Agrarverfassung und -wirtschaft.[149] In Mischökonomien mit Handwerk, Heimarbeit, Nebengewerbe, Fuhrleistungen oder Lohnarbeit konnten Haushalte auch unter einer solchen Mindestfläche das nötige Einkommen erwirtschaften. Zur Einschätzung der Folgen von Angebotsschwankungen ist die Definition einer Größe unumgänglich, da sie Nettokäufer und Nettoverkäufer trennt, was gerade für den zentralen Untersuchungsort Borgeln, in dem zwar Lohnarbeit, aber kaum Gewerbe oder Verlagswesen existierte, von großer Bedeutung ist. Dabei sollte dem Begriff der „(landwirtschaftlichen) Vollerwerbsgrenze" gegenüber dem der „Subsistenz" der Vorzug gegeben werden, da sich mit letzterem in der Literatur häufig Vorstellungen von wirtschaftlichem Lebensstil und land-

---

147 „Vollerwerbsgrenze" ist freilich ein Kriterium, das seinerseits von dem Ernteausgang bestimmt wird. Daher sind die Grenzen zwischen den Gruppen fließend zu verstehen.

148 Bass, Hungerkrisen, S. 14-15, 27-29. Diese Konstellation ist zuerst beschrieben worden von Amartya Sen als Mangel an „exchange entitlements", also auf dem Markt eintauschbare Gegenwerte wie Lohn oder Arbeitskraft.

149 Schon die frühmittelalterliche Hufe war an der Existenzgrundlage einer Familie orientiert. Und auch in frühneuzeitlichen Besitzhierarchien begegnet der Stellenbegriff durchgehend (Werner RÖSENER: Einführung in die Agrargeschichte, Darmstadt 1997, S. 112-113).

wirtschaftlicher Autarkie verbinden.[150] Wenn hier von der „Vollerwerbsgrenze“ gesprochen wird, meint dies das Maß an Betriebsfläche bzw. -größe, auf deren Grundlage ein Haushalt existieren kann, ohne dass weitere Einkommensquellen notwendig sind, aber unter der Annahme, dass manche Produkte, etwa Handelsgewächse, (nur) für den Markt vorgesehen sind und aus deren Verkauf andere Produkte angekauft werden können, die der Betrieb nicht selbst herstellt.[151] Im Borgeler Fall ist wahr-

---

150 Rita GUDERMANN: „Bereitschaft zur totalen Verantwortung“ – Zur Ideengeschichte der Selbstversorgung, in: Michael PRINZ (Hg.), Der lange Weg in den Überfluss. Anfänge und Entwicklung der Konsumgesellschaft seit der Vormoderne, Paderborn 2003, S. 375-411, hier S. 376, beschreibt wirtschaftliche Unabhängigkeit des Haushalts als „Autonomie“, eines des Staates als „Autarkie“. Autonom hat allerdings schon im Griechischen eine Bedeutung von „Leben nach eigenen Gesetzen“, während autark eindeutig wirtschaftlichen Einschlag hat. Davon abgesehen ist dies der m. E. wichtigste deutschsprachige Beitrag zu historischen und aktuellen Ursprüngen des Subsistenzideals. Der zeitgenössische Begriff der „Subsistenz“, wie er z. B. in der Publizistik des 19. Jahrhunderts verwendet wurde, bezeichnete eher eine Lebenshaltung auf dem Niveau bloßer Existenz. Demgegenüber steht bei Dieter GROH: Strategien, Zeit und Ressourcen. Risikominimierung, Unterproduktivität und Mußepräferenz – die zentralen Kategorien von Subsistenzökonomien, in: Eberhard SEIFERT (Hg.), Ökonomie und Zeit, Frankfurt a.M. 1988, S. 131-188, „Subsistenz“ für einen Wirtschafts- und Lebensstil, der nicht nur nicht dem Prinzip der Nutzenmaximierung folgt, sondern komplett anderen Regeln gehorcht als jenen, die gemeinhin Gesellschaften der Moderne zugeschrieben werden. Georg ELWERT: Die Verflechtung von Produktionen: Nachgedanken zur Wirtschaftsanthropologie, in: Ernst W. MÜLLER (Hg.), Ethnologie als Sozialwissenschaft, Opladen 1984, S. 379-402, hier S. 384, sieht in „Subsistenzproduktion“ schlechterdings einen Ausdruck für den Verwendungszweck der Produkte: „Subsistenzproduktion ist Produktion für den Eigenbedarf, für den Bedarf der eigenen unmittelbaren Versorgungseinheit und für reziproke Gaben“. Innerhalb ein und desselben Haushalts kann es deshalb Subsistenz- und Marktproduktion gegeben haben. Kopsidis, Agrarentwicklung, S. 367-368, in Bezug auf ihre Produkte verkaufende Kleinbauern: „Subsistenzorientiert hieß unter diesen Umständen nicht marktfern, sondern orientiert an der Maximierung des Familieneinkommens durch konsequente Ausnutzung von Marktchancen“. Siehe grundsätzlich zu dem Problem landwirtschaftlicher Produktion zwischen Eigenbedarf und Kommerzialisierung den Band Peter HOPPENBROUWERS und Jan Luiten VAN ZANDEN: Peasants into farmers? The transformation of rural economy and society in the Low Countries (Middle Ages – 19the century) in light of the Brenner debate, Turnhout 2001, der die Brenner-Debatte um die Vorreiterrolle Englands als agrarkapitalistisches „Musterbeispiel“ einer Revision unterzieht. Darin geht u. a. der Aufsatz der Herausgeber (dies.: Restyling the transition from feudalism to capitalism. Some critical reflections on the Brenner thesis, S. 19-40, speziell S. 20-26), auf das Verhältnis von Bauern zu Märkten ein. Siehe auch Werner TROßBACH: Beharrung und Wandel „als Argument“. Bauern in der Agrargesellschaft des 18. Jahrhunderts, in: ders. / Zimmermann, Agrargeschichte, S. 107-136, und Konersmann, Betriebsgrößen, speziell S. 134.

151 Diese Definition dürfte in etwa dem entsprechen, was Elwert, Verflechtung, unter „dependenter Subsistenzproduktion“ versteht. Am Beispiel badischer Tabakbauern spricht Niels GRÜNE: „Wir bedürfen weder überseeischen Taback noch indischen Zucker...“ Vertriebsaktivitäten und handelspolitisches Engagement badisch-pfälzischer Gewerbepflanzenbauern in der ersten Hälfte des 19. Jahrhunderts, in: Frank KONERSMANN und Hans-Joachim LORENZEN-SCHMIDT (Hg.), Bauern als Händler. Ökonomische Diversifizierung und soziale Differenzierung bäuerli-

scheinlich, dass kleine Betriebe ihren Weizen verkauften, um damit Roggen oder Kartoffeln einzukaufen. Die Marktquote des Weizens wäre damit im hohen positiven Bereich, die des Roggens im negativen, die Gesamtquote aber null.

In der Literatur wird die Vollerwerbsgrenze beispielsweise bei 3 bis 4 ha in Hannover und 2 bis 3 ha im schwäbischen Neckarhausen gesehen, jeweils im 18. Jahrhundert.[152] Ein Zeitgenosse der nicht gerade naturbegünstigten westfälischen Region Tecklenburg hat um 1830 für eine fünfköpfige Familie 1,3 ha an Äckern und Wiesen und einen Stall für eine Kuh und ein Schwein als Mindestausstattung angesehen.[153]

Zeitgenössische Modellbilanzen kleiner Betriebe liefern Angaben über die monetären Konsumausgaben und Lebenshaltungskosten. Sie entstammen in der Regel dem Verwaltungsschriftgut oder der Publizistik. Meist wurde das Thema behandelt in Zeiten, in denen das Leben gerade den Unterschichten zu teuer wurde und die Armut der Unterschichten zu einem Problem der Politik und der Fürsorge wurde. So stammen die greifbaren Informationen aus dem westfälischen Bereich nicht zufällig aus Regionen, in denen die ökonomischen Abhängigkeiten der Unterschichten besonders groß waren, und aus Jahren, in denen die Getreidepreise besonders hoch waren. Insbesondere die Lebenshaltung der Heuerlinge war im Vormärz die drängende soziale Frage, und in der zeitgenössischen Publizistik wurden wiederholt Ausgaben und Einnahmen von Modellhaushalten gegenübergestellt, teils mit einem dramatischen Defizit als Ergebnis.[154] Eine Aufstellung aus dem Kreis Bielefeld von 1809 lässt insgesamt darauf schließen, dass eine sechsköpfige Heuerlingsfamilie, zwei Kinder im Haushalt, zwei bereits in Diensten, jährlich 120 Taler an Ausgaben hatte (Produkte der Selbstversorgung ebenfalls monetär gerechnet).[155] Eine weitere Rechnung für einen Heuerlingshaushalt in der Gegend von Herford im Jahr 1831, ebenfalls ein Teuerungsjahr, kommt auch auf Ausgaben von rund 120 Talern.[156] Der Wortführer des demokratischen Vereins Herford, von Laer, schrieb 1851 in einem Bericht an das Landes-Ökonomiekollegium in Berlin, eine Heuerlingsfamilie benötige 133 Taler zum Leben, hätte jedoch durchschnittlich nur 71 Taler.[157] Drei weitere Modellrechnungen für den Osnabrücker Raum aus dem Jahr 1846 kommen zu ähnlichen Ergebnissen der Le-

---

cher Agrarproduzenten (15.–19. Jahrhundert), Stuttgart 2011, S. 135-162, von „kommerzialisierter Subsistenzökonomie".

152 Achilles, Lage, S. 7; Sabean, Property, S. 39.

153 Nach Küpker, Weber, S. 265.

154 Adolf WRASMANN: Das Heuerlingswesen im Fürstentum Osnabrück, Teil 1 und 2, in: Mitteilungen des Vereins für Geschichte und Landeskunde von Osnabrück 42 (1919), S. 53-171, und 44 (1921), S. 1-154; Bote für Stadt und Land 1850.

155 Mooser, Klassengesellschaft, S. 488.

156 Stadtarchiv Löhne, A 193, 1831.

157 Botzet, Bauersleut, S. 96; Klaus TIEKE: Wirtschaftliche und soziale Strukturen im Raum Löhne (1850-1918), in: Heimatverein Löhne und Stadt Löhne (Hg.), 1000 Jahre Löhne. Beiträge zur Orts- und Stadtgeschichte, 2., verb. Aufl., Löhne 1993, S. 170.

benshaltungskosten.[158] Die bestimmenden Faktoren waren bei diesen kleinen Ökonomien die Größe des vom Bauern gepachteten Landes und die Zahl der Kinder im Haushalt. Folglich darf man für solch kleine Ökonomien von einem strukturellen Defizit ausgehen, und die Existenz solcher Haushalte ist allein als eine „Ökonomie des Notbehelfs" (Olwen Hufton) erklärbar, die nicht nur Tagelohn und Protoindustrie, sondern die Nutzung marginaler Ressourcen wie das Sammeln von auf dem Feld zurückgebliebenen Früchten und das Abgrasen von Acker- und Wiesenrändern einbezieht.[159] Diese Ressourcen konnten zu Reduzierungen auf der Kostenseite führen, so dass in der Realität mit weniger Mitteln auszukommen war. Der Agrarschriftsteller Alexander von Lengerke kam im Jahr 1847, auch dieses ein Teuerungsjahr, für fünf münsterländische Kreise zu Werten zwischen 60 und 150 Taler, die eine „Arbeiterfamilie" (also ohne Landwirtschaft) zum Leben benötige. Daher ist es durchaus wahrscheinlich, dass eine Familie mit heranwachsenden Kindern zu Beginn unseres Untersuchungszeitraums 100 bis 120 Taler zum Leben pro Jahr benötigte.[160] Das Preisniveau von 1846/47 war in etwa so hoch wie 1829/30[161], also kann eine Grenze von 120 Taler als eines der Kriterien festgehalten werden, mit denen die Existenzfähigkeit eines Betriebes (Kernfamilie) gemessen werden kann, indem nämlich der Gegenwert der produzierten Waren und eingenommenen Löhne diesen Wert erreichen muss. Eine weitere Quelle bestätigt diese Überlegungen: Brüning-Vasbach berechnete 1841 für einen Sauerländer Betrieb von 10,5 ha an Wiesen und Ackerland, der 11,5 Haushaltmitglieder beherbergte, einen Lebensmittelbedarf von 174 Talern.[162] Für das Ende des Untersuchungszeitraums um 1865 muss ein höheres Niveau angenommen werden. Indiz dafür sind zwei Löhner Wirtschaftsberechnungen (Tabellen 2-a und 2-b), die auf einem qualitativ hohen Niveau die Ertragsfähigkeit zweier Höfe von ca. 8 ha (9 Haushaltsmitglieder) und ca. 12 ha verzeichnen (4-5 Mitglieder). Der Eigenbedarf der Familien an Lebensmitteln konnte beide Male selbst erzeugt werden (mit Ausnahme des Salzes) und betrug in Marktpreisen ausgedrückt im ersten Fall 135 Taler, im zwei-

158 Wrasmann, Heuerlingswesen, Teil 2, S. 42-47.

159 Rita GUDERMANN: Ökologie des Notbehelfs. Die Nutzung der Gemeinheiten als Teil der Überlebensstrategien ländlicher Unterschichten im 19. Jahrhundert, in: Uwe MEINERS und Werner RÖSENER (Hg.), Allmenden und Marken vom Mittelalter bis zur Neuzeit. Beiträge des Kolloquiums vom 18. bis 20.9.2002 im Museumsdorf Cloppenburg, Cloppenburg 2004, S. 65-80; Beck, Unterfinning.

160 Alexander VON LENGERKE: Beiträge zur Kenntnis der Landwirtschaft in den Königlich Preußischen Staaten, Bd. 2: Westfalen, Berlin 1847: Bedarf einer Arbeiterfamilie im Kreis Beckum etwa 60-90 Taler jährlich (S. 234), Kreis Steinfurt 150 Taler (S. 302), Kreis Lüdinghausen: „Schwerlich wird eine mit mehreren Kindern gesegnete Familie mit 100 Thlr. durchkommen können" (S. 309).

161 Tieke, Strukturen, S. 167: Der Lehrer Wehde aus Stift Quernheim beschrieb 1829 und 1830 Missernten, besonders im Flachs.

162 Engelbert BRÜNING-VASBACH: Die Bewirthschaftung der kleinen Güther, insbesondere Bauerngüther in den Gebirgen von Westfalen, Olpe 1842, hier S. 4-9.

ten 152,5 Taler. Da die Preise von 1859 und 1866 gegenüber dem Teuerungsniveau von 1830 noch um 50% höher lagen, ist dies für den Beginn des Untersuchungszeitraumes herunterzurechnen. Bei aller Ungenauigkeit ist die Vollerwerbsgrenze also etwa so zu setzen, dass bei einem durchschnittlichen Preisniveau vom Verkauf aller landwirtschaftlichen Produkte 100 bis 120 Taler erlöst wurden. Dies lässt sich mithilfe der Wertschätzungsprotokolle, mit denen in den 1820er- und 1830er-Jahren die preußischen Beamten die Kataster-Reinerträge berechneten, recht gut vollziehen. Ein Betrieb, dessen Produkte nach Marktpreisen 100 Taler wert waren, hätte nach diesen Berechnungen in Borgeln über knapp 5 ha Gesamtnutzfläche verfügen müssen, in Löhne über 6 ha, in Kirchhundem (aus dem an Oberkirchen angrenzenden Wertschätzungsverband) knapp 15 ha.[163] Diese Werte erscheinen sehr hoch. Und tatsächlich, nach einer kritischen Prüfung der Berechnungen der Wertschätzungskommissionen, wie sie im folgenden Kapitel vorgenommen wird, müssen dort nicht berücksichtigte Erlöse hinzugerechnet werden. Vor allem unter Berücksichtigung der Viehwirtschaft mit einem Bruttoerlös von 30-50 Talern pro Jahr ist der Schluss möglich, dass im Borgeln der 1820/30er-Jahre unter durchschnittlichen Bedingungen ab einer Nutzfläche von minimal 25 Talern Kataster-Reinertrag (oder 2,5 ha) und maximal 45 Talern (oder 4,5 ha) ein Vollerwerb mit Getreidebau und Viehwirtschaft möglich war. Diese Spanne erscheint sehr groß, auch der Wert von 4,5 ha verglichen mit den zeitgenössischen Berichten zu hoch, doch ist dies im Zusammenhang nicht ausschlaggebend. Unabhängig von den Werten blieben nämlich in Borgeln 1830 35 bis 40% der Betriebe unter dieser Grenze (siehe Abbildung 1-A). Solch eine agrarische Grenze für Löhne und Oberkirchen zu definieren ist zwar möglich, aber ob der großen Bedeutung von Mischökonomien weitgehend unrealistisch. Für das weitgehend agrarisch strukturierte und von großer sozialer Ungleichheit geprägte Borgeln aber ist dieser Schritt unverzichtbar.

Liegt die Nutzfläche eines Betriebes über der Vollerwerbsgrenze, so ist zu folgern, ist die Marktquote (bei Normalernte und –preisen) positiv. Für die beiden Gruppen von Betrieben, die über Marktquoten verfügten, war der Ernteertrags/Preis-Mechanismus bedeutsam. Ernteerträge und Getreidepreise waren zwei sich bedingende Faktoren der landwirtschaftlichen Einkommen. Gute Ernten bedeuteten aus der Perspektive der klassischen Preistheorie Angebotsüberhang und folglich niedrige Preise, schlechte Ernten ließen die Preise steigen. Dabei kann es aber, was die Wirkung der jeweiligen Krise auf die ländlichen Haushalte angeht, durchaus zu überproportionalen Auswirkungen gekommen sein, wie es die nach dem Statistiker Gregory King (1648-1712)

[163] Wertschätzungsprotokolle Borgeln, Mennighüffen und Kirchhundem, jeweils Tit. III bis VII und Anlage III. Die Berechnungen erfolgten für einen Betrieb mit einer durchschnittlichen Ausstattung von Kulturflächen und deren Qualitäten.

benannte King'sche Regel theoretisch fasst:[164] Demnach überschätzten Ankäufer die Verknappung eines Gutes, weil ihnen Informationen fehlten. Sie boten folglich überproportional hohe Preise. Dies führte theoretisch dazu, dass trotz gesunkener Ernteerträge Betriebe mit einer hohen Marktquote einen zusätzlichen Gewinn erzielten. Gleichzeitig schob sich die Vollerwerbsgrenze in schlechten Erntejahren aber nach oben, denn jene, die normalerweise genug zum Leben selbst produzieren können, mussten ihre Ernteausfälle nun selbst zu überhöhten Preisen ausgleichen. Großbauern wären demnach Krisengewinner gewesen, zumindest solange, wie es nicht zu einem totalen Einbruch der Ernte kam und sie nicht selbst ihre Nahrung einschränken mussten. Es gibt berechtige Zweifel daran, dass das King'sche Prinzip für das 19. Jahrhundert Gültigkeit beanspruchen kann.[165] Dennoch sind die oben angeklungen betriebsgrößenspezifischen Konsequenzen von Missernten und hohen Preisen nicht von der Hand zu weisen und verdienen weitere Beachtung.

Berechnungen von Hans-Heinrich Bass ergaben, dass erst ab einer Marktquote allein des Getreides von 52% die Gewinne durch die Preissteigerungen die Verluste durch Ernteeinbußen überstiegen.[166] Doch wie sich die Marktquote mit zunehmender Nutzfläche entwickelte und wie hoch sie lag, ist nicht direkt erschließbar. Wie oben ausgeführt, muss einerseits das Ernteergebnis bzw. der Rohertrag bekannt sein, andererseits muss man entweder die vermarktete Menge kennen oder aber Konsummenge und Feudalabgaben.

---

164 Abel, Agrarkrisen, S. 23-25; Edward Anthony WRIGLEY: Some Reflections on Corn yields and Prices in Pre-industrial Economies, in: ders., People, Cities and Wealth. The Transformation of Traditional Society, Oxford 1987, S. 92-130; Bass, Hungerkrisen, S. 29-38; Karl Gunnar PERSSON: Grain Markets in Europe 1500-1900. Integration and Deregulation, Cambridge 1999, S. 48-54.

165 Als grundsätzlicher Einwand gegen direkte Zusammenhänge zwischen Preis und Ernteertrag wäre zu nennen, dass der Preisbildungsprozess für Getreide, hier am Beispiel Soests, sich als multifaktoreller Vorgang darstellt, in dem zwar der Ernteausgang der wichtigste Faktor für den Preis gewesen sein wird, aber längst auch Nachrichten über die Exportaussichten und -beschränkungen die Märkte stimulierten, sodass nur noch bedingt von Informationsdefiziten gesprochen werden kann (LA NRW W, Kreis Soest, Landratsamt, Nr. 10, fol. 215-216, fol. 426-427, 472-475 mit Bezugnahme auf Getreideexport nach Belgien, Holland, England und Amerika im Jahr 1836). Vorratshaltungsstrategien sind allerdings vermutlich nicht systematisch zur Abfederung der Preisentwicklungen eingesetzt worden, wenngleich sich Preisreihen häufig als autokorreliert erweisen, d. h. ein Preis zu einem Teil auch durch den Vorjahrespreis erklärt werden kann (Persson, Grain Markets, S. 55-62). Zuletzt, wenn man das Augenmerk vor allem auf die Überschussproduktion und die Kapitalbildung lenkt, so muss nach Getreidesorten differenziert werden. Bauern – insbesondere in der Soester Börde – profitierten von guten Erlösen für ihren Weizen und ihre Gerste, während zukaufende Kleinstellenbesitzer eine Weizenmissernte abgesehen von Tagelohn-Ausfall bei Ernte und Drusch großer Betriebe relativ unbeeindruckt ließ. Umgekehrt rückte die Existenz der Letzteren ins Prekäre, wenn die Roggen- oder Kartoffelernte schlecht ausfiel und deshalb die Preise dieser beiden Früchte hoch waren. Unter Umständen musste also der Profit der Großen nicht unbedingt mit Mangel bei den Kleinen einhergehen.

166 Bass, Hungerkrisen, S. 37.

In der Literatur gibt es allenfalls fragmentarische Berechnungen und Schätzungen von Marktquoten von Betrieben vor der Wende zum 20. Jahrhundert. Soviel lässt sich sagen: Hohe Marktquoten waren nicht grundsätzlich dem 19. und 20. Jahrhundert vorbehalten. Zugleich ist aber eine Quote über 50% für den Untersuchungszeitraum als hoch zu bewerten.[167] Für Westfalen im Untersuchungszeitraum kann auf zwei von Kopsidis herangezogene münsterländische Betriebsbeispiele und die zwei Betriebsrechnungen aus Löhne aus den 1860er-Jahren zurückgegriffen werden.[168] Kopsidis kann zeigen, dass ein mittelmäßig geführter 50-ha-Hof im Münsterland der 1860er-Jahre, also nach den Grundlastenablösungen, eine Marktquote von 77% an Feldfrüchten und Heu, ein sehr gut geführter mit gut 30 ha Fläche sogar eine von 82% hatte.[169] Die wichtigste Größe war dabei die Menge des Ackerlandes und der daraus resultierende Kataster-Reinertrag von 300 bzw. 340 Talern. Die „Betriebsführung" als individuelle Komponente war darüber hinaus nur für Veränderungen im einstelligen Prozentbereich verantwortlich. Aus den beiden Löhner Betriebsrechnungen von 1860 und 1866 gehen Marktquoten (ohne Heimarbeit und Vermietung) von 20% (6 ha) und 28% (10 ha) hervor.[170] In einer Synthetisierung von Belegen für das 18. Jahrhundert kommt Henning zu der Auffassung, die Marktquote sei von der Betriebsgröße abhängig gewesen, und mit dieser in einer negativen Hyperbelfunktion angestiegen.[171] Grundsätzlich war der Druck, sich nach der Nachfrage des Marktes zu richten, für kleine Betriebe größer als für große. Dennoch scheint Einigkeit darin zu herrschen, dass große Höfe nicht nur größere Mengen zum Verkauf brachten, sondern dass diese

---

[167] Ulrich RISTO: Abgaben und Dienste bäuerlicher Betriebe in drei niedersächsischen Vogteien im 18. Jahrhundert, Göttingen 1964, S. 107ff. und 113, schätzt rein rechnerisch die Marktquote von Höfen der Lüneburger Heide um 1760 auf maximal 30% und 13% im Mittel, getragen v.a. von der Viehwirtschaft.. Henning, Dienste, S. 142-144, gibt zwischen 15 und 25% als Quote für Paderborner Höfe im 18. Jahrhundert an, und 20 bis 30% für Höfe im württembergischen Hohenlohe. Er berichtet aber auch von Quoten von 50%. Harnisch, Agrarreform, S. 33 und 263, berechnet für Höfe des 18. Jahrhunderts, die von feudalen Diensten weitgehend frei waren, Quoten von 27% und 48% (Uckermark, 35 ha Ackerfläche, bzw. Kreis Ruppin, 40 ha Ackerfläche) und für einen Hof bei Neuruppin von 1840 eine Marktquote des Getreides von 33% (31 ha Ackerfläche).

[168] Siehe Tabellen 2-a und 2-b unten.

[169] Kopsidis, Marktintegration, S. 475-478.

[170] Berechnung: (Eigenarbeit + Überschuss – Heimarbeit – Fuhren – Heuerling) / (Gesamteinnahmen – Zukauf – Heimarbeit – Fuhren – Heuerling).

[171] Henning, Dienste, S. 141. Die Funktion, die Henning für die Marktquote herstellt, entspricht etwa 0,7-(3,5/Betriebsgröße in ha). Dem liegt die Annahme zugrunde, große Höfe hätten wegen unterproportionalem Gesindebesatz relativ gesehen weniger Konsum gehabt. Siehe auch Kapitel 7.2.

auch einen größeren Anteil an der Ernte ausmachten als bei kleineren Höfen.[172] Damit muss die Marktquote in Abhängigkeit zur Betriebsgröße gesehen werden.

Trotz der genannten Beispiele bleiben Rückschlüsse auf Marktquoten der Betriebe in den Untersuchungsorten, insbesondere was den Beginn des Untersuchungszeitraumes angeht, etwas spekulativ. Vermutlich erreichten Borgeler Kolonien gleicher Größe wie die münsterländischen und Löhner Beispiele Anfang der 1860er-Jahre höhere Marktquoten als diese. Einigkeit herrscht darin, dass die Marktquoten der Betriebe im Verlauf des Untersuchungszeitraums anstiegen, einerseits wegen wegfallender Feudallasten, andererseits wegen der oben beschriebenen Rohertragssteigerungen bei weitgehend unelastisch reagierendem Nahrungsmittelkonsum und Betriebsverbrauch. Gründe für die Betriebe, diese Marktorientierung zu intensivieren, waren unter anderem die zunehmende industrielle Fertigung von Nahrungsmitteln und der Einkauf von Kleidung über den Markt. Beides entlastete die Haushalte von diesen Aufgaben, erforderte aber mehr liquides Geld im Haushalt. Tendenziell sind die Marktquoten also für 1830 auf ein niedrigeres Niveau einzuschätzen. Anzunehmen ist etwa, dass ein Börde-Hof mit Kataster-Reinertrag von 300 Talern (etwa 30 ha) 1830 eine Marktquote von 40% hatte. Das heißt, auch für die marktorientierten Betriebe der Soester Börde und für die erste Hälfte des 19. Jahrhunderts war eine Marktquote allein beim Getreide von 52% ein hoher Wert, der vermutlich nur von Ausnahmebetrieben erreicht wurde. Also finden sich die oben zitierten Aussagen bestätigt, wonach auch die größeren Borgeler Bauern in den beschriebenen Krisen keine höheren Gewinne, jedoch immer noch Gewinne und keine Verluste machten.

Auch ist festzuhalten, dass die Schwankungen der Getreideerlöse bei Betrieben mit hohen Marktquoten theoretisch weit geringer als bei solchen mit geringen Marktquoten waren, die Möglichkeit der Sparguthabenbildung und schließlich auch der Kapitalbildung also von einer hohen Marktquote doppelt begünstigt wurde.

Für die zweite Hälfte des 19. Jahrhunderts ist von einem Anstieg der Marktquoten auszugehen, vor allem aber verlor der „vormoderne" Preis-/Ernte-Zusammenhang an Gültigkeit, weil die Preise nun nachfragebedingt stiegen. Zu beachten ist weiterhin, dass in der Agrarwirtschaft der Soester Börde die Vieh- und Milchwirtschaft (Kapitel 2.4), in Ostwestfalen die Flachsspinnerei und Leinenweberei und im Hochsauerland die Holzwirtschaft und der Handel bedeutsam waren (Kapitel 2.7). Dies sind Elemente, welche die unmittelbare Wirkung von Ertragsschwankungen nivellierten.

---

172 Friedrich-Wilhelm HENNING: Landwirtschaft und ländliche Gesellschaft in Deutschland, Bd. 2: 1750 bis 1986, 2., erg. Aufl., Paderborn 1988, S. 95.

Abbildung 2-B: Betriebsgrößen und Grundsteuer-Reinerträge in Borgeln 1830 (194 Betriebe)

Quelle: Güterverzeichnisse Borgeln (Orte Borgeln, Blumroth, Hattropholsen, Stocklarn und Fahnen)

2.4 Kataster-Reinerträge und wirkliche Einkommen

Der Kataster-Reinertrag kommt in dieser Arbeit in verschiedenen Funktionen zur Geltung. Er stellt erstens einen Näherungswert (Proxy) für das Potential zur Generierung von Einkommen eines Grundbesitzes dar. Dies drückt er treffender aus als die bloße Nutzfläche, mit der er allerdings stark korreliert ist (Abbildung 2-B). In dieser Funktion wird der Kataster-Reinertrag in den folgenden Analysen wiederholt benutzt. Eng damit verknüpft, aber durchaus nicht identisch, ist die zweite Rolle, die der Kataster-Reinertrag im Folgenden einnimmt: die eines Schichtungsmerkmals. Eine Annäherung an Haushaltsgrößen lässt sich hingegen besser über reine Flächengrößen erreichen (Kapitel 7.2). Aus diesen Gründen ist es notwendig, die Berechnungsweise des Kataster-Reinertrags zu diskutieren. Wenn im Folgenden von „Reinertrag" gesprochen wird, ist stets der Kataster-Reinertrag als steuerliche Bemessungsgrundlage gemeint. Wenn der wirkliche Reinertrag einer bäuerlichen Wirtschaft thematisiert wird, so ist dies gesondert ausgewiesen.

Der Kataster-Reinertrag ist ein Bestandteil der *Katasteraufnahme*, die 1822 begonnen und 1835 endgültig abgeschlossen wurde und eine Reform der Grundsteuer beinhaltete.[173] Die Reinertragsermittelung 1822/35 geschah auf Grundlage von „Einschätzungsverbänden“, in denen Gemeinden mit wirtschaftlich ähnlichen Bedingungen zusammengefasst waren. Diese Einschätzungsverbände fassten also mehrere Steuergemeinden zusammen, waren jedoch nicht deckungsgleich mit Kreis- oder Gerichtsgebieten. Aus diesen Ermittlungen gingen „Wertschätzungsprotokolle“ hervor, die heute die für das ländliche Westfalen wichtigste Quelle für das bäuerliche Wirtschaften auf gering aggregiertem Niveau darstellen.[174] Bei den Wertschätzungsverhandlungen wurden die Bonitäten der einzelnen Parzellen bewertet, die zu erwartenden Erträge jeder Bonität geschätzt und Fruchtfolgen und Anbauverhältnisse hinzugezogen. Auf diese Weise gelangte man zu Natural-Roherträgen, also dem, was ein Stück Land, sei es Acker oder Wiese oder Wald, „nachhaltig“ erbrachte. Aus diesen Natural-Roherträgen errechnete man unter Zuhilfenahme von gemittelten Marktpreisen der unterschiedlichen Produkte monetäre Roherträge.

Besteuert wurde, wie dies im Grundsatz noch im modernen Steuerrecht der Fall ist, nicht der Rohertrag, sondern nur, was nach Abzug der Kosten als „wirkliches Einkommen“ blieb. Dieses „wirkliche Einkommen“ sollte der Kataster-Reinertrag darstellen. Vom monetären Rohertrag abzuziehen waren also die Produktionskosten (oder Kultur- oder Bewirtschaftungskosten), mit anderen Worten alles, was zur Herstellung des Rohertrags aufgewendet werden musste. Dies waren in erster Linie das eigene Saatgut, Düngemittel und weitere Ressourcen, Löhne, Abnutzung von Gerätschaften, die Zinsen der zum Kauf derselben nötigen Kredite (bzw. die entgangenen Sparzinsen) und viele kleinere, hier nicht detailliert aufzulistende Kosten.[175] Der Eigenverbrauch des Haushalts verbirgt sich dieser Berechnungsweise in den Löhnen, d. h. Familienmitglieder werden als Tagelöhner gesehen, die ihren Lebensunterhalt auf dem Markt einkaufen. Die Produktionskosten insgesamt beliefen sich allgemein in der Summe auf knapp 56% des Rohertrags, worunter allein das Saatgut auf rund 18% des Rohertrags zu schätzen ist.[176] Der Kataster-Reinertrag betrug somit 44% des monetären Rohertrags. Diesen Reinertrag rechneten die Abschätzungsbeamten zunächst pro

---

[173] Annalen der Preussischen innern Staats-Verwaltung 1822, S. 292-330: „Instruktion über das Verfahren bei Aufnahme des Katasters...“ zur Reinertragsermittelung vom 11.2.1822. Darüber hinaus Verordnungen zitiert bei Kreucher, Urkatasteraufnahme, S. 16-21. Das Kataster war 1834 fertig gestellt und wurde ab 1835 zur Steuererhebung eingesetzt. August MEITZEN: Der Boden und die landwirtschaftlichen Verhältnisse des Preußischen Staates nach dem Gebietsumfange 1866, Bd. 1, Berlin 1868, S. 19.

[174] Kopsidis, Marktintegration, S. 86-87; Wilhelm MÜLLER-WILLE: Die Akten der Katastralabschätzung 1822-35 und die Grundsteuerregelung 1861-65 in ihrer Bedeutung für die Landesforschung in Westfalen, in: WF 3 (1940), S. 47-64.

[175] Müller-Wille, Akten, S. 56; Ernst ENGEL: Wie hoch belastet in Preussen die Grundsteuer die Landwirthschaft?, in: Zeitschrift des königlichen preußischen statistischen Bureaus 7 (1867), S. 93-157, hier S. 119.

[176] Kopsidis, Marktintegration, S. 517.

Morgen aus, um ihn dann auf dieser Grundlage für jede Parzelle umzurechnen und schließlich pro Betrieb zu summieren. Davon schließlich wurde die jährliche Grundsteuer berechnet, die in der Praxis monatlich eingezogen wurde. Berechnungen des Jahres 1832 zufolge, die aber schon auf den abgeschlossenen Berechnungen basierten, entsprach die Belastung durch die Grundsteuer etwa 14,5% des Kataster-Reinertrags.[177]

Der Kataster-Reinertrag nimmt letztlich die Funktion des Unternehmerlohnes und Gewinns ein. Die Wertschätzung folgt somit einem Verfahren, das den betrieblichen Kalkulationen eines reinen Lohnbetriebes näher kommt als denen eines Familienbetriebs. Selbst für einen Familienbetrieb mit ständigen familienfremden Kräften, sprich Gesinde, und mit daraus resultierenden hohen Fixkosten (Jahreslöhne) kann das Verfahren nur mittelbar gültig sein. An diesem Punkt lässt sich also zunächst feststellen, dass mit dem Kataster-Reinertrag eine sehr ausdifferenzierte Bewertungsgrundlage geschaffen wurde, die vor allem für den Vergleich von Betrieben oder von Regionen untereinander tauglich war.

Eine Aussage über die wirklichen Überschüsse der landwirtschaftlichen Betriebe ist der Kataster-Reinertrag aber nur der Theorie nach. Für die Schätzung 1822/35 ist als wesentliches Moment anzuführen, dass die Feudalabgaben – die nicht als Produktionskosten zu werten waren – von dem Kataster-Reinertrag zu bestreiten waren. Wenn man also nach einem Wert sucht, der von Betriebsinhabern gespart werden konnte, war dies theoretisch der Kataster-Reinertrag abzüglich der Abgaben und der Steuern. Doch zeitgenössische Beispielberechnungen aus der Soester Börde führten zu abwegigen Ergebnissen. Gegenüber Abgaben und Steuern waren die Kataster-Reinerträge sehr niedrig.[178] Dabei hielten die Zahlen selbst der amtlichen Überprüfung weitgehend stand. Konflikte wegen unterschiedlicher Preisniveaus waren nicht zu verzeichnen, denn sowohl der Kataster-Reinertrag als auch die monetären Feudalabgaben bezogen sich auf die so genannten Normalpreise. Trotzdem urteilte der Beamte des Regierungsbezirks Arnsberg, der sich mit den Fällen auseinandersetzte:

---

177 LA NRW W, Regierung Arnsberg III A Fach 331 Nr. 1: Für das Kolonat Risse in Paradies (nahe Soest) wird bei einem Grundsteuer-Reinertrag von 351 Talern eine Grundsteuer von 51 Talern fällig, für das Kolonat Lammert in Stocklarn 24,83 Taler bei einem Grundsteuer-Reinertrag von 173,5 Talern.

178 Ebd. So hatte die Kolonie Risse in Paradies einen Grundsteuer-Reinertrag von 351 Talern, von dem Feudalabgaben im Wert von 150 Taler und Steuer in Höhe von 63 Talern zu leisten waren. Beim Kolonat Teigler in Opmünden bei Soest betrugen der Grundsteuer-Reinertrag 447 Taler, die Abgaben 245 Taler und die Steuer 87 Taler, bei der Kolonie Lappen zu Schwefe waren es an Grundsteuer-Reinertrag 119 Taler, an Abgaben 87 Taler und an Steuern knapp 24 Taler.

Tabelle 2-a: Einnahmen und Ausgaben der Neubauerei Spanier gen. Rübemeyer in Löhne, 1860

Einnahmen	**Taler**	**Ausgaben**	**Taler**
Ackerbau	249	Zinsen	48
Viehnutzung	80	Saat	41
Heimgewerbe	20	Instandhaltung	17
Gartenbau	7	Lohn	12
Waldnutzung	2	Abgabe	12
unbekannte Werte		Zukauf	9
		unbekannte Werte	
		Eigenbedarf	135
		Überschuss	48
		Eigenarbeit	35
Gesamt	**358**	**Gesamt**	**358**

Quellen: Grundakte Löhne Nr. 50163, S.58-67; Datenbank LOE (Tabellen Artikel, Kontrakte und Höfe: LOE HofID 16, LOE KonID 223).
Hofdaten: Löhne Königlich 16. *Betriebsgröße*: nach Grundbuchwerten im Jahr 1860 33 Taler Reinertrag oder 24,8 Mg; nach LOE ArtikelID 1485 (Artikel 141, Steuerjahr 1866): 23,5 Mg. *Kulturarten* nach KonID 223 (1860): 20,4 Mg Acker, 2,4 Mg Wiese und Weide, 2 Mg Holz, 0,2 Mg Hofraum. Die in der Quelle angelegten *Preise* liegen etwas über den Normalpreisen von 1859 (Amtsblatt Minden, 20. Dezember 1859). *Haushaltgröße*: Kolon, 7 Kinder (18, 15, 13, 10, 8, 4 und 1 Jahr alt), Dienstmädchen, Tagelohn für 30 Tage (=7,5 Verbraucher).
Die Tabelle stellt eine Bearbeitung der detaillierten Quelle dar.

> Die „Berechnungen sind … in ihrem Wesentlichen an und für sich nach, unrichtig, … denn wie wäre solchergestalt die Möglichkeit des Bestehens dieser Wirthschaften auch nur auf kurze Zeit gedenkbar. Es müsste demnach von dem Gesichtspunkte ausgegangen werden, daß die den Berechnungen vorangestellten Katastral-Reinerträge hier nur als Verhältnißzahlen erscheinen; eine Ansicht, die durch die Erfahrung vollkommen bestätigt wird.“[179]

Wenn der Kataster-Reinertrag der Jahre 1822/35 bereits 1832 als zu niedrig eingeschätzt wurde, so müssen entweder schon die Roherträge zu niedrig eingeschätzt worden oder aber die Abzüge für Produktionskosten mit rund 56% zu hoch gewesen sein, oder beides. Für die Natural-Roherträge des Ackerbaus in der Abschätzung 1822/35 hat Kopsidis festgestellt, dass sie „realitätsbezogen“ sind.[180] Also müssen die Ursachen dafür, dass die Kataster-Reinerträge nicht als wirkliche Reinerträge zu verstehen sind, woanders liegen.

---

179 LA NRW W, Regierung Arnsberg III A Fach 331 Nr. 1, S. 4-5, vom 1.4.1832.

180 Kopsidis, Marktintegration, S. 163.

Tabelle 2-b: Einnahmen und Ausgaben des Kolonats Tacke in Löhne, 1866

Einnahmen	**Taler**	**Ausgaben**	**Taler**
Ackerbau	396	Saat	62
Viehnutzung	88	Futter	50
Heimgewerbe	15	Instandhaltung	38
Waldnutzung	12	Lohn	26
Fuhren	10	Abgaben	25
Heuerling	10	Lohnersatz	6
Gartenbau	5	Zukauf	4
		unbekannte Werte	
		Eigenbedarf	153
		Überschuss	144
		Eigenarbeit	30
Gesamt	**536**	**Gesamt**	**536**

Quellen: Grundakte Löhne Nr. 50398, S.49-56; Datenbank LOE (Tabellen Artikel, Kontrakte und Höfe: LOE HofID 93, LOE KonID 86 (Schichtung Kolonat Tacke vom 31. Oktober 1866). *Hofdaten*: Kolonat Tacke, Löb 7 (LOE HofID 93). *Betriebsgröße*: nach Grundbuchwerten 1866 77,3 Taler Kataster-Reinertrag und 46,7 Morgen Fläche; nach ArtikelID 1479 (Artikel Nr. 135, Steuerjahr 1866) 42,2 Mg. und 75,5 Taler Reinertrag. *Kulturflächen*: nach ArtikelID 1479 31 Mg Acker, 1 Mg Hofraum, 7,3 Mg Holz (5. Klasse!), 2 Mg Weide und 1 Mg Wiese. Zum *Haushalt* gehörten: Kolona Tacke (33), ihre Tochter (5), Kleinknecht, Magd und teilw. ein Kuhhirte = 3,5 Verbraucher.
Die Tabelle stellt eine Bearbeitung der detaillierten Quelle dar.

2.4.1 Wiesen stellvertretend für Vieh- und Milchwirtschaft

Erträge aus der Viehwirtschaft werden im Kataster-Reinertrag zwar nicht ausgeblendet, jedoch unterschätzt. Dem historischen Steuersystem ist immanent, dass nicht reale Einkünfte sondern die Potentiale der Produktionsfaktoren besteuert werden. Die Viehwirtschaft wird in diesem Modell besteuert v.a. über den Produktionsfaktor der Wiesen, Weiden und Huten und zu einem geringen Teil über die Erträge an Futterpflanzen auf den Äckern. Auch werden die Häuser besteuert. Tatsächlich erhalten die besteuerten Wiesen gegenüber dem Ackerland höhere Kataster-Reinerträge. Der Anteil von Wiesen, Weiden, Öden und Hütungen an der besteuerten Gesamtfläche Borgelns ist 10%, während 79% als Ackerflächen genutzt wurden. 8% ist der Anteil dieser Flächen an der Summe der Kataster-Reinerträge (Wiesen allein 2%, Ackerland 81%).[181]

[181] Wertschätzungsprotokoll Borgeln, Tit. VII und Anlage III.

Diese Werte entsprechen jedoch bei weitem nicht dem Anteil der Vieh- und Milchwirtschaft in der betrieblichen Wirtschaft. Nach Achilles erreichten die Erträge der Viehproduktion im 18. Jahrhundert bei großen Höfen etwa 30% der gesamten Produktion, bei kleinen hingegen rund 50%, von denen allerdings etwa zwei Drittel der eigene Haushalt verbrauchte.[182] Als veredelte Agrarprodukte eigneten sich besonders Schlachtvieh und Milchprodukte für den Verkauf auf dem Markt und, wenn zugekauft werden musste, für den Tausch gegen Getreide. Auf dem Markt konnte ein Kleinstbetrieb mit Milchprodukten etwa 8-15 Taler erlösen.[183] Gerade das System der Gemeinweide auf den Gemeinheiten ermöglichte vielen kleinen Betrieben das Halten von ein oder zwei Kühen und Schweinen. Dies jedoch änderte sich durch die Gemeinheitsteilungen gravierend, sodass nicht notwendigerweise die Ergebnisse für das 18. Jahrhundert auf den Untersuchungszeitraum ausgedehnt werden dürfen. Hingegen begünstigte der Anbau von Leguminosen die zeitweise Stallfütterung von Rindern unabhängig von Weideland,[184] und darf, wie die Fruchtfolgen der Wertschätzungsprotokolle nahelegen, für 1830 als verbreitet angesehen werden.

---

[182] Achilles, Lage, S. 64.

[183] Eine von Mooser, Klassengesellschaft, S. 488, zitierte Modellrechnung eines Heuerlingsbetriebes von 1809 sah den Erlös von 15 Talern aus dem Verkauf von Butter und Eiern als existenznotwendig an. Auch Ebd., S. 58 (beruhend auf Schwager, J. M., Über den Ravensberger Bauer, in: Westphälisches Magazin, Bd. 2, 1786, Heft 5, S. 49-74, hier S. 60): „Im Sommer ist das tägliche Gericht saure Milch und es gibt Kötterweiber, die von einer kleinen Kuh ihre ganze Haushaltung stehen und doch jährlich noch für 8-10 Rt Butter verkaufen". Auch Osnabrücker Heuerling-Modellrechnungen von 1846 (Wrasmann, Heuerlingswesen, Teil 2, S. 42-47) ziehen den Verkauf von Milch- und Fleischwaren mit ein. Ein kleiner Haushalt (Eltern und drei Kinder) kaufte ein Mastferkel, ließ es später schlachten und konnte über den Eigenbedarf hinaus Schinken für 3 Taler verkaufen. Die Milch der Kuh ging dem Haushalt zu; ein Kalb jährlich jedoch wurde für 1 Taler verkauft. Ab einer Nutzfläche von 1,8 ha hatte der Quelle zufolge der Haushalt Einnahmen von 17 Talern, etwa so viel wie sieben Wochen Wanderarbeit in Holland und die Webarbeit eines Jahres.

[184] Dass die Fütterung der Kühe für den Erlös entscheidend war, bestätigen die Aussagen mehrerer Gewährsmänner einer Umfrage des Freiherrn vom Stein von 1801 (Bernd-Wilhelm LINNEMEIER: Landwirtschaft im nördlichen Westfalen um 1800. Eine Untersuchung des Freiherrn von Stein aus seiner Mindener Zeit, Münster 1995, passim). Die zeitgenössischen Schätzungen ergaben, dass eine Kuh pro Jahr etwa 1.500 bis 1.800 Liter Milch erbrachte, optimale Fütterung aber gerne das Doppelte an Milchleistung zur Folge gehabt haben kann. Zum Teil deutlich niedriger liegende Werte für das beginnende 19. Jahrhundert liefert Hartmut HARNISCH: Agrar- und sozialgeschichtliche Aspekte, in: Jan PETERS, Hartmut HARNISCH und Lieselott ENDERS (Hg.), Märkische Bauerntagebücher des 18. und 19. Jahrhunderts. Selbstzeugnisse von Milchviehbauern aus Neuholland, Weimar 1989, S. 228-289, hier S. 233-238.

Abbildung 2-C: Besatz an Rindvieh in den drei Untersuchungsorten 1830

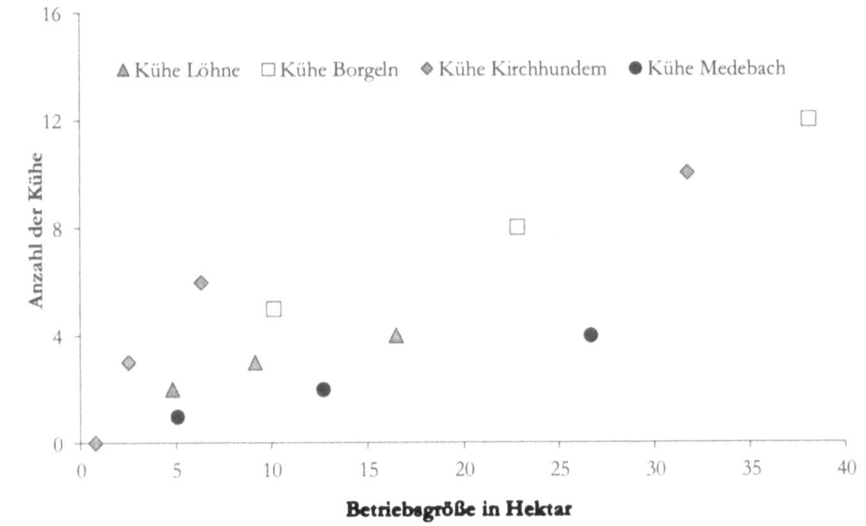

Quellen: Wertschätzungsprotokolle Mennighüffen, Borgeln, Medebach und Kirchhundem.

Auch zwei Wirtschaftsberechnungen Löhner Betriebe von 1860 und 1866 (Tabellen 2-a und 2-b), auf deren Entstehung im Kapitel 3.1 einzugehen sein wird, weisen nennenswerte Verkäufe von Molkereiprodukten, Rindern und Mastschweinen auf. Bei dem kleineren Betrieb mit 8 ha Fläche errechneten Taxatoren einen Verkauf an Eiern und Butter in Höhe von 26 Talern, eines Mastkalbes von 3 Talern und zweier Schweine von 30 Talern.[185] Der zweite Betrieb von 12 ha erreichte 1866 Erträge der Vieh- und Milchwirtschaft in Höhe von 88 Talern.[186]

Im Wertschätzungsprotokoll Mennighüffens (in unmittelbarer Nachbarschaft Löhnes) von 1824/26 sind für die Kleinbetriebe (max. 7,5 ha, durchschnittlich 5 ha) als Normalbesatz zwei Kühe, zwei Rinder und zwei Schweine angegeben (Abbildung 2-C). In Anbetracht dessen, dass der Wert einer Kuh in Löhne zwischen 1830 und 1865 um etwa 100% gestiegen war, man also die Werte von 1860 und 1866 herunterrechnen muss, wird man bei Löhner Kleinbetrieben um 1830 durchaus mit einem Zuerwerb von 20 bis 30 Talern durch Schlachtvieh und Milchprodukte rechnen können. Bei größeren Betrieben, die nach Ausweis der Wertschätzungsprotokolle 1830 und auch der Inventare über den gesamten Zeitraum hin nicht mehr als vier Kühe besa-

[185] LOE KonID 223.

[186] LOE KonID 86.

ßen, mag sich der Ertrag der Viehwirtschaft zwischen 50 und 100 Talern bewegt haben.

Anhand der aus den Wertschätzungen vorliegenden Daten ist auch zu ermitteln, wie die Situation in Borgeln und Oberkirchen aussah. In Borgeln war der Kuhbesatz ausweislich dieser Quelle von 1828 weitaus höher, was der guten Marktsituation zugeschrieben werden kann (Abbildung 2-C). Auch die Inventare lassen höheren Kuhbesatz als in Löhne erkennen (bis zu 7 Kühen), jedoch zugleich sehr viele Kleinbesitzer, in deren Besitz sich nur eine einzige Kuh fand. Da die Borgeler Inventare sich stark auf die Jahrzehnte vor 1840 konzentrieren, lässt sich eine zeitabhängige Dynamik nicht untersuchen. Für den belegten Zeitraum aber lässt sich für Borgeln ein recht stabiler Durchschnittspreis von ebenfalls 15 Talern pro Kuh errechnen. So kann man annehmen, dass Kleinbesitzer in Borgeln von einer Kuh vielleicht 10 Taler an Ertrag hatten, selbst wenn sie diese primär für den eigenen Verbrauch hielten. Richtig ertragstark war die Viehwirtschaft der Bauern über 20 ha, die im „Milchgürtel" von Soest sicher auf Überschussverkauf von Jungvieh, Schlachtvieh und Milcherzeugnisse setzten.[187] Hatte ein Hof von 25 ha, wie veranschlagt 8 Kühe, dann konnten rund 6 Stück Vieh und reichlich Molkereiprodukte abgesetzt werden. Da auch Schweine und Schafe in Borgeln in höheren Zahlen als in den anderen Orten gehalten wurden, geht die Annahme von mindestens 150 Talern Ertrag allein aus der Viehhaltung für die größeren Höfe in Borgeln sicher nicht fehl.

Schwieriger einzuschätzen ist die Situation in Oberkirchen, zu dem bekanntermaßen keine Wertschätzung vorliegt. Zum Vergleich dienen hier die Kommentare zur Viehzucht aus den Protokollen der angrenzenden Verbände. Für das westlich von Oberkirchen liegende Kirchhundem ist marktorientierte Viehzucht überliefert, für das östlich angrenzende und höher gelegene Medebach jedoch fast keine. Die wenigen aus der Mittelgebirgsregion vorliegenden Informationen zum Viehbesatz bestätigen eher dieses Bild für Oberkirchen.[188]

Abschließend ist festzustellen, dass die monetären Einnahmen aus Vieh- und Milchwirtschaft in allen drei Orten in einem beträchtlichen Maß die Betriebsein-

---

[187] Laut dem Wertschätzungsprotokoll Borgeln war die Borgeler Schweinenutzung nur zu geringem Teil für den Verkauf bestimmt.

[188] Wertschätzungsprotokoll Kirchhundem: „Die Rindviehzucht ist hier nicht ganz unbedeutend, jeder Bauer zieht mindestens 2 bis 4 Stück jährlich, um diese theils wieder zu verkaufen... Schweinezucht ist hier ganz unbedeutend ... Die Mästung geschieht größtenteils mit Kartoffeln, indem man wegen der geringen Fruchtbarkeit des Bodens kein Korn dazu verwenden kann." Wertschätzungsprotokoll Medebach: „Schweine: hierunter kann angenommen werden, daß im Allgemeinen nur der Bedarf angezogen wird. Wenige Verkäufe seitens der einzeln sich vorfindenden größeren Ackerwirthe kommen nur ausnahmsweise vor". Die 1842 in Olpe veröffentliche Schrift von Brüning-Vasbach, Bewirthschaftung, S. 29-32, sieht hingegen bei einem etwa 11 ha großen Betrieb des hohen Sauerlandes größere Verkäufe an Vieh vor, so von einem Schwein (20 Taler), einer Kuh, einem Rind und zwei Kälbern (zusammen 33 Taler) und von Butter und Eiern für 6 Taler, insgesamt also 59 Taler.

nahmen bereicherten. Die potentiellen Einkünfte aus Vieh- und Milchwirtschaft sind genauer nicht zu berechnen, und für einen Überschlag pro Hof müssten dann korrekterweise die Erträge für Futterpflanzen und für Heu aus den bestehenden Kataster-Reinerträgen herausgerechnet werden. Schätzungsweise aber dürften die Erträge aus Vieh- und Milchwirtschaft, zumindest was Löhne und Borgeln betrifft, um 1830 etwas unter dem Niveau des 1822/35 taxierten Kataster-Reinertrags, um 1860 aber um fast 100% darüber gelegen haben.

2.4.2 Das Preisniveau der Schätzung

Tabelle 2-c stellt die wichtigsten Basispreise der in den Wertschätzungen berechneten landwirtschaftlichen Produkte dar (Zeilen 3 und 6). Wie sich diese Preise berechneten, konnte nicht in Erfahrung gebracht werden. Die Vergleichswerte bestehen in den Marktpreisen der Berechnungsjahre und den zeitgleichen Normalpreisen, die hier aus den Marktpreisen der zehn Vorjahre gemittelt wurden, bei denen es sich also nicht um die verwaltungsintern benutzten Normalpreise handelt. Der Vergleich ergibt, dass die Wertschätzungspreise etwa 5 bis 10% niedriger lagen als alle Referenzwerte. Denkbar ist, dass auf die Normalpreise, die üblicherweise für Taxationen herangezogen wurden, ein Abschlag von 10% gewährt wurde, um bei den komplexen Berechnungen des Kataster-Reinertrags, die schließlich ein Novum der Steuerverwaltung darstellten, keinen Bauern über Gebühr zu treffen. Im Resultat muss jedenfalls festgestellt werden, dass ein äußerst moderates Preisniveau veranschlagt wurde, das nur zwischen 1832 bis 1837 und in der Überproduktionsphase 1848/49 über den Marktpreisen lag. In den übrigen Jahren erlösten die Bauern für Überschüsse weit mehr, als im monetären Rohertrag veranschlagt war. Im Verlauf der Untersuchungsperiode öffnete sich diese Schere zusehends.

2.4.3 Lohnkosten anstelle von Familienarbeit

Ein wesentliches Moment der Berechnung der Produktionskosten ist die Anrechnung von landwirtschaftlichen Löhnen für jegliche klar definierte landwirtschaftliche Arbeit gewesen. Für alle Tätigkeiten wurde festgehalten, wie viel Zeit durchschnittlich für ein definiertes Maß an Arbeit in Anspruch genommen wurde und wie viele Männer und Frauen für ein Quantum im Einsatz waren. Dies alles wurde ortspezifisch festgestellt, wobei aber die Tagelöhne, die letztlich die Grundlage für die Berechnung der monetären Kosten bildeten, in Borgeln und Löhne mit 7,5 Silbergroschen für den Mann und 6 Silbergroschen für die Frau identisch waren und auch in Oberkirchen (bzw. Verband Kirchhundem) nur wenig niedriger lagen, obwohl zeitgenössischen Lagebe-

Tabelle 2-c: Wertschätzungspreise, Marktpreise und Normalpreise im Vergleich (Löhne 1826 / Borgeln 1828)

		Weizen Taler/Scheffel	Roggen Taler/Scheffel	Gerste Taler/Scheffel
Borgeln				
1	Marktpreis Soest Oktober 1828	2,12	1,55	1,19
2	Normalpreis rekonstruiert für 1828	1,93	1,55	
3	Wertschätzung 1828 (Veränderung gegenüber Markt- und Normalpreis)	1,87 (-3 bis -12%)	1,40 (-10%)	1,03 (-13%)
Löhne				
4	Marktpreis Herford Oktober 1826		1,25	1,08
5	Normalpreis rekonstruiert für 1826		1,55	1,23
6	Wertschätzung 1824/26 (Veränderung gegenüber Markt- und Normalpreis)		1,40 (+12% bis -10%)	1,03 (-5 bis -16%)

Quellen: Wertschätzungsprotokolle Mennighüffen und Borgeln.

schreibungen auf größere ökonomische Unterschiede zwischen den Regionen hindeuten.[189]

[189] Auch die Ablösepreise für Handdienste belegen, dass die Löhne keine gravierenden regionalen Unterschiede aufwiesen: 1829 wurde der Mähdienst eines Mannes im Kreis Soest wie im Kreis Meschede mit 3 Sgr. angesetzt (Amts-Blatt Arnsberg 1847, S. 201-241), 1851 desgleichen in Soest mit 7,5 Sgr. und in Meschede mit 7 Sgr. (Amts-Blatt Arnsberg 1851, S. 102-120.). 1865 war die regionale Differenz größer: Der Mähdienst eines Mannes wurde für den Kreis Soest mit 10 Sgr. und für den Kreis Meschede mit 8,75 Sgr. angesetzt (Extra-Blatt zum 43. Stücke des Amts-Blatts Arnsberg 1865).

Vgl. auch Neumann, Löhne, S. 315-317, die als Tagelöhne von 1844-1847 für die Börde ein Mittel von 8,1 Sgr., für die Region um Löhne 5 Sgr. und für die Region Hochsauerland immer noch 6,25 Sgr. angibt.

Für Borgeln führt das Wertschätzungsprotokoll Borgeln jedoch hohe Löhne als Ärgernis auf: „Zu den größten Mißbräuchen auf dem Lande gehört ohnstrittig die Ablöhnung der Dienstboten, so z. B. wählt sich der 1. Knecht pr. prptr. 1 pr. Morgen Roggen und 1 M. Gerste auf dem Lande seines Brotherren aus, von häufig nicht gewissenhaften Leuten oft aus der niedrigsten Klasse wird solcher abgemessen und hat zur Folge, daß bei gleicher Stund des Korns der Knecht doch mehr als die Hälfte mehr von ein- und derselben Fläche drischt wie sein Herr.

Je nach Arbeit war der Anteil der Löhne an den Kosten verständlicherweise unterschiedlich: Bei der Bestellung der Felder waren der Einsatz des Gespanns, des Pfluges und der Egge erforderlich, und so schlugen in den für die Ermittlung des Reinertrags verwendeten Modellrechnungen vor allem die Investitions- und Unterhaltskosten von Pferden und Geräten zu Buche. Mit anderen Worten: Die Kosten bestanden hier zu einem großen Teil aus Kapitalabschreibungen, Futter oder dem Gegenwert des Saatgutes und nur zu rund einem Drittel aus Personalkosten. Bei den anderen Tätigkeiten war der Lohnkostenanteil viel höher, bis zu 100% beim Drusch. Unterm Strich bestanden die berechneten Produktionskosten in Borgeln und Löhne zu 48% aus Lohnkosten. Dieser Ansatz trifft jedoch eher auf das Beispiel größerer Betriebe mit vermehrter Lohnarbeit zu als auf kleine Betriebe an der Vollerwerbsgrenze. Wie die Rechnung ausgesehen hätte, wenn aufgrund verfügbarer und nicht entlohnter Familienarbeitskräfte keine Löhne gezahlt worden wären, ist nicht eindeutig zu bestimmen. Zwar wären die gesparten Löhne zum Familieneinkommen hinzuaddiert worden, der Kataster-Reinertrag als Unternehmerlohn wäre aber geringer ausgefallen, denn vom Rohertrag wäre in dem Fall auch der Verbrauch der Familie abgezogen worden, die tatsächlich ja auch die Hauswirtschaft zu tragen hatte.

Grundsätzlich wären durch angemessene Berücksichtigung der Lohnkosten in den Produktionskosten vor allem die Kataster-Reinerträge derjenigen Betriebe nach oben zu korrigieren, die über relativ viel Ackerfläche verfügten, deren Bearbeitung arbeitsintensiver als Weide- oder Wiesenflächen war. Unter den drei untersuchten Orten trifft dies auf Borgeln und Löhne zu, bei deren Betrieben das Ackerland 65% bis 80% der gesamten landwirtschaftlichen Nutzfläche ausmachte. In Oberkirchen wurde demgegenüber weitaus extensiver gewirtschaftet, so dass die Reinerträge hier bereits verhältnismäßig lohnkostenfrei sind.

2.4.4 Zwischenresümee

Der Kataster-Reinertrag stellt ein zeitgenössisches Maß dar, anhand dessen Betriebe miteinander verglichen werden können und mit dem wirtschaftliche Daten in Beziehung gesetzt werden können. Als solches wird er im Folgenden auch in mehreren Fällen eingesetzt. Weniger zuverlässig aber kann vom Kataster-Reinertrag auf die wirklich erzielten Erlöse geschlossen werden. Wie gesehen, blieb im Kataster-Reinertrag bei den Schätzungen 1822/35 der Bereich der Vieh- und Milchwirtschaft weitgehend ausgeblendet. Die naturalen Roherträge scheinen bei den Wertschätzungen

Demohnerachtet aber ist der fernere Lohn an Leinen, Schuhe pp. übertrieben. Bey den Mägden ist dieses ebenfalls der Fall und kommt noch hinzu, daß der Bauer hauptsächlich in der Oberbörde den Gemeinen Lohne, Neuen-Geseke und Müllingsen bei dem Mangel an Mägden noch ein oder gar zwey uneheliche Kinder derselben mit füttern muß".

realistisch eingeschätzt worden zu sein. Bei den zugrunde gelegten Produktpreisen, bei den Produktionskosten und bei der Kalkulation des Einsatzes von Lohnarbeit, sind aber Korrekturen angebracht. Diese lassen im Endeffekt die Grundsteuer-Reinerträge als deutlich zu niedrig erscheinen. In Löhne und Borgeln werden die wirklichen, aber nicht inflationsbereinigten Reinerträge 1830 etwa das Doppelte und 1860 etwa das Dreifache des Kataster-Reinertrags betragen haben.

2.5 Die Entwicklung der Kataster-Reinerträge

Die Kataster der Jahre 1820er-Jahre bildeten eine detaillierte Querschnittsaufnahme des ländlichen Besitzes zum Zeitpunkt ihres Entstehens, die – wie dargestellt – kritisch bewertet werden muss. Für synchrone Vergleichsbetrachtungen behielten die Grundsteuer-Reinerträge ihren Wert. Mit jedem Jahr, das nach der Aufnahme vergangen war, büßten sie aber an Aussagekraft über die realen Wirtschaftsbedingungen und Einkommensmöglichkeiten ein.[190] Vor allem stiegen in den Jahrzehnten nach Start der Grundbesteuerung von 1822/35 sowohl die erzielbaren Erträge der Böden, als auch die Markt- bzw. Durchschnittsmarktpreise für die Produkte. Die daraus resultierenden Veränderungen dürften in jedem Fall die Bauern in immer höherem Maße begünstigt haben. So kam es in der Rheinprovinz und in Westfalen 1861 zu einer Reform der Grundsteuergesetzgebung.[191] In wesentlichen Zügen basierte sie auf den 1822/35 erprobten Verfahren und Klassifikationen. Nun wurde der Kataster-Reinertrag berechnet auf der Basis des Durchschnitts der Martini-Marktpreise von 1837 bis 1860, unter Auslassung der zwei teuersten und der zwei billigsten Jahre. Die Grundsteuer sollte nun in Westfalen 10% des Kataster-Reinertrags betragen.[192]

Um zu ermitteln, wie weit sich ökonomische Praxis und Realität von den Reinertrags-Einschätzungen entfernten, ist auf die bereits zitierten, 1860 und 1866 in Löhne aufgenommen Wertermittlungen zurückzukommen (Tabellen 2-a und 2-b). Ein Gesetz von 1856 sah vor, dass bei Konflikten um die Übergabe eines Besitzes und die Abfindung der Miterben der Wert der Stätte nicht nach dem Kataster-Reinertrag

---

190 Engel, Preussen, S. 139: „Ohne hier der Gründe gedenken zu können, welche [Grundsteuer-Parcelarcataster] fehlerhaft und unbrauchbar machen, sei blos erwähnt, dass das Alter ihr grösster Feind ist".

191 Gesetz-Sammlung 1861, S. 253-316. Während in der Rheinprovinz und in Westfalen die Besteuerungspraxis über Grundsteuer-Reinerträge 1861 bereits reformiert wurden, wurde sie in den Provinzen Sachsen, Brandenburg, Preußen, Pommern, Posen, und Schlesien 1861 überhaupt erst eingeführt. Siehe Meitzen, Boden, Bd. 1, S. 20-46; Engel, Preussen.

192 Meitzen, Boden, Bd. 1, S. 20.

hochgerechnet werden, sondern en détail geschätzt werden sollte.[193] Die zwei vorliegenden Berechnungen stellen die beiden einzigen Fälle dar, in denen solch exakte Schätzungen der Einnahmen und Ausgaben von Betrieben als Dokumente in die Grundakten der Untersuchungsorte gelangten.

Die Inhalte beider Berechnungen sind ähnlich, deswegen wird hier nur eine der Rechnungen referiert. Es handelt sich um die Neubauerei Rübemeyer, Löhne königlich 16, seit 1828 im Besitz von Carl Friedrich Kröger genannt Rübemeyer und mit einer Gesamtfläche von 24,8 Mg (ca. 6 ha). Diese hatte einen Kataster-Reinertrag (1822/35) von 33 Talern. Ohne die Berechnung im Detail nachzuvollziehen, kann die wesentliche Struktur dieser Gewinn-und-Verlust-Rechnung doch erfasst werden (Tabelle 2-a). Die Rechnung ergibt für die Neubauerei 1860 einen durchschnittlichen jährlichen Gewinn von 48 Taler, wobei für Arbeit des „Wirts und seiner Frau" pauschal 35 Taler Lohn zusätzlich veranschlagt werden. Bar verblieben demnach am Ende eines Jahres 83 Taler. Dies ist das Ergebnis nach dem Abzug von Abgaben (12 Taler für Steuern, 48 Taler an Schuldendienst), die aber im Kataster-Reinertrag theoretisch inkludiert waren.

Es klafft also hier eine beträchtliche Lücke von mindestens 50 Talern zwischen dem Katasterreinertrag von 1828 und dem wirklichen Reinertrag von 1860. Diese geht teils auf veränderte Bedingungen infolge der Zeitspanne zurück, rührt teils aber aus den 1828 vorgenommenen strukturellen Fehleinschätzungen her. Die Naturalerträge wurden 1860 um 58% (Hafer) bis 88% (Roggen) höher geschätzt als im Wertschätzungsprotokoll. Zudem lag das Preisniveau um 30 bis 60% höher. Und auch für die Viehwirtschaft (Kapitel 2.4.1), befördert durch gestiegene Erträge des Landbaus, ist eine ähnliche Entwicklung anzunehmen.

1861 bis 1865 wurden die Grundsteuer-Reinerträge neu berechnet; in den Güterauszügen 1866 fanden sie ihren Niederschlag. Während für Borgeln sehr große Reinertragssteigerungen festgestellt wurden, wiesen Löhne und Oberkirchen im Mittel nun sogar niedrigere Reinerträge auf. Das heißt, der im Beispiel der Rübemeyer Neubauerei festgestellte hohe reale Reinertrag von 83 Talern fand abermals keinen direkten Niederschlag in der amtlichen Schätzung, die für den Hof nun einen Kataster-Reinertrag von 34 Talern ergab. Der 1861-65 erneuerten Grundsteuer lagen folgende Fehleinschätzungen zugrunde: Zum ersten wurde abermals primär der Landbau als Einkommensquelle der ländlichen Haushalte begriffen. Zum zweiten wurden offensichtlich die naturalen Roherträge bauernfreundlich unterschätzt, weil nur die „einfachsten und keineswegs sehr intensiven Formen der Ackerwirthschaft" berechnet wurden.[194]

---

[193] Gesetz-Sammlung 1856, S. 550-553; auch wiedergegeben in Burghardt Freiherr von SCHORLEMER-ALST: Die Lage des Bauernstandes in Westfalen und was ihm Noth thut, Münster 1864, S. 37-40. Siehe auch Kapitel 3.1 und 3.2.

[194] Engel, Preussen, S. 110 und 93 (Zitat).

Drittens wurde mit den Normalpreisen 1837-1860 zwar eine sehr verlässliche Größe gewählt, die aber in Anbetracht der Dynamik des Agrarsektors in jenen Jahren bereits 1860 veraltet, weil zu gering bemessen war.[195] Unter Berücksichtigung der unterschiedlichen Bodengüte, Anbauverhältnisse, klimatischen Bedingungen und Preisniveaus schätzte der Statistiker Ernst Engel den wirklichen Reinertrag eines durchschnittlichen westfälischen Morgens auf fast das Doppelte der Kataster-Reinerträge. Letztere lagen beim Ackerland 1866 in Löhne bei etwa 1,7 Talern pro Morgen, in Oberkirchen bei 0,5 Talern und bei Borgeln bereits bei beachtlichen 4,2 Talern.

Festzuhalten bleibt, dass man aus einem Vergleich der 1830er- und der 1866er-Werte nicht auf steigende oder sinkende Umsätze, geschweige denn Gewinne schließen kann. Zwischen 1830 und 1866 stiegen Roherträge, Marktquoten und Getreidepreise tatsächlich an, doch ist ein Vergleich der Kataster-Reinerträge kein Beleg dafür. Richtig ist jedoch der Schluss, dass in Borgeln die Steigerung der Reinerträge weit über dem Niveau der anderen Orte lag.

2.6 Die Feudalabgaben

Wie stark reduzierten die Feudalabgaben die Einkommen der einzelnen Betriebe? Stellte ihr Wegfall im Zuge der Ablösungen in Westfalen für die bäuerlichen Ökonomien einen betriebswirtschaftlichen Einschnitt dar? Diese Fragen zielen auf ein Grundproblem der Agrar(wirtschafts)geschichte ab: das der Feudalquote. Sie hat sich unter Autoren wie Henning, Achilles und Schremmer als der entscheidende Ausdruck für die Schwere der Feudallasten etabliert und diente zum regionalen Vergleich. In der Auseinandersetzung mit bäuerlichen Einkommen spielte auch die Frage eine Rolle, ob die feudalen Lasten in gleichem Maße alle Bauern eines Dorfes trafen, oder ob sie ungleich verteilt waren. Die Bedeutung einer ungleichen Verteilung von Lasten liegt darin, dass die Höhe einer Last die Motivation der Bauern mitbestimmt haben dürften, sich ihrer zu entledigen. Für die vorliegende Arbeit ist also einerseits erstrebenswert, einen Begriff davon zu bekommen, in welchem Maße Feudallasten bei der Sparfähigkeit berücksichtigt werden müssen. Andererseits wird der Frage nachgegangen, ob die Lasten bedeutend genug waren, um für strategische Entscheidungen eine Rolle zu spielen und ob die Inhaber bestimmter Betriebs- und Hofgrößen ein besonderes Interesse an der Ablösung gehabt haben dürften.

Zum gegenwärtigen Zeitpunkt ist ein Vergleich der Feudallasten verschiedener Regionen kaum möglich, weil die Bezugsgrößen je nach den Möglichkeiten der örtlichen Quellen variieren. In dem auf Henning zurückgehenden Verständnis ist die Feudalquote die Summe von Abgaben und Diensten an die verschiedenen Herrschaftsträger,

195 Engel, Preussen, S. 108.

die Kirche und auch den Staat, der als Träger der feudalen Ordnung gesehen wird, im Verhältnis zum Rohertrag eines Hofes. Nicht nur die Gewinnung der Basisgrößen wurde bisher unterschiedlich gehandhabt, auch wurden unterschiedliche Wirtschaftsbereiche berücksichtigt. Saalfeld bezog die Lasten auf den Getreiderohertrag, Schremmer hingegen allein auf den Reinertrag der Acker- und Wiesenflächen einer Beispielrechnung aus der zeitgenössischen Publizistik.[196] Die Folge ist ein „verzerrtes Bild", wie Henning zu Recht bemerkt.[197] Henning selbst hatte für seine Zusammenschau der Belastungen in Ostpreußen und im Paderbornischen eine sehr breite Datenbasis zu Verfügung, war jedoch bei der Ertragsberechnung auf eher schwach gestützte Folgerungen angewiesen. Die von ihm gewählte Alternative, die Rekonstruktion und Integration von Erträgen der Viehwirtschaft, führt zwar zu einer umfassenderen Einschätzung der wirklichen Einkommen und damit auch der wirklichen Belastung durch Abgaben, doch werden die Berechnungen, je weiter sie sich von den Ursprungsgrößen der Quellen entfernen, desto artifizieller und auch spekulativer.

Mein Zugang an dieser Stelle hat demgegenüber den Vorzug, dass er für viele Staaten des 19. Jahrhunderts ähnlich begangen werden kann, weil die Quellen und die Bezugsgrößen sich weitgehend anglichen. Als Basisgröße dient der Kataster-Reinertrag, der im Zuge der Katasteraufnahmen in weit mehr Staaten als nur in Preußen berechnet wurde. Ebenso verhält es sich mit den Werten der Feudallasten, die aus Ablöserezessen gewonnen werden, die ebenso kein preußisches Spezifikum sind. Die Probleme ergeben sich dabei im Detail der Quellenauswertung und -kritik. Wie erwähnt (Kapitel 2.4.1), ist es ein Grundproblem der zeitgenössischen Statistik, dass sie sich auf den Landbau fixiert und damit Erträge aus der Viehwirtschaft und Nebengewerben nicht einfließen.[198] Auch im vorliegenden Fall der drei westfälischen Orte sind die vorhandenen Informationen primär auf den betrieblichen Sektor des Landbaus bezogen. Aus den Wertschätzungsverhandlungen liegen Informationen über die Relevanz der anderen Einkommensquellen vor. So ist für Oberkirchen mit einem zusätzlichen Einkommen aus der Viehzucht (Verkauf von Kälbern und Rindern) und vor allem dem Nebengewerbe des Wanderhandels und der Fuhrdienste zu rechnen (siehe Kapitel 2.7). Hier wurde jedoch davon abgesehen, diese Informationen für eine Berechnung des Verhältnisses Feudallasten/ Ertrag einzuschätzen und auf einzelne Höfe herunter zu rechnen. Die von mir gewählten Bezugsgrößen sind zum einen der Kataster-Reinertrag, zum anderen der mittels einer Formel aus demselben errechnete monetäre Rohertrag. Der Vergleichbarkeit mit den Ergebnissen anderer Forschungen wegen ist zunächst die gesamte Feudalquote als Ausgangsgröße gewählt worden. Diese wurde

---

196 Henning, Dienste, S. 151; Schremmer, Bauernbefreiung, S. 86-89.

197 Henning, Dienste, S. 151.

198 Achilles, Landwirtschaft, S. 28-33.

mit einer Formel errechnet, die die Grundsteuer in Form eines fixen Anteils des Kataster-Reinertrags einbezog.[199]

Diesem umfassenden Begriff einer Feudalquote ist jedoch eine an den Erfordernissen der konkreten Fragestellung angepasste Definition an die Seite zu stellen. So sind erstens Steuern für die Fragestellung im engeren Sinne irrelevant, weil die Steuerpflicht schließlich fortwährte, egal ob ein Bauer sich der Feudalabgaben entledigte oder nicht. Zweitens sind die Ablösungen als Prozess zu verstehen, weniger als Ereignis. Daraus folgt, dass die feudale Belastung, sieht man von den finanziellen Folgen der Ablösungen ab, zeitveränderlich war und beispielsweise für 1820 einen anderen Wert ergibt als für 1840. Für die folgenden Quotenberechnungen wird daher der maßgebliche Moment auf den Anfang des Untersuchungszeitraums gelegt.[200] Auf aggregierter Ebene pro Ort ergeben sich die aus Tabelle 2-d entnehmbaren monetären Belastungen. Die Werte der Grundlasten selbst wurden aus den Quellen der Ablösungen ermittelt, in denen sie meist in Form der „fixierten Renten" monetär nachgewiesen sind.[201]

---

199 Als Gesamtbetrag der Steuer (bestehend aus Grundsteuer und Klassensteuer) wurden 19% des Grundsteuer-Reinertrags angenommen. Dies ergibt sich aus Beispielen von 1832 (LA NRW W, Regierung Arnsberg III A Fach 331 Nr. 1): Bauer Risse aus Paradies: Grundsteuer und Klassensteuer zus. 63 Taler, bei einem Grundsteuer-Reinertrag von 351 Talern ergibt sich eine Relation von 18%. Bauer Teigler aus Opmünden: Die Gesamtsteuer 87 Taler betrug 19,5% des Grundsteuer-Reinertrag von 447 Taler. Bauer Lappe zu Schwefe: Gesamtsteuer knapp 24 Taler, also 20,2% des Grundsteuer-Reinertrags von 199 Talern. Bauer Lammert aus Stocklarn: Gesamtsteuer 28,8 Taler, und damit 17,5% des Grundsteuer-Reinertrag von 173,5 Talern.
Ein Beispiel aus 1843 (LA NRW W, Rentamt Soest, Nr. 38): Kolonat Beuckmann zu Fahnen, Kataster-Reinertrag 576 Taler, Grundsteuer 58,5 Taler, Kommunalsteuer 14,7 Taler, zusammen 13% des Katasterreinertrags). Die Feudalquote bestand demnach aus den – durch die Quellen nachgewiesenen – monetären Werten der Lasten („fixierte Renten") und den so extrapolierten Steuern.

200 Für Borgeln auf 1822/1830 gelegt (Abbildung 2-A): 1822 wurden offensichtlich erstmals die Ablösepreise in den Amtsblättern publiziert. Die Ablösepreise 1822 stellen 100% des Ablösepreisindex dar. 1830 erfolgte der Katasterquerschnitt (Güterverzeichnisse) mit einem Querschnitt der Betriebsgrößen.

201 Bei „fixierten Renten" handelt es sich um die monetären Werte der jährlichen Lasten. Diese Werte beruhen auf den gemittelten Ablösetarifen zum Zeitpunkt der Ablösung bzw. Umwandlung. Detaillierte Ausführungen dazu in Kapitel 6.2.

Tabelle 2-d: Abgelöste Lasten in Löhne, Borgeln und Oberkirchen-Westfeld

		A **Löhne**		B **Borgeln** [1]		C **Oberkirchen-Westfeld**	
1	Abgelöste Lasten, Summe der fixierten Renten (unterschiedliches Normalpreisniveau)	1.306 Taler		3.264 Taler		262 Taler	
2	Lasten der „Feudalquote" (Feudallasten incl. Steuern)	ca. 1.560 Taler		ca. 3.890 Taler		ca. 310 Taler	
3	Kataster-Reinertrag der Gesamtfläche 1830	6.452 Taler		ca. 6.900 Taler		3.321 Taler	
4	I: Anteil des Kataster-Reinertrags am monetären Rohertrag laut Wertschätzungsverhandlungen II: Anteil der Kulturarten am Kataster-Reinertrag von Zeile 1 [2]	I	II	I	II	I	II
	a. Acker	44%	(75%)	44%	(78%)	28%	(21%)
	b.Wiese	65%	(8%)	66%	(2%)	52%	(28%)
	c. Wald	67-75%	(4%)	55%	(4%)	76%	(37%)
	d. div.		(13%)		(16%)		(14%)
	e. Gesamtfläche		(100%)		(100%)		(100%)
5	Extrapolierter Rohertrag [3]	ca. 13.000 Taler		ca. 14.000 Taler		ca. 6.400 Taler	
6	*Quote: Feudallasten/ Kataster-Reinertrag*	*20%*		*47%*		*8%*	
7	*Quote: Feudallasten incl. Steuern / Kataster-Reinertrag*	*24%*		*56%*		*9%*	
8	*Quote: Feudallasten incl. Steuern / Rohertrag*	*10%*		*28%*		*4%*	

[1] ohne Stocklarn. [2] Nach G. Fertig, Äcker, Tabelle 2.6, S. 63.
[3] Berechnungsweise: Σ(*Spalte II* × *Zeile* 3/*Sp. I*) + die zu den „diversen" gerechneten Flächen ohne Produktionskostenzuschlag.
Quellen: Wertschätzungsprotokolle Borgeln, Mennighüffen und Kirchhundem (für Oberkirchen-Westfeld).
Erklärung: Bei den Werten handelt es sich um die in den Ablöserezessen angegebenen oder aber errechneten „fixierten Renten", d.h. die monetären Werte der jährlichen Lasten. Diese Werte beruhen auf den gemittelten Ablösetarifen zum Zeitpunkt der Ablösung bzw. Umwandlung. In den Daten wurde bei fehlenden Beträgen der „fixierten Renten" vom Kapital und dem Kapitalisierungsgrad rückgerechnet. Fehlte der Kapitalisierungsgrad, wurde mit dem jeweils gültigen gesetzlichen Kapitalisierungsgrad gerechnet.

Zu entnehmen ist, dass die feudalen Belastungen in Borgeln in toto knapp dreimal so hoch wie die in Löhne und sechs- bis siebenmal so hoch wie in Oberkirchen-Westfeld waren, und zwar weitgehend unabhängig von der Berechnungsbasis (Zeilen 6, 7 und 8). Selbst wenn man hierbei berücksichtigt, dass die Basiswerte alle auf dem Kataster-Reinertrag beruhen, der gerade für Borgeln zu gering geschätzt wurde, kennzeichnete diesen Ort eine ausgesprochen hohe Belastung. Auch im Vergleich mit den von Henning zutage geförderten mittleren Feudalquoten scheinen die Lasten in Borgeln hoch gewesen zu sein.[202] Wenn sich die Bauern von den Ablösungen nennenswerte Vorteile für ihre Wirtschaft versprachen, sollte Borgeln der Ort mit den deutlichsten Ablösungsinitiativen von Seiten der Bauern gewesen sein (Kapitel 6).

Die aus den Ablöserezessen gewonnenen „fixierten Renten" können ohne weiteres mit den individuellen Betrieben und damit deren Betriebsgröße in Bezug gesetzt werden. Sie sind aber zeitabhängig zu sehen, da sie auf Basis der Ablöse-Normalpreise ausgerechnet worden waren, die bis 1837 langfristig sanken und von da an stiegen

Abbildung 2-D: Verhältnis der monetisierten, „fixierten" Feudallasten zu den Grundsteuer-Reinerträgen der Betriebe (Borgeln, 1822/30)

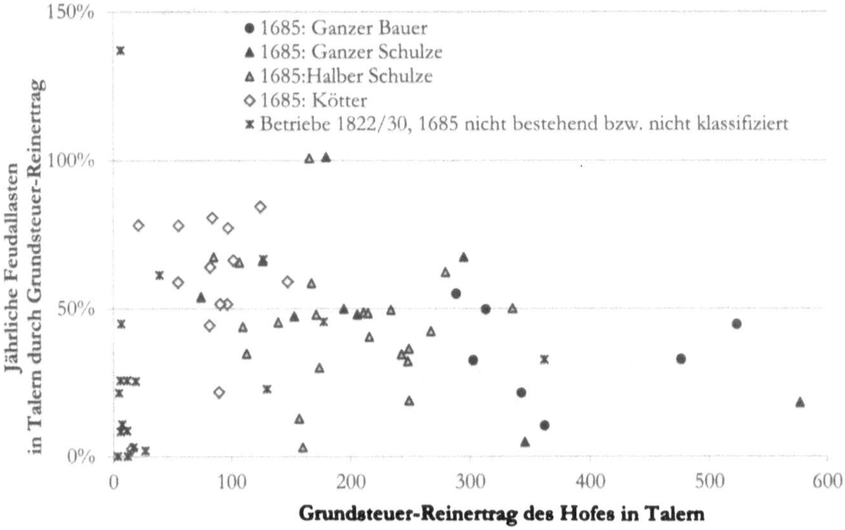

Anm.: N=70. Ausgeschlossen wurden alle Betriebe unter 0,5 ha Gesamtfläche.
Quellen: Die Grundsteuer-Reinerträge stammen aus dem Güterverzeichnis Borgeln. Die Renten wurden einzeln berechnet und über einen Normalpreisindex auf das Jahr 1822 (100%) zurückgerechnet. Darüber hinaus Marga KOSKE (Bearb.): Das Bördekataster von 1685, Soest 1960.

202 Henning, Dienste, S. 159-160.

(Abbildung 2-A). Demgegenüber stellen die Grundsteuer-Reinerträge das Preisniveau der 1810er- und 1820er-Jahre dar. In diesem Ausarbeitungsschritt wurde also ein Index der Normalpreise angelegt, auf dessen Basis die Beträge auf das Jahr 1822 zurückgerechnet werden konnten.[203] Wären kleine und große Höfe rechnerisch gleich von den Lasten betroffen gewesen, hätte sich in Abbildung 2-D eine horizontal verlaufende Gerade ergeben. Die Argumentation mit Mittelwerten ist weit verbreitet, allenfalls Abweichungen aufgrund von Betriebsgrößen wurden bisher thematisiert.[204] Henning kam für das Fürstentum Paderborn des 18. Jahrhunderts zu der Feststellung, dass die kleinsten Stellen am schwersten von den Lasten betroffen waren, die Bauern mit einer Hofgröße zwischen 5 und 10 ha am geringsten und mit zunehmender Betriebsgröße die relativen Lasten wieder stiegen.[205] Tatsächlich jedoch sind die Betriebe dieser Größe (mit Kataster-Reinerträgen zwischen 50 und 100 Talern) im Fall von Borgeln die höchstbelasteten, und größere Betriebe haben, bei großer Streuung, eher geringere Abgaben pro Kataster-Reinertrag zu leisten.

Zwei Sachverhalte lassen diese Beobachtung aber in den Hintergrund treten. Zum einen findet sich bestätigt, was bei der Diskussion des Kataster-Reinertrags bereits festgestellt wurde, nämlich seine zu geringe Ansetzung. Obwohl alle monetären Werte für Lasten auf das Normalpreis-Niveau von 1822 zurückgerechnet wurden und also auf gleichem Niveau mit der Basis der Kataster-Reinerträge liegen, erscheint diese Basis als zu niedrig bemessen. Betriebe mit einem Last/Reinertrags-Verhältnis von 100% und mehr wären andernfalls als unrentabel zu bezeichnen, da sie mehr abgegeben mussten, als sie rechnerisch nach Abzug der Kosten überhaupt erwirtschafteten. Man muss den Kataster-Reinertrag also auch hier eher als Verhältnismaßstab sehen.

Zum anderen ist die Streuung der Werte bei allen drei Orten enorm, sodass eine Betriebsgröße keinesfalls gleichzusetzen ist mit einer bestimmten relativen Belastung (Tabelle 2-e). Höfe gleicher Besitzgröße hatten höchst unterschiedliche Lastenwerte zu tragen. Wenngleich nicht zentral für die weitere Argumentation in dieser Arbeit, seien dennoch mögliche Erklärungen für solch starke Streuungen genannt:

(1) Verschiedene Besitzrechte könnten unterschiedliche Abgabenhöhen zur Folge gehabt haben. Der besitzrechtliche Status der Betriebe Borgelns im 19. Jahrhundert ist nicht immer klar zu fassen. Fast alle Betriebe mit mehr als 5 ha wurden Kolonat bzw. Kolonie genannt. Darunter auch etliche, die 1685 im sogenannten Bördekataster noch als „Kotten" geführt wurden, insbesondere für Borgeln. Selbst der erst 1853 in Blumroth gegründete 2,5-ha-Betrieb von Wilhelm Uhlenborg hieß fortan Uhlenborg Kolo-

203 Die Bewegungen der Normalpreise lassen sich Abbildung 2-A entnehmen. Ausgewählt wurde der Roggennormalpreis, der aber mit dem von Weizen hoch korreliert ist.

204 Henning, Paderborn, S. 220-222. Darauf stützen sich Teuteberg, Einfluß, S. 192 und Mooser, Klassengesellschaft, S. 100.

205 Henning, Paderborn, S. 223-227; ders., Dienste, S. 157.

Tabelle 2-e: Streuung der Feudalquoten in den drei Orten (1822/1830)

	Löhne	Borgeln	Oberkirchen-Westfeld
N [1)]	58	70	43 [3)]
Mittelwert [2)]	28%	43%	14%
Standardabweichung	31%	27%	15%

[1)] Nur Betriebe/Haushalte mit mehr als 0,5 ha Nutzfläche. Damit ist ein Hauptgrund für eine überproportionale Belastung kleinster Betriebe, die fixen Abgaben an Gemeinde und Kirche, weitgehend ausgeschlossen.

[2)] Berechnet aus den „fixierten Renten" der Ablösungen, rückgerechnet über den Normalpreisindex auf das Jahr 1822, ins Verhältnis gesetzt zu den Grundsteuer-Reinerträgen des Jahres 1830.

[3)] Nicht berücksichtigt wurden vier vermutlich fehlerhafte Extremwerte.

nie zu Blumroth.[206] Die 1685er-Benennungen geben daher eine trennschärfere Klassifikation ab. Neben den Köttern gab es 1685 auch halbe und ganze Bauern (Borgeln), Schulzen (Hattropholsen und Blumroth) und halbe Schulzen (Hattropholsen und Stocklarn) sowie einzelne spezifische Benennungen wie Lehrer und Müller. Wenn man diese in die Betrachtung einbezieht (Abbildung 2-D), zeigen sich zwar Größenunterschiede zwischen ehemaligen Köttern, ehemaligen halben und ganzen Stellen. Innerhalb der Gruppen aber ist die Streuung ebenfalls sehr stark, sodass verschiedene Besitzrechte als Erklärung ausscheiden.

(2) Das Gegenteil würde zutreffen, wenn man die Streuung erst als Resultat der Endphase der alten Agrarverfassung werten würde. Man könnte annehmen, in der Hochphase der Grundherrschaft hätten die Lasten größere Proportionalität zur Betriebsgröße aufgewiesen und zumindest horizontal, unter Betrieben gleicher Größe, seien die Lasten gleich verteilt gewesen. Die Belastungsstreuung im 19. Jahrhundert wäre dann erklärbar mit einer zunehmenden Kommerzialisierung der Wirtschaft, die zu wirtschaftlicher Differenzierung führte und Verlierer und Gewinner hervorbrachte, die ihren Grundbesitz entweder vergrößern konnten oder verkleinern mussten. Im Zusammenhang mit den Grundvoraussetzungen von liberalisierten Faktor- und Produktmärkten, geringeren herrschaftlichen Bindungen und damit der Möglichkeit zu eigenverantwortlicherem Wirtschaften wäre Belastungsstreuung in der ersten Hälfte des 19. Jahrhunderts ein Ergebnis eines von der Modernisierung beförderten Differenzierungsprozesses. Da die Untersuchung hier noch in der liberalen Frühphase ansetzt, dürfte die Marktentwicklung kaum eine Voraussetzung für Abgaben-Streuung gewesen sein. Ob letztlich eine der Erklärungen zutrifft, kann allerdings nur eine ver-

[206] BOR HofID 112.

tiefte Analyse der Entwicklung der Agrarverfassung erweisen, die nicht an dieser Stelle durchgeführt werden kann.

(3) Verschiedene Grundherrschaften können unterschiedliche Volumina an Abgaben verlangt haben. Sowohl Borgeln als auch Löhne wiesen eine starke Heterogenität der herrschaftlichen Abhängigkeiten auf. Vor der Säkularisierung, in deren Folge gerade von Borgeln zahlreiche geistliche Abhängigkeiten in staatliche Rentenverwaltung übergingen, muss ihre Zahl eher noch größer gewesen sein. Demzufolge lägen die Abweichungen in der Agrarverfassung der Frühneuzeit begründet.[207] Dies erscheint am wahrscheinlichsten.

2.7 Alternative Einkommen in Mischökonomien

In zweien der drei Ortschaften stellten neben der Land- und Viehwirtschaft weitere Einkommensquellen einen bedeutenden Teil der Existenzsicherung dar. In Löhne war dies die Leinenprotoindustrie, in Oberkirchen der Wanderhandel.

Die Minden-Ravensbergische Protoindustrie ist so intensiv erforscht worden, dass für die meisten Aspekte auf die Arbeiten von Josef Mooser und Wolfgang Mager verwiesen werden kann.[208] So kann man auch für Löhne annehmen, dass von so gut wie jedem Betrieb Flachs angebaut, in Heimarbeit aufbereitet und zu dem gewöhnlichen „Moltgarn“ versponnen wurde, das später zu dem sogenannten Löwendleinen verwebt wurde.[209] Umso erstaunlicher ist, dass dieser Erwerb, der schließlich auf einen

---

207 Ein Hinweis in die Richtung dieser These liefert Marga KOSKE (Bearb.): Das Bördekataster von 1685, Soest 1960. Aus der Quelle wurden allein die Werte der Getreideabgaben Borgeler, Blumrother, Hattropholsener und Stocklarner Höfe (N=60) errechnet, ausdrückt im Gegenwert von Malter Roggen. Dabei wurde für Gerste der Faktor 0,75, für Hafer 0,5 und für Weizen der Faktor 1,35 berechnet. Der Mittelwert der Lasten beträgt 0,12 Malter Roggen pro ha Nutzland. Die Standardabweichung beträgt immerhin 0,04.

208 Wolfgang MAGER: Protoindustrialisierung und agrarisch-heimgewerbliche Verflechtung in Ravensberg während der Frühen Neuzeit. Studien zu einer Gesellschaftsformation im Übergang, in: Geschichte und Gesellschaft 8 (1982), S. 435-474; Mooser, Klassengesellschaft. Botzet, Bauersleut, bietet darüber hinaus am Beispiel des Minden-Ravensbergischen Rödinghausens einen Ansatz dazu, die Mischökonomien zahlloser Heuerlingshaushalte als ein Standortcharakteristikum zu verstehen, welches jene Gewerbe begünstigte, die die Vorteile des Systems zu nutzen wussten (Leinenweberei, Zigarrenfabrikation).

209 Mooser, Klassengesellschaft, S. 50; Mager, Protoindustrialisierung; Küpker, Weber, zur Fabrikation von Löwendleinen aus Hanfgarn im Tecklenburger Land. Siehe auch Linnemeier, Landwirtschaft, S. 64: Der Mennighüffener Pastor Weihe konstatiert keinen Hanfanbau, aber viel Flachsbau, von dem „wäre sehr viel zu sagen, welches ich hier übergehe“. Er verweist auf eine eigens angefertigte Schrift um 1800, die er dem Landrat von Vincke schickte, deren Verbleib aber Linnemeier nicht bekannt ist. Der Herforder Landrat schrieb nach Mooser, Klassengesellschaft, S. 155, im Jahr 1820, also nach der durch Missernten verursachten gravierenden Angebotskrise, in der für kleine Betriebe die Eigenversorgung ausfiel und der Zukauf aus marktori-

agrarischen Ertrag an Flachs zurückgeht, in der Wertschätzungsverhandlung der Gemeinde Mennighüffen nicht erwähnt wird. Ja, selbst der Anbau von Flachs wird mit keinem Wort erwähnt. Möglicherweise wurde er unter den Gartenerträgen subsumiert, wobei in diesem Fall der Reinertrag deutlich zu gering angesetzt worden wäre.

Das Spinnen war nicht auf die Heuerlingshaushalte beschränkt, da es auch den bäuerlichen Betrieben die Möglichkeit bot, außerhalb der Vegetationsperioden die Überkapazität an Arbeitskraft gewinnbringend einzusetzen. Inwieweit die Leinenweberei ebenfalls in ländlichen Haushalten stattfand und ein Einkommen bereitstellte – in diesem Fall kann man tatsächlich von Nebeneinkommen sprechen – ist für den Minden-Ravensberger Raum trotz der dichten Forschungslage nicht eindeutig zu beantworten. Markus Küpker (für Tecklenburg), Jürgen Schlumbohm (für das nahe Osnabrück liegende Belm) und auch Hans Medick (für das schwäbische Laichingen) haben gezeigt, dass das Weben eine Arbeit aller Besitzgrößen war – solange es sich lohnte.[210] Ulrich Pfister hat hier eine betriebsökonomische Erklärung geliefert und argumentiert, dass kapitalstärkere Betriebe sich letztlich auch in den kapitalintensiveren Heimgewerben engagierten. Wenn sie für die Protoindustrie ihre Landwirtschaft einschränken mussten (wie es die Idee der Opportunitätskosten und die Vorstellung von einer gegebenen Menge Arbeitskraft, die mit verschiedenen Erwerbsarten genutzt werden kann, implizieren), so musste das Heimgewerbe mindestens ebenso ertragreich wie die Landwirtschaft sein, was mit der weniger arbeitsintensiven Verarbeitungsstufe des Webens erreicht wurde.[211] Aber auch wenn es nicht um eine Entscheidung zwischen Alternativen ging, sondern wirklich Überkapazitäten genutzt wurden, war es ein Interesse des Betriebs, den höchstmöglichen Ertrag zu erwirtschaften und dazu auch in Kapital zu investieren. Das wiederum war eher den bäuerlichen Haushalten möglich.

---

entiertem Spinnen bestritten werden musste, dass die Heuerlinge des Kreises „mit wenigen Ausnahmen sich sämtlich nur ausschließlich von der Spinnerei ernähren".

210 Jürgen SCHLUMBOHM: Lebensläufe, Familien, Höfe. Die Bauern und Heuerleute des Kirchspiels Belm in proto-industrieller Zeit, 1650-1860, Göttingen 1994, S.66-94.

211 Ulrich PFISTER: Protoindustrie und Landwirtschaft, in: Dietrich EBELING und Wolfgang MAGER (Hg.), Protoindustrie in der Region. Europäische Gewerbelandschaften vom 16. bis zum 19. Jahrhundert, Bielefeld 1997, S. 57-84; und ders.: Die protoindustrielle Hauswirtschaft im Kanton Zürich des 17. und 18. Jahrhunderts, in: Dietmar PETZINA (Hg.), Zur Geschichte der Ökonomik der Privathaushalte, Berlin 1991, S. 71-108.

Tabelle 2-f: Durchschnittliche Erlöse aus protoindustrieller Weberei in Talern

	Großbauern	**Kleinbauern**	**Heuerlinge**
Tecklenburg um 1800 [1)]	110-154		44-88
Belm 1809-1814 [2)]	57,39	18,37	11,80
Belm 1847-1849	24,24	12,53	6,88

1) Küpker, Weber, S. 104.
2) Schlumbohm, Lebensläufe, S. 69. Vgl. die kalkulatorischen Hinweise ebd., S. 70, Fußnoten 3 und 4 zur Bewertung der Werte.

Die Verdienste mit Web- und Spinnarbeiten sind, folgt man den zitierten Untersuchungen von Schlumbohm, Mooser und Küpker, sehr zeitabhängig zu sehen (Tabelle 2-f). Nach Schlumbohm konnte ein Großbauer 1809-1814 mit webenden Haushaltsmitgliedern im Schnitt 60 Taler pro Jahr erlösen, ein Kleinbauer etwa 18 Taler und ein Heuerling 12 Taler. Bezogen auf die durchschnittliche Haushaltgröße der drei Besitzgruppen ist dies auch ein größerer Pro-Kopf-Verdienst bei den größeren Betrieben, den Schlumbohm darauf zurückführt, dass in einem großen Betrieb im Mittel Kinder und Alte einen geringeren Anteil hatten und deshalb durchschnittlich mehr Arbeitskraft zu Verfügung stand.[212]

Es ist allerdings sehr fraglich, ob in Löhne tatsächlich nennenswert in Heimarbeit gewebt wurde.[213] An dieser Stelle ist es sinnvoll, anhand der aus Löhne verfügbaren Inventare zu prüfen, ob in den Löhner Betrieben Webstühle vorfindbar waren und welche Werte sie besaßen. In 4 von 25 Inventaren wird je ein Webstuhl aufgeführt.[214] Dabei handelt es sich um Inventare von 1833, 1856 und zwei von 1859. Die Betriebsgrößen waren 18 ha, 5,5 ha, 6,5 ha und 3,5 ha. Die Werte dieser vier belegten Webstühle betrugen zwischen 1,2 und 1,7 Talern. Gebraucht werden sie gewesen sein und deshalb im Wert bereits deutlich gesunken gegenüber einem neuen Webstuhl, den man vielleicht mit 5 Talern veranschlagen kann. In diesem Licht scheint die Investiti-

212 Schlumbohm, Lebensläufe, S. 69.

213 Siehe die Webstuhlzahlen der Minden-Ravensbergischen Ämter 1797 bei Mooser, Klassengesellschaft, S. 479 und S. 67 für 1838-1849. Das Amt Hausberge, zu dem Löhne seinerzeit gehörte, hatte 1797 sehr geringe Webstuhlzahlen. 1838 zählte der Löhne beinhaltende Kreis Herford 58 Familien professioneller Weber und 605 Familien, die „Füllarbeit" am Webstuhl verrichteten. 1849 wurden 214 Haupterwerbs- und 1087 Nebenerwerbsweber im Kreis gezählt. Darin enthalten sind die Weber der Stadt Herford. Bei den Nebenerwerbswebern, die dem Land zuzuordnen sind, lag Herford deutlich hinter dem benachbarten Kreis Lübbecke.

214 LOE InvID 7 (LOE HofID 106), S. 7, 6.3.1856, ein Webstuhl des Wertes 1,2 Taler; LOE InvID 12 (LOE HofID 29), S. 111, 30.5.1859, „kompletter Webstuhl" 1,2 Taler; LOE InvID 19 (LOE HofID 21), S. 42, 12.7.1833, Webstuhl „mit sämtlichem Zubehör" 1,4 Taler; LOE InvID 23 (LOE HofID 16), S. 68, 15.11.1859, Webstuhl mit Zubehör 1,7 Taler.

on so groß nicht gewesen zu sein und auch für kleine Betriebe durchaus erschwinglich und schnell zu amortisieren. Doch einen Webstuhl besitzen hieß noch nicht, dass auch Geld damit verdient wurde. So führt die Wirtschaftsberechnung eines dieser vier Betriebe, die des Hofes Rübemeyer (Tabelle 2-a), obwohl im zeitgleich erstellten Inventar eben der Webstuhl aufgeführt ist, unter Nebengewerbe nur das Garnspinnen auf. Einen von insgesamt 24 Morgen Ackerland bebaute man „mit Flachs, wovon 1/3 für das Dienstmädchen und 2/3 für die Wirtschaft, davon Ertrag versponnen wird und nach Abzug der Einsaat einen Ertrag von 20 Rth gibt.“[215] Es ist eindeutig, dass dieses Flachsgarn verkauft wurde, da nur Bareinnahmen in dieser Rechnung berechnet wurden. Es wurde also trotz Vorhandensein eines Webstuhls nur gesponnen. In der anderen vorliegenden Wirtschaftsberechnung des Kolonats Tacke (Tabelle 2-b) stellt sich die Textilverarbeitung ähnlich dar. Hier wurde ebenfalls ein Morgen mit Flachs bebaut, und zwar „30 Ruthen für die Magd auf den Lohn [und] 150 Ruthen für die Wirtschaft welche außer Einsaat an Flachs liefern a. zum Verkauf für 15 Rth. b. zum Verspinnen als Füllarbeit für 15 Rth.“[216] Füllarbeit ist hier ein entscheidendes Wort, das zeitgenössisch als Ausdruck benutzt wurde, um die Überkapazitäten der Arbeitskraft im Winterhalbjahr oder in anderen Perioden geringer Belastungen zu bezeichnen. Hier ist Protoindustrie also ein reiner Nebenerwerb, der aber nicht zu unterschätzende Einnahmen bescherte. Beträge von 20 bis 30 Talern als Bareinnahme aus dem Spinnen darf man für die späten 1850er- und 1860er-Jahre auch bei kleinen Betrieben durchaus annehmen.

Allerdings waren Flachsspinnen und Leinenweberei gegen Mitte des Jahrhunderts entscheidend zurückgegangen, wie Mooser, Schlumbohm und Küpker für ihre jeweiligen Untersuchungsregionen darstellen. Nach Mooser führte zum einen die Konkurrenz des Baumwollgarns bei der Weiterverarbeitung zu Bändern auf Exportmärkten wie bspw. in Elberfeld zu einer Verdrängung des einfachen, in Handarbeit hergestellten Garns.[217] Zum anderen war es die Konkurrenz mit mechanischer Spinnerei und Weberei, die für die ländlichen Spinner und Weber vor allen Dingen zunächst zum Sinken der Preise, aber noch nicht zur Einschränkung der Protoindustrie führte. Mit dem Verfall der Preise schränkten wohl v.a. größere bäuerliche Betriebe das Spinnen ein, da sie ihre Arbeitskräfte gewinnbringender für eine Intensivierung der Landwirtschaft einsetzen konnten. Kleinen Betrieben und insbesondere dem Heer der Heuerlinge in Minden-Ravensberg und wohl auch in Löhne, waren aber keine großen Zuwächse durch Intensivierung vergönnt, und da die Garnpreise fielen, mussten sie eher noch zulegen in ihrer Produktion.[218]

---

[215] LOE KonID 223, S. 58-67, siehe dazu auch LOE InvID 23, Schichtungsverhandlung Kolonat Rübemeier, Löhne Kgl. 16, LOE HofID 16, vom 16.01.1860.

[216] LOE KonID 86, S. 49-56, Schichtung Kolonat Tacke (31.10.1866).

[217] Mooser, Klassengesellschaft, S. 156.

[218] Ebd., S. 155; Schlumbohm, Lebensläufe, S. 89.

1838 hatte die Hälfte aller Familien im Kreis Herford einen Erwerb im Spinnen, und dieser Anteil verringerte sich zwischen 1838 und 1849 nach Mooser auf 25%. Gerade beim Garn scheint es für die Spinner in den 1840er-Jahren zu besonderen Härten gekommen zu sein, die beinahe das Aussterben der Heimspinnerei und fast auch der Spinnerfamilien selbst vermuten lassen.[219] In Herford gingen Garnhandlungen ein.[220] Doch gab es auch gegenläufige Tendenzen. So fanden sich auch in den 1850er- und 1860er-Jahren insbesondere noch im Kreis Herford Spinner, die nun Feingarn produzierten, das immer noch, wenn auch ebenfalls in zurückgehenden Maße, zu verkaufen war. Im westfälischen Kreis Halle, 25 bis 30 km entfernt von Löhne, expandierte ab 1830 die aus der Löwendweberei entstandene Segeltuchweberei, und noch aus den 1850er- und 1860er-Jahren gibt es bei Löwendleinen und Segeltuch eher Konjunktur- denn Krisenmeldungen.[221] Auch 1875 fanden sich noch hausindustrielle Spinner im Regierungsbezirk Minden.[222]

Für die zu untersuchenden Fragestellungen folgt daraus, dass in der Flachsspinnerei bis zu Beginn der 1840er-Jahre wohl ein allen Betrieben Löhnes zu Verfügung stehender Nebenerwerb vermutet werden kann. Ab 1840 hat dann eine Konzentration auf die kleineren Betriebe stattgefunden, welche gleichzeitig immer weniger Brotgetreide für ihr Garn erstehen konnten. Die beiden vorliegenden Wirtschaftsberechnungen jedoch beweisen, dass in kleinem Umfang auch in Betrieben von 5 bis 8 ha nach wie vor und bis zum Ende des Untersuchungszeitraumes für den Markt gesponnen wurde.

Auch aus dem Hohen Sauerland, der Region des Untersuchungsorts Oberkirchen, gibt es Belege für Textilheimarbeit. Diese hatte jedoch vornehmlich den Charakter der Eigenversorgung. So waren Flachsanbau, Spinnen und Weben zur Produktion der eigenen Kleidung gedacht, weil etwa bis 1860 keine Textilien auf dem Land gekauft werden konnten. Kommerzielle Leinenproduktion auf dem Land gab es wohl auch, allerdings nicht im engeren Gebiet um Oberkirchen.[223] Große Bauern können durchaus mit dem Spinnen und Stricken von Schafwolle zusätzliches Geld verdient haben, so sie eigene Schafe hatten.[224] Bedeutender aber war in Oberkirchen der Hausierhandel mit der damit verbundenen, vorgelagerten Heimarbeit. Viele Männer vom Land gingen in den Wintermonaten auf Wanderschaft. Sie handelten vornehmlich mit Holzwaren: Löffel, Dosen, Schaufeln und was in Heimarbeit in den sauerländischen Dörfern geschnitzt und gedreht werden konnte. Später verkauften sie in heimischen Wäldern gesammelte Schwammpilze als Wund- und Feuerschwämme. Die belegten

219 Mooser, Klassengesellschaft, S. 157.

220 Ebd., S. 157.

221 Ebd., S. 152.

222 Ebd., S. 158.

223 Höher, Heimat, S. 60, mit einem Beleg aus den Gemeinden Bigge und Assinghausen von 1818.

224 Ebd., S. 60.

Zahlen aus benachbarten Ämtern zeigen eine Zunahme der Zahl von Hausierern zum Jahr 1850 hin, danach aber eine langfristige Abnahme bis 1900.[225]

Hausierer zahlten Gewerbesteuer. Manchmal beschäftigten sie mehrere Lohnhausierer, deren wöchentliche Löhne aber auf dem Niveau zweier Taglöhne lagen. Allein auf Basis eines Lohns als Hausierknecht konnte man das Dasein nicht finanzieren.[226] Dabei war der Hausierhandel kein Armutszeugnis, sondern eher unter den Vermögenden zu finden. Wie viel sich im 19. Jahrhundert wirklich mit dem Handel verdienen ließ, entzieht sich noch der Kenntnis. Dass aber der Hausierhandel auch in Oberkirchen ein wesentlicher Verdienst war, zeigt schon eine Übersicht aus der Oberkirchener Familienrekonstitution: Insgesamt wurden 209 Männer im Untersuchungszeitraum (geb. vor 1850, gest. nach 1830) als „Handelsmann" geführt, 104 davon hatten alleine oder in Erbengemeinschaften Grundbesitz.

2.8 Zwischenresümee

Die vorangegangenen Ausführungen haben mehrere Regionen innerhalb Westfalens vorgestellt, von denen eine, die Soester Börde, in welcher der Ort Borgeln liegt, in idealer Weise von der langfristigen Agrarentwicklung profitierte. Weitgehend frei von den protoindustriellen Mischökonomien, die in den beiden anderen Untersuchungsorten Löhne und Oberkirchen im 19. Jahrhundert an Bedeutung verloren und soziale Probleme zurückließen, sind an Borgeln mustergültig die Auswirkungen der Agrarentwicklung des 19. Jahrhunderts zu untersuchen. Gestiegene Nachfrage infolge von Urbanisierung und Industrialisierung im Ruhrgebiet ist als Auslöser eines beträchtlichen Agrarwachstums zu sehen. Die beachtliche Eigenleistung der produzierenden Bauern bestand darin, auf diese Nachfrage zu reagieren, zu intensiven Nutzungsformen zu wechseln und strategische Entscheidungen zwischen Spezialisierung und Diversifikation zu fällen.[227] Infolge dieses Agrarwachstums darf man von stetigen Einkommenszuwächsen ausgehen.

Teuerungen und Ernteausfälle betrafen die sozialen Schichten unterschiedlich. Allerdings werden allenfalls ausgesprochen marktorientierte Betriebe mit hoher Marktquote von erntebedingten Teuerungen profitiert haben. Für die meisten Betriebe in der Börde führten schlechte Ernten zu Einkommenseinbußen, nicht aber zu Wohl-

---

225 Höher, Heimat, S. 77 und 404.

226 Ebd., S. 137, mit Verweis auf Herrmann Wilhelm Ludwig Jacobi: Das Berg-, Hütten- und Gewerbe-Wesen des Regierungs-Bezirks Arnsberg, Iserlohn 1857, S. 492: 15-20 Silbergroschen pro Woche.

227 Den Faktor des technologischen Wandels in diesem Prozess heben hervor Michael KOPSIDIS und Heinrich HOCKMANN: Technical change in Westphalian peasant agriculture and the rise of the Ruhr, circa 1830-1880, in: European Review of Economic History 14 (2010), S. 209-237.

standseinbußen. Große Betriebe mit hohen Marktquoten erfuhren mit ihrer Getreideproduktion wahrscheinlich weit geringere relative Umsatzschwankungen als kleine Betriebe. Schwankende Einkommen erforderten im Prinzip kurzfristige Konsumentscheidungen und ein Leben auf Kredit, aber auch – je nach Einstellung und Möglichkeiten – die Bildung von Sparguthaben für Liquiditätsbedarf. Geringe Schwankungen begünstigten hingegen langfristige Strategien. Für die Kapitalbildung scheinen daher große Betriebe prädestiniert gewesen zu sein. Allerdings nivellierte die Viehwirtschaft bei allen Betriebsgrößen diese Schwankungen. Insgesamt wird man davon ausgehen können, dass die Risiken ernteabhängiger Preisschwankungen ab Mitte der 1850er-Jahre sanken, weil die überregionalen Faktoren der Preisbildung an Bedeutung gewannen.

Als weitere Bedingung der Kapitalbildung ist die Transparenz der Preisentwicklung zu beachten. Spätestens seit den 1820er-Jahren ist der langfristige Preistrend der wichtigsten Erzeugnisse den Zeitgenossen insofern bekannt, als alljährlich im Herbst der so genannte „Normalpreis" im Amtsblatt veröffentlich wurde. Dieser stellte einen Durchschnitt der Preise der zurückliegenden Jahre dar, exklusive der Höchst- und Niedrigstpreise. Damit entwickelte sich der Normalpreis, der zur Grundlage z. B. der Ablöseberechnungen wurde, nur sehr träge. In den meisten Jahren des Untersuchungszeitraums lagen die Marktpreise über dem Normalpreis. Die Bauern machten also regelmäßig die Erfahrung steigender Preise. Sichere Einkommen, vor allem aber die Erwartung derselben, können dafür als Grundbedingung angesehen werden, dass Bauern langfristige Vermögensentscheidungen treffen und das Konsumniveau insgesamt heben konnten. Sie können dabei sowohl die Sparvermögensbildung, als auch die Bereitschaft, Rücklagen aufzulösen, begünstigt haben.[228] Beides kann zur Kapitalbildung beigetragen haben.

---

228 Kopsidis, Marktintegration, S. 470-472.

Kapitel 3: Der Grundbesitz

Ländlicher Grundbesitz ist für die weitere Untersuchung in vierfacher Hinsicht von elementarer Bedeutung:

Erstens ist er als wichtigstes *Produktionsmittel* der Landwirtschaft die Basis für Wertschöpfung und Akkumulation. In Kapitel 2 wurde dieser Aspekt behandelt und der Kataster-Reinertrag als Indikator für Analysen eingeführt.

Zweitens konnte Grundbesitz bei der Aufnahme von Krediten als *Sicherheit* eingesetzt werden (*Hypothek*). Auch für eine Analyse der Kreditaufnahme ist somit wichtig, zu wissen, wie sich die Masse und Bewertung des Grundbesitzes entwickelte (Kapitel 3.1).

Drittens bildet Grundbesitz die Grundlage für *Vererbung und Erbteile* und somit für persönliches Vermögen und für die Entwicklung der „ländlichen Klassengesellschaft". Er stellt den wichtigsten Vermögensgegenstand des bäuerlichen Haushaltes dar, doch gerade weil erst im Untersuchungszeitraum den meisten Bauern die vollen Eigentumsrechte übertragen wurden, muss eine Analyse der für Erbverfahren wesentlichen Erbmassen vorangeschaltet werden (Kapitel 3.2).

Viertens ist Boden, abhängig wiederum von den sich wandelnden Verfügungsrechten, grundsätzlich auch ein *liquidierbares Gut*. Wie bereits angesprochen, ist eine der wesentlichen hier zugrunde liegenden Arbeiten die von Georg Fertig über den Bodenmarkt in den drei hier ausgewählten Untersuchungsorten. Daher sei auch auf Fertigs Ergebnisse rekurriert. Wichtig für die Fragestellung der Arbeit ist, ob und in welchem Umfang Boden gehandelt werden durfte, tatsächlich gehandelt wurde bzw. unter welchen Bedingungen Eigentumswechsel stattfanden. Dabei ist für den Fortgang der Analysen wichtig zu erfahren, welche Impulse von Landtransaktionen für andere Kapitalbereiche ausgingen (Kapitel 3.3).

3.1 Wertsteigerung ganzer Höfe

Ein Anwachsen der zur Teilung oder Übergabe gekommenen Hofwerte stellt Abbildung 3-A dar. In diesem Streudiagramm sind die Werte in Beziehung gesetzt worden zum Kataster-Reinertrag der Höfe, um diese langfristige Dynamik zu zeigen. Löhner Höfe wurden 1865, der Trendgleichung zufolge, im Schnitt mit dem Dreifachen des Wertes von 1830 bewertet, Borgeler gar mit dem Fünffachen. Bei den Vermögenswerten handelt es sich um die im Rahmen von Teilungen und Übergaben festgestellten „reinen Taxwerte", d. h. von den Aktivvermögen sind bereits die

Abbildung 3-A: Borgeln und Löhne: Hofwerte bei Teilungen und Übergaben im Verhältnis zum Kataster-Reinertrag (1815-1867)

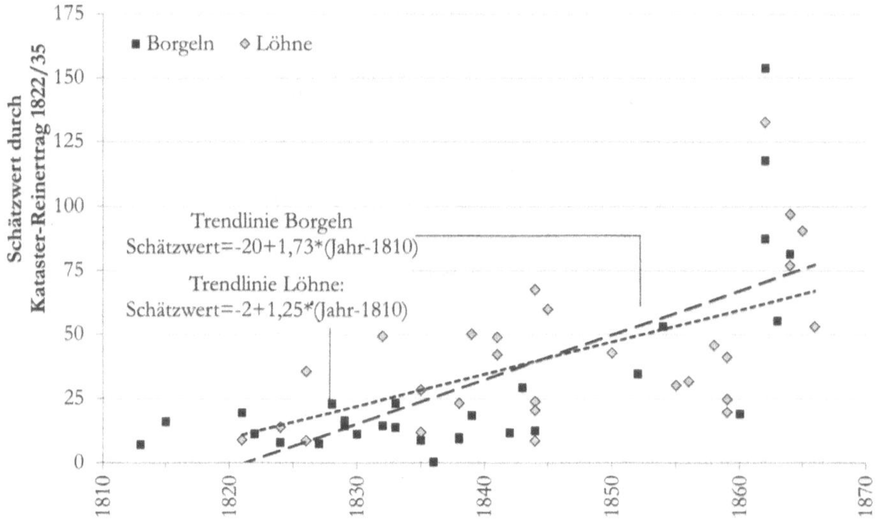

Quellen: Grundakten Löhne und Borgeln; Datenbanken BOR und LOE (jeweils Tabelle Kontrakte).

Schulden abgezogen bzw. die „Objektwerte", die zur Festsetzung der Stempelkosten bzw. nach 1851 der Gerichtsgebühren aufgeführt wurden.[229] Auch für die Bemessung der Notarkosten waren die Objektwerte ausschlaggebend. Diese konnten durch gerichtlich bestellte Taxatoren geschätzt oder von den Parteien schlechterdings dem Gericht mitgeteilt werden. Damit sind diese Werte grundsätzlich mit Vorsicht zu behandeln. Die Motivation dessen, der die Kosten übernahm, war es, die Wertangaben möglichst gering zu halten. Das Bestreben der Gerichtskasse musste es sein, zu hohen Angaben zu gelangen. Sie konnte bei Gericht eine Schätzung des Objektwertes veranlassen.[230]

Als Faktoren der Wertsteigerung sind die konjunkturelle Dynamik des Getreidemarktbooms der zweiten Hälfte des 19. Jahrhunderts, der Eisenbahnbau in Löhne und Borgeln sowie die durch die Grundlastenablösung bewirkte betriebswirtschaft-

---

229 Weitere Gesetze: Gesetz-Sammlung 1822, S. 195-204; Gesetz-Sammlung 1855, S. 521-547. Gesetz-Sammlung 1851, S. 622-650 und S. 651-655: Kosten der Berichtigung eines Besitztitels: bis 200 Taler je 25 Taler 10 Sgr., von dem Mehrbetrag bis 1.000 Taler je 100 Taler 10 Sgr. Von Mehrbeträgen je 500 Taler 15 Sgr.
Eintragung einer Hypothek: Bis 200 Taler je 25 Taler 7,5 Sgr. Vom Mehrbetrage bis zu 1000 Taler je 100 Taler 7,5 Sgr. Vom Mehrbetrage von je 500 Taler 15 Sgr.

230 Gesetz-Sammlung 1851, S. 622-650.

lichen Befreiung der Höfe bereits erkannt worden.[231] Im Folgenden werden aber noch darüber hinaus gehende institutionelle Faktoren benannt, die in der Wertberechnung begründet sind.

3.1.1 Vermögensbestandteile und Kapitalisierungsfaktoren

Speziell bei Borgeler Höfen ist zu beobachten, dass im Rahmen des Kolonatinstituts schrittweise mehr Teile des Kolonats zum Individualvermögen der Betriebsinhaber gezählt wurden. Dies kann mit den ebenfalls sukzessive fortschreitenden Agrarreformen zusammenhängen, obwohl direkte Hinweise darauf in den entsprechenden Inventaren und Verträgen fehlen. Zu beobachten ist jedenfalls, dass bei manchen Hofübergaben noch Anfang des 19. Jahrhunderts weder das Kolonatsland noch das Wohnhaus zum eigenen Vermögen des Bauern gerechnet wurde.[232]

Als 1815 die Eheleute Jacobs vom gleichnamigen 8-Hektar-Kolonat in Borgeln sich zur Ruhe setzen und den Hof ihrem Sohn übertragen wollten, wurde im Vertrag der Besitz thematisiert:

> „Die Eheleute Colon Heinrich Jacob übertragen ihrem Sohne Diedrich Jacob alle ihre Rechte und Verbindlichkeiten, welche sie an der Jacobs Colonie haben ..., und zwar das Colonat-Recht der Besserungen an Grund, Boden und Gebäuden (welche letztere jedoch der Gutsherrschaft gehören), das Ackergeräthe, sämmtliche Bestialien, welche auf dem Hofe befindlich sind, und das ganze Haus-Inventarium mit Ausschluß dessen, was sie jetzt zu ihrem körperlichen Gebrauche bedürfen, auch sämmtliche Leinwand und Kleidungsstücke, welche nach ihrem Tode dem Neocolono zufielen."[233]

Deutlich wird: Land und Haus gehören nicht zu der zu transferierenden Masse, sondern werden noch von der Gutsherrschaft, in diesem Fall drei Privatpersonen, vergeben. Im Zuge des Rechtsaktes wird hingegen das Haus dem Kolon zu Eigentum verliehen, jedoch unter der Bedingung, dass es auch zukünftig nicht in die Teilungen falle.

> „Die Gutsherrschaft erkennt hierdurch die Colonen als Eigenthümer sämmtlicher Meliorationen der Colonie an, und überträgt Ihnen das Eigenthum des Wohnhauses, der Scheune, so wie Zaune, Fett und Besserungen unter der Bedingung, daß diese Gebäude und so weiter

---

231 Fertig / Fertig, Transfers, S. 21-22.

232 Die Soester Statuten unterscheiden nach Hartmut WITZIG: Die Rechtsverhältnisse der Bauern in der Soester Börde vom 14. bis zum 18. Jahrhundert, Göttingen 1967, S. 78, 92-94, zwei Arten von Besitzrechten: Die „zu Erbrecht" liegenden und die „zu Landrecht" liegenden Höfe. Bei Ersteren gehörten Gebäude und Dung dem Bauern, bei Höfen „zu Landrecht" hingegen dem Guts-/Erbherrn.
Der Ausdruck „zu Landrecht" findet sich in den Borgeler Kontrakten nicht. „Zu Erbrecht" jedoch in: BOR KonID 310 (1.3.1820): Vertrag der Erbherren des Schulzen-Hofs zu Hattropholsen, „Dieser Hof liege zu Erbrecht und gehöre dem Kolonen Zimmer, Zäune, Fett und Besserung"; BOR KonID 459 (24.6.1822): „zu Erbrecht liegenden Windhoefels Kolonie".

233 BOR KonID 503 (24.7.1815).

> zwischen den Geschwistern oder Kindern der jetzigen oder künftigen Colonen nie mit zur Theilung gebracht, oder bey etwa entstehenden Concurse künftig ad Massa gezogen werden können, und unter dieser Bedingung reservire sich die Gutsherrschaft das Eigenthum darüber, natürlich verstehe sich hiebey von selbst, daß diese übertragenen Gebäude und so weiter nicht mit Schulden belastet werden könnten."[234]

Im Folgejahr, als der Besitz inventarisiert wurde, erkannten die Taxatoren mangels gesonderten Vertrages Haus, Einsaat, Früchte und Zäune noch nicht als Besitz an und schätzten das Vermögen des Altkolon-Paares ohne diese und vor allen Dingen auch ohne das Kolonatsland auf gut 400 Taler vor dem Schuldenabzug.[235] Auch bei der Schätzung des Schiller-Kolonats in Hattropholsen im Jahr 1827, ebenfalls im Rahmen einer Übertragung, wurden die 9 ha Land nicht einbezogen, wohl aber nun das Haus, „welches fürderhin der Gutsherrschaft gehört, jedoch wegen den jetzigen Verhältnisse mit zum Vermögen gezogen."[236]

Das Rohe-Kolonat in Borgeln wurde 1813 und 1836 geschätzt. An ihm ist der Wandel direkt ablesbar.[237] 1813 schichtete der Kolon Wilhelm Rohe mit seinen Kindern ab und übertrug seinen Teil dem Stiefsohn Christoph Rohe.[238] Der Hof stand unter der Gutsherrschaft der Domänenrentei, und im Übergabevertrag wurde festgehalten, dass der Hofübernehmer sich selbst um die Einwilligung der Gutsherrschaft zur Übernahme bemühen müsse. Das teilbare Vermögen des Altkolons jedenfalls wurde allein auf Basis des Wohnhauses, des Backhauses, des Schweinestalls, der Scheune, des Mobiliars (dieses allein stellte 54% des Aktivvermögens dar), der Schulden und eines halben Morgens „Erbeland", also ausschließlich allen Kolonatslandes, auf 590 Taler taxiert.[239] 1836 fand die Schätzung im Rahmen der Übergabe von ebenjenem Christoph Rohe an dessen Sohn Wilhelm Rohe (jun.) statt. Dieses Mal floss aber auch der Wert des 8 ha großen Kolonatslandes in die Rechnung mit ein.[240]

Eine Verbindung der Berechnungspraxis mit dem Kolonatsrecht und dem Sachverhalt des geteilten Eigentums zwischen Ober- und Untereigentümer wird explizit hergestellt in einem Rechtsentscheid von 1831 über die Greune Kolonie in Stocklarn. Der Sohn des Kolons klagte, er habe 1806 ein zu geringes Erbteil zugesprochen bekommen, weil nicht alles Land der Kolonie im Wert berücksichtigt worden war. Der Vater und Kolon leitete die geringe Erbteilungssumme aus dem Kolonatsverhältnis,

---

234 BOR KonID 503 (24.7.1815), BOR HofID 42.

235 BOR InvID 69 (17.1.1816).

236 BOR InvID 58 (1.10.1827), BOR HofID 93; BOR KonID 486.

237 BOR HofID 48; BOR InvID 64 und 65; BOR KonID 560 (7.2.1813).

238 Schichtung: Vermögensdisposition im Falle einer Wiederheirat. Siehe auch Kapitel 3.2.

239 BOR InvID 65: Wohnhaus 140 Taler, Backhaus 54 Taler, Schweinestall 10 Taler, Scheune 40 Taler, Erbeland 30 Taler, Mobiliar 335 Taler, Abzüge: Schulden (ein Kindteil) 30 Taler.

240 BOR InvID 64; BOR KonID 562 (24.2.1836). Wohnhaus 96 Taler, Backhaus 20 Taler, Grundstücke 2.170 Taler, Abzüge: Grundlasten kapitalisiert 1.378 Taler, Steuern kapitalisiert 542 Taler, Schulden 356 Taler.

also dem geteilten Eigentum ab. Das Landgericht Soest bestätigte 1831 die allgemeine Praxis von 1806:

> „So ist es richtig daß von 1808 bey der gerichtlichen Erbtheilung der Colonie zwischen dem abschichtenden überlebenden Ehegatten und den Kindern der Grund und Boden der Kolonate nicht mit zur Taxe gebracht, und gewöhnlich dem Ersteren unentgeltlich überlassen wurden, daß lag aber unverkennbar in dem damals bestehenden getheilten Eigenthum. Hierbei wurde der Tractus coloniae als ein Eigenthum des Domini Directe – das ist der Gutsherr – und nicht der Koloni angesehen."[241]

Die Praxis des geteilten Eigentums und der deswegen geringen Erbteilungsmassen gehörte 1831 demzufolge der Vergangenheit an, ob es eine eindeutige gesetzliche Zäsur oder aber einen Prozess des Wandels gegeben hat, ist unklar. Bezeichnend für den konkreten Fall ist, dass die – auch im Dokument so genannte – Kolonie gar keine Kolonie war, sondern vielmehr ein Kotten, also einer Nachsiedlerschicht zugehörig und gar nicht im „gutsherrlichen Nexus" stehend. Das gesamte Land hätte 1806 also berechnet werden müssen; auch dieses stellte das Gericht fest. Die Tatsache, dass im 19. Jahrhundert die Betriebe Borgelns recht unterschiedslos Kolonien oder Kolonate genannt wurden, auch wenn sie eigentlich eine andere Rechtsqualität aufwiesen,[242] ist vielleicht genau darauf zurückzuführen, dass die Unterschiede zwischen den Rechtsqualitäten sukzessive nivelliert worden waren.

Der Prozess, bei dem im Zuge der Lösung der Herrschaftsverhältnisse zunehmend Grund und Boden als bäuerliches Vermögen anerkannt wurden und damit auch in die Vermögenswirtschaft der Betriebe einbezogen werden konnten, ist mit Beginn des Untersuchungszeitraums als abgeschlossen anzusehen. Anders verhält es sich mit den Regeln der Vermögensbewertung. Wenn der Grund zur Erbmasse hinzugezählt wurde, stellte seine Taxierung einen weiteren entscheidenden Punkt dar. In Borgeln war es in der ersten Hälfte des 19. Jahrhunderts üblich, den Grundbesitz als das 25fache seines Kataster-Reinertrags zu schätzen. Ein Borgeler Morgen Ackerland erster Klasse hatte laut Wertschätzung von 1828 einen Steuerreinertrag von 4,5 Talern,[243] d. h. in einer Vermögensbestimmung wäre dieser Morgen mit 113 Talern aufgeführt worden. Da obendrein die Ertragsfähigkeit der Böden hier deutlich und stärker als in den beiden anderen Orten stieg, wie die weitaus höheren Reinertrags-Neuschätzungen von 1865 deutlich zeigen (Kapitel 2.5), entfernte sich der Realwert zunehmend vom Taxwert. Dies hatte Folgen für die Bestimmung von Erbteilen und Abfindungen. Wenn nämlich die Erbteile auf Basis dieser Taxe bestimmt wurden, bekam der Hofnachfolger spätestens in den 1840er-Jahren einen systematisch niedrig einge-

---

241 BOR KonID 573 (4.6.1831).

242 G. Fertig, Äcker, S. 89-92.

243 Wertschätzungsprotokoll Borgeln.

schätzten Hof und musste verhältnismäßig geringe Summen an die Miterben auszahlen.

In Löhne war die Inventarisierungspraxis in den 1830er- und 1840er-Jahren eher gemischt. Hier wurde meist mit Pauschalwerten pro Morgen und Güteklasse abgeschätzt, die aber auf dem Niveau des Kapitalisierungsgrades von 25 lagen.[244] Jedoch liegt aus Löhne – im Gegensatz zu Borgeln und Oberkirchen-Westfeld – ein Inventar von 1841 vor, das nach den Maßgaben des Erbfolgegesetzes vom 13. Juli 1836 erstellt und in dem folglich der Reinertrag nur 20fach kapitalisiert worden war.[245] Wenn also im Falle einer Intestatregelung eine Teilung nach diesem Gesetz angestrebt wurde, konnte der Hoferbe auf eine noch geringere Bewertung des Vermögens bauen. Wie unten (Kapitel 3.2) angesprochen werden wird, war die Akzeptanz des Gesetzes unter Bauern aber gering, sodass der Wirkung der niedrigen Taxationsgrundsätze keine größere Bedeutung zugemessen werden darf.

Auch nach der Jahrhundertmitte gab es noch Bestrebungen, die Teilungsmassen niedriger zu taxieren. Nach einem 1856 erlassenen Gesetz konnte gar ein Kapitalisierungsgrad von nur 16 zum Einsatz kommen.[246] Dies hätte zu einer Abschwächung

---

[244] LOE InvID 28 (29.4.1833); InvID 13 (23.3.1833); InvID 19 (12.7.1833); InvID 16 (7.7.1842); InvID 27 (31.5.1843). Beispielsweise wurde in Löhne ein Morgen Ackerland erster Klasse (Steuerreinertrag 3,75 Taler) auf 90 Taler, zweiter Klasse (2,56 Taler) auf 75 Taler, dritter Klasse (1,56 Taler) auf 40 Taler und vierter Klasse (0,8 Taler) auf 30 Taler geschätzt. In InvID 24 (10.12.1821) ist ein „Miethertrag" dokumentiert, der 25fach kapitalisiert wird, aber in Ermangelung genauer Parzellenangaben nicht mit dem Kataster-Reinertrag verglichen werden konnte.

[245] Gesetz-Sammlung 1836, S. 209-214, §7. Zu diesem Gesetz ausführlich Benedikt F. WALDECK: Über das bäuerliche Erbfolgegesetz für die Provinz Westphalen, Arnsberg 1841.

[246] Gesetz-Sammlung 1856, S. 550-553; auch wiedergegeben in Schorlemer-Alst, Lage des Bauernstandes, S. 37-40. Das Gesetz verfügte für den Intestaterbfall auf Höfen von 25 Taler Kataster-Reinertrag und mehr, wie die „Teilungsmasse" zu schätzen sein sollte, regelte hingegen nicht die Erbportionen selbst. Eigentlich sind in diesem Gesetz zwei Inhalte bestimmend, aber zunächst gar nicht zusammenhängend: Einerseits sollte, wenn eine Erbregelung „wegen behaupteter Verletzung im Pflichttheile von einem andern dazu Berechtigten angefochten wird" (Gesetz-Sammlung 1856, S. 550) bei der Schätzung des Vermögens nur die 16fache Kapitalisierung des Kataster-Reinertrags gelten (§3). Bei Streitigkeiten wurde die Möglichkeit einer detaillierten speziellen Ertragschätzung eines Betriebes eingeräumt (vgl. die Ertragschätzungen LOE KonID 223 [28.12.1859], LOE KonID 86 [31.10.1866]). Andererseits bestimmte das Gesetz, dass (a) im Intestaterbfall mit minderjährigen Erben und (b) im Intestaterbfall aus ehelicher Gütergemeinschaft, wenn der überlebende Ehepartner den Hof entweder selbst eingebracht oder persönlich geerbt hatte, oder wenn beide Ehepartner den Hof gütergemeinschaftlich erworben hatten, das „Vormundschaftsgericht verpflichtet sein [soll], eine gütliche Auseinandersetzung unter den Erben zu befördern, welche dahin zielt, dass das Gut einem Erben ungetheilt, unter Bedingungen übertragen werde, welche denselben … in den Stand setzen, das Gut auch ferner der Familie zu erhalten" (§§ 8 und 9). Es sind also zwei Gesetze in einem gewesen. Der eine Teil war nur auf Sonderfälle zugeschnitten und der andere beinhaltete keine entscheidende Ordnungskraft. Und doch zeigt die Praxis, dass erstens die Bedingungen beider Inhalte zusammengezogen bzw. von den Bauern selbst trefflich kombiniert wurden. Zweitens zeigt sie, dass die zunächst strengen Bedingungen geweitet wurden und auf das Gesetz häufiger Bezug genommen

der enormen Steigerung der Werte in der zweiten Jahrhunderthälfte beitragen können, wenn es denn häufiger in Anspruch genommen worden wäre.

Dieses Gesetz ist im Zusammenhang mit dem sich gerade Mitte des Jahrhunderts verstärkenden und bekanntlich bis zur Erbhofgesetzgebung des Nationalsozialismus sich fortsetzenden Diskurs über die Teilbarkeit der Höfe zu sehen.[247] Von starken konservativen Stimmen wurde der „Fortbestand des Bauernstandes" beschworen und als wesentliches Instrument dazu die ungeteilte Hofübergabe gesehen.[248] Fraglich ist

---

wurde, als es eigentlich formal zu vermuten wäre. Deswegen kam dem Gesetz durchaus eine Relevanz bei der Bewertung von Vermögen zu.

247 Susanne ROUETTE: Der traditionale Bauer. Zur Entstehung einer Sozialfigur im Blick westfälisch-preußischer Behörden im 19. Jahrhundert, in: Ruth DÖRNER, Norbert FRANZ und Christine MAYR (Hg.), Lokale Gesellschaften im historischen Vergleich. Europäische Erfahrungen im 19. Jahrhundert, Trier 2001, S. 109-138; G. FERTIG, Äcker, S. 209-214.

248 Christine FERTIG und Georg FERTIG: Bäuerliche Erbpraxis als Familienstrategie: Hofweitergabe im Westfalen des 18. und 19. Jahrhunderts, in: Stefan BRAKENSIEK, Michael STOLLEIS und Heide WUNDER (Hg.), Generationengerechtigkeit. Normen und Praxis im Erb- und Ehegüterrecht 1500-1850, Berlin 2006, S. 163-187; auch Rouette, Bauer. Die „Soziale Frage" war ironischerweise nicht das Schicksal der „weichenden" Erben und ihrer Chancen in der sich industrialisierenden Umwelt, sondern die letztlich vorhandene materielle Privilegierung der Hoferben. Deren betriebliche Basis war nämlich, glaubt man den Zeitgenossen, brüchig geworden, weil die Mitgaben und Erbteile an die Geschwister stark gestiegen waren, und gleichzeitig die Wirte selbst riskanter mit ihrem Vermögen umgingen. Beides wurde – wohl zu Recht – auf die Grundlastenablösung zurückgeführt.
Stellvertretend für andere Stimmen der Zeit, wobei die Motive des Diskurses das Jahrhundert überdauerten, sei ein 1864 erschienener publizistischer Dialog eines Anonymus' mit Burghard Freiherrn von Schorlemer-Alst, dem Gründer des Westfälischen Bauernvereins, angeführt. In ANONYMUS (=Netteler): Rettung der Bauernhöfe. Betrachtungen für den Bauernstand - Ein Beitrag zur Lösung der socialen Frage, Münster 1864, S. 14-15, beklagt die Figur des Pastors in guter volksaufklärerischer Tradition das „leichtsinnige Schuldenmachen": Übertriebener Luxus, Anschreibenlassen, dem Wucher anheimfallen: es finden sich die Stereotypen so vieler bauernaufklärerischen Schriften. Doch werden 1864 die Phänomene – wenn auch selten explizit benannt – auf die Wende der „Bauernbefreiung" zurückgeführt. Als Ideal schwebte dem Autor ein Fideikommiss für Bauern vor.
Schorlemer-Alst, Lage des Bauernstandes, S. 15-16, widersprach dem Anonymus und dessen zahlreichen moralisierenden Stereotypen, doch war er mit ihm einig in dem Ideal eines bäuerlichen Generationenübergangs, in dem der Hof als Einheit nicht angetastet und den Miterben geringe Werte mitgegeben werden, keinesfalls jedenfalls Immobilien. Dann argumentierte er mit dem Gesetz von 1856. Dieses interpretierte Schorlemer-Alst als wesentliches Instrument, um die Teilung der Höfe zu verhindern. Während mit Testament und Übergabevertrag die Altbauern den Besitz eigenverantwortlich geschlossen halten könnten, sei der Intestaterbfall hingegen kritisch, da dann die Teilung – gemeint ist die egalitäre Teilung mit großer Wahrscheinlichkeit der Grundbesitzteilung – geschehe. Ein Erbgesetz seiner Wahl würde „in dem Falle, dass der Erblasser ohne Testament und Bestimmung über den Besitz verstorben ist, den Erben und Gerichten die Pflicht auferlegen, die Erbtheilung der Art zu reguliren, dass der Grundbesitz ungetheilt in eine Hand kommt" (Schorlemer-Alst, Lage des Bauernstandes, S. 25). Folglich stellte nicht jeder Todesfall eines Altbauern ohne Vorausverfügung einen kritischen Fall dar, denn der Witwer oder die Witwe setzten die Gütergemeinschaft intestatrechtlich

aber, ob die Schulden aufgrund der Mitgaben zu großen Verwerfungen führten. Erbproportionen waren hinlänglich geregelt, entweder durch die traditionellen, beliebten regionalen Formen der westfälischen Gütergemeinschaft (siehe unten) oder aber durch das Allgemeine Landrecht. Der im Gesetz von 1856 zusätzlich erlassene Kapitalisierungsgrad von 16 stellte ein politisches Mittel dar, um den Wert der Erbteile gering zu halten und somit Höfe vor der Abgabe von Parzellen zu bewahren. Georg Fertig hat die Forderung nach Unteilbarkeit als politische Tendenz charakterisiert, welche die Protagonisten eben rhetorisch als die von den Bauern selbst intendierte und gewünschte Lösung ausgaben. Tatsächlich ist wohl der Erhalt des Hofes als Einheit eine vielfach von Bauern verfolgte Praxis gewesen, ohne aber wirklich als leitende Idee oder gar eine von der ländlichen Gesellschaft selbst als informelles Regelwerk aufgestellte Norm zusätzlich aufgeladen worden zu sein.[249]

Die reduzierte Bewertung der Vermögen bewirkte dort, wo sie in Anspruch genommen wurde, eine generelle Herabsetzung aller Abfindungen und ausgezahlten Geldbeträge, nicht aber die Proportionen der Erbteile. Es blieb bei gesetzlichen Erbteilen, basierend auf den bis dato gültigen Gesetzen (Gütergemeinschaft/ ALR). Bezug genommen auf das Gesetz von 1856 wurde meist in Schichtungen, seltener in Testamenten. In den Nachweisen über Intestaterbfolgen fehlen Hinweise darauf völlig. Dies ist folgendermaßen zu erklären: Zwar war das Gesetz für den Intestaterbfall vorgesehen, jedoch trat bei dem Tod eines Ehepartners in der Regel die „fortgesetzte Gütergemeinschaft" zwischen dem hinterlassenen Elternteil und den Kindern in Kraft, die gar keine Inventarisierung und Vermögensschätzung nötig machte. So kam das Gesetz grundsätzlich selten zur Geltung und hatte in der Gesamtheit wohl keine größere Relevanz für die Höhe der ausgezahlten Abfindungen.

Im Detail aber zeigen die Fälle, dass das Gesetz von 1856 eine weitere Möglichkeit war, die individuellen Verfügungen flexibel zu gestalten und unterschiedliche Motive in der Besitzweitergabe zu realisieren. Aus Borgeln liegen neun und aus Löhne elf Verträge vor, in denen Altbauernpaare, Witwer oder Witwen sich in ihren Verfügungen darauf bezogen. Keinesfalls immer aber nahmen sie es in Anspruch (zwölf Fälle). In acht Fällen lehnten sie die Anwendung seiner Regelungen auch explizit ab. Dabei stand der niedrige Kapitalisierungsgrad im Zentrum der Überlegungen.[250] Die Inan-

---

meistens fort, sondern vor allem der Tod des oder der Letztlebenden. Bis dahin waren Erbteile formaljuristisch eingetragen, das Erbe aber faktisch eben noch nicht verteilt oder zugeteilt. Vor dieser Aufgabe standen dann, wenn auch der zweite Elternteil gestorben war, die Kinder selbst oder deren Vormünder.

249 G. Fertig, Äcker, S. 214.

250 BOR KonIDs 732 (1867), 679 (31.3.1870), 767 (1871), 730 (8.11.1871), 324 (1872), 776 (1874), 709 (13.12.1876), 346 (18.3.1881) und 230 (11.3.1896).
LOE KonIDs 21 (4.5.1863), 55 (7.6.1865), 86 (31.10.1866), 139 (27.4.1864), 145 (30.5.1859), 213 (6.7.1870), 223 (28.12.1859), 281 (29.12.1875), 285 (11.9.1861), 294 (10.2.1857) und 337 (14.3.1861).

spruchnahme der niedrigeren Kapitalisierung scheint in Borgeln häufiger als in Löhne vorgekommen zu sein. Motive der Akteure sind teils explizit benannt, teils müssen sie aus dem Kontext erschlossen werden.[251] Bei der Inanspruchnahme ist eines der Motive in der Tat die Hoferhaltung bzw. die Vermeidung der Hofteilung.[252] Andere Vertragszeichner verbanden individuelle Nachlass- und Begünstigungsmotive mit ihrem Handeln.[253] Daneben gab es die Fälle, in denen die Vertragszeichner das Gesetz explizit ablehnten bzw. nach einer Prüfung und Berechnung der gesetzlichen Abfindungsbeträge über diese hinausgingen.[254] Erkennbar ist in den meisten Fällen, dass die Akteure zielgerichtet ihre Optionen ausloteten und so verfuhren, dass sie in ihren Möglichkeiten am wenigsten festgelegt waren.

3.1.2 Abzüge für Grundlasten

Bisher wurde festgestellt, dass immer mehr Vermögensbestandteile bei Taxationen einberechnet wurden, gleichzeitig aber – speziell in Borgeln – auch niedrigere Kapitalisierungsfaktoren von den Kolonen in Anspruch genommen wurden. Beide Entwicklungen verliefen gegenläufig. Ein weiterer wichtiger Punkt bei der Berechnung der Werte ganzer Höfe waren die auf den Höfen lastenden Grundlasten, die, so der Grundbesitz zum Aktivvermögen zählte, von diesem abgezogen wurden.

Bereits zuvor ist das Beispiel des Borgeler Kolonats Rohe genannt worden, das 1813 ohne Land und 1836 mit Land geschätzt wurde, was zu einer drastischen Zunahme des Immobilienvermögens des Kolons führte. An diesem Beispiel lässt sich außerdem verdeutlichen, dass Grundlasten die Vermögensmasse stark reduzierten. Erstaunlicherweise blieben nämlich am Ende der Wertfeststellung der Kolonie Rohe 1836 nur etwas mehr als 8 Taler an teilbarem Vermögen übrig. Dass der Hoferbe Wilhelm Rohe jun. jedem seiner fünf Geschwister 5 Taler bar, eine dreijährige Kuh (Wert etwa 10 Taler) und einen Koffer (Wert etwa 1 Taler) zukommen ließ, war bereits ein Zugeständnis aufgrund des tatsächlich höher liegenden Werts der Erbmasse.[255] Wie konnte das sein, wenn der Besitz doch so großen Wertzuwachs erfahren hatte? Zunächst wurde der Wert des Grundbesitzes geschätzt, indem das 25fache des Kataster-Reinertrags angesetzt wurde. Von diesem Wert wurden bereits 25% pauschal

---

Aus Borgeln liegen 301, aus Löhne 168 Verträge vor, die nach dem Erlassen des Gesetzes aufgenommen wurden. Dies kann aber nicht direkt als Grundgesamtheit gewertet werden, da auf längst nicht alle dieser Fälle das Gesetz Anwendung finden konnte.

251 Ungenannte und unklare Motive in BOR KonID 709 (13.12.1876), 767 (1871), 324 (1872) und 776 (1874).

252 BOR KonID 730 (8.11.1871) und 732 (7.5.1867), LOE KonID 337 (14.5.1861).

253 LOE KonID 294 (10.2.1857), 21 (4.5.1863) und 55 (7.6.1865). BOR KonID 230 (11.3.1896).

254 BOR KonID 346 (18.3.1881) und 679 (31.3.1870), LOE KonID 213 (6.7.1870), 139 (27.4.1864), 145 (30.5.1859), 281 (29.12.1875) und 285 (11.9.1861).

255 BOR KonID 562 (24.2.1836).

abgezogen für Steuern aller Art. Die Einbeziehung des Kolonatslandes machte nun außerdem den Abzug der naturalen und monetären Grundlasten erforderlich. Die Naturallasten betrugen im Fall Rohes allein natural 18 Mütte Roggen, 18 Mütte Gerste (je ca. 1 Kubikmeter), ein Schwein, vier Hühner und eine Dienstfuhre. Die Schätzung dieser Realabgaben nach gemittelten Marktpreisen[256], und die 25fache Kapitalisierung dieser Last führte zu einem weiteren Abzug von 1.400 Talern, 64% des Gesamtwertes des Kolonatslandes! Grund für diese Unverhältnismäßigkeit war die Unterbewertung des Landes durch den Kataster-Reinertrag, während die faktisch eingefahrenen Erträge der Betriebe weit höher lagen. Rohes Kolonat war vielleicht ein extremer Fall, in dem das Land nach Abzug von Steuern und Grundlasten beinahe den ganzen Wert einbüßte, aber beileibe kein Einzelfall. Vielmehr handelte es sich um ein systematisches Schätzungsproblem. 1829 wurden die Grundlasten der Borgeler Schwolle-Kolonie auf 1.095 Taler geschätzt, der Grund und Boden selbst nur auf 1.880 Taler.[257] Im gleichen Jahr taxierte man die Grundlasten des Uhlenburg-Kolonats in Blumroth auf 1.508 Taler, die Ländereien auf knapp 2.350 Taler.[258] In Löhne lagen die Dinge ähnlich, nur waren die Abgaben niedriger bemessen, sodass die Abzüge insgesamt geringer waren.[259]

Diese Abzüge beeinträchtigten die Bilanzen der Betriebe bis zur Grundlastenablösung (vgl. Kapitel 6). Nach 1850 hatte sich das Bild vollkommen verändert. Die in allen drei Orten zwischen 1843 und 1853 relativ kompakt verlaufenden Ablösungen ließen die Abzüge in den Vermögensschätzungen wegfallen und führten zu einer Zunahme der Erbteilungsmassen. Was jetzt noch nicht abgelöst war, wurde auch nicht mehr 25fach, sondern nach geltendem Recht nur 18fach kapitalisiert.

Der Anstieg der Hofwerte hatte zur Folge, dass infolge relativ starrer Erbpraktiken die Erbteile anstiegen. Auch konnte der Boden nun höher beliehen werden, einerseits mit den zu zahlenden Erbabfindungen, aber auch mit allen sonstigen Krediten. Anzunehmen ist, dass von den Hoferben dies auch in Anspruch genommen werden musste, und sie damit Impulse für den Kreditmarkt bewirkten.

---

256 Basis waren das Kolonatsgesetz von 1820 und die Ablösungsordnung vom 13.7.1829. Gesetz-Sammlung 1820, 169-184; Gesetz-Sammlung 1829, S. 65-92; Gesetz-Sammlung 1836, S. 209-214, §7c.

257 BOR InvID 12 (12.5.1829).

258 BOR InvID 28 (7.12.1829).

259 Siehe auch oben Kapitel 2.6.

3.2 Zunahme transferierter Werte

Erbpraktiken und die Übergabe der Betriebe an die jüngere Generation sind seit langem ein fester Bestandteil der Erforschung der ländlichen Gesellschaft der Frühen Neuzeit und des 19. und 20. Jahrhunderts. Dabei ist aber zu bemerken, dass das Interesse vor allem der Frage zukommt, ob der Grundbesitz, der Hof, auf einen einzigen Erben übergeht oder aber unter mehreren Erben geteilt wird, und wie die demografischen Weichenstellungen, die Eheschließungen und Niederlassungen der beteiligten Personen damit in Verbindung zu bringen sind.[256]

Sehr viel weniger Interesse beansprucht die Frage, welche Vermögenssummen in natura oder monetär als Transfers zwischen den Generationen, aber auch zwischen Personen der gleichen Generation, tatsächlich zur Auszahlung kamen und zu welchen Zeitpunkten dies geschah. Dies ist keine nebensächliche Frage, denn gerade mit der Höhe und den Zahlungsbedingungen der sogenannten Abfindungen verknüpfen sich ja die wesentlichen Optionen und Chancen der Familienmitglieder.

Die Tabelle 3-a bestätigt dies mit einer Übersicht über die Entwicklung von Geldabfindungen aus Übergabe- und Schichtungsverträgen. Zur Bedeutung dieser beiden Vertragstypen sei auf das folgende Unterkapitel verwiesen. Zunächst ist wesentlich, dass es sich bei diesen Kontrakten um wichtige Einschnitte in der intergenerationellen Weitergabe von Vermögen handelte. Generell nahm in Löhne und Borgeln, nicht aber in Oberkirchen, die Höhe der Abfindungen im Verlauf des 19. Jahrhunderts zu, wie sich aus den arithmetischen Mitteln ersehen lässt. Da sich die Erbteile schon allein der sozialen Schichtung wegen unterscheiden, sind die Standardabweichungen hoch. Dennoch sind in den agrarischen Orten langfristig ansteigende Trends zu erkennen.

---

256 Bezüglich der Untersuchungsorte: Volker LÜNNEMANN: Familialer Besitztransfer und Geschwisterbeziehungen in zwei westfälischen Gemeinden (19. Jahrhundert), in: Historische Sozialforschung / Historical Social Research 30 (2005), 3, S. 31-48; ders.: Der Preis des Erbens. Besitztransfer und Altersversorgung in Westfalen, 1820-1900, in: Brakensiek / Stolleis / Wunder (Hg.), Generationengerechtigkeit, S. 139-162; C. FERTIG, Hofübergabe; Fertig / Fertig, Erbpraxis; dies., Transfers; Christine FERTIG, Georg FERTIG und Volker LÜNNEMANN: Inheritance, Succession and Familial Transfer in Rural Westphalia, 1800-1900, in: The History of the Family 10:3 (2005), S. 309-326. Daneben Witzig, Rechtsverhältnisse; Hermann ZEITLHOFER: Besitztransfer und sozialer Wandel in einer ländlichen Gesellschaft der Frühen Neuzeit. Das Beispiel der südböhmischen Pfarre Kaplička, 1640-1840, MS, Diss. Wien 2001; Margareth LANZINGER: Generationengerechtigkeit mittels Vertrag. Besitz- und Vermögensregelungen zwischen Reziprozität und Unterordnung, Ausgleich und Begünstigung (zweite Hälfte 18. Jahrhundert), in: Brakensiek / Stolleis / Wunder (Hg.), Generationengerechtigkeit, S. 241-263.; Joachim RÜFFER: Vererbungsstrategien im frühneuzeitlichen Westfalen. Bäuerliche Familien und Mentalitäten in den Anerbengebieten der Hellwegregion, Stuttgart 2008.

Tabelle 3-a: Durchschnittliche Höhe von Geldabfindungen (1775-1924)

	Löhne			**Borgeln**			**Oberkirchen**		
	Mw.	*St.*	N	**Mw.**	*St.*	N	**Mw.**	*St.*	N
1775-1799				**(53)**	*(4)*	(4)			
1800-1824	**74**	*82*	22	**71**	*108*	67			
1825-1849	**168**	*162*	112	**127**	*286*	173	**140**	*121*	48
1850-1874	**317**	*454*	140	**458**	*767*	203	**85**	*117*	133
1875-1899	**525**	*749*	140	**694**	*905*	59	**141**	*319*	64
1900-1924	**(600)**	*(0)*	(2)				**(75)**	*(88)*	(9)
1775-1924	**335**	*538*	416	**356**	*727*	625	**109**	*191*	254

Quelle: Datenbanken BOR, LOE und OKI, jew. Tabelle Kontrakte. Mw.: Mittelwert in Talern; St.: Standardabweichung in Talern; N: Anzahl von belegten Geldabfindungen in Übergaben und Schichtungen. Die zeitliche Zuordnung folgt dem Vertragsjahr, nicht der geplanten oder faktisch erfolgten Zahlung. In Klammern: Fallzahlen unter 10.

Gerade in Borgeln stiegen die Abfindungswerte zu Beginn der zweiten Jahrhunderthälfte enorm an, während in Löhne die Entwicklung kontinuierlicher, aber ebenso eindeutig verlief. Oberkirchen (hier Westfeld) nahm an dieser Entwicklung nicht teil. Stattdessen stagnierten hier Abfindungen auf einem Niveau unter 200 Talern. Zeitlicher Verlauf und säkulare Prozesse prägten sich also in Borgeln und Löhne in einer grundsätzlichen Zunahme der Abfindungen aus. Mit der Einbeziehung des Grundbesitzes zum vererbbaren Vermögen und mit den Grundlastenablösungen sind oben bereits wesentliche Gründe genannt worden.

Davon abgesehen unterlagen Weitergabe und Teilung des Vermögens aber institutionellen und rechtlichen Bedingungen. Diese werden im Folgenden thematisiert. Dabei wird gezeigt werden, dass die unter den Erben verteilte Masse weitgehend unabhängig von der Zahl der Erben bemessen war, woraus folgt, dass sich für den einzelnen Erben die Zahl der Geschwister unmittelbar in einem niedrigeren Eigenanteil niederschlug.

3.2.1 Formen und Überlieferung des Vermögenstransfers

Wann flossen Geldsummen als Transfers, also ohne Geschäft, Tausch oder langfristige Erwartungen einer Kompensation? Woran bemaßen sich die Beträge? Ziel soll im Folgenden sein, die Komplexität von monetären Transfers in der ländlichen

Gesellschaft Westfalens deutlich zu machen und zu erklären, warum eine Präzisierung zahlreicher wichtiger Größen, etwa der Erbgerechtigkeit und der Zahlungszeitpunkte, so schwierig zu leisten ist.

Transfers fanden irgendwann überall dort statt, wo Vermögen bestand. Vermögen bestand aber nicht nur dort, wo ein Hof war. Folglich haben wir es mit einer Vielzahl von Bewegungen zu tun, die schwierig zu systematisieren und schlechterdings nicht vollständig zu rekonstruieren sind. Transfers verliefen horizontal zwischen Geschwistern und deren Angehörigen, vertikal zwischen den Generationen – auch von Kindern nach deren Tod zurück an die Eltern – oder zwischen Verwandten und Nichtverwandten. Transfers bestanden aus Immobilien, Geld oder Mobilien, oder aus allem gleichzeitig. Bei dem Transfer von Vermögen von der alten auf die junge Generation handelte es sich um lang dauernde Prozesse, denn einerseits gab es im Lebenslauf mehrere Zeitpunkte, teils gesetzlich, teils durch Brauch festgelegt, an denen Teile des eigenen Vermögens an die Erben weitergegeben wurden. Wurde eine Disposition getroffen und die Empfänger der Leistungen waren noch minderjährig, wurden die Transfers meist zeitlich auf das Erreichen der „Großjährigkeit" (die Vollendung des 24. Lebensjahres)[257] oder die Heirat festgelegt. Andererseits beanspruchten die Erben ihre legitimen Ansprüche auf das elterliche Vermögen zu ganz individuellen Zeitpunkten, etwa bei der Heirat oder beim Verlassen des Dorfes. Wann die Zahlungen tatsächlich erfolgten, lässt sich selbst für den Fall, dass Quittungen überliefert sind, nur äußerst vage fassen. Dass intergenerationelle Transfers in Gebieten geschlossener Vererbung – im Gegensatz zu Realteilungsgebieten[258] – als einmalige Akte erscheinen, liegt an der vertraglichen Ausgestaltung von Übergabe- und Schichtungsverträgen, in denen zumindest zu einem Zeitpunkt alle Ansprüche kodifiziert, wenn auch nicht zugleich beglichen wurden. Die Transferpraxis, die Erfüllung aller im Vertrag vereinbarten Rechte und Pflichten, war hingegen auch in Westfalen ein sich über Jahre erstreckender Prozess.[259] Und selbstverständlich konnte eine Person mehrfach im Leben Vermögen transferieren und transferiert bekommen.

Zu unterscheiden sind die Transfers zunächst anhand ihrer vertraglichen Basis und ihrem Zeitpunkt. Hier bot sich in jedem Fall dem Transferierenden die größte Möglichkeit der Einflussnahme. In **Testamenten** konnten Ledige, Verwitwete, Verheiratete und Paare Festlegungen für den Todesfall treffen. Ledige – insbesondere solche, deren Eltern bereits verstorben waren – nutzen dieses Instrument häufig, denn anders

---

257 ALR, Teil 1, Titel 1, §26. Ausnahmen etwa: Erreichen des 18. Lebensjahrs (BOR KonID 116), des 22. Lebensjahrs (BOR KonID 208).

258 Sabean, Property, S. 371-376; Werner TROßBACH: Bauern 1648-1806, München 1993, S. 35-36.

259 Christine FERTIG: Hofübergabe im Westfalen des 19. Jahrhunderts: Wendepunkt des bäuerlichen Familienzyklus?, in: Christophe DUHAMELLE und Jürgen SCHLUMBOHM (Hg.), Eheschließungen im Europa des 18. und 19. Jahrhunderts. Muster und Strategien, Göttingen 2003, S. 65-92, hier S. 66, 86-87.

als bei Eltern und deren Kindern schien diesen die gesetzliche Erbregel, die im Wesentlichen die Eltern bedachte, oftmals nicht erstrebenswert. Ledige vermachten ihren Besitz häufig Geschwistern, aber auch Nicht-Verwandten und nutzten deswegen häufiger als Verheiratete das Testament. Beträge der einzelnen Abfindungen werden in Testamenten genannt, nicht aber Schätzwerte der Erbmasse.

Neben Testamenten waren **Übergabe-** und Eheverträge Möglichkeiten, wie Erblasser schon vor ihrem Tod möglichst viel Einfluss geltend machen konnten (Verfügungen „inter vivos"). Übergabeverträge sind die am häufigsten in den Grundakten überlieferte Transfer-Vertragsform, weil sie unabhängig von Lebensphase, Familienstand und Kindern aufgestellt werden konnten. So betreffen nur etwa 50% der Übergabeverträge einen ganzen Hof bzw. ein ganzes Grundbuchfolium. Für ganze Höfe waren Übertragungen allerdings bestens geeignet, denn es konnte mit diesem Instrument nicht nur bestimmt werden, wie viel einzelne Erben bekamen, sondern auch welche Vermögensbestandteile sie im Besonderen erhielten und wann, und wer die Führung des Hofes übernahm. Auch Altersversorgungsregelungen wurden oft damit verknüpft. Bei diesen freiwilligen Verfügungen konnte grundsätzlich von der gleichen Begünstigung der Kinder abgewichen werden, allerdings musste jedem Erben ein Pflichtteil zukommen.[260] Wie bei den Testamenten werden in Übergabeverträgen die zukünftigen Abfindungen genau benannt, auch die Höhe der Geldabfindungen. In nur rund einem Drittel der Verträge werden Schätzwerte der gesamten Erbmasse angeführt.

Nach dem **Intestaterbrecht** schließlich – in seinen oben erläuterten regional verschiedenen Ausprägungen – wurde immer dann verfahren, wenn es im Todesfall keine Verfügungen gab.[261] In diesem Fall sah das Gesetz eine eindeutige Erbfolge und eindeutige Erbteile vor, die aber nicht immer sogleich in Geldwerten ausgedrückt wurden. Eine Vermögensschätzung war nicht obligat. Zum Intestaterbrecht zählen **Schichtungen**, Auseinandersetzungen mit Kindern, zu denen Witwer und Witwen im Fall einer Wiederheirat gezwungen waren. Hier nun war die Inventarisierung des Vermögens obligat, da die Abfindungen bemessen wurden. Deren Geldwerte sind den Schichtungsverträgen zu entnehmen, nicht in jedem Fall aber der Gesamtwert des Vermögens. Dieser findet sich u. U. auch nur in den zugehörigen Inventaren, die allerdings auch nicht in jedem Fall überliefert sind.

In der Auswertung wurde unterschieden zwischen Dokument, Vermögensneuordnung und Transfer. Bisher zu Sprache kamen die Formen von Dokumenten als vertragliche Manifestationen. Ein einzelner Schichtungsvertrag, von einem verwitweten und wieder heiratenden Elternteil aufgestellt, gibt aber in der Regel Auskunft über weit mehr als nur den Schichtungsakt. Er enthält mindestens zwei Vermögensneuord-

---

260 In Oberkirchen etwa ein Drittel, in den anderen Orten die Hälfte einer jeweiligen Intestat-Erbportion.

261 Vgl. ALR, Teil 2, Titel 1, §495, und Teil 2, Titel 2, §271.

Tabelle 3-b: Häufigkeit der Eintragungen von Transfers ins Borgeler Hypothekenbuch (1830-1866)

		Borgeln		
		A	B	C
1	Vorliegende Dokumente (Verträge)	273		
2	darin enthaltene Vermögensneuordnungen	297		
3	darin enthaltene Geld-Transfers	473		(100%)
4	Geldtransfer-Lasten im Grundbuch insgesamt [1)]	213	(100%)	
5	davon in Dokumenten (Verträgen) nachgewiesen	134	(63%)	(28%)

Quelle: Grundakten Borgeln; BOR-Gesamt, Tabelle Kontrakte. Aus Oberkirchen liegen nur Verträge zum Ortsteil Westfeld vor. Erläuterungen siehe Text.
1) Für jeden Berechtigten wurde eine Last gezählt.

nungen, den Übergang von der ehelichen Gütergemeinschaft in die fortgesetzte Gütergemeinschaft mit Kindern (Borgeln) bzw. ins Alleineigentum (Löhne) und den eigentlichen Schichtungsakt. Jede dieser Neuordnungen enthält mehrere Transfers, deren Kennzeichen ist, dass es jeweils einen Geber und einen Empfänger gibt. Ins Grundbuch finden Transfers dann Eingang, wenn dauerhafte Rechte (z.B. Nießbrauch oder Unterhalt) oder nicht ausbezahlte Abfindungen gesichert werden sollen.

Tabelle 3-b gibt Auskunft darüber, in welchem Verhältnis Daten, Dokumente und Überlieferung zu einander stehen.

Erschlossen und ausgewertet werden konnten für Borgeln allein 273 Verträge, in denen sich die Erläuterungen zu 297 einzelnen Vermögensneuordnungen fanden (Zeile 1 und 2). Insgesamt wurden in diesen Verträgen 473 Geldtransfers geregelt und festgehalten (Zeile 3). Das Grundbuch Borgeln andererseits weist für den Zeitraum 213 Geldtransfer-Lasten aus, zumeist Erbteile und Abfindungen (Zeile 4). In den vorliegenden textlichen Quellen, den Verträgen, die vom Gericht als Belege für die Grundbucheintragungen geführt wurden, finden sich davon 134 oder 63% wieder (Zeile 5). Da aber für jede eingetragene Last ursprünglich eine Urkunde vorgelegen haben muss, sind diese 63% die Überlieferungsquote der Ursprungsdokumente.

Zugleich muss aber davon ausgegangen werden, dass nur 28% aller vertraglich festgelegten Geldtransfers über diese notarielle Sicherheit hinaus mit einer Hypothek im Grundbuch gesichert wurden, weil einerseits aus den Verträgen 473 Transfers bekannt sind, andererseits nur 134 sich im Grundbuch wiederfinden. Da folglich anzunehmen ist, dass ebenso alle 213 im Grundbuch eingetragenen Lasten nur 28% der tatsächlich vertraglich vereinbarten Transfers darstellten, ist von insgesamt 750-760 Transfers im Untersuchungszeitraum auszugehen.

3.2.2 Eheliches Güterrecht, Erbrecht, Erbpraktiken

Viele Transfers lassen sich auf intergenerationelle Eigentumsübertragungen und Erbfälle zurückführen, doch beileibe nicht alle. Bei Transfers wurden oftmals Immobilien überschrieben, meistens aber auch Geldflüsse in Form von Abfindungen in Gang gesetzt.

Bäuerliches Erbrecht und *Ehegüterrecht* sind die zwei wesentlichen Rechtsbereiche, die über Volumen und Zeitpunkte von Transfers entschieden. In beiden Bereichen dominierte in den untersuchten westfälischen Regionen das stark die Interessen der lokalen Herrschaftsträger widerspiegelnde Provinzrecht des 18. Jahrhunderts, obwohl gerade das Preußische Allgemeine Landrecht für diese Bereiche klare Festlegungen enthielt. Das bäuerliche Erbrecht des 18. Jahrhunderts regelte das Recht des Bauern am Hof und an den Erzeugnissen, also die wichtigsten Bereiche des Verhältnisses der Bauern zu ihren Gutsherren.[262] So war in den „Provinzialgesetzen" eine ungeteilte Übergabe an einen Erben festgeschrieben. Diese Praxis währte im 19. Jahrhundert fort, allerdings als eine Praxis auf weitgehend freier Entscheidungsgrundlage.[263] Auch die bevorzugte Weitergabe des Hofes an den ältesten Sohn in Borgeln und Oberkirchen (Majorat), und den jüngsten Sohnes in Löhne (Minorat) war im Untersuchungszeitraum wohl nicht allein institutionell begünstigt, sondern von den Altbauern meist bewusst intendiert worden, die dieses Modell der Transfers wählten und Alternativen ablehnten.[264]

Die weichenden Erben waren entsprechend der Provinzialgesetze (bzw. des lokalen, nicht verschriftlichten Gewohnheitsrechtes[265]) bei ihrer Heirat bzw. bei ihrem Auszug mit Brautschätzen abgefunden worden, die aber nicht direkt als Erbteile zu

---

262 Witzig, Rechtsverhältnisse; Klaus SCHARPWINKEL: Die westfälischen Eigentumsordnungen des 17. und 18. Jahrhunderts, Diss. Jur. Göttingen 1965; Rüffer, Vererbungsstrategien. Für den Kreis Meschede dokumentiert eine Aufstellung, dass tatsächlich 1835 noch von Ort zu Ort verschiedenen Praktiken existierten (LA NRW W, Kreis Meschede, Landratsamt Nr. 2221).

263 Zur zeitgenössischen Diskussion Rouette, Bauer; Fertig / Fertig, Erbpraxis, S. 182-187; Fertig et al., Inheritance. Die ungeteilte Vererbung wurde im „Gesetz über die bäuerliche Erbfolge in der Provinz Westfalen" (Gesetz-Sammlung 1836, S. 209-214) für bestimmte Adressaten und unter bestimmten Bedingungen eingeschränkt. Gravierende Wirkungen gingen von ihm für die Erbpraxis in Westfalen aber nicht aus, zumal es auf große Kritik stieß und 1848 wieder außer Kraft gesetzt wurde.

264 Lünnemann, Preis; Fertig / Fertig, Erbpraxis. In diese Richtung gehen sogar die Ergebnisse für das 18. Jahrhundert von Rüffer, Vererbungsstrategien.

265 Zum Beispiel in Rekonstruktion ganzer Reihen von Rechtsakten bei Rüffer, Vererbungsstrategien.

verstehen waren, sondern eher als eine der sozialen Herkunft adäquate Starthilfe.[266] Dies war meist tatsächlich mit dem Zusammenstellen eines „Brautwagens“ ritualisiert. Er enthielt Kiste, Koffer, Bett, Kleidung, Gerätschaften, Naturalien und auch eine Kuh. Vom 18. zum 19. Jahrhundert hin fand eine Monetisierung der Brautschätze statt. Während im 18. Jahrhundert Vieh, Geräte, Möbel, Kleidung und auch Lebensmittel die wichtigsten Bestandteile der Mitgaben waren,[267] also Realien mit unmittelbarer Bedeutung für die Gründung von Haushalt und Betrieb, finden sich in den Übergabe- und Schichtungsverträgen ab dem ersten Viertel des 19. Jahrhunderts sehr viel häufiger Geldmitgaben bis hin zu ausschließlichen Geldabfindungen.[268] Diese waren schließlich sehr nahe an unserem heutigen Verständnis als Erbe aus dem elterlichen Vermögen. Es ist daher auch irreführend, eine Kontinuität des Brautschatzinstituts vom 18. bis ins 20. Jahrhundert zu konstruieren, wie dies Sauermann tut.[269] Die Reformen der Eigentumsrechte und die Adaption bürgerlichen Rechts haben zu einer grundsätzlichen Umorganisation der Transfers geführt.

Die Gutsherrschaft hatte einem Brautschatz zuzustimmen, bedeutete er doch Vermögensabfluss von der Stätte.[270] Die staatliche Obrigkeit ließ es sich überdies nicht

---

266 Dietmar SAUERMANN: Bäuerliche Brautschätze in Westfalen (17.-20. Jh.), in: Rheinisch-westfälische Zeitschrift für Volkskunde 18/19 (1972), S. 103-153; ders.: Brautschatzverschreibungen als Quelle für die Veränderungen der bäuerlichen Kultur im 18. Jahrhundert. Das Beispiel Lienen, in: WF 29 (1978/79), S. 199-222; Schlumbohm, Lebensläufe, S. 418-430; Paul WIGAND: Die Provinzialrechte des Fürstentums Minden, der Grafschaften Ravensberg..., Leipzig 1834, Bd. 2, S. 22ff.
In Löhne enthalten zahlreiche Übergabeverträge und Testamente Nennungen von Brautschätzen, allerdings nur bis 1850. Im Falle der Soester Börde verfügen bereits die „Soester Statuten“ von 1780 (Wolf-Herbert DEUS: Soester Recht. Eine Quellensammlung, Soest 1970, S. 202-203, 211-212) über Regeln der bäuerlichen Erbteilung und Schichtung, die jedoch vom „gutsherrlichen Konsens“ abhängig gemacht werden. Der Begriff Brautschatz taucht darin nicht auf. Auch wurde in den Verträgen der Grundakten der Begriff „Brautschatz“ nur unsystematisch und sehr selten verwendet (BOR KonID 214, 270, 539 und 735).
In Westfelder Verträgen findet der Brautschatz keine Erwähnung. Für die Kirchspiele des Kreises Meschede (Oberkirchen, Holzhausen, Westfeld, Sorpe, Winkhausen, Nordenau, Grafschaft, Oberfleckenberg) ist noch der 1835 entstandenen Akte LA NRW W, Kreis Meschede, Landratsamt Nr. 2221 zu entnehmen, dass über die Höhe der Mitgaben der Hausvater entschied (Holzhausen, Winkhausen) bzw. im Intestaterbfall der älteste Sohn (Winkhausen). Die Mitgaben waren weniger wert als der an den Hofnachfolger übergebene Teil (Holzhausen, Winkhausen) bzw. richteten sich „nach dem Gute was das tragen könnte“ (Nordenau, Westfeld), „nach Verhältnis des Vermögens, vom Gute durfte nicht veräußert werden“ (Oberkirchen, Sorpe) oder „nach der damaligen Observanz“ (Oberfleckenberg). In Grafschaft wurden „baare Capitalien ... zu gleichen Theilen vertheilt, vom Gute erhielten sie [die Miterben] nichts“.

267 Sauermann, Brautschätze.

268 C. Fertig, Hofübergabe, S. 74.

269 Vgl. Sauermann, Brautschätze.

270 Scharpwinkel, Eigentumsordnungen, S. 75-77: Ob der Brautschatz auch aus Mitteln des Hofes („praedium“) oder nur aus dem persönlichen Besitz der Eltern („peculium“) bestritten werden sollte, war uneinheitlich geregelt.

nehmen, die Praxis zu moralisieren und reglementieren und veröffentlichte modellhafte Zusammenstellungen von Brautwagen streng nach sozialer Schicht.[271] Beamte und Grundherren der Zeit sahen vielfach die Überlebensfähigkeit der Bauernbetriebe bzw. die Steuererträge durch hohe Mitgaben gefährdet. Das Argument, hohe Abfindungen könnten die weichenden Erben bei dem Aufbau einer eigenen tragfähigen Existenz unterstützen, fand dabei keine Berücksichtigung.

Weil die Bauern immer größere Teile des Besitzes zu Eigentum hatten, verlor das bäuerliche Erbrecht jedoch an Bedeutung, während das – regional unterschiedliche – *Ehegüterrecht* Bedeutung gewann.[272] Zwar entstammte auch dieses den Provinzialrechten des 18. Jahrhunderts, war aber primär an der Vermögenswirtschaft bürgerlicher Familien orientiert. Innerhalb des *Ehegüterrechts* ist im westfälischen Kontext außerdem zwischen der *Gütergemeinschaft* und der *Gütertrennung* zu unterscheiden.[273] Gütergemeinschaft besagt, dass Ehepartner ihr zuvor persönliches Vermögen zu einem gemeinschaftlichen zusammenlegten und der Zugewinn beiden gemeinsam gehörte.[274] Bei der Gütertrennung hingegen wurde das von Braut oder Bräutigam in die Ehe eingebrachte Vermögen nach deren Tod an die Kinder verteilt und dem Witwer oder der Witwe blieb nur deren eigener Teil.

Beide Institute, Gütergemeinschaft und ungeteilte Vererbung, waren lange Zeit juristisch umstritten, denn man hatte es mit zeitgleich in Kraft befindlichen, aber sich widersprechenden Gesetzen verschiedener Körperschaften zu tun. Im Untersuchungszeitraum hatten die westfälischen Provinzialregelungen Bestand, die regional

---

271 Etwa in den 1834 veröffentlichten Ravensberger Provinzialrechten, siehe Wigand, Rechtsverhältnisse.

272 Nach Wigand, Rechtsverhältnisse, Bd. 2, S. 22ff., stellte – zumindest in Minden-Ravensberg – das „Brautschatzinstitut" (Wigand) die bäuerliche Regelung des intergenerationellen Vermögenstransfers dar, das Pendant zur städtisch-bürgerlichen Erbteilung. Die Festsetzung des Brautschatzes folgte der Logik, der Hof sei ein Fonds, aus dessen Überschüssen die Kinder abgefunden würden, der selbst aber unangetastet bliebe. Mit der Leistung des Brautschatzes seien alle Ansprüche eines Kindes an das Erbe der Eltern abgegolten. Eine Erbteilung war hingegen durch die *Eigentumsordnung* (Eigentumsordnung Minden-Ravensberg, darin auch Regelung der Gütergemeinschaft) festgelegt. Sukzessive sei dieses bürgerliche Recht von Bauern adaptiert worden und es werde [1834] von Bauern sowohl der Brautschatz gegeben, als auch Erbteilung gehalten.

273 Paul POSSEL-DÖLKEN: Das westfälische eheliche Güterrecht im 19. Jahrhundert. Ein Beitrag zur Geschichte der preußischen Provinzialgesetzgebung, Münster 1978. Die bäuerliche Übergabepraxis unter Bedingungen des Ehegüterrechts im Fürstbistum Münster untersucht Susanne ROUETTE: Hofesbande – Bauernfamilien. Verwandtschaft und Besitz im münsterländischen Diestedde im 19. Jahrhundert, in: Brakensiek / Stolleis / Wunder (Hg.), Generationengerechtigkeit, S. 189-215, insbes. S. 197-199.

274 Ausnahmen betrafen insbesondere die Kleidung der Ehefrau, Hochzeitsgeschenke, Trauringe u.ä. Zu der rechtlichen Unklarheit der geltenden Gesetze Gerd DETER: Das preußische Allgemeine Landrecht in der Provinz Westfalen – Rezeption und Wirkung, in: Karl TEPPE und

spezifisch unter anderem darüber Vorgaben machten, wie mit Vermögen in und nach der Ehe umzugehen sei. In der Frühen Neuzeit entstanden, meist im 18. Jahrhundert gesammelt und aufgeschrieben, waren sie nach der napoleonischen Zeit wieder in Kraft getreten.[275] Zwar galt nach dem Wiener Kongress, als alle Untersuchungsgebiete preußisch geworden waren, grundsätzlich das Allgemeine Preußische Landrecht (ALR). Dieses räumte aber den Provinzialrechten Vorrang ein und sah für den Fall, dass diese keine Verfügung trafen, prinzipiell die Gütertrennung vor.[276] Allein, akzeptiert wurde dies in Westfalen nicht. 1816 wurde ganz Westfalen die „allgemeine Gütergemeinschaft" verordnet,[277] und auch diese Vereinheitlichung hatte nicht die angestrebte Wirkung. Es blieb im Wesentlichen bei den alten je nach historischem Territorium und Bezirk gültigen Provinzialgesetzen. Erst 1860 trat ein für alle geltendes, nun wirklich vereinheitlichendes Gesetz in Kraft, das eine Form der Gütergemeinschaft festlegte.[278]

Bis dahin galten also für Löhne, Borgeln und Oberkirchen drei verschiedene Gesetzeslagen, wie mit Vermögen im Todesfall umgegangen wurde. In Löhne und Borgeln galt die *Gütergemeinschaft*, im ersten Fall nach den Minden-Ravensberger Provinzialgesetzen[279], im letzten nach den Soester Statuten[280], die sich im Detail unterschie-

---

Michael EPKENHANS (Hg.), Westfalen und Preußen. Integration und Regionalismus, Paderborn 1991, S. 82-97, hier S. 95-96.

275 Possel-Dölken, Güterrecht, S. 22-49, 90-95; Deter, Landrecht, S. 95; A. GECK: Topographisch-historisch-statistische Kreisbeschreibung der Stadt Soest und der Soester Börde, Soest 1825, S. 160.

276 ALR Teil 2, Titel 1, §§ 345-359, 412 und Teil 2, Titel 2, §272. Deter, Landrecht, S. 95, sieht die Gütergemeinschaft durch das ALR stark zurückgedrängt: „Das ALR hingegen ließ diesen [den Güterstand der Gemeinschaft] nur zu, wenn er in einem besonderen Ehevertrag vereinbart worden war. Da viele Eheleute in Westfalen an der ihnen bekannten Gütergemeinschaft festhalten wollten, den Vertretern so mancher Gerichte und Behörden das Verhältnis der provinziellen Gütergemeinschaft zum ALR aber unklar blieb, geriet die rechtliche Situation gerade in diesem Bereich in höchste Verwirrung". Hingegen sprechen die Paragraphen des ALR m. E. dafür, dass dort, wo Provinzialgesetze die Gütergemeinschaft vorsahen, diese automatisch für ein vor Ort heiratendes Ehepaar galt und durch Vertrag ausgeschlossen werden musste.

277 Possel-Dölken, Güterrecht, S. 51; Gesetz-Sammlung 1816, S. 97.

278 Possel-Dölken, Güterrecht, S. 100-118; Gesetz-Sammlung 1860, S. 165-171.

279 Die Gütergemeinschaft in Minden-Ravensberg begründete sich nach Anton Karl WELTER: Theoretisch-praktisches Handbuch über das eheliche Güterrecht in Westfalen ... nach den alten Provinzialgesetzen, Statuten und Gewohnheiten und nach dem Gesetz vom 16.4.1860, 2. Ausg., Paderborn 1883, S. 155-160, auf frühneuzeitliche Atteste, die Einzelfallentscheidungen enthielten. Einen eigentlichen Rechtstext gibt es demnach nicht. Zu den Minden-Ravensbergischen Provinzialgesetzen zählt außerdem die Minden-Ravensberger Eigentumsordnung [Eigentumsordnung 1741], die insbesondere die bäuerlichen Besitzrechte klärt. Löhner Verträge mit expliziter Nennung der Eigentumsordnung: LOE KonID 241, 143.

280 Die „Soester Statuten" sind ebenfalls keine reguläre Gesetzesschrift, sondern eine 1780/90 im Kontext der Entstehung des Allgemeinen Landrechts erstellte Zusammenfassung der Rechtspraxis in Soest und in der Soester Börde (Witzig, Rechtsverhältnisse; im Wortlaut in Deus,

den. Sogar innerhalb dieser Rechtssammlungen gab es noch unterschiedliche Verfügungen, je nachdem, ob es ein bäuerlicher, von einer Herrschaft abhängiger, oder ein freier Haushalt war. Auf diese unterschiedlichen Gesetzesgrundlagen wurde tatsächlich in den einzelnen Verträgen hingewiesen bzw. Bezug genommen, sodass sie doch zunächst auseinander zu halten sind. In Oberkirchen schließlich als einem Teil des ehemaligen Herzogtums Westfalen, wo zuvor bereits das Rechtsprinzip des Dotalrechts[281] galt und 1825 das Allgemeine Landrecht formal eingeführt worden war, verfuhr man nach dem Prinzip der *Gütertrennung*[282].

Worin sich diese unterschieden und wie sich dies auf die Transfers auswirkte, soll im Folgenden geklärt werden.

Die Regelungen zu den Gütergemeinschaften sahen im Wesentlichen vor, dass aller Besitz der Ehepartner mit der Eheschließung zu einem Komplex verwachse und alles weiter hinzugewonnene Vermögen ebenfalls beiden gemeinsam gehöre. Ausnahmen bildeten auf der Seite der Ehefrau etwa alle ihre Kleider, die nicht ins gemeinschaftliche Vermögen fielen. Starb nun einer der Ehepartner, wurde die Gütergemeinschaft juristisch aufgelöst. Waren keine Kinder vorhanden, durfte eine Witwe 50% des Vermögens behalten, die übrigen 50% fielen an die Angehörigen des Mannes. Starb die Ehefrau, musste der Witwer jedoch nur die Hälfte des von der Frau eingebrachten Vermögens an deren Angehörige abgeben. Dies wäre grundsätzlich auch beim Borgeler Kolon Dietrich Risse gen. Beuckmann der Fall gewesen, der 1841 seine Ehefrau Wilhelmine verlor.[283] Beide hatten 1840 geheiratet und waren kinderlos geblieben. Erbrechtlich standen dem Witwer nun 50% des Hofes zu. Hingegen hatten sich die Eheleute 1840 in einem Ehevertrag gegenseitig zu Universalerben eingesetzt und vorausverfügt, dass vom überlebenden Ehepartner nicht die Hälfte, sondern nur der Pflichtteil an die übrigen Erbberechtigten ausgezahlt werden musste. Der Pflichtteil bestand statt der 50% nur aus 25% des eingebrachten Vermögens. Da es sich nun beim von Wilhelmine eingebrachten Vermögen um den 60-Hektar-Hof Beuckmann handelte, fiel ein Viertel dessen im Wert von 1.500 Talern an ihre noch lebende Mutter zurück. Risse kaufte schließlich dieses Viertel seines Betriebes zurück. Wie hier waren im Voraus verfügte Abweichungen vom Erb- bzw. Ehegüterrecht vielfach dem Interesse geschuldet, die wirtschaftliche Integrität des Betriebes nicht zu gefährden.

Soester Recht, S. 202-203, 211-212). Sie enthalten wesentliche Aussagen zum bäuerlichen Besitzrecht und zur ehelichen Gütergemeinschaft.

281 Allerdings galt das ALR nicht grundsätzlich überall in der Region des ehemaligen Herzogtums Westfalen. So wies Welter, Handbuch, 31-32, darauf hin, dass insbesondere in Städten des Hohen Sauerlandes, etwa in Meschede, die Gütergemeinschaft praktiziert werde, was er mit der sozialen Schicht des Bürgertums in Verbindung brachte.

282 Gesetz-Sammlung 1825, S. 153-159. Auch Possel-Dölken, Güterrecht, S. 31, 95-99; LA NRW W, Kreis Meschede, Landratsamt Nr. 2221.

283 BOR KonID 735 und 736, 26.1.1842. OFBID 125 und 126.

Abbildung 3-B: Beispiele von Vermögensneuordnungen im Rahmen der Gütergemeinschaft nach Soester Statuten

1. Eheschließung

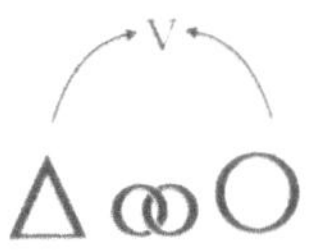

2. Ehemann stirbt

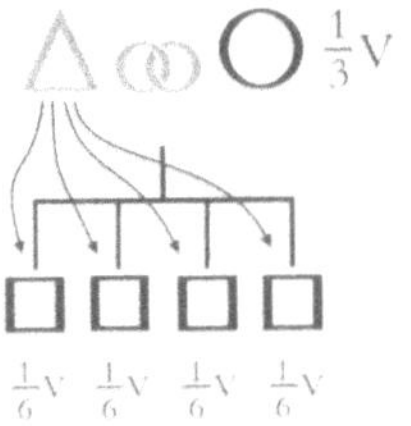

"fortgesetzte Gütergemeinschaft": Mutter verfügt über das volle Vermögen, das aber ideell geteilt ist: Mutter 1/3, Kinder 2/3. Inventar, Bürgschaft, Rechnungslegung nicht notwendig.

3a. Witwe übergibt

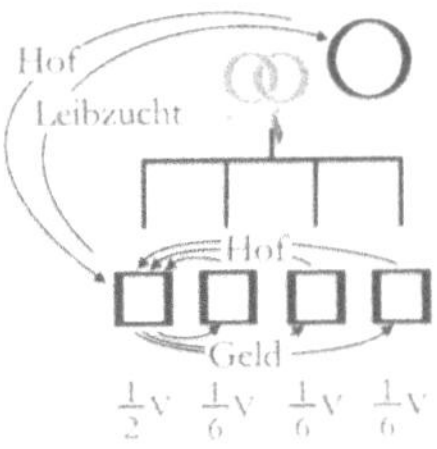

Übergabe: "Weichende" Erben übergeben den Hof dem Anerben. Anerbe zahlt Abfindungen. Mutter übergibt ihren Teil dem Anerben. Anerbe gewährt Mutter eine Leibzucht.

4. Eines der Kinder stirbt

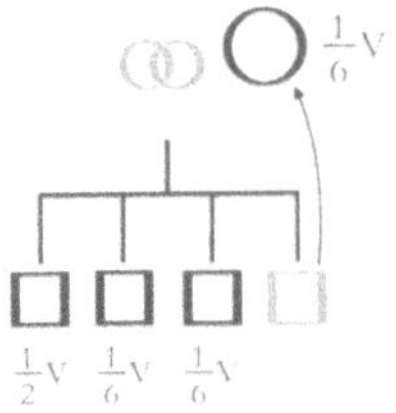

Eines der abgefundenen Kinder stirbt ledig und kinderlos. Sein Vermögen fällt zurück auf die Mutter als der nächsten Verwandten. Abermalige Übergabe von Mobilien, Geld und auch Immobilien möglich.

3b. Witwe heiratet abermals

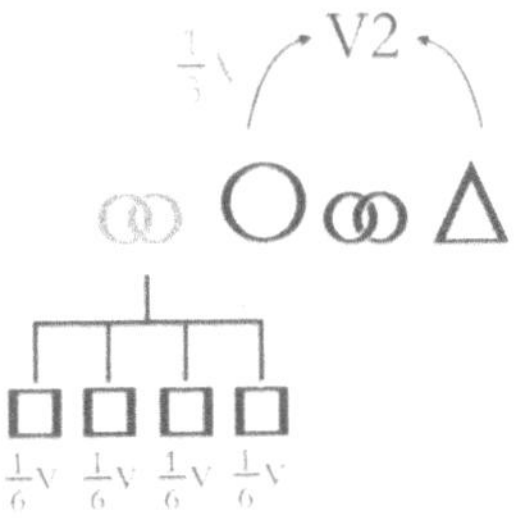

Schichtung: Witwe findet Kinder erster Ehe ab. Witwe bringt ihr Vermögen in zweite Gütergemeinschaft ein. Kinder erster Ehe verlieren weitere Erbansprüche.

Häufiger natürlich kam es vor, dass die Ehepartner bereits Kinder hatten, wenn einer von ihnen verstarb. Obwohl in Löhne und Borgeln formalrechtlich unterschiedliche Prinzipien galten, war das praktische Verfahren gleich.[284] Weder wurde ein Inventar aufgestellt, noch musste der Elternteil jährliche Rechnungen über die Wirtschaft führen. Er behielt das Alleineigentum (Löhne) bzw. die Verfügung über das ganze Vermögen (Borgeln) und konnte sowohl Kredite aufnehmen als auch Land verkaufen. Eine Teilung fand erst statt, wenn der Witwer/ die Witwe den Besitz übertragen oder wieder heiraten wollte. Im Fall einer bloßen Übergabe übergaben die Kinder ihre Anteile dem Hofnachfolger und bezogen von diesem Abfindungen. Der verwitwete Elternteil übergab nun ebenfalls seinen Besitzteil dem Hofnachfolger, um sich im Gegenzug eine Leibzucht und Unterhalt auszubedingen (siehe Punkt 3a).

Im Fall einer Wiederheirat kam es zur „notwendigen Schichtung". Diese sah die Pflicht zur Aufnahme eines Inventars vor. Vom Vermögen wurden die Schulden abgezogen, sodann wurden die Erbteile berechnet. Hier nun machte es einen Unterschied, ob der Vater oder die Mutter schichtete. Während einer Borgeler Witwe unter der Soester Gütergemeinschaft nur ein Drittel des Vermögens blieb und zwei Drittel den Kindern zukamen (Punkt 3b),[285] behielt ein Witwer unter den Soester Statuten die eine Hälfte und gab den Kindern die andere.[286] Diese Norm findet sich, da in vielen Verträgen auf diese Portionen Bezug genommen wird, in den Quellen bestätigt; und zwar bis in Verträge von 1899 und 1900![287] In der Ravensberger Gütergemeinschaft, der die Ehepaare in Löhne unterstanden, kam den Kindern in jedem Fall 50% des Vermögens zu, unabhängig davon, ob Mutter oder Vater verstorben waren.[288] Wie viel

---

284 In Löhne ging das Vermögen in Alleineigentum des/der Überlebenden über (Konsolidationsprinzip). In Borgeln wurde zwar auch die Gütergemeinschaft formal aufgelöst, ging aber faktisch über in eine „fortgesetzte Gütergemeinschaft" des hinterbliebenen Ehepartners und der Kinder (Kondominialprinzip). Dies spiegelt sich in den überlieferten Verträgen wider. Vor 1860 spricht ein einziger Löhner Vertrag von fortgesetzter Gütergemeinschaft: „Ich habe mit meinem vor etwa 5 Jahren verstorbenen Mann ... in der hiesigen provinziellen Gemeinschaft der Güter unter Eheleuten gelebt, und mit folgenden Kindern ... diese Gütergemeinschaft fortgesetzt" (LOE KonID 48 [27.4.1850]). Erst nach 1860 finden sich weitere Verträge mit expliziter Nennung der fortgesetzten Gütergemeinschaft: LOE KonIDs 23 (1864), 39 (1887), 60 (1864), 86 (1866), 123 (1858), 133 (1897), 139 (1864), 145 (1859), 202 (1864) und 204 (1876).

285 Gilt für den Fall mehrerer Kinder. Ein Einzelkind bekam 50% und die Mutter ebenfalls 50%, in der Praxis zur Geltung gekommen etwa in BOR KonID 102.

286 BOR KonID 51, 60, 86, 103, 109, 116, 470 und 617.

287 Im Fall von Witwen: BOR KonID 41, 55, 69, 91, 204, 228, 252, 269, 292, 363, 364, 426, 468, 556, 565 und 599. Etwa in KonID 363 vom 27.1.1843: „Bei der obwaltenden Gütergemeinschaft seien, den hiesigen Statuten gemäß, zwei Dritttheile Disposition gemeinschaftlichen Ehevermögens den Kindern zugefallen, und ein Drittel der Witwe verblieben. Da sie zur zweiten Ehe zu schreiten nicht gesonnen sei und deshalb mit ihren Kindern die Gütergemeinschaft fortsetzen wolle, so werde es der Einrichtung eines Inventars nicht bedürfen".

288 LOE KonIDs 30, 105, 123, 136, 141, 143, 145, 155, 171, 182, 184, 192, 198, 201, 203, 221, 223, 255, 270, 279, 284, 285, 290, 347 und weitere. In LOE KonID 10 schichtet die Witwe Take ab

nun ein Kind im Fall einer Schichtung jeweils erhielt, hing also wesentlich davon ab, welcher Elternteil schichtete und wie viele Geschwister sich den Nachlass teilten.

Dem verwitweten Elternteil schließlich verblieben nach der Schichtung entweder 33% (Witwe in Borgeln) oder 50% des Vermögens (Witwer in Borgeln, Witwen und Witwer in Löhne). Stand eine Wiederheirat an, so ging dieser Vermögensanteil in eine neue Gütergemeinschaft ein und konstituierte ein neues gütergemeinschaftliches Vermögen, an dem aber die Kinder erster Ehe keine Rechte mehr hatten.[289]

Die hier skizzierten Optionen fassen typische Situationen des Vermögensübertrags. Es ist leicht nachzuvollziehen, dass es neben diesen Standard-Familienverläufen auch eine Vielzahl von Gelegenheiten gab, bei denen ebenfalls Transfers anfielen. Starb ein bereits abgefundenes Kind, so fiel der Besitz zurück auf den Elternteil, der wiederum eine erneute Teilung und Übergabe vollziehen konnte. Andererseits hatte eine „Einkindschaft"-Vereinbarung zur Folge, dass die in einer neu geschlossenen Ehe gezeugten Kinder mit ihren Stiefgeschwistern gleichgestellt wurden, dass also alle Kinder trotz Wiederheirat erst am Erbe der zweiten Ehe teilhatten.[290]

Wie funktionierte dies nun in Oberkirchen? Hier wurden nach dem Dotalprinzip mütterlicher und väterlicher Vermögensteil strikt auseinander gehalten.[291] Da es zur „fortgesetzten Gütergemeinschaft" kein Pendant gab, wurde häufiger in Testamenten vorausverfügt, dass im Todesfall der Ehepartner nicht sogleich den Vermögensteil des Verstorbenen herausgeben musste, sondern zunächst als „Universalerbe" das Vermögen nießbrauchen konnte. Dies wurde im Testament mal lebenslang, mal aber auch nur bis zu einer Wiederheirat zugestanden.[292] Grundsätzlich führte eine Wiederheirat zur Einsetzung eines Kurators über minderjährige Erben, zur Feststellung des Nach-

---

unter dem Hinweis, dass die Kinder „weit mehr als die Hälfte bekommen". LOE KonID 48 vom 27.4.1850: „Ich habe mit meinem vor etwa 5 Jahren verstorbenen Mann ... in der hiesigen provinziellen Gemeinschaft der Güter unter Eheleuten gelebt ... Meine Gesundheitsumstände veranlassen mich, nun mit meinem jüngsten Sohn nachstehenden Vertrag abzuschließen, da ich zu schwach bin, dieses gütergemeinschaftliche Vermögen weiter zu verwalten, und indem ich meinen übrigen Kinder ... mehr gewähre, als sie bei einer heute sonst vorgenommenen Auseinandersetzung in der väterlichen Hälfte erhalten haben würden, so halte ich mich in der gegenwärtigen Verfügung über das gütergemeinschaftliche Vermögen unter Lebendigen und unter lästigen Bedingungen, umso weniger beschränkt".

289 Meyers Konversationslexikon, 4. Aufl., Leipzig/ Wien 1885, Bd. 1, S. 56. Zum Beispiel in BOR KonID 661 (23.11.1869): „Comparent sub.1 versicherte eidesstattlich: Meine Frau Elisabeth geb. Juchheim war in erster Ehe verehelicht mit Heinrich Beuckmann gt. Uhlenburg. Aus dieser Ehe sind zwei Kinder hervorgegangen, welche abgefunden wurden. Nach dem Tode dieses ersten Mannes schritt sie mit mir zur zweiten Ehe. Demnächst starb sie ohne Testament mit Hinterlassung von drei Töchtern als einzige Erben".

290 Zum Beispiel BOR KonIDs 539, 554, 499, 555.

291 LA NRW W, Kreis Meschede, Landratsamt Nr. 2221.

292 Ersteres in OKI KonID 325 (27.8.1869), letzteres in KonID 215 (15.5.1884).

lasses des oder der Verstorbenen und zur Festschreibung der Erbportionen. Im 1844 aufgestellten Schichtungsvertrag Peter Frisses aus Nordenau liest sich dies etwa so:

> „Seine erste Ehefrau Maria Katharina Döpp sey am 24. März 1842 mit Hinterlassung zweier von ihm ... erzeugten ehelichen Kinder ... verstorben. Er wünsche jetzt zur zweiten Ehe zu schreiten und bitte ein Curatel über seine beiden Kinder erster Ehe einzuleiten. ... ... Peter Frisse erklärte hierdurch: Nach dem Inventar habe ihm seine verstorbene Ehefrau Maria Katharina Döpp a) an baarem Gelde die Summe von ... 307 Taler 20 Sgr. 9 Pf in die Ehe gebracht; b) den Mobiliarnachlass derselben habe er meistbietend verkaufen lassen, wofür herausgekommen die Summe von 141 Thalern 17 Sgr. Summa 449 Thaler 7 Sgr. 9 Pf., welchen Betrag er seinen genannten beiden Kindern erster Ehe **jedem zur Hälfte als Muttergut** verschulde. Er wolle sich hiermit verpflichten, einem jeden seiner genannten Kinder seinen Antheil bei dem Austritte aus seiner väterlichen Gewalt ohne Einrede herauszuzahlen."[293]

Im Gegensatz zum Landrecht, dem zufolge der hinterlassene Ehepartner ebenfalls Anteil am Besitz des Verstorbenen hatte,[294] wurde er in Oberkirchener Verfahren jedoch nicht bedacht, sondern das Nachlassvermögen unter den Kindern verteilt, wie das obige Beispiel und auch zahlreiche andere Fälle zeigen.[295]

Der im Allgemeinen Landrecht von 1794 formulierte Intestat-Grundsatz, „Kinder beerben ihre Aeltern zu gleichen Theilen", konnte durch Übergabeverträge und Testamente unterlaufen werden, zumindest bis zur Pflichtteilsgrenze. In den ebenfalls zahlreichen Intestatverfahren und Schichtungen hatte er aber Bestand.[296] Dass der Hoferbe gegenüber den Miterben einen größeren Teil des elterlichen Vermögens erlangte, war darauf zurückzuführen, dass die Eltern oder aber der verwitwete Elternteil ihren Teil des Vermögens gegen Leibzucht, Unterhalt, Pflege und Begräbnis eintauschten. Es handelte sich in diesem zweiten Part der Vermögensübertragung also um ein Geschäft mit dem Hintergrund einer Reziprozitätsbeziehung, nicht aber um grundsätzliche Ungleichbehandlung der Kinder.[297] Inwieweit der Vermögensübertrag

---

293 OKI KonID 17 (9.2.1844).

294 ALR Teil 2, Erster Titel, §§ 623 und 624.

295 OKI KonIDs 190 (26.1.1854), 17 (9.2.1844), 175 (12.10.1865), 122 (13.1.1875), 96 (7.1.1841), 92 (25.1.1844), 34 (14.4.1864), 5 (9.11.1854). Dies zeigt sich auch deutlich am Beispiel des Köhlers Lorenz Gerwens aus Lengenbeck. Den Grundbesitz seiner Frau hatten die vier gemeinsamen Kinder geerbt (je ¼). Gerwens selbst erlangte erst einen Anteil (1/16) daran, als sein Sohn Eberhard starb und dessen Erbteil unter Gerwens und den drei verbliebenen Kindern aufgeteilt wurde (OKI KonID 269 [4.11.1867]).

296 ALR, Teil 2, Zweiter Titel, § 302. In den Verfahren in Löhne und Borgeln auf Basis der Provinzialgesetze und im Rahmen der Gütergemeinschaft ist dies in den Verträgen unmittelbar ersichtlich. Abweichungen waren theoretisch bis zum Pflichtteil möglich, der laut ALR, Teil 2, Titel 2, § 392, bei einem oder zwei Kindern ein Drittel einer Intestat-Erbpotion bei gleicher Teilung, bei drei oder vier Kindern die Hälfte, und bei mehr als vier Kindern zwei Drittel betrug.

297 C. Fertig, Hofübergabe, S. 77-78.

der Eltern auf den Hoferben und die von letzterem geleisteten Pflichten in einem Verhältnis standen, ist dabei natürlich fraglich. Zwar gab es vermutlich Berechnungsweisen des Wertes einer Leibzucht, basierend auf dem jährlichen Wert und dem Lebensalter des Leibzüchters,[298] der letztendliche Wert einer Leibzucht und damit die Belastung des Hoferben entzog sich Kenntnis und der Berechnungsmöglichkeit, schließlich war der Todeszeitpunkt der Leibzüchter natürlich nicht voraussehbar. Erst die versicherungsmathematische Berechnung von Lebenswahrscheinlichkeiten und damit die Wahrscheinlichkeit von Belastungsdauern hat hier größere Gewissheit verschafft, vor allem auf der Seite von Lebensversicherungs- und Rentenanbietern, weniger auf Seiten des Individuums.

Selbstverständlich darf man gesetzliche Vorgaben, sei es preußisches oder Provinzialgesetz, nicht für die Praxis halten.[299] Allein die große Zahl von Testamenten, Eheverträgen und vor allen Dingen Übergabeverträgen zeigt bereits, dass es ein großes Bedürfnis war, die wichtigen Dinge nicht allein Gericht und Gesetz zu überlassen, sondern zuvor bereits Einfluss auf den Transfer des Nachlasses zu nehmen. Nichts wäre so falsch, wie die individuelle Komponente der Erblasser, die gerade in der jüngsten Forschung stark betont wurde,[300] zu ignorieren. Doch wurden zahlreiche Vorausverfügungen aufgestellt, gerade um einen Bezug zu einer gesetzlichen Grundlage herzustellen, um einem Gesetz vor einem anderen den Vorzug zu geben. Es bestand also grundsätzliche und weit verbreitete Praxis, die bestehenden rechtlichen Institutionen, insbesondere die Provinzialgesetze, anzuerkennen und in Anspruch zu nehmen. Wenn individuelle Verfügungen getroffen wurden, sind vielleicht die Transfers an weichende Erben sehr genau beziffert worden, der Gesamtwert des transferierten Vermögens und damit auch das Vermögen, das dem Hoferben nach Abzug der anderen Erbteile blieb, ist aber in der Regel gerade aus Vorausverfügungen nicht exakt heraus zu lesen.

Auf jeden Fall aber war die von den Bauern praktizierte Aufteilung der Vermögen in keiner Weise mit dem staatlicherseits vertretenen Ideal einer Vermögensteilung zu vergleichen. Abweichend von den besprochenen Regelungen des ALR und der Gütergemeinschaften sollte nämlich das Gesetz zur Erbfolge von 1836[301] darauf hinwirken, dass ein Bauerngut an einen einzigen Erben übergeben werde und dieser in jedem Fall volle 50% des Vermögens behalte. Die andere Hälfte sollte unter den Miterben geteilt

---

298 Solche Berechnungen standen vermutlich im Zusammenhang mit den Eintragungskosten des Grundbuchs. Beispiele etwa in BOR KonIDs 24, 140, 324, 346, 381, 422, 457, 516, 645 und 653.

299 Bernard DEROUET: Les pratiques familiales, le droit et la construction des différences (XVe-XIXe siècles), in: Annales HSS 52 (1997), S. 369-391.

300 Zeitlhofer, Besitztransfer, Kap. 5.1.1; Lanzinger, Generationengerechtigkeit.

301 Gesetz-Sammlung 1836, S. 209-214. Dazu Rouette, Hofesbande; C. Fertig, Hofübergabe, S. 73; Arnulf JÜRGENS: Die Aufhebung der Leibeigenschaft vornehmlich im Münsterland, in: WF 40 (1990), S. 112-149.

werden. Im Fall einer Wiederverheiratung sollte das Vermögen formal bereits komplett auf einen „Anerben" übergehen und dem Witwer bzw. der Witwe nur der Nießbrauch bleiben. Mit dieser Ungleichbehandlung war beabsichtigt, dass weiterhin große und wenig verschuldete Betriebe die ländliche Wirtschaft und Vollbauern die ländliche Sozialordnung prägen konnten.[302] Ob dieses sehr weit gehende Erbfolgegesetz für die drei untersuchten Orte jemals volle Gültigkeit erlangte ist ungeklärt, denn laut §3 sollte es nicht auf Bauerngüter, die dem Heimfall unterworfen waren bzw. bei denen der Heimfall noch nicht abgelöst worden war, angewendet werden.[303] Im Gegensatz zu Löhne waren in Borgeln und Oberkirchen Heimfallsrechte üblich und wurden vielfach erst 1850 abgelöst. Gleichgültig, ob die Bauern also das Gesetz ablehnten und nicht mit ihren Strategien vereinbar fanden, oder aber das Gesetz aufgrund juristischer Beschränkungen keine Anwendung fand: Die Gesetzesinhalte erlangten keine größere Bedeutung.[304] Und auch die Bedeutung des Gesetzes von 1856, ebenfalls einem politischen Impuls des Schutzes folgend, ist nicht allzu hoch einzuschätzen, bezog sich die Inanspruchnahme doch im Wesentlichen auf den niedrigen Kapitalisierungsgrad der gesamten Nachlassmasse. In wenigen Fällen wurde mit Bezug auf dieses Gesetz die Masse besonders gering taxiert, sodass auch die Erbteile geringer ausfielen. Häufiger wird gewesen sein, dass die geringe Taxierung eines Besitzes dem abgebenden Teil eher als Erweiterung seines Dispositionsspielraums diente, im Grund aber sowohl die relativen Erbportionen als auch die absolute Höhe der Abfindungen sich auch bei Inanspruchnahme des Gesetzes kaum wesentlich von den konventionellen Maßen unterschieden.

3.2.3 Erbportionen und Abfindungen 1830-1866

Sowohl Provinzialrechte als auch das Allgemeine Landrecht setzten also einen Rahmen für Transfers. Noch wichtiger für den einzelnen Erben aber, das liegt auf der Hand, war die Zahl seiner Miterben. Wenn in vielen Fällen die Teilungsmasse als ein fester Anteil des Gesamtvermögens definiert war und es keinen Unterschied machte, ob zwei oder zehn Kinder erbten, war entscheidend, unter wie vielen geteilt werden musste. Tabelle 3-c bestätigt dies, indem sie die in Tabelle 3-a dargestellten durchschnittlichen Abfindungshöhen danach differenziert, wie viele Miterben an der Teilung beteiligt waren bzw. wie viele Kinder und Geschwister durch die Altbauern und den Hoferben abgefunden wurden. Daraus lässt sich entnehmen, dass es neben der diachronen Entwicklung von zunehmenden Abfindungszahlungen durchaus von Bedeutung war, ob eine Teilungsmasse unter vielen oder wenigen Kindern geteilt wurde. Je mehr „weichende" Erben, desto geringer waren die Abfindungen bemessen. Inner-

[302] Detailliert Fertig / Fertig, Erbpraxis, S. 182-187.

[303] Gesetz-Sammlung 1836, S. 209-214, §3b.

halb der „Größenklassen", bemessen an Erbenzahl, wirkte sich allerdings wiederum die Entwicklung aus, dass speziell ab der Mitte des Jahrhunderts höhere Abfindungen gezahlt wurden als zuvor. In Oberkirchen-Westfeld sind die Ergebnisse abermals widersprüchlich, was darauf hinweist, dass einerseits durch die Gütertrennung bisweilen nur kleine Vermögen ohne Immobilien zur Teilung kamen. Nicht alle Betriebe waren aber schlecht ausgestattet. Andererseits waren vermutlich in Oberkirchen und Westfeld die alten Erbregelungen, denen zufolge der Hof nicht zur Teilungsmasse zählte, am längsten in Kraft.[305]

---

304 Vgl. Fertig / Fertig, Erbpraxis, S. 185; Rouette, Hofesbande, S. 210.

305 LA NRW W, Kreis Meschede, Landratsamt Nr. 2221.

Tabelle 3-c: In Verträgen überlieferte Geldabfindungen 1775-1924

Borgeln	**Anzahl der Erben exkl. des Hoferben**				
Mittelwert in Talern *Standardabweichung in T.* Zahl der Fälle	**1-2**	**3-4**	**5-6**	**7 und mehr**	**alle**
1775-99	**(53)** *(4)* (4)				**(53)** *(4)* (4)
1800-24	**86** *103* 20	**93** *128* 30	**18** *9* 10	**(10)** *(0)* (7)	**71** *108* 67
1825-49	**231** *535* 35	**122** *187* 50	**115** *185* 52	**51** *38* 36	**127** *286* 173
1850-74	**596** *1.280* 36	**370** *595* 94	**446** *573* 66	**(1.050)** *(478)* (7)	**458** *767* 203
1875-99	**722** *1.029* 25	**598** *840* 35	**140** *170* 40	**895** *1.760* 19	**517** *1.008* 119
1900-24	**1.698** *1.201* 12	**647** *801* 20	**206** *224* 20	**(500)** *(0)* (7)	**694** *905* 59
1775-1924	**529** *1.024* 132	**339** *597* 229	**241** *401* 188	**392** *984* 76	**356** *727* 625
Löhne					
1800-24	**(70)** *(30)* (4)	**79** *91* 17	**(10)** *(0)* (1)		**74** *82* 22
1825-49	**164** *153* 17	**180** *176* 64	**140** *133* 29	**(225)** *(25)* (2)	**168** *162* 112

Fortsetzung Tabelle 3-c

Löhne	**Anzahl der Erben exkl. des Hoferben**				
Mittelwert in Talern *Standardabweichung in T.* Zahl der Fälle	**1-2**	**3-4**	**5-6**	**7 und mehr**	**alle**
	636	**325**	**225**	**238**	**317**
1850-74	*764*	*451*	*295*	*238*	*454*
	19	47	49	25	140
	939	**622**	**356**	**332**	**525**
1875-99	*1.272*	*695*	*439*	*325*	*749*
	25	36	62	17	140
	(600)				**(600)**
1900-24	*(0)*				*(0)*
	(2)				(2)
	694	**308**	**264**	**274**	**335**
1800-1924	*1.112*	*459*	*355*	*274*	*538*
	67	164	141	44	416

Westfeld

	93	**145**	**212**	**(40)**	**140**
1825-49	*88*	*135*	*109*	*(0)*	*121*
	15	15	14	(4)	48
	82	**30**	**101**	**185**	**84**
1850-74	*86*	*62*	*139*	*125*	*117*
	30	39	50	13	132
	(213)	**47**	**242**		**155**
1875-99	*(177)*	*47*	*457*		*332*
	(6)	25	27		58
		(200)	**(13)**		**(75)**
1900-24		*(0)*	*(0)*		*(88)*
		(3)	(6)		(9)
	102	**62**	**151**	**151**	**110**
1825-1924	*110*	*91*	*274*	*125*	*193*
	51	82	97	17	247

Quellen: Grundakten Löhne; Grundakten Westfeld; Grundakten Soest (Auswahl Borgeln, Stocklarn, Hattropholsen, Blumroth, Borgeler Linde, Borgeler Mühle, Fahnen); Datenbanken LOE, BOR und OKI (Tabelle Kontrakte).
Zahl der Fälle (N): Anzahl von belegten Geldabfindungen in Übergaben und Schichtungen. Die zeitliche Zuordnung folgt dem Vertragsjahr, nicht der geplanten oder faktisch erfolgten Auszahlung.
In Klammern Fallzahlen unter 10.

Tabelle 3-d: Einflussfaktoren auf die Höhe der Geldabfindungen 1830-1866 (Semi-log Regressionsschätzung)

	A	B	C	D	E	F
	Borgeln		**Löhne**		**Borgeln und Löhne**	
	b Sign.	b Sign.	b Sign.	b Sign.	b Sign.	b Sign.
abhängige Variable: Höhe der Geldabfindung						
unabhängige Variablen:						
Vertragsjahr	0,04 ***		0,02 **			
Anzahl Erben	-0,55 +	-0,39	-0,90 ***	-0,83 ***	-0,82 ***	-0,71 ***
Betriebsgröße	0,38 ***	0,56 ***	0,59 ***	0,57 ***	0,48 ***	0,57 ***
Abschichtung	0,68 +	1,41 ***	0,88 ***	0,87 ***	0,57 ***	0,97 ***
ohne Feudallasten		2,44 ***		0,29 +	0,96 ***	0,22
Ortsvariable Borgeln					0,27 *	-0,81 ***
Borgeln×o. Feudall.						2,12 ***
Konstante	3,57 ***	2,10 ***	3,48 ***	3,63 ***	3,60 ***	3,48 ***
N	94	94	172	172	266	266
korr. R^2	0,48	0,69	0,59	0,58	0,56	0,64

Quellen: Wie Tabelle 3-c.

b: Regressionskoeffizient; Sign.: Signifikanzniveau, + für 10%, * 5%, ** 1%, *** 0,1%.

Höhe der Geldabfindung: Natürlicher Logarithmus der Geldabfindung in Taler, Löhne: Min. 3 Taler, Max. 2.500 Taler, arithm. Mittel: 256 Taler. Borgeln: Min. 5 Taler, Max. 2.867 Taler, arithm. Mittel: 352 Taler. Borgeln und Löhne: arithm. Mittel: 289 Taler.

Vertragsjahr: Jahr des Abschlusses des Übertragungs-, Schichtungs- oder Erbteilungsvertrages minus 1830.

Anzahl Erben: Natürlicher Logarithmus der Zahl der Erben exkl. des Hoferben, Löhne Min. 1, Max. 9, arithm. Mittel 4,45; Borgeln Min. 1, Max. 7, arithm. Mittel 4,41.

Betriebsgröße: Natürlicher Logarithmus des Kataster-Reinertrags der Schätzung 1822/35.

Ortsvariable (nur in Schätzung Borgeln und Löhne): Dummy-Variable. Borgeln=1, Löhne=0.

Abschichtung: Dummy-Variable. Abfindungen festgelegt im Rahmen einer Abschichtung (Wiederheirat, Inventar obligatorisch), Löhne 74 1-Werte, 100 0-Werte, Borgeln: 16 1-Werte, 82 0-Werte.

Ohne Feudallasten: Dummy-Variable. 1, wenn der Hof die gutsherrlichen Lasten abgelöst hat. Löhne: 66 0-Werte, 108 1-Werte; Borgeln: 40 0-Werte, 57 1-Werte.

N: Anzahl Fälle an Geldabfindungen 1830-1866.

Geldabfindungen von Oberkirchen-Westfeld sind in zu geringer Zahl überliefert.

Tabelle 3-d stellt die Höhe von Geldabfindungen schließlich als Funktion der ermittelten Einflussfaktoren dar. Eingegangen sind alle Geldabfindungen der beiden Orte Löhne und Borgeln, die in den Vermögenstransferverträgen der Grundakten enthalten sind.[306] Da die Grundüberlegung ist, dass Vermögen durch die Zahl der Miterben geteilt wird, kann kein einfaches Modell einer Linearen Regression benutzt werden, da dieses die beobachteten Werte als Funktion einer Addition bzw. Subtraktion schätzt. Vielmehr kann ein multiplikatives Verhältnis in eine Addition umgewandelt werden, indem alle Werte der Gleichung logarithmiert werden. Dies betrifft in diesem Fall die abhängige Variable *Höhe der Geldabfindung* und die unabhängigen Variablen *Betriebsgröße* und *Anzahl Erben*. Da zudem weitere Dummy-Variablen eingeführt werden, handelt es sich bei dem gewählten Verfahren um eine sogenannte Semi-log Regression.

Geschätzt wurden sechs Modelle, jeweils zwei pro Ort (Modelle A bis D) und zwei für den gepoolten Datensatz unter Einbeziehung einer Ortsvariablen (E und F). Den wesentlichen Unterschied zwischen den Einzelort-Modellen stellt die Wahl der Variable dar, die den diachronen Anstieg der Geldtransfers ausdrücken soll. Die Wertsteigerung wird auf zwei Wegen modelliert: Einerseits ist vorstellbar, dass es sich um eine konstante Wachstumsrate (i) handelt (Modelle A und C). Der relative, nicht der nominale Wertzuwachs ist also jedes Jahr konstant. Wachstum errechnet sich in diesem Fall, indem die Wachstumsrate plus 1 als Basis mit dem Vertragsjahr potenziert wird. Nach dem Logarithmieren handelt sich um ein Produkt: Vertragsjahr multipliziert mit dem natürlichen Logarithmus von 1+i. Andererseits und alternativ wird angenommen, dass nicht der bloße Zeittrend an sich, sondern die im Verlauf des Zeitraums durchgeführten Ablösungen und infolgedessen entfallenden Abzüge zu einer Steigerung der Werte der Vermögensmasse und somit auch der Erbabfindungen beitrugen (B und D).

Die Taxationsgrundsätze des Grundbesitzes sind in den wenigsten Fällen genannt, ebenso etwaige Grundlastenabzüge. Beide gehen vor allem aus Inventaren hervor, die aber nur in Einzelfällen überliefert sind. Berücksichtigt werden konnte immerhin die Art der Vermögensdisposition. Während die Abfindungenswerte im Rahmen von Übergaben bestenfalls innerhalb der Familie ausgehandelt wurden, wobei aber die Substanzerhaltung des landwirtschaftlichen Betriebs ein wesentlicher Gesichtspunkt war, wurden Abfindungen im Rahmen von Abschichtungen auf Grundlage genauer Wertschätzungen und Vermögensteilungen festgesetzt. Schichtungen bildeten immer den Vermögensstand eines kompletten Haushalts und einer ehelichen Gütergemeinschaft ab, aus denen erst kurz zuvor ein Elternteil mit dem Tod ausgeschieden war. Insgesamt spricht diese gesetzlich erzwungene Transparenz der Werte dafür, dass höhere Abfindungen in Schichtungsverfahren ausgesprochen wurden. In den Übertragungen inter vivos, bei denen meist der Wert des Vermögens nicht geschätzt wurde, waren die Erbabfindungen vermutlich mit Rücksicht auf den Erhalt des Hofes gerin-

306 Redundanzen durch doppelt überlieferte Verträge und Transfers sind bereinigt worden.

ger. Vor allem aber ist zu bedenken, dass bei Übergaben auch ein Nießbrauch bzw. die Altersversorgung der abgebenden Eltern vereinbart wurde. Beides wurde nicht als Barwert berechnet, dürfte aber die übergebene Masse und somit auch die Abfindungen geschmälert haben.

Als wesentliche Bewertungsgrundlage wurde der Steuerreinertrag hinzugezogen. Dabei wurde davon ausgegangen, dass spätestens 1830 der Grundbesitz der Betriebe zum Vermögen der Kolone gezählt wurde. Auch für diesen dürfte ein positiver Einfluss berechnet werden. Wie bereits erläutert, wohnt dem Reinertrag keine diachrone Entwicklung inne, sodass er keinen Zeittrend abzubilden in der Lage ist.

In beiden Orten stieg die Abfindungshöhe in einem Zeittrend an, wobei die Trendvariable *Vertragsjahr* für Borgeln auf einen stärkeren Anstieg hindeutet als für Löhne. Die geschätzten Koeffizienten von 0,04 für Borgeln und 0,02 für Löhne entsprechen auch in etwa den errechenbaren Steigerungsraten der Abfindungswerte pro Jahr. Während sich aber in Löhne die Qualität des Modells (gemessen am R^2-Wert) nicht grundsätzlich ändert durch den alternativen Einsatz einer Dummy-Variable für die Grundlasten-Freiheit des Besitzes (die ja auch im Verlauf der Periode immer häufiger der Fall war), verbessert sich für Borgeln durch den Einsatz dieser Variable das Modell grundlegend (korr. R^2 von 0,48 auf 0,69). Für Borgeln kann also klar gesagt werden, dass der Anstieg der transferierten Geldsummen sich nicht mit konstanten Wachstumsraten und schon gar nicht linear entwickelte. Da er auf Mikrodaten-Niveau eindeutig auf die institutionellen Reformen der Besitzrechte zurückzuführen ist, die aber nicht linear umgesetzt wurden, sondern insbesondere in den Jahren 1848-1855, haben wir es hier mit einer separaten Entwicklung zu tun.

Für die übrigen Variablen werden weitgehend die oben vermuteten Tendenzen geschätzt. In Schichtungsverfahren werden höhere Werte der Abfindungen festgesetzt. Auch ist der Wert des Grundbesitzes, ablesbar an der Höhe des Katasterreinertrags, von großer Bedeutung. Eine hohe Zahl von Miterben jedoch wirkt sich nur in Löhne eindeutig auf die Transfersummen aus. Zwar werden auch in den zwei Modellen für Borgeln negative Koeffizienten geschätzt, die Signifikanz dieser Variable ist aber bestenfalls schwach. Möglicherweise ist der Grund in einem uneinheitlichen Verhältnis von Geld- und Sachwerten zu finden.

Die geschilderten Resultate finden sich in den Modellen für beide Orte bestätigt. Hier wurde bewusst nur die Variable der Freiheit von Feudallasten getestet. Das Modell E ergibt zunächst signifikante Einflüsse aller getesteten Variablen, wobei die Ortsvariable mit einem positiven Koeffizienten auf höhere Geldtransfers in Borgeln verweist. In Modell F wurde die Feststellung modelliert, dass vor allem in Borgeln die gutsherrlichen Lasten hoch und deswegen die Vermögenswerte erst nach den Reformen stark anstiegen. Dies ist durch eine Interaktion der Variable *ohne Feudallasten* mit der Ortsvariable ausgedrückt, für die ein hoher positiver Einfluss bei hoher Signifikanz errechnet wird. Die von 0,56 in Modell E auf 0,64 in Modell F verbesserte Erklärungskraft (R^2) zeigt, dass der Effekt der Reformen gerade für Borgeln herausgehoben werden muss.

Auf diese Weise bestärkt kann man tatsächlich sagen, dass mit der Wertsteigerung ganzer Höfe auch die Mitgaben der Erben stiegen. Dieser Prozess begann noch vor Beginn des Untersuchungszeitraumes, als die Vermögen anwuchsen, weil der Grundbesitz nun hinzugezogen wurde. Im Untersuchungszeitraum indes wurden Wertsteigerungen bewirkt *erstens* durch die Ablösung der Grundlasten und damit den Wegfall der Grundlastenabzüge, *zweitens* durch eine sukzessive Angleichung der Taxation an die gestiegenen Bodenwerte (Abkehr von der Kapitalisierung des 1822/35er-Reinertrags).

3.3 Transaktionen auf dem Bodenmarkt

3.3.1 Erstrebtes, selten gehandeltes Gut

Der Bodenmarkt war nach Georg Fertig nicht-preisbildend, wenig liquide und für die Allokation von Land nicht geeignet.[307] Mit anderen Worten: Ein Kaufinteressent hatte insgesamt nur sehr selten Gelegenheit zum Kauf. Nur rund einmal pro Monat kam in jedem der Kirchspiele Land zum Verkauf. Und wenn, dann war nicht unwahrscheinlich, dass es nicht die gewünschte Lage, nicht die richtige Größe hatte und wohl vor allem nicht zu der Summe angeboten wurde, die der Interessent liquide hatte.[308] Wer also eine Akkumulationsstrategie verfolgte, musste versuchen, sich bestmöglich für die Gelegenheit eines Landkaufs zu präparieren und über Familienstrategien den Zugang zu Land zu erlangen.

Die Gründe für den sehr eingeschränkten Verkehr mit Boden sind in institutionellen Restriktionen, noch eher aber in einem funktionierenden Reallokationssystem in der Familie zu finden.

Grundsätzlich war die Verkäuflichkeit von Boden mit einigen Hindernissen verbunden. Ein je spezifisch großer Teil des Grundes war zunächst rechtlichen Institutionen unterworfen, die den einzelnen Betriebsinhaber eben daran hinderten, Boden zu verkaufen. Dies waren die Grundherrschaft mit dem Grundherrn als Ober- und dem Bauern als Untereigentümer, Kollektive als Eigentümer gemeiner Flächen (wie der „Gemeinheit" in Löhne), und Formen der Gütergemeinschaften, insbesondere der ehelichen Gütergemeinschaft von Mann und Frau.

Keines dieser Hindernisse sollte man absolut auf die ganze ländliche Gesellschaft bzw. alle Betriebe ausdehnen. In Löhne etwa waren 1830, als die Grundlastenablösungen noch kaum Tritt gefasst hatten, etwa 80% der registrierten Fläche (vermut-

307 G. Fertig, Äcker, S. 202.

308 Ebd., S. 200.

lich zwischen 60% und 70% der tatsächlich bewirtschafteten Fläche) Abgaben aus einem „gutsherrlich-bäuerlichen Verhältnis“ unterworfen, jedoch auf nur 20% des Landes lastete die Pflicht des Heimfalls, der dem Gutsherrn im Fall des Todes eines Kolons und Fehlens von anerkannten Erben das Recht gab, den Hof wieder in seine unbeschränkte Gewalt zu bringen.[309] Diese Pflicht war für das Erbrecht relevant, z. B. für die Geltung des restriktiven Gesetzes von 1836 und der Deklaration vom 24. November 1833 (vgl. oben Kapitel 3.2.2).

Wann konnte ein Grundherr den Verkauf von Grund verbieten? Wollte ein dem „gutsherrlich-bäuerlichen Verhältnis“ unterstehender Bauer Boden verkaufen, war die Einwilligung des Grundherrn erforderlich, konnte aber nicht in jedem Fall verweigert werden.[310] Schlechte Betriebsführung des Bauern oder ein bestehendes Heimfallsrecht waren aber als Gründe zugelassen.[311]

Neben dieser direkten Einflussnahme aber könnte allein „drohende“ Einflussnahme die Handelbarkeit von Grund und Boden eingeschränkt haben. Jedenfalls wurde unbelastetes Land in Löhne etwa doppelt so häufig gehandelt wie belastetes, in Oberkirchen etwas mehr als doppelt und in Borgeln dreimal so häufig.[312] Dies allein ist bezogen auf die gesamte Periode 1830 bis 1866, dabei war der Unterschied bis etwa 1850 eher noch größer, ab 1850 kleiner, aber immer noch eindeutig. Auch nach der Mitte der 1850er-Jahre also wurden abgabenbelastete Parzellen seltener als unbelastete verkauft, und das, obwohl nur noch marginale Lasten an Kirche, Schule und Gemeinde verblieben waren und Bauern voll über das Land verfügen konnten. Andersherum verfuhr man aber mit belastetem Grund und Boden: Dieser wurde weitaus häufiger als unbelasteter in Form von Erbgang und Übergaben weitergegeben, also nicht gehandelt. Die feudale Belastung allerdings war vermutlich nicht der einzige Grund für den Unterschied. So gab es in Borgeln eine strikte qualitative Trennung von Hofland und Erbland, die getrennt in separaten Grundbüchern verzeichnet waren. Vermutlich war es deshalb in Borgeln weniger die Grundlastfreiheit bestimmter Parzellen, als ihre

---

309 Ebd., S. 98-101.

310 Beispiele für Konsens-Gesuche und -Erteilungen wegen Landverkaufs: LA NRW W, Rentamt Soest, Nr. 38: Beuckmanns Kolonie zu Borgeln, unpaginiert, 21.4.1840: Gesuch der Wilhelmine Beuckmann um Consens zum Verkauf eines Grundstücks. LA NRW W, Rentamt Soest Nr. 767, Tommes Hof in Borgeln, unpaginiert, Arnsberg, 24.2.1849: Verkauf von Parzellen an die Eisenbahn wird genehmigt, da verbleibende Grundstücke genug hypothekarische Sicherheit für noch auf dem verkauften Grundstück haftenden Lasten geben. Ähnlich LA NRW W, Rentamt Soest Nr. 190, Carrien Hof zu Hattropholsen, unpaginiert, Soest, 27.11.1850. LA NRW W, Rentamt Soest, Nr. 758: Schrievers Kolonie zu Hattropholsen, unpaginiert, Soest, 4.7.1815: Konsens zu Landtausch. StadtA Löhne, Dep. Haus Beck, Nr. L 119: Stätte des Col. Elstermeyer No. 1 in Löhne Beck, fol. 35.

311 G. Fertig, Äcker, S. 93; Gesetz-Sammlung 1825, S. 74-94, §§ 23 und 24.

312 G. Fertig, Äcker, S. 111-117, berechnete Umsatzraten des Landes, und zwar getrennt für belastete und unbelastete Parzellen. Dadurch sind die Raten unabhängig von dem Verhältnis der belasteten zu unbelasteten Parzellen bzw. Flächen.

Qualität als Erbeland, die Bauern zum Verkauf schreiten ließ. Erbeland war eine Verfügungsmasse, mit der die Vermögensstruktur flexibel angepasst werden konnte, während Hofland offensichtlich auch nach den wesentlichen Ablösungen nur höchst selten abgestoßen wurde.[313] Zumindest hier gab eine Unterscheidung des zur Hofeinheit gehörenden Landes und des handelbaren Grundes. Effekt einer solchen Trennung allerdings war eine „Selbstbeschränkung" der Bauern in ihrer Liquidität. Das Land des „Hofesverbandes" war einer informellen Liquiditätsbeschränkung unterworfen, die sowohl den Vermögensbestand Grund und Boden vor Verlust sicherte als auch einer Veränderung der Vermögensanlage im Wege stand.

Letztlich kann man sagen, dass nur zwischen 7% (Borgeln) und 22% (Löhne) des überhaupt den Besitzer wechselnden Landes in der Form „echter" Verkäufe und Käufe gehandelt wurden, bei denen auszuschließen ist, dass der Kauf nur ein Mittel des familiären Transfers war. Die Verkaufspreise blieben selbst bei vielen Verkäufen undokumentiert. Auf Basis der überlieferten Preise jedoch führte eine statistische Schätzung der Preisbildung auf dem Landmarkt zu dem Ergebnis, dass ein Stück Land in jedem der drei Orte gegen Ende des Untersuchungszeitraumes etwa dreimal so teuer war wie zu Beginn.[314] Damit wurde nicht nur der Anstieg des Getreidepreisniveaus von ca. 44% zwischen 1830 und 1865 bei weitem übertroffen, sondern auch jener der Grundsteuer-Reinerträge von Borgeln zwischen 1822/35 und 1860/65 in Höhe von 60-80%. Die höchsten Preise zahlte man in Borgeln, die mit Abstand geringsten in Oberkirchen.

3.3.2 Geldflüsse und Liquidität im zeitlichen Verlauf

Die Abbildungen 3-C und 3-D zeigen schließlich Kapitalströme durch Landverkauf und -kauf. Das Auftreten der Löhner, Oberkirchener und Borgeler in anderen Grundbüchern ist nicht ausgewertet worden.[315] Allerdings sind für unsere drei Orte Parzellenkäufe aus anderen Fluren im Grundbuch nachgewiesen und werden durch die Untersuchung berücksichtigt. Käufe ganzer Höfe jedoch sind nicht dokumentiert und konnten daher nicht berücksichtigt werden. Hier ist jedoch die ortsgeschichtliche Forschung weiterer Garant für valide Angaben.[316]

---

313 Ebd., S. 117.

314 Ebd., S. 190-199.

315 Wiewohl Bauern auch überregional nach Höfen Ausschau hielten und u. U. auch mitsamt dem ganzen Haushalt umzogen. Solches ist von Bauer Richter aus Roxel bei Münster belegt, wenngleich er letztendlich doch den Verbleib auf dem elterlichen Hof im Sinn hatte. Philipp RICHTER: Ein Bauernleben. Aus den autobiographischen Aufzeichnungen des westfälischen Bauern Philipp Richter (1815-1890), bearb. u. hg. v. Müller, Helmut, Rheda-Wiedenbrück 1990, S. 19-27.

316 Vom Borgeler Kolon Wilhelm Gösslinghof etwa (BOR OFBID 251), der Ende der 1850er- und Anfang der 1860er-Jahre den Hof verkleinerte und seinem Sohn übergab, ist durch die Notizen

Von den jährlichen Schwankungen der Ernten und Erlöse blieben die Transaktionen weitgehend unbeeindruckt. Die Krisenjahre 1847 (alle drei Orte), 1855 (Löhne) und 1831 und 1856 (Oberkirchen, möglicherweise verursacht durch den Ortsbrand) hatten keine Reaktionen des Bodenmarktes zufolge.[317] Daraus kann man schließen, dass Einkommenseinbußen (vgl. Ausführungen zum King's-Theorem siehe Kapitel 2.3) es nicht notwendig machten, Kapital zu liquidieren, sondern die Subsistenzbasis, möglicherweise auch bestehende Sparguthaben und Kredit der Betriebe ausreichten, um die Krisen zu überstehen.
Dennoch waren Käufe und Verkäufe deutlichen Kapitalflussschwankungen unterlegen. Zugrunde liegen die überlieferten Preise und die Preisschätzung auf Basis der Regression von Georg Fertig. Diese Grafik folgt einer Sichtweise, die sich auf die Betriebe und Haushalte der Orte konzentriert. Bewohner anderer Orte, Bürger und Institutionen sind ausgeklammert. Es wird thematisiert, ob es Phasen gab, in denen die Betriebe eher in Boden anlegten oder aber Boden verkauften und Liquidität von außen zuführten. Ein Ansteigen der gehandelten Werte im Verlauf der Untersuchungsperiode ist selbstverständlich auch hier ablesbar. Es wurde gegen Ende des Zeitraums nicht mehr Land ver- und gekauft, sondern es wurden höhere Preise vereinbart. Es zeigt sich auch, dass auf dem Bodenmarkt eine deutliche Korrespondenz von Zuflüssen und Abflüssen bestand, was ein Zeichen für einen engen lokalen Markt ist. Boden ist ein nicht vermehrbares Gut, insbesondere dann, wenn die Hauptnutzer in landwirtschaftlichen Betrieben bestehen, für die die Distanz zwischen Betrieb und Feld relevant ist. In der Regel kamen die Verkäufer und Käufer aus dem Ort. Wurde viel verkauft, wurde auch viel gekauft. Asymmetrien resultieren aus dem Maß, wie stark an Ortsfremde verkauft oder von diesen gekauft wurde. Wenn die Betriebe Land an Ortsfremde oder Institutionen veräußerten, rutschte die Bilanz ins Negative, wenn sie von ihnen Land kauften, ins Positive. Diese Nettoflüsse bleiben deutlich hinter den Verkäufen und Käufen zurück, was letztlich auf eine große ortsgebundene Stabilität des Tausches hinweist.

Auf die große Wirkung einzelner großer Transaktionen ist bereits hingewiesen worden.[318] Einige deutliche Ausschläge sind hingegen einer näheren Betrachtung würdig. Aus ihnen lassen sich Anstöße für die weitere Analyse gewinnen. So kauften die Borgeler beinahe durchweg Land von ortsfremden Betrieben oder Institutionen auf, darunter in zahlreichen Fällen 1840 bis 1844 Land der Kirche von Borgeln, aber auch speziell 1845 bis 1849 mit hohen Preisen von Soester Bürgern und Kolonen anderer Gemeinden. Der Verkauf der kompletten, über 10 ha großen Stocklarner Lammert-Kolonie in Stocklarn 1859 für über 9.000 Taler sticht hier deutlich heraus. Doch der

---

der Grundbücher überliefert (BOR KonID 219), dass er sich das Berings Kolonat im Kirchspiel Sendenhorst bei Münster kaufte, dorthin umzog und fortan „Gutsbesitzer" genannt wurde.

317 G. Fertig, Äcker, S. 170-173.

318 Ebd., S. 171.

Käufer Franz Amecke ließ sich nicht in Stocklarn nieder (es liegt kein einziger Eintrag im Kirchenbuch vor), wenngleich er als Pächter des Gutes und Herrenhauses Schweckhausen in Balksen in der unmittelbaren Umgebung wohnte. Aber bereits in der Periode 1860 bis 1864 findet sich wiederum der umgekehrte Fluss des Geldes, als das nahe Hattropholsen gelegene Gut Palmberg von seinem Besitzer, einer bürgerlichen Soester Familie, erheblich verkleinert wurde.[319] 1863 wechselten Parzellen im Wert von rund 8.000 Talern an Borgeler und Hattropholsener Bauern.

Oberkirchen verzeichnete ausschließlich Kaufflüsse, allerdings auf sehr niedrigem Niveau. Den stärksten Ausschlag bewirkte eine einzelne überdurchschnittlich große Transaktion, die mit der gewerblichen Holzwirtschaft zu tun haben dürfte. 1836 bezahlte der Montanunternehmer und örtliche Patron Franz Kaspar Nückel 5.500 Taler für 200 ha Wald an einen Forstmeister aus Meschede,[320] um den Holzkohlebedarf der eigenen Unternehmung zu stillen.

Löhne schließlich präsentiert das uneinheitlichste Bild, dominiert von zwei ausgesprochenen Verkaufsphasen. Abermals sind Einzelfälle von Bedeutung,[321] mit rund 1.530 Talern 1846 bis 1849 und ca. 8.000 Talern in den Jahren 1855 und 1856 sind aber in den Hypothekenbüchern Verkäufe an die Eisenbahn nachgewiesen. Der Bau zweier Eisenbahn-Strecken erlangte in Löhne wie in kaum einem anderen Ort Bedeutung, zerschnitt den Ort, entzog den Bauern Land, bescherte ihnen aber fortan einen direkten Haltepunkt an der Bahnlinie und reiche Abfindungen, die noch weitaus hö-

---

319 Friedrich Simons, ein Soester Kaufmann, und dessen Frau Sophia Rocholl stammten aus Soester Kaufmannsfamilien. Sie hatten das Gut und zwei andere Höfe in Hattropholsen 1821 gekauft (BOR EID 22), danach aber bereits die zwei Höfe verkauft. „Hänses Kolonie" ist bereits 1830 wieder als bäuerlicher Besitz belegt (BOR EID 271), „Göppertins Kotten" verkauften sie 1848 (BOR EID 277). Ihr Sohn Otto Simons, ein Referendar, verkleinerte den Besitz zusätzlich. Warum Otto Simons und mehrere nicht eindeutig zuzuordnende Familienmitglieder insbesondere 1863 dies noch beschleunigten, ist nicht in Erfahrung zu bringen. Da die Borgeler bereits zuvor eine starke Tendenz hatten, sich das Borgeler Land restlos anzueignen, dürften die Parzellen auf rege Nachfrage gestoßen sein.

320 OKI EID 1468.

321 LOE EID 912 und 1945: die Zwangsversteigerung bzw. Subhastation oder „notwendige Verkauf" der Grabbert Kolonie (LOE HofID 90) für 2.300 Taler an den Herforder Kaufmann Alexander Bendix Weinberg, der sie zerschlug und in den 1850er-Jahren einzelne Parzellen wieder abstieß. Wer von da an im ehemaligen Haus wohnte, ist nicht bekannt. Weinberg sicher nicht. Die Familiengeschichte des ehemaligen Kolons (LOE OFBID 14414) in den Kirchenbüchern bricht mit der Subhastation ab. Außerdem LOE EID 204 und KonID 163: Verkauf der Geisbrincker Windmühle (LOE HofID 48) 1856 von Horstkotte an den Gutsbesitzer Herrn von Laer für 5.500 Taler. Möglich, dass die Mühle fortan verpachtet wurde, da Horstkottes Söhne ebenfalls noch als Müller am Standort bezeugt sind.

Abbildung 3-C: Landverkäufe durch Bewohner der drei Untersuchungsorte 1830-1864 (nur örtliche Grundbücher)

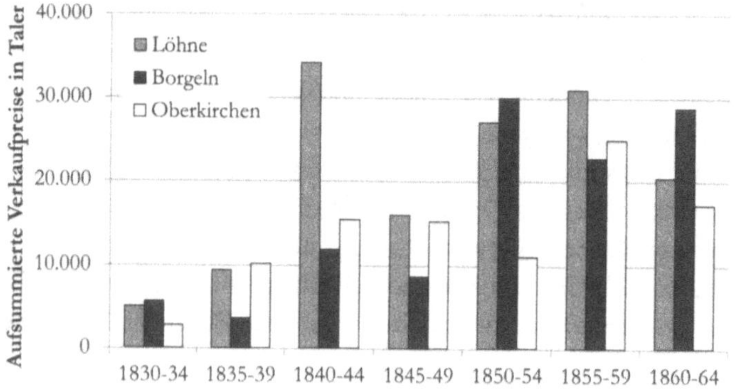

Abbildung 3-D: Landkäufe durch Bewohner der drei Untersuchungsorte 1830-1864 (nur örtliche Grundbücher)

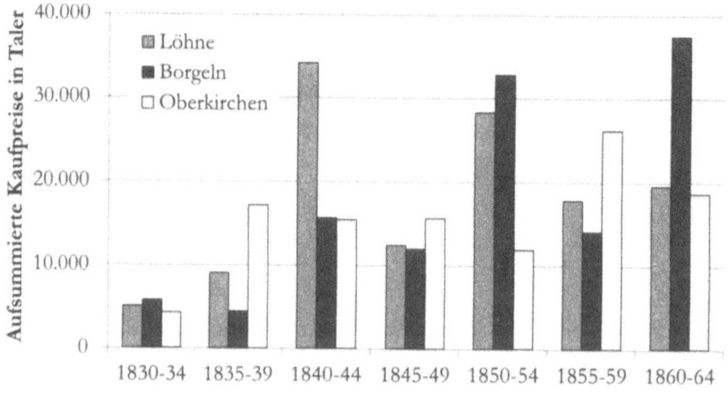

Abbildung 3-E: Nettoflüsse in Landbesitz durch Bewohner der drei Untersuchungsorte 1830-1864 (nur örtliche Grundbücher)

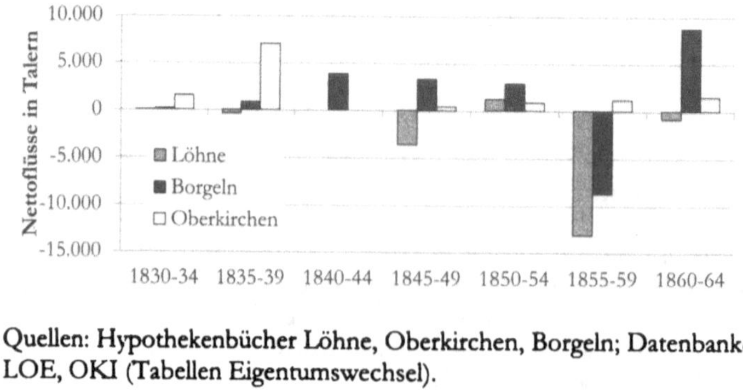

Quellen: Hypothekenbücher Löhne, Oberkirchen, Borgeln; Datenbanken BOR, LOE, OKI (Tabellen Eigentumswechsel).

her waren, als allein in den Grundbüchern belegt. Diese Mittelzuflüsse, die Löhne stark, in viel geringerem Maß aber auch Borgeln betrafen, werden Thema des folgenden Kapitels sein.

3.3.3 Die Eisenbahn nimmt und gibt

1849-50 baute die Königlich-Westfälische Eisenbahn eine Trasse durch die Gemarkung Borgeln, wodurch eine Strecke entstand, die das Zentrum des Hellwegs und Tor zum frühindustriellen Ruhrgebiet, Hamm, mit Soest als dem Zentrum der Soester Börde und dem Osten der Provinz, Paderborn, Altenbeken und Warburg am Übergang zu Kurhessen verband. Eröffnet wurde die Linie Hamm-Paderborn am 4. Oktober 1850. Zunächst fuhren die Züge an Borgeln und Hattropholsen vorbei. Erst 1882 bekam Borgeln einen eigenen Haltepunkt, der nach wie vor in Betrieb ist.[322]

Löhne war von den Verkäufen besonders betroffen. Im Guten wie im Schlechten. Zwei Bahnlinien trafen sich direkt in der Gemarkung, ja direkt in der Ortsmitte. Ab 1846 wurde die Köln-Mindener-Eisenbahn[323] gebaut, die aus dem südlich gelegenen Herford kommend sich Richtung Norden nach Minden erstreckte. Offizielle Eröffnung der Strecke bis Minden war am 15. Oktober 1847. Ein Jahr später begannen die Vermessungen für die Hannoversche Westbahn, die Osnabrück mit Hannover verband, in Löhne auf die Köln-Mindener traf und den Ort abermals durchschnitt, nun von Nordwesten nach Nordosten. Die Strecke Löhne-Osnabrück wurde am 21. November 1855 eröffnet. Beide Linien benötigten nicht nur Trassen, sondern auch Brücken und Übergänge und nahmen nicht nur Nutzflächen in Anspruch, sondern wurden direkt am Dorfkern entlang geführt, sodass die Löhner auch etliche Wohnplätze verlegen mussten. Die Hannoversche Bahn kaufte zudem in Löhne Grund auf für den Bau einer Schwellentränkanstalt. Die Infrastruktur des Ortes war von diesem Moment an umgekrempelt, neue Wege wurden gezogen und die Bildung neuer Nachbarschaften war zwangläufig.

Die Zwangsverkäufe an die Eisenbahngesellschaften regelte ein Gesetz vom 3. November 1838.[324] Der Vertrag der Köln-Mindener-Eisenbahn mit Johann Heinrich Sohnsmeier gibt Einblick in einen der zahllosen Vorgänge.[325] Sohnsmeier[326] besaß 1846 die Stelle Löhne-Beck 35[327], keinen Hof, eher ein Wohnhaus und eine Nutzfläche von 1,7 ha und einem Kataster-Reinertrag von 10 Talern. Diese hatten er und

---

322 Die Information zum Haltepunkt Borgeln verdanke ich Friedrich Hesse aus Welver.

323 Siehe Wolfgang LEESCH: Die Verwaltung der Provinz Westfalen 1815-1945. Struktur und Organisation, Münster 1993, S. 173-178.

324 Gesetz-Sammlung 1838, S. 505-516.

325 Grundakten Löhne, Nr. 50428, fol. 142-143. LOE KonID 106.

326 LOE OFBID 18434.

327 LOE HofID 122.

seine Frau von ihrer Mutter übernommen, und dafür 330 Taler als „Kaufpreis" gezahlt.[328] Die geplante Trasse führte direkt an Sohnsmeiers Haus entlang und über seinen Acker. Laut Vertrag verkaufte Sohnsmeier der Eisenbahn 0,27 ha (= 1,9 Taler Kataster-Reinertrag) und verpflichtete sich

> „ferner sein Wohnhaus No. 35 bis zum 1. Mai 1847 abzubrechen und mindestens 10 Ruten [= 38 m] vom Bahnterrain zu entfernen... Der Kaufpreis für die ... benannten Flächen und für den ... übernommenen Umbau, für allen Schaden und Nachtheil, welcher dem Verkäufer für durch Anlage der Eisenbahn ... entsteht, für die Wegnahme von Obst und Waldbäumen und Hecken, für die gegenwärtige Düngung, Mergelung und Roggeneinsaat, ist zu 1350 Thaler preuß. Cours. festgesetzt."

Für seinen Verlust ist das Ehepaar Sohnsmeier also gut entschädigt worden. Für die Abgabe eines Fünftels ihres Landes bekam es das Vierfache dessen, was sie zuvor für den ganzen Besitz gegeben hatten. Jeder Taler Kataster-Reinertrag an abgegebenem Land wurde mit dem enormen Wert von mehr als dem 500fachen entschädigt.[329]

Anders als bei gewöhnlichen Besitzwechseln sind die Kaufpreise, die die Bahngesellschaft für Parzellen zahlte, nicht in den Grundbüchern ausgewiesen. Sie ergeben sich nur aus den in den Grundakten überlieferten Einzelverträgen zwischen den Grundbesitzern und den Eisenbahngesellschaften, doch wurden diese für die vorliegende Arbeit nicht en détail aufgenommen und ausgewertet. Akten aus der Provenienz der Köln-Mindener Eisenbahn weisen zahlreiche Entschädigungsvorgänge mit insgesamt 30 Empfängerhöfen nach, weitere sechs sind durch die im Grundbuch verzeichneten Besitzwechsel und nochmals zehn sind durch die Fortschreibungsverhandlungen der Kataster als Verkäufer an die Köln-Mindener nachgewiesen. Damit waren 1848 in Löhne fast 30% der Höfe Empfänger von Zahlungen der Eisenbahn. Tabelle 3-e zeigt eine Auflistung der aus einer Entschädigungsakte hervorgehenden Zahlungen. Dabei wurden nicht allein der für den Bahndamm der Eisenbahn benötigte Grund, sondern auch etwaige Hausversetzungen, Beeinträchtigungen der Wirtschaft und geschlossene und verlegte Wege berücksichtigt. Viele Löhner Bauern mussten nun, um auf ihre Felder zu gelangen, Umwege in Kauf nehmen, da sie die Gleise allein bei den Übergängen queren durften. Friedrich Wilhelm Trampe, Besitzer des Richter-

---

328 LOE EID 654.

329 Praktisch gesehen wurden die benannten Parzellen geteilt, und die einzelnen Splisse im Zuge einer Überarbeitung des Katasters komplett neu nummeriert, wobei die alten Parzellennummern erhalten blieben. Die gesamte Bahntrasse bekam eine einzige Parzellennummer pro Flur (z. B. Flur 1 No. 505, Flur 3 No. 498). Was von den vormaligen Parzellen Flur 1 No. 259 und 215 noch übrig blieb, waren die drei Parzellen 456/259, 513/215, 515/259, an die Trasse angrenzend und ebenfalls zunächst im Besitz der Bahngesellschaft, und die Parzellen 514/215, 516/259 und 732/259, die bei Sohnsmeier verblieben.
Die Bahngesellschaften kauften für den Bau zunächst mehr Land, als sie für ihre Trassen benötigten. Dies war der Grund dafür, dass nach dem Bau der Strecken viele an die Trasse grenzende Kleinparzellen wieder an die Löhner verkauft wurden.

Tabelle 3-e: Entschädigungen der Köln-Mindener Eisenbahn für Löhner Grundbesitzer 1848/49 (nur > 500 Taler)

Entschädigte(r) LOE OFBID	**Kolonat**	**Entschädigungsbetrag** in Talern [1]	**Grundbesitz in Talern Reinertrag** 1845	1853	+/-	**Grundbesitz in ha** 1845	1853	+/-
15734	Take, Schwarze, Krömker [2]	2.503	287,8	272,4	-15,4	44,6	41,6	-3,0
17673	Richter	2.233	44,3	44,9	+0,6	6,1	6,1	0,0
18434	Sohnsmeyer	1.350	10,0	8,2	-1,8	1,7	1,4	-0,3
17152	Osterhage [3]	1.226	55,3	142,3	+87,0	8,9	21,8	+12,9
16901	Min. Nolting [4]	1.200	17,2	14,7	-2,5	5,2	5,01	-0,2
18626	Steinsiek	1.152	109,3	108,8	-0,5	15,2	15,2	0,0
12591	Meyer [5]	887	152,5	156,8	+4,3	15,9	17,4	+1,5
14808	Jacobsmeyer	887	36,3	37,8	+1,5	5,3	5,5	+0,2
16203	Kuhlmann	685	51,3	51,4	+0,1	11,9	13,7	+1,8
15187	Sudmeyer	615	90,4	45,9	-44,5	12,8	6,1	-6,7

Quelle: LA NRW OL, M 1 ID Nr. 102. Stand jeweils am Ende eines Jahres. [1] Nachgewiesen durch Kalkulation oder Erwähnung der Zahlung. Nur belegte Werte. [2] LOE OFBID 15734 ist formal 1845 nur Besitzer des Krömker Kolonats LOE HofID 112, faktisch aber bereits zu diesem Zeitpunkt Besitzer auch bzw. noch des Schwarze Kolonats LOE HofID 3 und des Tacke Kolonats LOE HofID 93. [3] LOE OFBID 17152 kauft 1853 LOE HofID 106, Kolonat Stricker, [4] Erbengemeinschaft, LOE OFBID 16901 der spätere Hoferbe. [5] Nachfolger von LOE OFBID 12591 ist LOE OFBID 16580.

Kolonats in Falscheide war der Meistbegünstigte der nachgewiesenen Verhandlungen. Dabei lag der Umfang der von ihm preisgegebenen Grundstücke bei vermutlich weniger als einem Viertel Hektar. Die Entschädigungsrichtlinien aber bewerteten die ihm zugemuteten Umwege nach dem Bau der Bahn umso höher.

> „Die … für den Friedrich Richter No. 12 zu Löhne festgestellten Entschädigungen kommen beinahe dem gemeinen Werthe des ganzen Colonats … gleich. Demselben wird durch die Bahn ein bisher von ihm benutzter Feldweg, welcher zu etwa 24 Mg schlechten, übrigens von der Eisenbahn nicht berührten Ackerlandes führt, abgeschnitten“.[330]

Der 8-Hektar-Kolon Richter hatte ein Kuhgespann, weshalb ein weiter Weg umso lästiger war und die Entschädigung doppelt so hoch wie bei einem Pferdegespann veranschlagt wurde. Die Beamten errechneten eine Entschädigungssumme von 2.233

330 LA NRW OL, M 1 ID Nr. 102 (27.8.1848). Hervorhebungen sind original.

Tabelle 3-f: Entschädigungen der Hannoverschen Westbahn für Löhner Grundbesitzer 1854-1856

Entschä-digte(r) LOE OFBID	**Kolonat**	**Entschädi-gungsbetrag** in Talern 1)	**Grundbesitz in Talern Reinertrag** 1853	1860	+/-	**Grundbesitz in ha** 1853	1860	+/-
18154	Schewe	2.209	146,7	167,6	+20,9	16,8	20,1	+3,3
19338	Tiemann (min.)	1.480	95,1	95,1	0,0	14,5	14,5	0,0
18975	Stuke	1.317	62,8	66,5	+3,7	9,2	8,4	-0,8
19692	Voschefeld	1.275	56,4	53,6	-2,8	8,3	7,9	-0,4
19895	Vonhörden	1.265	42,5	43,0	+0,5	4,4	3,9	-0,53
16580	Niemeyer	782	156,8	156,8	0,0	17,4	17,4	0,0
18626	Steinsiek	777	108,8	108,7	-0,1	15,2	15,1	-0,1
15734	Take, Schwarze, Krömker	656	272,4	268,2	-4,2	41,6	40,0	-1,6

Quelle: LA NRW OL, M 1 ID Nr. 102. Stand jeweils am Ende eines Jahres. 1) Nachgewiesen durch Kalkulation oder Erwähnung der Zahlung. Nur belegte Werte.

Talern. Ob dies auch der letzte Stand der Verhandlungen war, ist nicht klar. Eine Entschädigung allein für die Wegstrecke von 800 Talern ist aber gesichert.[331]

Rechnet man die durch Kalkulation, Finanzierungsanschlag und tatsächliche Auszahlung belegten Entschädigungen der Köln-Mindener-Eisenbahn zusammen, so wurden 1846 bis 1849 allein über 14.000 Taler an Löhner ausbezahlt. Dies ist mehr, als in den gleichen Jahren an Ablösekapitalien von den Bauern aufgebracht werden musste. Vermutlich lag das Volumen aber noch darüber. Zu einer zweiten Welle von Entschädigungen kam es infolge des Baus der Hannover-Westbahn 1853 bis 1855 (Tabelle 3-f). Belegt sind hier 24 Verkäufer und 77 verkaufte Parzellen. Preise und Entschädigungssummen sind auch hier nur lückenhaft bekannt, eine Summe von 12.700 Talern ist aber sicher belegt.[332] Hochgerechnet könnte abermals ein Volumen von 15.000 bis 20.000 Taler an Löhner Grundbesitzer ausgeschüttet worden sein. Dabei zahlte die Eisenbahngesellschaft 275 bis 400 Taler pro Morgen Ackerland, 250 Taler pro Morgen Gehölz, und bis zu 600 Taler pro Morgen Wiese. Das waren vier bis fünf Mal so hohe Preise, wie bei Vermögensschätzungen veranschlagt wurden.

In Borgeln zahlte die Eisenbahngesellschaft insgesamt rund 2.820 Taler an verschiedene Grundbesitzer aus.[333] Der Löwenanteil davon floss in die Kasse des vorge-

331 LA NRW OL, M 1 ID Nr. 102.

332 LA NRW OL, M 1 ID Nr. 245, LOE EIDs 1826, 517, 1505, 518, 519, 520, 521, 523 und 524.

333 LA NRW W, Regierung Arnsberg, Nr. 20774.

nannten Kaufmanns Friedrich Simons, der in der Gemarkung Hattropholsen das Gut Palmberg besaß und von dem vier Parzellen durchquert wurden. Auch das Pastorat Borgeln erhielt für eine Parzelle eine Entschädigung. Von diesen abgesehen, waren es in Borgeln und Hattropholsen sieben Bauern, deren Land durchquert und um einen kleinen Teil reduziert wurde. Fünf von ihnen sind durch eine Akte im Staatsarchiv Münster überliefert, zwei weitere durch entsprechende Bezeichnung in den Journalen der Sparkasse, in die das Kapital in diesen Fällen direkt floss. Damit sind diese Fälle schon eine deutliche Bestätigung für die Annahme, dass diese Geldflüsse aus der Eisenbahnentschädigung nicht direkt in den Haushalt eingingen und konsumiert, sondern als einmalige Einnahme gewertet und deshalb für langfristigere Ziele gespart wurden. Dass der Kolon Diedrich Dahlhoff gen. Tommes[334] zwei seiner vier Konten mit zusammen knapp 600 Talern dann bereits ein Jahr später auflöste, spricht nicht dagegen, dass er primär deponieren wollte.[335] Die Gelegenheit zur Investition, in diesem Fall die Ablösungszahlungen, ergab sich kurzfristig nach dem Einkommenszuwachs. Zwei weitere Konten mit weiteren Entschädigungszahlungen von zusammen 90 Talern behielt Dahlhoff demnach auch bis zum Jahr 1857 und zahlte währenddessen auch auf diese ein.[336] Der Landwirt Wilhelm Schriewer[337] erhielt von der Eisenbahngesellschaft insgesamt 60 Taler an Entschädigungen verteilt auf zwei Konten. Auch er ließ diese Summen zunächst auf den Konten, leistete weitere Einzahlungen und hob erst 1858 und 1860 massiv ab.

Die Effekte der Entschädigungen sind nur vage zu erahnen. Der präziseste und verlässlichste Gradmesser ist der Grundbesitz, mit dem jedoch aufgrund der Marktbedingungen nur träge auf wirtschaftliche Entwicklungen der Betriebe reagiert werden konnte. Zunächst einmal verzeichnete verständlicherweise jeder teilenteignete Betrieb Grundbesitz-Einbußen. Wegen des begrenzten Angebots an Parzellen gewünschter Größe und Kulturart ließen sich von den nun liquiden Entschädigten nur in begrenztem Ausmaß Ergänzungskäufe durchführen. So finden sich im Vorher-Nachher-Vergleich schrumpfende Betriebe, unterm Strich aber mehr, die ihren Grundbesitz ausweiten konnten. Dabei werden die Entschädigungssummen eine Rolle gespielt haben. Direkte Auswirkungen sind nicht belegbar, doch kann man vermuten, dass die Eisenbahn einen außerordentlichen Impuls in die Dorfökonomie einbrachte. Einige der betroffenen Kolone investierten auch wieder in Land, das die Eisenbahngesellschaften nach dem Bau wieder abstießen. Es handelte sich um Splissparzellen, und auch wenn die Hektarpreise ebenfalls sehr hoch waren, blieben diese Käufe doch meistens, so die Preise belegt sind, unter einem Volumen von 300 Talern.

---

334 BOR OFBID 148.

335 KontoIDs 176 und 177.

336 KontoIDs 179 und 178.

337 BOR OFBID 1832.

3.3.4 Gemeinheitsteilung in Löhne – Gründerzeit für Großbauern oder für Neubauern?

Die Teilung der Löhner Gemeinheit war zwei volle Jahrzehnte lang diskutiert worden, bevor man mit dem Teilungsrezess vom 19. Februar 1842 endgültig und abschließend zur Teilung schritt.[338] Ursprünglich hatte die Gemeinheit eine Größe von etwa 225 ha gehabt, worin der Heuerlingsteil, eine Fläche allein den Heuerlingen zur Beweidung zustehend, gut 50 ha ausmachte. Dieser Heuerlingsteil, der letzte verbliebene Teil der Gemeinheit, wurde 1842 ebenfalls geteilt und den Kolonen zugesprochen.

Der soziale Wandel infolge von Gemeinheitsteilungen ist seit Anfang der 1990er-Jahre intensiv erforscht worden. Der europäischen Agrargeschichte bot sich hier ein gemeinsames Thema, das den wissenschaftlichen Austausch entsprechend beflügelte. In Deutschland lieferte Stefan Brakensiek mit seiner Studie über nordwestdeutsche Markenteilungen den wichtigsten Einzelbeitrag.[339] Bei den Teilungen gingen demnach die Heuerlinge, die zuvor Teile der Gemeinheit hatten nutzen und so ihre eigene kleine Ökonomie hatten erhalten können, leer aus.[340] In Bardüttingdorf, einem von Brakensiek im Detail untersuchten Ort, bauten einige Bauern auf dem gewonnenen Boden Kotten und verpachteten diese an Heuerlingsfamilien.[341] In Löhne scheint es dieses Verhalten nicht gegeben zu haben, da nur eine Parzelle aus dem 1840/42 geteilten Heuerlingsteil mit einem Haus besetzt wurde.[342] Josef Mooser legt ebenfalls Gewicht in die Feststellung, dass Bauern, vor allem große, ihren Besitz ausdehnten. Aber auch Kleinbetriebe gewannen hinzu und die kleinbäuerliche Schicht wurde zahlenmäßig erweitert.[343] Darin „Aufstiege" so sehen, wie es das Modell der Stratifikation in diesem Fall suggeriert, führt freilich in die Irre, denn einem Kleinbetrieb war nun nicht mehr Land verfügbar, nur galten für eine meist kleinere verfügbare Menge Boden nun bessere Verfügungsrechte. An der Spitze aber wurde umso mehr aufgesattelt, weil die Großbauern überproportional hinzugewannen. Mooser nennt Zahlen von über 100 Morgen, um die ein Vollmeier etwa im Amt Paderborn seinen Betrieb erweiterte. Folglich war „der Landgewinn der größeren Bauern … oft so groß, daß er betriebswirtschaftlich noch nicht sinnvoll integriert werden konnte"[344]. Sie siedelten deshalb Heuerlinge oder Neubauern an, verpachteten bzw. verkauften Parzellen. Pacht und Parzellenverkauf hätte den Großbauern erlaubt, Schulden zu tilgen. Die Gewinner sieht Mooser eindeutig auf Seiten der Großbauern: „Nicht zuletzt speiste

338 G. Fertig, Gemeinheitsteilungen, S. 247.

339 Brakensiek, Agrarreform; Brakensiek, Markenteilungen.

340 Brakensiek, Agrarreform; Brakensiek, Markenteilungen, S. 85.

341 Brakensiek, Sozialtypologie, S. 189.

342 G. Fertig, Gemeinheitsteilungen, S. 403, Tabelle 5.

343 Mooser, Klassengesellschaft, S. 125.

344 Ebd., S. 126.

sich daraus der Wohlstand der großen Bauern, für die die Gemeinheitsteilungen eine Art Gründerzeit waren."[345] Demgegenüber kommt Georg Fertig, der die Löhner Gemeinheitsteilung bereits unter dem Gesichtspunkt der Intensivierung und ihrer demographischen Auswirkungen untersuchte, zu der Aussage, Profiteure der Gemeinheitsteilung seien die Neubauern gewesen, in deren Händen sich das meiste Gemeinheitsland schließlich (1866) befand.[346] Wie ist der Widerspruch zu erklären?

Da mit dem sogenannten Heuerlingsteil im Untersuchungszeitraum nur der letzte Teil der Gemeinheit zur Teilung anstand, lagen wesentliche Auswirkungen der Vermögensverschiebung also vor dem Untersuchungszeitraum und können aufgrund der Quellenlage nicht rekonstruiert werden. Was den Heuerlingsteil angeht, wurde eine – gemessen an der Zahl der Interessenten – nur kleine Fläche parzelliert und verteilt. Maximalwerte, wie sie von Mooser genannt werden, konnte daher keiner der Begünstigten hinzugewinnen. Tabelle 3-g zeigt, Betriebe welcher Größe Teile des Heuerlingsteils bekamen. Hier sind zunächst die normalen und großen Betriebe deutlich als Gewinner der Teilung zu erkennen. Betriebe über 60 Taler Kataster-Reinertrag erhielten im Schnitt über fünf Morgen, die darunter jedoch nur zwischen einem und drei Morgen. Unmittelbar nach der Teilung befanden sich 50% eingegliedert in Betriebe über 60 Talern Kataster-Reinertrag, die aber nur ein Drittel aller Betriebe darstellten. Mag der Heuerlingsteil auch bis dahin vor allem für die kleinsten und kleinen Betriebe von Bedeutung gewesen sein; sie bekamen allenfalls kleine Portionen ab. Heuerlinge gingen ganz leer aus. Dass Heuerlinge auf diese Weise eher marginalisiert als in die ländliche Gesellschaft integriert wurden, steht außer Frage.

---

345 Ebd., S. 126.

346 G. Fertig, Gemeinheitsteilungen, S. 405; ders., Äcker, S. 47.

Tabelle 3-g: Empfänger von Parzellen aus dem Heuerlingsteil 1840-1842 nach Betriebsgrößen

Betriebsgröße der Empfänger 1839 (Grundsteuer-Reinertrag)	**Anzahl Empfänger**		**empfangenes Volumen** Mg.	%	**empfangenes Volumen** Taler	%	**mittlere Fläche einer Portion** Mg.	**mittlerer Grundst.-Reinertrag einer Portion** Taler
unter 1 Taler	1	1%	0,9	0%	1,1	1%	0,9	1,11
1-5 Taler	2	3%	1,7	1%	1,4	1%	0,8	0,70
5-10 Taler	10	13%	13,0	6%	8,8	5%	1,3	0,88
10-20 Taler	9	12%	17,4	8%	14,7	8%	1,9	1,63
20-30 Taler	14	18%	42,4	19%	41,4	23%	3,0	2,96
30-60 Taler	18	23%	25,9	12%	22,6	13%	1,4	1,25
60-90 Taler	9	12%	46,5	21%	34,6	20%	5,2	3,84
über 90 Taler	13	17%	71,6	32%	52,5	30%	5,5	4,04
Alle	**76**	**100%**	**218,7**	**100%**	**177,0**	**100%**	**2,9**	**2,33**

Quelle: Hypothekenbücher Löhne. Nur Teilungen 1840ff.; nur natürliche Personen

Nicht alles Land aus dem Heuerlingsteil verblieb aber in den Händen der Erstbesitzer. Der Wechsel einer Parzelle nicht nur zwischen Personen – wie dies auch innerhalb der Hofnachfolge geschehen kann – sondern auch Betrieben, d. h. eine Liquidierung von Vermögen, lässt sich grundbuchtechnisch als ein Wechsel der Parzelle von einem Hypothekenbuchfolium zu einem anderen fassen. Abbildung 3-F zeigt, welcher Anteil der 1840-42 verteilten Fläche des Heuerlingsteils das Folium des Erstbesitzers bis zu einem bestimmten Jahr verlassen hatte.[347] Man kann sagen, dass bis 1867 rund 25% der Fläche (bzw. etwa 13 ha) den Betrieb gewechselt hatten, allermeist in Form eines Verkaufes. Generell wurden Gemeinheitsparzellen nach der Teilung weit häufiger verkauft als etwa vererbt oder übertragen, und auch weit häufiger verkauft als andere Parzellen. Das Land aus der Gemeinheit wurde also deutlich anders behandelt als angestammtes Hofland.[348]

Unter den Verkäufen der Erstbesitzer wiederum waren – wenn auch wenige – unfreiwilliger Natur, da sie an die Köln-Mindener Eisenbahn gingen. Wenn aber Parzellen aus dem Heuerlingsteil verkauft wurden, dann meist nicht diese allein, sodass Ver-

[347] Im Gegensatz zum Ansatz in G. Fertig, Gemeinheitsteilungen, S. 407, Tabelle 8.

[348] Einen kurzfristig hohen Handel an Parzellen der Gemeinheiten belegte bereits Brakensiek, Agrarreform, S. 431.

Abbildung 3-F: Löhne – Besitzwechsel von Parzellen des ehemaligen Heuerlingsteils (1840-67)

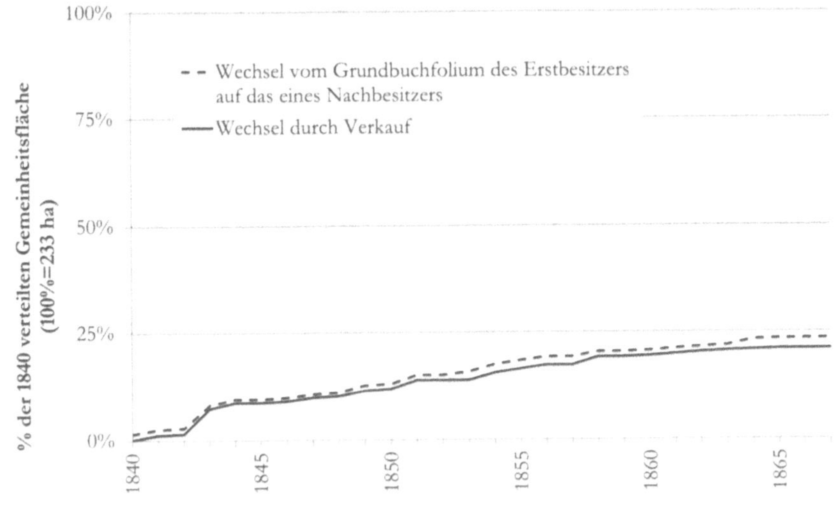

Quelle: Hypothekenbücher Löhne; Datenbank LOE (Tabelle Eigentumswechsel).

kaufspreise, so sie im Grundbuch angegeben sind, meist mehrere Parzellen umfassen. Um konkret die Erlöse aus dem Zugewinn durch die Gemeinheitsteilung und dem Weiterverkauf der Parzellen zu berechnen, wurde also abermals auf die Bodenpreis-Schätzung Fertigs zurückgegriffen. Die Erstbesitzer dürften demzufolge insgesamt einen Erlös von rund 1.600 Talern daraus gezogen haben, möglicherweise mehr, weil gerade die Parzellen aus der Gemeinheit durch Intensivierung überproportional an Wert gewonnen haben dürften. Über die Hälfte der 1830 noch als Heide eingestuften Flächen des Heuerlingsteils waren 1866 Äcker und damit viel wertvoller.[349] Es kann also gut sein, dass die Erstbesitzer aus dem Weiterverkauf rund 3.000 Taler erlöst haben. Wenn man bedenkt, dass es sich um zusätzliche Flächen handelte, die erst in die eingespielten Betriebe sinnvoll integriert werden mussten und deshalb im Bedarfsfall wohl als erste zum Verkauf gestanden hätten, muss diese Wechselquote dennoch als niedrig angesehen werden. Eine Erklärung wäre zunächst sicherlich, dass Boden in der ländlichen Ökonomie das Gut mit der höchsten Werthaltigkeit, im Fall der Gemeinheitsparzellen auch mit dem höchsten Intensivierungs- und damit Wertsteigerungspotenzial war und deshalb tunlichst behalten und nur im Sinne einer ultima ratio verkauft wurde. Aber auch die Theorie des permanenten Einkommens stellt das

349 G. Fertig, Gemeinheitsteilungen, S. 401-403.

Tabelle 3-h: Der Verbleib von Parzellen des Heuerlingsteils von Löhne 1866

Betriebsgröße der Empfänger (Kataster-Reinertrag) 1839	**Anzahl Besitzer**	**Summe Morgen**	**Anteil des an natürliche Personen gelangten Gemeinheitslandes**
unter 1 Taler	7	1,4	1%
1-5 Taler	14	10,7	7%
5-10 Taler	7	22,4	14%
10-20 Taler	8	22,6	14%
20-30 Taler	15	24,7	15%
30-60 Taler	17	29,2	18%
60-90 Taler	13	35,7	22%
über 90	9	16,3	10%
Zwischensumme	90	163,0	100%
Institutionen	6	48,0	
Summe	**96**	**211,0**	

Quellen: Hypothekenbücher Löhne; Datenbank LOE, Tabelle Eigentumswechsel.
Institutionen: verbliebene Gemeinheit, Pastorat, Küsterei, Cöln-Mindener-Eisenbahn, Gemeinheit der Hebamme.

Verhalten der Erstbesitzer als wahrscheinlich heraus. Ein einmaliger Einkommenszuwachs ist prädestiniert dafür, gespart zu werden. Wenn Konsumenten ihren Konsum ausweiten, dann in einer Situation, in der sie mit einem langfristig höherem Einkommen rechnen.

Der Weiterverkauf der Parzellen führte aber in der Tat zu einer sozial ausgeglicheneren Verteilung. Für 1866 lassen sich 211 Morgen aus dem Heuerlingsteil zuordnen, davon 163 Morgen im Besitz von Haushalten, dem Rest im Besitz von Institutionen. Betriebe mit einem Kataster-Reinertrag unter 20 Talern hatten nun 36% der Heuerlingsteilsfläche (Tabelle 3-h), nicht mehr nur 15% wie noch kurz nach der Teilung (Tabelle 3-g). Die stattgefundene Mobilität lässt sich auch direkt darstellen in Strömen zwischen den Erstbesitzern der Parzellen und ihren Käufern, die für rund 35 Morgen festgestellt werden konnten. Eindeutig wanderte Boden von oben nach unten. Von dem Verkauf der Betriebe mit mehr als 60 Talern Reinertrag profitierten am meisten diejenigen mit weniger als 10 Talern (Tabelle 3-i). Insofern stimmt das Urteil von Georg Fertig. Wenn er in den Neubauern die „Profiteure" der Teilungen erblickt, übergeht er aber, dass diese Klein- und Kleinstbetriebe für den Zuwachs bezahlten. Durch die Teilung wurden ihnen legitim genutzte Flächen genommen, welche sie dann, wenn sich ein Angebot fand, nun mit vollen Besitzrechten auf dem Markt erwerben „durften". Ursprünglich vorwiegend Heideland, waren 1866 jene Parzellen,

Tabelle 3-i: Wechsel an Land aus der Gemeinheit nach der Teilung (1840-1866)

Betriebsgröße der Zweitbesitzer in Morgen	**Betriebsgröße der Erstbesitzer (i.d.R. Verkäufer) in Morgen**					
	0-10	**10-30**	**30-60**	**über 60**	**k.A.**	**alle**
0-10	2,14	3,01	3,66	10,27	0,59	19,73
10-30	2,08	0,21	0,77	4,07		7,12
30-60		0,64	5,36		1,90	7,90
über 60	0,18		0,02			0,21
Alle	4,41	3,91	9,82	14,33	2,49	34,96
Zuwachs aus der Gemeinheit nach der Teilung (Empfang minus Abgabe)	+15,32	-3,21	+1,92	-14,12	-2,49	+/- 0

Quellen: Hypothekenbücher Löhne; Datenbank LOE, Tabelle Eigentumswechsel.
Angaben in Morgen (ca. 0,25 ha).

die sich in Betrieben unter 30 Talern Reinertrag befanden, mehrheitlich in Gärten oder Äcker, jene in größeren Betrieben in Wiese oder Holzung umgewandelt. Daraus lässt sich vielleicht eine Erfolgsgeschichte der Unterschichten schreiben, wie dies Fertig andeutet, aber keine der ländlichen Gesellschaft.[350] Auch lässt sich aus der Teilung für den Fall Löhnes keine entscheidende wirtschaftliche Startphase für die mittleren und großen Bauern konstruieren. Dazu waren die 1840-42 geteilten Flächen insgesamt zu klein.

3.4 Zwischenresümee

Der Grundbesitz hat für die Untersuchung viererlei Bedeutungen: (1) als Produktionsmittel zur Erlangung von Einkommen und Sparguthaben, (2) als familiales Vermögen, das in Gestalt von Erbteilen zu Kapitalflüssen wird, (3) als Sicherheit und Pfand für Kredite und (4) als handelbares Gut.

Die historisch relevante Bedeutung der Analyse liegt im säkularen Trend zur Vermögenszunahme, deren Ursache weniger in dem Preisanstieg auf dem Bodenmarkt lag, sondern in der Zuweisung von Eigentumsrechten und damit der Ausweitung der bäuerlichen Besitzstände. Die Preisbildung auf dem Bodenmarkt und die Schätzung immobilen Vermögens erfolgten nach verschiedenen Prinzipien, sodass ein einheitlicher Trend gar nicht selbstverständlich war. Während der Preis für Höfe und einzelne Parzellen im Idealfall zwischen Käufern und Verkäufern verhandelt wurde, war die

350 G. Fertig, Gemeinheitsteilungen, S. 405; ders., Äcker, S. 47.

Vermögensschätzung insbesondere für Transferzwecke ein formaler Akt mit dem Kataster-Reinertrag als zentraler Bewertungsgrundlage.

Insgesamt fand im zweiten und dritten Viertel des 19. Jahrhunderts eine umfassende Änderung in der Bewertung des bäuerlichen Vermögens statt. Im Untersuchungszeitraum kam es zu einer kontinuierlichen Zunahme der Vermögensbewertung, beginnend mit der Einbeziehung des Kolonatslandes und der Kolonatsgebäude in das bäuerliche Vermögen ab 1820 und mit dem Wegfall des Grundlastenabzugs infolge der Grundlastenablösung Mitte des Jahrhunderts noch nicht endend. Wenn in einem Wechsel der Taxationsmethode auf die Berechnung auf der veralteten Reinertragsbasis verzichtet und stattdessen eigene Parzellenwertschätzungen herangezogen wurden, wurde das formale Verfahren der Preisbildung auf dem Bodenmarkt teilweise angepasst, doch ist dies nicht durchgehend zu beobachten. Die Neuberechnung und Anpassung der Katasterreinerträge 1866 hat demgegenüber nur in Borgeln zu einer Steigerung dieser Bewertungsgrundlage geführt – die allerdings keineswegs dem Preisanstieg für Boden gleichkam, während in Oberkirchen und Löhne die Reinerträge sanken, obwohl auch hier die Bodenpreise enorm stiegen. Die Vermögenswerte stiegen also nicht aus dem gleichen Grund wie die Bodenpreise. Sie stiegen aus Gründen der veränderten Zuweisung von Verfügungsrechten und der Taxationsmethoden.

Zwar kam diese Entwicklung der Bewertungsmaßstäbe vor allem bei Schichtungsverfahren zum Tragen, weil diese Vermögensschätzungen voraussetzten. Doch auch bei einem Teil von Übertragungen wurde auf Inventare Bezug genommen.[351] Gesetzliche Einschnitte 1836 und 1856 haben allenfalls in einzelnen Fällen gegenläufig wirken und die zu teilenden Werte beschränken können, was die Hoferben deutlich bevorteilte. Ob sie ohnehin schon durch die Bewertungspraxis der ersten Hälfte des 19. Jahrhunderts profitiert haben, ist eine Bewertungsfrage. Verschiedene Aspekte, vorrangig der zu geringe Bewertungsmaßstab des Kataster-Reinertrags (wenn angewendet) und die im Gegensatz dazu marktgemäßen Grundlastenabzüge hatten zur Folge, dass Hoferben im Endeffekt höhere Wert zugesprochen wurden als ihren Miterben. Diese hätten sich auf dem Markt nicht dergleichen kaufen können, was der Hoferbe erlangte. Andererseits wurden die Ressourcen nicht primär über den Bodenmarkt verteilt, sondern über den „Heiratsmarkt". Für weichende Erben war die Abfindung nicht unbedingt das Los zweiter Klasse. Zwar darf man getrost annehmen, dass ein Hof das angestrebte Lebensziel war, manche nominelle Hoferben verzichteten aber auf den elterlichen Hof in Anbetracht von Alternativen, etwa einer frühen Heirat auf einen anderen Hof.[352] Individuelle Fälle geben außerdem zu der Vermutung

---

[351] 5% (Löhne), 10% (Oberkirchen-Westfeld) und 12% (Borgeln) aller Übertragungen basierten auf Inventaren. BOR KonID 141, 55, 91, 155, 216, 238, 254, 272, 312, 328, 335, 350, 404, 436, 459, 486, 503, 562, 616 und 734. LOE KonID 36, 49, 66, 110, 189, 229 und 346. OKI KonID 24, 25, 121, 212, 220, 228 und 238.

[352] Fertig / Fertig, Erbpraxis, S. 179.

Anlass, dass Bauern selbst den Wandel der Rahmenbedingungen für ihren eigenen Fall analysierten und in Hinblick auf ihr Testament, ihre Übergabe und Altersversorgung, auf die Chancen der Kinder und die Gesundheit des Betriebes die institutionellen Optionen prüften und die ihnen genehmste Lösung anstrebten. Die Vielfalt der gesetzlichen Möglichkeiten bot ihnen diesen Spielraum.

Fraglos steht die Zunahme der transferierten Werte im Zusammenhang mit der Entwicklung der Produkt- und Faktormärkte. Der Boden gewann desto mehr an Wert, je mehr und je teurer die produzierten Lebensmittel auf Märkten verkauft werden konnten. Und doch ist zu beachten, dass es im Wesentlichen institutionelle Weichenstellungen waren, die tatsächlich zwischen der wirtschaftlichen Gesamtentwicklung und dem Transfer von Vermögen vermittelten. Mit der Änderung von Bewertungsgrundlagen und der Ausweitung des Vermögensbegriffes wurde regelrecht Vermögen erst „generiert", und zwar nicht unmittelbar abhängig davon, wie sich der Markt für Vermögensbestandteile, Immobilien, Mobilien, Forderungen, entwickelte. Selten kann ein ökonomisches Resultat, hier die Mobilisierung und der Umsatz von Kapital, so direkt auf einen Wandel der Verfügungsrechte zurückgeführt werden. So wird zwar heute im Rahmen der Neuen Institutionenökonomie der Wandel an Verfügungsrechten für Industrialisierung und Agrarmodernisierung verantwortlich gemacht,[353] doch sind gerade die ökonomischen Auswirkungen institutioneller Modifikationen oft wenig klar konturiert, weil es sich oftmals um ein Gemenge von Prozessen handelte, die sich kaum auseinander dividieren lassen.[354] Hier aber ist der Effekt eindeutig. Noch in den 1810er-Jahren hatten sich Bauer und Grundherr das Eigentum geteilt. Infolgedessen wurde das Anlagekapital Boden von den Bauern nicht finanzstrategisch beliehen. Mit der Zurechnung zum bäuerlichen Vermögen aber geriet akkumuliertes Kapital zum Teil wieder in den Umlauf und entwickelte sich zu einem Impuls für die ländliche Ökonomie. Gerade die nicht den Hof übernehmenden Erben profitierten stark von der Änderung. Und doch ging dies nicht auf Kosten der Stabilität bäuerlicher Betriebe, denn auch das mit aufheiratenden Männern und Frauen in den Betrieb gelangte Vermögen war nun höher. Allgemein führte der Prozess aber

---

353 Clemens WISCHERMANN und Anne NIEBERDING: Die institutionelle Revolution. Eine Einführung in die deutsche Wirtschaftsgeschichte des 19. und frühen 20. Jahrhunderts, Stuttgart 2004, S. 57-72. Kopsidis, Agrarentwicklung, S. 231-243 zu den Wirkungen institutioneller Lockerung in der Agrarwirtschaft Englands in der Frühen Neuzeit. Hingegen sieht Kopsidis die betrieblichen Verfügungsrechte westfälischer Bauern über ihren Grund bereits vor den Reformen als beinahe vollkommen an, auch die alte Markenverfassung sei in Westfalen bereits marktkonform gewesen (S. 284-308). Hemmnisse sieht er aber in der begrenzten Möglichkeit der Verschuldung und den mancherorts fälligen Sterbfallzahlungen. „Beide institutionelle Regelungen wirkten eindeutig investitionshemmend" (S. 290).

354 So sind die ökonomischen Auswirkungen der fundamentalen Agrarreformen, der Privatisierung der Marken und der Ablösung der Reallasten, eben gerade nicht unmittelbar nachzuvollziehen. Dazu Dipper, Bauernbefreiung in Deutschland 1790-1850, S. 126-129; Kopsidis, Agrarentwicklung, S. 297.

zu höherem Bedarf an liquiden Mitteln, intensivierte Kreditbeziehungen und erhöhte die Zirkulationsfrequenz des Geldes.[355]

Es ist davon auszugehen, dass die relativen Erbportionen, mit denen Kinder bedacht wurden, im Untersuchungszeitraum weitgehend gleich blieben. Die in absoluten Werten steigenden Abfindungen mussten von den Hoferben aufgebracht werden. Die Folge waren steigende Kapitalumsätze, bei den Hoferben ein höherer Bedarf an Kredit, bei den Miterben eine höhere Verfügbarkeit an Kapital. Allein diese Entwicklung kann durchaus als Grund für belebende Impulse für den bäuerlichen Finanzmarkt gesehen werden. Noch Anfang des Jahrhunderts nannten weichende Erben vornehmlich einen real ausgestatteten Brautwagen ihr Eigen, der bei der Heirat auf einen Hof den meist bestehenden Haushalt bereicherte, dessen Werte aber schwer in anderen Besitz oder andere Verfügungsrechte konvertierbar waren. Mitte des Jahrhunderts bekamen die Erben nicht unbedingt weniger Realien, doch überstieg das nun verstärkt gezahlte Geld deren Wert beträchtlich. Auch weichende Erben waren nun Akteure auf dem Finanzmarkt.

---

355 Ob allgemein die Praxis der geschlossenen Übergabe die Kreditbeziehungen verdichtete und Arbeitsmärkte belebte, ist anhand der in diesem Punkt homogenen Erbpraxis in den Untersuchungsregionen nicht feststellbar. Der Bodenmarkt immerhin, das zeigen G. Fertig, Acker wandert, und ders., Äcker, Kapitel 4 bis 6, war schwach ausgeprägt und blieb es auch nach den Grundlastenablösungen, weil die Hofbesitzer vor allem bei ihrer eingeübten Praxis der Besitzweitergabe blieben. Ob infolge der Verschiebung der Verfügungsrechte die Gutsherren ihre Kredit- bzw. Verpfändungspraxis einschränken mussten, ist eine von der Forschung bisher nicht verfolgte Frage. Da der Adel sich offenbar über Personalkredite verschuldete und kein Land verpfändete (Christine VAN DEN HEUVEL: Amt und Kredit: Justus Möser als Kreditgeber des Osnabrücker Adels, in: Schlumbohm, Praxis, S. 81-99), ist gut möglich, dass für den Adel keine Konsequenzen daraus erwuchsen.

Kapitel 4: Der Kredit

4.1 Pfade der Modernisierung von Finanzmärkten

Finanzmarkt wird hier verstanden als die Möglichkeit, Geld zu leihen oder Geld zu verleihen und dabei unter verschiedenen Optionen wählen zu können. Eine Voraussetzung ist also, dass es sich um einen nicht-monopolistischen Markt handelt, an dem sich mehrere Akteure sowohl auf Nachfrager- als auch auf Anbieterseite beteiligen. Geld ist ein homogenes Gut, solange die Kreditkonditionen sich nicht unterscheiden. Ist der Zins weitgehend fix, wie es im 19. Jahrhundert oft der Fall war und sich auch in dieser Studie bestätigt finden wird, bestehen die Unterschiede der „Produkte“ vornehmlich in Geschäftsfähigkeit und Geschäftsgebaren der Akteure. Nur unter diesen Bedingungen können individuelle Entscheidungen überhaupt zur Geltung kommen.

Es ist klar, dass diese rudimentäre Konstellation nicht dem heutigen Bild eines Finanzmarktes gerecht wird, der vielleicht bei Konsumentenkrediten anfängt, aber beileibe nicht mit Bau-, Projekt- und Unternehmensfinanzierung endet, sondern enorme Finanzströme binnen Sekundenbruchteilen um den Globus wandern lässt. Die moderne Unterscheidung von Finanzmärkten, die eher kurzfristige Finanzierungen ermöglichen, und Kapitalmärkten, auf denen langfristige Anleihen gehandelt werden, trägt nicht sehr zur Differenzierung des Untersuchungsgegenstands bei. Aus Sicht des Privathaushalts, des einzelnen Betriebs, des Akteurs auf unterster Ebene, ist das primäre Merkmal des heutigen Finanzmarktes eine Vielzahl von Einrichtungen, Finanzunternehmen, die eine Vielzahl von unterschiedlichen Produkten anbieten, die sich in ihren Konditionen unterscheiden. Beschränken wir uns aber auf die oben gegebene Basisdefinition, hat sich ein Markt für Kapital nicht erst im 19. oder 20. Jahrhundert gebildet, sondern gehörte längst zum Repertoire der Wirtschaftspraktiken europäischer Haushalte und Betriebe. Allerdings standen die „Finanzprodukte“ am Beginn ihrer Ausdifferenzierung. Die Frage ist also nicht, ob und wann sich ein Finanzmarkt entwickelte, sondern wie.

Für den Untersuchungszeitraum ist die Entstehung der Kreditinstitute bereits als ein Kernelement des Wandels benannt worden. Doch wie genau sich Wandel im 19. Jahrhundert vollzog, dazu liegen erstaunlich wenige Forschungen vor. Zahlreiche Studien zur Frühen Neuzeit machen auf die besonderen Strukturmerkmale der damaligen Märkte aufmerksam, auf die Einzelperson als Akteur, verwandtschaftliche Verflechtungen, den großen Anteil, den das Vertrauen zum Gegenüber am Zustandekommen eines Geschäftes hatte, vielleicht auch die mangelnde Profitorientierung.[356] Die Dimension des Wandels aber wird von nur wenigen Studien explizit erfragt. Was genau passierte mit dem Auftritt von Kreditinstituten, den Banken, den Sparkassen? Traten Institutionen an die Stelle der bis dahin tätigen Gläubiger und Gläubigertypen? Oder blieb die alte Struktur bestehen und es trat ein neuer, institutioneller Kreditmarkt hinzu?

Für den westfälischen bzw. deutschen Raum messen Hans-Jürgen Teuteberg, Christof Dipper und Maria Blömer den Ablösungen große Bedeutung bei der Entwicklung von Kreditmärkten bei. Erst der Wegfall gutsherrlicher Kreditbeschränkungen habe den Bauern überhaupt in größerem Maße Verschuldung ermöglicht und erst die große Nachfrage nach Kapital für die zu entschädigenden Gutsherrn habe die Einrichtung von Finanzinstituten bewirkt.[357] Damit wäre die Entwicklung der ländlichen Finanzmärkte in den deutschen Staaten untrennbar mit den Agrarreformen verbunden gewesen.

In der internationalen Forschungsliteratur, die sich mit dieser Transformation der Kreditmärkte beschäftigt, spielen Agrarreformen eine untergeordnete Rolle.[358] Dabei treten einzelne Studien unterschiedlichen Umfangs und unterschiedlicher Tragweite hervor, die verschiedene Pfade der Modernisierung charakterisieren. Sie thematisieren die Entwicklung der Finanzmärkte und deren Konsequenzen in Massachusetts, den schwedischen Städten Kalmar und Falun, in Frankreich und im mittleren Westen der USA. Im Folgenden werden diese referiert und aus ihnen Kernargumente extrahiert.

---

356 Craig MULDREW: Interpreting the market: the ethics of credit and community relations in early modern England, in: Social History 18 (1993), S. 163-183; ders.: The economy of obligation, the culture of credit and social relations in early modern England, London 1998; ders.: Zur Anthropologie des Kapitalismus. Kredit, Vertrauen, Tausch und die Geschichte des Marktes in England 1500-1750, in: Historische Anthropologie 6 (1998), S. 167-199; Laurence FONTAINE: Antoine and Shylock: credit and trust in France, c. 1680-c. 1780, in: Economic History Review 54 (2001), S. 39-57; dies.: Die Bauern und die Mechanismen der Kreditvergabe, in: Gabriele B. CLEMENS (Hg.), Schuldenlast und Schuldenwert. Kreditnetzwerke in der europäischen Geschichte 1300-1900, Trier 2008, S. 109-130; dies.: L'Economie morale. Pauvreté, crédit et confiance dans l'Europe préindustrielle, Paris 2008; Angiolina ARRU: „Schenken heißt nicht verlieren". Kredite, Schenkungen und die Vorteile der Gegenseitigkeit in Rom im 18. und 19. Jahrhundert, in: L'Homme Z. F. G. 9,2 (1998), S. 232–251. Überblicke speziell über die Forschungen kulturanthropologischer Ausrichtung liefern: Carola LIPP: Aspekte der mikrohistorischen und kulturanthropologischen Kreditforschung, in: Schlumbohm (Hg.), Praxis, S. 15-36; Mark HÄBERLEIN: Kreditbeziehungen und Kapitalmärkte vom 16. bis zum 19. Jahrhundert, in: Schlumbohm (Hg.), Praxis, S. 37-51.

357 Dipper, Bauernbefreiung in Deutschland 1790-1850, S. 124; Teuteberg, Forschungen, S. 29. Im Gegensatz dazu aber Schremmer, Bauernbefreiung, S. 140.

358 Eine Ausnahme bilden Patrick SVENSSON: Agrara entreprenör. Böndernas roll i omvandlingen av jordbruket i Skåne ca 1800-1870, Stockholm 2001, und ders.: Peasants and Entrepreneurship in the Nineteenth-Century Agricultural Transformation of Sweden, in: Social Science History 30

Anschließend wird ein Gesamtbild der Märkte für Hypothekenkredite in den drei untersuchten Orten entwickelt, welches daraufhin dazu dient, vertieft der Frage nachzugehen, welche Rolle soziale Beziehungen für die Kreditversorgung auf dem Land spielten und welche Bedeutung Institutionen erlangten.

Håkan Lindgren nimmt in seiner Untersuchung über Kredite in der schwedischen Stadt Kalmar im Voraus eine scharfe kategoriale Trennung von privaten und institutionellen Krediten und Schulden vor. Kennzeichnend für das 19. Jahrhundert sei das Nebeneinander von einem informellen, privaten, dem Zugriff der Obrigkeit entzogenen Markt und dem Bankenwesen gewesen.[359] Wandel in diesem System vollzog sich als Verlagerung der Geldbeziehungen aus einem sozialen Umfeld heraus auf Banken, Sparkassen und den Staat.[360]

Auf Basis von Nachlassinventaren aus Kalmar untersuchte Lindgren die Verteilung der Schulden und Kredite von Privathaushalten. Er kam zu dem Ergebnis, dass das Volumen an Geldverbindlichkeiten sowohl gegenüber Institutionen als auch gegenüber Privaten zwischen 1840 und 1905 anstieg, allein der Anteil der Privaten am Gesamtvolumen sank. Noch in der Periode 1871-75, als der Zins bereits gesetzlich freigegeben war, bestanden rund 75% der Schulden gegenüber privaten Gläubigern, hingegen nur rund ein Viertel gegenüber Instituten. Erst nach der Wende zum 20. Jahrhundert hatten die institutionellen Kredite das Übergewicht erlangt, wobei Geschäftsbanken in Kalmar weitaus bedeutender waren als die Sparkasse.[361] Kristina Lilja

---

(2006), S. 387-429. Svensson führt Verkoppelungen in Schweden und die daraus gestärkten Verfügungsrechte als Grund für die Institutionalisierung von Kreditmärkten an.

359 Håkan LINDGREN: The Modernization of Swedish Credit Markets, 1840-1905: Evidence from Probate Records, in: JEH 62 (2002), S. 810-833, hier S. 813: "'Informal' markets are those markets that have evolved spontanously outside the sectors of the economy that national governments or municipal authorities have subsidized, regulated, or in any way supervised, the term is highly appropriate in describing the financial markets that existed outside the banking system in nineteenth-century Sweden".

360 Lindgren, Modernization, S. 811. "Two closely linked developments unquestionable had revolutionary effects on economic behaviour and performance. One was the transition from a predominately barter to a predominately money economy (monetization). The other was the replacement of a traditional, socially determined system of resource allocation and income distribution, based on membership in groups and corporate bodies, with a system where institutionalized markets were the principal mechanism of economic coordination".

361 Lindgren, Modernization, S. 827; Kristina LILJA: Marknad och hushåll: Sparande och krediter i Falun 1820-1910 utifrån ett livscykelperspektiv, Uppsala 2004, S. 149-164, 216-217. Während der ganzen Periode hatten zwei Drittel der Faluner Haushalte Schulden bei privat. Institutionelle Kredite gewannen ab der Jahrhundertmitte für Wirtschaft und Handel an Bedeutung, wobei Mittelschichten bei der Sparkasse liehen und Oberschichten bei Geschäftsbanken. In dem Maße, wie die Haushalte vom Wirtschaftsaufschwung des 19. Jahrhunderts profitierten und Grundbesitz erwarben, legten die Institute zunehmend Wert auf Grundbesitz als Sicherheit, auf den Hypotheken eingetragen werden konnten.

stützt diese Ergebnisse durch eine Untersuchung zur Arbeiterstadt Falun, sieht eine schnell wachsende Bedeutung der Institutionen jedoch bei den individuellen Ersparnissen.[362]

Noch eine zweite Transformation fand in Kalmar und Falun statt: In Falun vergab bis 1850/60 noch das örtliche Bergwerk Kredite und Lohnvorschüsse ohne Zins an seine Arbeiter, mit abnehmender Tendenz.[363] In Kalmar wurden „alte" Institutionen wie Zünfte und Fürsorgeinstitutionen als Gläubiger ersetzt durch Banken und Versicherungen; sie selbst legten nun bei Banken an.[364] Lindgren wendet sich deshalb auch gegen eine Überbetonung der Institutionalisierung im 19. Jahrhundert. Er weist darauf hin, das starke Wachstum der Institutionen an sich sei zwar beeindruckend gewesen, doch sei die Institutionalisierung auf einen bereits stark verdichteten privaten Markt getroffen und habe diesen nur erweitert. Weder könne also die ausgebliebene Entwicklung in der frühen Neuzeit auf fehlenden Kredit zurückgeführt werden, noch die Industrialisierung im 19. Jahrhundert auf einen sich sprunghaft erweiternden Finanzmarkt.[365]

Unter dem Strich arbeitet Lindgren überzeugend einer Tendenz entgegen, die erwiesenermaßen starke Expansion von Instituten in ihrer Bedeutung zu überhöhen. Banken waren noch bis zur Wende zum 20. Jahrhundert kein starkes Transformationsmoment, zumindest nicht was kleine Städte und das Land betrifft. Was Lindgren hingegen sehr trennscharf kategorisiert, ist wohl der formale Charakter früher Finanzintermediäre. Es ist bei dem derzeitigen Forschungsstand sehr sinnvoll, die Andersartigkeit von Privatkredit und Bankkredit zu betonen. Eigentlich aber scheinen alle Institutionen auf dem Land in größerer Zahl analysiert werden zu müssen. Zumindest was deutsche Beispiele betrifft, muss nämlich Timothy Guinnanes Analyse von ländlichen Kreditgenossenschaften (Raiffeisen-Typus) gegen Ende des 19. Jahrhunderts ernst genommen werden.[366] Dieses – neben der Sparkasse – deutschlandspezifisch sehr erfolgreiche Modell führte auf dem Land Einleger/Genossenschafter und

---

362 Lilja, Marknad, S. 149-164, 216-217. Der durchschnittliche Haushalt Faluns besaß um 1850 etwa 20% seines Vermögens in Immobilien, 20% in Sparguthaben und Wertpapieren und zwischen 40 und 50% in Forderungen gegenüber Privaten. Bis zur Wende zum 20. Jahrhundert stieg v. a. der Anteil von Finanzwerten (auf rund 65%), auf Kosten der Forderungen gegenüber privat (10%). Lilja schildert diesen Wandel in der Vermögenswirtschaft als relativ linearen Prozess der Institutionalisierung insbesondere nach der Jahrhundertmitte.

363 Ebd., S. 149-164, 216-217.

364 Lindgren, Modernization, S. 829.

365 Ebd., S. 829-830; Philip T. HOFFMAN, Gilles POSTEL-VINAY und Jean-Laurent ROSENTHAL: Priceless Markets: The Political Economy of Credit in Paris, 1660-1870, Chicago 2000, S. 217, 283.

366 Timothy W. GUINNANE: Trust: A Concept Too Many, in: JWG 2005/1, S. 77-92, hier S. 84-87 und ders., Cooperatives as Information Machines: German Rural Credit Cooperatives, 1883-1914, in: JEH 61 (2001/2), S. 366-389.

Kreditnehmer zusammen, vermittelt durch den Vorstand der Bank und seinen Aufsichtsrat. Die Institutionalisierung bestand dabei in klaren Regeln für die Geldgeschäfte, auch für die Kreditvergabe, denen sich auch alle fügten. Soziale Beziehungen zwischen Gläubiger und Schuldner wurden nicht gelöst, sie wurden nur indirekter; der Schuldner verspürte nun nicht mehr nur den Druck seines Gläubigers, sondern der Nachbarschaft. Gleichzeitig wurden in den Gremien der Institution die im Dorf verfügbaren Informationen zusammengeführt. Transaktionen – zumindest Kreditvergaben – wurden nicht anonym, sondern geradezu das Gegenteil davon, öffentlich und vom Konsens der führenden Personen abhängig. Ökonomische Transaktionen waren trotz des Instituts also weiterhin ausgesprochen stark eingebettet in die Sozialbeziehungen der ländlichen Gesellschaft. Die vielfach vernetzten Beziehungen der ländlichen Gesellschaft wurden zu einer Basis der Institutionalisierung, nicht zu ihrem „Opfer".

Auf etwas andere Weise widersprechen Philip Hoffman, Gilles Postel-Vinay und Jean-Laurent Rosenthal der „traditional story", der zufolge es bei der Entwicklung von Finanzmärkten eine scharfe Trennung zwischen Vormoderne und Moderne gebe. Ähnlich Lindgren wenden auch sie sich gegen eine Überbetonung des Einflusses von Banken, zumindest in ihrer Frühzeit, und weisen bereits für das frühneuzeitliche Paris einen dichten, gleichwohl durch Privatpersonen geprägten Finanzmarkt nach.[367] So sei das Aufkommen der Finanzinstitute im 19. Jahrhundert für einen wesentlichen Teil der Modernisierung gar nicht verantwortlich gewesen. Wenn nämlich die Lösung der Bindung zwischen Schuldner und Gläubiger zum entscheidenden Kriterium eines Wandels gemacht werde, so habe Paris bereits seit Anfang des 18. Jahrhunderts über dies verfügt. Nur bis etwa 1700 nämlich war Kredit eine Sache zwischen einander bekannten Personen; dann aber organisierten Notare – eine kartellartig organisierte Gruppe – den Verkehr mit langfristigen Krediten und schoben sich als Intermediäre zwischen die eigentlichen Vertragspartner. Anonymität auf dem Kreditmarkt scheint insgesamt eher eine Funktion von Provinzialität und Urbanität zu sein, nicht aber eine des Institutionalisierungsgrades.

Die Französische Revolution traf dieses System schwer. Die Inflation raubte den auf lange Fristen gewährten Krediten ihren Wert und reichen Gläubigern das Vertrauen in den Markt.[368] Die Kreditmärkte von Paris und anderen großen Städten schrumpften. Verbindungen zwischen Städten und dem Umland brachen wahrschein-

---

367 Hoffman et al., Priceless Markets; dies., Information and Economic History: How the Credit Market in Old Regime Paris Forces us to Rethink the Transition to Capitalism, in: American Historical Review 104 (1999), S. 69-94 (Zitat S. 75) und dies.: No Exit: Notarial Bankruptcies and the Evolution of Financial Intermediation in Nineteenth Century Paris, in: ENGERMAN u.a. (Hg.), Finance, Intermediaries and Economic Development, Cambridge 2003, S. 75-108.

368 Philip T. HOFFMAN, Gilles POSTEL-VINAY und Jean-Laurent ROSENTHAL: Revolution und Evolution. Die Märkte des notariell beglaubigten Kredits in Frankreich 1780-1840, in: Clemens (Hg.), Schuldenlast, S. 131-160.

lich auf.[369] Bei der Regenerierung der Märkte spielte die Einführung von Hypothekenbüchern eine große Rolle. Wie gut sie angenommen wurden, hing entscheidend von den regionalen Praktiken ab. So waren in der Südhälfte Frankreichs, insbesondere auf dem Land, die Märkte lokal sehr begrenzt und basierten auf dem sozialen Kapital und den Informationen einzelner Notare. In der Nordhälfte Frankreichs waren die Notare vernetzt und die Wirtschaftskraft höher, weshalb die hohen Transaktionskosten der Hypotheken in Kauf genommen werden konnten.[370] Auf lange Sicht machten Hypothekenbücher den Notaren ihr Informationsmonopol streitig.[371] Notare wiederum nahmen im 19. Jahrhundert auch Einlagen an und verzinsten diese. Es kam zu einer Reihe von Konkursen, einem Verbot des Passivgeschäftes und schließlich auf einem eher konventionellen Modernisierungspfad zur Gründung der Bank Crédit Foncier de France und damit der Übernahme der Sparangebote durch den institutionellen Sektor.[372] In Paris setzte sich die Crédit Foncier daraufhin durch, auf dem Land hingegen nicht, wo sie aufgrund geringerer Verbreitung von Hypothekenbüchern nicht die notwendigen Informationen gewinnen konnte, so dass hier die Notare mit ihrem Informationsmonopol führend blieben.[373]

Eine weitere Interpretation großer Tragweite wählt Winifred Rothenberg. Sie hat für das ländliche Massachusetts zwischen 1730 und 1838 einen Pfad der Finanzmarkttransformation definiert und getestet. Ausgangspunkt war eine bald nach der Unabhängigkeit der Vereinigten Staaten einsetzende Modernisierung in Neuengland, bestehend aus dem Aufbau von Fabriken und der Verdichtung der Infrastruktur, dem Aufbau von Agrarproduktmärkten, begleitet von Modernisierungs- und Umstellungsbestrebungen der Bauern bis hin zur Aufgabe bäuerlicher Betriebe und dem Hinwenden zu Kommerz und Handel. Sie spricht von Kapitalflüssen aus der Landwirtschaft in die Industrie:

> "Central to such a transformation must have been the development of an effective mechanism for increasing the liquidity of the regional economy, for motivating the accumulation of capital in the farm sector, and for channeling savings through credit networks that became increasingly multilateral and impersonal, out of declining sectors on the fringes of the

---

369 Hoffman et al., Revolution, sprechen wiederholt von „Dezentralisierung des Kreditwesens". Eigentliche Kreditbeziehungen zwischen Stadt und Land, die auf Zentralisierung oder Dezentralisierung schließen lassen, sind jedoch nicht Gegenstand der Analyse.

370 Ebd., S. 157: „Je reicher die Märkte waren, desto eher waren sie in der Lage die Kosten der Institutionen zu tragen, und je dichter die Institutionen verteilt waren, desto eher waren sie imstande, den Reichtum zu erhalten und zu erhöhen".

371 Hoffman et al., Priceless Markets, S. 229-256, insbes. 238.

372 Hoffman et al., Exit.

373 Hoffman et al., Priceless Markets, S. 264.

development process and toward higher returns generated in infrastructure and manufacturing sectors. The mechanism to effect that transformation is a regional capital market."[374]

Diese Markttransformation bestand ihrer Ansicht nach darin, dass erstens Kreditzinsen tatsächlich die Funktion von Preisen für Kapital übernahmen und sich etwa über gesetzliche oder kirchlich-normierte Obergrenzen hinweg bewegten (dies war ab den 1780er-Jahren der Fall). Zweitens sei ein sich entwickelnder Finanzmarkt sowohl von Verdichtung (Vermehrung) als auch von einer geografischen Ausdehnung der Kreditbeziehungen gekennzeichnet gewesen. Drittens steigerte ein sich entwickelnder Finanzmarkt das Angebot von Finanzprodukten (etwa Anleihen) und gab insbesondere den Grundbesitzern auf dem Land die Möglichkeit, die Vermögensform des Grundbesitzes durch andere Anlagearten zu ersetzen. So macht Rothenberg ihre Interpretation auch primär an Vermögensbeständen fest, nicht an Schulden. Anhand ihrer aus rund 500 Nachlassinventaren aus dem ländlichen Massachusetts (County Middlesex) bestehenden Daten konnte sie tatsächlich eine Flexibilisierung der Zinssätze beobachten, was erahnen lässt, dass jene das Kapital am höchsten verzinsten, die höhere Wachstumsraten einfahren konnten. Auch die Zahl der Finanzbeziehungen erhöhte sich von 1730 bis 1830, wobei insbesondere die Zunahme der Debitoren, also jener, die Kredite von ländlichen Gläubigern aufgenommen hatten, die These von Rothenberg stärkte.[375] Und in der Tat waren die Vermögensbestände an Finanzprodukten in der Phase der Industrialisierung in allen Schichten absolut höher als zuvor. Und in allen, mit Ausnahme der ärmsten, erhöhte sich obendrein ihr relativer Anteil am Vermögen. Letzteres wertete Rothenberg als wichtigstes Kennzeichen der Transformation:

> "It is not ... the presence of promissory notes in rural portfolios that makes a capital market. Rather it is the displacement by financial assets away from cattle and implements and toward evanescent forms of wealth whose liquidity is enhanced by the collective willingness to make a shift."[376]

Tatsächlich weisen die von Rothenberg untersuchten Inventare in allen Schichten zwischen 1730 und 1830 auch inflationsbereinigt enorme Vermögenszuwächse auf. Auch an Grundbesitzvermögen legten Haushalte stark zu. Rothenberg begründet ihre These allerdings damit, dass institutionelle Finanzprodukte überproportional an Bedeutung gewannen, insbesondere in oberen Schichten. Der integrierte Finanzmarkt

---

374 Winifred Barr ROTHENBERG: The Emergence of a Capital Market in Rural Massachusetts, 1730-1838, in: JEH 45 (1985), S. 781-808, S. 782.

375 Ebd., S. 793. Eine geografische Ausweitung der Finanzbeziehungen nachzuweisen, gelingt Rothenberg hingegen nicht so überzeugend, zumal in verhältnismäßig wenigen Fällen die Herkunft der Partner belegt ist.

376 Ebd., S. 802.

„mobilized the supply of agricultural savings and channeled them toward new investments on the cutting edge of growth“[377].

Mit den zitierten Forschungen sind somit wesentliche Probleme der Kreditforschung umrissen, die im Folgenden im Zentrum stehen werden: Was bewirkte die zentrale Registrierung der Hypotheken, und zwar sowohl für die Liquidität suchenden Schuldner, als auch für die Anlage suchenden Gläubiger? Was bedeutete es, wenn auch ein Kreditinstitut im modernen Sinne, staatlich autorisiert, mit Statuten reguliert, Kredite anbot? Wer vermittelte zwischen Debitoren und Gläubigern? Sind im Untersuchungszeitraum Tendenzen der Integration der Kreditmärkte und Kreditflüsse vom Land weg, möglicherweise in Industriezentren, zu beobachten?

4.2 Grundlagen des Kredits im 19. Jahrhundert

4.2.1 Rechtliche Grundlagen des Kredits

Den Rahmen, in dem Bauern ihre Kreditgeschäfte tätigten, steckten Gesetze und Institutionen ab. Wie zuvor für den Bodenmarkt geschehen, muss auch für den Kreditmarkt gefragt werden, ob es denn grundsätzlich überhaupt zu einer „freien Entfaltung“ des Marktes kommen konnte, oder ob die Regulative so streng waren, dass sie den Markt unterbanden. Waren Zins und Verschuldung frei? Wie frei waren Informationen zugänglich?

Die breitflächige Einführung von Hypothekenbüchern im 19. Jahrhundert stellte einen wesentlichen Schritt der Institutionalisierung des Kreditsektors dar, der jedoch bislang noch gering gewürdigt wird.[378] In einer ersten Phase ihrer Etablierung, so in Holstein im 17. Jahrhundert, in Preußen nach 1722[379], stellten sie bereits zentral gela-

---

377 Rothenberg, Emergence, S. 806. Kritisch ist gegenüber Rothenbergs Beitrag anzumerken, dass die in Quartilen sozialdifferenziert aggregierten Daten weitgehend individuelle Vermögenszusammensetzungen überdecken. Dies wird etwa deutlich in der Feststellung, dass die reichsten 5% der Erblasser gar Kredite aufgenommen zu haben scheinen, um das Geld weiter zu verleihen. Sie allein erschienen in der ländlichen Gesellschaft als Gläubiger, als Finanziers. Auch der Zuwachs an Finanzvermögen muss keineswegs allein auf veränderte Strategien, einen Einstellungswandel gegenüber Grundbesitz und einem Streben nach höchster Rendite zurückgegangen sein. Wichtig an Rothenbergs Interpretation ist aber, dass der Transformationsimpuls nicht von der Seite der institutionellen Kredite ausging, sondern von der Seite der Anlageprodukte, also des Sparens. An dieser Stelle trifft sich die Interpretation mit der These von Carter / Ransom / Sutch, Life-Cycle, die ebenfalls die Ausweitung des Sparens konstatieren und dies in Verbindung mit Individualismus und Geburtenrückgang bringen.

378 Etwa keine Erwähnung in Wischermann / Nieberding, Revolution.

379 Hypotheken- und Konkursordnung vom 24.2.1722. Hypothekenordnung vom 20.12.1783. Nach August MEITZEN: Der Boden und die landwirtschaftlichen Verhältnisse des Preußischen Staates nach dem Gebietsumfange 1866, Bd. 3, Berlin 1871, S. 94, diente letztere vielen

gerte und öffentlich einsehbare Verzeichnisse von Realkrediten dar, so dass Gläubiger sich einen Überblick über den Schuldenstand ihrer Schuldner machen konnten. In einer zweiten Phase zu Beginn des 19. Jahrhunderts wurden bestehende Ansätze vereinheitlicht und vor allem mit der Kartierung und Katastrierung der Grundstücke verbunden, wodurch die Verfügungsrechte über den Boden, das Verkaufen, aber auch das Beleihen noch mal deutlich klarer und eindeutiger wurden. Die Eintragung von Eigentum, Besitz und Besitzwechsel in der Rubrik I des Hypothekenbuchs legte die dinglichen Rechte eindeutig fest (Tabelle 4-a), sie konnte aber – und dies ist bei den heutigen Grundbüchern immer noch so – einzelne schuldrechtliche Verträge nicht ersetzen.[380]

Mit den Hypothekenbüchern war vor allem eine bis dahin nicht da gewesene Transparenz der Informationen gewährleistet.[381] Ihre Prinzipien gelten fort: Jedes Grundstück musste verzeichnet sein.[382] Hypothekenbücher waren für jedermann mit begründetem Interesse einsehbar („formelle Publizität“) und man genoss rechtlichen Schutz, wenn man in Vertrauen auf den Inhalt Geschäfte schloss („materielle Publizität“). Eine Grundlast ist spezifisch mit verpfändeten Grundstücken verknüpft („Spezialität“). Die Amtsgerichte wachten darüber, dass nur der Eigentümer Verfügungen traf und dass diese rechtskonform waren („Legalität“). Nicht zuletzt galt das Prinzip der „Priorität“, demzufolge die Abfolge der Eintragungen eine Hierarchie der Lasten auf einem Grundstück festlegt und damit gewährleistet, dass im Konkursfall die erste (meist früheste) Eintragung zuerst bedient wird.[383]

---

deutschen Staaten als Vorbild. In den preußischen Territorien Grafschaft Mark und Minden-Ravensberg gab es Vorläufer der Grundbücher in der zweiten Hälfte des 18. Jahrhunderts. Flächendeckend in Westfalen eingeführt wurden die Hypothekenbücher allerdings erst mit der Verordnung vom 30.3.1834. Weitere Gesetze im Zusammenhang mit dem Hypothekenrecht: 9.5.1839, 7.3.1845, 28.12.1840, Konkursordnung von 1855, 14.11.1867 (Aufhebung aller Zinsbeschränkungen), 24.5.1853 (Hypothekennovelle, Vereinfachung des Verfahrens).

380 G. Fertig, Äcker, S. 236-237.

381 Zur bedeutenden Rolle der Hypothekenbücher in Paris siehe Hoffman et al., Priceless Markets, S. 231-232: „The most important reform of the Revolution and the Empire was the creation of the hypothèques, which registered liens and real estate transactions. If they were used, the hypothèques would, for the first time, make information about collateral public“. Hoffman u.a. sprechen den Büchern für Paris große Bedeutung zu, nicht jedoch dem ländlichen Frankreich. Dies hat auch mit der zögerlichen Eintragungspraxis für Grundstücke in Frankreich zu tun, wo offenbar weitaus unregelmäßiger eingetragen wurde, als in Preußen, wo bei Landtransaktionen ein Eintragungszwang herrschte. Vgl. G. Fertig, Äcker, S. 234-235.

382 Die Eintragung der Parzellen jedoch verlief in der Praxis sehr zögerlich, am langsamsten in Oberkirchen. Dazu G. Fertig, Äcker, S. 68-76.

383 MEITZEN, Boden, Bd. 3, S. 94. MEYERS großes Konversationslexikon, 6. Aufl., Leipzig/ Wien 1902, Bd. 8, S. 448 auf Grundlage der Grundbuchordnung des Deutschen Reichs vom 1.1.1900. Vgl. abweichend die frühen französischen Hypothekenbücher nach Hoffman / Postel-Vinay / Rosenthal, Priceless Markets, S. 230-239, insbes. S. 233. Vgl. zur Systematik der Registrierung der englischen *mortgages* in Redish, Mortgage Market, S. 115-116.

Tabelle 4-a: Systematik der preußischen Hypothekenbücher (Grundbücher)

Blatt/ Folium Nr. ...		
Rubrik I. **Titulus possessionis**	**Rubrik II.** **Onera perpetua, beständige Lasten**	**Rubrik III.** **Gerichtlich versicherte Schulden und andere Real-Verbindlichkeiten**
1. Eigentümer bzw. Besitzer 2. Parzellen, Größe, Kataster-Reinertrag, 3. Wert der Immobilie (letzter Kaufpreis) 4. Eigentümer bzw. Besitzer	Abgaben an Herrschaft, Kirche, Gemeinde, Schule, Nießbräuche Infolge Grundlastenablösung auch Kredite der Rentenbank	Kredite, Abfindungen, Prozesskosten, Zessionen ab 50 Taler Wert Kosten einer Eintragung: 0,08% des Werts
Kosten eines Besitzwechsels/ einer Auflassung: 1% des Werts		
Datumsangaben von Besitzwechseln	Datumsangaben von Vertragsschlüssen, Eintragungen und Löschungen	

Ein Kredit ging ins Grundbuch ein, wenn Gläubiger oder Schuldner dies wünschten. Meist lag dann bereits ein Schuldschein schriftlich vor, oft vom Notar aufgesetzt. Im Gericht selbst wurde dann ein Schriftstück aufgenommen, das recht formelhaft den Sachverhalt schildert, nicht aber die näheren praktischen Umstände, die zu dem Kredit führten. Ins Grundbuch selbst, unter der Rubrik 3, fanden folgende Daten Eingang: Das Datum des Kreditabschlusses, das Datum der Eintragung ins Grundbuch, der Gläubiger (der Schuldner ist als Besitzer der belasteten Parzellen überliefert), die Summe, der Zins (nicht klar, ob durchgängig aufgenommen) und das Datum der Löschung, was bei den bis 1866 abgeschlossenen Krediten durchaus im 20. Jahrhundert liegen konnte.

Die Hypothekenbücher dienten der Verrechtlichung von Kreditbeziehungen und der Verfügbarkeit von Informationen und damit der Verringerung des Risikos bei Kreditgeschäften. Durch den Abbau von Informationsdefiziten sollte gewährleistet werden, dass Kapitalflüsse in Gang kamen und ein Haushalt oder Betrieb mit Sicherheiten ohne Zinsaufschlag in den Genuss von Fremdkapital kam. Der Nationalökonom August Meitzen ließ 1868 keinen Zweifel an der positiven Wirkung der Hypothekenbücher und wies auf die gestiegene Zugänglichkeit von Informationen und damit die gestiegene Transparenz des Kreditmarktes hin.

„Die gesamte Einrichtung hat sich indes so bewährt, und das Vertrauen in die Zuverlässigkeit des Hypothekenbuches ist so groß und zu jeder Zeit so gerechtfertigt worden, dass die

Kapitalisten gewöhnt sind, Hypothekenforderungen auf die bloße Durchsicht des Instrumentes hin, ohne jede genauere Kenntnis von dem Zustande des Grundstückes oder der Lage seines Besitzers, zu erwerben."[384]

Auch beim Zins handelte es sich im Untersuchungszeitraum eher um ein Institut, um eine verrechtlichte Übereinkunft aller Vertragspartner, bestärkt durch die Gesetzgebung. Er blieb somit hinter dem liberalen Ideal des Zinses als eines zwischen Kapitalnachfragern und Kapitalanbietern ausgehandelten Preises zurück, erleichterte aber vielleicht gerade deswegen viele Vertragsschlüsse. Forschungen zum Kredit in der Frühen Neuzeit legen nahe, Zins und Sicherheit als Funktionen der sozialen Nähe zwischen Gläubiger und Schuldner zu erklären.[385] Die These lautet: Je näher sich Vertragspartner standen, desto geringer waren Zins und geforderte Sicherheiten. Weil die Motivation der Geldleihe an Verwandte eher in altruistischer Hilfe als in Profit bestand, vielleicht aber auch nur, weil gegenüber den Erwartungen des Umfelds ein Profitmotiv nicht durchzusetzen war,[386] wurden nur geringe oder keine Zinsen und Sicherheiten vereinbart. Aber auch eine ökonomische Erklärung beider Variablen als Funktionen sozialer Nähe ist möglich: Je näher sich die Vertragspartner standen, desto höher war der soziale Druck auf den Schuldner den Vertrag einzuhalten, desto besser die Information des Gläubigers über die Rückzahlmöglichkeit und die Charaktereigenschaften des Schuldners (sein Vertrauen in den Schuldner, dass er sich so verhält wie versprochen).[387] Je sicherer sich also der Gläubiger sein konnte, sein Geld wie vereinbart zurück zu bekommen, desto weniger Risikoaufschlag musste er verlangen.

Doch genau hier ist der Einfluss institutioneller Regeln zu erkennen. Wenn eine Urkunde oder das Hypothekenbuch die Rechtmäßigkeit der Forderung bestätigt, wenn Gerichte diese Instrumente anerkennen und dem Gläubiger zu seinem Recht verhelfen, und wenn der Gläubiger dies vor allem glaubt und erwartet (Institutionenvertrauen), ist der Zins losgelöst von sozialer Nähe der Vertragspartner. Von diesem Moment an dominieren weniger die Kostenüberlegungen des Gläubigers als die Marktbedingungen von Angebot und Nachfrage den Preis des Kredits, zumindest in einem von Gesetzen zugelassenen Rahmen.

---

384 Meitzen, Boden, Bd. 8, S. 107, zitiert in modernisierter Rechtschreibung.

385 Fontaine, Antoine, S. 45, 50; dies., Bauern, S. 111-118. Fürs 19. Jahrhundert auch Lorenzen-Schmidt, Klaus-Joachim: Bäuerliches Kreditverhalten in der Krempermarsch im 19. Jahrhundert, in: ders. (Hg.), Geld und Kredit in der Geschichte Norddeutschlands, Neumünster 2006, S. 261-276, hier S. 265.

386 Fontaine, Bauern, S. 116: „In einer auf persönlichen Beziehungen basierenden Gesellschaft wiegert man sich nicht, einem Familienmitglied Geld zu leihen, selbst wenn man weiß, dass es nicht imstande sein wird, den Betrag zurückzuzahlen". Vgl. hingegen Beate STURM: „wat ich schuldig war". Privatkredit im frühneuzeitlichen Hannover (1550-1750), Stuttgart 2009, S. 129-135.

387 Guinnane, Trust, S. 80-82, 92; Georg FERTIG: Zwischen Xenophobie und Freundschaftspreis. Landmarkt und familiäre Beziehungen in Westfalen, 1830-1866, in: JWG 2005/1, S. 53-76, hier S. 53-56.

Im Verlauf des Kapitels wird gezeigt werden, dass der Zins auch im Untersuchungsgebiet nur gering schwankte. Diese Situation wurde nicht zuletzt herbeigeführt durch gesetzliche Regeln den Zins betreffend. So war es im 19. Jahrhundert noch üblich, von einem „landesüblichen Zins“ zu sprechen, der zwischen Territorien variierte, für Preußen aber im Allgemeinen Preußischen Landrecht bereits mit 5% festgestellt und festgelegt (Kaufleute 6%, Juden 8%) wurde.[388] Gesetzliche Ausnahmen hiervon gab es in Zeiten besonders ausgeprägter Geldknappheit 1809-1810 und 1857, um das Angebot an Kapital zu erhöhen. Abgeschafft schließlich wurden gesetzliche Festlegungen 1866 für uneingetragene (chirografische) Darlehen, und schließlich generell für alle Kredite 1867. Ab diesem Zeitpunkt erst konnten Gläubiger und Schuldner den Zins wirklich frei vereinbaren.[389] Der Gesetzgeber widmete danach sein Augenmerk nicht mehr dem Zins, sondern vielmehr der Sittenwidrigkeit von bestimmten Bedingungen, begrifflich als Wucher gefasst. Ab 1880 waren Geldgeschäfte strafbar, die die „Ausbeutung der Notlage oder des Leichtsinns oder der Unerfahrenheit des Kreditnehmers durch den Abschluss des Geschäftes“ bedeuteten.[390]

Der Verschuldung waren vom Gesetz aus keine Grenzen gesetzt. Für die altpreußischen Provinzen Preußen, Pommern, Brandenburg und Schlesien galt die im Regulierungsedikt vom 14. September 1811 festgesetzte Grenze von Schulden in Höhe eines Viertels des Schätzwertes des Besitzes. In den betroffenen Provinzen sollte diese Verschuldungsgrenze je Hof in Talern im Grundbuch eingetragen werden.[391] In den

---

388 ALR I, 11 § 804ff. § 841; Jochen DILCHER: Die Zins-Wucher-Gesetzgebung in Deutschland im 19. Jahrhundert. Eine entwicklungsgeschichtliche Betrachtung unter besonderer Berücksichtigung wirtschaftlicher und wirtschaftspolitischer Faktoren, Frankfurt a.M. 2002, S. 151; Heinrich DERNBURG: Die Schuldverhältnisse nach dem Rechte des Deutschen Reichs und Preußens, Halle a. d. S. 1909, S. 83. Vgl. Hoffman et al., Priceless Markets, S. 230, denen zufolge im nachrevolutionären Frankreich ebenfalls 5% für Personalschulden bzw. 6% für Schulden aus dem Handel galten.

389 Dernburg, Schuldverhältnisse, S. 87. Dilcher, Zins-Wucher-Gesetzgebung, S. 238-259. Ähnlich Lindgren, Modernization, S. 811, für Schweden. Zur gesetzlichem Zins im Kanada der ersten Hälfte des 19. Jahrhunderts Redish, Mortgage Market, S. 115-116. Zur engen Spanne des Zinses in englischen Kreditverträgen im 17. Jahrhundert Holderness, Credit in a rural community, S. 97.

390 Dernburg, Schuldverhältnisse, S. 89-91.

391 Zur Verschuldungsgrenze von einem Viertel des Schätzwertes siehe Gesetz-Sammlung 1811, S. 281-299, hier 290; und Gesetz-Sammlung 1823, S. 33 (No. 786). Demzufolge konnten Mischbetriebe mit gewerblichem Anteil höher verschuldet werden. Zur Gültigkeit in den Provinzen Hermann MAUER: Die Verschuldungsgrenze für Bauerngüter in Preußen (1811-1843), in: Archiv für Sozialwissenschaft und Sozialpolitik 24 (1907), S. 547-557, hier S. 550. Die Gültigkeit der preußischen, vor dem Wiener Kongress erlassenen, Gesetze und Verordnungen in den neuen preußischen Provinzen herrscht Unklarheit und ist offensichtlich auch unter den Zeitgenossen umstritten gewesen. Dazu etwa Mooser, Klassengesellschaft, S. 110. Von der Gültigkeit der Verschuldungsgrenze gehen Rouette, Bauer, S. 114, und Stefan BRAKENSIEK: Bauern und Landwirtschaft zwischen Ancien Régime und Moderne, in: Harm KLUETING (Hg.), 200 Jahre

Grundbüchern der untersuchten westfälischen Gemeinden existieren diese Eintragungen nicht, was vermuten lässt, dass auch das Gesetz hier nicht in Kraft war. Unter den untersuchten Fällen ist auch kein Beispiel bekannt, in dem das Gericht aus eigenem Antrieb ein Konkursverfahren eingeleitet hätte. Spätestens seit der Konkursordnung von 1855 war es ausgeschlossen, dass von Amts wegen Verfahren aufgrund von Überschuldung geführt wurden.[392]

Hingegen hatte sich die Pflicht der Kolone zur Einholung des grundherrlichen Konsenses bei einer Kreditaufnahme[393] keineswegs mit den Napoleonischen Gesetzen erledigt, sondern war nach wie vor in Kraft. Die Hofakten des Gutes Beck, der neben dem Staat Preußen wichtigsten Grundherrschaft in Löhne, weisen Kreditkonsense zumindest bis 1821 aus.[394] Gesetzlich sind danach zum Kreditkonsens keine weiteren Verfügungen getroffen worden, sodass anzunehmen ist, dass er bis zur endgültigen Ablösung der Reallasten in Kraft blieb. Ob und wie ernsthaft die Pflicht von den Grundherren, insbesondere von den staatlichen Stellen gehandhabt wurde, ist freilich fraglich. Weder die Hofakten der von Fürstenberg, Patrimonialherren in Oberkirchen, noch die Hofakten der Domänenrentei Soest, dem größten Grundherrn in Borgeln, weisen Kreditkonsense aus.

Wir haben es also im Untersuchungszeitraum einerseits mit konstanten Bedingungen zu tun – die Hypothekenbücher gewährten kreditförderliche Informationstransparenz, die Kreditzinsen waren nach oben begrenzt, eine amtliche Verschuldungsgrenze gab es wahrscheinlich nicht –, andererseits wurde den Bauern erst mit der „Bauernbefreiung" die volle Verantwortung für Schulden übertragen. Beschränkungen wurden von vielen Seiten bisher dahin gehend interpretiert, dass Bauern eher von einer Eintragung der Kredite absahen und dadurch möglicherweise höhere Zinsen in Kauf nahmen bzw. aus Mangel an Sicherheiten keine Gelder aufnehmen konnten und so zum Landverkauf bzw. „Zersplitterung" des Besitzes gezwungen waren.[395] In welcher Form sich Konstanz und Wandel der rechtlichen Grundlagen in den tatsächlichen Kreditzahlen widerspiegelten, ist im Folgenden zu zeigen.

4.2.2 Einordnung des Quellenzugangs

Die Quellenlage zum Agrarkredit stellt sich in vielen Regionen und Ländern gleich dar: Der ursprünglichste Zugang zu Krediten sind zweifellos die originalen Urkunden,

---

Reichsdeputationshauptschluss. Säkularisation, Mediatisierung und Modernisierung zwischen Altem Reich und neuer Staatlichkeit, Münster 2005, S. 265-283, hier S. 275, aus.

392 Dernburg, Schuldverhältnisse, S. 281.

393 Nicht Verbote! Vgl. Mager, Protoindustrialisierung, S. 449.

394 Stadtarchiv Löhne, Dep. Haus Beck, Nr. L 119, fol. 21.

395 Dies nach Mauer, Verschuldungsgrenze, S. 547-557, ein Hauptargument in der ganzen Debatte zwischen 1811 und 1843 für und wider die Verschuldungsgrenze. Außerdem Brakensiek, Bauern, S. 275.

die, wenn sie als Konvolute in hoher Zahl überliefert sind, meist ein sehr dichtes, aber auf Kosten der Repräsentativität auf den Schuldner oder Gläubiger verengtes Bild ergeben.[396] Ähnlich verhält es sich mit Gerichtsurteilen aus Schuldprozessen, die Einblicke in Motive und Strategien der Akteure bieten.[397]

An seriellen Quellen finden sich vielerorts Hypothekenbücher (auch Grundbücher, Schuld- und Pfandprotokolle), die typischerweise von lokalen Gerichten geführt wurden und welche die Hypotheken pro Stelle (besser: pro Folium) mit Aufnahme- und Tilgungsdatum (bei Grundbüchern: Aufnahme-, Eintragungs- und Löschungsdatum) rekonstruieren lassen, aber die Seite der Gläubiger nur unzureichend beleuchten.[398] Des Weiteren unterliegen die Einträge der Einschränkung, dass nur durch Grund und Boden abgesicherte Kredite eingetragen wurden, und der Eintrag an sich meist im Ermessen des Gläubigers lag. Der Bereich des Personalkredits, für sozialanthropologische Deutungen sehr wichtig, lässt sich auf dieser Grundlage nicht behandeln.

Je nach Region lässt sich mit zu Teilungs-, Übergabe-, Wiederheirats- oder Sterbfallzwecken erstellen Inventaren arbeiten.[399] Hier hat man größte Gewähr für ein vollständiges Bild von Schulden und Forderungen zu einem bestimmten Zeitpunkt. Bei der Interpretation der Vermögensbestände aus Inventaren sollten lebenszyklische Erklärungen (z. B. alterstypische Anlageformen) in Betracht gezogen werden, denn ob das Inventar in der Mitte eines Erwerbslebens oder in hohem Alter aufgestellt wurde, wird verschiedene Vermögensstrukturen zur Folge gehabt haben.[400]

Eine weitere überaus wichtige Quellensorte zum ländlichen Kredit stellen bäuerliche Anschreibebücher dar. Wurden sie verlässlich geführt, verbinden sie die Vorteile

---

396 Auf der Basis von Urkunden etwa Bjørn POULSEN: Rural credit and land market in the Duchy of Schleswig c. 1450-1660, in: Blondé et al. (Hg.), Labour, S. 203-217; Gabriele B. CLEMENS und Daniel REUPKE: Kreditvergabe im 19. Jahrhundert zwischen privaten Netzwerken und institutioneller Geldleihe, in: Clemens (Hg.), Schuldenlast, S. 211-238; und die Forschungen von Hoffman / Postel-Vinay / Rosenthal.

397 Beate STURM: „Borg macht Sorg". Schuldkonflikte im frühneuzeitlichen Hannover, in: Schlumbohm (Hg.), Praxis, S. 53-79; Muldrew, economy; Stefan BRAKENSIEK: Beobachtungen zu ländlichen Kreditpraktiken in Deutschland und Frankreich im 19. Jahrhundert. Ein Kommentar, in: Clemens (Hg.), Schuldenlast, S. 259-266, S. 261, vermutet einen grundsätzlichen Wandel der Funktion von Gerichten, von der „Mediation" zwischen Schuldner und Gläubigern vor 1800 hin zu einem „konsequente[n] Verfechter der Zahlungsmoral" im 19. Jahrhundert.

398 Für eine kanadische Untersuchung auf Basis von „land registers": Redish, Mortgage Market.

399 Z. B. Holderness, Credit in a rural community; Rothenberg, Emergence; Muldrew, Economy; Lindgren, Modernization; Livio DI MATTEO: The Determinants of Wealth and Asset Holding in Nineteenth-Century Canada. Evidence from Microdata, in: JEH 57 (1997), S. 907-934; Mary Beth COMBS: They Lived and Saved. Evidence of the Bequest Motive for Saving Among Small Shopkeepers in Late Nineteenth Century Britain, in: David R. GREEN u.a. (Hg.), Men, Women, and Money. Perspectives on Gender, Wealth and Investment, 1850-1930, Oxford 2011, S. 81-98; Kristina LILJA: Utav omsorg och eftertanke. En undersökning av Falu stads sparbankssparare 1830-1914, Uppsala 2000; dies., Marknad.

400 Lindgren, Modernization.

beider zuerst genannten Quellen, sie finden sich aber immer nur sporadisch und lassen deswegen nur enge, auf einen Betrieb fixierte Perspektiven zu.[401] Es fehlt bisher noch an Arbeiten, in denen diese drei Quellensorten systematisch zueinander in Beziehung gesetzt werden. Deswegen kann der Aussagewert der einzelnen Quellensorten bislang nicht präzise genug angegeben werden. Für die weitere Forschung zum historischen Kredit wäre diese Form der Grundlagenforschung sehr wichtig.

Schließlich ist eine weitere Quelle zu nennen, die sehr selten zur Grundlage von Forschungen wurde: die Kreditbuchführung von Finanzinstituten, hier der Sparkasse. Die Einschränkungen dieses Zugriffs bestehen vornehmlich darin, dass es sich um einen einzigen Gläubiger neben vielen handelt. Hingegen dürften in diesen Quellen sowohl Personal- als auch Realkredite vertreten sein. Die Buchführung bietet darüber hinaus einen Vorteil, den in dieser Exaktheit keine andere Quelle zum Kredit zu bieten hat: Die taggenaue Registrierung von allen Kapitalaufnahmen, Zinszahlungen und Tilgungen.

Für die folgenden Untersuchungen wurden Hypothekenbücher und Inventare ausgewertet, aber auch die in den Journalen der Sparkasse Soest enthaltenen Kreditkonten, die darüber hinaus mit den vorliegenden genealogischen und sozialstrukturellen Daten der Borgeler Einwohnerschaft verknüpft wurden. Deswegen konnten zwei Ansätze verfolgt werden: der eines Querschnitts von Krediten bestimmter Qualität (Hypothek) und der einer Analyse aller Kreditbeziehungen zwischen einem Akteur und den Borgelern, unabhängig von Höhe und Qualität.

401 Klaus-Joachim LORENZEN-SCHMIDT: Über bäuerliches Kreditverhalten in den Elbmarschen, vor allem im 19.Jahrhundert, in: Jahrbuch Steinburg 30 (1986), S. 101-109; ders., Kreditverhalten in der Krempermarsch; Kopsidis, Marktintegration, S.464-470; Poulsen, Credit.

4.3 Leihen und Verleihen als Transaktionen und ökonomische Praxis

4.3.1 Einordnung des Datenmaterials: Real- und Personalkredite, Hypotheken und nicht eingetragene Kredite

Es sind zwei Gegensatzpaare, mit deren Hilfe die Entwicklung des Kredits privater Haushalte eingeordnet werden kann. Da ist zum einen der *private* Kredit im Gegensatz zum *institutionellen* Kredit; zum anderen der *Personal*kredit im Gegensatz zum *Real*kredit. Bisweilen werden die Begriffe Hypothekenkredit und Realkredit synonym verwendet, dies überdeckt aber feine Unterschiede: Ein Hypothekarkredit war in jedem Fall ein Realkredit, weil der Schuldner Grundstücke als Sicherheit stellte. Nicht jeder Kredit aber, bei dem Grundstücke als Sicherheit verpfändet wurden, kam zur hypothekarischen Eintragung. Zudem konnten neben Immobilien auch Mobilien, oder vielleicht nur letztere verpfändet werden, die ebenso unter den Begriff der Realien fielen. In der Praxis werden diese Fälle vermutlich selten gewesen sein, auf diese Differenzierungen hinzuweisen ist aber notwendig. Im Folgenden wird deshalb, was die eigene Datenanalyse betrifft, von *eingetragenen* oder *Hypotheken-Krediten* und von *nichteingetragenen Krediten* gesprochen.

Vergegenwärtigt man sich die heutige Situation der privaten Haushalte, so dürften die allermeisten Schulden in Verbindlichkeiten gegenüber Kreditinstituten bestehen; sie sind also institutionelle Kredite. Betrachtet man qualitative Quellen zum Kredit der frühen Neuzeit und des beginnenden 19. Jahrhunderts, insbesondere zum Agrarkredit, etwa die umfangreiche juristische Literatur, so findet sich ein wiederkehrendes Element in der Betonung des privaten Personalkredits, einem zwischen Einzelpersonen ausgehandelten Kredit, der allein auf der Integrität des Schuldners beruhte. Aus juristischer, aber auch aus ordnungspolitischer und gar paternalistischer Sicht kumulierten hier Risiken, die zu sozialer Not und dem Rückgang von Agrarproduktion führen konnten. Kreditoren wurden als „Wucherer“, häufig auch als „jüdische Wucherer“, zum Feindbild stilisiert.[402] Der Argumentationsstrang verlief so: Weil der Debitor

---

[402] Die Kombination des Wuchers mit dem Judentum ist ein gängiger Topos des zeitgenössischen Diskurses (Margit NAARMANN: Ländliche Massenarmut und „jüdischer Wucher“: zur Etablierung eines Stereotyps, in: Ludger GREVELHÖRSTER und Karl HÜSER (Hg.), Region und Gesellschaft im Deutschland des 19. und 20. Jahrhunderts, Vierow bei Greifswald 1995, S. 128-149). Die bisher vorliegenden Untersuchungen sprechen aber nicht dafür, dass diese Kombination aus Religion und Wucher als Wirtschaftsgebahren häufig vorkam und zu einem gesellschaftlichen und ökonomischen Problem führte. So sieht Wilhelm von LAER: Die Entwicklung des bäuerlichen Wirtschaftswesens von 1815 bis heute. Die wirtschaftlichen Verhältnisse, in: Engelbert von KERCKERINCK ZUR BORG (Hg.), Beiträge zur Geschichte des westfälischen

dem Gläubiger zu wenig Gegenwert als Pfand für das geliehene Geld bieten konnte, musste er selbst als Person genug Rechtschaffenheit und Verlässlichkeit bereitstellen, um dem Gläubiger Sicherheit zu geben. Sollte dies nicht allein reichen, so musste er sich den Kredit teurer erkaufen, nämlich durch höheren Zins. Im Extrem musste er einen Wucherzins in Kauf nehmen, der dem Gläubiger einen Aufschlag für sein höheres Ausfallrisiko verschaffte. Soweit entsprachen zeitgenössische Auffassung und Problembewusstsein ziemlich genau der klassischen Theorie des Kredits. Wenn es auch logisch erscheint, dass ein Kredit auf Vertrauensbasis ohne reale Sicherheit gerade zwischen einander nahe stehenden Einzelpersonen ver- und gegeben wurde, darf man diese Kombination nicht zu einem „vormodernen" Regelfall machen. Es stellt sich sogar die Frage, ob es ein verbreitetes Muster gab. Soziale Nähe der Vertragspartner, Zinshöhe und Pfand sind drei Eigenschaften des Kredits, die keineswegs in engem Zusammenhang gestanden haben müssen.

Auch die Vorstellung einer geradezu linearen Entwicklung vom Personal- zum Realkredit scheint sehr stark auf lokale Gegebenheiten zurückzugehen. So führt Brakensiek Kreditbeschränkungen, in der frühen Neuzeit durch Grundherrn und Gesetzgebung als Grund für häufige Aufnahme privater Personalkredite an.[403] Fundierte Belege aus dem frühneuzeitlichen Nordseeraum lassen hingegen den Realkredit als dominante Form des Kredits erscheinen.[404] 1868 kam Meitzen zu dem Ergebnis, der Realkredit habe sich insgesamt vollkommen durchgesetzt:

> „Der landwirtschaftliche Kredit hat gegenwärtig überall diese Form der Hypothek fast ausschließlich angenommen. Der Gläubiger, der in dem dauernden Werte des Gutes ein sehr geeignetes Pfand vor Augen hat, zieht selbstredend die Pfandsicherheit der persönlichen vor, der Schuldner aber, den die Hypothek in seinem Wirtschaftsbetriebe kaum irgendwie beschränkt, ist zur Einwilligung um so geneigter, als die starke Sicherstellung, die er bietet, die Zinshöhe ermässigt."[405]

Bauernstandes, Berlin 1912, ND Münster-Hiltrup [1988], S. 164-223, hier S. 200, der nicht frei von Stereotypen ist, einen Zinssatz von 4 bis 5% unter jüdischen Geldleihern als typisch an. Clemens / Reupke, Kreditvergabe, S. 230, machen 5% als Standardzins jüdischer Gläubiger aus. Jüdische Gläubiger zeichneten sich demnach nicht durch hohen Zins aus, sondern durch hohe Kreditsummen, gekoppelt mit landwirtschaftlichen Geschäften, und vereinbarten fixe Laufzeiten und möglicherweise entschiedenere Einforderung. Alexandra BINNENKADE: Haben oder Nicht-Haben: Jüdisch-christliche Schuldnetze im Kanton Aargau des 19. Jahrhunderts, in: Schlumbohm (Hg.), Praxis, S. 153-173, hier S. 167, wendet sich dagegen, in Juden stets die Gläubiger, in Christen stets die Schuldner zu sehen, zudem hätten Juden nur einen kleinen Teil des Kreditmarktes ausgemacht: „Christen hatten Schulden bei Juden *und* Christen, Juden verschuldeten sich bei Christen *und* Juden, Konkurse wurden von den Angehörigen *beider* Religionen eingeleitet" (Hervorhebungen original).

403 Brakensiek, Grund, S. 285; ders., Bauern, S. 275.

404 Poulsen, Credit, S. 203-217, S. 208; Klaus-Joachim LORENZEN-SCHMIDT: Kredite für Bauern der holsteinischen Elbmarschen (1350-1540), in: ders. (Hg.), Geld, S. 143-157, S. 155.

405 Meitzen, Boden, Bd. 3, S. 92.

Untersuchungen zu Krediten in Frankreich in der ersten Hälfte des 19. Jahrhundert haben bei größeren Summen etwa eine Eintragungsquote zwischen 16% (Land) und 75% (Paris) ergeben,[406] wobei die französische Hypothekenverfassung weniger Anreize zur Eintragung bot als etwa die preußische. Wie sich im Weiteren zeigen wird, kann auch für das ländliche Westfalen ein klarer Umbruch nicht beobachtet werden (siehe Kapitel 4.5).

Soziale Nähe und Zinshöhe werden im Weiteren noch behandelt werden. Hier liegt das Augenmerk zunächst auf der Qualität der gestellten Sicherheit, denn diese ist nicht nur ein Vertragsinhalt. Vielmehr bestimmt sie auch ganz wesentlich, welcher Ausschnitt der Gesamtheit historischer Kredite durch die Forschung analysierbar ist. Obwohl die historische Forschung gerade in den vergangenen Jahren den Kredit vor dem institutionellen Wandel des 19. Jahrhunderts für sich entdeckte, wird in den Beiträgen die Frage der Repräsentativität der Informationen, eigentlich ein Muss der Quellenkritik, selten beantwortet.

Die hier zum Kredit ausgewerteten Quellen sind primär die Hypothekenbücher der drei Orte. Da möglichst große Deckung mit den Pfarrgemeinden erreicht werden musste, welche die Basis für die Familienrekonstitutionen waren, wurden je nach Fall einzelne Teile der Hypothekenbücher ausgespart. Dennoch stellt diese Datengrundlage sicher, dass alle in den betrachteten Orten getätigten Hypothekenkredite in die Auswertung eingingen. Diese Quelle bringt allerdings mit sich, dass die von Borgeler Einwohnern gewährten Kredite nicht aufgenommen wurden, denn sie waren verständlicherweise auf den Grundbuchfolien der Schuldner eingetragen, und wenn diese nicht im gleichen Ort wohnten, sind solche Kreditvergaben nicht erfasst worden. Es spricht viel für die Vermutung, dass genauso viele Kredite in Nachbarorte vergeben wurden, wie aus diesen in die Untersuchungsorte gelangte.

Dennoch bleibt zu fragen, wie sich die Teilmenge der Hypothekenkredite zur Gesamtheit der Kredite verhält. Dazu wurden die vorliegenden Daten aus Inventaren des Untersuchungszeitraumes mit den Hypotheken verglichen (Tabelle 4-b). Dies ergab, bei relativ geringen Fallzahlen, eine beträchtliche Anzahl von nicht eingetragenen Krediten. Pro eingetragenen Kredit, wobei der Verwendungszweck des Kredits zunächst unbeachtet bleibt, muss man von etwa zehn nicht eingetragenen ausgehen. Unter diesen sind verständlicherweise sehr viele kleinere Summen, bei denen es sich kaum lohnte, den Weg zum Gericht zu unternehmen, auch wenn eine Hypothek erst ab einer Höhe von 50 Talern eine Stempelgebühr kostete. So waren die Hypothekenkredite im Durchschnitt drei- bis zehnmal so hoch wie die nicht eingetragenen (310 bzw. 74 zu 31 bzw. 24). Die Streuung der Werte war aber sehr hoch, weil teilweise auch durchaus hohe Kredite nicht eingetragen waren.

---

406 Hoffman et al., Priceless Markets, S. 238.

Tabelle 4-b: Schulden und Forderungen in Inventaren (1825-1867)

		Anzahl der Inventare	nicht eingetragene Kredite und Schulden	Hypothekarkredite im Grundbuch	Kredite insgesamt
Löhne	N	13	157	16	173
	Mw.		**31**	**310**	**57**
	Stdabw.		*95*	*530*	*199*
	Anteil		50%	50%	100%
Borgeln	N	14	60	10	70
	Mw.		**24**	**74**	**31**
	Stdabw.		*33*	*47*	*39*
	Anteil		66%	34%	100%
Oberkirchen	N	1	15	1	16
	Mw.		**33**	**39**	**33**
	Stdabw.		*46*		*44*
	Anteil		93%	7%	100%

Quellen: Hypothekenbücher Löhne, Borgeln, Oberkirchen; Grundakten Westfeld, Löhne, Borgeln. Hypothekenbücher Löhne (Datenbanken LOE, BOR und OKI, jeweils Tabelle Lasten).

N: Anzahl der Kredite, *Mw.*: arithm. Mittel der Werte in Talern, *Stdabw.*: Standardabweichung in Talern, *Anteil*: Anteil am Gesamtvolumen.

Ausgewählt wurden nur Inventare, die zwischen 1825 und 1867 erstellt wurden, damit sichergestellt ist, dass einerseits zum Zeitpunkt die Möglichkeit der Grundbucheintragung gegeben war, andererseits kein im Inventar angegebener Kredit nach dem Untersuchungszeitraum erfolgt ist.

Pauschal für alle drei Orte und den ganzen Zeitraum sollte davon ausgegangen werden, dass 10% der Kredite, aber 30 bis 50% des Kreditvolumens eingetragen waren. Dieses Ergebnis hat zur Folge, dass die Datengrundlage aus Hypothekenkrediten nicht als repräsentativ für alle Kreditflüsse, schon gar nicht für die Kreditvergaben aus dem Ort eingeschätzt werden kann. Kredite wurden bisweilen auch dann nicht eingetragen, wenn sie ansehnliche Höhen von 100, 150, und mehr Talern erreichten. Grundsätzlich aber kann angenommen werden, dass der Datenbestand an Hypothekenkrediten die größeren Kredite fasst.

Tabelle 4-c: Hypothekar- und nicht eingetragene Kredite der Sparkasse Soest, vergeben an Borgeler Einwohner (1830-1867)

		nicht eingetragene Kredite	Hypothekarkredite im Grundbuch	Kredite insgesamt
1830er-Jahre	N	6	32	38
	Mw	**47**	**76**	**72**
	Stdabw.	*29*	*54*	*53*
	Vol.	235	2.430	2.665
	Anteil	9 %	91 %	100 %
1840er-Jahre	N	7	24	31
	Mw	**26**	**84**	**70**
	Stdabw.	*4*	*77*	*72*
	Vol.	185	2.004	2.189
	Anteil	9 %	91 %	100 %
1850er-Jahre	N	15	10	25
	Mw	**757**	**782**	**767**
	Stdabw.	*1.166*	*1.286*	*1.216*
	Vol.	11.357	7.820	19.177
	Anteil	59 %	41 %	100 %
1860-1867	N	6	11	17
	Mw	**379**	**112**	**206**
	Stdabw.	*307*	*86*	*233*
	Vol.	2.274	1.229	3.503
	Anteil	65 %	35 %	100 %
Gesamtergebnis	N	34	77	111
	Mw	**426**	**175**	**250**
	Stdabw.	*861*	*524*	*654*
	Vol.	14.051	13.483	27.534
	Anteil	51 %	49 %	100 %

Quellen: Sparkassenjournale; Hypothekenbücher Borgeln (Datenbank BOR, Tabelle Lasten).
N: Anzahl der Kredite; Mw.: arithm. Mittel der Kreditwerte in Talern,; Stdabw.: Standardabweichung der Kreditwerte in Talern; Vol.: Kreditvolumen in Talern; Anteil: Anteil am Gesamtvolumen.

Auch die nur von der Sparkasse vergebenen Kredite lassen Rückschlüsse auf die Bedeutung der Hypothek zu (Tabelle 4-c). In der Auswertung der Sparkassenjournale konnten 112 Kreditkonten identifiziert und rekonstruiert werden. An dieser Stelle soll nicht der Untersuchung der Sparkasse als Gläubiger vorgegriffen werden (siehe Kapitel 4.5), doch ist bereits zu konstatieren, dass, obwohl grundsätzlich die statutengemäßen Beschränkungen der Sparkasse relativ strikt waren, der Personalkredit ohne Eintragung im Grundbuch eine hohe Bedeutung hatte. Zwar wurden in den 1830er- und 1840er-Jahren tatsächlich die Kredite zu 91% eingetragen und die ungesicherten Kredite nahmen auch keine großen Summen an. Ihre mittleren Werte entsprachen mit 47 bzw. 26 Talern 62% bzw. 31% denjenigen eingetragener Kredite. Nach 1850 stellte sich das Bild aber ganz anders dar. Nun wurden tatsächlich nur noch 41 bzw. 35% des Kreditvolumens eingetragen. Gerade unter den hohen Ablösekrediten des Jahres 1851 waren einige nicht hypothekarisch gesicherte. Insgesamt fand eine deutliche Strukturänderung bei der Kreditvergabe statt. Die vergebenen Gelder waren höher und formal schlechter gesichert als zuvor. Dabei scheint der Verzicht auf Sicherheiten in Soest kein Einzelfall gewesen zu sein. Von der Herforder Sparkasse ist bekannt, dass sie sogar nur etwa 7% des Kreditvolumens eintragen ließ.[407] In Kapitel 4.5 wird darauf zurückzukommen sein. Zunächst jedoch ist festzuhalten: Es ist gerade bei den institutionellen Krediten keine Entwicklung hin zur Hypothek zu verzeichnen. Im Gegenteil: Die 1850er- und 1860er-Jahre waren eine Hochzeit der Kreditaufnahme außerhalb des Grundbuchs.

4.3.2 Zweck des Kredits: Tageskredite, Investitionskredite, Kaufgelder, Abfindungen

Wozu wurden Kredite aufgenommen? Nach einer Systematik lassen sich grob vier Arten von Schulden unterscheiden:

1. „Besitzschulden", die mit dem Besitzwechsel eines Grundeigentums in Verbindung stehen. Zu diesen zählen nach einem Hofkauf ausstehende Kaufgelder, Abfindungen und Schuldenübernahme.
2. „Betriebsschulden", die aus dem laufenden Betrieb resultieren, etwa Abgabenrückstände, Konsumkredite, Löhne, Handwerkerrechnungen etc.
3. „Investitionsdarlehen", mit denen Kapital produktiv eingesetzt werden soll.
4. „Tilgungsschulden", deren Zweck die Umschuldung ist.[408]

Die Einträge der Grundbücher weisen demgegenüber eine nur teilweise deckende Charakterisierung auf. Tabelle 4-d zeigt eine vereinfachte Sicht der in den Einträgen der Rubrik III der Grundbücher auftretenden Bezeichnungen. Abfindungen und Erbteile, Kaufgelder und auch die Ablösungskapitalien lassen sich den „Besitzschulden" zurechnen, Zahlungsrückstände den „Betriebsschulden", während die allgemeine

---

407 Werner ABELSHAUSER: „Zur Vorbeugung der Armuth..." Der Kreis Herford im Spiegel seiner Sparkasse 1846-1996, Stuttgart 1996, S. 106-107.

408 Ulrich SEIDER: „Welche unß Paar dargestreckht". Die Kirche als Kreditgeberin auf dem Land vom 17. bis zum 20. Jahrhundert, dargestellt am Beispiel der Pfarrei Gottsdorf im unteren Bayerischen Wald, in: Ostbairische Grenzmarken. Passauer Jahrbuch für Geschichte, Kunst und Volkskunde 38 (1996), S. 65-111, hier S. 76-77, mit Bezugnahme auf Pflaumer-Resenberger, Die Anerbensitte in Altbayern. Eine rechts- und wirtschaftsgeschichtliche Untersuchung, München 1939.

Bezeichnung „Kredite" unspezifisch ist. Die Abfindungen machten in den drei Orten zwischen 12 und 37% der eingetragenen Werte aus (B4, D4, F4). Damit waren Abfindungen nur eine unter mehreren Verschuldungsursachen; übertriebene Höhe kann entgegen manchen Beurteilungen kaum für zu hohe Verschuldung angeführt werden.[409]

Ablösekapitalien als zweite klar definierte Hypothekengruppe sind fast ausschließlich in den Grundbüchern Löhnes zu finden, was mit dem Gang der Ablösungen in Löhne zusammenhing (C und D, je 11 und 12, auch Kapitel 6). Die bis dahin regelmäßigen Abgaben waren in eine einmalige Geldzahlung umgerechnet worden, speziell in Löhne aber nicht bar bezahlt, sondern zunächst als Hypothek des Grundherrn an den Bauern eingetragen worden. Ähnlich, wenn auch im Gegenstand davon deutlich unterschieden, verhält es sich mit Kaufgeldern, die der Käufer eines Grundstücks dem Verkäufer schuldig blieb und als Hypothek auf das eigene Grundbuchfolium eintragen ließ. „Kaufgelder" konnten seit der Friderizianischen Konkursordnung (1748-51) in Hypothekenbücher eingetragen werden, was den Verkehr mit Grundstücken und den Hoferwerb erleichterte, weil nicht notwendigerweise Fremdkapital gefunden werden musste.[410] Diese Form der Grundstücksfinanzierung ist vornehmlich in Löhne und Oberkirchen praktiziert worden (C bis F, je 5 und 6), während in Borgeln sich kaum Kaufgelder als Hypotheken finden lassen (A5 und 6, B5 und 6).[411] Dies kann am ehesten mit dem sehr geringen Handel an Grundstücken in Borgeln zusammenhängen,[412] bietet aber auch einen ersten Anhaltspunkt für ein hohes Angebot an liquidem Kapital in Borgeln, vor allem im Vergleich mit Oberkirchen (vgl. Kapitel 4.4), sodass Geschäfte mit Krediten aus dritter Hand finanziert werden konnten. Ähnlich verhält es sich mit den gerade in Oberkirchen häufig eingetragenen Zahlungsrückständen, Vorschüssen und Warenforderungen (E und F, 9 und 10). Auch diese Kreditbeziehungen bestanden zwischen Käufern und Verkäufern, betrafen jedoch weitaus kurzfristigere Geschäfte. Illiquidität und Geldmangel dürften die Gründe für die häufigen Eintragungen gewesen sein, und die Entfernung von Oberkirchen zu dem das Grundbuch führenden Gericht in der Stadt Fredeburg von rund 20 km lässt die Häufigkeit solcher Situationen eher noch unterschätzt erscheinen. Daneben muss aber beachtet werden, dass gerade wegen eines verbreiteten Wanderhandels und einer kommerziellen Holzproduktion das Netz an geschäftlichen Beziehungen in Ober-

---

409 Winkelmann, Handbuch, S. 3 u.9; Henning, Verschuldung der Bodeneigentümer, S. 316.

410 Zur Konkursordnung 1751 siehe Moritz Rudolf WEYERMANN: Zur Geschichte des Immobiliarwesens in Preussen mit besonderer Nutzanwendung auf die Theorie der Bodenverschuldung, Karlsruhe 1910, S. 24ff.

411 Henning, Verschuldung der Bodeneigentümer, S. 316, beziffert den Anteil der Restkaufgelder an der Verschuldung bäuerlicher Besitzungen auf 8-10%.

412 G. Fertig, Äcker, S. 77-83.

Tabelle 4-d: Hypothekeneintragungen in Borgeln, Löhne und Oberkirchen (1830-66)

	A	B	C	D	E	F
	Borgeln		**Löhne**		**Oberkirchen**	
	Anz. %	Taler %	Anz. %	Taler %	Anz. %	Taler %
1 Kredite	509 [1]	185.296	276 [2]	80.415	630 [3]	156.281
2	71%	70%	57%	49%	57%	63%
3 Abfindungen,	100	40.452	83	60.045	108	29.706
4 Kindteile, Erbteile	14%	15%	17%	37%	10%	12%
5 Kaufgelder	11	1.889	24	9.388	27	23.650
6 (Grundstücke) [3]	2%	1%	5%	6%	3%	10%
7 Bürgschaften und	13	29.834	6	2.895	29	8.250
8 Kautionen	2%	11%	1%	2%	3%	3%
9 Zahlungsrückstän-	18	964	3	374	97	26.184
10 de wegen Waren-forderungen etc.	3%	0%	1%	0%	9%	11%
11 Ablösekapital	1	171	27	9.669	19	1.012
12	0%	0%	6%	6%	2%	0%
13 Gerichtskosten,	60	4.288	62	1.532	192	4.266
14 Arreste, Mandate, Judikate	9%	2%	13%	1%	17%	2%
15 sonstige			6	78		
16			1%	0%		
17 Gesamt	**712**	**262.894**	**487**	**164.396**	**1.102**	**249.349**
18	**100%**	**100%**	**100%**	**100%**	**100%**	**100%**

Quellen: Hypothekenbücher Borgeln, Löhne, Oberkirchen (Datenbanken LOE, BOR und OKI, jeweils Tabelle Lasten).

1) Davon mindestens 159 (34.823 Taler) mit nachweislich notarieller Urkunde als Basis, 24 (5.975 Taler) unmittelbar gerichtliche Verträge.

2) im Grundbuch notarielle Verträge nur in unwesentlichen Zahlen nachweisbar bzw. nicht gesondert bezeichnet.

3) bei Oberkirchen aus Verbindungen Kaufgelder/ Kredit, Kaufgelder/ Vorschuss.

kirchen vermutlich dichter als in den anderen Orten war. Es kam dadurch mutmaßlich häufiger zu Situationen, in denen Bargeld vonnöten war und Liquidität mit Kredit überbrückt wurde.

Zuletzt sei das Augenmerk auf die direkten Kredite und nicht näher spezifizierten Hypotheken gerichtet. Diese Gruppe von Krediten wird im Folgenden vor allem im Zentrum stehen, denn vor allem sie beinhaltet, was man gemeinhin unter Krediten versteht: Bargeldleihe eines Kreditors an einen Debitor zu dessen individueller Verfügung. Diese Gruppe machte je nach Ort 49 bis 70% des eingetragenen Kreditvolumens aus (B2, D2, F2), wenngleich nicht ausgeschlossen ist, dass auch hier sich Posten darunter befanden, die dem Wesen nach Kaufgelder, Rückstände und Abfindungen waren, aber nicht näher spezifiziert waren.

4.3.3 Kreditaufnahme und Verschuldung

Die Kreditaufnahme stellte sich anhand der Hypothekenkredite innerhalb des Untersuchungszeitraums als sehr uneinheitlich dar (Abbildung 4-A). Langfristig steigende Tendenzen zeigen sich vor allem bei Oberkirchen und Borgeln, und auch für den Löhner Fall ist dies zu beobachten, wenngleich in Borgeln und Löhne die Maxima der Kreditaufnahme jeweils in anderen Phasen anlagen, in Löhne zwischen 1840 und 1844, in Borgeln zwischen 1850 und 1854, was im Kapitel 6.4 im Wesentlichen mit der Finanzierung der Ablösungen erklärt werden wird. Noch einmal sei in Erinnerung gerufen, dass sich die Bodenwerte in allen drei Orten zwischen 1830 und 1866 etwa verdreifachten. Der Anstieg der Kreditaufnahme lag insgesamt noch etwas über dem Niveau, was die Frage aufwirft, ob damit auch die Verschuldung anwuchs, die im Folgenden beantwortet werden soll. Eingedenk dessen, was oben für die lokalen konjunkturellen Bedingungen festgestellt wurde, ist festzuhalten: Zwar unterschieden sich Borgeln und Oberkirchen stark. Ersteres erfuhr ökonomische Prosperität mit Bodenwertsteigerung, in letzterem paarte sich ausbleibende Entwicklung ab 1850 mit Wertstagnation. Im Hypothekenkreditmarkt spiegeln sich beide Entwicklungen aber in zunehmender Kreditaufnahme wider. Man muss wohl annehmen, dass die einen Geld aufnahmen, weil es gute Zeiten waren, und die anderen genau aus der gegenteiligen Situation heraus. Eindeutige Schlüsse, wie es um die Ökonomie eines Orts bestellt war, lassen Kreditaufnahmen allein nicht zu.

Damit aber sind Schulden höchst ambivalent zu beurteilen, eine betriebswirtschaftliche Binsenweisheit. Schulden sind eine betriebliche Belastung. Überschuldung, verstanden als ein das Eigenkapital übersteigendes Fremdkapital, ist ein Problem, weil der Betrieb die Schulden definitiv nicht tilgen kann, selbst wenn er das ganze Eigenkapital liquidiert. Kredit ist aber ein notwendiger Produktionsfaktor, wenn liquides Eigenkapital nicht für Investitionen oder Liquiditätsengpässe ausreicht. Die Möglichkeit des Schuldenmachens ist also in Grenzen ein Segen für Betriebe, und Verschuldung ein Ausdruck von wirtschaftlicher Aktivität. Ähnlich verhält es sich mit der Bewertung von Kreditmärkten. Aktive und dichte Kreditmärkte sind positiv zu bewer-

Abbildung 4-A: Neuaufnahmen an Hypothekenkrediten in Borgeln, Löhne und Oberkirchen (1830-1864)

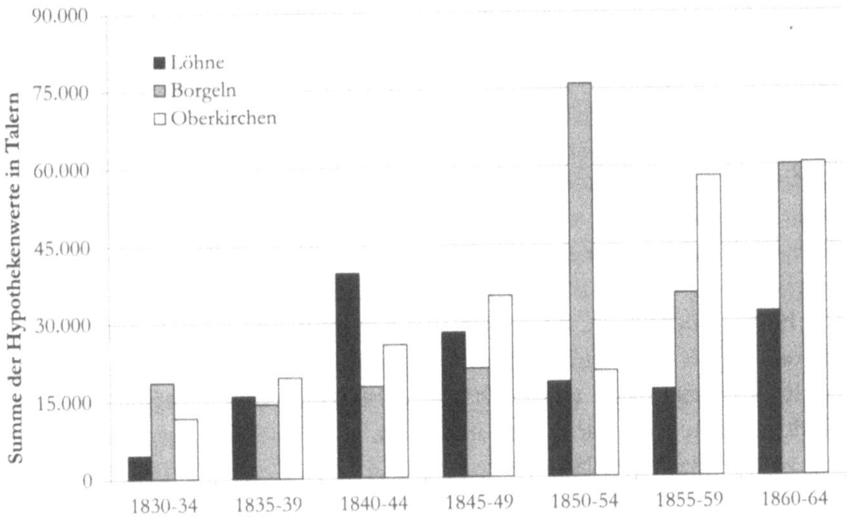

Quellen: Hypothekenbücher Löhne, Borgeln, Oberkirchen (Datenbanken LOE, BOR und OKI, jeweils Tabelle Lasten).

ten,[413] solange sie keine Blase bilden und zu viele überschuldete Haushalten und Betriebe „versorgen“. Überschuldung freilich hängt von der Bewertung des Eigenkapitals ab, und damit in unserem Fall direkt von Bewertungsmaßstäben und Marktbedingungen für Grundbesitz.[414]

Wie eingangs erwähnt, wurde das Niveau der Verschuldung zu Beginn des 19. Jahrhunderts wegen des grundherrlichen Konsenses zur Kreditaufnahme, wegen der in manchen Provinzen Preußens geltenden Verschuldungsgrenzen und wegen unterentwickelter Kreditmärkte bisweilen als niedrig eingeschätzt.[415] So sieht Henning die norddeutschen Bauern noch bis etwa 1830 geschwächt von der Zerstörung infolge der Napoleonischen Kriege, von der Agrarkrise, nicht zuletzt aber von fehlenden Realkrediten, ohne die Illiquidität nicht überbrückt werden konnte und der Besitz zu schnell

---

413 Eindeutig positive Konnotationen etwa bei Hoffman et al., Revolution.

414 Auch die Bedeutung der Grundbesitzbewertung für Verschuldungsmaße wird m.E. zu wenig berücksichtigt, etwa bei Fontaine, Bauern, S. 118-123.

415 Mager, Protoindustrialisierung, 449; Henning, Verschuldung der Bodeneigentümer, S. 301; Willi A. BOELCKE: Der Agrarkredit in deutschen Territorialstaaten vom Mittelalter bis Anfang des 18. Jahrhunderts, in: Michael NORTH (Hg.), Kredit im spätmittelalterlichen und frühneuzeitlichen Europa, Köln / Wien 1991, S. 192-213, hier S. 211.

verkauft werden musste.[416] Belege bei Meitzen, denen zufolge 1805/06 in Teilen Preußens eine Hypothekenverschuldung von 30-40% des Erwerbspreises eines Hofes üblich war – für Tecklenburg gibt Meitzen gar 56% an – begegnet Henning etwa mit einem Verweis auf zu hoch taxierte Hofwerte.[417] Er konstatiert, dass die Verschuldung der Höfe von etwa 25 Talern pro Hektar für den Zeitraum 1800 bis 1820 auf 100 Taler pro Hektar im Zeitraum 1840 bis 1860 und auf fast 300 Taler pro Hektar in der Zeit von 1860 bis 1900 anstieg. Mit Ausnahme der Jahrzehnte von 1860 bis 1880 sei dabei aber in gleichem Maße auch der Wert (Kaufpreis) der Höfe gestiegen, sodass es sich weitgehend stabil um eine Verschuldung von 30 bis 40% des Kaufpreises der Höfe gehandelt habe.[418] Eine solche Stabilität würde jedoch bedeuten, dass die zunehmende Individualisierung der bäuerlichen Besitzrechte keine Auswirkungen hatte. Eine sehr unterschiedliche Bewegung hatte allerdings von Laer ausgemacht, der 1911 vom Kreis Herford berichtete, die Bauern der Kreise Bünde und Herford hätten vor der Gründung der Kreissparkasse, also in den frühen 1840er-Jahren, Schulden in Höhe von 1,5 Millionen Mark (=500.000 Taler) bei „städtischen Kapitalisten" gehabt. Diese Schulden seien 20 Jahre später, sprich um 1865, fast ganz abgezahlt gewesen, gleichzeitig hätten „dieselben Bauern" bei der Sparkasse Guthaben über 1,5 Millionen Mark gehabt. Laer skizziert also eine Wohlfahrt der Bauern ungeahnten Ausmaßes.[419]

Hinter Verschuldung verbirgt sich ein komplexer Sachverhalt. Nicht nur ist der Schuldenstand im Grunde der Saldo zweier Transaktionsformen, des Kreditnehmens und Zurückzahlens, auch sind die Basisgrößen für Vergleichszwecke höchst unterschiedlich und mit je eigenen Unschärfen behaftet. So ist die Hofgröße in Hektar, abgesehen von Quellenproblemen, präzise zu fassen, doch ist ein Hektar Ackerland viel höher einzuschätzen als ein Hektar Gehölz. Auf dieser Vergleichsbasis lässt sich tatsächlich in etwa eine Steigerung der mittleren Verschuldung pro Hektar von etwa 50 Taler im Jahr 1810 bis zu 300 Taler im Jahr 1880 ermitteln und damit Hennings Berechnung vage bestätigen, jedoch sind die Abweichungen fast aller Werte von diesem Durchschnitt so groß, dass nicht viel damit ausgesagt ist.

In Abbildung 4-A sah man zunächst, wie sich die Neuaufnahmen an Hypothekenkrediten entwickelten, in Abbildung 4-B sind die ausstehenden Hypothekenkredite zur Hypothekenverschuldung insgesamt aufsummiert worden, und zwar inklusive der Abfindungen und der nach einem Besitzwechsel ausstehenden „Kaufgelder". Es sei nochmals darauf hingewiesen, dass die Löschung von Hypotheken nicht gleichzusetzen ist mit der Rückzahlung eines Kredits. Unterbliebene Löschungen können sich

[416] Henning, Verschuldung der Bodeneigentümer, S. 306-307.

[417] Meitzen, Boden, Bd. 3, S. 192; Henning, Verschuldung der Bodeneigentümer, S. 303.

[418] Henning, Verschuldung der Bodeneigentümer, S. 316, mit Verweis auf Steinbrück, Carl: Entwickelung der Preise des städtischen und ländlichen Immobiliarbesitzes zu Halle, Saale und im Saalkreise, Jena 1900, S. 55.

[419] Laer, Entwicklung, S. 202.

für die Darstellung dahin ausgewirkt haben, dass die Verschuldung gerade in der zweiten Hälfte der Periode etwas höher berechnet wird, als sie tatsächlich war. Dann jedoch muss man davon ausgehen, dass die überhöhten Grundbuchbelastungen sich nicht negativ auf die Betriebe auswirkten, sonst hätten die Bauern sie zeitnah löschen lassen.

Bei Oberkirchen kann von einer gleichmäßigen, vielleicht ab 1855 noch beschleunigten Zunahme der Hypothekenverschuldung gesprochen werden. Anders als in den beiden anderen Orten wurden auch hier, betrachtet man Fünfjahresperioden, immer mehr und höhere Kredite neu eingetragen (einzige Ausnahme: 1850 bis 1854). In Borgeln und Löhne gab es Spitzenzeiten für die Eintragung neuer Kredite: in Löhne in den Jahren 1840 bis 1845, in Borgeln rund zehn Jahre später. Als Gründe für die je nach Ort sich ausprägenden Spitzen sind vorrangig die Ablösungen zu nennen, was im Kapitel 6.4 Gegenstand einer gesonderten Analyse ist. Die Frage ist nun: Stieg die Verschuldung durch den Kapitalbedarf der Ablösungen an, oder durch den Wegfall der Kreditbeschränkungen? Die Ablösephasen wirkten zumindest in Borgeln und Löhne eher als kurzfristige Impulse. Bald nach den Ablösungen gingen auch die Kreditaufnahmen wieder zurück, doch haben die Impulse die Hypothekenverschuldung auf ein nachhaltig höheres Niveau gehoben. In Oberkirchen nahmen die Bauern jedoch gegen Ende der Periode besonders viel Kredite neu auf, was die Verschuldung stark ansteigen ließ. Hier lässt sich als Grund am ehesten die nach den Ablösungen, in Oberkirchen 1845 bis 1855, einsetzende Liberalisierung der Kreditbeschränkungen vermuten, aber auch die negative wirtschaftliche Entwicklung kommt infrage.

Zu beachten ist jedoch, dass hinter einer allgemeinen Entwicklung die Einzelfälle sehr stark variieren. In Abbildung 4-C sind Schuldenstände ausgewertet worden, die aus Inventaren hervorgehen, und zwar in Relation zum Katasterreinertrag des jeweiligen Hofes. Von Bedeutung für einen Überblick über den Untersuchungszeitraum sind insbesondere die Löhner Inventare, da die Borgeler sich weitgehend auf die 1820er-Jahre beschränken und die Oberkirchen-Westfelder nur in sehr wenigen Fällen überliefert sind. Ablesen lässt sich hier v.a. eine Steigerung der Maximalwerte der relativen Verschuldung pro Taler Reinertrag in einem insgesamt breiten Spektrum. Im Untersuchungszeitraum wuchsen somit die Unterschiede in der individuellen betrieblichen Verschuldung an.

Abbildung 4-B: Hypothekenverschuldung in Borgeln, Löhne und Oberkirchen (1830-1866)

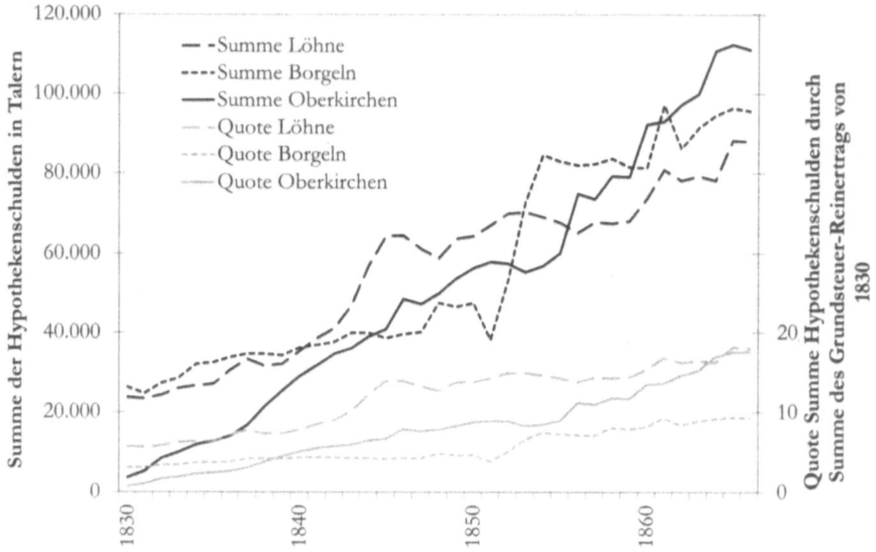

Quellen: Hypothekenbücher Borgeln, Löhne und Oberkirchen (Datenbanken LOE, BOR und OKI, jeweils Tabellen Lasten und Eigentumswechsel).

Abbildung 4-C: Verschuldung in Inventaren aus Borgeln, Löhne und Oberkirchen (1810-1880) gemessen am Grundsteuer-Reinertrag von 1830

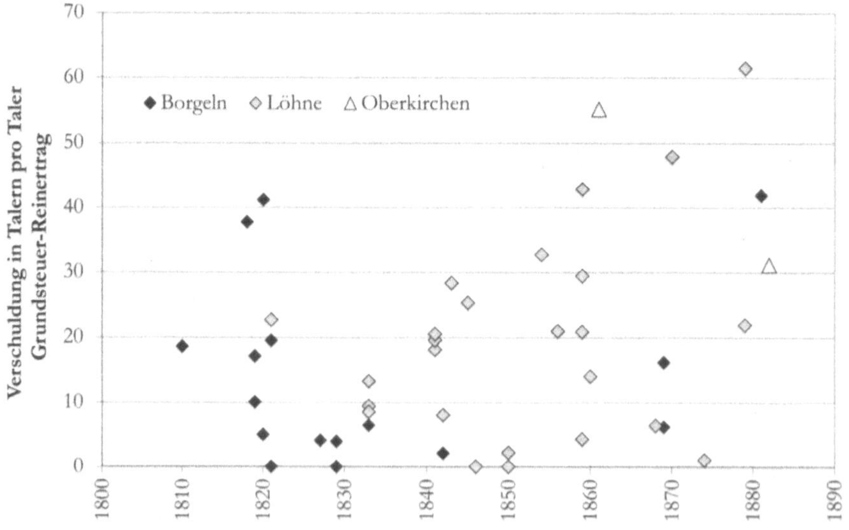

Quellen: Grundakten Borgeln, Löhne und Oberkirchen-Westfeld (Datenbanken LOE, BOR und OKI, jeweils Tabellen Inventare und Eigentumswechsel).

Ausgewertet wurden nur Betriebe mit mehr als 1 ha Fläche.

4.3.4 Zessionen: Handel mit Krediten

Gläubiger, welche die Wahrscheinlichkeit schwinden sehen, dass es zur Rückzahlung des von ihnen verliehenen Geldes kommt, haben die Möglichkeit, die Eintreibung der Gelder einzuleiten oder aber, solange sie einen Informationsvorsprung haben, ihre Berechtigungen weiter zu verkaufen. So ist etwa eine Strategie von modernen Kreditinstituten, schlechte Kredite zu bündeln und zu Pauschalpreisen an Dritte zu verkaufen bzw. zu verbriefen, wodurch sie die Transaktionskosten für die Eintreibung der Gelder (Gerichtsverfahren, Personalaufwand, Wartezeit) einsparen, im Geschäftsbericht Außenstände durch liquide Mittel ersetzen und vor allem die Risiken wieder kontrollieren können. Aus Sicht dieser modernen Gläubiger sind es insbesondere die formalen Verfahren zur Erlangung des Eigentums (Gerichtsvollzieher, Zwangspfändung, Zwangsversteigerung, Insolvenz), die von konkreten Forderungen an den Schuldner eher abraten lassen. Auch mag für die Institute der Ruf auf dem Spiel stehen, denn heutige institutionelle Gläubiger sind ebenso die Debitoren ihrer Kundschaft im Passivgeschäft, daher auf tadellose Reputation angewiesen und deshalb wiederum nicht in der Lage, die gleichen Eintreibungsmethoden anzuwenden wie andere Unternehmen ohne diese Beziehungen. Vertrauen ist also nicht allein ein Konzept zur Erklärung vormoderner Transaktionen.

Der historische Handel mit Kreditrechten trägt im Grunde all diese Züge und Intentionen ebenfalls. Kredite konnten nicht allein aufgenommen und vergeben werden, sie konnten auch gehandelt werden. In der Wirtschaftsgeschichte spielt die Übertragbarkeit von Schuldtiteln seit jeher eine wichtige Rolle.[420] Kaufmännischen Innovationen wie dem Indossament (Übertragungsvermerke auf Schuldscheinen und Wechseln) und der Diskontierung (wenn ein Papier mit Fälligkeitsdatum zuvor zu Geld gemacht wird, wird ein Zinsabschlag berechnet) wird in der Entwicklung des internationalen und globalen Handels seit dem späten Mittelalter große Bedeutung beigemessen. Institutionelle Wegmarken wie Gesetze und Gerichtsurteile darüber, wer im Falle einer Übertragung welche Verfügungsrechte besaß, ließen Wechsel, übertragene Schuldscheine und Zessionen zu einem wesentlichen Element der frühkapitalistischen Wirtschaftsordnung heranreifen, und letztlich einen bargeldlosen Zahlungsverkehr entstehen.

Die Übertragbarkeit von Schuldentiteln hatte in der ländlichen Gesellschaft des 19. Jahrhunderts noch längst nicht jene Differenziertheit und Quantität erlangt, wie dies im Handel der Fall war. Dennoch war es auch hier nichts Neues, eigene Forderungen an Schuldner als Sicherheit oder als Tauschmittel einzusetzen. In unseren drei Untersuchungsorten sind durch die Grundbücher die hypothekarischen Zessionen über-

---

420 Giuseppe FELLONI: Kredit und Banken in Italien, 15.-17. Jahrhundert, in: North (Hg.), Kredit, S. 9-23; John H. MUNRO: Die Anfänge der Übertragbarkeit: Einige Kreditinnovationen im englisch-flämischen Handel des Spätmittelalters (1360-1540), in: North (Hg.), Kredit, S. 39-69.

liefert, besonders zahlreich aus Löhne, wo die Grundbücher für den Zeitraum 1830 bis 1866 106 Zessionen enthalten, während es in Borgeln nur drei und in Oberkirchen nur acht waren. Deshalb konzentriert sich hier die Analyse auf den Ort in Ostwestfalen.

Beispielsweise nahm Johann Caspar Heinrich Griese 1840 einen Kredit bei seiner Schwester Anna Griese verw. Beinecke über 180 Taler auf.[421] Gemeinsam mit den Geschwistern übergab sie ihm gleichzeitig den elterlichen Hof, was nahelegt, dass es sich um eine eingetragene Abfindung handelte.[422] Zwei Jahre später zedierte sie die Forderung an Carl Heinrich Imort,[423] der sie 1851 an Margaretha Berkenkamp aus Bonn weiterzedierte. Gelöscht wurde die Last erst 1867. In welcher Situation zedierte die Schwester an Imort? Der Schuldner besaß einen Hof von 4 ha mit einem Grundsteuer-Reinertrag von 31 Talern, und diese Hypothek war zum Zeitpunkt die einzige auf dem Folium. Zwar reduzierte sich danach der Grundbesitz des Bruders, aber von einem schlechten Kredit kann eigentlich keine Rede sein. Den jährlichen Zins wird er deshalb sicher zu leisten imstande gewesen sein. Auch dass der Kommerziant Imort die Schuld kaufte und an eine Bonner Bürgerin weiterverkaufte, spricht dafür, dass dieser Schuldner gut beleumundet war. So wird die Schwester eher eine andere Verwendung der Gelder als eine Rente bevorzugt haben.

In diesem Fall zeigt sich, dass die Zession im Grunde ein Geschäft zwischen Gläubigern war. Der Erstgläubiger entledigte sich der unvorteilhaften Umstände einer Kreditrückforderung (Zedent), der neue Gläubiger (Zessionar) erwarb einen Besitztitel, an den er möglicherweise ganz andere Ansprüche stellte als sein Vorgänger. Der Schuldner (debitor cessus) schließlich war zur Passivität verurteilt, denn er wurde ohne sein Zutun in eine neue Sozialbeziehung gegenüber dem neuen Gläubiger gebracht.[424]

---

421 LOE OFBID 14483 und OFBID 14478.

422 LOE KonID 144.

423 LOE OFBID 15167.

424 Ein zweites Beispiel zeigt, dass anhand der Quellen genau getrennt werden muss, in welchem Maße der Schuldner selbst bei der Transaktion aktiv geworden ist. So zahlte Carl Heinrich Brackmann (LOE OFBID 12973) 1843 Abfindungen an seine beiden Söhne aus, die zuvor eingetragen worden waren. Diese Grundschuld aber verpfändete er dem Partikulier Kroenig zu Bielefeld (LOE OFBID 55577), der ihm dafür 200 Taler lieh. Hinter dieser Zession verbarg sich also eigentlich eine Transaktionskette, vielleicht im Sinne einer Umschuldung, von der sich der Schuldner Brackmann Vorteile versprach, vielleicht aber auch initiiert von den beiden Söhnen, die ihr Erbe empfangen wollten. Gelöst wurde dies ebenfalls über das Instrument der Zession (LastID 124).
Auch gibt es Hinweise auf von Bauern betriebene Überschreibungen der Grundlasten gegenüber dem Rentamt an private Gläubiger. Diese haben folglich dem Bauern das Ablösekapital bereitgestellt, waren dann aber weiterhin Empfänger der unveränderten Abgaben (LA NRW OL, M 1 III C, Nr. 253, 6.11.1836).

Die Motive für eine Zession sind also i.d.R. beim Zedenten zu suchen, der seine Interessen nicht mehr durch die Beziehung erfüllt sah. Wenn Kredit vorrangig den Charakter einer Sozialbeziehung trug – von Laurence Fontaine für ländliche Gesellschaften der Frühen Neuzeit postuliert –, dann hatten etwa Erben das Problem, dass die Forderungen für sie nicht den gleichen „Wert“ hatten wie für den Erblasser, weil sie sich in anderen Netzwerken befanden und nicht in die Sozialbeziehungen des Erblassers eintreten konnten. Der schnelle Verkauf von Forderungen war also angeraten.[425] Aber auch eine ökonomische Interpretation baut auf dem Änderungsbedürfnis des Gläubigers auf. Dieser bewertete entweder die Rückzahlungsfähigkeit des Schuldners neu (schlechter als zuvor) oder er hatte neue Investitionsziele. Dies allerdings setzt voraus, dass zwischen der Kreditgewährung und der Zession ein gewisses Quantum an Zeit verstrich, währenddessen überhaupt Veränderungen wirksam werden konnten. Eine schnelle Zession eines Kredites würde eher dafür sprechen, dass der Erstgläubiger eine vermittelnde Funktion einnahm und im Vorhinein entschieden hatte, den Kredit baldmöglichst weiterzureichen. Die Fontaine-These lässt sich am Datenmaterial bedauerlicherweise nicht prüfen, da die Gläubiger der Borgeler und Löhner i.d.R. nicht aus dem gleichen Ort kamen und deshalb nicht durch Familienrekonstitutionen belegt sind. Der Todesfall eines Gläubigers, durch den die Erben in Besitz der Forderungen gelangten, ist also in unserem Material nicht systematisch überliefert. Genau aus dem Grund der vermutlich großen Distanz zwischen den Parteien erscheint die These jedoch eher unwahrscheinlich. Im Folgenden wird daher der Frage nachgegangen, ob die Schuldner zum Zeitpunkt der Zession besonders stark verschuldet waren, und wie viel Zeit nach der Kreditgewährung verstrichen war, wenn ein Gläubiger sich entschied, den Kredit weiter zu verkaufen. Ersteres ist durch die hypothekarische Belastung der Grundbuch-Folien zum Zeitpunkt der Zession zu rekonstruieren.[426]

---

425 Fontaine, Bauern, S. 128-130.

426 Zur Berechnung der hypothekarischen Belastung: alle Abfindungen und Darlehen, deren Verträge vor dem Stichjahr abgeschlossen (VgJ) bzw. deren Eintrag ins Grundbuch (EtJ) vor dem Stichjahr vorgenommen worden war, und deren Löschungstermin (LoeschJ) unbekannt war oder nach dem Stichjahr lag. Bei mehreren identischen Lasten in Einzelfallentscheidung das plausibelste Löschungsdatum, gegenübergestellt mit dem Reinertrag des Foliums im entsprechenden Jahr, auch Berücksichtigung von null-Belastung.

Abbildung 4-D: Verschuldung der Löhner Debitoren zum Zeitpunkt der Zession ihrer Kredite (1830-1866)

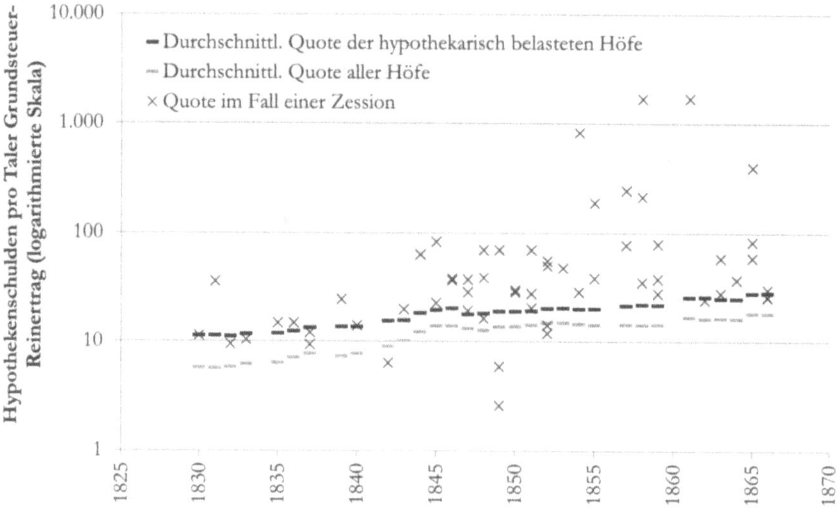

Quelle: Hypothekenbücher Löhne (Datenbank LOE, Tabellen Lasten und Eigentumswechsel). Durchschnittliche Verschuldungsquote aller Höfe berechnet wie in Abbildung 4-B.

Es sei daran erinnert, dass bei der Gesamtbelastung mit Hypotheken in Löhne eine langfristige Entwicklung vom 6fachen des Katasterreinertrags im Jahr 1830 bis zum knapp 20fachen im Jahr 1866 vorlag (siehe Abbildung 4-D), was im Einzelfall natürlich sehr hohe Belastungen darstellte, sich aber wohl im üblichen Spektrum befand.[427] Die von Zessionen ihrer Kredite betroffenen Bauern lagen zum Zeitpunkt der Zessionen (N=91) überwiegend über dem Löhner Mittel des betreffenden Jahres. In nur vier Fällen blieb die Verschuldung unter dem Mittel, hingegen übertraf sie es in 87 Fällen, oftmals erheblich. Dabei erwiesen sich die kleinen Besitzungen, entgegen Meitzens Auffassung, dass diese ohnehin kaum hypothekarische Kredite anzögen, übermäßig verschuldet. Immerhin 21 Fälle, in denen die Hypothekenverschuldung jeweils

427 Meitzen, Boden, Bd. 3, S. 118. Als Gesamtwert der Liegenschaft nahm Meitzen 1871 das 50fache des Kataster-Reinertrags, bei Häusern den 25fachen Gebäudesteuernutzungswert an (nach der Taxierung von 1860/65, die höher als die hier benutzte der Taxierung der Urkatastrierung war). Er schätzte die Belastungshöhe im Mittel für ganz Preußen auf zwei Drittel der Immobilienwerte. Dabei war der Großgrundbesitz wohl vollständig belastet gewesen und der städtische Grundbesitz auch noch mit mehr als diesen zwei Dritteln. Die Verschuldung des bäuerlichen Grundbesitzes, „durch Erbtheilungen mehr als durch eigentliche Verschuldung" belastet, lag folglich darunter.

mehr als das 60fache des Steuer-Reinertrags ausmachte, dürfen durchaus als überschuldet gelten.

Tabelle 4-e bestätigt den Befund, dass hohe Verschuldung eine mögliche Ursache für Zession war, noch in einer Querschnittsbetrachtung. Verglichen wird die Verschuldung zum Zeitpunkt der Zession mit dem Querschnitt aller hypothekarisch verschuldeten Höfe im Jahr 1860. Nur von Letzteren, verständlicherweise nicht aber von unbelasteten Höfen, konnten Hypothekenkredite zediert werden. Es zeigt sich auch hier, dass kaum ein gering verschuldeter Hof in die Lage einer Kreditzession kam, wohl aber hochverschuldete Höfe weit überproportional. Die schlechte wirtschaftliche Situation der Schuldner dürfte also einen beträchtlichen Einfluss darauf gehabt haben, dass Gläubiger sich dafür entschieden, ihr Recht an Dritte zu zedieren. Eine Wegscheide scheint in Löhne dabei das Jahr 1845 gewesen zu sein, von dem an Zessionen deutlich häufiger vorkamen als zuvor. Die Zunahme der Zahl der Zessionen kann dabei noch als Resultat der Einführung des Hypothekenbuchs betrachtet werden, denn in Anbetracht der Verzögerung einer Zession nach Kreditaufnahme würde eine hohe Zahl von Zessionen in den 1830er-Jahren eher überraschen. Die Zahl der Zessionen ist aber auch dem rapiden Anstieg der offenen Hypothekenkredite zwischen 1841 und 1846 geschuldet, als die Betriebsinhaber die Ablösekredite aufnahmen. Von 1830 bis 1841 wuchs die Zahl offener Hypotheken von 90 auf 126, bis 1846 aber rapide auf 196, und pendelte von da an zwischen 187 und 225. Die stark über dem Mittel liegende, ja extrem auseinander klaffende Verschuldung der Schuldner als debitores cessi findet seine Begründung in der ab der Mitte der 1840er-Jahre in Löhne gewachsenen Ungleichheit in den Vermögensbilanzen der Betriebe.

Tabelle 4-e: Hypothekarische Verschuldung zum Zeitpunkt einer Zession, Löhne (1830-1866)

Hypothek. Verschuldung im Verhältnis zum Grundsteuer-Reinertrag	**Anzahl der Fälle** zum Zeitpunkt der Zession		**Alle verschuldeten Höfe** im Jahr 1860 (Referenz)	
0 bis 10fach	5	6%	21	29%
10 bis 20fach	14	17%	12	17%
20 bis 30fach	28	34%	15	21%
30 bis 40fach	17	20%	12	16%
40 bis 50fach	3	4%	4	5%
50 bis 60fach	2	2%	3	4%
über 60fach	14	17%	6	8%
Gesamtergebnis	**83**	**100%**	**73**	**100%**

Quellen: Hypothekenbücher Löhne (Datenbank LOE, Tabellen Lasten und Eigentumswechsel). Nur Grundbesitz von mehr als 5 Talern Kataster-Reinertrag einbezogen, um die Verzerrungen bei kleinen Besitzgrößen zu vermeiden.

Die Zeitabstände zwischen den Transaktionen lassen vermuten, dass die Erstzedenten deutlich andere Intentionen verfolgten als die folgenden Zedenten (Tabelle 4-f). Zunächst fällt auf, dass fast jeder zweite Gläubiger nach der Kreditvergabe mehr als zehn Jahre gewartet hatte, bis er den Kredit zedierte. Dies spricht einerseits für eine langfristige Orientierung des Gläubigers bei der Kreditvergabe auf Rentenerträge. Andererseits kann man, ausgehend von den Befunden der hohen Verschuldung der Schuldner, darauf schließen, dass sich die Bedingungen tatsächlich während der Laufzeit änderten. Die Zessionare warteten nicht mehr so lange wie die Erstzedenten, bis sie selbst zedierten. Auffallend ist der mit 27% hohe Anteil derer, welche das durch Zession erlangte Kreditrecht noch innerhalb eines Jahres weiterverkauften. Nach 5 ¼ Jahren hatte bereits die Hälfte der Zessionare weiterzediert, während unter den ursprünglichen Gläubigern, die später zedierten, dies erst nach etwas mehr als 8 Jahren der Fall war. Hier zeigen sich die Anfänge eines Metiers der Kreditintermediation, repräsentiert durch Personen, die Kredite kaufen, um sie gleich wieder zu verkaufen. Insgesamt lässt sich aus diesen Zahlen folgern, dass erst nachdem ein Kredit vom Erstgläubiger zediert worden war, dieser in höherem Maße als eine „Ware" frei gehandelt wurde. Dieses Ansinnen hatten die Gläubiger, die zunächst mit dem Schuldner ein Geschäft gemacht hatten, nicht.

Tabelle 4-f: Abstand zwischen Kreditvergabe und Zessionen, Löhne (1823-1866)

Zeitabstand	**bis zur ersten Zession**		**bis zu weiteren Zessionen**	
	Anzahl Fälle	% aller Fälle	Anzahl Fälle	% aller Fälle
< 1 Jahr	3	(4%)	9	(27%)
1 bis 3 Jahre	24	(26%)	5	(15%)
5 bis 10 Jahre	20	(24%)	12	(36%)
mehr als 10 Jahre	38	(45%)	7	(21%)
Gesamtergebnis	**85**	**(100%)**	**33**	**(100%)**

Quellen: Hypothekenbücher Löhne (Datenbank LOE, Tabelle Lasten).

Die Analyse hat sich bis jetzt allein auf Löhne bezogen. Oberkirchen und Borgeln wiesen so wenige Zessionen auf, dass ihre Analyse kaum lohnt. Doch wirft diese Abwesenheit von Daten neue Fragen auf. Erklären ließe sich die Abwesenheit der Zessionen hier natürlich durch unterschiedliche Praktiken der Inanspruchnahme des Grundbuches. Durchaus vorstellbar ist auch, dass es in der individuellen Praxis der die Grundbücher verwaltenden Gerichte Unterschiede gab. Dennoch spricht das Ergebnis deutlich für die Existenz eines Marktes für Schuldtitel in Löhne, der in Borgeln und Oberkirchen nicht existierte.

4.3.5 Rückzahlung

Einen ersten Zugang für eine Untersuchung der Rückzahlung bieten die Grundbücher anhand der in ihnen enthaltenen Löschungsdaten. Dabei ist jedoch Vorsicht angebracht, denn Rückzahlung, Quittierung und Löschung sind verschiedene Akte, die nicht zeitgleich erfolgt sein müssen. Zwar lag es auf den ersten Blick in der Logik des Schuldners, die Hypothek sogleich nach der Rückzahlung löschen zu lassen, denn die Belastung schränkte ihn in seinem weiteren Wirtschaften ein, wenn er weitere Gläubiger von seiner Kreditwürdigkeit überzeugen wollte. Stand er aber auf dem Standpunkt, keine weitere Hypothek zu benötigen, musste er keineswegs die Löschung vorantreiben. Auch wenn er die Rückzahlung getätigt hatte und über eine Quittung vom Gläubiger verfügte, musste er sich nicht eilen. Der Gläubiger hatte ohnehin kein eigenes Interesse an einer Löschung der Last. Es stellt sich also die Frage, wie verlässlich die Grundbücher Auskunft über die Laufzeiten und die Rückzahlungstermine geben.

Abbildung 4-E: Verzug zwischen Rückzahlung und Löschung der Hypothek in Jahren

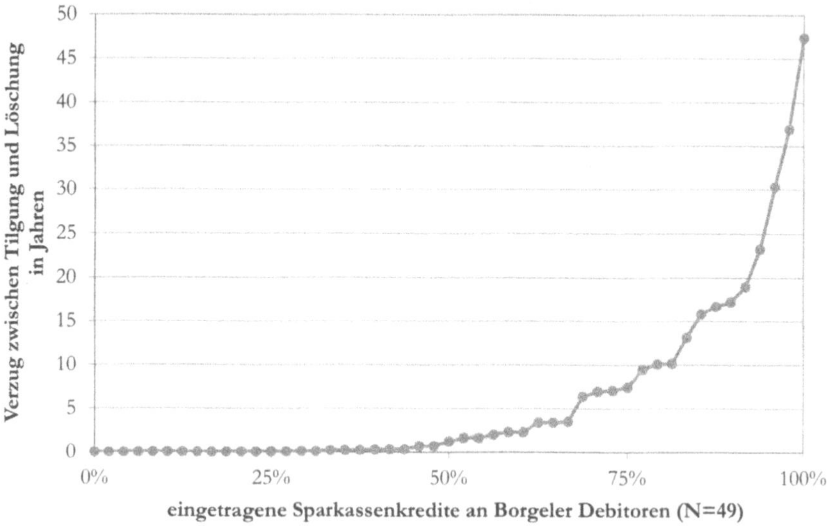

Quelle: Sparkassenjournale; Hypothekenbücher Borgeln (Datenbanken BOR, Tabelle Lasten, und KONTEN.

Berücksichtigt wurden alle eingetragenen Sparkassenkredite Borgeler Einwohner, die bis 1867 zurückgezahlt wurden, deren Rückzahlung also spätestens 31. Dezember 1867 in den Journalen registriert wurde. Da die ersten Grundbücher auch die Daten jener Löschungen verzeichnen, die nach der Umstellung auf neue Grundbücher erfolgten, können die Löschungsdaten sehr viel später liegen.

Erkenntnisse darüber lassen sich aus einem Vergleich der eingetragenen Sparkassenkredite und den Löschungsdaten der Hypotheken gewinnen, denn in den Journalen der Sparkasse sind die Rückzahlungen tagesgenau vermerkt.

Abbildung 4-E zeigt, wie groß der zeitliche Abstand zwischen Rückzahlung und Löschung der Hypothek war. Ein Drittel der Hypotheken wurde innerhalb eines Monats gelöscht, doch insgesamt nur die Hälfte innerhalb eines Jahres. Die Löschung der anderen Kredite geschah somit mindestens ein Jahr, bis hin zu 50 Jahre später. In rund der Hälfte der Fälle ist somit offensichtlich, dass nicht der nächstbeste Termin zur Löschung gewählt wurde, sondern oftmals Löschungen weit hinaus gezögert und möglicherweise vergessen wurden. Dieses Ergebnis hat Konsequenzen für die Bewertung der im Grundbuch überlieferten Löschungsdaten. Sie sind folglich mit größter Vorsicht für Transaktionsinterpretationen heranzuziehen. Der Befund spricht aber auf inhaltlicher Ebene für ausreichendes Pfand der Schuldner für neue Kreditaufnahmen.

Die Praxis der Rückzahlung von Krediten lässt sich besser auf der Basis der Sparkassenkredite analysieren, da diese in ihrem kompletten Zahlungsverlauf rekonstruierbar sind. Vereinbarungen von Tilgungsfristen, in anderem Zusammenhang als entscheidendes Kriterium von Krediten unter Bedingungen mangelnder Informationen bezeichnet,[428] sind in keinem Fall bekannt. Zu vermuten ist, dass in den Verträgen die landesübliche Formel Anwendung fand, nach der innerhalb einer Frist von einem halben Jahr beiden Seiten zu kündigen freistand.[429] Die Sparkasse Soest legte keine Rückzahlungsfristen fest und Kündigungsfristen sind nicht belegt. Beides spricht für eine hohe Informationstransparenz, eine geringe Ausfallwahrscheinlichkeit, langfristige Anlageerwartungen und gute Sanktionsmöglichkeiten. Die Sparkasse hatte also Vertrauen in ihre Debitoren. Ihre Zugeständnisse diesen gegenüber lassen aber auch erkennen, dass sie selbst um das fragile Gut des Vertrauens der Debitoren bemüht war, um diese zu gewinnen und gegenüber der privaten Konkurrenz zu verteidigen. Damit ist ein ganz anderes Milieu umrissen als das soeben im Falle Löhnes beschriebene. Durchgehend festzustellen ist, dass die Kreditnehmer dazu neigten, nach der Aufnahme der Kredite etliche Jahre allein die Zinsen zu bezahlen, und keine Tilgung in die Wege zu leiten.[430] Dabei unterschieden sich Bauern weder von Kleinbesitzern noch vom Gesinde. Der Kolon Vieth etwa zahlte 24 Jahre lang nur die Zinsen seines 1832 aufgenommenen 70-Taler-Kredits und schritt erst dann zur Rückzahlung.[431]

---

428 Timothy W. GUINNANE: Cooperatives as Information Machines: German Rural Credit Cooperatives, 1883-1914, in: JEH 61 (2001/2), S. 366-389, hier S. 378-379.

429 Nach Fontaine, Bauern, S. 116, war den Gläubigern in den französischen Alpen im 18. Jahrhundert allein wichtig, die regelmäßigen Zinsen zu bekommen. Clemens / Reupke, Kreditvergabe, S. 230, stellen fest, dass in der Saarregion 80% aller notariellen Kreditverträge zwischen 1800 und 1850 keine konkreten Rückzahlungsfristen enthielten, sondern nur Kündigungsfristen. Ausnahmen von der Regel machten vor allem jüdische Geldleiher, die hier öfter fixe Termine setzten. Ähnliches findet sich bei Sturm, Privatkredit, S. 143-144.

430 Zinszahlungen erfolgten sehr regelmäßig. In 1.207 von 1.264 Laufzeitjahren (inkl. Rückzahlungsjahr, exkl. Aufnahmejahr) aller 113 Borgeler Sparkassenkredite erfolgten Zinszahlungen, das sind 95%. Alfred BAUER: „Peter Müller […] schuldet laut Schein". Unterschiedliche Formen der privaten Geldleihe und Kapitalbildung eines Bauern-„Bankiers" im Hunsrück vor dem Ersten Weltkrieg, in: Clemens (Hg.), Schuldenlast, S. 193-210, hier S. 206, hat bei dem von ihm untersuchten Bauern-Bankier Ende des 19. Jahrhunderts eine „insistierende Eintreibung der fälligen Zinsen" festgestellt, was zum gleichen Resultat führte.

431 KontoID 544; BOR OFBID 1874.

Abbildung 4-F: Zeit zwischen Aufnahme und Rückzahlung von Krediten der Sparkasse Soest an Borgeler Einwohner (1830-1867)

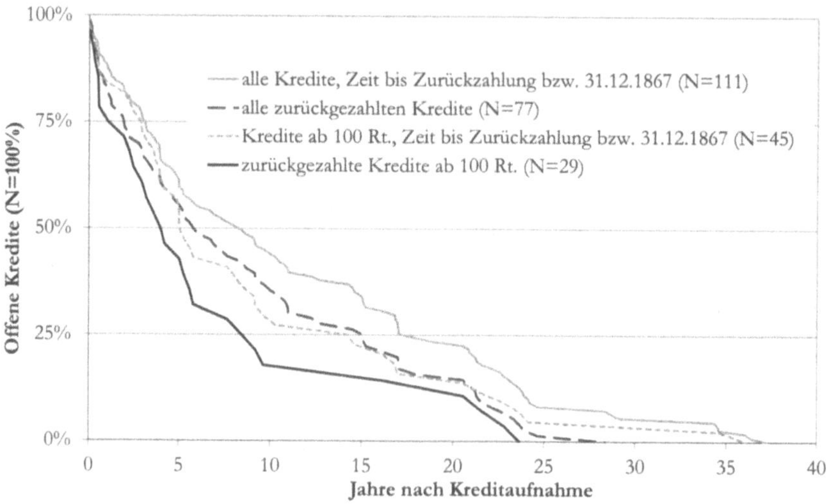

Quelle: Sparkassenjournale. Datenbank KONTEN.

Abbildung 4-F zeigt die Laufzeiten der bei der Sparkasse nachgewiesenen Kredite von Borgelern. Eine der Kurven zeigt alle von der Kreditnahme bis zur Rückzahlung belegten Kredite (N=77); nach knapp 6 Jahren war die Hälfte zurückgezahlt (Median 5,92). Engagierter waren die Schuldner bei der Zurückzahlung größerer Beträge. Kredite über 100 Talern waren zur Hälfte bereits nach 4 Jahren zurückgezahlt (Median 4,1). Da die Werte nur auf Basis der wirklich zurückgezahlten Kredite berechnet und die nicht zurückgezahlten Kredite ausgeklammert wurden, liegen die tatsächlichen Werte höher. Der Median für alle Kredite ist auf 9 Jahre und der für Kredite über 100 Talern ist auf 6 Jahre zu schätzen. Letztlich kann nicht genau ermittelt werden, ob es Veränderungen in der Rückzahlpraxis gab. Von den 38 in den 1830er-Jahren aufgenommenen Krediten waren 1845 noch 26 offen, von den 25 der 1850er-Jahre waren es 1865 noch 10.

Tabelle 4-g: Rückzahlungspraktiken bei Sparkassenkrediten (1830-1867)

Kreditsumme in Talern	**Rückzahlung in mehreren Schritten**	**Rückzahlung als Einmalzahlung**	**Gesamt**
bis 50	7	29	36
50-300	7	24	31
300-1.000	5	3	8
über 1.000	2	1	3
Gesamt	**21**	**57**	**78**
Jahre 1830-1849	10	45	55
Jahre 1850-1867	11	12	23
Gesamt	**21**	**57**	**78**

N=78, nur Konten an Personen des Untersuchungsgebiets Borgeln, nur Konten mit belegtem Rückzahlungsdatum. Quelle: Sparkassenjournale; Datenbank KONTEN

In Tabelle 4-g ist die Relation zwischen jenen Kreditnehmern, die zwischenzeitlich einen Teil des aufgenommenen Kapitals zurückzahlten, und solchen, die schließlich die komplette Kreditsumme tilgten, dargestellt. Ersichtlich ist, dass es bei dem Gros der Kredite bis 300 Taler bis zur Rückzahlung keine Teiltilgungen gab. Wenn Teilrückzahlungen stattfanden, dann auch nicht regelmäßig, sondern ebenfalls eher vereinzelt. Erst bei den hohen Krediten wendete sich das Blatt und die Schuldner nahmen die Gelegenheit zur Teiltilgung wahr. Da die Borgeler diese hohen und sehr hohen Kredite ausnahmslos nach 1850 aufnahmen, als insgesamt sich die Struktur weg von kleinen und hin zu hohen Krediten bewegte, tilgten sie auch häufiger in Teilen. Selten aber lässt ein Kontoverlauf das Streben nach Tilgung so deutlich erkennen wie im Fall des 1.100-Taler-Kredits des Kolons Heinrich Wegge gen. Uhlenburg oder des 700-Taler-Kredits an Kolon Anton Schiller (Tabelle 4-h).[432] Was sich hier entdecken lässt, sind Rückzahlungsstrategien, die der Reduzierung der Zinslast Priorität einräumten und bei denen weitgehend jeder Überschuss zur Tilgung verwandt wurde. Wir haben somit hier, ähnlich wie im Fall des Sparens, wohl maximal mögliche Ersparnisse pro Jahr, im Fall des 13-ha-Bauern Schiller 300 Taler pro Jahr, beim 15-ha-Bauern Wegge fast 400 Taler pro Jahr.[433]

[432] KontoIDs 609 und 615.

[433] Wegge tritt auch in den Borgeler Inventaren, die freilich nicht flächendeckend vorliegen, als einer der wenigen Kreditgeber auf; er hat eine Forderung an den Gastwirt Hohoff im Nachbarort Berwicke in Höhe von 1.150 Talern (BOR InvID 27).

Tabelle 4-h: Verlauf des Kreditkontos von Heinrich Wegge zu Hattropholsen

KontoID	Datum	Rt.	Sgr.	Pf.	Transaktion
615	21. 5. 1855	-1.100	0	0	Kreditaufnahme
615	22. 8. 1855	+612	7	6	Rückzahlung inkl. Zinsen
615	2. 5. 1856	+25	0	0	Zinsen
615	3. 8. 1857	+202	1	0	Rückzahlung inkl. Zinsen
615	30. 4. 1858	+317	27	6	Rückzahlung inkl. Zinsen

Tabelle 4-i: Verlauf des Kreditkontos von Anton Schiller zu Hattropholsen

KontoID	Datum	Rt.	Sgr.	Pf.	Transaktion
609	2. 9. 1852	-700	0	0	Kreditaufnahme
609	6. 9. 1853	+35	0	0	Zinsen
609	3. 11. 1853	+101	7	6	Rückzahlung inkl. Zinsen
609	22. 3. 1854	+103	0	0	dito
609	30. 5. 1854	+104	5	0	dito
609	7. 9. 1854	+20	0	0	Zinsen
609	7. 9. 1854	+100	25	0	Rückzahlung inkl. Zinsen
609	31. 10. 1854	+151	20	0	dito
609	21. 2. 1855	+154	11	3	dito

Quelle: Sparkassenjournale; Datenbank KONTEN

Erläuterungen: In beiden Fällen galt ein Zinssatz von 5% p.a. Zinsen wurden mit 5% zum Jahrestag der Kreditauszahlung auf das zu dem Zeitpunkt noch ausstehende Kapital berechnet (siehe Buchung KontoID 609 [6.8.1853]). Bei Teilrückzahlungen wurden ebenfalls Zinsen berechnet, und zwar für jeden Tag, der seit der letzten Fälligwerdung vergangen war, mit 5/365% = 0,0137%.

Was speziell für die Borgeler Debitoren bemerkt wurde, kann verallgemeinert werden: Die zögerliche Bereitschaft, das aufgenommene Kapital in Teilbeträgen zurückzuzahlen, ist im großen Maßstab generell am Verhalten aller Debitoren der Sparkasse zu erkennen. Das Institut bot seit Dezember 1838, im regionalen Vergleich sehr früh,[434] bereits *Annuitätendarlehen* oder *Amortisationskredite* an, bei denen Jahr für Jahr eine gleich bleibend hohe Annuität bestehend aus Zins und Tilgung zu zahlen war.[435] Dazu bewogen hatte die Führung des Instituts der große Kapitalüberschuss in der Kasse

---

[434] Abelshauser, Vorbeugung, S. 110: Die Kreissparkasse Herford ging 1883 zu Amortisations-Renten über, gesetzlich war es ab 1893 vorgeschrieben.

[435] Thomas SCHOEL: Mitten im Leben. 175 Jahre Sparkasse Soest, hg. v. d. Sparkasse Soest, Stuttgart 1999, S. 49.

und der Wunsch, „dass unser Institut ... auch in Bezug auf die Landes-Cultur ... wohltätig einwirken wird.“[436]

Das vorherrschende *endfällige Darlehen* war die Option für diejenigen, die weniger liquide waren, mit Einkommensschwankungen rechneten, aber hohe einmalige Mittelzuflüsse aus Verkäufen oder Transfers erwarten durften. Das Annuitätendarlehen eignete sich hingegen für Debitoren, die über hohe regelmäßige Sparfähigkeit verfügten. Dies wurde in zeitgenössischen Darstellungen gerade für landwirtschaftliche Betriebe als passend erachtet, da sie „eines langen Kredits bedürfen, ohne rasch größere Kapitalien flüssig machen zu können, so insbes. die Landwirtschaft zum Zwecke der Ablösung von Grundlasten, der Durchführung von Meliorationen...“[437] Auch der Ökonom Carl von Rodbertus bezeichnete gerade die Annuitätendarlehen als für Bauern besonders gut geeignet, da die Landwirtschaft zwar die regelmäßige Rendite abwerfe, kaum aber jemals große Beträge auf einmal freimache.[438] Und nicht zuletzt die im Zuge der Grundlastenablösungen eingeführten institutionellen Ablösungskredite, in Preußen aus der Hand der Rentenbanken, nahmen das Modell auf, um sich den Bedürfnissen der landwirtschaftlichen Betriebsführung anzupassen (siehe Kapitel 6).

Die Frage ist also, wie dieses von der Sparkasse bereits Ende 1838 angebotene Modell nachgefragt wurde. Tatsächlich reagierten die Kunden auf das neue Produkt der Sparkasse äußerst zurückhaltend. Keiner der Borgeler Schuldner nahm einen Annuitätenkredit auf. Und auch der Blick auf das Gesamtgeschäft der Sparkasse und alle Kunden zeigt sehr wenig Interesse für Annuitätenkredite. Tabelle 4-j stellt die Auswertung aller Kreditvergaben über 100 Talern dar, da ab diesem Betrag die Amortisation mit Zins und Tilgung möglich war. Annuitätendarlehen machten nur ein bis zwei Prozent aller Kredite aus, weitgehend unabhängig vom Zeitpunkt der Aufnahme. Die Kreditsummen der Amortisationskredite lagen im ersten Jahrzehnt des Angebots, von 1839 bis 1848, zwar höher als die der endfälligen Kredite, schon im Folgejahrzehnt aber darunter, und 1859 bis 1867 abermals höher. Eine klare Tendenz lässt sich daraus kaum ableiten. Vermehrt wurde das Annuitätenmodell zwischen 1859 und 1867 jedoch von – in Tabelle 4-j unberücksichtigt gebliebenen – Stadt- und Gemeindekämmereien gewählt, die sehr hohe Kredite bei der Soester Sparkasse aufnahmen. Diese zählten zu den höchsten Krediten der Untersuchungsperiode überhaupt. So liehen die Städte Iserlohn und Witten 1861 und 1862 jeweils 25.000 Taler, Neuenrade 1861 10.000 Taler, Werdohl 1861 9.000 Taler. Bei den natürlichen Personen jedoch blieben die Annuitätenkredite unbeliebt, ja wurden eher seltener noch als zwischen 1839 und 1848 gewählt.

---

436 Ebd., S. 50.

437 Meyers großes Konversationslexikon, Bd. 1, S. 450.

438 Karl RODBERTUS-JAGETZOW: Für den Kredit der Grundbesitzer. Eine Bitte an die Reichsstände, Berlin 1847.

Tabelle 4-j: Kredite der Sparkasse Soest nach Rückzahlungsart

Jahrzehnt	endfällige Darlehen: Capital, Obligation, Handschein			Annuitätendarlehen: Amortisation			Gesamtergebnis		
	Anz.¹⁾	Zeilen-%	*Mw.*²⁾	Anz.¹⁾	Zeilen-%	*Mw.*²⁾	Anz.¹⁾	Zeilen-%	*Mw.*²⁾
1839-1848	849	(97%)	*463*	21	(3%)	*701*	870	(100%)	*468*
1849-1858	1043	(99%)	*892*	11	(1%)	*865*	1054	(100%)	*892*
1859-1867	805	(99%)	*721*	7	(1%)	*1.271*	812	(100%)	*726*
Gesamt	**2.697**	**(99%)**	***706***	**39**	**(1%)**	***850***	**2.736**	**(100%)**	***708***

Quelle: Sparkassenjournale; Datenbank KONTEN

1) Anzahl der Kredite. 2) Mittelwert der Kreditsummen in Talern.

Aufgrund eines Mindestbetrags für Annuitätenkredite von 100 Taler sind hier insgesamt nur Kredite von 100 Taler und mehr berücksichtigt. Alle Kredite an Städte, Gemeinden und Institutionen, etwa Kirchenkassen, blieben unberücksichtigt.

Die Modalitäten waren von der Provinzial-Hilfskasse in Münster[439] übernommen worden. Mindestsumme eines Annuitätendarlehns waren 100 Taler. Angeboten wurde etwa das Modell mit einer Laufzeit von 15 Jahren,[440] was vermutlich einem Zins von 4,5% der jeweils verbleibenden Kreditsumme und einer Tilgung von 5% entsprach. Der Kreditnehmer hatte somit jährlich 9,5% der anfangs aufgenommenen Summe zu zahlen, hatte aber nach 15 Jahren seine Schuld komplett getilgt. Auch ein Kredit mit einer Laufzeit von 32 Jahren war erhältlich, entsprechend 4,5% Zins und 1,5% Tilgung oder Annuitäten von 6%.[441] Um zu illustrieren, welche Konsequenz die Wahl des Annuitätenmodells hatte, sei auf Tabelle 4-k verwiesen, in der der Verlauf des Kredits wiedergegeben ist, den der Kolon Amecke aus Dinker 1839 aufnahm. Die jährliche Zahlung errechnet sich aus Zins und Tilgung, wodurch das schuldig gebliebene Kapital abgetragen wurde und nach der letzten Buchung 1853 keine weitere Schuld übrig blieb. Hinzugefügt wurde die Option eines üblicheren endfälligen Darlehens, bei dem in der Summe ähnlich viel Geld zurückgezahlt wurde. Deutlich wird, dass dem Debitor das endfällige Darlehen recht bald schon, nämlich nach sieben Jahren, teurer zu stehen kommt als ein Annuitätenkredit. Günstiger sind für ihn frei-

439 Zur „Provinzial-Hülfskasse" Clemens WISCHERMANN: Preußischer Staat und westfälische Unternehmer zwischen Spätmerkantilismus und Liberalismus, Köln 1992, S. 369-377.

440 Datenbank KONTEN, Hauptbuchnummer 1305, Ausgabe am 23.7.1839 (kein Borgeler Konto).

441 Bspw. Datenbank KONTEN, Hauptbuchnummer 2405, Ausgabe am 2.10.1845 (kein Borgeler Konto).

Tabelle 4-k: Verlauf des Annuitätendarlehens des Kolons Amecke aus Dinker

Datum	Rt.	Sgr.	Pf.		theoretische Option eines endfälligen Darlehens Rt.	
23. 7. 1839	-700	0	0	Kreditaufnahme	-700	Kreditaufnahme
29. 7. 1840	+66	15	0	Zins und Tilgung	+35	Zins
26. 7. 1841	+66	15	0	dito.	+35	dito.
28. 7. 1842	+66	15	0	dito.	+35	dito.
26. 7. 1843	+66	15	0	dito.	+35	dito.
27. 7. 1844	+66	15	0	dito.	+35	dito.
25. 7. 1845	+66	15	0	dito.	+35	dito.
24. 7. 1846	+66	15	0	dito.	+735	Rückzahlung inkl. Zins
22. 7. 1847	+66	15	0	dito.		
28. 7. 1848	+66	15	0	dito.		
19. 7. 1849	+66	15	0	dito.		
17. 7. 1850	+66	15	0	dito.		
21. 7. 1851	+66	15	0	dito.		
21. 7. 1852	+66	15	0	dito.		
10. 8. 1853	+66	15	0	dito.		
insgesamt geleistete Rückzahlungen	931	0	0		945	

Quelle: Sparkassenjournale, Hauptbuchnummer Kredit 1305; Datenbank KONTEN. Der Kreditnehmer leistete 14 Annuitäten, aber keine Resttilgung, die rechnerisch bei etwas über 37 Talern gelegen hätte. In anderen Fällen sind auch 15 Annuitäten geleistet worden (vgl. z.B. Hauptbuch Kredit 2305)

lich die rund halb so hohen Annuitäten, belastend aber auch die abschließende hohe Rückzahlung.

Diese Marke von sieben Jahren gilt bei einer Laufzeit von 15 Jahren unabhängig von der Höhe der Kreditsumme. Wie Abbildung 4-F über die Rückzahlungsdauern der Kreditkonten zeigt, war jedoch keineswegs ausgeschlossen, diese Frist zu unterschreiten. Wenn man die innerhalb des Untersuchungszeitraums zurückgezahlten Kredite ansieht, so ließen etwa zwei Drittel der Schuldner von Krediten mit Kreditsummen ab 100 Talern weniger als 7 Jahre bis zur Rückzahlung verstreichen. Und selbst wenn man die Kredite über 100 Taler einbezieht, deren Rückzahlung selbst nach einer Dauer von 7 Jahren nicht mehr belegt ist (wegen Überschreitung des Untersuchungszeitraumes), so blieben doch immer noch über 50% der Schuldner unter dieser Marke. So könnte eine Entscheidung für ein endfälliges Darlehen durchaus der rationalen und vor allem realistischen Erwägung geschuldet gewesen sein, das im Endeffekt billigere Modell zu wählen.

Ob sich allerdings die Feinheiten der Modelle tatsächlich bis zu den Kunden hin verbreiteten, darf bezweifelt werden. Der Sparkassenvorstand selbst hatte, als er das Produkt des Annuitätendarlehens aufgrund des Kapitalüberschusses in der Kasse ersonn, große Schwierigkeiten, die Charakteristika des Modells dem Soester Magistrat begreiflich zu machen.[442] So mag es einerseits die ungewohnte Komplexität der Berechnung einer Amortisation gewesen sein, andererseits könnten die Sparkassenkunden den niedrigen jährlichen Zahlungen des althergebrachten Kreditmodells Priorität eingeräumt haben.

4.4 Kredite als Segment eines semi-lokalen Finanzmarktes

Innerhalb der ländlichen Entwicklung des 19. Jahrhunderts ist die Transformation der ländlichen Finanzmärkte einerseits als eine Integration, eine geografische Ausdehnung der Marktbeziehungen beschrieben worden.[443] Der Ansatz der Institutionalisierung des Kreditmarkts stellt hingegen den Wandel der Kreditbeziehungen ins Zentrum und sieht das wesentliche Charakteristikum im Vordringen von Kreditinstituten in die Anlage von Vermögen und in den täglichen Umgang mit Geld.[444]

Um die Tragweite der Transformation in den finanziellen Beziehungen und auf den Finanzmärkten zu verdeutlichen, dient eine knappe Vergegenwärtigung unserer heutigen Umwelt. In der Lohnbeschäftigten-Gesellschaft werden die Löhne und Gehälter mittlerweile giral auf Gehaltskonten überwiesen, die Institute im Kundenauftrag führen. Noch in den 1950er-Jahren war es üblich, Gehälter in bar vom Arbeitgeber ausbezahlt zu bekommen, heute verlaufen die finanziellen Kontakte über Finanzintermediäre. Diese zahlen Bargeld immer seltener aus. Selbst viele Einkäufe des täglichen Bedarfs werden mittlerweile in voller Abhängigkeit von einem institutionellen Banksystems getätigt, in dem zwischen Käufer und Verkäufer kein Bargeld mehr kursiert, sondern das Institut des Käufers dem Institut des Verkäufers Geld überweist. Fast noch bedeutender ist die Stellung von Intermediären bei der Vermögensbildung. Bei der Finanzierung von Konsumgütern und Investitionen haben Institute eine dominante Stellung inne, während private Geldgeber kaum in Erscheinung treten.

Sowohl die dichte Forschung zu Krediten der Vormoderne als auch die Entwicklungsökonomie mit ihrem Schwerpunkt auf Mikrokrediten und der Finanzierung von Kleininvestitionen ländlicher Betriebe in Entwicklungsländern hat demgegenüber eine Gegenwelt gezeichnet. Hauptargument dieser Forschungsrichtung ist: Während in

---

442 Schoel, Leben, S. 49-52.

443 Etwa von Rothenberg, Emergence.

444 Lindgren, Modernization, S.810-811; Maria BLÖMER: Probleme des institutionalisierten Agrarkredits in Westfalen im Zuge der Agrarreformen des 19. Jahrhunderts, in: WF 40 (1990), S. 417-435.

einem „modernen", von institutionellen Gläubigern beherrschten System Statuten, Formalia und einheitliche Kriterien wie etwa das Einkommen und Sicherheiten ohne Unterschied der Person über den Zugang zu Kapital entscheiden, waren dies in „vormodernen" und sind dies in „unterentwickelten" Systemen soziale Beziehungen (soziales Kapital) und Verwandtschaft. Was nun die Forschung zu Kreditmärkten im 19. Jahrhundert interessant macht, ist die Position und Bedeutung dieser Epoche in dem beschriebenen Transformationsprozess. Die Entstehung und Verdichtung eines Finanzsystems im Zuge des 19. Jahrhunderts hat die Vorstellung genährt, hier habe es sich um einen linearen Prozess der Institutionalisierung gehandelt. In der Tat ist das Wachstum von Finanzinstituten im 19. Jahrhundert, angefangen bei kommunalen Spar- und Leihkassen über die staatlichen Ablösebanken bis hin zu Kreditgenossenschaften, ein starkes Argument dafür, von einer entscheidenden Transformation zu sprechen. Abermals ist auf die von Lindgren und Hoffman et al. geäußerte Kritik hinzuweisen (Kapitel 4.1). Sie bestärkt Zweifel an den linearen Konzepten. Für deutsche Regionen aber fehlen bislang Arbeiten, die sie wirklich überprüfen.

Der Ort **Borgeln** (Tabelle 4-l) steht für eine Kreditversorgung, die, verursacht von der Nähe zur Stadt, von städtischen Kapitalanbietern dominiert war. 54% des Volumens aller Hypothekenkredite zwischen 1830 und 1866 hatten städtische Gläubiger inne, wobei Kaufleute, Bürger und Handwerker aus Soest die größte Gruppe stellten (C8d, C3, F3). An ländlichen Kreditoren traten ebenfalls Kaufleute, etwa Viehhändler, und auch Adelige und Gutsbesitzer hervor (B1, B3). Es ist deutlich, dass Kreditbeziehungen größerer Reichweite – in andere Städte als Soest und in andere Landgemeinden – insbesondere zur Erlangung höherer Kredite eingegangen wurden. So liegt der Mittelwert der Kredite aus ferneren Städten mit gut 800 Talern am höchsten (D8c), gefolgt von Kreditoren unbekannter Herkunft mit im Mittel 683 Talern und solchen aus anderen Landgemeinden, die im Schnitt 409 Taler gaben (E8c, B8c). Die niedrigsten Kredite wurden innerhalb des Dorfes vergeben (A8c). Obendrein war der Marktanteil der Kredite innerhalb Borgelns mit 2,5% verschwindend klein (A8d).[445]

[445] Binnenkade, Haben, S. 163-165, bestätigt die Korrelation von Entfernung zwischen Schuldner und Gläubiger und Kredithöhe. Jedoch entnimmt sie aus einer Analyse von Kreditbeziehungen innerhalb eines Dorfes im Kanton Aargau 1850-1852, dass im eigenen Ort oder in benachbarten Dörfern zwar kleine, aber besonders viele Kredite aufgenommen wurden. Sie sieht den Grund dafür, dass hohe Kredite außerhalb aufgenommen wurde, weniger im Angebot, denn in den sozialen Implikationen hoher Verschuldung bei Nachbarn: „Es galt zu vermeiden, dass Menschen zusammenlebten, die als Gläubiger in den Konkurs ihrer Nachbarinnen und Nachbarn verwickelt waren".

Tabelle 4-1: Hypothekarkredite Borgeln nach Herkunft und Profession der Gläubiger (1830-1866)

a: Anzahl der aufgenommenen Kredite
b: Summe der aufgenommenen Kredite in Reichstaler
c: Mittelwert eines Kredits
d: Marktanteil: Summe/ Gesamtvolumen

		Herkunft und Beruf der Gläubiger	A Borgeln	B andere Gemeinden	C Soest	D andere Städte	E unbekannt	F Gesamtergebnis
1	a	Adel und Gutsbesitzer		11	1	1	8	21
	b			**17.705**	**50**	**1.500**	**19.010**	**38.265**
	c			*1.610*	*50*	*1.500*	*2.376*	*1.822*
	d							20,8%
2	a	Bauern und Kleinstellenbesitzer	8	16	1		1	26
	b		**1.815**	**7.355**	**100**		**200**	**9.470**
	c		*227*	*460*	*100*		*200*	*364*
	d							5,2%
3	a	Bürger, Kaufleute		101	114	13	19	247
	b			**29.065**	**48.490**	**8.911**	**3.157**	**89.623**
	c			*288*	*425*	685	*166*	*363*
	d							48,8%
4	a	Handwerker	4	4	37		2	47
	b		**478**	**740**	**10.562**		**313**	**12.093**
	c		*119*	*185*	*285*		*156*	*257*
	d							6,6%
5	a	Institutionen	5		13		1	19
	b		**1.200**		**2.540**		**1.000**	**4.740**
	c		*240*		*195*		*1.000*	*249*
	d							2,6%
6	a	Sonstige und unbekannte	7	3	20	5	6	41
	b		**1.073**	**384**	**3.428**	**3.304**	**1.591**	**9.781**
	c		*153*	*128*	*171*	*661*	*265*	*239*
	d							5,3%
7	a	Sparkasse			102	3		105
	b				**15.802**	**4.000**		**19.802**
	c				*155*	*1.333*		*189*
	d							10,8%
8	a	**Gesamtergebnis**	24	135	288	22	37	506
	b		**4.566**	**55.248**	**80.973**	**17.715**	**25.272**	**183.773**
	c		*190*	*409*	*281*	*805*	*683*	*363*
	d		2,5%	30,1%	44,1%	9,6%	13,8%	100,0%

Quellen: Hypothekenbücher Borgeln (Datenbank BOR, Tabelle Lasten).

Erläuterungen: In die Berechnungen flossen alle Hypothekarkredite ein, die als Darlehen gewährt wurde, d.h. ohne dass ein Geschäft unter den gleichen Partnern, bspw. ein Warenkauf, vorausging. Differenzen in der Addition gehen auf Rundungen zurück.

Dies lässt im Wesentlichen folgende Schlüsse zu: Borgeler Bauern waren in ihrer Kreditnachfrage stark auf Soest bezogen, wo eine eingesessene Bürger- und Kaufmannschaft Kapital überschüssig hielt und ertragreiche Investitionen suchte. Die Kreditnachfrage richtete sich auch deshalb Richtung Stadt, weil Dorfbewohner mit freiem Kapital dieses bereits vor Beginn des Untersuchungszeitraums bei der Sparkasse anlegen konnten. Die Alternative wäre gewesen, das Geld nachfragenden Nachbarn oder Verwandten zu leihen, doch bot die Sparkasse unbegrenzte Anlagedauer, einen sehr verlässlichen Zins nicht allzu weit unter den Darlehenszinsen und große Verfügbarkeit (s. Kapitel 5). Die Vorteile lokaler Gläubiger, etwa bessere Kenntnis der Sicherheiten und des Charakters des Leihnehmers, konnten nicht zum Tragen kommen, weil Hypothekenbücher Informationstransparenz herstellten, damit die Transaktionskostenvorteile zur Beschaffung der Informationen senkten und die Durchsetzung der Verträge erleichterten. Potentielle Gläubiger aus der Stadt konnten so ihren Nachteil gegenüber den Menschen vor Ort größtenteils wettmachen. Außerdem war das Ausfallrisiko bei Bauern vermutlich generell gering. Zusammengenommen war also das lokale Kreditangebot im Ort gering. Umso größer war es in Soest, wo der Reichtum an Kredit durch die Entwicklung der Sparkasse bestätigt wird, die regelmäßig mehr Einlagen verzeichnete, als sie selbst als Kredite wieder herauszugeben in der Lage war (siehe Kapitel 5.3.1). Um das Verhalten der dörflichen und der städtischen Investoren miteinander zu vergleichen, müssten im Grunde noch zwei wesentliche Bereiche bekannt sein: Die Kreditflüsse innerhalb Soests und die Kreditvergabe der Borgeler Bauern an Soester Bürger. So kann selbst auf breiter Datenbasis nur eine These formuliert werden: Die städtischen Gläubiger suchten Anlagemöglichkeiten und sahen bei Bauern keine gravierenden Risiken. Wenn Ihre Risikoneigung noch geringer war und sie niedrigeren Zins akzeptierten, nahmen sie eine Einlage bei der Sparkasse in Kauf. Die Borgeler Kapitaleigner vermieden Kredite im Nahbereich. Ursache kann eine Neigung zu Anonymität gewesen sein. Oder aber ihnen war die gegenüber einem Kredit schnellere Liquidierbarkeit des Sparguthabens wichtig. Dann nahmen sie zumindest die Anonymität in Kauf.

Die städtischen Gläubiger waren aller Wahrscheinlichkeit nach, soweit die Familienrekonstitutionen diesen Schluss zulassen, nicht mit den Schuldnern verwandt. Auch Kredite unter Nachbarn und Verwandten gab es in Borgeln kaum. Wie aber fanden Schuldner und Gläubiger zueinander? Zu vermuten ist, dass, wie in bisherigen Forschungen belegt,[446] Notare die beiden Seiten zusammenführten. Aber grundsätzlich muss man nach „Brokern" nicht lange suchen. So verzeichneten die Soester Wochenblätter bereits 1819 Kreditangebote. Unter anderem bot der Soester Justizkommissar Loerbrocks, auch ein Gläubiger der Borgeler, im November 1819 an, „mehrere

[446] Philip T. HOFFMAN, Gilles POSTEL-VINAY und Jean-Laurent ROSENTHAL: Private Credit Markets in Paris. 1690-1840, in: JEH 52 (1992), S. 293-306; dies., Priceless Markets; dies., Information; Clemens / Reupke, Kreditvergabe.

tausend Thaler in großen und kleineren Summen als Darlehen zu erhalten". Es ist nicht anzunehmen, dass diese Praxis in den Jahrzehnten danach nachließ. Dass die Gläubiger der größten Kredite aus größerer Distanz kamen, ist einerseits mit Transaktionskostennachteilen gegenüber dem Nahbereich zu erklären, die erst größere Kreditsummen rentabel machten, andererseits mit einer begrenzten Auswahl an möglichen Gläubigern, die große Summen verfügbar hatten.[447]

Obwohl sowohl die Gesamtzahlen an Krediten als auch das Gesamtvolumen in **Oberkirchen** auf ähnlichem Niveau wie in Borgeln waren, wurden innerhalb der Gemeinde 14-mal mehr Kredite vergeben und genommen (Tabelle 4-m, A9). Demzufolge war das lokale Umfeld deutlich stärker auf dem Kreditmarkt repräsentiert. Die Einwohner Oberkirchens nahmen Hypothekenkredite meist bei Einwohnern aus der Gemeinde oder bei der eigenen Kirchengemeinde auf (A2, A4, A6). Kaufleute und Amtsträger waren ebenfalls wichtige Kreditoren. Sie waren sowohl in den kleinen Städten als auch den Gemeinden des Umlandes ansässig (B4, C4). In dieser Mittelgebirgsregion ohne einen Zentralort, fern von frequentierten Straßen und Eisenbahnstrecken, wo die Naturgegebenheiten die Agrarwirtschaft behindern, waren Kapitalnachfrager stark auf die eigene Region, den eigenen Ort und auch soziale Beziehungen angewiesen. Kreditgeber fanden sich zu zwei Dritteln in Oberkirchen oder benachbarten Gemeinden. Die kleinen Städte waren entfernt und ebenfalls nicht mit florierender Wirtschaft gesegnet. Als soziale Gruppe ragen die Kaufleute heraus, bei denen es sich um Wanderhändler, aber auch um Unternehmer der vereinzelt an den Bächen angesiedelten Hammerwerke handelte (A4, B4). 11.800 Taler (oder 7,6% des Gesamtkreditvolumens 1830-1866) allein vergab der Oberkirchener Unternehmer Franz Kaspar Nückel an Krediten und erwarb sich dadurch eine sehr bedeutende Funktion im Ort.

---

[447] Damit trifft eines der Argumente, mit denen Guinnane, Cooperatives, den Erfolg der auf den engen lokalen Bereich konzentrierten Raiffeisenbanken erklärt, auf jegliche Gläubiger des Nahbereichs zu. Die Frage ist doch vielmehr, ob Genossenschaftsbanken gegenüber privaten Gläubigern des Nahbereichs einen Vorteil hatten und wie Genossenschaften ihre Anteileigner und Einleger gewannen und überzeugten. Der wichtigste Schlüssel der Genossenschaftsbanken zum Erfolg war, wie Timothy W. GUINNANE: A Failed Institutional Transplant: Raiffeisen's Credit Cooperatives in Ireland, 1894-1914, in: Explorations in Economic History 31,1 (1994), S. 38-61, zeigt, die Anziehungskraft auf Anleger.

Tabelle 4-m: Hypothekarkredite Oberkirchen nach Herkunft und Profession der Gläubiger (1830-1866)

		Herkunft und Beruf der Gläubiger	A Oberkirchen	B andere Gemeinden	C benachbarte Städte	D andere Städte	E unbekannt	F Gesamtergebnis
			a: Anzahl der aufgenommenen Kredite **b: Summe der aufgenommenen Kredite in Reichstaler** *c: Mittelwert eines Kredits in Talern* d: (Marktanteil)					
1	a	Adel und Gutsbesitzer	5	9		1	3	18
	b		**4.100**	**3.660**		**2.500**	**400**	**10.660**
	c		*820*	*407*		*2.500*	*133*	*592*
	d							(6,9%)
2	a	Bauern und Kleinstellenbesitzer	104	7	1		2	114
	b		**21.004**	**1.520**	**33**		**1.282**	**23.839**
	c		*202*	*217*	*33*		*641*	*209*
	d							(15,4%)
3	a	Administration und Akademiker	12	1	18		3	34
	b		**1.458**	**100**	**4.632**		**550**	**6.740**
	c		*122*	*100*	*257*		*183*	*198*
	d							(4,3%)
4	a	Kaufleute	85	63	22	6	3	179
	b		**16.932**	**18.211**	**3.774**	**2.355**	**625**	**41.897**
	c		*199*	*289*	*172*	*393*	*208*	*234*
	d							(27,0%)
5	a	Handwerker	20	7	5			32
	b		**2.718**	**828**	**690**			**4.236**
	c		*136*	*118*	*138*			*132*
	d							(2,7%)
6	a	Institutionen	73	6	4	2		85
	b		**13.247**	**765**	**812**	**2.900**		**17.724**
	c		*182*	*128*	*203*	*1.450*		*209*
	d							(11,4%)
7	a	Sonstige und unbekannte	58	23	20	1	20	122
	b		**8.021**	**5.093**	**5.107**	**1.200**	**4.760**	**24.181**
	c		*138*	*221*	*255*	*1.200*	*238*	*198*
	d							(15,6%)
8	a	Sparkassen		2	36	5		43
	b			**2.100**	**9.977**	**13.715**		**25.792**
	c			*1.050*	*277*	*2.743*		*600*
	d							(16,6%)
9	a	**Gesamtergebnis**	357	118	106	15	31	627
	b		**67.480**	**32.277**	**25.025**	**22.670**	**7.617**	**155.069**
	c		*189*	*274*	*236*	*1.511*	*246*	*247*
	d		(43,5%)	(20,8%)	(16,1%)	(14,6%)	(4,9%)	(100%)

Quellen: Hypothekenbücher Oberkirchen (Datenbank OKI, Tabelle Lasten).

Erläuterungen: siehe Tabelle 4-l.

Das Bild der **Löhner** Hypothekenkredite liegt zwischen den beiden Extremen Borgeln und Oberkirchen. Zum einen bestand auch hier eine deutliche Fixierung auf Gläubiger des nahen Herfords (Tabelle 4-n, C7), allerdings nahmen auch die Kreditoren anderer Städte im weiteren Umkreis, aus Minden, Bünde, Bielefeld, aber auch aus Osnabrück und Düsseldorf eine bedeutende Stellung ein (D7). Zum anderen wurde in Löhne durchaus ein innerdörfliches Kreditangebot in Anspruch genommen. Immerhin 18% des Kreditvolumens wurden von Löhner Gläubigern an Löhner Schuldner verliehen (A7). Auch hier erwarb sich eine einzige Person eine besondere Stellung: Beinahe 6.400 Taler (7% des Gesamtvolumens 1830-1866) verlieh Carl Heinrich Imort, Schuhmacher, Kolon, Kommerziant, „Ortserheber" und Ortsvorsteher, hier klassifiziert als Kaufmann (A3), an Löhner Einwohner auf Hypothek. Damit war er der Gläubiger von etwa 40% aller innerhalb Löhnes vergebenen Kredite und ein Gegenbeispiel zu der These, der Geldverleiher sei von seiner eigenen Nachbarschaft als Leiher gemieden worden.[448]

[448] Nach Guinnane, Cooperatives, S. 374.

Tabelle 4-n: Hypothekarkredite Löhne nach Herkunft und Profession der Gläubiger (1830-1866)

a: Anzahl der aufgenommenen Kredite
b: Summe der aufgenommenen Kredite in Reichstaler
c; Mittelwert eines Kredits
d: (Marktanteil)

		Herkunft und Beruf der Gläubiger	A Löhne	B andere Gemeinden	C Herford	D andere Städte	E unbekannt	F Gesamtergebnis
1	a	Adel und Gutsbesitzer		4	3		5	12
	b			**411**	**425**		**779**	**1.615**
	c			*103*	*142*		*156*	*156*
	d							(1,8%)
2	a	Bauern und Kleinstellenbesitzer	6	6				12
	b		**667**	**624**				**1.291**
	c		*111*	*104*				*108*
	d							(1,4%)
3	a	Bürger, Kaufleute	31	9	95	61	6	202
	b		**6.622**	**3.988**	**27.003**	**27.787**	**1.961**	**67.361**
	c		*214*	*443*	*284*	*456*	*327*	*333*
	d							(73,2%)
4	a	Handwerker	1		7	2	2	12
	b		**30**		**1.168**	**500**	**201**	**1.899**
	c		*30*		*167*	*250*	*100*	*158*
	d							(2,1%)
5	a	Institutionen	9		2			11
	b		**2.195**		**165**			**2.360**
	c		*244*		*83*			*215*
	d							(2,6%)
6	a	Sonstige und unbekannte	22	15	5	5	21	68
	b		**7.132**	**3.172**	**650**	**1.775**	**4.823**	**17.552**
	c		*324*	*211*	*130*	*355*	*230*	*258*
	d							(19,1%)
7	a	**Gesamtergebnis**	69	34	112	68	34	317
	b		**16.646**	**8.195**	**29.411**	**30.062**	**7.764**	**92.078**
	c		*241*	*241*	*263*	*442*	*228*	*290*
	d		(18%)	(8,9%)	(31,9%)	(32,6%)	(8,4%)	(100%)

Quellen: Hypothekenbücher Löhne (Datenbank LOE, Tabelle Lasten).

Erläuterungen: siehe Tabelle 4-l.

Abbildung 4-G: Herkunft der Gläubiger von Hypothekenkrediten (1830-1866)

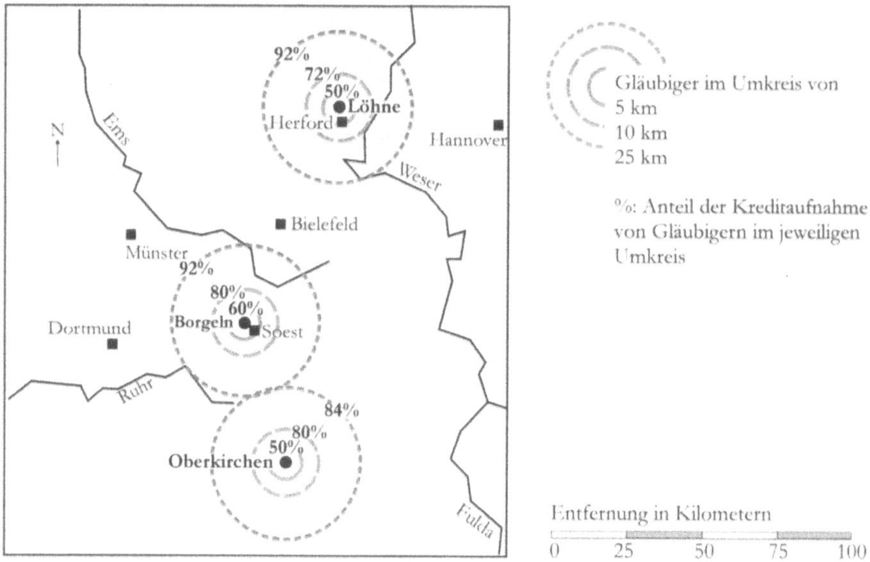

Kartografie: J. Bracht

Abbildung 4-G verdeutlicht nochmals die starke Konzentration der Kreditnahme-Beziehungen auf einen Umkreis von wenigen Fußstunden.[449] Von lokalen Märkten zu sprechen würde irreführen, denn die Nachbarn und Verwandten in den Gemeinden selbst spielten, wie gesehen, sehr unterschiedliche Rollen. Jedoch kann man sagen, dass im Mittel drei Viertel aller Kredite aus einem Umkreis von 10 km, etwa zwei bis drei Fußstunden, kamen. Die Orte unterscheiden sich hier nicht wesentlich. Borgeler deckten ihren Hauptteil in Soest, Löhner im Ort selbst und in Herford oder Bünde, Oberkirchener in der Gemeinde oder im Umland, wo Entfernungen von 10 km Luftlinie beschwerlicher zu bewältigen waren als im Flachland. Die Ergebnisse beruhen auf der Untersuchung der ländlichen Kreditnehmer, doch lassen die geografischen Bezüge den Schluss zu, dass es sich in mindestens zweien der Fälle nicht um rein ländliche Kreditmärkte handelte, sondern auf semi-lokaler Ebene durchaus eine Integration beider Umwelten stattgefunden hat. Ländliche und städtische Debitoren konkurrierten um die gleichen Gläubiger.

---

[449] Findet sich bestätigt bei Lorenzen-Schmidt, Kreditverhalten in den Elbmarschen, S. 265, und Clemens / Reupke, Kreditvergabe, S. 225. Vergleichbare Ergebnisse bei Redish, Mortgage Market, S. 122, zum 17.500-Einwohner-Niagara District in Kanada (1795-1849): Bei 10-20% der Hypothekenkredite (mortgage) kamen Gläubiger nicht aus dem eigenen District.

Tabelle 4-o: Korrelation der Hypothekarkreditaufnahmen pro Jahr

	Löhne	Oberkirchen	Borgeln
Löhne	1,00	0,07 (0,08)	-0,01 (0,06)
Oberkirchen		1,00	-0,14 (0,08)
Borgeln			1,00

Angegeben sind Pearson-Korrelationskoeffizienten.

N=37 (Jahre 1830-1866), in Klammern unter Ausschluss der Ablösejahre, N=29 (1830-1844, 1850, 1854-1866). Verglichen werden die pro Jahr aufsummierten Kreditaufnahmen der Orte in Talern.

Quelle: Hypothekenbücher Borgeln, Löhne, Oberkirchen (Datenbanken LOE, BOR und OKI, jeweils Tabelle Lasten).

Dass hier drei semi-lokale Märkte weitgehend unabhängig voneinander existierten und jeder für sich eine Eigendynamik entwickelte, lässt sich auch daran sehen, dass im Verlauf der Untersuchungsperiode die Märkte sehr unterschiedliche Phasen hoher und niedriger Leihtätigkeit durchlebten. In einem ersten visuellen Ansatz zeigt sich dies schon in Abbildung 4-A. Darüber hinaus wurden die jährlichen Kreditaufnahmen in einer Korrelationsanalyse ausgewertet (Tabelle 4-o). Es zeigt sich, dass zwischen den jährlichen Kreditaufnahmen an den drei Orten keinerlei Übereinstimmung besteht; denn die Korrelationskoeffizienten sind in jeder Kombination nahe Null. Dies gilt auch dann, wenn die Jahre der eindeutigen lokalen Kreditkonjunktur, die Jahre der Ablösungen in Borgeln und Löhne (siehe Kapitel 6.3), herausgenommen werden. Ein Reflex auf die überregionale Erntekrise 1846-1848 ist an den Kreditaufnahmen nicht erkennbar, selbst in Oberkirchen nicht.[450] Auch in diesen Jahren besteht zwischen dem Volumen der Kreditaufnahmen keinerlei Zusammenhang.

Ob dieses Bild der Raumbezogenheit der Kreditbeziehungen überhaupt eine Stufe in einer Entwicklung darstellt, oder aber nur ein für Betriebe dieser Größe typisches, zeitunabhängiges Muster, ist mangels Untersuchungen keineswegs klar. Rothenberg nennt die in der ersten Hälfte des 19. Jahrhunderts für das Hinterland Bostons (etwa 50 km Umkreis) erkennbare Entwicklung eine Transformation zu „regionalen Kapitalmärkten", doch auch in ihrem Fall wurden 50% der Kreditbeziehungen im eigenen Ort oder zum Nachbarort geknüpft.[451] Der Anteil der aus dem rund 2.000 km² großen County hinausführenden Beziehungen lag bei immerhin 13,6%, höher als in unseren Beispielen. Dies ist also tatsächlich als eine dezente „Regionalisierung" zu verstehen;

450 Clemens / Reupke, Kreditvergabe, S. 232-235, zählen für 1818, als die Teuerung 1816/17 noch nachwirkte, überdurchschnittlich viele und eher kleine Darlehen an ländliche Debitoren.

451 Rothenberg, Emergence, S. 795.

eine wirkliche Integration der Finanzmärkte ist aber weder aus den Daten Rothenbergs noch aus den hier präsentierten zu erkennen; nach wie vor bekamen die Bauern ihr Geld aus der nahen Umgebung.

Es lohnt, die Integration der Finanzmärkte noch von einer zweiten Warte aus zu betrachten. In integrierten Märkten hätten die Bauern unserer Orte mit den Unternehmern des Ruhrgebiets, mit den Bergwerksgesellschaften, den Eisenbahnen und mit den Sparkassen um das gleiche Geld konkurriert. Ob die Kreditoren in Soest und Herford gleichermaßen in Unternehmungen investierten wie in Bauernbetriebe ist nicht zu ermitteln. Der Bedarf des Landes an Kapital dürfte dabei außer Frage stehen, da der Untersuchungszeitraum eine Zeit der Verbreitung und Anwendung von zahlreichen Meliorationsverfahren war. Die landwirtschaftlichen Betriebe in Westfalen machten im Untersuchungszeitraum wie erwähnt große Ertrags- und Produktivitätsfortschritte. Nicht zuletzt die in Kapitel 5 herausgestellte Sparfähigkeit, zu der manche Borgeler Bauern in der Lage waren, legt davon beredt Zeugnis ab. Es ist deshalb an Kapitel 2 anzuknüpfen und nochmals zu betonen, dass es zu einer beschleunigten Entwicklung bereits fortgeschrittener Regionen kam, während etwa das Hohe Sauerland nicht genug Entwicklung nachholen konnte. Konkret bezogen auf Oberkirchen kann man folgern, dass der Entwicklungsrückstand einerseits zwar in der naturräumlichen Benachteiligung begründet lag, andererseits aber auch die periphere Lage und die ausbleibende infrastrukturelle Anbindung verhinderten, dass dieser Raum von der Nachfrage des Ruhrgebiets erreicht wurde. Diese Nachfrage war nach Kopsidis aber der Hauptgrund für die Steigerung der Produktion. Mehr Kredit und integrierte Finanzmärkte hätten den Oberkirchenern vielleicht den Alltag erleichtert und den Lebensstandard erhöht, aber nicht zur Entwicklung beigetragen. Andererseits verhinderte die ausbleibende Integration der Finanzmärkte nicht die Entwicklung im Bördegebiet, zu dem Borgeln zu zählen ist. Vielmehr war es so, dass sich Betriebe und Kreditangebot am gleichen Ort befanden, Integration also gar nicht notwendig war.

Wenn also die Landwirtschaft erkennbar zu großen Ertragssteigerungen fähig war, mussten die Bauern demnach ihr Kapital mit hohen Zinsen erkaufen, gerade in einer Zeit der industriellen Entwicklung? Eine Antwort wurde insofern bereits gegeben, als das Zinsniveau nach oben begrenzt war, der landesübliche Zins bei 5% lag.

Abbildung 4-H: Zinsen auf Hypothekarkredite 1820-1866 (gewichtete 10-Jahres-Mittel, 1860-1866 6-Jahres-Mittel)

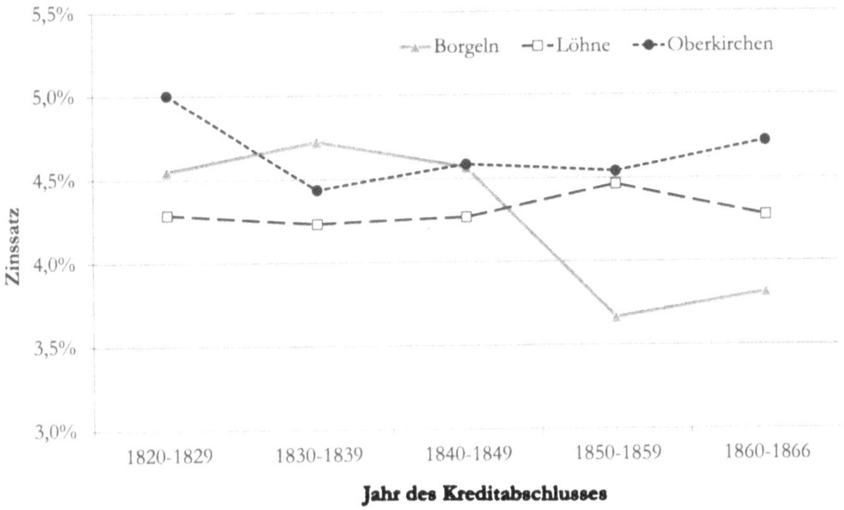

Quelle: Hypothekenbücher Löhne, Borgeln und Oberkirchen (Datenbanken BOR, LOE und OKI, jew. Tabelle Lasten).

Eine Auswertung der tatsächlichen Zinssätze für Hypothekenkredite zeigt eine sehr geringe Variationsbreite der Zinssätze insgesamt. An dieser Stelle will ich mich zunächst auf das Gesamtzinsniveau konzentrieren. Löhne hatte demnach das niedrigste Zinsniveau, Oberkirchen das höchste, jedoch sind die Unterschiede gering. Eine Berechnung der Differenzen im zeitlichen Verlauf ändert am Befund nichts Wesentliches, doch ergibt sie eine langfristige Stabilität im Falle Löhnes, für Oberkirchen allenfalls ein leicht steigendes Niveau seit 1830, für Borgeln hingegen gerade nach 1850 einen deutlichen Einbruch der Zinsen (Abbildung 4-H). Gerade für die von der Agrarkonjunktur besonders verwöhnten Borgeler war in dieser Phase Kapital am billigsten. Schon die Ermäßigung der Zinssätze der Sparkassenkredite von 5% auf 4%, bei entsprechendem Volumen, deutete dies an. Davon abgesehen sind die Differenzen zwischen den Orten im Wesentlichen auf die unterschiedliche Verteilung von 0%-, 4%-, 4,5%- und 5%-Zinsensätzen zurückzuführen.[452] In Borgeln etwa lag auf 95% des Gesamtvolumens (Summe in Talern) einer dieser vier Zinssätze, wobei auf 15% gar kein Zins fällig wurde, präziser: kein Zins im Grundbuch verzeichnet wurde. Insgesamt spiegeln die Hypothekenkredite damit das Bild wider, das sich in vielen Publi-

---

452 Vgl. Lorenzen-Schmidt, Kreditverhalten in den Elbmarschen, S. 266, der für die Elbmarschen Zinssätze von 3 bis 4,25% ausgemacht hat.

kationen[453] findet und das für Westfalen bereits Kopsidis anhand von bäuerlichen Rechenbüchern festgestellt hat, denn selbst bei Personalkrediten schwankten die Zinsen eng zwischen 3% und 5%: Der Zinssatz war ein nur im geringen Spektrum variabler Preis, der wohl kaum die höchst unterschiedlichen Niveaus der Agrarentwicklung und der Erträge reflektiert. Wo unzweifelhaft die höchsten Erträge erwirtschaftet wurden, war das Zinsniveau niedrig. Dies spricht dafür, dass die Entwicklung im Soester Raum nicht sehr kapitalabhängig war, auf der anderen Seite aber das Angebot sehr groß. Dass die Soester Kreditgeber nicht den Weg zu höheren Zinsen fanden, dürfte mit den zwischen diesen nicht integrierten Märkten anfallenden, und gegenüber lokalen Alternativen noch immer zu hohen Transaktionskosten in Zusammenhang stehen, denn der Überblick über gebotene Sicherheiten, die Kontrolle der geschäftlichen Verfassung der Schuldner und nicht zuletzt der rein praktische Umstand der Kapital- und Zinstransfers ließ Geldgeschäfte über weitere Entfernungen nicht geboten erscheinen.

Konsequenz des Befundes ist, dass die von der klassischen Kredittheorie postulierte Kanalisierung des Kapitals dorthin, wo es die höchste Rendite erbringt, also der Wirtschaft pro eingesetzte Kapitaleinheit zu den höchsten Gewinnen verhilft, zu diesem Zeitpunkt auf Basis des Finanzmarktes nicht möglich war. Zum einen gilt dies für die Finanzierung der Industrie, die offensichtlich am allerwenigsten von Kapital aus dem ländlichen Raum profitiert hat.[454] Selbst die von den Bauern an die Grundherren transferierten Ablösekapitalien sind nicht in aufstrebenden Unternehmen gelandet.[455] Für Sparkassen in den Industriebezirken und in den Großstädten mag anderes gelten und auch auf der Forschungsagenda stehen,[456] für die Sparkasse der Kleinstadt Soest

---

[453] Redish, Mortgage Market, S. 125; Hoffman / Postel-Vinay / Rosenthal, Priceless Markets, S. 230, 300.

[454] Henning, Kapitalbildungsmöglichkeiten, S. 80-81; Harald WINKEL: Kapitalbildung im ländlichen Raum, in: Zeitschrift für bayerische Sparkassengeschichte 11 (1997), S. 45-56, hier S. 45-50; Karl DITT: „Soziale Frage", Sparkassen und Sparverhalten der Bevölkerung im Raum Bielefeld um die Mitte des 19. Jahrhunderts, in: Werner CONZE und Ulrich ENGELHARDT (Hg.), Arbeiterexistenz im 19. Jahrhundert. Lebensstandard und Lebensgestaltung deutscher Arbeiter und Handwerker, Stuttgart 1981, S. 516-538.

[455] Winkel, Ablösung; ders., Ablösungskapitalien; Hippel, Bauernbefreiung.

[456] Jeremy S. EDWARDS und Sheilagh OGILVIE: Universal Banks and German Industrialisation. A Reappraisal, in: Economic History Review 49 (1996), S. 427-446, hier S. 443-444, vermuten, dass Sparkassen, Genossenschafts- und Hypothekenbanken einen weitaus größeren Anteil am Industrialisierungsprozess hatten, als die vielfach hervorgehobenen Universalbanken, weil sie stärker an der Finanzierung kleiner und mittlerer Unternehmen beteiligt waren. Timothy W. GUINNANE: Rezension von „Carsten Burhop, Die Kreditbanken in der Gründerzeit", in: EH.Net, 9.2.2008. URL: http://eh.net/bookreviews/library/1297, abgerufen Mai 2009, weist auf den Bedarf an Empirie zur Frage der Industrialisierungsfinanzierung hin: „Even if the Sparkassen did little direct lending to industrial firms, it strains credulity to believe that institutions of this size had no indirect impact on German industrialization […] If we are going

ist festzustellen: Kapitalflüsse vom Umland in die sich industrialisierenden Kerne sind allenfalls vorstellbar auf Umwegen, etwa durch Investitionen der Sparkassen in Anleihen oder Anlage der Sparkassen bei der Provinzialhilfskasse[457] in Münster, der übergeordneten staatlichen Bank für „Landeskultur"-Zwecke.

4.5 Die Sparkasse als Kreditgeber

4.5.1 Institutionen auf dem Markt für Hypothekenkredite

Neben Einzelpersonen scheinen Stiftungen, Klöster und Pfarreien, „traditionelle" Institutionen also, die wichtigsten Quellen des ländlichen Kredits in der Frühen Neuzeit gewesen zu sein.[458] Sparkassenkredite brachten eine neue Qualität von Kreditbeziehungen hervor. Man spricht von formellem Kredit, der durch formale Statuten und Beschränkungen gekennzeichnet und von öffentlich-rechtlichen Institutionen überwacht ist.[459] Auf ein in sozialgeschichtlicher Hinsicht wichtiges Element des institutionellen Kredits, nämlich die Abwesenheit von sozialen Beziehungen zwischen Schuldner und Gläubiger außer derjenigen der Geldleihe, ist bereits hingewiesen worden.

Wie haben die Sparkassen die bestehenden Kreditmärkte beeinflusst und verändert, und waren Sparkassenkredite eigentlich die große Neuerung, die eine Unterscheidung von formell und informell suggeriert? Wie war die Positionierung ihres Personals gegenüber den Sparkassenkunden? Kann man, wie bei Raiffeisenbanken auf dem Land, von einer Institutionalisierung auf einem Fundament sozialer Beziehungen sprechen, ohne die das notwendige Vertrauen in Institutionen nicht hätte entstehen können?

Die Sparkasse Soest war hier, verglichen mit dem Gros der Kredite, mit unterdurchschnittlichen Beträgen vertreten (Tabelle 4-1, F7c).[460] Zwar der wichtigste Einzelgläubiger für die Borgeler, hatte sie jedoch über den gesamten Untersuchungs-

---

to understand how banks contributed to the development of the German economy, we need close study of all its banks".

457 Henning, Verschuldung der Bodeneigentümer, S. 312; Wischermann, Staat, S. 369-377; Blömer, Entwicklung, S. 81-98; Fontaine, Bauern, S. 113, zufolge hatte die Kirche „die vorherrschende Rolle [...] als Darlehensgeber in allen gesellschaftlichen Schichten".

458 Seider, Kirche als Kreditgeberin; Beck, Unterfinning, S. 460-472. Das gesamte Spektrum der Finanzen einer Pfarrei im 17. und 18. Jahrhundert entfalten Jochen EBERT, Ingrid ROGMANN und Peter WIEDERSICH: Dorf – Herrschaft – Kirche, in: dies. und Heide WUNDER (Hg.), Schwebda – ein Adelsdorf im 17. und 18. Jahrhundert, Kassel 2006, S. 21-168, hier S. 137-160.

459 Lindgren, Modernization, S. 813.

460 Zwei weitere Sparkassen, Werl und Münster, waren hingegen mit mehreren großen Krediten vertreten, allerdings konzentriert auf die Jahre 1851 und 1853.

zeitraum nur einen Marktanteil von 8,6%[461]. In den Spitzenjahren 1850-1853, als die Borgeler Bauern ihre Ablösungen finanzieren mussten, stieg er auf 13%.[462] In Anbetracht der Schwierigkeiten, die die Sparkasse Soest bei der Unterbringung ihrer Einlagen hatte, ist zu vermuten, die Geschäftsführung hätte diesen Marktanteil gerne gesteigert, wenn die Kunden die Kredite denn nachgefragt hätten.

In den Abbildungen 4-I, 4-J und 4-K sind die Hypothekenkredite nunmehr nach institutionellen und privaten Gläubigern geordnet dargestellt. Sie zeigen vor allem: Der private Kredit verlor sich nicht etwa gegen Ende des Untersuchungszeitraums, sondern erfreute sich unverminderter Vitalität. Für die Borgeler Finanzen kann sogar klar gesagt werden, dass es im Zeitraum zu immer höherer Kreditaufnahme von privat kam. Die Bedeutung der Ablösungen für die Hochphase des Kredits von 1850 bis 1853 kann hier nur angedeutet werden (siehe Kapitel 6.3.3). In Löhne kam es zu einer Verdichtung der Kreditaufnahmen bereits seit 1840 (Abbildung 4-J). Da die Ablösungen in diesem Ort mehrheitlich in die Jahre 1846 bis 1850 fielen, kann ein direkter Zusammenhang mit der „Bauernbefreiung" nicht gesehen werden.[463] In Oberkirchen (Abbildung 4-K) wurde privates Kapital allein aus dem ländlichen Umfeld gespeist und war deshalb gering.

---

[461] Ergebnis des Quotienten aus 15.802 (Tabelle 4-1, C7b) durch 183.774 (F8b).

[462] Siehe Kapitel 6.4.3.

[463] Vgl. Mager, Protoindustrialisierung, S. 449.

Abbildung 4-I: Hypothekenkredite Borgeler Schuldner nach Gläubigergruppen (1825-1864)

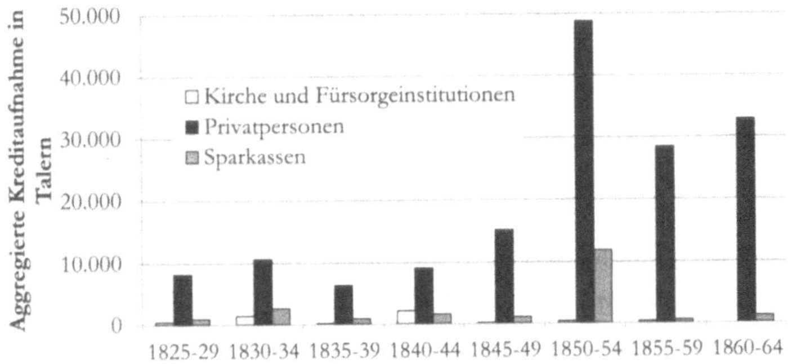

Abbildung 4-J: Hypothekenkredite Löhner Schuldner nach Gläubigergruppen (1825-1864)

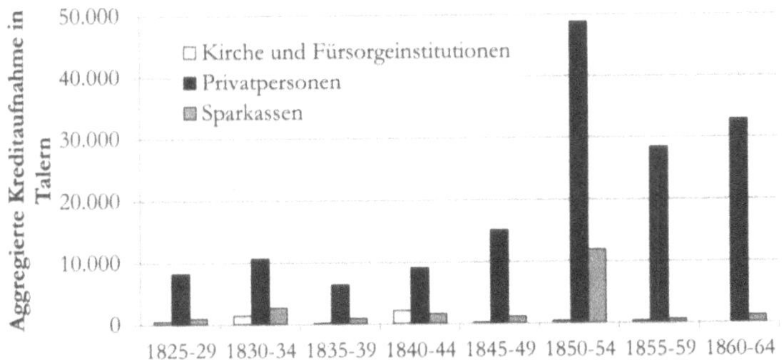

Abbildung 4-K: Hypothekenkredite Oberkirchener Schuldner nach Gläubigergruppen (1825-1864)

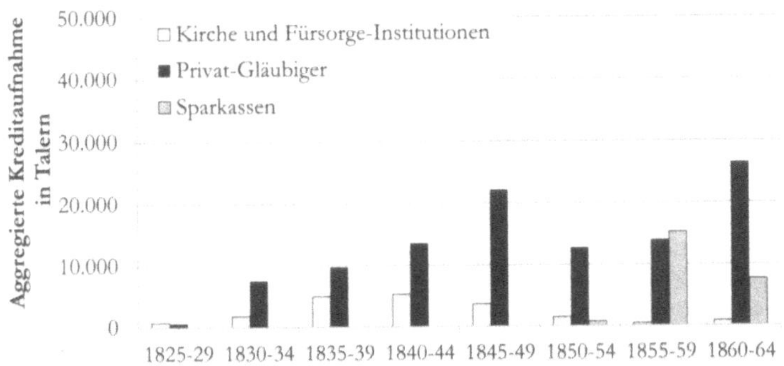

Quelle: Hypothekenbücher Borgeln, Löhne und Oberkirchen (Datenbanken LOE, BOR und OKI, jew. Tabelle Lasten).

Ein Blick auf die **„alten“ Kreditinstitutionen**, Kirchenkassen, Armenfonds etc.: In allen drei Orten verloren sie ihren Anteil an den Hypothekenkrediten, der in Borgeln und Löhne klein, in Oberkirchen aber beträchtlich war, bis zur Mitte des 19. Jahrhunderts. Im Fall Löhnes sind zahlreiche kirchliche Kredite für den Beginn des 19. Jahrhunderts überliefert, die aber vor dem engeren Untersuchungszeitraum aufgenommen und deshalb noch in Kraft waren, in dem Sinne aber nicht zum Untersuchungszeitraum zählen. Nach 1825 aber bewegten sich die kirchlichen Kredite auf niedrigem Niveau. In Oberkirchen kam es schließlich zu einem späten, aber deutlichen Übergang von kirchlichen Institutionen, hier vor allem Pfarrkassen, hin zu den Sparkassen der umliegenden Städte. Die Überlieferung der Kirchenkassen konnte nicht ausgewertet werden,[464] sodass die Personalkreditvergabe der Kirche nicht geprüft werden konnte. Da sich mit der Gründung der Sparkasse auch die Anlagemöglichkeiten für Institutionen änderten und reihenweise Gemeinden, Städte, Pfarreien und Fonds Gelder bei der Sparkasse einlegten, wie aus den Journalen hervorgeht, ist eine grundsätzliche Umschichtung von „alten“ Institutionen zu der neuen Institution Sparkasse denkbar. Aus Borgeln eröffneten die Kirchenkasse, der Schulfonds, die Gemeinde, die Armenkasse, der Konfirmandenfonds und die Kapelle Stocklarn in der gesamten Periode insgesamt 24 Konten und verlagerten so einen Teil ihres Vermögens auf das Sparbuch.[465] So vermutlich auch in Oberkirchen: Hier waren Institutionen grundsätzlich, „alte“ und die Sparkasse, als Kreditgeber gefragt. Da die ökonomische Situation in diesem Mittelgebirgsort bis zum Beginn des Tourismus Ende des 19. Jahrhunderts wohl immer schlechter wurde, die Holzkohle nicht mehr gefragt und die Region lange nicht ans Eisenbahnnetz angeschlossen war, wuchsen aber die Verlustrisiken. Möglicherweise setzten die kirchlichen Institute nun vermehrt auf die sichere Verzinsung bei den Sparkassen, die das Kapital wiederum, breiter gestreut und daher risikomindernd, an die Bauern verliehen. Insgesamt gesehen kam es so zu einer Veränderung *innerhalb* des institutionellen Kredits, nicht aber zu einer grundlegenden Verdrängung privater Kreditbeziehungen durch institutionelle.

Von Personen und Haushalten jedenfalls wurden **Sparkassen** nach ihrer Gründung unverzüglich genutzt. Dies zeigt sich für die 1825/26 gegründete Soester Sparkasse in Bezug auf Borgeln, und für die Sparkassen in der Umgebung von Oberkirchen, die, einmal gegründet, eine große Bedeutung für den Kapitalbedarf Oberkirchens erlangten. Besonderes Augenmerk verdienen hier die Darstellungen zu Borgeln

---

464 Teils nicht erhalten (Borgeln und Löhne), teils nicht näher geprüft (Oberkirchen).

465 Um ein ubiquitäres Phänomen scheint sich das Wegbrechen der kirchlichen Kreditvergabe im 19. Jahrhundert nicht gehandelt haben. So machte Seider, Kirche als Kreditgeberin, S. 104, in seiner Untersuchung über Kirchenfinanzen einer Pfarrei aus dem Bayerischen erst für das 20. Jahrhundert einen wesentlichen Vermögensverlust aus, der letztlich zur Einschränkung der Kreditvergabe führte. Clemens / Reupke, Kreditvergabe, S. 234, sehen für die Periode 1800-1850 in der Saarregion „erhebliches Engagement seitens der katholischen Pfarreien und Hospitälern“, allerdings wurde die örtliche Sparkasse Merzig auch erst 1857 gegründet.

und Löhne. Zunächst Löhne: Erstaunlich ist die vollkommene Abwesenheit der Sparkassen auf diesem Markt für Hypothekenkredite (Abbildung 4-J). Nicht einen vergab die Kreissparkasse Herford an Löhner in diesen Jahren. Dabei bezeichnete Werner Abelshauser, Autor einer Monographie über die Kreissparkasse, sie als „im agrarischen Sektor verwurzelt“[466], weil viele Einlagen von Bauern stammten. Sicher werden auch Kredite an Bauern vergeben worden sein, nur eben nicht auf Hypothek, denn insgesamt – und dies erscheint wirklich bemerkenswert – waren Kredite in den 1840er- und 1850er-Jahren nur zu 7% mit Hypotheken gesichert, in 93% der Fälle reichten Schuldschein und Bürgschaft.[467]

Die Borgeler nahmen die Sparkasse Soest nachweislich schnell als Kreditor an. Ihr Anteil am Markt für Hypothekenkredite pendelte sich auf ein Niveau von 8 bis 10% ein (Abbildung 4-I). Nach den Ablösungen Anfang der 1850er-Jahre gingen die Kreditaufnahmen nur leicht zurück und stabilisierten sich auf hohem Niveau. Gerade die Zahl der hohen Kreditaufnahmen über 1.000 Taler stieg nach 1850 an. Kredite über 2.000 Taler-Kredite etwa finden sich drei bis 1850 und 12 nach 1850. Auf dem Hypothekenkreditmarkt war die Sparkasse hier insgesamt nur ein Spieler von vielen.[468] Gerade nach 1850 aber intensivierte sie ihr Aktivgeschäft mit hohen, nicht eingetragenen Krediten.

4.5.2 Informationsvorteile und Nähe zum Kunden

Nicht zu vernachlässigen ist aber auch ihre Vergabe von Krediten, die nicht zur Eintragung im Hypothekenbuch kamen. Zu beobachten ist nämlich eine grundsätzliche Veränderung in der Kreditvergabe des Instituts praktisch mit dem Jahr 1850, erschließbar aus den Journalen und dargestellt in Abbildung 4-L. Die Praxis der Vergabe an Borgeler Einwohner war gekennzeichnet von zahlreichen kleinen Darlehen an Gesinde, von maximal dreistelligen Beträgen und bei den Beträgen über 30 Taler von einem insgesamt hohen Grad der Absicherung im Grundbuch.

Um die Jahrhundertmitte kam es zu einem Wechsel in der Anlagepraxis des Soester Instituts, der in der Institutionsgeschichte bisher nicht bekannt ist.[469] Die Sparkasse vergab nun mehrere Kredite im vierstelligen Reichstaler-Bereich, zinsreduziert (4%) und ohne Eintragung ins Grundbuch. Ein großer Teil der Sparkassentrans-

---

466 Abelshauser, Vorbeugung, S. 105.

467 Ebd., S. 106/107.

468 Dies steht im Gegensatz zur von Redish, Mortgage Market, geschilderten Situation in Nordkanada vor 1850, als die Banken sich auf Kredit für Handel und Gewerbe konzentrierten, zum Teil auch gesetzlich beschränkt waren, und der Hypothekenmarkt weitgehend ohne Beteiligung von Finanzintermediären verblieb.

469 Vgl. Schoel, Leben; Marga KOSKE: Aus der Geschichte der Stadtsparkasse Soest, Soest 1959.

Abbildung 4-L: Kredite der Sparkasse Soest an Borgeler Einwohner (1830-1867)

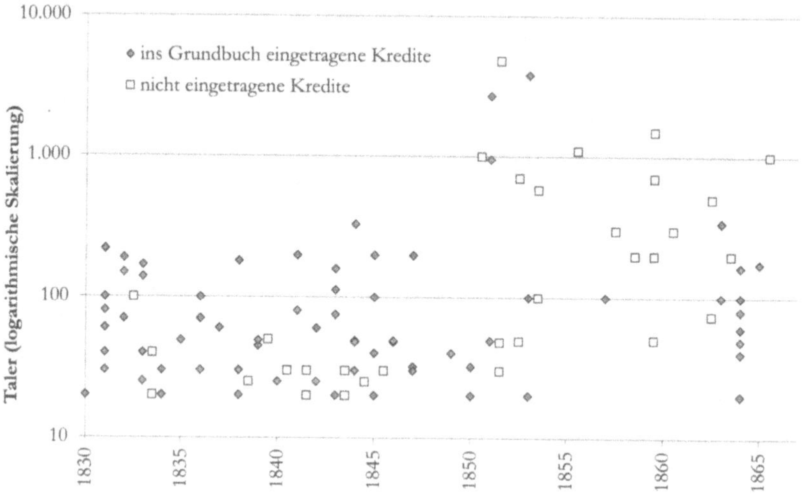

Quelle: Sparkassenjournale; Datenbank KONTEN.

aktionen fand also keine Absicherung durch Hypothek mehr. Hier scheinen sich die Anlagepraktiken des Soester und Herforder Instituts zu ähneln.

Während die Herforder Sparkasse offenbar bereits risikoaffin begann (siehe Kapitel 5.3), vollzog die Führung der Soester Sparkasse einen einschneidenden Kurswechsel von der Risikoaversion zur –affinität. Dies ist umso erstaunlicher, als das Herforder Institut es mit einer agrarischen Klientel zu tun hatte, die aufgrund noch nicht vollzogener Integration der Getreidemärkte mehr Risiken des Kapitalverlustes mit sich brachte als die Bördebauern von Borgeln. Als wesentlicher Grund für den Strategiewechsel müssen die Ablösungen angesehen werden, die sich in Löhne noch vor Start der Sparkasse, im Borgeler Raum aber in den Jahren 1850 bis 1853 vollzogen.[470] Einerseits kann man vermuten, dass es in Folge der Umschichtung von Kapital von den Bauern zu den ehemaligen Grundherrn zu einem neuen Kapitalüberfluss kam, der die Kreditbedingungen der Sparkasse absenkte. Emil Bimberg, damals Jugendlicher auf dem elterlichen Kolonat Blumroth, schrieb 1911 über diese Jahre: „Die Kassen waren infolge der vielen Ablösungen überfüllt und auf dem Geldmarkte trat ein Tiefstand ein; das alles kam der Landwirtschaft zugute.“[471] Da viele Ablö-

[470] Die außergewöhnliche Rolle der Sparkasse im Rahmen der Ablösungen wird in Kapitel 6.4.3 ausgeführt.

[471] Bimberg, Lebensweise, S. 9.

sungszahlungen jedoch an die Berechtigten eher zeitversetzt erfolgten, weil diese zunächst Rentenbriefe erhielten (siehe Kapitel 6.2 und 6.4.1), kann dies nicht der einzige Grund gewesen sein. Es hat sich wohl mit den Ablösungen auch ein neues Institutionen-Vertrauen herausgebildet, verstanden nicht als Vertrauen in die Institution, sondern der Institution bzw. der Geschäftsführung in die Geschäftstätigkeit der Bauern und in die Bonität der wirtschaftlichen Grundlage. Wichtig hier: Die Sparkasse verzichtete in der zweiten Jahrhunderthälfte in hohem Maße auf die Sicherheiten, welche die ebenfalls immer zahlreicher nachgefragten privaten Gläubiger vielleicht nach wie vor verlangten. Wir haben es also in Borgeln keineswegs mit einem Prozess der Institutionalisierung, verstanden als zunehmende Inanspruchnahme der institutionellen Optionen, zu tun, sondern teils gar mit ihrem Gegenteil.

In Tabelle 4-p ist diese mit dem Jahr 1850 einsetzende neue Kreditvergabepraxis der Sparkasse weiter ergründet worden. Mithilfe der Methode der Logistischen-Regression wurde danach gefragt, welche Faktoren bewirkten, dass bei einem Kredit auf den Eintrag ins Hypothekenbuch verzichtet wurde. Von den 105 Kreditvergaben der Sparkasse an Borgeler wurden 76 ins Grundbuch eingetragen, 26 hingegen nicht. Zudem geht aus der Abbildung 4-L bereits hervor, dass die Jahrhundertmitte offenbar ein wichtiges Datum für einen Systemwechsel bei der Sparkasse war. Dies wird durch die Variable „1850 und später" im Modell ausgedrückt, deren Koeffizient demnach einen positiven Wert haben müsste. Da der Verzicht auf Eintragung ein größeres Risiko bedeutete, wäre es theoretisch naheliegend anzunehmen, dass dies eher bei kleinen Krediten in Frage kam. Dies beschreibt aber allenfalls die Kreditvergabe bis zur Jahrhundertmitte richtig. Ab 1850 wurden offensichtlich viele, und gerade besonders große Kredite nicht eingetragen. Aus diesem Grund ist anzunehmen, dass die Kredithöhe alleine kein schlüssiges Ergebnis liefert und vielmehr auf die Periode ab 1850 beschränkt wirken muss (Interaktionseffekt „Kredithöhe × ab 1850").

Wenn schon auf eine Eintragung verzichtet wurde, so dürfte sich die Sparkasse als Gläubiger zumindest an grundlegenden Kriterien wie der Besitzgröße und dem bisherigen Schuldenstand des Debitors orientiert haben. Es ist anzunehmen, dass ein Kredit dann nicht eingetragen wurde, wenn der Betrieb groß war und daher sowohl viel Vermögen vorhanden war, als auch ein hoher Ertrag erwirtschaftet wurde, von dem die Zinsen bestritten werden konnten. Auch ist anzunehmen, dass die Sparkasse vorrangig dann auf die Eintragung verzichtete, wenn der Schuldenstand – hier repräsentiert durch die Summe der Hypothekenkredite zum Zeitpunkt der Kreditaufnahme – gering war. Erwartet werden also ein positiver Koeffizient für die Betriebsgröße und ein negativer für den Schuldenstand.

Schließlich wurde noch eine Variable aufgenommen, die ausdrückt, ob ein Debitor bereits Kunde der Sparkasse war, sei es als Sparer oder Kreditnehmer. Dem zweiten Rendanten Dörrenberg war diese Information über die Buchhaltung zugänglich, sie ging mit dem Abtritt des ersten Rendanten Rocholl nicht verloren.

Tabelle 4-p: Faktoren der Eintragung von Sparkassenkrediten ins Grundbuch (Logistische Regression)

	b	Stdf	Sign.
abhängige Variable:			
Kein Eintrag des Kredits ins Hypothekenbuch			
unabhängige Variablen			
1850 und später	-1,83	(1,09)	+
Kredithöhe	-4,21	(2,15)	*
Schuldenstand	-0,06	(0,08)	
Betriebsgröße	1,16	(0,42)	**
Kunde zuvor	2,71	(0,76)	***
Kredithöhe × 1850 und später	4,13	(2,13)	*
Konstante	-0,84	(0,87)	
N	105		
McFadden-R^2	0,37		
Korrigiertes R^2	0,26		
Zahl der „korrekt vorhergesagten" Fälle	88	(83,8%)	
Likelihood-ratio-test, Chi-Quadrat	45,86	***	

Quellen: Sparkassenjournale Soest; Datenbanken BOR und KONTEN.

Verfahren: Maximum-Likelyhood-Schätzung, b: Regressionskoeffizient, Stdf: Standardfehler Signifikanzniveau, + 10%, * 5%, ** 1%, *** 0,1%. Wahrscheinlichkeit, dass das Ergebnis zustande kommt, obwohl kein Zusammenhang zwischen unabhängiger und abhängiger Variablen besteht.

Abhängige Variable: Dummy-Variable, Eintragung ins Hypothekenbuch = 0 (76 Fälle), Nichteintragung = 1 (29 Fälle).

Kredithöhe: Höhe des Kredits (in 100 Taler).

Betriebsgröße: Besitzgröße in Kataster-Reinertrag (in 100 Taler).

Schuldenstand: Belastungen nach Grundbuch (in 100 Taler).

1850 und später: Dummy-Variable, Kredite bis einschl. 1849 = 0, Kredite der Jahre ab einschl. 1850 = 1.

Kunde zuvor: Dummy-Variable, zuvor bereits Sparkunde oder eingekommener Kreditkunde gewesen = 1, andernfalls = 0.

Zunächst deutet die Schätzung darauf hin, dass nach der Jahrhundertmitte Kredite eher öfter als vor 1850 mit einer Hypothek gesichert wurden. Dies war tatsächlich aber nicht der Fall. Auch wird durch das Modell ein negativer Grundzusammenhang zwischen Kredithöhe und Verzicht auf eine Hypothek nachgewiesen. Beide Zusammenhänge werden aber überlagert von der Interaktion beider Variablen, deren hoher positiver Koeffizient besagt, dass nach 1849 gerade die hohen Kredite nicht eingetragen wurden. Diese zwei Hauptvariablen und deren Interaktion sind in allen getesteten Modellvariationen stabil und signifikant. Während außerdem ein großer Grundbesitz eines Debitors die Sparkasse veranlasste, auf die Hypothek eines Kredits zu verzichten, sind die in den Grundbüchern nachgewiesenen Althypotheken für die Rendanten offensichtlich irrelevant gewesen. Die entsprechende Variable „Schuldenstand" erweist sich als nicht hinreichend signifikant, so dass ihr kein verlässlicher Einfluss auf den Verzicht der Eintragung zugewiesen werden kann.

Die höchsten Signifikanzwerte in allen Modellen erreicht aber jene Variable, welche ausdrückt, dass der Kreditnehmer bei der Sparkasse schon als Kunde bekannt war, sei es als Sparer, sei es, dass er zuvor einen Kredit hatte und diesen auch zurückzahlte: Die Wahrscheinlichkeit, dass auf eine Eintragung verzichtet wurde, war für einen eingeführten Kunden der Sparkasse etwa 15mal so groß wie für einen Neukunden. Im Zusammenspiel mit der Betriebsgröße ergibt sich, dass sich hier die Sparkasse eher auf die eigenen Informationen über die Bonität des Schuldners verließ als auf die Institution des Grundbuchs.

Während in Paris die Crédit Foncier, die erste große französische Hypothekenbank, ihr Informationsdefizit gegenüber den Notaren gerade wegen der Hypothekenbücher ausgleichen konnte,[472] konnte die Sparkasse Soest als semi-lokales Kreditinstitut einen eigenen Wissensschatz aufbauen. Dazu trug nicht zuletzt bei, dass das führende Personal vor Ort anerkannt, vielfältig sozial gebunden und als Funktionselite auch mit besonderen Einblicken ausgestattet war. So war der langjährige Rendant Mathias Rocholl nicht nur Sohn eines Soester Bürgermeisters. Im Amt des Kommunalempfängers reiste er auch in die Gemeinden des Hinterlandes und nahm dort das Gesamt-Steueraufkommen aus der Hand der Bürgermeister und Vorsteher entgegen. Zudem besaß er gutsherrliche Rechte unter anderem in Borgeln und hatte Borgeler Bauern des Öfteren auch persönlich Geld geliehen.[473] Auch der seit 1848 tätige Rendant Wilhelm Dörrenberg war viele Jahre Mitglied kommunaler Ausschüsse gewesen. Vor allem aber arbeitete er lange Jahre schon als Soester Katasterbeamter. Als solcher hatte er ständigen Zugang zu Akten, die ähnlich den Grundbüchern äußerst präzise über die Grundbesitzverhältnisse aller Haushalte in Stadt und Umland Auskunft gaben.

Anders als der Gegensatz von Privat- und Institutionenkredit Glauben macht, bediente sich die Sparkasse also der Mechanismen einer vermeintlich vorinstitutionellen Phase des Finanzmarktes und profitierte von dem Vertrauensbonus und den sozialen Beziehungen ihrer Führung.

---

472 Für die Crédit Foncier in Paris, die erste große Hypothekenbank, welche schließlich zum Einbruch der notariellen Kreditvermittlung führte, sprechen Hoffman et al., Priceless Markets, S. 266-267, davon, dass sie gegenüber den Notaren zunächst an einem Informationsdefizit litt, dieses aber gerade wegen der Hypothekenbücher ausgleichen konnte.

473 BOR OFBID 15073, BOR LastIDs 84, 365, 377, 460, 701, 794 und 795.

4.6 Zwischenresümee

Im dritten Viertel des 19. Jahrhunderts und vermutlich weit darüber hinaus waren Kreditmärkte noch nicht integriert. Sie sind als semi-lokal zu bezeichnen, weil sie die Grenzen von Gemeinden und Städten überschritten. Deutliche Unterschiede zeigten sich zwischen dem einen sehr ländlichen Markt im Hochsauerland und den beiden anderen in Stadtnähe. Städter boten ihre Kredite auf dem Land an und Betriebe in fußläufiger Nähe orientierten sich mit ihrer Nachfrage auf die Städte.

Als semi-lokale Märkte aber waren sie weit weniger integriert und raumgreifend als die Referenzforschungen aus den USA und Frankreich belegen. Bleibt man bei der Vorstellung, dass Finanzmärkte eine kontinuierliche Entwicklung hin zur Integration vollzogen, so blieb Westfalen hinter zeitgleichen Entwicklungen zurück. Noch aber ist die weitere Entwicklung der Märkte unerforscht.

Gerade die innerhalb unseres Zeitraums so bedeutende Rolle privater Gläubiger verdiente dabei starke Beachtung. Die Kreditbeziehungen zeigen, dass zumindest bis zum Ende des Untersuchungszeitraums nicht von einer Transformation hin zum institutionellen Kredit gesprochen werden kann. Privater Kredit blieb dominant. Auch Hans-Jürgen Teuteberg stellte bereits fest: Der „Modernisierungsprozess des ländlichen Geld-, Kapital- und Kreditwesens darf freilich nicht darüber hinwegtäuschen, dass auch noch um 1900 etwa zwei Drittel aller dieser Geldgeschäfte in Westfalen weiterhin wie früher privat getätigt wurden“[474]. Allerdings geht eine Gleichsetzung von privatem Kredit und Wucher, wie man sie in der zeitgenössischen Literatur findet, völlig fehl. Wie offensichtlich wurde, fand dies alles unter dem Dach eines maximal 6%-igen Zinses statt.[475]

Muss man aus der Dominanz des Privatkredits schließen, dass soziale Nähe zwischen den Akteuren wichtig war?

Inwieweit Personen des Nahbereichs um Geld gebeten wurden scheint vom Kreditangebot abhängig gewesen zu sein. Wenn es möglich war, die Leihe von Nachbarn und Verwandten zu vermeiden, nutzten die Akteure dies. Wenn das Kreditangebot so groß war wie in Borgeln, kam es sogar zu gar keinen Kreditbeziehungen innerhalb des Dorfs. Stattdessen deponierten die Borgeler Geld eher bei der Sparkasse. Dies ist als Suche nach oder zumindest als Inkaufnahme von Anonymität zu deuten. Davon

---

474 Teuteberg, Forschungen, S. 30. Rechtschreibung modernisiert. Vgl. hingegen die zu dem Zeitpunkt weit fortgeschrittene Institutionalisierung in Paris, wo 1869 die privaten Kredite, ausgehandelt von Notaren, nur an fünfter Stelle rangierten, hinter Staatsanleihen (national debt), Privatkapital an der Börse, der Crédit foncier und den Sparkassen (Hoffman et al., Priceless Markets, S. 226-227).

475 Teuteberg, Forschungen, S. 30.

profitierte die Sparkasse, die aber mit zunehmender Zeit über einen Informationsschatz über die Kunden verfügte, der es ihr erlaubte, keine Eintragung mehr zu verlangen. Auch dies ist eine vermeintliche Kontinuität, der an dieser Stelle widersprochen werden muss: Es ist im Untersuchungszeitraum keine Tendenz zu vermehrten Hypotheken zu erkennen.

Innerhalb des Zeitraums verdreifachte sich der Wert der Parzellen. Es stieg auch die Hypothekenverschuldung. Trotz langfristiger Trends erscheint die Jahrhundertmitte als Wegscheide. In Borgeln führten Ablösungen zu einem enormen Impuls auf dem Kreditmarkt. Auslöser war der Mittelbedarf, nicht der obsolet gewordene Konsens der Grundherren. In Borgeln sanken die Zinsen und die Sparkasse verzichtete auf Sicherheiten. Die Kredite erreichten zuvor nicht dagewesene Höhen. In Löhne mehrten sich nach 1845 die Zessionen. In Oberkirchen beschleunigte sich die Verschuldung.

In gewissem Ausmaß sind Veränderungen auch in der Kreditpraxis auszumachen. Die Rückzahlungspraxis der Borgeler wurde nach 1850, trotz der hohen Aufnahmen, engagierter und stetiger. Bis dahin scheinen die Borgeler ihre Kredite oft als lang währende Belastungen akzeptiert und die Tilgung von besonderen Mittelzuflüssen abhängig gemacht zu haben. Dies mag nicht zuletzt von der ausgesprochenen Rentier-Einstellung ihrer privaten Gläubiger befördert worden sein. Ab 1850 aber wird häufiger in Teilen zurückgezahlt. Auf regelmäßige hohe Annuitäten – wie im Amortisationsmodell – ließen sich die Schuldner allerdings nicht verpflichten.

Oberkirchen verdient zuletzt besonderes Augenmerk. Es ist der Ort des sprichwörtlichen Geldmangels jener Zeit. Kredite wurden im lokalen Umfeld geliehen und verliehen. Doch weder fanden sich auf dem Land des Mittelgebirges viele Rentiers, noch waren die Verkehrs- und Informationsverbindungen gut, um mit Rentiers in Kontakt zu treten. Wenn hier Kredite faul wurden, konnten die in ihren Erwartungen enttäuschten Gläubiger wohl nach Zessionaren suchen, doch fanden sie diese nicht in ihrem eigenen Umfeld. Wenn jemand Geld verleihen konnte, dann wählte er auf einem Markt mit mehr Nachfragern als Anbietern den Schuldner mit den besseren Sicherheiten. So finden sich in Oberkirchen wenige Zessionen, aber umso mehr Subhastationen, die als letztes Mittel der Gläubiger zu sehen sind.

Kapitel 5: Das Sparbuch

„Man schaut auf dem Lande wohl in des Nachbarn Stube und Topf, aber nicht immer in seinen Geldbeutel.“[476]

Den Haushalten, insbesondere auf dem Land, standen lange sehr eingeschränkte Möglichkeiten für Finanztransaktionen zu Verfügung. Dies gilt nicht so sehr für die Beschaffung von Kapital, denn das Auftreten des Kredits lag mit einiger Sicherheit vor dem Zeitpunkt, ab dem er heute mit Quellen belegt ist. Doch muss es, wenn Kredit zu bekommen war, auch das Kreditgeben gegeben haben, und also auch das Investieren in Kapital.

So gab es wohl vor dem „Durchbruch“ der Finanzinstitute – wann immer er auch im Detail anzusetzen ist – drei Gruppen derer, die Geldleihe im größeren Maßstab betrieben: Der klassische Rentier, oft bürgerlicher Herkunft, wollte mit jährlichen Zinseinnahmen ein Jahreseinkommen bestreiten. Er musste also beim gängigen Zins von 4 bis 5% demzufolge 3.000 bis 3.500 Taler verliehen haben, um ein jährliches Einkommen von 150 Talern zu erzielen, was einem niedrigen Lebensstandard entsprach. Hinzu kommt, dass erst bei solchen Volumina die Kapitalien breit genug gestreut waren, um Ausfälle und Zahlungsverzug aufzufangen. Des Weiteren traten vielerorts lokale Großbauern durch starke Kreditvergabe hervor. Bei ihnen überlagerte sich die Geldleihe mit zahlreichen weiteren sozialen Beziehungen zum Schuldner. In kommerziell hoch entwickelten Gebieten und Städten war seit dem Mittelalter das Investieren in öffentliche Renten, von Kommunen emittierte festverzinsliche Papiere, möglich, und manche Privatpersonen gewährten ihren Schuldnern Kredite und kauften gleichzeitig institutionelle Renten.[477] Zuletzt ist an die Geld verleihenden Händler, oft Juden, zu denken. Letztere wurden seit dem Mittelalter aufgrund finanzieller Abhängigkeiten, aber auch sozialer Distanz zur lokalen Gesellschaft, immer wieder mit dem Stereotyp des Wucherers belegt.[478] Kapitalerträge in Höhe eines Einkommens

---

476 Grabein, Entstehung, S. 18.

477 Jord HANUS: Urban Annuity Markets in Early Sixteenth-Century 's-Hertogenbosch (Bois-le-Duc): Public vs. Private, Paper präsentiert auf der International Economic History Conference, Helsinki 2006, URL: http://www.helsinki.fi/iehc2006/papers1/Hanus.pdf, abgerufen Mai 2009.

478 Aus der umfangreichen Literatur siehe u. a. Michael TOCH: Geldleiher und sonst nichts? Zur wirtschaftlichen Tätigkeit der Juden im deutschen Sprachraum des Spätmittelalters, in: Tel Aviver Jahrbuch für deutsche Geschichte 22 (1993), S. 117-126; Maria BLÖMER: Wucher auf

waren letztlich nur demjenigen gegönnt, der die Geldwirtschaft mit beträchtlichen Beträgen quasi professionell unternehmen konnte.

Für die meisten Haushalte, selbst wenn sie über liquides Geld verfügten, war dies kein gangbarer Weg, denn die Nachteile der Geldleihe sind unübersehbar: keine freie Stückelbarkeit der Beträge, hohes Ausfallrisiko, obendrein nicht gestreutes Risiko, unter Umständen keine Verzinsung, mangelnde bzw. zeitraubende Konvertierbarkeit.[479] Zur Umsetzung differenzierter Strategien fehlte es an Instrumenten. So war es kaum möglich, regelmäßig einen Teil des Einkommens abzusparen oder Konsum einzusparen, denn sichere Depots für die Beträge gab es nicht. Mägde und Knechte konnten möglicherweise ihren Lohn beim Dienstherrn stehen lassen und bekamen dies verzinst. Für Einzelpersonen bestand die Option, bar empfangene Abfindungen als Kredit weiter zu verleihen. Belege, dass Personen im lokalen Rahmen, gerade Kaufleute, auch Einlagen annahmen und diese verzinsten, während sie es an Schuldner weiterverliehen, gibt es äußerst selten. Bei diesen dürften die Guthaben der Deponenten zur Liquidität beigetragen haben.[480] Selbstständige Betriebe verfügten über Investitionsmöglichkeiten, doch muss bei diesen, da sie zugleich als Privathaushalt im modernen ökonomischen Sinne gelten können, die Grenze zwischen Investition und Ersparnis als fließend angesehen werden.[481] Eine planbare weiterführende Strategie des Sparens, nämlich des Ansparens und Zielsparens unter Inanspruchnahme von Zins und Zinseszins, war jedenfalls nicht möglich.

5.1 Geld horten als vorinstitutionelle Liquiditätsreserve

Unter diesen Bedingungen scheint das Bargeldhorten zuhause gar keine schlechte Option gewesen zu sein. Immerhin erhielt es die Liquidität, wenn man auch Rendite einbüßte und riskierte, bestohlen zu werden.

---

dem Lande, in: Hans-Jürgen TEUTEBERG (Hg.), Westfalens Wirtschaft am Beginn des „Maschinenzeitalters", Dortmund 1988, S. 23-56.

479 Ditt, Soziale Frage, S. 518.

480 Lindgren, Modernization, S. 811; Muldrew, Anthropologie, S. 195.

481 Sprichwörtlich bekannt ist schließlich der Wald als Sparkasse, in dem der Waldbesitzer bei außerordentlichem Bedarf einfach ein oder zwei Bäume schlagen konnte. Dass dies mehr ist als nur kolportiert, hat die Forschung bisher nicht belegen können. Sturm, Schuldkonflikte, S. 61, zitiert aus einem Kreditkonflikt in Hannover 1592, in dem der Schuldner den Gläubiger entschädigen will, indem er einen Baum „aufreißt", vermutlich also fällt und sägt. Die Pflege des Waldes zu Liquiditätszwecken setzt voraus, dass sonstigem ökonomischem Druck nicht nachgegeben wird. „Wald als Sparkasse" ist somit ein Gegenmodell zum beklagten Entwalden und Devastieren. Entgegen der traditionell positiven Konnotation des „Sparens" wird „Wald als Sparkasse" im forstwirtschaftlichen Kontext allerdings eher als altertümliche Strategie konnotiert, während die aktive Bewirtschaftung mit regelmäßigem Einschlag und hohem Ertrag positiv bewertet wird.

Wie tatsächlich gehortet wurde, ist weitgehend unerforscht. Das gilt sowohl für die Techniken – es ist die Zeit vor der Sparbüchse – als auch für das Ausmaß.[482] Daher habe ich Inventare – meist angefertigt im Fall einer Wiederverheiratung – analysiert. Das Ergebnis zeigt, dass von 40 Borgeler Inventaren des Zeitraums zwischen 1810 und 1881 überhaupt nur in 2 Fällen Bargeld in Höhe von 30 bzw. 75 Talern angegeben ist. In 5 von 28 Löhner Inventaren wird Bargeld von 3,5 bis 70 Talern, in den sechs Oberkirchener Inventaren gar kein Bargeld aufgeführt. Bei den übrigen wird entweder eindeutig das Bargeld mit „vacat" oder aber gar nicht verzeichnet.[483] Zeitlich zu differenzieren führt zu keinem Erkenntnisgewinn, da die Fallzahlen sehr gering sind.

Zunächst einmal stärkt dieses Ergebnis das Bild von einer aufgrund von Bargeldmangel stark auf Kredit und Stundung basierenden ländlichen Ökonomie. Einerseits kann man die geringen Vorkommen an Bargeld gerade in Borgeln bereits als Indiz dafür werten, dass, wo früh Sparkassensparen möglich war, kaum noch Geld gehortet wurde. Andererseits ist aber unwahrscheinlich, dass tatsächlich so selten Bargeld vorhanden war. Grundsätzlich sollte in Betracht gezogen werden, dass Inventare möglicherweise die Besitzstände nicht vollständig darstellen.[484] Möglich ist auch, dass Bargeld bereits vor der Inventarisierung in andere Hände gegeben worden war, um das Gesamtvermögen um diesen Betrag zu verringern und Stempelkosten zu sparen. Es wäre wünschenswert, den Befund mit anderen Regionen und dichteren Quellenbeständen zu stützen. Doch selbst Inventare von württembergischen Handwerkern, die vermutlich stärker als Bauern auf eine Barkasse angewiesen waren, weisen aus der Zeit vor 1840 in maximal 50% der Fälle Bargeld auf.[485] Im württembergischen Wildberg brachten im 17. Jahrhundert 43% der Bräutigame und 60% der Bräute Bargeld in

---

482 Max GRABEIN: Die Entstehung der Spareinlagen auf dem Lande, in: Verein für Socialpolitik (Hg.), Untersuchungen über das Volkssparwesen, Bd. 3, München u.a. 1913, S. 1-63, hier S. 35-36, berichtet, dass sich die Sparbüchsen in den Jahren vor 1913 „eine überraschend schnelle Einführung" verschafft haben. Zum Sprichwort vom „auf die hohe Kante legen" gibt es zwei Deutungen: Thorsten ALBRECHT: Truhen, Kisten, Laden. Vom Mittelalter bis zur Gegenwart am Beispiel der Lüneburger Heide, Petersberg 1997, S. 48, verweist auf eine bei vielen ländlichen Truhen an der Rückwand angebrachte hölzerne Leiste, auf der Wertsachen verwahrt wurden. Kurt DRÖGE: Das ländliche Bett. Zur Geschichte des Schlafmöbels in Westfalen, Detmold 1999, S. 59, verortet die hohe Kante im Himmelbett, in deren hochgestellten Fußenden sich oftmals verschließbare Ablagefächer befanden. Beide geben leider keine weiteren Belege an.

483 Inventare finden sich in den Grundakten. Einbezogen wurden nur Inventare, die auch Mobilien verzeichneten und entweder Schulden oder Forderungen auswiesen.

484 Christiane HOMOET, Dietmar SAUERMANN und Joachim SCHEPERS: Sterbfallinventare des Stiftes Quernheim (1525-1808). Eine quellenkritische Untersuchung zur Diffusionsforschung, Münster 1982, S. 57-59.

485 Anja R. BENSCHEIDT: Kleinbürgerlicher Besitz. Nürtinger Handwerkerinventare von 1660 bis 1840, Münster 1985, S. 58-59, 109-110, 150-151, 191-192. Auffällig ist, dass die Bargeldbestände in Beibringensinventaren (also von Brautleuten) öfter auftreten und höher sind als in Verlassenschaftsinventaren nach Todesfällen.

die Ehe ein. Zum Todeszeitpunkt aber besaßen nur 18% der Männer und 23% der Frauen Bargeld. [487] Im schwedischen Falun, einer Bergarbeiterstadt, wiesen vor 1850 die Haushalte von Verstorbenen in nur einem Viertel der Fälle Bargeld auf.[488] Wenn also mit dem Ziel der Akkumulation gehortet wurde, dann am ehesten unter jungen, unverheirateten Personen. Für eine fundierte Beurteilung des Hortens fehlen jedoch vor allem Angaben über die Höhe der Bargeldbestände. Die vergleichsweise seltenen Bargeldbestände in den Inventaren aller drei Untersuchungsorte lassen vermuten, dass das Horten im 19. Jahrhundert weder vermögensstrategische Volumina noch Funktionen hatte.

5.2 Sparen und Sparkassen – Forschungsstand

Auf diese Situation trafen die ersten Ideen für Sparkassen, die Ende des 18. Jahrhunderts entwickelt wurden. Sparbücher der Sparkassen waren für weite Teile der ländlichen Gesellschaft die ersten nutzbaren Finanzprodukte und sie blieben die wichtigste Anlageform auf dem Land bis über die Jahrhundertwende hinaus, als den Sparkassen längst mit den Genossenschaftsbanken eine nennenswerte Konkurrenz erwachsen war.[489] Auch in den drei Untersuchungsorten waren Sparbücher die ersten nachweisbaren Finanzprodukte. Festverzinsliche Papiere der Industrie oder des Staates sind in keinem der vorliegenden Kontrakte und Inventare nachgewiesen, hingegen in allen drei Orten Sparbücher.[490] Will man also den institutionellen Wandel und die den Haushalten und Betrieben damit eröffneten neuen Vermögensstrategien betrachten, so ist die Sparkasse der entscheidende Zugang.[491]

---

487 Sheilagh C. OGILVIE, Markus KÜPKER und Janine MAEGRAITH: Household Debt in Early Modern Württemberg: Evidence from Personal Inventories (Cambridge Working Papers in Economics 1148 [URL: www.econ.cam.ac.uk/dae/repec/cam/pdf/cwpe1148.pdf], 2011, Tabellen 2 und 3.

488 Lilja, Marknad, S. 83.

489 Grabein, Entstehung, S. 7-8.

490 LOE InvID 2, 4, 33. Einziger Fall in Oberkirchen: OKI KonID 349.

491 Vgl. Rothenberg, Emergence, S. 801-802, die vor allem im Auftreten festverzinslicher Industrieanleihen in bäuerlichen Portfolios (Hinterland Bostons) eine die Industrialisierung anschiebende Transformation sieht. Diese haben aber bis 1830 in keiner Schicht ein Übergewicht über die vergebenen Darlehen als traditionellere Anlageform gewonnen. Siehe auch Lorenzen-Schmidt, Kreditverhalten in den Elbmarschen, S. 266-276, der für die Elbmarschenbauern bereits Anfang des 19. Jahrhunderts Investments in Staatsschuldenpapiere belegt. Bei den besonders wohlhabenden und geschäftstüchtigen Bauern nahmen hier Anleihen, Staatspapiere, Sparbücher und Aktien einen bedeutenden Teil des Gesamtvermögens ein. Exemplarischer Nachweis einer Unternehmensanleihe in bäuerlicher Hand (1863) auch bei Ottenjann, Bau-, Wohn- und Wirtschaftsweise, S. 82.

Getragen wurden Sparkassengründungen von pädagogischen und philanthropischen, aber ebenso liberalen Gedanken, die das Sparen als Ausweg des Individuums aus saisonalen Phasen der Armut sahen und somit auch dem bis dahin Armenfürsorge betreibendem Staat einen Weg wiesen, sich herauszunehmen. Die Entwicklung des Sparkassengedankens und die institutionelle Realisation der Sparkassen in Deutschland sind ausgiebig behandelt worden und finden sich in gängigen Überblicksdarstellungen wie in unzähligen Sparkassenjubiläumsschriften.[492] Hauptansatzpunkt der sparkassengeschichtlichen Forschung war die Frühzeit der Sparkassen in Deutschland – also die Zeit etwa bis zur Reichsgründung. Methodisch verblieb sie aber stark auf die einzelne Institution oder aber auf den Sparkassensektor insgesamt ausgerichtet. Ihre Erkenntnisse bezog sie vornehmlich aus amtlichem Schriftgut und Geschäftsberichten, woraus ein hohes Aggregationsniveau resultiert.[493] Nur selten blickte sie auf die Kunden der Sparkasse, deren Bedürfnisse und deren Nutzung eines Geldinstituts. Ähnlich unterbelichtet blieb bisher das Verhältnis der Sparkassen zu den Konkurrenten auf dem Kreditmarkt, also etwa zu Fürsorgeinstitutionen und Privatiers. Zugespitzt kann man sagen, dass es eine starke, eng umrissene und mit einem klaren Profil versehene Sparkassengeschichte gibt, dass aber die Geschichte der Sparer und des Sparverhaltens ebenso wie die der lokalen Finanzmärkte noch im Aufbau ist.[494] Dabei freilich ist die Institutionengeschichte keineswegs überflüssig, liefert sie doch wesentliche Anhaltspunkte dafür, inwieweit eine Sparkasse, bzw. deren Führung, willens und in der Lage war, die Nachfrage der Kundschaft zu befriedigen. Wen wollte man zum

---

492 Zusammenfassend: Günter ASHAUER: Von der Ersparungscasse zur Sparkassen-Finanzgruppe: Die deutsche Sparkassenorganisation in Geschichte und Gegenwart, Stuttgart 1991.

493 Stellvertretend etwa die Aufsätze in Hans POHL: Wirtschaft, Unternehmen, Kreditwesen, soziale Probleme. Ausgewählte Aufsätze, Teil 2, Stuttgart 2005.

494 Beispiele für sparerorientierte Sparkassengeschichte: Josef WYSOCKI: Kapitalbildungsprozesse ländlicher Regionen Bayerns im 19. Jahrhundert, in: ZAA 24 (1976), S. 202-213; ders.: Untersuchungen zur Wirtschafts- und Sozialgeschichte der deutschen Sparkassen im 19. Jahrhundert, Stuttgart 1980; Ditt, Soziale Frage; Günther SCHULZ: Fabriksparkassen für Arbeiter – Konzeption und Inanspruchnahme einer betrieblichen Institution, in: Zeitschrift für Unternehmensgeschichte 225 (1980), S. 145-178; ders.: „Der konnte freilich ganz anders sparen als ich". Untersuchungen zum Sparverhalten industrieller Arbeiter im 19. Jahrhundert, in: Conze / Engelhardt (Hg.), Arbeiterexistenz, S. 487-515; Ingo KRÜGER: Sparkassen für Kinder, Dienstboten, Handwerksgesellen und Tagelöhner, in: Im oberen Maintal, auf dem Jura, an Rodach und Itz. Zum 150jährigen Geschäftsjubiläum der Kreissparkasse Lichtenfels, Lichtenfels 1990; Hubert KIESEWETTER: Zur Entwicklung sächsischer Sparkassen, zum Sparverhalten und zur Lebenshaltung sächsischer Arbeiter im 19. Jahrhundert (1819 - 1914), in: Conze / Engelhardt (Hg.), Arbeiterexistenz, S. 446-486; Lilja, Omsorg; Lilja, Marknad; Reinhold REITH: Zur sozialen Lage der Handwerksgesellen und Lehrlinge vom späten 18. bis ins frühe 20. Jahrhundert. Sparfähigkeit, Sparmöglichkeiten und Sparmotivationen, in: Zeitschrift für bayerische Sparkassengeschichte, H. 6, 1992, S. 57-82; Cormac Ó GRÁDA: Financial Panic, Famine, and Contagion: Ireland in the 1840s and 1850s, URL: http://www.ucd.ie/economics/research/papers/2003/WP03.16.pdf, 2003, zuletzt abgerufen September 2011.

Sparen animieren, wessen Engagement unterstützen? Hier bieten sich bereits Erklärungsansätze für lokale Spezifika der Sparer-Geschichte. Ein erster Ansatz wird daher im Folgenden darin bestehen, die Politik der Sparkasse Soest gegenüber ihrer Kundschaft zu betrachten. Daran anschließend und in allen weiteren Unterkapiteln kommt ein mikrohistorischer, serielle Quellen auswertender und deutender Ansatz zur Anwendung, der das Ziel hat, Sparen als wirtschaftliches Handeln aus den betrieblichen und lokalen Zusammenhängen heraus zu erklären.

Die Entwicklung der Sparkassen in Deutschland verlief in Wellen. Erste Impulse gab es Ende des 18. Jahrhunderts, als sich mancherorts meist Privatiers mit bürgerlichem, aufgeklärtem Hintergrund zusammenfanden und Sparvereine oder -kassen, auch bereits in Verbindung mit Leihkassen gründeten. Bei der Gründung der allgemein als erste Sparkasse Deutschlands anerkannten „Allgemeinen Versorgungsanstalt" 1778 in Hamburg war bereits das klare Ziel formuliert worden, Menschen mit geringen Einkommen ein sicheres und verzinstes Depot ihrer wenigen Überschüsse zu bieten. Hier wie in vielen anderen Städten eigneten sich bald die Städte die Gründungen an, sodass es zu engen Verbindungen zwischen Stadt und Sparkassen in Bezug auf Personal, geografische Zuständigkeit und Absicherung der Einlagen kam. Die starke lokale Konzentration und die kommunale Verankerung (dabei auch die Zweckgebundenheit der Überschüsse) macht ein bis heute wirksames gemeinsames Charakteristikum der Sparkassen aus.[495]

Auf deutschem Gebiet kam es, nachdem die ersten Gründungen vor den Napoleonischen Kriegen vollzogen worden waren, vor allem nach dem Wiener Kongress zu einem zweiten Schub. So auch in Westfalen, wo die ersten Sparkassen in den 1820er-Jahren ins Leben gerufen worden waren, unter diesen aber viele bald wieder den Betrieb einstellten. Das preußische Sparkassenreglement vom 12. Dezember 1838[496] löste schließlich eine dritte Gründungswelle aus, die bis etwa 1848 anhielt und die Zahl der Sparkassen in Westfalen vervielfachte. Etwa 20 Jahre später, noch bevor die ersten Kreditgenossenschaften entstanden, folgte eine letzte, das Netz nochmals verdichtende Welle. In deren Verlauf bekamen nun auch entlegene Orte ihre Sparkasse; und teilweise verfügte man auf dem Land nun bereits über Mehrfachversorgung durch Sparkassen.

---

495 Timothy W. GUINNANE: Delegated monitors, large and small: Germany's banking system, 1800-1914, in: Journal of Economic Literature 40 (2002), S. 73-124; Edwards / Ogilvie, Universal banks.

496 Gesetz-Sammlung 1838, S. 5-14.

5.3 Ländliche Sparer als Kundensegment der Sparkasse

5.3.1 Sparkassen in Westfalen – die Pioniere Bielefeld und Soest im Vergleich

In Soest und Bielefeld kam es 1825 zu den ersten Sparkassengründungen Westfalens.[497] Soest: eine Ackerbürger- und Garnisonsstadt von etwas über 7.000 Einwohnern, in der jedoch ein eingesessenes Bürgertum das Klima bestimmte. Bielefeld: das kommerzielle Zentrum der minden-ravensbergischen Leinenprotoindustrie.[498] So unterschiedlich die Städte, so unterschiedlich gestalteten sich die den Gründungen zugrunde liegenden Motivationen. Die Soester Sparkasse war eine Initiative des Soester Gerichtsassessors von Viebahn und dessen Umfeld, einer Gruppe von Honoratioren. Es liegt also auf der Hand, hinter dem Engagement nicht nur rein philanthropisches Denken zu vermuten, sondern die Sparkasse auch als Instrument der Stärkung der städtischen Finanzen zu interpretieren, durch das die Abgabenlast der großen Privatvermögen gemindert werden konnte.[499] Vermutlich mischten sich die Intentionen, zumindest hieß es in den Soester Statuten zur Zielgruppe, man wolle „den Einwohnern von Soest und Umgebung Gelegenheit … geben, ihre kleinen Ersparnisse zinsbar und sicher unterzubringen und sich so ein Kapital zu sammeln, welches sie bei ihrer Verheiratung und in sonstiger Not gebrauchen können"[500]. Mit „Verheiratung" waren vermutlich weniger die Kosten eines Festes als die Haushaltsgründung gemeint, die aus der Anmietung einer Wohnung oder aber dem Kauf einer Parzelle und Bau eines eigenen Hauses bestand. Konkrete Armut in der Stadt stand also nicht im Vordergrund der Initiative, eher schon das Bemühen, das Zielsparen für lebenszyklische Ereignisse und die individuelle Vorsorge zu unterstützen. Dieser Intention wird in Kapitel 7 nachzugehen sein. Wie die meisten anderen Gründungen sollte auch die Soester Sparkasse vornehmlich kleine Einkommensbezieher, Selbstständige und Gesinde unterstützen, auch um in Zukunft konkrete Fürsorgetransfers zu verringern. Die Argumentation, man wolle die Kunden animieren, „am Confirmations-, Hochzeits- oder Sterbetage des Dürftigen Freude zu erhöhen oder seine Trauer zu vermindern"[501] richtete sich nicht nur an die Eigenverantwortlichkeit des Individuums, sondern gleichsam an Dritte und ihre Mildtätigkeit.

---

497 Die Sparkasse Soest veröffentlichte als erste ihr Statut, die Bielefelder öffnete als erste ihren Kassenbetrieb.

498 Axel FLÜGEL: Kaufleute und Manufakturen in Bielefeld. Sozialer Wandel und wirtschaftliche Entwicklung im protoindustriellen Leinengewerbe von 1680-1850, Bielefeld 1993.

499 Schoel, Leben, S. 19.

500 Ebd., S. 25.

501 Anzeige am 22.1.1825 im Soester Wochenblatt, nach SCHOEL, Leben, S 23.

In Bielefeld stellte man ähnliche Überlegungen an, verband aber mit dem Sparen noch weiter gehende Ziele. So thematisierte man bereits die lebenszyklischen Einschränkungen im Alter und die Notwendigkeit eines Vorsorge-Sparens.[502] Die eigentliche ideelle Basis der Gründung in Bielefeld lag aber in der angeschlossenen Leihkasse. Hier stand gerade nicht das Sparen, sondern das Verleihen von Geldern im Vordergrund.[503] Als Stadt des Leinengewerbes hatte Bielefeld nach der Kontinentalsperre und bei Beginn der Industrialisierung in England mit Einkommensproblemen der Gewerbetreibenden zu kämpfen. Begünstigte man in Soest die Vorsorge für Krisen, sollte in Bielefeld die Armut an anderer Stelle bekämpft werden: Man ermöglichte mit Mikrokrediten selbstständigen Webern und Handwerkern den Erwerb von Produktionsmaterialien – die Vorwegnahme des modernen entwicklungsökonomischen Ansatzes. Mangelnder Kredit wurde hier bereits als Grund gesehen, warum eigentlich aussichtsreiche Betriebe doch kein Einkommen erzielten.

Der größere wirtschaftliche Erfolg, das zeigen die Zahlen über die Geschäftsentwicklung der westfälischen Sparkassen in dieser Anfangsphase, aber auch weit über die Jahrhundertmitte hinaus, war dem Soester Ansatz beschieden. Das Bielefelder Institut konnte nicht viele Kredite vergeben, weil ihm die Sparer fehlten. So hatten 1837 die Einlagen einen damaligen Höchststand von 17.000 Talern erreicht, und damit stand sie unter den acht Sparkassen Westfalens nicht einmal schlecht da. Kein anderes Institut Westfalens aber reichte in den Gesamteinlagen bis 1849 nur annähernd an die Gesamteinlagen der Sparkasse Soest heran.[504] Am Ende des ersten Jahres, 1825, hatte die Sparkasse einen Einlagenbestand von 2.774 Talern auf 48 Sparbüchern, 1830 waren es ca. 27.000 Taler auf 469 Büchern und 1837 knapp 116.000 Taler bei allerdings unbekannter Zahl von Büchern. Das Institut zog einen Großteil aller Einlagen des Jahres 1839 des Regierungsbezirk Arnsberg allein an, während die Regierungsbezirke Minden (mit Bielefeld) und Münster insgesamt zurückblieben.[505] Bei den Unterschieden zwischen den Regierungsbezirken blieb es auch im Verlauf des Jahrhunderts, schließlich lag ein Teil des rasch wachsenden Ruhrge-

---

502 Ditt, Soziale Frage, S. 519: Man wolle, so hieß es 1824, ein Angebot schaffen für „alle Tagelöhner, Dienstboten, Fabrikarbeiter, bei welchen es fast mit Gewißheit vorauszusehen ist, daß sie nur eine gewisse Zeit ihres Lebens hindurch Tagelöhnern, dienen oder arbeiten können, und welche also die übrige Zeit, sowie, wenn sie krank werden, Unterstützung erhalten müssen, wenn sie nicht Hungers sterben sollen".

503 Hartmut SCHALDT: Zur Geschichte der Sparkassen in Westfalen und Lippe, in: Wilfried REININGHAUS, Hartmut SCHALDT und Ralf STREMMEL (Bearb.), Handbuch zur Geschichte der westfälisch-lippischen Sparkassen, 2 Bde., hg. v. Stiftung Westfälisches Wirtschaftsarchiv und dem Westfälisch-Lippischen Sparkassen- und Giroverband, Dortmund 1998, S. 10.

504 Ashauer, Ersparungscasse, S. 83.

505 Koske, Geschichte, S. 49: Anteil der Sparkasse Soest an den Einlagen des Regierungsbezirks Arnsberg: 1836 100%, 1839 82% 1841 56% 1843 38%, und an den Einlagen Westfalens: 1836 51%, 1839 67%, 1841 48% und 1843 34%. Auch Wischermann, Staat, S. 380.

biets auf Arnsberger Gebiet. Lag die Sparkassenentwicklung Westfalens insgesamt in der ersten Hälfte des 19. Jahrhunderts noch hinter den Kerngebieten Preußen zurück, war 1869 ein Drittel aller Sparkasseneinlagen Preußens bei westfälischen Instituten verzeichnet.

Vergleicht man die Entwicklungen der westfälischen Sparkassen miteinander, kommt man zu dem Schluss, dass in Soest eine einmalige Situation für den Erfolg des Instituts verantwortlich war. Die Stadt wies mit der Soester Börde ein landwirtschaftliches Umland ohne die Probleme des Pauperismus (Deindustrialisierung, Markenteilungen, Bevölkerungszunahme) auf. Doch auch andere Orte des Hellwegs hatten ähnliche Bedingungen, in keinem aber kam es zu frühen Sparkassengründungen. In Bochum bestand nach Angaben der Verwaltung 1828 vor allem für die Funktion der finanziellen Vorsorge für von Armut bedrohte Einwohner kein Bedarf, weil die Armut gering sei und die Armenfürsorge funktioniere.[506] Andere, in den 1820er-Jahren gegründete Kassen gingen wieder ein und schlossen zum Teil mit erheblichen Defiziten ab: Herford (1829-39), Wiedenbrück (1826-41), Paderborn (1825-39).[507] Dafür konnten viele Gründe verantwortlich sein, am wahrscheinlichsten ist wohl, dass unvorhergesehenerweise viele Anleger ihre Einlagen zeitgleich zurückforderten. Stabilität in der Kundennachfrage musste gegeben sein, vor allem aber mussten der Bedarf an Fremdkapital und Bargeldüberschüsse in den Haushalten innerhalb einer Region aufeinander treffen. Waren zwar Sparer, aber keine Investoren vorhanden, oder aber die Regeln für Kapitalvergabe zu streng, kam es zu einem Kapitalstau, wie er für Münster, Iserlohn und Hagen belegt ist.[508] In dem letztgenannten Ort, bereits frühindustriell geprägt, urteilte 1833 der Landrat:

> „Wir sind alle – auf Erfahrung gestützt – einstimmig der Ansicht, dass die Ausführung [einer Sparkassengründung] hauptsächlich an der Schwierigkeit des Unterbringens der Gelder scheitern würde. Denn wer einigermaßen Sicherheit zu leisten imstande ist, kann Geld genug erhalten, was hauptsächlich dem Umstande zuzuschreiben ist, dass wegen Sterbens mehrerer Kreditzweige Kapitalien aus dem Handel bezogen und verzinslich untergebracht werden.“[509]

Auch die Sparkasse Soest befand sich in der Gefahr, nicht genug Kredite vergeben zu können. Der Unterschied bestand in einer ausgesprochen wachstumsorientierten

---

506 Kordula EGENOLF: Die Anfänge des Sparkassenwesens, in: Teuteberg (Hg.), Westfalens Wirtschaft, S. 57-73, hier S. 66-67.

507 Ebd., S. 64.

508 Ebd., S. 64 und 69.

509 Richard H. TILLY: Die Industrialisierung des Ruhrgebiets und das Problem der Kapitalmobilisierung, Dortmund 1969, S. 6, konstatiert allgemein bei frühen Sparkassen eher Kapitalüberschuss. Das Zitat entstammt laut Tilly aus Bruder, Albrecht: Die Geschichte der westfälischen Sparkassen, o.O. [1951], Masch.-Skript. Egenolf, Anfänge, S. 64, zitiert den Autor als Alfred Bruder. Für die vorliegende Arbeit konnte der Titel nicht recherchiert werden. Zitiert auch bei Wischermann, Staat, S. 399, mit Verweis auf Coym, Unternehmensfinanzierung, S. 161.

Sparkassenleitung. Manches Mal in ihrer Unternehmensgeschichte interpretierte die Soester Sparkasse ihre Prinzipien – gerade in der Kreditvergabe – freier als vergleichbare Institute.

Zur Unternehmenspolitik zählten ganz grundlegende Restriktionen bzw. der Verzicht auf diese. So war zunächst zwar allein eine zweistündige Öffnung am ersten Samstag eines Monats angekündigt, doch bald nahm der Rendant Rocholl auch außerhalb dieser Kassenzeiten Geld an und stellte Quittungen aus.[510] Die Einlagenhöhe war bereits im ersten Jahr auf 100 Taler begrenzt, was vergleichsweise hoch war.[511] Eine Praxis, diese Einlagebeschränkung zu unterwandern, ist für viele Sparkassen bezeugt. So war es möglich, ein Guthaben auf mehrere Bücher zu verteilen oder aber Bücher im Namen der Angehörigen und Kinder anzulegen.[512] Die Sparkassenleitung verhielt sich hier pragmatisch und nahm ihre Statuten nicht zu genau. In der zweiten Hälfte des Jahres 1830, des frühesten anhand der überlieferten Journale nachprüfbaren Jahres, wurde in acht Fällen ein Betrag von mehr als 100 Talern deponiert, meist von Gemeindekassen. Man setzte offensichtlich weniger auf Beschränkung der Einlagen als auf Ausweitung der Kreditvergabe.[513] Am Aktivgeschäft mangelte es empfindlich, denn auch hier galten zunächst strikte Beschränkungen, nämlich auf hypothekarische Sicherheiten. Dies wurde 1831 erweitert um Darlehen gegen Bürgschaft und 1838 auch um Amortisationsdarlehen.

Die Rückzahlung der Spareinlagen bis zu 100 Talern erfolgte sofort, für höhere Beträge war formal eine sechswöchige Kündigungsfrist notwendig.[514] Die Sparzinsen beliefen sich zunächst auf 4 1/6 %, was beinahe dem üblichen Hypothekenzins gleichkam (siehe Kapitel 4.4) und damit noch zusätzlich zu einem Einlagenboom führte, aber auch das gewinnbringende Aktivgeschäft erschwerte, denn hier wurden 5% berechnet, was marktüblich, aber deswegen eben auch kein attraktives Angebot war. Bereits 1826 kam es dazu, dass der Sparzins von 4,167 % für Auswärtige und Personen höheren Standes auf 3,33 % gesenkt wurde.[515] Nur Dienstboten, Minderjäh-

---

510 Schoel, Leben, S. 27, 36.

511 Ebd., S 26. Vgl. zum Beispiel Dortmund: 25 Taler.

512 Ebd., S. 29-30.

513 Ebd., S. 29. Laut Egenolf, Anfänge, S. 16, wurde erst 1831 eine die Sparkasse ergänzende Leihkasse gegründet. Der älteste erhaltene Band der Journale aber, der am 24.7.1830 begonnene zweite Band, verzeichnet am 10.8.1830 bereits das Darlehen Nr. 243.

514 Koske, Geschichte, S. 21, 34. Diese Bedingungen galten ab der Statutenreform 1836. Nach den ersten Statuten von 1824 galt: Bei Summen unter 10 Talern sofortige Auszahlung, unter 25 Taler nach einer Kündigungsfrist von sieben Tagen, unter 50 Talern nach vier Wochen und ab 50 Talern nach acht Wochen.

515 Schoel, Leben, S 45. Die genauen Zinssätze 3 1/3 bzw. 4 1/6 % sind übrigens dem Währungssystem geschuldet. Bei einer Einlage von einem Taler ergab sich ein jährlicher Zins von genau 1 Silbergroschen (oder 12 Pfennige) bzw. 1 Silbergroschen 3 Pfennige.

rige und „Personen geringen Standes" erhielten weiterhin 4,167 %.[516] 1835/36, bei Anlage neuer Statuten, galt der höhere Satz nun auf Einlagen bis 100 Taler, dafür beschränkt auf alle Einwohner Soests. 1840 jedenfalls teilte der Soester Landrat mit, die Bewohner des Landes seien unzufrieden darüber, dass bei einer Einlage von mehr als 100 Talern die Soester 4 1/6 % Zinsen, Auswärtige hingegen nur 3 1/3 % bekämen, obwohl gerade „durch Annahme von Darlehen seitens der ländlichen Eingesessenen" die Sparkasse in der Lage sei, den Soestern große Vorteile zu gewähren. Der Landrat plädierte demgemäß in seinem Bericht für eine Sparkasse eigens für das Land, eine Idee, die 28 Jahre später in die Tat umgesetzt wurde.[517] Aus den Journalen selbst ist auf dem Umweg der Rückrechnung von Zinsen auf die Einlagen der Zins im Einzelfall ermittelbar, und in 20 Fällen genossen Borgeler den hohen Tarif. Allgemein kann man davon ausgehen, dass bis 1835 auch Borgeler Gesinde und Kleinbesitzern der hohe Satz gewährt wurde, nach 1835 aber alle Borgeler Sparer nur noch in den Genuss von 3 1/3 % Zinsen kamen.

Der Erfolg einer Sparkassengründung ist also durchaus ambivalent zu beurteilen. Wirtschaftlicher Erfolg und das Erreichen philanthropischer und im modernen Sinne entwicklungsökonomischer Ziele standen in einem Spannungsverhältnis, wie das Beispiel der Bielefelder Sparkasse gut zeigt, deren Geschäfte erst an Umfang zunahmen, als das Institut seinen Ruf als Armeninstitut verlor.[518] Dass die Sparkasse Soest betriebswirtschaftliche Ziele erreichte, steht außer Frage, doch wurden auch die bei der Gründung intendierten Ziele tatsächlich erreicht? Grundsätzlich ist in dieser Frage eher Skepsis angebracht, denn wohl überall waren es die Mittelschichten und das Bürgertum, die für den Kapitalstock der Sparkassen verantwortlich waren.[519] Das Potential der Angehörigen niederer Schichten und früher Stadien im Lebenslauf (Gesinde) war – verglichen mit anderen Schichten – gering. Dennoch wird Kapitel 7.1 zeigen, dass die Sparkasse durchaus zur Finanzierung von Haushaltsgründungen genutzt wurde.

5.3.2 Ländliche Sparer der Sparkasse Soest

Die frühen Sparkassengründungen waren zumeist auf Städte konzentriert. In ihren Statuten hatten die Institute ihre Zuständigkeit auf eng umgrenzte Einzugsbereiche konzentriert. Nicht selten stellte sich solche Selbst-Beschränkung des Kundenkreises als Hemmnis für die Entwicklung der Geschäfte heraus. Doch übermäßig strikt

---

516 Ebd., S. 35.

517 LA NRW W, Kreis Soest, Landratsamt, Nr. 12, fol. 2-3, Weslarn, 22.1.1840.

518 Ditt, Soziale Frage, S. 516, 520.

519 Wysocki, Kapitalbildungsprozesse, S. 208. Albert FISHLOW: The Trustee Savings Banks, 1817-1861, in: JEH 21 (1961), S. 26-40, sieht Arme durchaus als Klientel. Ó Gráda, Panic, S. 5, sieht als Profiteure v.a. untere Mittelschicht und Mittelschicht.

scheint eine regionale Begrenzung nie gehandhabt worden zu sein. Bei den frühen Sparkassen wurde zweifellos immer auch das Umland von der Sparkasse mit angesprochen. Die Informationsmöglichkeiten ließen sehr wohl zu, Gründungen, Aktualisierungen der Statuten und Öffnungszeiten einer größeren Einwohnerschaft auch über die Grenzen der jeweiligen Stadt hinaus bekannt zu machen. Die Frage ist an dieser Stelle, wie stark und in welchem Umfang der Anteil von Sparern des Landes generell war und in welchem Maße er sich im Untersuchungszeitraum veränderte.

Die bisher aus anderen Untersuchungen zu Verfügung stehenden Daten haben bereits herausgestellt, dass die ländliche Bevölkerung aktiv vorhandene Sparkassen für ihr Erspartes nutzten. So gingen, nachdem Schremmer und Henning vor allem die *Möglichkeiten* der Kapitalbildung im ländlichen Raum untersucht und für die 1820er- bis 1870er-Jahre als gut bewertet hatten,[520] Wysocki, Krüger, Hruschka und Ditt über diesen Stand hinaus. Ihre Ergebnisse lassen sich in etwa so zusammenfassen, dass 30 bis 40% der Sparer eines Instituts aus dem ländlichen Raum kamen, wobei die diesem Überschlag zugrunde liegenden Zahlen sich auf sehr verschiedene Zeitpunkte beziehen.[521] Um die Wende zum 20. Jahrhundert war die Landbevölkerung – nachgewiesen für Baden, Württemberg und Sachsen-Meiningen – mit 20 bis 30% der Ersteinlagen der Sparkassen vertreten.[522] Der westfälische Raum bestätigt dieses Bild. 1867 kamen mindestens 20% der Sparer der Bielefelder Sparkasse vom Land. Diese hielten mindestens 30%, eher wohl an die 40% der Einlage.[523] Und auch bei der Kreissparkasse Herford stellte die Landbevölkerung einen Gutteil der Sparer. Der Anteil „Ackerbau treibende Grundbesitzer" an den Sparern betrug 1847 rund 14% und stieg auf 17% im Jahr 1858 und auf bemerkenswerte 33% im Jahr 1867. Dabei war diese Gruppe in Herfords Umland, zu dem bekanntlich auch Löhne zählte, besonders kapitalstark. Ihre Einlagen betrugen 1847 fast 31%, 1858 41% und 1867 sogar über die Hälfte aller Einlagen der Sparkasse![524]

---

520 Dies gilt zumindest für die größeren Bauern, vgl. Henning, Kapitalbildungsmöglichkeiten, S. 73, der die Sparfähigkeit der Kleinstellenbesitzern und Unterschichten auch 1840 bis 1860 eher gering sieht.

521 Wysocki, Kapitalbildungsprozesse, S. 204-205: Die Sparkasse im bayrischen Mindelheim deponierte Jahr 1842 rund 32% der Gesamteinlagen für Sparer aus dem ländlichen Raum. Bauern und Söldner stellten hier mindestens ein Viertel der Sparer und auch der Einlagen (Wysockis eigener Angabe auf S. 205 liegt ein Rechenfehler zugrunde). Wysocki erschien diese Zahl „ungewöhnlich hoch" (S. 208). Tagelöhner und Gesinde, ebenfalls als ländliche gewertet, stellten mindestens 6% der Sparer und Einlagen. Der durchschnittliche Einlagebetrag der Bauern betrug 178 fl., der Söldner 104 fl. und der Tagelöhner und des Gesindes 98 fl. Im Verhältnis zur Gesamtbevölkerung war 1842 hier jeder zehnte Stadtbewohner Sparkassenkunde.
Wysocki selbst zitiert mit Burghausen (Zeitraum vorliegender Daten 1861 bis 1878) ein Beispiel ausgesprochen geringen Sparengagements der Bauern bei der dortigen Sparkasse.

522 Grabein, Entstehung, S. 8.

523 Ditt, Soziale Frage, S. 526.

524 Abelshauser, Vorbeugung, S. 110-111.

Abbildung 5-A: Herkunftsverteilung der Sparer der Sparkasse Soest (gleitendes 9-Jahres-Mittel)

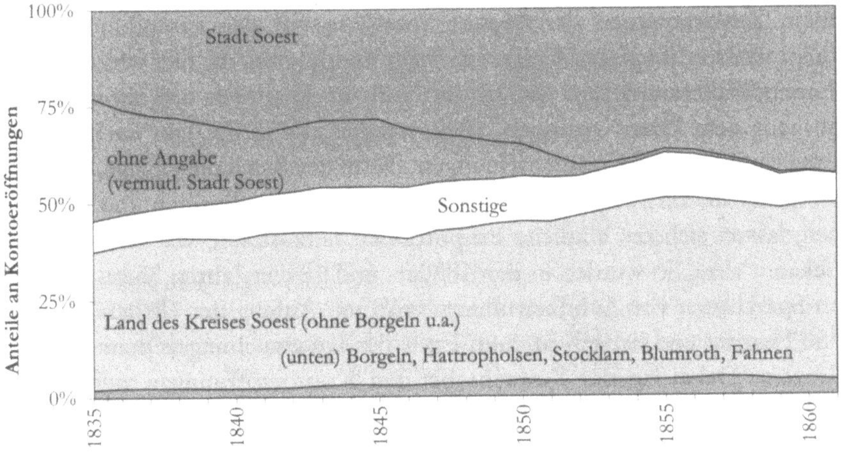

Quelle: Sparkassenjournale; Datenbank KONTEN.

Diese Angaben mögen an dieser Stelle genügen, um die Bedeutung des Instituts Sparkasse auch für die ländliche Bevölkerung einzuschätzen. Für alle Querschnittsbetrachtungen dieser Art gilt, dass es eine große Gruppe von „Sonstigen" gibt, die weder einem bestimmten Wohnort noch einem Stand oder Beruf zuzuordnen sind. Dies ist nicht unbedingt ein Phänomen einer zu schlecht belegten Unterschicht, sondern vor allem ein Ausdruck dessen, dass Sparkassenkunden nicht immer klar definierbare Haushaltsvorstände waren, sondern oft Söhne oder Töchter, Mündel, Ehefrauen, Leibzüchter. Diese Tatsache aber spricht eher dafür, dass die Zahlen bezüglich ländlichen Sparens noch unterschätzt werden.

Aus Abbildung 5-A sind die Ergebnisse einer Analyse der Herkunftsverteilung von Sparkontoinhabern der Sparkasse Soest zu entnehmen. Die Herkunftsangaben stammen aus *Kontoeröffnungstransaktionen*, die nach einem Zufallsschlüssel ausgewählt und aufgenommen wurden, um über das Spektrum der Kunden der Sparkasse Auskunft zu erlangen (siehe zu Auswahlverfahren und Datenbeschreibung Anhang A2).[525]

525 Im Gegensatz zu dem Rest der Bewegungen (ca. 178.000 Stück) sind diese Eröffnungen je nach Jahr komplett aufgenommen, bzw. in Stichproben aufgenommen worden. Bis zum Jahr 1841 wurden alle Eröffnungen aufgenommen, für den Zeitraum 1842-1851 eine Stichprobe mit den Kontoendziffern 0,1 und 2, und 1852-1865 eine Stichprobe mit der Kontoendziffer 0. Dies waren maximal 400 Konten, in der Regel aber um 100 Konten pro Jahr. Siehe dazu den Anhang A2.
Eine Statistik auf dieser Grundlage ist nicht unmittelbar mit Querschnittsstatistiken eines Jahres vergleichbar. Über den Bestand an Konten zu einem Zeitpunkt und deren Einlagenhöhe erhält

Zunächst einmal ist festzuhalten, dass die Sparkasse Soest ihrem Anspruch der Zuständigkeit für Stadt und Umgebung gerecht wurde. Der große Zuspruch des Soester Instituts kann also keinesfalls mit einem Übergreifen auf andere Einzugsbereiche und damit einem Zuvorkommen der Soester Sparkasse vor den Gründungen anderer Städte erklärt werden. Es waren Kräfte aus Stadt und Region, die hier wirkten.

Die Landbevölkerung nahm das Institut früh in Anspruch und zwar bereits im ersten Jahr, aus dem Daten vorliegen, 1830, welches das fünfte Jahr nach Gründung des Instituts war. Aus den Kontoeröffnungen, die in der Regel die einzige Gelegenheit boten, bei denen die Buchhalter die Kontoinhaber mit ihren Berufen und Wohnorten aufnahmen, lassen sich die ähnliche Proportionen herauslesen, wie sie aus der Forschung bekannt sind. So wurden in den 1830er- und 1840er-Jahren 35 bis 40 Prozent der neuen Sparkonten von Landbewohnern eröffnet. Anfang der 1850er-Jahre waren es sogar 50 Prozent und danach bis zum Ende des Untersuchungszeitraumes etwa 45 bis 50 Prozent. Dabei lag der Zuwachs bei den Kontoeröffnungen weit über dem Bevölkerungswachstum. In der Stadt Soest stieg die Einwohnerzahl von etwa 7.400 um 1830 auf 10.157 im Jahr 1858 – ein Plus von 37% (Tabelle 5-a, A4). Dennoch war dieser Zuwachs weit geringer als jene 341%, um die die Zahl der neuen Konten von Soester Einwohnern zunahm (A7). In den frühen 1860er-Jahren richteten durchschnittlich dreimal mehr Soester ein Konto ein als zu Beginn der 1830er-Jahre. Noch stärker war die Nutzung der Sparkasse im Umland gewachsen. Die Zahl der Kontoeröffnungen im Kreis Soest stieg in der gleichen Zeit auf das Achtfache (B7). Borgeler Einwohner richteten in den frühen 1860er-Jahren jährlich rund 26 Konten neu ein (C6). Das entsprach mehr als dem Vierfachen der Jahre von 1831 bis 1835 (C7) – an der Bevölkerungszahl gemessen für eine Umlandgemeinde überdurchschnittlich viel (B9, C9), aber doch hinter der Aktivität der Soester Bürger zurück (A9). Sparbuch-Sparen nahm also gerade auf dem Land in bemerkenswerter Weise zu, blieb aber auf die Einwohnerzahl umgerechnet noch unter dem Niveau der Stadt.

Die durch unsere Datenbestände vertieft zu untersuchenden Orte und Siedlungsplätze sind Borgeln, Blumroth, Hattropholsen, Fahnen und Stocklarn. Diese hatten 1831 und auch noch bis in die 1840er-Jahre einen Anteil von 2-3% an allen Eröffnungen. Ihr Anteil wuchs bis 1861 auf 5%, und ging dann erst wieder zurück. Die Gründung der zweiten Sparkasse in der engeren Region, nämlich der „Ländlichen Sparkasse" für den Kreis Soest ereignete sich allerdings erst 1868.[526] Insgesamt ist aus diesen Zahlen herauszulesen, dass die Borgelner bereits zum Beginn der Untersuchungsperiode vollen Zugang zur Sparkasse hatten und sukzessive Gebrauch von diesem Institut machten.

---

man bei diesem Vorgehen, das v.a. der Quellencharakteristik und der Auswertungsmöglichkeiten geschuldet ist, keine Anhaltspunkte.

526 Schoel, Leben, S. 82-94.

Tabelle 5-a: Entwicklung der Zahlen an Sparkontoeröffnungen und an Sparkonten der Sparkasse Soest

		A **Stadt Soest**	B **Kreis Soest** 1)	C **Borgeln** 2)
Einwohner				
1	um 1830 3)	ca. 7.400	ca. 31.000	ca. 900
2	1843	8.750	32.936	953
3	1858	10.157	36.565	1.006
4	Zunahme 1830 bis 1858	+37%	+18%	+12%
Anzahl Kontoeröffnungen pro Jahr				
5	Mittel 1831-1835	92,4	50,8	6,0
6	Mittel 1861-1865	408,0	402,0	25,8
7	Zunahme	+341%	+691%	+330%
Anzahl Kontoeröffnungen pro Jahr und 100 Einwohner				
8	Mittel 1831-1835	1,25	0,16	0,67
9	Mittel 1861-1865	4,02	1,10	2,56
10	Zunahme	+221%	+588%	+282%

Anzahl Konten

		insgesamt (in % der Einwohner von Stadt und Kreis Soest)		**Borgeln** (in % der Borgeler Einwohner)	
11	1830	349	(1,0%)	11 4)	
12	1843	2.130	(5,0%)	63	(6,6%)
13	1858	4.487	(10,6%)	160	(15,9%)

Quelle: Sparkassenjournale, Datenbank KONTEN. Beträge gerundet

1) ohne Stadt Soest und Borgeln

2) Steuergemeinde Borgeln (Borgeln, Hattropholsen, Blumroth, Stocklarn)

3) Einwohnerzahl für 1830 berechnet auf Basis der Werte von 1818 und 1843.

Vergleichszahlen Kiesewetter, Entwicklung, S. 465 (eigene Umrechnung): für 1845 haben 3% der Einwohner Konten, 1858: 11,6%.

4) nicht belastbare Zahl, da meist die Kontoeröffnungen vor 1830 geschahen und daher nicht belegt sind und so die Wohnorte der Sparer unbekannt sind.

5.3.3 Sozial- und Geschlechterdifferenz der Sparer

Bisher blieb die ländliche Sparfähigkeit ein Thema, über das sich trefflich spekulieren ließ. So sah Winkel die aktivsten ländlichen Sparer gerade nicht unter den Bauern, denn diese „dürften im Gegenteil innerhalb ihres gesicherten Eigentums weiter ‚gehortet' haben, um für Hochzeiten und Erbfälle gerüstet zu sein, soweit sie nicht Überschüsse unmittelbar in die eigene Wirtschaft investierten“[527]. Hingegen unterstrich er die Bedeutung der Institute für Gesinde und Tagelöhner, deren Einlagen ihrer großen Zahl wegen sehr großes Gewicht zukam. Von der Bezirkssparkasse Bielefeld ist bekannt, dass sie 1853 etwa zu je einem Drittel Bauern, Gesinde und Tagelöhner als Sparer hatte. Bis 1867 hatte sich dies aber deutlich gewandelt. Sie hatten an Anteil gewonnen und ihre Guthaben im Mittel gegenüber Gesinde und Tagelöhnern enorm gesteigert. Von der Beurteilung der Teilhabe der Schichten an der Sparbildung hängt also nicht nur eine Aussage über den sozialreformerischen Erfolg eines Instituts ab. Vielmehr können Aufschlüsse über die Entwicklung sozialer Ungleichheit gewonnen werden.[528]

In Tabelle 5-b wird die soziale Differenzierung der Sparer der Sparkasse Soest bei den Eröffnungstransaktionen untersucht. In diese Auswertung gingen nur die Eröffnungen ein, deren Inhaber nachweislich aus dem Kreis Soest, nicht aber aus der Stadt selbst stammten.

Zunächst verdeutlich die Darstellung abermals das Quellenproblem nicht bekannter bzw. nicht zuzuordnender sozialer Angaben. Die „Dunkelziffer“ nicht klar zuzuordnender Konten sinkt zwar von rund zwei Dritteln in den 1830er-Jahren bis auf einen Wert von 24%, hier drückt sich aber zunächst ein Vorbehalt gegenüber den Zahlen für die klarer definierbaren sozialen Gruppen aus (Zeile 7). Unter den nicht mit Beruf genannten Sparern verbergen sich naturgemäß Institutionen, aber auch Mündelgelder und insbesondere wohl junge Erwachsene ohne klaren Status, beispielsweise Kolonssöhne und -töchter, die aber nicht als Gesinde geführt werden.

527 Winkel, Kapitalbildung, S. 51.

528 Egenolf, Anfänge, S. 71-72: Bei der Bezirkssparkasse Bielefeld hatten 1853 insgesamt 68 Bauern Geld deponiert, im Mittel jeder 116 Taler. Ländliche Tagelöhner waren mit 82 mehr an der Zahl, verfügten aber durchschnittlich nur über 56 Taler. Guthaben. Wiederum darüber lag das ländliche Gesinde. Die mittlere Einlage von 87 Knechten und Mägden betrug mit 23 Talern aber nur ein Fünftel derjenigen von Bauern.

Tabelle 5-b: Soziale Verteilung der Inhaber neu eröffneter Konten (Kreis Soest ohne Stadt Soest)

		Anzahl Fälle *) **Anteil in Bezug auf Neueröffnungen aus dem Kreis Soest **)** Anteil in Bezug auf alle Neueröffnungen			
		1830-39	1840-49	1850-59	1860-65
1	Gesinde/ Lehrlinge	89 **10%** 3%	110 **21%** 8%	46 **12%** 5%	63 **24%** 12%
2	Ackerer/ Tagelöhner/ Näherinnen	8 **1%** 0%	13 **3%** 1%	27 **7%** 3%	28 **10%** 5%
3	Handwerker/ Gesellen	43 **5%** 2%	35 **7%** 3%	48 **12%** 5%	39 **15%** 7%
4	Kolone/ Landwirte/ Brinksitzer	37 **4%** 1%	33 **6%** 2%	61 **15%** 7%	54 **20%** 10%
5	Amtsinhaber (z. B Pfarrer)	26 **3%** 1%	30 **6%** 2%	8 **2%** 1%	0 **0%** 0%
6	andere angegebene	103 **12%** 4%	20 **4%** 1%	31 **8%** 3%	18 **7%** 3%
7	k.A.	547 **64%** 20%	275 **53%** 20%	175 **44%** 20%	65 **24%** 12%
8	N Kreis Soest	853 **100%** 31%	516 **100%** 37%	396 **100%** 45%	267 **100%** 50%
9	N alle	2.764 100%	1.385 100%	888 100%	539 100%

Quelle: Sparkassenjournale; Datenbank KONTEN.

*) 1830er Jahre Anzahl insgesamt; 1840er, 1850er und 1860er Jahre: Anzahl in Stichprobe.

**) Kreis Soest exclusive Stadt Soest.

Bem.: Für die Jahre bis einschließlich 1839 sind hier alle eröffneten Sparkonten, 1840 bis einschließlich 1849 nur die Konten mit den Endziffern 0, 1 und 2, ab 1851 nur mit der Endziffer 0 berücksichtigt. Aufgrund dieses Stichprobenumfangs sind die angegebenen Werte der 1850er-Jahre durch 0,3 zu teilen, um auf die wirklichen Zahlen hochzurechnen, die Werte 1860-65 sind zu verzehnfachen, beziehen sich dabei aber nur auf sechs Jahre. Differenzen in der Addition beruhen auf Rundungen.

Zu bekräftigen ist die oben zitierte Beobachtung, dass sich der Anteil der Landwirte an der Spartätigkeit – zumindest an den Kontoeröffnungen – im Verlauf des Untersuchungszeitraums ausweitete (Zeile 4). Dieser Zugewinn wird durch den Zugewinn an Informationsdichte im Verlauf zwar etwas relativiert, aber im Kern nicht geschmälert. Auch die Schichten der Handwerker und ihrer Gesellen (3) sowie der Ackerer und Tagelöhner (2) – letztere waren Angehörige der Unterschichten, die einen Haushalt unterhielten –, können wachsende Anteile am Geschehen verbuchen. Anders ist dies beim Gesinde, das wohl vor allem von dem Gewinn an Informationsdichte profitiert (1). Dennoch kann man Knechte und Mägde über den gesamten Zeitraum hinweg als die Schicht sehen, die zahlenmäßig das Gros der Sparer stellte. Dabei waren die Geschlechter gleich stark vertreten, während allgemein Mägde als bessere Sparer galten als Knechte.[529] Die Sparkasse Soest hat somit durchaus ihre Zielgruppe angesprochen, und dies bereits in den Anfangsjahren, und auch bereits im Umland Soests.

Da alle Borgeler Konten samt aller Kontobewegungen rekonstruiert wurden, war die berufliche Einordnung präziser möglich und anhand ergänzender Datenbestände auch zu überprüfen (Tabelle 5-c).[530] Darüber hinaus konnten auch jene näher bestimmt werden, die eben nicht persönlich über einen „Beruf" oder ein „Amt" verfügten. Hier sind einerseits die institutionellen Anleger zu nennen, Armenkasse, Gemeindekasse, Pastoratsfonds, zum anderen Minderjährige, teilweise als Mündel, für die Mündelgelder angelegt wurden. Beide Gruppen treten also gegenüber der Tabelle 5-b aus der Menge der nicht Zuzuordnenden hervor. Abermals wird die Zahl der Kontoneueröffnungen als Indikator herangezogen.

Auch wenn man allein auf Borgeln und die zugehörigen kleineren Orte blickt, ist eine Zunahme der Eröffnungen bis Ende der 1850er-Jahre unverkennbar. Allerdings schwächte sich das Wachstum mit jedem Jahrzehnt ab stagnierte schließlich in den 1860er-Jahren (Zeile 22). Die durchschnittliche Ersteinlage von Kolonen schwankte zwischen 110 und 190 Talern, wobei abgesehen von den 1850er-Jahren eine lang

---

529 Grabein, Entstehung, S. 30.

530 Dabei stellte sich eine große Verlässlichkeit der sozialstatistischen Angaben heraus, nur in zwei Fällen wurde nach einer Identifizierung mittels der bestehenden Personendaten ein als Knecht benannter Sparer als Kolon klassifiziert (KundenID 11791 [BOR OFBID 446]) und KundenID 11698 [BOR OFBID 1753]).
Diese Angaben, die bei Eröffnung eines Kontos in die Journale aufgenommen wurden, stellten sich auch für die Dauer des Bestehens der jeweiligen Konten als fortschreibbar heraus. Es gab kein im Gesindestatus begonnenes Konto, das noch Bestand hatte, als der Eigentümer bereits zum Kolon aufgestiegen war. Grund dafür war z.B., dass die Konten von Dienstpersonen meist vor einer Veränderung im Familienstand aufgelöst wurden und generell eher kurz bestanden. Die soziale Mobilität stellt bei einer sozialen Differenzierung der Sparer keine Fehlerquelle dar.

Tabelle 5-c: Soziale Verteilung der Inhaber neu eröffneter Konten aus Borgeln

		Anzahl der eröffneten Konten *Mittelwert der Ersteinlage* Spalten-%: Anteil der an N				
		1830er	**1840er**	**1850er**	**1860–67**	**Gesamt**
1		**6**	**20**	**37**	**28**	**91**
2	Kolon	*110*	*169*	*150*	*193*	*165*
3		11%	15%	15%	17%	15%
4		**18**	**52**	**81**	**72**	**223**
5	Gesinde	*50*	*42*	*22*	*39*	*35*
6		32%	39%	33%	45%	38%
7		**2**	**9**	**9**	**4**	**24**
8	Institution	*25*	*113*	*195*	*353*	*176*
9		4%	7%	4%	2%	4%
10		**7**	**7**	**8**	**5**	**27**
11	Amtsträger	*76*	*59*	*52*	*166*	*81*
12		13%	5%	3%	3%	5%
13		**7**	**12**	**34**	**22**	**75**
14	Kleinbesitzer, Handwerker	*32*	*26*	*40*	*63*	*44*
15		13%	9%	14%	14%	13%
16		**7**	**4**	**3**		**14**
17	Mündel	*78*	*11*	*51*		*53*
18		13%	3%	1%	0%	2%
19		**9**	**28**	**73**	**30**	**140**
20	k.A.	*52*	*37*	*38*	*51*	*41*
21		16%	21%	30%	19%	24%
22		**56**	**132**	**245**	**161**	**594**
23	Gesamt	*60*	*63*	*56*	*83*	*65*
24		100%	100%	100%	100%	100%

Quelle: Sparkassenjournale; Datenbank KONTEN.
Anz.: Zahl der Konten; Mw.: Mittelwert der Ersteinlage; Anteil: Anteil an N in %.
Inbegriffen die Orte Borgeln, Hattropholsen, Stocklarn, Blumroth, Fahnen. Ausschlaggebend waren die Benennungen in den Journalen bei den betreffenden Transaktionen. Hier handelt es sich um eine Komplettaufnahme aller Konten aus den betreffenden Orten, nicht um Stichproben.
Insgesamt für Untersuchungsgebiet Borgeln nachgewiesene Sparkonten: 601; im Zeitraum 1830 bis 1867 eröffnet: 594. Differenzen in der Addition beruhen auf Rundungen.

fristige Zunahme abzulesen ist (Zeile 2). Die sparenden Knechte und Mägde – sie zählten zu jedem Zeitpunkt mehr als doppelt so viele wie Kolone (Zeilen 4 und 1) – machten die langfristige Wachstumsbewegung bei den Ersteinlagen nicht mit, denn diese fielen von im Schnitt 50 Talern in den 1830ern auf 22,5 Taler in den 1850ern, um dann wieder anzusteigen (Zeile 5). Diese Analyse ist hier nicht weiter auszudehnen, denn bei der Qualität des Datenmaterials ist es gewinnbringender, alle Flüsse zu untersuchen, und obendrein die Höhe des akkumulierten Vermögens in die Betrachtung einzubeziehen, wie dies unten geschehen wird. Nur zwei Punkte sind aus dieser Tabelle noch hervorzuheben:

Erstens scheinen zunächst alle sozialen Gruppen die Sparkasse genutzt zu haben, d. h. in allen Gruppen fanden sich Personen, die des Sparens fähig waren. Dies kann aber, da Ressourcenflüsse ja nicht nur aus einem konjunkturbedingten Einkommen, sondern auch aus intergenerationellen Transfers bestehen, nicht verwundern. Im Leben jedes Menschen gab es Phasen, in denen er die Hilfe des Instituts beanspruchen konnte.

Zweitens stiegen die Ersteinlagen von Institutionen im Verlauf des Zeitraumes am stärksten und überflügelten in den 1860ern die Summen der Bauern (Zeilen 8 und 2).

Darüber hinaus wird im Folgenden zu prüfen sein, (1) in welchem Verhältnis die Beteiligung der verschiedenen ländlichen Schichten zu ihrem Anteil an der Bevölkerung stand, (2) ob sich die Gruppen in ihrem Sparverhalten unterschieden, (3) welche Summen bewegt wurden und (4) welchen Einfluss die Wechsellagen der Agrarkonjunktur auf die Spartätigkeit auf dem Land hatten.

Zu keinem der Untersuchungsorte gibt es demografische oder soziale Querschnittsdaten, in denen die Verteilung der sozialen Gruppen in einer Aufnahme dargestellt wird. Man muss sich also mehrerer Zugänge bedienen, um die Zahlen ins Verhältnis zu setzen. 1828 zählten die untersuchten Dörfer Borgeln und Stocklarn zusammen rund 900 Einwohner in rund 150 Familien.[531] Von den Haushaltsvorständen „beschäftigen sich ausschließlich" mit Ackerbau 60-65 – diese werden mit den Kolonen übereingestimmt haben. Fast ebenso hoch war die Zahl der Tagelöhnerfamilien, etwa 55. Darüber hinaus gab es 21 Handwerker- und 2 Händlerfamilien und 2 von Amtsträgern, vermutlich Pfarrer und Lehrer. Auf der einen Seite muss ein Querschnitt also auf Familien beruhen, auf der anderen Seite befanden sich in den Betrieben Knechte und Mägde, deren Zahl auf Basis des Wertschätzungsprotokolls auf 260-280 zu schätzen ist.[532] Beinahe jeder dritte Einwohner war hier also im Gesindestatus. Zu beachten ist hierbei, dass Mägde und Knechte als nicht-selbstständige Angehörige von bäuerlichen Haushalten angesehen werden, wie dies sicher auch mehrheitlich der Fall war. Zum Sozialtypus des Gesindes zählt auch der ledige Familienstand.[533] Hingegen

---

531 Reekers / Schulz, Bevölkerung; Wertschätzungsprotokoll Borgeln. Die Angaben wurden auf die betrachteten Ortsteile heruntergerechnet (zum Untersuchungsgebiet zählen 71% der Haushalte der Steuergemeinde Borgeln und 32% der Haushalte der Steuergemeinde Stocklarn).

532 Wertschätzungsprotokoll Borgeln. Siehe auch unten Kapitel 7.2.

533 Wenngleich die Ehelosigkeit wohl für den Süden Deutschlands als strikteres Kriterium gelten muss als für den Norden. Zu Ehelosigkeit österreichischen Gesindes Michael MITTERAUER: Le-

werden Tagelöhner als selbstständige Haushaltsvorstände gewertet. Theoretisch ist dies gerade ein wesentlicher Unterschied, denn Mitglieder im Bauernhaushalt waren von Lebensmittelpreisen nicht direkt betroffen und konnten eher darauf hoffen, von hohen Erlösen im Lohn zu profitieren. Haushalte ohne Land und kleine Betriebe waren aber extrem von Preisen abhängig. Deshalb sollte man annehmen, dass beide Gruppen verschieden auf Preisschwankungen reagierten und ihre Sparfähigkeit grundverschieden war. In der Borgeler Praxis allerdings existierte diese Trennung nicht durchgehend und schon gar nicht prinzipiell. Es zeigt sich in der Gesamtschau vitalstatistischer Daten, insbesondere der Berufsbezeichnungen, dass es eine große Flexibilität zwischen den Benennungen „Ackerknecht“, „Ackersmann“, „Arbeitsmann“ und „Tagelöhner“ gab.[534] Gerade Unterschiede zwischen den Gruppen des Gesindes und der Tagelöhner und Kleinstbesitzer verdienen also besonderes Augenmerk.

Da die Bevölkerungsanteile anderer Gruppen, insbesondere der „Sonstigen“ nicht quantifiziert werden können, lassen sich allenthalben nur relative Proportionen beurteilen. Auf einen Kolon kamen 4 bis 5 Gesindepersonen, 0,5 Handwerker und gar nur 0,04 Amtsträger. Die Amtsträger sind damit unter den Konto-Eröffnungen gegenüber den anderen genannten Gruppen weit überrepräsentiert, vermutlich da der Sparkassengedanke in einem bürgerlich geprägtem Niveau stärker griff und gerade Lehrer und Pastoren oft im Namen ihrer Kinder Geld deponierten. Da prinzipiell auch Minderjährige rechtmäßige Sparbucheigentümer sein konnten, die Eltern aber in dem Besitz der Bücher waren, was ihnen volle Verfügungsgewalt verlieh, ist hier der genaue Vergleich mit den Haushaltsanteilen nicht gegeben. Handwerker und Kleinbesitzer, bspw. Tagelöhner und Neubauern, Schichten also, die häufig oder ausschließlich Dienstleistungen anboten und von ihrem monetären Einkommen Lebensmittel zukaufen mussten, waren gegenüber den Kolonen leicht unterrepräsentiert. Dies war insbesondere in den 1840er-Jahren der Fall, in denen die Kolone ihre Aktivität steigerten. Zwar eröffneten doppelt so viele Knechte und Mägde wie Kolone ein Konto, doch eben im Verhältnis zu deren hoher Zahl waren die Kolone stärker repräsentiert.

Auch dieses Bild lässt sich weiter verfeinern, nämlich mit Querschnittsbetrachtungen der aktiven Sparer zu einem bestimmten Zeitpunkt. Neben der Größe der *Kontoeröffnungen* können nun auch die *Anzahl der Konten*, die *jährlichen Ressourcenflüsse* und die *Guthaben (Einlagen)* untersucht werden (siehe Anhang A2). Auf diese Weise lässt sich schließlich beurteilen, wie große Anteile der Einwohnerschaft von Borgeln wirklich

bensformen und Lebensverhältnisse ländlicher Unterschichten [1981], in: ders.: Familie und Arbeitsteilung: historischvergleichende Studien, Wien / Köln / Weimar 1992, S. 33-57, S. 37.

534 Als Beispiel sei Heinrich Witteborg genannt (BOR OFBID 1797 [1799-1849]). Bei Geburt der ersten Kinder wurde er als Ackerknecht geführt. Während dieser Zeit übernahmen er und seine Frau das Haus und den Kleinstbesitz seines Schwiegervaters und das Paar zahlte die Miterben aus. Beim fünften und sechsten Kind dann, 1833, war er Tagelöhner, beim siebten Dachdecker, beim achten schließlich, 1839, abermals Tagelöhner, bei seinem Tod wiederum Dachdecker. Bei seinen zwei Kontoeröffnungen 1841 und 1847, wurde er jeweils als Knecht bezeichnet.

Guthaben bei dem Institut hatten. Dazu werden die mit Zins und Zinseszins errechneten Kontostände an den Jahresenden nach Sozialgruppen differenziert aufsummiert.

Am Ende des Jahres 1835, einem Zeitpunkt, von dem man einigermaßen sicher sein kann, dass vor dem Untersuchungszeitraum begonnene Konten als solche bekannt sind und mitgerechnet wurden, hatte gerade ein einziger Kolon unserer Untersuchungsorte ein Konto bei der Sparkasse Soest, 1840 waren es nur 8 und 1850 16. Bis 1855 stieg ihre Zahl auf 25 und ab diesem Zeitpunkt bewegte sie sich um die 30. Damit lässt sich sagen, dass ab den späten 1850er-Jahren beinahe jeder zweite Kolon ein Konto bei der Sparkasse hatte. Angesichts der vermutlich sehr guten Erlöse ab den 1850ern, aber auch der starken sozialen Differenzierung innerhalb Borgelns lässt sich vermuten, dass gerade die Kolone mit den größten Betrieben dieses Mittel nutzten, um Überschüsse zu deponieren. Stärker noch als in der für die gesamte Population Borgeln erstellten Entwicklung der aufsummierten Einlagen (Abbildung 5-B) zeigt sich in der Kurve der Kolone (Abbildung 5-C) ein starker Einbruch in den Jahren 1850, 1851 und 1852, der in einer ersten Deutung zusammenfällt mit dem Kapitalbedarf der Ablösungen. Hier nicht dargestellt sind die mittleren Einlagen: Bereits ab 1845 sanken die der Kolone, erreichten 1852 einen Tiefpunkt mit 200 Talern pro Konto und stiegen dann ebenso schnell wieder auf das vorherige Niveau von 500 Talern an. Die Zahl der Deponenten blieb hingegen eher stabil mit 13 im Jahr 1852, was einem Sparbuch auf etwa vier Kolone gleichkommt. Der Analyse der Ablösefinanzierungen ist an dieser Stelle insofern vorzugreifen, als dass die Ablösungen nicht primär finanziert wurden, in dem Sparkonten bis zum letzten Pfennig abgeräumt wurden. Hier waren Kredite die viel bedeutendere Form der Finanzierung (siehe Kapitel 6.4). Der Rückgang der mittleren Einlagen ab 1845 repräsentiert hier eher eine Einstellung der Vorsicht in Krisenjahren, insbesondere dem Revolutionsjahr 1848. In der Folgezeit benötigten die Bauern zwar weiteres Kapital für die Ablösungen, behielten aber gleichzeitiger eine Liquiditätsreserve.

An die Ablösungen schloss sich eine wirtschaftlich sehr günstige Phase von 1853 bis 1858 mit starken Zuflüssen an, in der sowohl die Zahl der Konten, als auch die Einlagen pro Konto stiegen. In den Jahren ab 1862 wiederholte sich dies in kleinerem Maßstab, was an ein zyklisches Verhalten der Kolone denken lässt.

Unter den Knechten und Mägden kam das Sparen erst langsam in Gang. Es sind weniger die absoluten Summen, die die geringe Inanspruchnahme durch das Gesinde belegen, als die geringen Zahlen der gleichzeitig existierenden Konten. Zum Jahresabschluss 1835 waren nachweislich 7 (oder 13, wenn man die nicht näher bezeichneten Personen hinzurechnet, bei denen es sich meist um Kinder von Kolonen in den elterlichen Haushalten handelte) von Knechten und Mägden angelegt. Bis Ende der

Abbildung 5-B: Summe aller Guthaben von Borgeler Sparern bei der Sparkasse Soest (1830-1867)

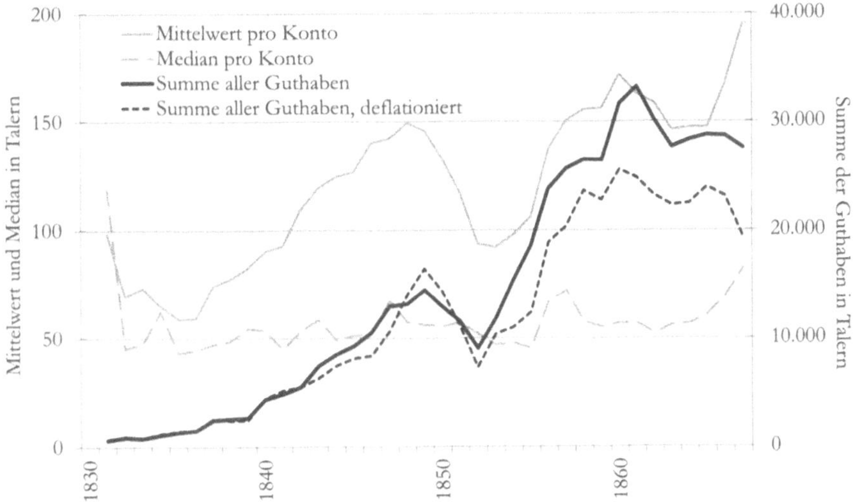

Quelle: Sparkassenjournale; Datenbank KONTEN. Deflationiert anhand des Lebenshaltungsindex von Rainer GÖMMEL: Realeinkommen in Deutschland. Ein internationaler Vergleich (1810-1914), Nürnberg 1979, S. 27 (1831=100%).

1840er-Jahre stieg die Zahl der Einlagen von Gesinde auf mindestens 35 (höchstens 50) an. Dann jedoch, simultan mit den bäuerlichen Einlagen, sank die Höhe der Gesinde-Einlagen, wobei im Gegensatz zu den Kolonen vor allem die Zahl der Sparer zurückging, stärker jedenfalls als die durchschnittlichen Einlagen, die 1850 bei über 100 Taler pro Gesinde-Konto und auch in den frühen 1850er-Jahren nur auf 80 Taler absanken.[535] Die Kurve der Gruppe der nicht sozial einzuordnenden Sparer, die wohl der des Gesindes sehr ähnlich gewesen sein dürfte, machte allerdings diesen Einlagen-Einbruch der frühen 1850er nicht mit. An Zusammenhängen zwischen den Vermögen von Bauern und Gesinde in dieser von Ablösungen bestimmten Phase ist Folgendes denkbar: Entweder Kolone reduzierten die Anzahl des Gesindes und die Familie erhöhte ihren eigenen Arbeitseinsatz. Oder aber die Kolone zahlten die Gesindelöhne nicht wie üblich aus, sondern schrieben sie ihren Knechten und Mägden gut und zahlten erst später aus, um damit für den Moment nicht durch Mittelabflüsse zusätzlich belastet zu sein.

535 Dies deckt sich mit den Ergebnissen von Ditt, Soziale Frage, über die Bielefelder Sparkasse, denen zufolge die durchschnittliche Einlagenhöhe eines Unterschichtenhaushalts selten ein Jahreseinkommen überstieg.

Abbildung 5-C: Summe aller Guthaben Borgeler Sparer nach sozialen Schichten (1830-1867)

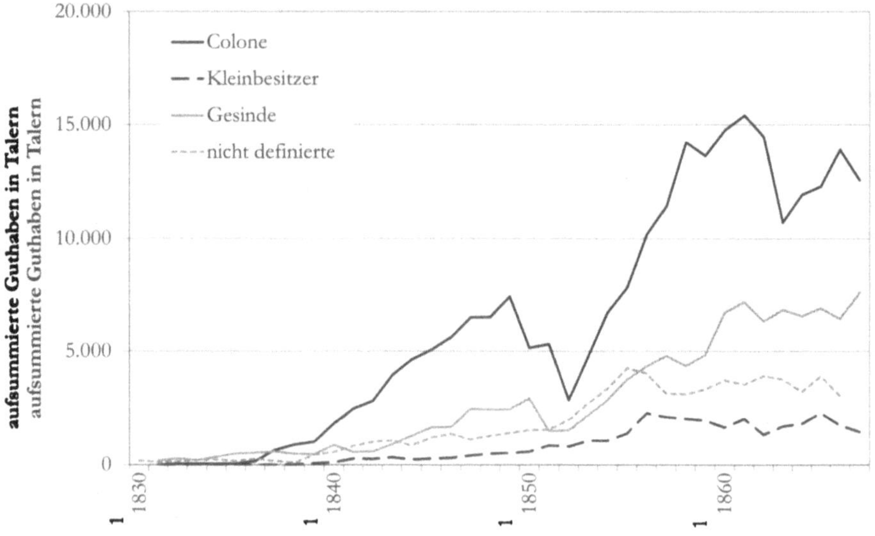

Quelle: Sparkassenjournale; Datenbank KONTEN.

Ein Blick noch auf die Einlagen-Entwicklung der Kleinbesitzer, die selbstständigen Haushalten vorstanden, aber als Handwerker oder Tagelöhner von den Löhnen der Kolone abhängig waren. Sie waren nicht von Ablösungen betroffen, zumindest nicht vor den 1870er-Jahren, als die Schul- und Kirchenlasten abgelöst wurden. An den Einlagen der Kleinbesitzer sind nun gar keine Einbrüche der Ablösungsphase abzulesen (Abbildung 5-C), was bedeuten könnte, dass die Kolone ihr Arbeitsangebot und ihre Nachfrage an Dienstleistungen nicht einschränkten. Die Zahl der sparenden Kleinbesitzer stieg bis 1856 auf 22 an und bewegte sich von da an zwischen 15 und 20. Kennzeichnend für die Entwicklung ist in dieser sozialen Schicht ein langfristiges Anwachsen der durchschnittlichen Einlagenhöhe.

Durch eine solche Betrachtung anhand Familienzugehörigkeit wird impliziert, abgesehen von den Knechten und Mägden sei das Instrument der Sparkasse ausschließlich von den männlichen Haushaltsvorständen genutzt worden. Im Wesentlichen war dies auch so, doch verdient die Thematik besondere Beachtung, da sich Frauen, insbesondere Witwen, in der Kreditvergabe als bedeutende Akteure betätigten.[536] Das

536 Beverly LEMIRE, Ruth PEARSON und Gail CAMPBELL (Hg.): Women and Credit: Researching the Past, Refiguring the Future, Oxford / New York 2001; insbes. darin Laurence FONTAINE: Women's Economic Spheres and Credit in Pre-industrial Europe, S. 15-32.

Tabelle 5-d: Konten verheirateter Frauen

	Inhaber(in)			Sparkonten insgesamt [1)]
	Mann	**Frau**	**Gesamt**	
eröffnet im Ledigenstatus, aufgelöst als Verheiratete	15	11	26	457
eröffnet als Verheiratete(r), aufgelöst vor Tod des Ehepartners	99	13	112	457

Quelle: Sparkassenjournale; Datenbank KONTEN.
1) mit bekannten Eröffnungs- und Auflösungsterminen.

Sparbuch bot im Prinzip Möglichkeiten des individuellen, vom Haushalt losgelösten Handelns.

Von den 457 Sparkonten, deren Eröffnungsdaten und Auflösungsdaten bekannt und deren Kontoinhaber in der Familienrekonstitution identifiziert wurden, waren nur 112 von verheirateten Personen eröffnet worden (Tabelle 5-d). Dies deutet abermals auf die hohe Zahl an Knechten und Mägden hin, die in ihrer Gesindezeit Konten eröffneten. In der Regel beendeten die ledigen Inhaber(innen) die Konten vor der Heirat, denn nur 26 Konten wurden über die Heirat hinaus fortgesetzt. Unter den Verheirateten aber waren die Männer mit 99 von 112 in der Überzahl, während nur 15 verheiratete Frauen selbst nach der Eheschließung ein Konto eröffneten. Grundsätzlich ist nochmals darauf hinzuweisen, dass es sich bei den Sparbüchern um Inhaberpapiere handelte, d. h. allein die Vorlage des Buches bereits zur Verfügung über die Guthaben legitimierte. Somit muss es nicht zwangsläufig der Eigentümer des Guthabens gewesen sein, der mit dem Buch in der Geschäftsstelle erschien und Geschäfte tätigte. Viele Bewegungen bestätigen, dass Kontoinhaber ihre Sparbücher anderen Verwandten oder Nachbarn bei deren Gang zu Sparkasse mitgaben, um Geldgeschäfte ausführen zu lassen. Am verlässlichsten Auskunft über das tatsächliche Eigentum der Guthaben geben dabei, wie bereits erwähnt, die Eröffnungsbewegungen, in denen die Inhaber mit Namen, Beruf und Wohnort genannt wurden. War die Eröffnung nicht vom eigentlichen Eigentümer des Geldes getätigt worden, so wurde die ausführende Person ebenfalls als Akteur in den Journalen genannt und mit dem Zusatz versehen, er bzw. sie „erlege *für*" jemanden ein Guthaben.

Die Geschlechterrelation unter den verheirateten Kontoinhabern wirft ein Schlaglicht auf die Bedeutung des Mannes als Haushaltsvorstand, und zwar sowohl in rein formaler Hinsicht als auch in der Praxis, denn die Eintragung der Eröffnungen bedeuten zunächst primär, dass der Inhaber bzw. die Inhaberin persönlich erschienen waren. Damit praktizierten die Ehepaare recht formal jene Geschlechterdifferenz, die durch die Gesetzgebung der Gütergemeinschaft vorgegeben war.

Doch gab es auch innerhalb der Ehe noch das persönliche Geldvermögen der Ehepartner, über das sie selbst verfügten? Ein solches Vermögen des Mannes wird man schwerlich aus den Daten herausfiltern können, denn tätigte er Geldgeschäfte, so muss man primär davon ausgehen, dass er dies als Haushaltsvorstand und den Betrieb führender Kolon machte. Anders ist es bei den Frauen, deren Erscheinen offenbar die Ausnahme darstellte und somit die Frage aufwirft, ob sie dies im Individualinteresse oder im Haushaltsinteresse taten. Deshalb wurden die 13 genannten Konten, eröffnet von verheirateten Mägden, Kolonae und nicht näher bezeichneten Ehefrauen, und aufgelöst vor ihrem Tod, einer genaueren Prüfung unterzogen.

Von diesen gehörten allein drei der Hebamme und Näherin Sophia Langenscheid,[537] die mit einem Tagelöhner und Maurer verheiratet war. Eines davon ist definitiv nicht von ihr selbst aufgelöst worden, sondern bereits nach vier Monaten von einer Person namens „Velmer“, die von der Familienrekonstitution nicht erfasst ist.[538] Zwei weitere Konten sind ebenfalls nach 9 bzw. 15 Monaten wieder aufgehoben worden, wobei nur der Nachname „Langenscheid“ angegeben wurde, was also auch ihren Mann bezeichnet haben könnte.[539] In sechs weiteren Fällen ist ebenfalls nur der Nachname genannt, sodass es sich bei der abhebenden Person tatsächlich um die Frau, aber auch um ihren Ehemann handeln konnte.[540] In vier Fällen allerdings ist es tatsächlich der Ehemann gewesen, der das von der Ehefrau eingezahlte Geld abhob. So der Kolon Stahl gen. Remmert, der in einem Zug das Konto seiner Frau und ein eigenes auflöste, und des Weiteren einen Kredit bei der Sparkasse aufnahm.[541] Ähnlich war es beim Konto der Anna Maria Gärner, das 1852 von ihrem Mann beendet wurde, der gleichzeitig ein eigenes Konto auflöste.[542] Der Zusammenhang mit Ablösezahlungen liegt hier sehr nahe. Auch die Konten von Louise Buschhoff und Elisabeth Bergmann wurden von deren Ehemännern aufgelöst.[543] Insgesamt liegen somit Hinweise vor, dass das Geld der Ehefrauen in die Haushaltung einbezogen worden war und auch für investive Zwecke angebrochen und sogar aufgebraucht wurde. Für die Annahme, dass Frauen ein Guthaben streng individualistisch behandelten, obwohl sie verheiratet waren und also in der Regel –Ausnahme waren möglich – in einer Gütergemeinschaft lebten, gibt es keinen Hinweis.

---

[537] BOR OFBID 1203 und 1204.

[538] KontoID 716.

[539] KontoIDs 389 und 356.

[540] KontoIDs 479, 423, 495, 697, 315, 386.

[541] KontoID 365.

[542] KontoID 10.

[543] KontoIDs 508 und 724.

5.4 Die Entwicklung des Sparens in einer ländlichen Gesellschaft

5.4.1 Der Trend 1830-1867

Die bisherigen Ergebnisse haben keinen Zweifel daran gelassen, dass das Sparen in der Untersuchungsperiode einem langfristigen Aufwärtstrend folgte. Die in Abbildung 5-B dargestellten summierten Guthaben machen den auch nach Berücksichtigung des allgemeinen Anstiegs der Lebenshaltungskosten haltbaren Trend deutlich. Die Anzahl der Konten, die Anzahl der Neueröffnungen und die aufsummierten Einzahlungen und Auszahlungen folgen alle einem deutlichen Wachstumstrend. In Tabelle 5-e sind die Korrelationskoeffizienten dieser Größen mit dem linearen Jahrestrend (Jahr 1830=1, 1867=37) wiedergegeben. Alle Größen sind hoch korreliert mit dem Jahrestrend, am höchsten die Anzahl der Konten (A2). Bei Größen, die in Taler-Beträgen ausgedrückt sind, stellt sich zweifellos die Frage, ob nicht der Jahrestrend dem Anstieg der Lebenshaltungskosten entspricht, immerhin sind beide korreliert (Koeffizient: 0,68). Jedoch finden sich auch bei Gebrauch der deflationierten Werte ähnliche positive Korrelationen, was bloßen Preisanstieg als Ursache ausschließt.

Die Ursache für langfristig konstante Zuwächse waren die über die Jahre 1830 bis 1865 meist positiven Salden aus Neueröffnungen und Schließungen (Abbildung 5-D). Einzig während einer kurzen Phase Anfang der 1850er-Jahre trat Stagnation ein. In den späten 1850ern und abermals um die Mitte der 1860er-Jahre schließlich näherten sich Eröffnungen und Schließungen einander an (auf hohem Niveau von je um die 25 neue und geschlossene Konten), was sich in einer Abflachung der Kurve ausdrückt.

Tabelle 5-e: Korrelationsmatrix der Sparentwicklung in Borgeln

	A Jahres-trend	B Anzahl Konten	C Summe Spargut-haben	D Neueröff-nungen	E Summe aller Einz.	F Summe aller Abheb.
1. Jahrestrend [1]	1,00					
2. Anzahl laufender Sparkonten [2]	0,98	1,00				
3. Summe aller Sparguthaben [6]	0,95	0,97	1,00			
4. Neueröffnungen an Sparkonten [3]	0,78	0,80	0,71	1,00		
5. Summe aller Einzahlungen [4]	0,89	0,93	0,93	0,77	1,00	
6. Summe aller Abhebungen [5]	0,84	0,81	0,84	0,53	0,75	1,00
7. Nettoflüsse Einz. minus Abheb. [7]	-0,08	0,01	-0,03	0,22	0,20	-0,50

Quelle: Sparkassenjournale; Datenbank KONTEN; [1] 1830=1; 1867=37; [2] Min.: 5, Max.: 205; [3] Min.: 3, Max: 37; [4] Min.: 34 Taler, Max.: 9.215 Taler; [5] Min.: 1 Taler, Max.: 9.246 Taler; [6] Min.: 497 Taler, Max.: 32.930 Taler; [7] Min.: -3.896 Taler, Max.: 4470 Taler.

Abbildung 5-D: Entwicklung der Sparkontenzahl in Borgeln (1830-1867)

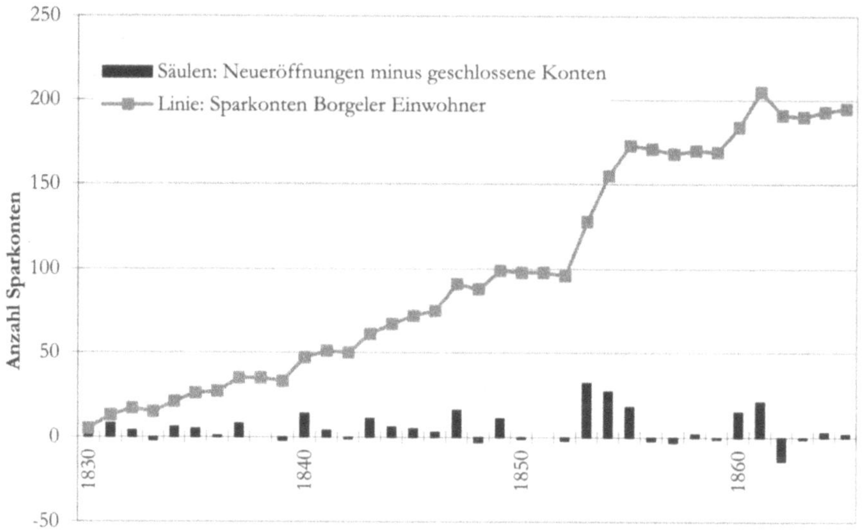

Quelle: Sparkassenjournale; Datenbank KONTEN.

Es ist dieses Phänomen, was entfernt an die für Diffusion von Innovationen typische S-Kurve denken lässt.[544] Eine solche Verteilung von Innovationsübernahmen durch die Kunden ist gekennzeichnet von einem schleppenden Beginn der Innovationsverbreitung, einer expansiven Phase sehr schneller Verbreitung und einer letzten Phase mit anschließender Marktsättigung. Ob dies im Fall der Sparkasse Soest und der Borgeler Kundschaft der Fall war, könnte nur eine Analyse der späteren Jahrzehnte zeigen. Ein Konkurrent erwuchs der Sparkasse Soest eigentlich erst 1868 mit der „Ländlichen Sparkasse" speziell für die Soester Börde.

Die wachsende Verbreitung des Finanzprodukts Sparbuch war die ausschlaggebende Größe für weitere Größen wie die Gesamteinlagen (Summe aller Guthaben) und Ressourcenflüsse (B3, B5, B6), die ebenfalls mit dem Jahrestrend korreliert sind (A3, A5, A6). Sowohl die Summe aller Einzahlungen als auch die aller Auszahlungen folgen diesem Trend. Dies gilt aber nicht für die Nettoflüsse, die Salden aus Einzahlungen und Abhebungen. Diese sind unabhängig von einem Zeittrend und haben nichts mit der allgemeinen Verbreitung des Finanzprodukts gemein, sondern können eher als Ausdruck konjunktureller Prozesse oder institutioneller Schocks verstanden werden. Da am ehesten noch ein negativer Zusammenhang von Nettoflüssen und aufsummierten Abhebungen besteht (Koeffizient von -0,5), betrafen diese Schocks

---

[544] Richard N. FOSTER: Innovation: die technologische Offensive, Wiesbaden 1986, S. 95-123.

vor allem die Seite der Liquidierung von Sparguthaben, so etwa während der Jahre 1850 bis 1853, als hohe Ablösungszahlungen zu begleichen waren.

Der starke Jahrestrend der Kontenanzahl und der aggregierten Einzahlungen und Abhebungen stellt die weitere Analyse vor besondere Anforderungen. Einerseits ist zu fragen, weshalb immer mehr Betriebsinhaber das Konto als Finanzinstrument für sich entdeckten. Die Gründe können in dem Diffusionsprozess des Instruments gelegen haben, in dessen Verlauf sich schlicht die praktischen Vorteile des Sparbuchsparens herumsprachen und verbreiteten. Es könnte aber auch sein, dass im Verlauf des Untersuchungszeitraums immer mehr Betriebe mit ihren Erlösen eine Schwelle übertraten, ab der es zu sparen lohnte. Ein solcher Prozess ist mit aggregierten Zahlen nicht nachzuweisen. Die Sparentwicklung muss folglich auf einzelbetrieblicher Ebene untersucht werden.

5.4.2 Ressourcenflüsse pro Jahr

Da offensichtlich sowohl die aufsummierten Transaktionswerte als auch Bestandsgrößen wie das aufsummierte Guthaben und die Zahl der Konten einem starken Zeittrend und damit dem Verbreitungsgrad des Sparbuchsparens unterlagen, wurden weitere Berechnungen auf Basis der Mittelwerte der Transaktionssummen durchgeführt (Tabelle 5-f). In dieser Betrachtungsweise war eine Deflationierung geboten. Auch wurden die Jahre 1850 bis 1853 aus den Berechnungen ausgeklammert, da hier in Borgeln die Ablösungen finanziert wurden, die nicht im Interesse an dieser Stelle stehen. Zunächst sind Sparflüsse und Gesamtflüsse, also Spar- und Kreditflüsse, zueinander in Beziehung gesetzt worden (Tabelle 5-f, B5, C6 und D7). Aus den hohen positiven Korrelationskoeffizienten ergibt sich, dass die Einzahlungen und Abhebungen bestimmend waren für die Gesamtflüsse, d. h. dass im Bereich des Sparens mehr Geld floss als bei Kreditaufnahmen und –tilgungen. Daraus ergibt sich ein erster Hinweis darauf, dass die Sparmöglichkeit der Sparkasse in „normalen" Jahren weitaus stärker in Anspruch genommen wurde als die Kredittätigkeit. Die durchschnittlichen Einzahlungen und Abhebungen pro Jahr sind schwach positiv korreliert (B3), stärker sind jedoch die negativen Korrelationen der mittleren Auszahlungen mit den Nettoflüssen (C4, F7), d. h. in Jahren hoher Zuflüsse in die Sparkasse waren die Auszahlungen bzw. die Auszahlungen und Kreditaufnahmen niedrig. Daraus kann man schließen, dass, auf alle Schichten gesehen, ein „gutes" Jahr mit hohen Einzahlungen in etwa einher ging mit niedrigen Abhebungen und dass in einem „schlechten" Jahr mit hohen Abhebungen die Einzahlungen etwas zurückblieben. Der Jahrestrend selbst hat in dieser Zusammenstellung an Relevanz verloren. Daraus folgt, dass die konjunkturellen Gründe, die zum Aufbau von Vermögen führten, näher zu untersuchen sind.

Tabelle 5-f: Korrelationsmatrix der mittleren Sparflüsse pro Jahr

	A	B	C	D	E	F
		Sparflüsse (Mittelwerte)			Spar- und Kreditflüsse (Mw.)	
	Jahrestrend	Einzahlungen	Abhebungen	Spar-Netto	Fluss in Spk. 1)	Fluss aus Spk.2)
1. Jahrestrend	1,00					
2. Spar-Einzahlungen (Mw.)	0,07	1,00				
3. Spar-Abhebungen (Mw.)	0,43	0,24	1,00			
4. Spar-Netto (Mw.)	-0,33	**0,51**	**-0,71**	1,00		
5. Gesamt-Fluss in die Spk. (Mw.) 1)	0,08	**0,96**	0,26	0,47	1,00	
6. Gesamt-Fluss aus der Spk. (Mw.) 2)	0,07	0,34	**0,76**	-0,42	0,41	1,00
7. Gesamt-Nettofluss (Mw.)	-0,03	0,18	**-0,68**	**0,73**	0,12	**-0,86**

Quelle: Sparkassenjournale; Datenbank KONTEN. N=31 (Jahre 1831-1867, ohne 1850, 1851, 1852, 1853); alle Flüsse deflationiert anhand des Lebenshaltungsindex' von Gömmel, Realeinkommen, S. 27 (1831=100%). 1) Spareinzahlungen, Kreditzinsen, Kredittilgungen. 2) Sparabhebungen, Zinsauszahlungen, Kreditaufnahmen. Mw.= arithmetisches Mittel.

Interessant und weitgehend ungeklärt sind die Zusammenhänge zwischen Sparflüssen und dem Ernteausgang bzw. den Getreidepreisen einerseits und der Betriebsgröße andererseits. Im Prinzip ist zwar alternativ denkbar, dass Transfers (also insbesondere Abfindungen), sowie Erlöse aus Vermögenstransaktionen (Landverkäufe, Kreditrückzahlungen) auf dem Sparbuch deponiert wurden. Beides war allerdings, wie in Kapitel 8.2.2 festgestellt werden wird, allenfalls eine Ausnahme. Die Ersparnisse von Bauern, Kleinbesitzern und Gesinde dürften somit im Wesentlichen aus ihren jährlichen Erlösen bzw. Einkommen bestritten worden sein. Die Konsequenzen von Preisveränderungen waren aber unterschiedlich, je nachdem, ob es sich um Produzenten- oder Konsumentenhaushalte handelte. Dass sich konjunkturelle Schwankungen für diese beiden „Klassen" fundamental verschieden ausprägten, ist eine zentrale Hypothese der Agrargeschichte. Gerade die Analyse des Sparverhaltens sollte daher diese sozialgeschichtliche Dimension erklären und spezifizieren helfen.

In Kapitel 2 wurde ausgeführt, dass Getreidepreise und Ernteausgang für ein agrarisches Dorf wie Borgeln die wichtigsten Gradmesser der Prosperität waren. Prinzipiell gilt, dass der Erlös das Produkt aus verkaufter Erntemenge und Preis darstellt. Gleichzeitig stellte aber der Preis eine Funktion der Erntemenge dar (siehe Kapitel 2.3). Da keine belastbaren Ernteergebnisse vorliegen, ist der Getreidepreis als Indikator für Ernteergebnisse heranzuziehen. Für die erste Jahrhunderthälfte ist anzunehmen, dass die Preise bei schlechten Ernten überproportional stiegen und deswegen große Betriebe mit hohen Marktquoten kaum Umsatzeinbußen hatten (aber auch keine zusätzlichen Krisengewinne verzeichneten). Nach 1850 dann, unter dem Einfluss besserer Transportwege und damit besser integrierter Märkte, ist eher von einem negativem linearen Zusammenhang auszugehen, mit anderen Worten: der Preis stieg mit sinkender Ernte in einem fixen Verhältnis.[545] Dies bedeutet, dass nach Abzug einer Selbstversorgungsmenge eine Umsatzeinbuße gegenüber mittleren Jahren zu verkraften war. In Jahren 1850 bis 1854 sprechen die Quellen aber auch von guten Ernten *und* hohen Preisen, was ein Zeichen dafür ist, dass regionale Ernte und Preise kein geschlossenes System mehr darstellten, sondern die Bedingungen des grenzüberschreitenden Agrarmarktes hineinspielten.

Diese Annahmen wurden statistisch mittels des Tobit-Regressionsverfahrens[546] überprüft, das für Datensätze erprobt ist, in denen sich viele 0-Werte befinden (Tabelle 5-g). Dies bietet sich in diesem Fall an, denn 46% der Beobachtungen weisen keine Einzahlungen aus. Dieses Verfahren bringt aber mit sich, dass die abhängige Variable keine negativen Werte enthalten darf (d. h. keine Nettoflüsse betrachtet werden können). Auch ist aufgrund der 0-Werte kein Logarithmieren möglich. Um die Zahl der 0-Werte zu reduzieren, wurden in Tests die Beobachtungen zu Drei-Jahres-Phasen zusammengefasst. Auftretende Multikollinearitätskonflikte sprachen letztlich gegen dieses Verfahren. So wurden als abhängige Variable letztlich Einzahlungsflüsse gewählt. Die Betrachtung wird auf Sparflüsse beschränkt, weil Kreditaufnahmen und Kreditrückzahlungen erkennbar durch Einmalzahlungen geprägt sind, die kaum Bezug zu den hier gewählten erklärenden Variablen herstellen lassen. Berücksichtigt wurden nur diejenigen Sparer, die nachweislich Besitzer eines Betriebes waren.

545 Nach Grabein, Entstehung, S. 45, ergaben Umfragen 1911 gar mehrere Hinweise auf höhere Spareinzahlungen bei guten Getreide-, Wein- und Kirschenernten, sowohl unter Bauern als auch unter Tagelöhnern und Handwerkern, was darauf hindeutet, dass die Produktpreise unter Umständen bei guten Ernten auch unterproportional gefallen sein könnten und somit eine gute Ernte sich positiv auf den Erlös auswirkte.

546 C. H. FEINSTEIN und Mark THOMAS: Making history count. A primer in quantitative methods for historians, Cambridge 2002, S. 424-427.

Tabelle 5-g: Einfluss von Betriebsgröße und Weizenpreis auf die Einzahlungen Borgeler Sparer (Tobit-Regressionsschätzung)

	A			B			C		
	b	Stdf	Sign.	b	Stdf	Sign.	b	Stdf	Sign.
abhängige Variable:									
Einzahlungen									
unabhängige Variablen									
Betriebsgröße	0,55	(0,11)	***				0,55	(0,11)	***
Weizenpreis	20,51	(16,96)		22,15	(18,71)		20,84	(18,36)	
Feudalabgaben in Kraft	-0,51	(0,35)		0,05	(0,28)		-0,51	(0,33)	
vor 1850	-1,17	(25,70)		-26,38	(27,48)		-1,12	(27,88)	
Betriebsgr.>35RE [2]				0,87	(0,22)	***			
Betriebsgr.×Weizenpr.							0,04	(0,14)	
Konstante	-109,81	(53,10)	*	-79,54	(58,96)		-110,90	(58,61)	+
N	477			477			477		
davon 0-Werte	219			219			219		
Akaike-Kriterium	3805,4			3816,7			3807,3		
Log-Likelihood	-1896,7			-1902,4			-1898,7		
Chi-Quadrat(4)	26,8	***		26,0	***		38,4	***	

Quelle: Sparkassenjournale; Datenbank KONTEN.

b: Regressionskoeffizient, Stdf.: Standardfehler; Sign.: Signifikanzniveau (+ 10%, * 5%, ** 1% *** 0,1%)

Abhängige Variable: Einzahlungen pro Jahr und kontoführenden Betrieb in Talern. Betrachtet wurden ausschließlich Land besitzende Kontoinhaber. Min.: 0, Max.: 875, arithm. Mittel: 81,0.

Betriebsgröße: Steuerreinertrag der Höfe des Kontoinhabers in dem betreffenden Jahr in Talern. Min.: 0, Max.: 620,4, arithm. Mittel: 123,9.

Betriebsgröße über Vollerwerbsgrenze [2]: Betriebsgröße abzüglich 35 Taler quadriert und durch 1000 geteilt (siehe Kapitel 2.3 und Text). Min.: 0,00004; Max.: 342,7; arithm. Mittel: 25,6.

Feudalabgaben in Kraft: Betrag der jährlichen Feudallasten pro Betrieb in Talern. Min.: 0, Max.: 232,7, arithm. Mittel: 29,5,

Vor 1850: Dummy-Variable, 1: vor 1850 (129mal), sonst 0 (348mal).

Weizenpreis: Mittel der Soester Preise für Weizen im Mai und Oktober. Min.: 1,43, Max.: 4,33, arith. Mittel: 2,89.

*Betriebsgröße*Weizenpreis*: Betriebsgröße (zentralisiert) multipliziert mit Weizenpreis. Min.: -517,9, Max.: 310,0, arithm. Mittel: 0,9.

Es wurden drei Schätzungen durchgeführt. Die abhängige Variable sind aufsummierte *Einzahlungen* pro kontoführenden Betrieb und Jahr.

In Modell A findet sich als unabhängige Variable zunächst die *Betriebsgröße* ausgedrückt in Steuerreinertrag. Zu vermuten ist zweifellos, dass große Betriebe höhere Einzahlungen leisteten als kleine. Nach den Überlegungen in Kapitel 2 zum Einkommenseffekt bei Preisschwankungen kann für die Variable *Weizenpreis* keine eindeutige Tendenz angenommen werden. Vielmehr ist zu vermuten, dass die Marktquote selbst großer Betriebe noch nicht ausreichte, um aus Teuerungen Zusatzgewinne zu generieren. Als wesentliche, die Sparfähigkeit einschränkende Betriebsausgabe müssen aber die *Feudalabgaben* betrachtet werden, für die daher ein negativer Einfluss angenommen wird. Schließlich eingeführt wurde eine Variable *Vor 1850*, um Unterschiede der Sparneigung in den beiden Jahrhunderthälften zu erkennen. Allein die Betriebsgröße ist von diesen signifikant, und dies sogar auf 0,1% Niveau. Der Koeffizient von 0,55 besagt, dass pro Taler Steuerreinertrag von Sparern im Mittel die Hälfte gespart wurde. Auch in Anbetracht der höheren tatsächlichen Reinerträge ist die hier ausgewiesene Sparleistung beträchtlich. Die nicht signifikanten anderen Variablen zeigen, dass weder von der Getreidekonjunktur noch von den in Kraft befindlichen Feudallasten wesentliche Einflüsse auf das Sparen ausgingen. Auch war kein unabhängiger säkularer Trend erkennbar. Der Weizenpreis ist zwar nicht von signifikantem Einfluss, wird aber immerhin in allen Modellen stabil geschätzt. Die verbleibenden Variablen *Vor 1850* und *Feudallasten* sind aber zudem sehr instabil. Insgesamt erweisen sich die Borgeler Betriebe in dieser Betrachtung als erstaunlich widerstandsfähig gegenüber konjunkturellen und säkularen Veränderungen.

In Modell B wurde die Variable Betriebsgröße ersetzt durch die Variable *Betriebsgröße>35RE²*, die sowohl die Vollerwerbsgrenze, um Produzenten- von Konsumentenhaushalten zu trennen, als auch die mit zunehmender Betriebsgröße ansteigende Marktquote modelliert. Als Vollerwerbsgrenze wurde aufgrund der in Kapitel 2 getroffenen Feststellungen 35 Talern Steuerreinertrag angenommen. Dass mit zunehmender Betriebsgröße auch die Marktquote anstieg und daher ein weiterer Einfluss für höhere Sparleistung verantwortlich gewesen sein könnte, wurde die Betriebsgröße über 35 Talern zusätzlich quadriert. Diese Variable ist ebenfalls hoch signifikant, führt aber nicht zu einer Verbesserung des Modells.

In Modell C wird zudem die „King's Law"-Hypothese spezifiziert, dass nämlich große Betriebe in Teuerungen gar von steigenden Preisen profitieren konnten. Die Interaktion von Steuerreinertrag und Weizenpreis ist jedoch nicht signifikant. Auch in diesem Modell ist der untransformierte Steuerreinertrag die dominierende unabhängige Variable.

Insgesamt ergibt sich aus den Schätzungen, dass die Borgeler Betriebe schwach auf konjunkturelle Schwankungen reagierten. Die Sparneigung unter den ein Sparkonto besitzenden Betriebsinhabern war beträchtlich. Und wenn bisher für die vormoderne

Agrarwirtschaft argumentiert wurde, Ernte- und resultierende Preisschwankungen hätten die Klassengesellschaft von Bauern und Kleinbesitzern/Unterschichten noch über die ungleiche Vermögensverteilung hinaus verstärkt, weil betriebliche Gunst- und Krisenphasen grundsätzlich entgegengesetzt gelagert waren, so konnte dies nicht bestätigt werden. Die großen Betriebe litten nicht unter geringen Preisen und profitierten nicht zusätzlich von hohen Preisen bzw. geringen Ernten.

5.4.3 Saisonale Zyklen des Sparens

Um dem Wesen und den Einflussgrößen des Sparens weiter auf den Grund zu gehen, ist es sinnvoll, sich mit saisonalen und ökonomischen Zyklen des Sparens zu befassen. So können Umsatzspitzen erkannt und mit dem lokalen Wirtschaftssystem in Bezug gesetzt werden. Unterschieden muss werden zwischen Aktivitätsspitzen, bei denen saisonal Einzahlungen und Abhebungen korrelieren, das Volumen jedoch variiert,[547] und saisonalen Ressourcenflüssen, bei denen zu unterschiedlichen Zeitpunkten eingezahlt und abgehoben wird.

Bei der Sparkasse Soest korrelierten die Höhe der Einzahlungen und Auszahlungen generell sehr stark, wobei Grundlage dieser Einschätzung die Monatsabschlüsse der Kassenführung der Sparkasse sind, in die sowohl die Bewegungen der Sparkonten als auch der Kredite eingingen. Zu berücksichtigen ist auch eine eventuell steuernde Einflussnahme des Rendanten, der wohl vermied, dass die Ausgaben die Einnahmen überstiegen, weil er mit dem eigenen Kassenbestand auskommen wollte. Eindrucksvoll ist die positive Korrelation aller monatlichen Ein- und Auszahlungen 1831 bis 1851 (N=264) mit dem Koeffizienten von 0,95 allemal.

Für den Fall Borgeln müssen jedoch andere Aspekte verfolgt werden. So ist wichtig zu wissen, ob das Sparverhalten sich an den agrarwirtschaftlichen Zyklus anpasste. Zu vermuten wäre dies, da gerade Borgeln bekanntlich eine stark auf die Getreidewirtschaft ausgerichtete Landwirtschaft besaß, selbst wenn die Viehwirtschaft von ebenjener stark profitierte. Möglich sind zweierlei Reaktionen: Einzahlungen geben saisonale Überschüsse und Auszahlungen saisonalen Geldbedarf wieder, d. h. sie verlaufen nicht synchron. Von einem solchen Muster spricht Grabein 1913: Bauern würden oft nach dem Drusch einzahlen, zu nennen seien die Monate November und Dezember.[548] Dieser frühe Abschluss des Drusches kam durch den Einsatz mechani-

---

547 Einen saisonalen Rhythmus der Aktivität zeigen Peter Lester PAYNE und Lance Edwin DAVIS: The savings Bank of Baltimore, 1818-1866: A Historical and Analytical Study, Baltimore 1956, S. 59, wobei sie einen Gutteil der Korrelation mit den speziellen Geschäftsbedingungen des Instituts, sprich terminlich gebundenen Sparzulagen, begründen.

548 Grabein, Entstehung, S. 36.

Tabelle 5-h: Saisonale Verteilung der Einzahlungen und Abhebungen Borgeler Sparer bei der Sparkasse Soest (1831-1867)

	Einzahlungen 1831-1849		**Einzahlungen 1850-1867**		**Abhebungen 1831-1849**		**Abhebungen 1850-1867**	
	Alle	Nur Kolone	Alle	Nur Kolone	Alle	Nur Kolone	Alle	Nur Kolone
Januar	124,1	110,0	171,3	127,6	62,8	0,0	147,2	154,2
Februar	75,3	58,6	75,6	50,5	89,0	58,1	59,2	59,7
März	102,4	102,3	98,3	92,8	139,8	348,1	116,5	131,2
April	165,5	142,0	85,7	80,1	88,2	139,5	96,7	63,7
Mai	143,2	246,7	124,4	118,0	94,2	0,0	150,2	156,7
Juni	86,0	109,4	91,9	116,9	94,9	44,0	143,5	153,7
Juli	122,5	160,9	109,0	140,0	164,8	346,0	102,3	88,6
August	51,2	42,4	72,7	83,1	26,7	0,0	46,7	45,2
September	82,1	61,8	70,2	87,7	165,3	169,3	84,7	105,3
Oktober	84,1	40,6	106,1	111,6	67,9	31,7	123,1	104,1
November	113,6	113,3	187,6	191,7	152,0	46,6	116,0	116,1
Dezember	50,1	11,9	7,2	0,0	54,4	16,7	13,9	21,4

Quelle: Sparkassenjournale; Datenbank KONTEN. Erläuterung: Die Werte den mittleren Monatswert in % des Durchschnitts aller Monate an. Zur Berechnung z. B. des Januarwertes 1831-49:

$$\left(\sum_{i=1831}^{1849} \textit{Einzahlungen im Januar des Jahres } i \Big/ \sum_{k=1831}^{1849} \textit{Einzahlungen des Jahres } k\right) \times \frac{1}{12}) \times 100$$

scher Dreschmaschinen zustande, während der personalaufwändige nichtmechanisierte Drusch bis in den Februar und März hinzog. Zwischenverkäufe waren dann durchaus denkbar.

Eine andere Reaktion könnten hingegen die Arbeitsspitzen in der Landwirtschaft hervorgerufen haben. Wenn der Gang zur Sparkasse häufig dann unternommen wurde, wenn Vakanzen in der Arbeit auftraten, dann müssten sich in den aufsummierten monatlichen Einzahlungen und Abhebungen die gleichen Schwankungen finden lassen, d. h. beide Kurven müssten synchron verlaufen.

Indizes der Saisonalität von Einzahlungen und Abhebungen Borgeler Sparer werden in Tabelle 5-h wiedergegeben und in den Abbildungen 5-E und 5-F grafisch dargestellt. Vor der Jahrhundertmitte korrelierten Einzahlungen und Abhebungen eines Monats nur schwach (auch Tabelle 5-i, A1). Hohe Einzahlungen aus Borgeln erfolgten meist im April und Mai, gefolgt von einem durchschnittlichen Juni und Juli, während im August, September und Oktober unterdurchschnittlich und auch im November nur mittelmäßig eingezahlt wurde. Die Dezember dieser Phase zeigen abermals niedrige Werte, die aber, wie auch der Anstieg im Januar, eine Folge der Sparkassenschließung zwischen Weihnachten und Neujahr sein dürften. Die allein für die Kolone berechneten Werte stützen dieses Muster zusätzlich (Tabelle 5-i, F2, B6: hohe Korrelationen zwischen den Flüssen der Kolone und denen aller Sparer). In diesem Schema treten die arbeitsreichen und -armen Phasen im Jahr etwas widersprüchlich hervor. So stellten Februar und März, noch vor dem arbeitsreichen Beginn der Vegetationsperiode, einlagenarme Monate dar, während gerade im April, als eine erste Belastungsspitze der Ökonomie eintrat, sehr hohe Einlagen zu verzeichnen waren. Die Heuernte Ende Juni und die Getreideernte im August stellten weitere arbeitsreiche Perioden des Jahres dar, beide Male unterstrichen durch niedrige Einzahlungs- und Abhebungsaktivität. Erst dann trennen sich die Kurven wieder: Während die Einzahlungen langsam auf das Mittelmaß steigen, variieren die Abhebungen stark. Erstaunlicherweise jedoch ist die gesamte Phase des Getreideverkaufs, die sich wegen des langen Drusches vom Oktober bis zum Februar des Folgejahres hinzog, kaum in Form von Einzahlungen repräsentiert.

Tabelle 5-i: Korrelation der monatlichen Einzahlungen und Abhebungen 1831-1867

		A	B	C	D	E	F
		Einz. 1831-49	Einz. 1831-49 Kolone	Einz. 1850-67	Einz. 1850-67 Kolone	Abheb. 1850-67	Abheb. 1831-49
1	Abh. 1831-49	0,33				0,28	
2	Abh. Kolone 1831-49		0,18				0,72
3	Abh. 1850-67		-	0,76		1	
4	Abh. Kolone 1850-67				0,66	**0,94**	
5	Einz. 1850-67	0,56		1	**0,90**		
6	Einz. 1831-1849		0,83				

Quelle: Sparkassenjournale; Datenbank KONTEN.

Abbildung 5-E: Saisonalität der Einzahlungen und Abhebungen Borgeler Sparer 1831-1849

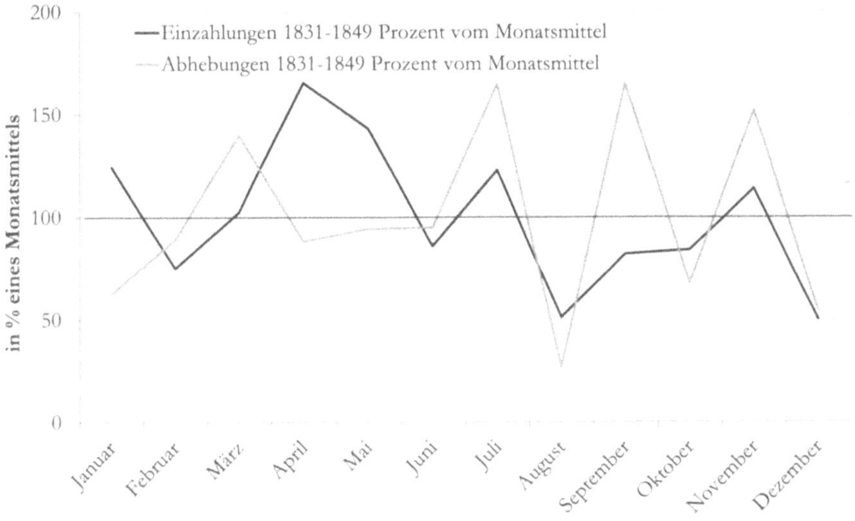

Quelle: Sparkassenjournale; Datenbank KONTEN.

Abbildung 5-F: Saisonalität der Einzahlungen und Abhebungen Borgeler Sparer 1850-1867

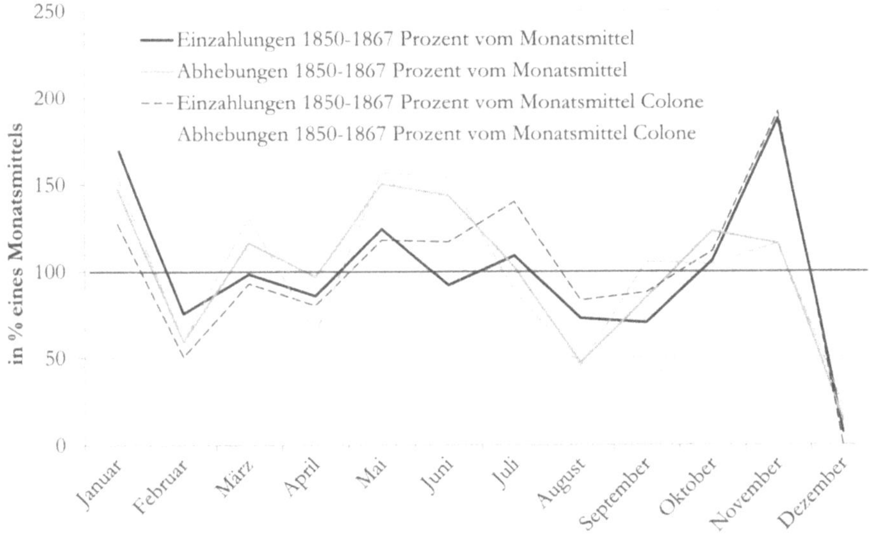

Quelle: Sparkassenjournale; Datenbank KONTEN.

Die Befunde der Phase von 1850 bis 1867 unterscheiden sich davon fundamental. Zunächst korrelieren die monatlichen Einzahlungen und Abhebungen nun deutlich (C3, auch Abbildung 5-F). Vor allem die Kolone sind für diese Entwicklungen verantwortlich, denn sie dominieren die Gesamtwerte noch stärker als in der früheren Phase (D5, E4). Im Jahresverlauf fiel nach einem, bereits angesprochenen, starken Januar die Aktivität zunächst ab, um dann bis zum Sommer kontinuierlich anzusteigen. Im August und September fanden wiederum erstaunlich wenige Einzahlungen und Abhebungen statt, während im November erstmals beide Aktionen wirklich auseinanderklafften. Es geht wohl nicht fehl, in dem Ansteigen der Einzahlungen – gerade der Kolone – einen Reflex auf die Getreideverkäufe im Oktober und November zu sehen. Hier könnte sich eine beginnende Mechanisierung des Drusches niederschlagen, wenngleich in keinem der ausgewerteten Inventare (Löhne 28, Borgeln 40, Oberkirchen 6), die teilweise beträchtlich über den Untersuchungszeitraum hinaus gehen, eine Dreschmaschine verzeichnet ist.

Man kann daher den Schluss ziehen, dass nicht von dem *einen* bäuerlichen Jahreszyklus gesprochen werden kann. Während in der ersten Jahrhunderthälfte die Transaktionen vielleicht eher situative Einkommensüberhänge und -einbußen widerspiegeln, dominierte in der zweiten Hälfte des Jahrhunderts die landwirtschaftliche Arbeit die Transaktionen. Dies könnte eine Auswirkung der Zunahme der Arbeitsintensität sein.

5.5 Sparen und Entsparen als Transaktionen und als Praxis einer individuellen Vermögenswirtschaft

Auch wenn bereits angeklungen ist und im Kapitel 6 noch genauer ausgeführt werden wird, dass die Ablösungen auch in der Verwendung von Sparguthaben eine bedeutende Einflussgröße waren, so bleibt doch zu fragen, mit welchen Intentionen die Borgeler sparten. Geplant ist an dieser Stelle, einige grundsätzliche Kenngrößen der Bewertung von Sparguthaben zu erarbeiten und aus diesen mögliche Intentionen und Strategien, die die Sparer bewegt haben könnten, herauszuarbeiten. Zunächst erfolgt jedoch eine explorative Analyse einiger charakteristischer Konten, um die Beschreibungskriterien zu entwickeln.

5.5.1 Explorative Analyse von Sparverläufen

Zur Einführung in die verschiedenen Kriterien des Sparens zeigt die Abbildung 5-G zehn ausgewählte Sparverläufe von Knechten und Mägden (KontoIDs 66, 96, 99, 131, 167) und Kolonen (KontoIDs 20, 285, 255, 257, 368). Sie zeigen, in welchem Maß von dieser Schicht Geld beiseitegelegt werden konnte. KontoID 99 wurde von der

Magd Elisabeth Schiller[549] aus Hattropholsen im Jahr 1843 eröffnet. Sie sparte jährlich 5 bis 10 Taler. Eine Magd gleichen Namens aus Stocklarn, gleichwohl eindeutig identifiziert,[550] legte ihr erstes Geld im Alter von 16 Jahren an (KontoID 167). Von dem Jahr an erschien sie zweimal pro Jahr bei der Sparkasse, im Frühjahr und im Herbst, und zahlte jedes Mal zwischen 15 und 25 Taler ein. Am Ende des ausgewerteten Zeitraums, 1867, hatte ihr Konto einen Stand von 600 Talern. Von Knecht Florenz Hohoff aus Stocklarn[551] sind die zwei Konten 66 und 131 belegt. Er leistete verschiedene Einmalzahlungen und löste das zweite Konto im August 1849 auf, bevor er im November gleichen Jahres heiratete. Der Knecht Heinrich Carre[552] eröffnete sein Konto (KontoID 96) 1843 und zahlte bis 1851 jährlich größere Summen von 50, 80 oder 100 Talern ein, und löste es 1851 bei einem Stand von 446 Talern auf.

Auch die exemplarischen Kolon-Konten sind nicht als typisch zu verstehen, denn ihre Laufzeiten liegen alle weit über dem Durchschnitt, wie noch zu zeigen sein wird. Ausgewählt wurden sie aber genau wegen ihrer Laufzeiten und der sich daraus ergebenden Möglichkeit, Kontoentwicklungen über einen längeren Zeitlauf zu verfolgen. Es zeigen sich in Ansparphasen Zuwächse von 250 (KontoID 285) bis 800 Talern (KontoID 368) pro Jahr. Dabei liegen den ausgewählten Konten jeweils detaillierte Reihen von Einzahlungen zugrunde, die stark dafür sprechen, dass es sich hier nicht um Einmalzahlungen wie im Fall von Erbtransfers, sondern um regelmäßige Erlöse aus dem Wirtschaften handelte. Wie man an den Konten 10 und 285 sieht, wurden sie mit einer Einmal-Auszahlung aufgelöst, was auch für die Mehrheit der Kolon-Konten gilt (Die Konten 255, 257 und 368 überschritten das Ende des ausgewerteten Zeitraums). Dies spricht für eine Verwendung der Vermögen für investive Zwecke oder Transferzahlungen, die auf einen Schlag ausgeführt wurden.

Es muss folglich versucht werden, das Sparverhalten anhand von Charakteristika wie Laufzeit und Zahl und Höhe der einzelnen Transaktionen zu analysieren. Dazu gibt es kaum Vorbilder. In der Auseinandersetzung mit amerikanischen Modellen der staatlichen Sparzulagen für „working poor" hat der Entwicklungsökonom Mark Schreiner einige Messgrößen vorgeschlagen, die zunächst individuelles Sparverhalten untereinander vergleichbar machen, in einem weiteren Schritt aber auch zu durchschnittlichen, bspw. schichtenspezifischen Werten zusammengefasst werden. Wesentlich für die Theoretisierung des Sparvorgangs nach Schreiner ist das Verständnis des Sparens als „moving resources through time"[553], weswegen Zeit ein wesentliches Kri-

---

549 BOR OFBID 3172 (geb. 1817).

550 BOR OFBID 7764 (geb. 1832).

551 BOR OFBID 2441 (geb. 1815).

552 BOR OFBID 5321.

553 Mark SCHREINER: Measuring Savings, in: Savings and Development 29 (2005), S. 21-38, hier S. 22: "Resources received in a given time period are income; resources controlled at a point in time are assets or savings. Both income and assets refer to resources; they differ only in the

Abbildung 5-G: Zehn exemplarische Sparverläufe Borgeler Sparer

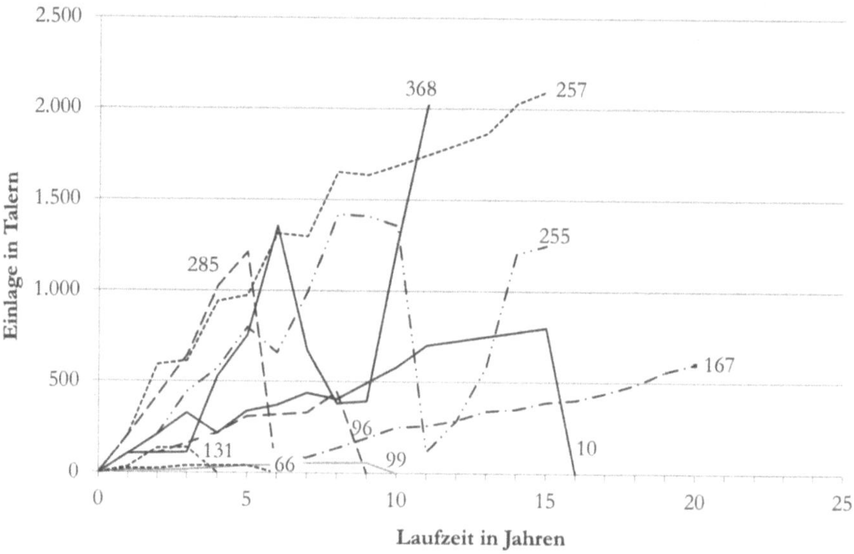

Quelle: Sparkassenjournale; Datenbank KONTEN.

terium für die Beschreibung des Sparverhaltens sein muss. Daraus folgt, dass beim Sparen drei ökonomische Handlungen unterschieden werden müssen: Beim Einzahlen und Abheben ist wichtig zu wissen, wie oft entsprechende Handlungen vorgenommen wurden, denn dies kann einen Begriff davon vermitteln, wie stark das Instrument des Sparbuchs mit dem Alltag der Sparer verwoben war. Akkumulieren und Entsparen müssen als Prozesse unterschiedlichen Tempos beschrieben zu werden, weil sie zum einen die Einkommensverhältnisse reflektieren, zum anderen aber auch erste Anknüpfungspunkte für eine Deutung der Intentionen der Akteure bieten. Die Laufzeit von Konten schließlich ist ein geeigneter Untersuchungsgegenstand, weil sie Aufschlüsse über den Planungshorizont der Akteure und die Wechselhaftigkeit der ökonomischen Bedingungen bietet.

5.5.2 Laufzeiten

Die Abbildung 5-H zeigt eine Verteilung der Kontolaufzeiten in Zweijahresschritten. Die zensierten Datensätze sind in diesem Fall enthalten, da sie die Gesamtmenge eher mit langen Laufzeiten bereichern, während kaum Konten, deren Schlussdatum nach

---

frame of reference. If resources received as income are not immediately consumed, they become assets. Moving resources through time is saving. The definition includes both conscious and unconscious failure to consume".

dem Untersuchungszeitraum liegt, die Daten verfälschen. Und trotzdem ist die Dominanz der kurzen Kontolaufzeiten beeindruckend und zwar unabhängig von der jeweiligen Schicht des Sparers. Egal um welche Schicht es sich handelt: Nach rund sechs Jahren war die Hälfte der Konten bereits aufgelöst.[554] Individuelle Schwerpunkte können die schichtenspezifischen Interessen ein wenig hervortreten lassen. Bei Kleinbesitzern, Tagelöhnern und Handwerkern war das kurze Sparen am deutlichsten verbreitet, wohl ein Zeichen der Konjunkturabhängigkeit von Kleinbesitzern. Die akademisch gebildeten Personen, Pfarrer und vor allem Lehrer, zeichneten sich gegenüber diesen Gruppen durch überraschende Konstanz im Sparen aus. Hier wurden vergleichsweise die wenigsten Konten frühzeitig wieder aufgelöst. Man kann schließen, dass diese Personen das Sparideal am stärksten verinnerlichten, sie aber zugleich nicht über bäuerlichen Grundbesitz verfügten und somit für das Alter selbst Vorsorge treffen mussten.

Auch beim Gesinde war das ausgesprochene Kurzzeitsparen von unter zwei Jahren seltener zu finden. Während aber bei den Kleinbesitzern und Tagelöhnern bereits nach drei Jahren nur noch die sehr konstanten Sparer ihre Konten behielten, reduzierte sich die Zahl der Gesindekonten gerade zwischen dem dritten und fünften Jahr ihres Bestehens. Hier spielte der Gesindedienst als Lebens- und Sparphase eine Rolle. Der Sparhorizont reichte bei vielen von ihnen zunächst bis zur eigenen Haushalts- und Familiengründung.

Die Kolone schließlich bildeten die Schicht mit den besten Möglichkeiten, um kontinuierlich anzusparen und Ziele damit zu verfolgen. Doch auch sie sparten meist nicht sehr lange. Und die Unterschiede bei den Laufzeiten sind kaum groß genug, um daraus ein entscheidend anderes Sparverhalten als beim Gesinde und den Kleinbesitzern herauszulesen. Um aber bei weitgehend ähnlichen Laufzeiten, wie festgestellt wurde, zu höheren durchschnittlichen Einlagen zu gelangen, mussten folglich die Zuwächse an Sparvermögen pro Zeiteinheit deutlich größer sein. Die im Diagramm dargestellten Beispiele für Kolon-Konten zeigen dies auch eindrücklich (KontoIDs 10, 255, 257, 285 und 368).

---

554 Wenn man diese Zahlen nach Dekaden, in denen die Konten abgeschlossen wurden, differenziert, wird deutlich, dass die kurzzeitig bestehenden Konten in allen Dekaden einen hohen Anteil darstellten. Dabei gibt es für die 1840er-Jahre einen leichten Schwerpunkt auf sehr kurz, weniger als 2 Jahre laufenden Konten. Dennoch liegt der Anteil der Konten, die länger als 5 Jahre bestanden, ziemlich konstant bei 52-54 %. Im Grunde sind nur die Klassen bis zu 15 Jahren Laufzeit in allen drei Dekaden vergleichbar, da bspw. ein 1858 eröffnetes, dann aber real 20 Jahre laufendes Konto hier in der Klasse bis 10 Jahre eingeordnet wäre. Tendenziell bestanden die Konten der 1850er-Jahre länger, da hier der Zensierungseffekt stärker einwirkte. Die Ergebnisse werden bestätigt von Lilja, Marknad, S. 109, auch hinsichtlich der Tendenz, dass die in der zweiten Jahrhunderthälfte (Stichjahre 1855 und 1880) eröffneten Konten deutlich länger Bestand hatten als die in den Stichjahren 1830 bis 1833 angelegten. Weitere Belege bei Ó Gráda, Panic, S. 8.

Abbildung 5-H: Laufzeitenverteilung Borgeler Konten sozial differenziert (1830-1867)

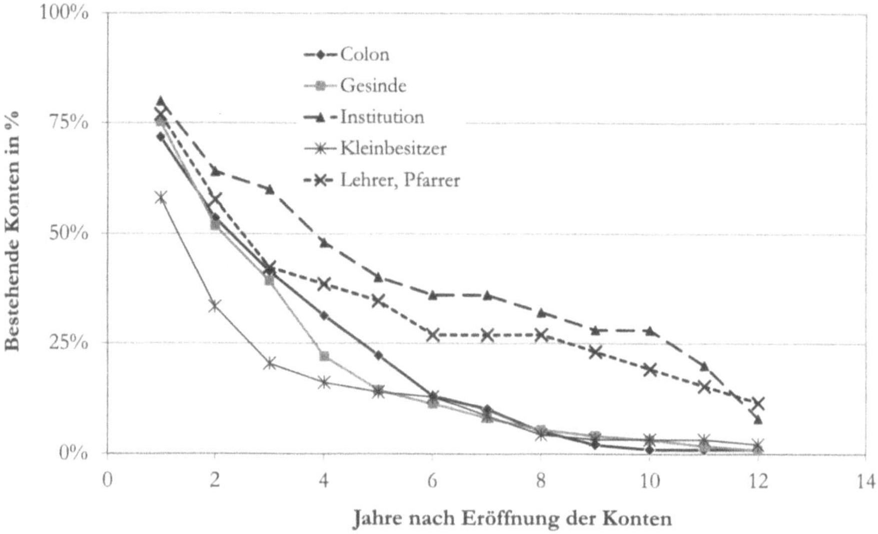

Quelle: Sparkassenjournale; Datenbank KONTEN.

5.5.3 Individuelles Akkumulationstempo

Als „individuelles Akkumulationstempo"[555] wird die Geschwindigkeit des Zuwachses eines Sparguthabens beschrieben, und zwar in durchschnittlichem Zuwachs (hier in Talern) pro Jahr, und zwar gemessen vorzugsweise bis zum Höchststand der Einlagen. Auf diese Weise ist es möglich, durch Zahlen auszudrücken, wie lange angespart und entspart wird, welche Sparfähigkeit einen Haushalt auszeichnet und in welchem Tempo und in welchen Schritten der Abbau des Vermögens stattfindet.

Berechnet wird

$$\textit{Indiv. Akkumulationstempo} = \frac{\sum Einz - \sum Abh}{t_{max}}$$

$\sum Einz$ sind die aufsummierten Einzahlungen auf das Konto (zu denen die Zinseinkommen nicht zählen) in Talern.

$\sum Abh$ die aufsummierten Auszahlungen (zu denen ausgezahlte Zinsen jedoch zählen) in Talern.

t_{max} ist die Zeit von der Kontoeröffnung bis zum Höchststand der Einlagen in Jahren.

---

555 Schreiner, Measuring savings, spricht von „participant accumulation".

Ein entsprechendes Verfahren wird auch zur Berechnung des Entspartempos eingesetzt.[556]

Um dies an einem der Beispiele deutlich zu machen: Die Tabelle 5-j stellt alle Kontobewegungen des Kontos KontoID 368 dar. Der Eigentümer des Kontos war der bereits angesprochene 46jährige Wilhelm Juchheim[557], Kolon auf einem 20-ha-Betrieb in Hattropholsen. Sein erstes Konto hatte Juchheim 15 Jahre zuvor gehabt, eröffnet und geschlossen, als seine Kinder noch im Kleinkindalter waren.[558] Als dann die Ablösungen anstanden, nahm Juchheim einen Kredit zur Finanzierung bei der Sparkasse auf, den er in den Jahren 1855 und 1856 zurückzahlen konnte.[559] Ein Jahr später dann eröffnete er das zweite Sparbuch und zahlte in den fünf Jahren bis 1862 durchschnittlich 250 Taler pro Jahr ein, schmälerte dieses Polster 1863 und 1864 und blieb 1865 der Sparkasse fern. Währenddessen hatte er wiederholt Land gekauft und dafür eine Gesamtsumme von über 2.200 Talern gezahlt. Innerhalb der folgenden anderthalb Jahre deponierte Juchheim 1.500 Taler neu. Der weitere Verlauf des Kontos ist aufgrund der Zeitraumbegrenzung unbekannt. Auf die Gesamtbestandsdauer des Kontos von 10 Jahren sparte Juchheim pro Jahr 200 Taler. Berücksichtigt man die Kreditrückzahlung in den Jahren 1855 und 1856, kann man von 12 Jahren sehr kontinuierlichen Sparens sprechen, das mit keinem anderen Einfluss besser in Verbindung gebracht werden kann, als mit regelmäßigen Erlösen aus der Überschussproduktion. Erstaunlich dabei ist die Konstanz der Einzahlungen, welche die oben festgestellte relativ geringe Bedeutung von Getreidepreisschwankungen für das Sparen unterstreicht.

---

556 Um das Verfahren maschinell durchführen zu können, wurde als Zeitpunkt maximaler Einlagen jeweils die höchste Jahresbilanz gewertet. Konten, die in ein und demselben Jahr eröffnet und geschlossen wurden, blieben unberücksichtigt. Es wurden jeweils angefangene Jahre gerechnet, um bei engen zeitlichen Abständen von weniger als einem Jahr nicht zu exorbitant hohen Akkumulations- und Entspartempi zu gelangen. Zinszahlungen sollten theoretisch nicht berücksichtigt werden, da sie nicht zum individuellen Sparvorgang zählen. Um rechnerische Komplikationen zu entgehen, ging der Zinseffekt aber hier in die Akkumulationssumme ein.

557 BOR OFBID 1770.

558 KontoID 83.

559 KontoID 603.

Tabelle 5-j: Spartransaktionen des Kolons Juchheim, OFBID 1770

Bewegungen des Sparkontos KontoID 368			
Datum der Kontobewegung	Taler	Datum der Kontobewegung	Taler
20. 7. 1857	+100	27. 5. 1863	-505
		29. 7. 1863	+100
14. 3. 1860	+100	7. 4. 1864	-302
20. 6. 1860	+300	11. 1. 1866	+50
13. 3. 1861	+100	23. 6. 1866	+300
10. 4. 1861	+100	30. 7. 1866	+100
7. 1. 1862	+100	21. 8. 1866	+70
18. 6. 1862	+60	3. 10. 1866	+200
9. 7. 1862	+300	7. 11. 1866	+100
22. 10. 1862	+100	27. 5. 1867	+500
3. 1. 1863	-300	24. 7. 1867	+200

Ende des Auswertungszeitraumes: 31.12.1867
Quelle: Sparkassenjournale; Datenbank KONTEN.

Im Falle Juchheims lässt sich der Befund nun mit der Berechnung des Akkumulationstempos operabeler gestalten.[560] 184 Taler hat Juchheim somit jedes Jahr der 10 Jahre dauernden Akkumulationszeit gespart. Er zeichnet sich damit sowohl als besonders ausdauernder Sparer aus, weil die Akkumulationszeit von Kolonen im Mittel nur gut 5 Jahre betrug, als auch als intensiver Sparer, weil er das mittlere Tempo überschritt (Tabelle 5-k).

Die Auswertung für alle Konten lässt ein überraschend einheitliches Bild für alle sozialen Schichten erkennen. Nur graduell unterscheiden sich die mittleren Akkumulations- und Entsparzeiten, wobei die Sparer sich für das Ansparen überwiegend deutlich mehr Zeit als für das Entsparen nahmen. Wie oben angedeutet, hatten die Kontoinhaber von Borgeln insgesamt eine gering gestreute und, wenn man von den akademisch gebildeten Personen absieht, vor allem sozial nur wenig unterschiedliche Einstellungen, wie lange sie ihr Konto behalten wollten. Höchst unterschiedlich waren allerdings die Geschwindigkeiten, in denen Vermögen auf- und abgebaut wurde. Ein Kolon mit Sparbuch zahlte in der Ansparphase durchschnittlich 133 Taler pro Jahr ein und damit mehr als dreimal so viel wie Angehörige der anderen Schichten.

560 Errechnet man die Akkumulationszeit manuell, ergibt sich eine Akkumulationszeit von 10,4 Jahren, während der 1.773 Taler (netto) eingezahlt wurden, was ein Akkumulationstempo von 170 Talern/Jahr ergibt. Die automatische Berechnung ergibt 11 Jahre bis zum Höchststand von 2.019 Talern (inkl. Zinseffekt) und damit ein Akkumulationstempo von 184 Talern/Jahr, eine Differenz, die vertretbar erscheint.

Tabelle 5-k: Akkumulations- und Entspartempi Borgeler Sparer

	Kolone	Gesinde	Klein-besitzer	andere	Gesamt-ergebnis
Akkumulation/Sparen					
Anzahl der Fälle (N)	96	212	79	173	**560**
Akkumulationszeit in Jahren (Mittelwert)	5,44	5,27	4,57	6,68	**5,63**
Akkumulationstempo Taler/Jahr (Mittelwert)	133,93	30,05	39,60	41,84	**52,85**
Entsparen					
Anzahl der Fälle (N)	70	153	68	132	**423**
Entsparzeit in Jahren (Mittelwert)	1,79	1,67	1,59	2,30	**1,87**
Entspartempo Taler/Jahr (Mittelwert)	348,85	61,90	67,36	85,15	**117,52**

Tabelle 5-l: Aufteilung der Kontolaufzeiten in Akkumulations- und Entsparphase

	Kolone	Gesinde	Klein-besitzer	andere	Gesamt-ergebnis
Akkumulationszeit > Entsparzeit	44	93	36	89	**262**
Entsparzeit = Akkumulationszeit	16	44	18	20	**98**
Entsparzeit > Akkumulationszeit	10	15	14	19	**58**

Tabelle 5-m: Transaktionsfrequenzen in Borgeln

	Transaktionsfrequenz Mittelwert (Standardabweichung)				
	Kolone	**Gesinde**	**Klein-besitzer**	**andere**	**alle Konten**
Einzahlungen/Jahr	1,39 (1,80)	1,55 (6,33)	1,75 (2,72)	0,93 (1,92)	**1,37 (4,23)**
Abhebungen/Jahr	0,88 (1,26)	1,30 (6,46)	1,67 (3,14)	0,71 (1,94)	**1,11 (4,32)**

Quelle für alle Tabellen: Sparkassenjournale; Datenbank KONTEN.

Da WYSOCKI, Untersuchungen, über die Berechnungsweise seiner Durchschnitte keine Angabe macht, wurde angenommen, dass er den Mittelwert aus den separat errechneten Frequenzen bildete. Alternativ denkbar ist, die Anzahl aller Transaktionen durch die Summe aller Laufzeiten zu teilen. Dies ergäbe 0,64 Einzahlungen/Jahr und 0,34 Abhebungen/Jahr. Bei Kontoschließung nach dem Untersuchungszeitraum wurde der 31. Dezember 1867 als Ende der Laufzeit bestimmt.

Die Sparbeträge der anderen Gruppen sind jedoch nicht zu unterschätzen. Wenn bei den Konten der Knechte und Mägde pro Jahr Sparsummen von 30 Talern feststellbar sind, heißt dies nicht nur, dass ihr Lohn in hohem Maße monetär ausgezahlt wurde, sondern auch, dass diese vermutlich mehr als die Hälfte ihres Lohns sparten.[561]

Bei mittleren Entsparzeiten von unter zwei Jahren kann von strategischen und langfristigen Entsparstrategien nur in Ausnahmefällen die Rede sein, wobei die Phasenverteilung immerhin doch für 10 bis 15% der Konten eine längere Entsparzeit ausweist (Tabelle 5-l). Da viele gerade lang bestehende Konten aufgrund der oberen Zensurgrenze des 31. Dezembers 1867 aus der Analyse ausgeschlossen wurden, sollte das Ergebnis nicht überbewertet werden. Immerhin lässt sich aber vermuten, dass hier in Einzelfällen ein Entsparverhalten, das von dem gängigen Muster des schnellen Liquidierens von Vermögen deutlich abwich, vorlag.

5.5.4 Ein- und Auszahlungsfrequenz

Sinnvoll ist es auch, Ein- und Auszahlungsfrequenzen zu errechnen. Aus dem Verhältnis von Einzahlungen und Auszahlungen gegenüber der Zeit können Hinweise dazu erwartet werden, wie die Einlagen entstanden und wie mit ihnen verfahren wurde. Bedeutung erlangen die Frequenzen dadurch, dass sie für die Regelmäßigkeit des Sparens bzw. Entsparens stehen. So wird, wenn auch eher präsumtiv, ein regelmäßiger Gang zur Bank (in seiner Vollendung: Dauerauftrag) als ein hoch entwickeltes Sparverhalten angesehen. Unabhängig von Spar*bemühungen* konnten aber auch zyklische Einahmeschwankungen, insbesondere bei Landwirten oder beim Gesinde, die Häufigkeit der Bewegungen beeinflussen. Andererseits kann auch eine hohe Auszahlungsfrequenz als ein Indikator für eine entwickelte Entsparstrategie gewertet werden, oder aber als starke Nutzung im Sinne eines Liquiditätsdepots.

Die Gleichung für Einzahlungen lautet schlicht

$$Einzahlungsfrequenz = \frac{Anzahl\ der\ Einzahlungen}{t}$$

t ist hier die Kontolaufzeit. Für Auszahlungen gilt sie entsprechend.

Ein- und Auszahlungsfrequenz begegnen in ähnlicher Form bereits bei Josef Wysocki auf Jahres-Basis, die für das 19. Jahrhundert sicher eher adäquat ist als die von Schreiner vorgeschlagene Monatsbasis. Wysocki hat grundsätzlich festgestellt, dass im 19. Jahrhundert im Jahresmittel auf eine Auszahlung etwa 1,7 Einzahlungen

561 Vgl. Grabein, Entstehung, S. 30, der 1913 berichtet, „dass die Ersparnisse der Dienstboten … in zahlreichen Fällen 40-50% des Lohnes und mehr ausmachen“.

kamen. Er wertete dies schon als Hinweis auf zumindest mittelfristige Sparplanung. Landwirte hatten dabei kein einheitliches Muster erkennen lassen. Im rheinischen Gladbach ging der ländliche Sparer pro Jahr 2,2-mal zur Sparkasse, 1,3-mal um einzuzahlen und 0,9-mal um abzuheben. Im Gegensatz dazu steht das oberhessische Kirchhain, wo die Sparer im Schnitt pro Jahr 1,8 Einzahlungen tätigten, doch nur einmal in fünf Jahren Geld abhoben. Letztere Zahlen sprechen für sehr weite Sparhorizonte.[562] Die Borgeler Vergleichszahlen sind hier deutlich geringer. Pro Jahr erfolgten hier nur 1,37 Einzahlungen und 1,11 Auszahlungen. Kolone zahlten seltener ein als Knechte, Mägde und Kleinbesitzer. Von der Höhe der Einzahlungen, also der Höhe des zuhause deponierten Geldes, war die Frequenz offensichtlich nicht abhängig. Vermutlich mangelte es Gesinde im Gegensatz zu Kolonen an sicheren Verwahrmöglichkeiten. Kolone hoben auch seltener ab, was zeigt, dass sie das Sparkonto eher als Akkumulationsinstrument benutzten, denn als kurzfristiges Depot. Gesinde und vor allem Kleinbesitzer tätigten beide Aktionen häufiger; dies spricht einerseits dafür, dass sie diese Depotfunktion dringender benötigten. Andererseits hielten sie sich vielleicht schlicht häufiger in der Stadt auf (Tabelle 5-m). Die Transaktionsfrequenzen liegen also etwas unter dem von Wysocki angegebenen Niveau. Niedrige Transaktionsfrequenzen von ländlichen Sparern liegen freilich in der Natur der Landwirtschaft, deren Rhythmen sich z. T. in der Saisonalität der Sparaktionen widerspiegeln (Kapitel 5.4.3). Erst Vergleiche mit Stadtgesellschaften werden hier weitergehende Schlüsse ermöglichen. Zu klären wäre dabei, ob die Transaktionsfrequenzen in der Stadt höher und damit von der Entfernung der Sparkasse abhängig waren.

---

562 Wysocki, Untersuchungen, S. 84-85, 109. Bedauerlicherweise hat Wysocki seinen Datensatz und auch die Berechnungsmethode nicht genauer erläutert.

5.6 Zwischenresümee

Borgeler Einwohner gewannen stetig mehr Teilhabe an dem institutionellen Sparen, sie spiegeln damit die Entwicklung des Sparinstituts und die wachsende Institutionalisierung insgesamt wider. Immer mehr Akteure nutzten das Instrument des Sparbuchs. Die Borgeler Einwohnerschaft steht hier nur pars pro toto für alle Bevölkerungsteile in Stadt und Land. Es gab einen Prozess der Diffusion des Instrumentes, der wachsenden Überzeugung von seinen Vorteilen in Stadt und Land, wenngleich auf dem Land etwas stärker, was sich in einem wachsenden Anteil ländlicher Sparer ausdrückte. Dieser Diffusionsprozess lässt sich am ehesten als wachsendes, bewusst betriebenes Sparen verstehen und ist weniger ein Merkmal exogen induzierten Wohlstandes. Dennoch bestand auch am Ende der Periode noch eine große Diskrepanz zwischen Einwohnern mit und ohne Konto. Insgesamt, über den ganzen Zeitraum gerechnet, besaßen etwas über 100 verschiedene Hofbesitzer ein Konto, in Borgeln und den anderen Orten aber erfolgten gleichzeitig über 250 Übertragungen. Sehr viele Kolone besaßen folglich nie ein Konto. Ob der Sparer einen Betrieb führte, und wie groß dieser war, spielte zumindest bei der Verbreitung auch eine erstaunlich geringe Rolle, abgesehen freilich von der weitgehenden Absenz von Ehefrauen. Hier zeigen sich die eigentlichen Unterschiede bezüglich des Sparens, und vielleicht auch des Wirtschaftens. Einerseits tritt in diesen Befunden das ökonomische Talent des Individuums hervor, andererseits wird die Untersuchung für weitere Einflüsse, etwa den Lebenszyklus, geöffnet. In den akkumulierten Guthaben allerdings unterschieden sich Kolone und andere Schichten sehr beträchtlich. Bestätigt findet sich eine sehr ungleiche Verteilung von Kapitalbildung, vornehmlich beruhend auf der Betriebsgröße.

Das Sparverhalten schließlich ist gekennzeichnet von meist mehrjährigen Akkumulationsphasen und einem meist schnellen Aufzehren, oftmals mit einer einmaligen Auszahlung. Daraus folgt, dass zumindest bei der kapitalstärksten Schicht, den Kolonen, Sparen meist als Zielsparen verstanden wurde und Guthaben eingesetzt wurden, um Investitionen zu tätigen.

Nachdem nun Kreditmarkt und das Sparkassensparen untersucht wurden, lässt sich ein Urteil über die Funktion und Position der Sparkasse auf dem Finanzmarkt insgesamt fällen. Ging von dem Institut ein Transformationsimpuls aus?

In den ersten Jahrzehnten der Sparkassen hielt sich ihre Wirkung in Grenzen, trotz der teilweise beeindruckenden Expansionsverläufe. Hans-Jürgen Teuteberg stellte hierzu fest: Der „Modernisierungsprozeß des ländlichen Geld-, Kapital- und Kreditwesens darf freilich nicht darüber hinwegtäuschen, daß auch noch um 1900 etwa zwei Drittel aller dieser Geldgeschäfte in Westfalen weiterhin wie früher privat getätigt wurden."[563] Auf den bestehenden lokalen Kreditmärkten war die Sparkasse auch am Ende des Untersuchungszeitraums ein Spieler unter vielen. Ob ihre Einführung für die Kreditversorgung von Bedeutung war, hing vermutlich am stärksten von der Nähe des Ortes zu einer Stadt und von der wirtschaftlichen Lage auf dem Land ab. Das abgeschiedene und abgehängte Oberkirchen hatte offensichtlich nur auf Sparkassenkredite gewartet, dies aber umso länger. In der Soester Börde hingegen, allenfalls 50 Kilometer Luftlinie entfernt, konkurrierten die Bürger von Soest um die besten Investitionsmöglichkeiten auf dem Land. Die Sparkasse hatte hier einen schweren Stand und Probleme, ihre Gelder unterzubringen. Auch diese Diskrepanz zeigt, wie wenig integriert nach 1850 die lokalen Kreditmärkte noch waren. Am Beispiel der Kreditbeziehungen zwischen Soest und Borgeln wird zudem deutlich, dass auch gegen Ende des Untersuchungszeitraums allenfalls vom Beginn einer Transformation hin zum institutionellen Kredit gesprochen werden kann. Der private Kredit blieb dominant.

Dennoch ist die Wirkung der Sparkassen nicht zu unterschätzen. Ihre Sparbücher stellten eine Neuerung dar, die aktiv in Stadt wie Land genutzt wurde. In Borgeln hatte gegen Ende der Untersuchungsperiode jeder zweite Kolon ein Sparkonto. Wirklich durchgesetzt hatte sich das Sparen bis 1866 aber nicht. Man wird wohl auch nicht davon ausgehen können, dass hinter jedem Konto eine Strategie gestanden hat. Zumindest im Bördeort Borgeln ermöglichte die Agrarkonjunktur hohe Einkommen bei Landwirten und Beschäftigten. Hier bot ein Konto nun Unter- wie Oberschichten die Möglichkeit, über die Verwendung von Vermögen strategisch zu entscheiden. Bauern wurden so motiviert, ihren Betrieb wirtschaftlich zu optimieren und verstärkt über Investitionen mit dem Ziel agrarischer Modernisierung nachzudenken. Möglicherweise behielt das Horten kleinerer Geldbeträge zuhause seine Bedeutung für die Sicherstellung der Liquidität.

Was die lokalen Geldflüsse betrifft, so befreite die Sparkasse mit ihrer Guthabenverzinsung potenzielle Gläubiger des vorinstitutionellen Systems (wohlhabende Bauern, wohltätige Institutionen) aus den Zwängen des lokalen, innerdörflichen Finanzmarktes. Die vollkommene Abwesenheit von lokalen Gläubigern in Borgeln lässt dies vermuten. Noch ein zweites Motiv für die Anlage bei der Sparkasse muss genannt werden: Die bewusste Herauslösung der Vermögenswirtschaft aus sozialen Kontexten. In einer Umfrage des Jahres 1911, in der ländliche Spar- und Darlehnskassen des ganzen Deutschen Reichs nach den Motiven ihrer Sparer befragt wurden, gaben viele an, die Sparer hätten den Wunsch, ihr Vermögen der Kenntnis der Dorfgenossen, allerdings auch der Steuerbehörde, zu entziehen.[564] Sparer legten keinen Wert mehr auf die Konvertierbarkeit ihres ökonomischen Kapitals in soziales Kapital. Es war vielmehr der Fall, was Muldrew als Ablösung der „konfliktbeladene[n] Kreditkultur"

563 Teuteberg, Forschungen, S. 30.

564 Grabein, Entstehung, S. 7-8.

beschrieb und was seiner Ansicht nach nicht unbedingt zu den Schattenseiten der Entwicklung zählte.[565] Dass Vertrauensbeziehungen tatsächlich pauschal durch rein utilitaristische Beziehungen zu Finanzunternehmen ersetzt wurden, hat sich bereits bei der Analyse der Kredite als fraglich herausgestellt. Guinnanes Forschungen zu Kreditgenossenschaften sprechen eigentlich für eine Fortdauer der Verknüpfung der Beziehungen in neuem institutionellem Umfeld, bezogen allerdings vor allem auf die Kreditvergabe der dörflichen Institute.[566] Was die Einlagen bei der Sparkasse Soest angeht, dürfte die Befreiung „aus den verworrenen Banden wirtschaftlicher Obligationen"[567] und die Reduktion des Potenzials für soziale Konflikte durchaus die Borgeler Sparer angetrieben haben.

Es gab aber auch Gründe, sein Geld nach wie vor zu verleihen: die nominell höhere Rendite und die soziale Funktion des Kredits, wie sich in Löhne zeigte. Auch bei den Anlagemöglichkeiten fand insgesamt keine Verdrängung statt; die Sparkasse wuchs nicht zuungunsten lokaler Kreditnehmer. Eher gewann sie neue Anleger hinzu und erweiterte das Kreditangebot noch, indem sie das Kapital wieder verlieh. Die Wirkung der Sparkassen auf ländliche Kapitalflüsse ist also gerade nicht separat im Einlagen- oder Kreditgeschäft zu suchen, sondern in der engen Verzahnung. Als Finanzintermediäre bereicherten Sparkassen die lokalen Märkte, indem sie Angebot und Nachfrage zueinander führten, welche ohne diese Vermittlung wohl unausgeschöpft bzw. unbefriedigt geblieben wären.

Die Bedeutung der Sparkassen für den ländlichen Raum bestand also erstens in der Bereitstellung eines Vermögensbildungsinstruments, des Sparbuchs. Dieses war geeignet, die im 19. Jahrhundert an Bedeutung gewinnenden Investitionsentscheidungen vorzubereiten und durchzuführen. Zweitens stimulierte das Sparbuch die strategische Planung von Betriebseignern. Drittens erschlossen Sparkassen neues Kapital für den Agrarkredit. Vor allem Letzteres führte schließlich dazu, dass Vermögensflüsse formalisierter und anonymer wurden und das lokale Umfeld bei Kreditbeziehungen an Bedeutung verlor.

---

565 Muldrew, Anthropologie, S. 198-199.

566 Guinanne, Cooperatives.

567 Muldrew, Anthropologie, S. 199.

Kapitel 6: Die Ablösungen

> „Ist Herbeischaffung der Ablösesummen, um den Berechtigten zu befriedigen jetzt Gegenstand des eifrigsten Bemühens des hiesigen Landmanns. Um hierin nicht gestört zu werden, wünscht er vor allem Frieden nach Außen, gute Ernten und hohe Getreidepreise."[568]

> „Die Kassen waren infolge der vielen Ablösungen überfüllt und auf dem Geldmarkte trat ein Tiefstand ein; das alles kam der Landwirtschaft zugute."[569]

Eine Geschichte der „Bauernbefreiung" ist geschrieben worden als eine politische Geschichte, die den Gesetzgebungsprozess und die Positionen der politischen Akteure ins Zentrum stellte und als Rechts- und Verwaltungsgeschichte, indem die legislativen Vorgaben und die Umsetzung durch die Verwaltungsbehörden untersucht und bewertet wurden.[570] Bedeutung erlangte auch ein sozialgeschichtlicher Ansatz, der die Entwicklung sozialer Ungleichheit infolge der Agrarreformen thematisierte.[571] Auch als Wirtschaftsgeschichte des besitzenden Adels und seiner Verwendung der Entschädigungsgelder sind die Ablösungen thematisiert worden.[572] Eine individualisierende Sicht auf die Bauern und ihre betriebswirtschaftlichen Entscheidungen ist bislang zu kurz gekommen. Studien, die den Einfluss der Grundlastenablösungen auf die bäuerliche Vermögenswirtschaft beleuchten, vermögen nicht, eine Mikroebene der Betrachtung einzunehmen, auf der eine Beurteilung einzelner betrieblicher Entscheidungen möglich ist.[573] Betrachtungen mit vertiefendem Blick für Einzelentscheidungen sind hingegen stark lokalgeschichtlich zentriert und vernachlässigen allgemeine Schlüsse.[574]

---

568 Bürgermeister Pilger von Weslarn (Kreis Soest), 1851 (LA NRW W, Kreis Soest, Landratsamt, Nr. 17, fol. 268-275).

569 Bimberg, Lebensweise, S. 9.

570 Überblick über die ältere Forschung bei Dipper, Bauernbefreiung in Deutschland 1790-1850, S. 9-33. Rechtsgeschichtlich, auf Kernpreußen konzentriert: Norbert HABERMANN: Die preußische Gesetzgebung zur Herstellung eines frei verfügbaren Grundeigentums, in: Coing / Wilhelm (Hg.), Wissenschaft, S. 3-43. Ein jüngeres Beispiel ist Anne STRUNZ-HAPPE: Wandel der Agrarverfassung. Die „Bauernbefreiung" im ehemaligen Hochstift Paderborn im 19. Jahrhundert, Paderborn 2003.

571 Knapp, Bauern-Befreiung; Harnisch, Agrarreform. Zur Einordnung Dipper, Bauernbefreiung in Deutschland 1790-1850, S. 135-136.

572 Winkel, Ablösungskapitalien.

573 Vgl. als diesem Ideal am nahesten kommend Harnisch, Agrarreform, und Sakai, Bauer.

574 Wolf LAMMERS: Gutsherrschaft und Bauernbefreiung in Angelmodde, Münster 1999.

Anhand solcher Forschungen aber wird klar, dass es durchaus die Quellen zu einer Rekonstruktion der Ablösungen auf dem Betrachtungsniveau einzelner Betriebe gibt, nämlich die einzelnen „Ablösungsrezesse", diese nur noch nicht mit einem adäquaten Forschungsdesign erschlossen und ausgewertet wurden.[575]

6.1 Datengrundlage und -aufbereitung

Für jeden abgabenpflichtigen Betrieb liegen bei optimaler Quellenlage in der Regel mehrere solcher Rezesse vor, da nicht alle Abgaben und Dienste zum gleichen Zeitpunkt im gleichen Verfahren abgelöst wurden. Zum Teil ließ auch die Gesetzeslage nicht zu, alle Abgaben gleichzeitig abzulösen. Auf diese Weise aber liegen in den Archiven pro Ort bisweilen mehrere Hundert solcher Verträge vor, und zwar erfahrungsgemäß oftmals in Parallelüberlieferungen in den Grundakten, in den Akten der ehemaligen Grundherrn, in den Akten der Verwaltungsbehörden und in etwaigen Hofarchiven.[576] In der ersten Hälfte des 19. Jahrhunderts ähneln die Rezesse im formalen Aufbau stark gewöhnlichen Verträgen wie Kauf- oder Kreditverträgen. Seit den 1840er-Jahren aber wurden Formulare immer häufiger, bei denen ein Rezesstext vorgedruckt war und individuelle Details nur noch in Auslassungen eingefügt werden mussten. Alle rechnerischen Ausführungen erfolgten bei diesen Formularen standardisiert in Tabellenform.

Der Quellengehalt der Rezesse ist für die Untersuchung der Ablösungen nicht zu ersetzen,[577] da zwar die Grundbücher, mit denen die Rezesse im Übrigen oftmals nur kompliziert in Einklang zu bringen sind, ebenfalls alle Feudallasten aufführen, die Löschungsdaten aber mit der oben genannten Skepsis zu betrachten sind. Und nur wenn der Pflichtige staatliche Rentenbankkredite für eine Finanzierung aufnahm, findet sich ein Eintrag diese Finanzierungslast als neue Grundlast in den Grundbüchern. Die Komplexität vieler Vorgänge, die Berechnungsweisen der Ablösepreise, die vielfach vorgekommenen Konflikte um die Rechtmäßigkeit bestimmter Abgaben, die Ausnahmen von Regelabläufen; all dies geht aus dem Grundbuch allein nicht hervor. Zudem bietet das Grundbuch keinerlei Zugang zu den Optionen und Entscheidungen der Berechtigten, was hingegen aus den Rezessen selbst sehr gut hervorgeht.

Für nahezu 100 Prozent der in den Grundbüchern eingetragenen und in der Kernzeit 1830 bis 1866 gelöschten Feudallasten liegen entsprechende Ablöserezesse vor.

[575] Siehe jedoch Kulhawy, Bauernbefreiung, und Bracht, Reform.

[576] Grundakten Borgeln, Löhne und Westfeld; LA NRW W, Domänenrentamt Soest, Hofakten Borgeln; Archiv Fürstenberg-Herdringen, Nr. 10520; Stadtarchiv Löhne, Haus Beck, L 120-151.

[577] Gross, Agrarreform, S. 14, spricht von 16.000 Stück der Generalkommission im Königreich Sachsen. Sie seien „wichtige Quellen für ortsgeschichtliche Forschungen. Für eine allgemeine Untersuchung der bürgerlichen Agrarreformen … jedoch ungeeignet".

Dabei wurde definitorisch getrennt zwischen *Rezessen* und *Ablösebeziehungen*. Ein Rezess ist im Grunde der Vertrag als Dokument, der aber bei gleichem Inhalt durchaus in mehrfacher Ausfertigung existieren kann. Weder ist der Rezess an einen einzigen Berechtigten noch an einen Pflichtigen gebunden, sondern kann auf beiden Seiten mehrere Akteure beinhalten. Ebenso kann in einem Rezess über mehrere im Grundbuch stehende Lasten verfügt werden. Aus diesem Grund spreche ich von *Ablösebeziehungen* (bezeichnet als AblöseID), d. h. von Ablösungen aller oder eines Teils der Feudallasten zwischen ***einem Pflichtigen*** und ***einem Berechtigten*** zu ***einem bestimmten Zeitpunkt***. Beide können zu einem weiteren Zeitpunkt abermals einen Teil der Feudallasten abgelöst haben, dann ist dies datenbanktechnisch eine zweite Ablösebeziehung.

6.2 Zentrale Elemente und Begriffe der Grundlastenablösungen

Zum Verständnis der Grundlastenablösungen ist ein Vokabular an Quellenbegriffen nötig. Die betrifft nicht allein die Benennung der Akteure als *Pflichtige* (meist Bauern) und *Berechtigte* (die Empfänger, meist sogenannte „Gutsherrn", oder der Staat), sondern ebenso (1) die *Provokation* als Beantragung eines Verfahrens durch einen Akteur, (2) die *Verwandlung* als Verfahrensinhalt mit der *fixierten Rente* als Resultat auf Basis der *Ablösepreise*, (3) die *Ablösung* als Verfahrensinhalt mit der Kapitalisierung der *fixierten Rente* als *Abfindung* an die Berechtigten.

Zu 1: Die Grundlastenablösungen sind als ein Prozess zu betrachten, der Bauern wie Herrschaftsträgern Möglichkeiten der Verwirklichung ihrer Interessen bot. Ein Gutteil der Paragraphen der Ablösegesetze beschäftigt sich damit, wie unter beiden Parteien ein Ablösekontrakt verhandelt werden konnte, der beiden möglichst große Freiheiten einräumte und gleichzeitig den pflichtigen Bauern nicht in eine die Existenz bedrohende Situation brachte.

Prinzipiell sollte nach Idee der Gesetzgeber eine Ablösung möglichst frei zwischen Bauern und Grundherren verhandelt werden. So lautete ein Grundsatz 1829:

> „Nur wenn eine freie Vereinigung … nicht zu Stande gekommen ist, findet die Regulirung … nach Vorschrift des gegenwärtigen Gesetzes statt; es soll jedoch keine Provokation darauf anders angenommen werden, als indem der Provokant zugleich anzeigt, … daß eine freie Vereinigung versucht und bestimmte Vorschläge dazu schriftlich gemacht, solche aber entweder überhaupt nicht, oder bei einzelnen Punkten nicht angenommen worden."[578]

[578] Gesetz-Sammlung 1829, S. 65-92, hier S. 69.

Die Ablöseordnung von 1840, u. a. gültig für Oberkirchen, legte fest:

> „Bei der freien Vereinigung beider Theile, welche jeder andern Auseinandersetzungsweise vorgeht, bleibt den Betheiligten die Wahl der Bedingungen und Mittel der Ablösung, welcher Art solche auch seyn mochten, völlig unbeschränkt. Sie sind dabei an die Bestimmungen der gegenwärtigen Ablösungs-Ordnung nicht gebunden, und es hängt bloß von ihnen ab, wie weit sie dieselbe befolgen oder als Leitfaden benutzen wollen."[579]

Solch freie Vereinigungen hat es aber nur sehr selten gegeben, meist lehnten sich die Verfahren an die in den Gesetzen vorgeschlagenen Bedingungen an, weshalb diese der detaillierten Schilderung bedürfen.

Für all die Fälle, in denen es zu keiner „freien Vereinigung" kam, kommt der *Provokation* oder Beantragung größte Bedeutung zu. Von Andreas Kulhawy liegen Ergebnisse vor, die zeigen, dass die braunschweigischen Bauern eher in einer passiven Rolle verharrten und die Ablösungen zumeist von den Grundherren bzw. vom Staat als Grundherrn angestoßen wurden.[580] Ohne der Darstellung des Provokationsrechts in den folgenden Abschnitten vorzugreifen, stellte doch die Provokation den wesentlichen Ausdruck einer Partei dar, mit der Ablösung eigene Interessen zu verwirklichen und sich ökonomisch oder finanziell zu verbessern. Der Bedeutung der Provokation für die historische Analyse steht aber gegenüber, dass sie in den Quellen, von wenigen Ausnahmen abgesehen, unsichtbar ist. Selbst in den individuellen Ablöseverträgen – den Rezessen – wird nicht benannt, wer den Vorgang initiierte. So ist man in der Analyse weitgehend darauf angewiesen, aus der Gesetzeslage Rückschlüsse auf konkrete Handlungen von Berechtigten und Pflichtigen zu ziehen.

Zu 2: Die Verwandlung ist als Vorstufe zur Ablösung zu sehen.[581] *Verwandlung* hieß Umrechung einer Naturalabgabe in einen Geldbetrag, der von da an als *fixierte Rente* bezeichnet wurde und ebenso regelmäßig dem Grundherrn zu zahlen war.

Der Modus der Berechnung der *fixierten Renten* wurde erstmals im Gesetz von 1820 festgelegt und in der Ablöseordnung von 1829 bzw. 1840 modifiziert. Die genauen Gesetzesinhalte werden in den folgenden Abschnitten behandelt. An dieser Stelle wichtig sind jedoch das Verfahren der Wertermittlung und der Charakter der Ablösetarife. Die preußische Verwaltung hatte, um die am Beginn des 19. Jahrhunderts in Westfalen noch überwiegenden Naturalrenten zu monetisieren, einen enormen Auf-

---

579 Gesetz-Sammlung 1840, S. 156-186, hier S. 159.

580 Kulhawy, Bauernbefreiung, S. 135.

581 Entgegen der Formulierung in der Ablöseordnung 1829, Gesetz-Sammlung 1829, S. 65-92, hier S. 69, §19 („Die A b l ö s u n g geschieht entweder durch A b f i n d u n g , d. h. durch … vollständige Entschädigung, oder durch V e r w a n d l u n g der abzulösenden Last in eine fortdauernde Last anderer Art" [Sperrung original]), wurde die Verwandlung in der Praxis der hier untersuchten Fälle nie bereits als Ablösung bezeichnet und gehandhabt.

wand zu erbringen.[582] Für möglichst alle in jedem individuellen Abgabenverhältnis zu erbringenden Früchte, Getreide und Dienste mussten in lokalem Rahmen und unter Beteiligung der verschiedenen Parteien Standardwerte – die „Normalpreise" – festgeschrieben werden. Der Wert einer Naturalabgabe bemaß sich am Marktwert. Um zu verhindern, dass man aufgrund von Preisschwankungen einen zu hohen oder zu niedrigen Preis veranschlagte, wurde ein Durchschnitt aus den Martini-Marktpreisen zurückliegender Jahre genommen.[583] 1820 bis 1829 wurde der Normalpreis als Durchschnitt der vorangegangenen 14 Jahre, mit Ausschluss der zwei teuersten und der zwei billigsten Jahre errechnet. Diese Berechnungsweise dürfte Erfahrungen mit den zurückliegenden Krisenjahren 1816 und 1817 widerspiegeln, als die Marktpreise extrem hoch waren. Ebenso wurde errechnet, wie viel Roggen man für die durchschnittlichen Erlöse der Naturalabgabe hätte kaufen können, und hatte so einen zweiten Referenzwert. Dieser wurde dazu benutzt, um einen Teil der Abgabe auch weiterhin an die Marktentwicklung zu binden. So sollte vom zweiten Jahr an die Rente aus neun Zehnteln der ermittelten Geldsumme bestehen, und das letzte Zehntel aus dem aktuellen Marktwert eines Zehntels der errechneten durchschnittlichen Roggenmenge.

Die Ablöseordnung 1829 (für das Gebiet des ehemaligen Herzogtums Westfalen: 1840) änderte nichts an der Berechnung der Ablösepreise. Was bei den einzelnen Verwandlungsvorgängen dann als Preis angelegt wurde, war aber das Mittel des Ablösepreises zum Zeitpunkt des jeweiligen Gesetzes (1829 bzw. 1840) und des Ablösepreises zum Zeitpunkt der Provokation.[584] Seit dem Ablösegesetz 1850 schließlich wurden als Berechnungsgrundlage der Ablösepreise die Martini-Marktpreise der 24 Jahre vor der Provokation, wiederum mit Ausnahme der zwei teuersten und zwei billigsten Preise, herangezogen und daraus das Mittel berechnet.[585]

Für praktisch jeden Kreis, teilweise sogar für Gemeinden, wurde darüber hinaus die Marktentfernung als Abzug in die Normalpreise einberechnet. Dabei stellte sich heraus, dass größere Getreidemärkte, auf denen tatsächliche Preisbildung unter Konkurrenz stattfand, eher im Westen der Provinz Westfalen denn im Osten zu finden waren. Für die Borgeler Ablösepreise war von 1829 bis 1850 der Mendener Martini-

---

582 Es soll nicht der Eindruck erweckt werden, die Umwandlung von Natural- in Geldrenten sei grundsätzlich im Zusammenhang mit Ablösungen zu sehen. Die Agrargeschichte kennt viele Beispiele von Monetisierung seit dem Spätmittelalter. Immer kam es dabei für die Pflichtigen zu einer Verschiebung der Balance zwischen Eigenversorgung und Marktorientierung. Leonhard BAUER und Herbert MATIS: Geburt der Neuzeit. Vom Feudalsystem zur Marktgesellschaft, 2. Aufl., München 1989, S. 126-139.

583 Der „Martini-Preis" war ein Durchschnitt der 15 Tage vom 4. bis 18. November, in deren Mitte Martini (11. November) liegt. Amtsblatt Arnsberg 1847, S. 206.

584 Gesetz-Sammlung 1829, S. 65-92, hier S 74, und Gesetz-Sammlung 1840, S. 156-186, hier S. 166. Mooser, Klassengesellschaft, S. 112, geht jedoch von einem Bezug auf das Gesetz 1825 und damit auf Bezugnahme auf die Preise 1811-1825 aus.

585 Gesetz-Sammlung 1850, S. 77-111, III. §§19-27, V. §33.

preis maßgeblich, von dem aufgrund der Marktentfernung 7,5% abgezogen wurden.[586] Ab 1850 galt für die Borgeler der Soester Marktpreis ohne Abzug für Marktentfernung.[587]

Für die ostwestfälischen Kreise war von 1829 bis 1850 der wichtige, allerdings an der Ruhr liegende Marktort Herdecke ausschlaggebend. Die Kreise Minden, Lübbecke, Herford, Bielefeld, Halle und Wiedenbrück hatten keinen Ort, „wo ein bedeutender und regelmäßiger Absatz des Getreides mittelst Feilstellung auf offenem Markte" stattfände.[588] Um als Preise für den Kreis Herford gelten zu können, wurden vom Herdecker Preis zwischen 3 und 11% abgezogen.[589] Auch hier galt ab 1850 ein näherer Marktort, nämlich Paderborn, gegenüber dessen Ablösepreisen die Herforder je nach Sorte mit Ab- oder Zuschlägen versehen wurden.[590] Für Oberkirchen im Kreis Meschede schließlich galten während der ganzen Ablöseperiode Herdecker Preise, von denen zwischen 10 und 45% abgezogen wurden.[591] Veröffentlicht wurden die Ablösepreise schließlich ab 1829 bzw. 1840 in den Amtsblättern der Regierungsbezirke, traten meist zum 19. November eines Jahres in Kraft und wurden am 18. November des Folgejahres erneuert.

Während tatsächlich auf den Getreidemärkten ein Prozess der Integration stattfand und sich die Preise innerhalb der Region anglichen und Preisschwankungen abnahmen,[592] ist die Berechnungsgrundlage der Ablösepreise in diesem Zusammenhang zunächst nicht ganz klar. Der große Stellenwert der Preise des Marktes in Herdecke, selbst für Ostwestfalen, deutet auf einen integrierten Markt hin. Die Berücksichtigung kleinerer Marktorte wie Paderborn und Soest ab 1850 sieht zunächst wie eine Desintegration aus. Tatsächlich aber spricht dies dafür, dass diese Marktorte 1850 für die Vorlaufperiode von 24 Jahren für genügend aussagekräftig und preisbildend, aber

---

586 Amtsblatt Arnsberg 1835, S. 160.

587 Amtsblatt Arnsberg 1865, Extrablatt zum 43. Stück, S. 1. Allerdings hatte Soest bereits zuvor einen Markt, denn Soester Preise sind überliefert und in Zeitungsberichten der Verwaltung an den Landrat wurden diese beständig berichtet. Erst mit der 1850 vollzogenen Anbindung an die Eisenbahn Richtung Hamm scheint der Soester Markt so stark gewesen zu sein, dass er den Ansprüchen der Ablöseberechnung entsprach.

588 Amtsblatt Minden 1835, Beilage zum 21. Stück, S. 2. Hervorhebung original.

589 Ebd. Herforder Ablösepreise an Getreide gegenüber Herdecker Preisen: Weizen -3%, Roggen -10%, Gerste -8%, Hafer -11%.

590 Amtsblatt Minden 1851, S. 36. Herforder Ablösepreise an Getreide gegenüber Paderborner Preisen: Weizen +/-0%, Roggen -8%, Gerste +9%, Hafer +2%.

591 Ablösepreise des Kreises Meschede gegenüber Herdecke: 1840-1850: Weizen -10%, Roggen -21%, Gerste -26,5%, Hafer -45% (Amtsblatt Arnsberg 1842, Extrablatt zum 9. Stück, S. 2), ab 1850: Weizen -13,5%, Roggen -13,5%, Gerste -14,1%, Hafer -21,5% (Amtsblatt Arnsberg, Extrablatt zum 43. Stück, S. 22).

592 Kopsidis, Marktintegration, S. 260-375; ders.: The creation of a Westphalian rye market 1820–1870. Leading and following regions, a co-integration analysis, in: JWG 2002/2, S. 85-113.

auch schwankungsresistent gewertet wurden. Dass die Marktdistanzen durch Verkehrsverbesserungen sanken, lässt etwa die Berechnung der Oberkirchener Ablösepreise nachvollziehen, deren Abschlag gegenüber den Herdecker Preisen bei Gerste, Roggen und Hafer, allerdings nicht bei Weizen, 1865 deutlich niedriger lag als noch 1840. Insgesamt aber waren die Ablösepreise als ein Mittel aus 10 bzw. 20 Einzelpreisen keinen Schwankungen und nur einem langfristigen Trend unterworfen, der in Westfalen weitgehend einheitlich verlief. So korrelieren Ablösepreise von Borgeln und Löhne der einzelnen Getreidearten etwa mit Werten von um 0,95. Zu einer Annäherung der Ablösepreise kam es jedoch nicht, da Impulse der Marktintegration auf die Marktpreise sich nur mit einer Verzögerung von vielen Jahren auf die Ablösepreise auswirken konnten.

Eine *Verwandlung* brachte Veränderungen mit sich, die sich je nach Marktentwicklung und Organisation der Wirtschaft positiv oder negativ für beide Seiten auswirken konnten. Es sind zwei Aspekte, in denen der Kolon von einer Verwandlung profitieren konnte. Zum Ersten verschaffte die Monetisierung von Naturalabgaben eine flexiblere Position gegenüber dem Marktgeschehen. Der Bauer war nicht mehr an den Anbau spezieller Produkte gebunden, die er dem Grundherrn liefern musste. Auf der anderen Seite hatte er die Mühen und Kosten zu tragen, seine Produkte zu verkaufen und den entsprechenden Geldbetrag zu mobilisieren. „Geldknappheit“, also die mangelnde Verfügbarkeit des Tauschmittels Geld, wurde in diesem Fall wirklich problematisch. Der Grundherr wiederum konnte Geld in Empfang nehmen, ohne selbst Lagerhaltung und Verkauf organisieren zu müssen.

Zum Zweiten bot die Verwandlung die Möglichkeit, aus der Differenz von Ablösepreisen und Marktpreisen Gewinn zu ziehen. Die Ablösepreise waren, wie geschildert, sehr ausgeglichene Durchschnittspreise und schwankten im Gegensatz zu den Marktpreisen so gut wie nicht. Wenn der Bauer also seine Abgaben zu einem Zeitpunkt verwandelte, wenn die Marktpreise über den Ablösepreisen lagen oder kontinuierlich ein solches Verhältnis zu erwarten war, konnte er eine zusätzliche Rendite erzielen. Er ließ seine Abgaben zu einem günstigen Ablösepreis fixieren und verkaufte die Waren zu einem höherem Preis. Eine wesentliche Entscheidungsgrundlage war für ihn also die Einschätzung, ob er dauerhaft auf dem Markt höhere Preise als die Ablösepreise zum Zeitpunkt der Verwandlung erzielen konnte.

Abbildung 2-A zeigt für Borgeln die Entwicklung der Marktpreise und des Verhältnisses zwischen Ablösepreisen und Marktpreisen.[593] Die Ablösepreise fielen bis

[593] Bei den Ablösepreisen handelt es sich jeweils um die im Amtsblatt des Regierungsbezirks abgedruckten Preise. Bereits von Amts wegen sind ortspezifische Abschläge aufgrund der Marktentfernung einberechnet worden. Die Ablösepreise beziehen sich in der Regel auf den Zeitraum vom 19.11. des angegebenen Jahres bis zum 18.11. des Folgejahres. Bei den Marktpreisen handelt es sich um die Oktoberpreise auf den Märkten Soest und Herford. Berechnungen zeigen,

etwa 1837, um dann anzusteigen. Dies war grundsätzlich in den drei Orten gleich, allein für die Bauern in Borgeln waren beide Trends stärker ausgeprägt, hier betrug 1851 der Wert einer Weizenabgabe 130% des Werts von 1837. In Löhne hingegen hatte sich bis zu diesem Zeitpunkt das Normalpreisniveau nicht tief greifend geändert.

Dem Trend von langfristig steigenden Marktpreisen folgten die Ablösepreise aufgrund ihrer Berechnungsformel zeitversetzt nach. Jedoch gab es wiederholt Zeiten, in denen die Ablösepreise die Marktpreise überstiegen. Von 1832 bis 1838 lagen die Ablösepreise, die sich zum Teil noch aus den Hochpreisphasen um 1817/18 und 1829/30 errechneten, über den Marktpreisen. In dieser Zeit war eine Verwandlung der Naturalabgaben nur dann strategisch sinnvoll, wenn man überzeugt war, die Marktpreise würden bald danach die Ablösepreise übertreffen. Ob solch ein antizyklisches, an wirtschaftlichen Kreisläufen geschultes Denken, aber auch solch ein spekulatives Handeln anzutreffen war, darf eher bezweifelt werden. Danach, zwischen 1838 und 1848 lagen zwar die Marktpreise über den Ablösepreisen, doch waren sie starken Schwankungen unterworfen, sodass die Kolone keine eindeutig positive Erwartung entwickeln konnten.

Zu 3: *Ablösung* schließlich bedeutete vollkommene Befreiung der Abhängigkeiten durch *Abfindung* des Berechtigten,[594] die entweder vom Pflichtigen selbst oder von der Rentenbank als Intermediär gestellt wurde. Dass überhaupt nur gegen Entschädigung abgelöst wurde, war eine Basisentscheidung der preußischen Reformen, die dem Eigentumsschutz der Berechtigungen Priorität einräumten. In den westfälischen Territorien, wo die napoleonische Herrschaft den Beginn der Reformen markierte, war dies nicht anders, denn auch der Code Civil sah – im Gegensatz zur französischen Revolutionsgesetzgebung von 1792/93 zuvor – „Bauernbefreiung" nur gegen Entschädigungen vor.

In Zusammenhang mit der Ablösung stellte sich zwangsläufig die Frage, wie viel das Recht des Grundherrn auf jährlichen Empfang von Abgaben wert war. Dabei verfuhr man nach der Überlegung, dass dieses Recht gleich einer Investition eine Rendite einbrachte, nämlich die Abgaben der Bauern. Diese Rendite wurde beispielsweise auf 4% veranschlagt, und damit war ermittelt, dass der Wert eines solchen Rechtes sich auf den 25fachen Betrag der Rente in Geld belief. Das Beispiel der Ablöseordnung gibt diesen Faktor, wie er bis 1850 in Kraft war, in Paragraph 32 wieder.

Die Finanzierung der Ablösung im engeren Sinne fand in der Regel durch die Zahlung einer Geldsumme in der genannten Höhe oder die Eintragung eines Kredites

---

dass diese, noch relativ erntenahen Preise, im Verlauf eines Jahres bis zum Mai des nächsten Jahres im Durchschnitt um 10% stiegen, in Einzelfällen aber auch um 50% und 100%.

594 Einen Parallelbegriff zu Ablösung stellte der Begriff *Regulierung* dar, der häufiger für die Aufhebung der Reallasten östlich der Elbe in Gebieten mit lassitischem Besitz zu Anwendung kam. Vgl. Sternkiker, Rentenbanken, S. 5.

ins Hypothekenbuch statt. Hier kamen zwei Versionen zum Einsatz: die *Kapitalabfindung*, bei der der Pflichtige seine Lasten mit Bargeld oder einer Hypothek ablöste, und die *Landabfindung*, bei der er Teile seines Landes abtrat. Letztere hat jedoch in Westfalen nur eine verschwindend geringe Bedeutung gehabt, auch weil die Gesetze hier sehr strenge Vorgaben machten.

Für einen Großteil der Zeit bestand für die Bauern der untersuchten Orte keine Alternative zur Kapitalabfindung. Allein zwischen 1850 und 1859, und abermals nach 1872 war die staatliche Institution der Rentenbank in Kraft. Die genauen Unterschiede in der Finanzierung werden unten dargestellt; doch schon bei der Bewertung der Abfolge und chronologischen Verteilung der Ablösevorgänge ist die „Sondersituation" in den 1850er-Jahren einzubeziehen, denn sie bedeutete eine Erweiterung der Handlungsspielräume bei Bauern und Feudalherren.

6.3 Eine Chronologie der Ablöseentscheidungen

6.3.1 Phase bis 1829

Da die ersten Zeichen einer Befreiung der Bauern in den meisten Teilen Westfalens in die Napoleonische Zeit fielen,[595] war Westfalen in einer komplett anderen Situation als das übrige Preußen, in dem in Zuge der Stein-Hardenbergschen-Reformen die ersten wichtigen Schritte hin zu einer „Bauernbefreiung" gegangen wurden.[596] Als die französischen Truppen Westfalen besetzten, gab es die preußische Provinz Westfalen noch nicht, wohl aber Preußen zugehörige Landesteile. Für maximal zehn Jahre galten neue territoriale Zugehörigkeiten. Die damalige Grafschaft Mark, zu der auch der Untersuchungsort Borgeln gehörte, ging im napoleonischen Großherzogtum Berg auf. Oberkirchen gehörte bis zum Jahr 1802 als Teil des Herzogtums Westfalen dem Erzbischof und Kurfürsten von Köln. Mit dem Reichsdeputationshauptschluss wurde das Herzogtum Westfalen – als Teil des ebenfalls napoleonischen Rheinbundes – dem Großherzogtum Hessen einverleibt.[597] Erst nach dem Wiener Kongress kam Oberkirchen in der neu gegründeten Provinz Westfalen unter preußische Verwaltung. Und

---

595 Überblicke über die Abfolge der Agrarreformgesetze bieten – mit je eigenen Schwerpunkten – Teuteberg, Einfluß, S. 213-223; Dipper, Bauernbefreiung in Deutschland 1790-1850, S. 53-55; Strunz-Happe, Wandel, S. 53-130.

596 Als vorwiegend rechtsgeschichtliche Darstellung zu den preußischen Kernprovinzen Habermann, Gesetzgebung. Nicht nur die Reformgesetzgebung selbst, sondern bereits Ausgangsgesetzgebung, nämlich das Allgemeine Landrecht, galt in den Westprovinzen nicht oder nicht in gleichem Maße, da hier größtenteils alte Provinzialrechte die Basis bildeten und auch nach 1815 in Kraft blieben. Vgl. dazu Kapitel 3.1 und 3.2.

597 Allgemein zur hessischen Zeit Manfred SCHÖNE: Das Herzogtum Westfalen unter hessendarmstädtischer Herrschaft 1802-1816, Olpe 1966.

Löhne schließlich, bis 1805 in dem preußischen Fürstentum Minden gelegen, gehörte nun bis 1813 zum napoleonischen Königreich Westfalen. So sind für alle drei Orte durchaus differierende Wege nachzuzeichnen, die sich selbst in preußischer Zeit noch in territorial unterschiedlicher Gesetzgebung niedergeschlagen haben. Zunächst aber kann für alle drei Orte festgestellt werden, dass bereits in französischer Zeit bzw. unter französischem Protektorat weitreichende Entscheidungen getroffen wurden. 1808 etwa wurden in Berg die Leibeigenschaft und das geteilte Eigentum (dominium directum und dominium utile) aufgehoben, im Königreich Westfalen die Leibeigenschaft und die Patrimonialgerichtsbakeit. In Hessen-Darmstadt wurden 1811 die Leibeigenschaftsabgaben und 1812 die Frondienste für ablösbar erklärt.[598] Grundsätzlich aber war die Rechtsgrundlage in allen drei Ländern der Code Civil, der auf der französischen Agrargesetzgebung von 1789/90 basierte und deshalb Ablösungen nur unter Entschädigung der Berechtigten zuließ.[599] Aufgrund schneller Abfolge der Gesetze und mangelnder Präzision in der Ausfertigung herrschte große Rechtsunsicherheit. Sowohl Bauern als auch Adel brachten ihre Rechtsansprüche vielerorts vor Gericht, sodass 1812 mit der Einstellung aller Verfahren der Prozess erfolglos gestoppt wurde.

In Preußen waren in der Zwischenzeit, beginnend mit dem „Oktoberedikt“ vom 9. Oktober 1807 mehrere Gesetze und Verordnungen zur „Bauernbefreiung“ erfolgt; ein wesentlicher Teil der so genannten Stein-Hardenbergschen Reformen. Die Vielfalt der Besitzrechte, agrarischen Strukturen, bestehenden Gesetze und angelaufenen Prozesse hatte aber auch nach 1815 zur Folge, dass Gesetzgebung und Reformprozess alles andere als synchron verliefen. Es ist heute kaum noch nachvollziehbar, vor welche Schwierigkeiten die jeweiligen Verwaltungsstellen gestellt waren, die tradierten Abgaben und Dienste und Besitzverhältnisse einheitlich zu bewerten. Teilweise waren Regionalerlasse und Sondergesetze nötig, um auch in den westfälischen Kreisen die Ablösungen voran zu treiben.

Einen ersten Schritt in der Gesetzgebung der Provinz Westfalen, zu der nun auch das ehemalige Herzogtum Westfalen gehörte, markierten die Gesetze vom 20. und 25. September 1820,[600] mit denen persönliche Dienste, der Heiratskonsens und unge-

---

598 Dipper, Bauernbefreiung in Deutschland 1790-1850, S. 80-81.

599 Strunz-Happe, Wandel, S. 61-80, und Mooser, Klassengesellschaft, S. 106-111, für das Königreich Westfalen. Auch Dipper, Bauernbefreiung in Deutschland 1790-1850, S. 53-55. Diese Entschädigungsregelung machte einen Unterschied zwischen den preußischen Provinzen Westfalen und Rheinland aus, denn links des Rheins, bereits 1795 französisch besetzt, wurde nach der Gesetzgebung von 1792/93 verfahren, die entschädigungslose Abschaffung der Feudalrechte vorsah.

600 Gesetz-Sammlung 1820, S. 169-184; Gesetz-Sammlung 1820, S. 191-192. Siehe Strunz-Happe, Wandel, S. 95-98. Das Gesetz bestätigte zunächst den aus napoleonischer Zeit herrührenden „Fünftel-Abzug“. Dieser besagte ursprünglich, dass die Bauern ihre Grundsteuer selbst zahlen sollten (was freilich in Westfalen immer schon der Fall war) und stattdessen befugt waren, den Grundherren nur 4/5 der Abgaben zu liefern. Unter bestimmten Einschränkungen übernahm

messene Dienste entschädigungsfrei abgeschafft wurden.[601] Der Gutsherr durfte nicht mehr Einfluss auf Erziehung und Werdegang der Kinder seiner Hintersassen nehmen und nicht mehr den Hofnachfolger bestimmen. Abgeschafft wurden der Sterbfall[602], die Rechte der Bauern auf Remissionen (begründeter Zahlungsverzug der Abgaben) und Bauzuschüsse. Nach wie vor durfte der Bauer sein Land nicht ohne Einwilligung des Grundherrn verkaufen oder hypothekarisch belasten, und nach wie vor blieben alle anderen Abgaben, namentlich die bedeutenden Grundzinsen, alle gemessenen Dienste und auch der Weinkauf, bestehen.

Wesentlich war bei dem Gesetz von 1820, dass alle anderen auf bäuerlichen Grundstücken lastenden Abgaben und Pflichten „verwandelt" werden konnten, und zwar auf Verlangen sowohl des Grundherrn als auch des Bauern hin.[603] Wie oben gesehen, gab das Gesetz von 1820 auch erstmals eine Methode vor, wie eine Umrechnung zu geschehen hatte. Auch die weitergehende Ablösung durfte nach dem Gesetz von 1820 sowohl von Pflichtigen als auch von Berechtigten eingeleitet werden. Diese hatte zu diesem Zeitpunkt noch als einmalige Kapitalzahlung des 25fachen der jährlichen Rente zu erfolgen.[604]

Ebenfalls 1820 wurde auch eine Verwaltungsebene geschaffen, welche die Ablösungen entsprechend der gesetzlichen Grundlagen begleitete und bewilligte, die Generalkommissionen.[605] Sie waren auch für die Gemeinheitsteilungen in Westfalen zuständig, die in der Folgezeit auch vielerorts durchgeführt wurden.

Während auf ganz Westfalen gesehen von diesen Gesetzen keine große Schubkraft ausging,[606] in Oberkirchen-Westfeld nicht eine und auch in Borgeln bis 1829 nur eine einzige Ablösung mit marginalen Abgaben stattfand (Tabelle 6-a, Zeilen 6 und 11),[607]

---

das Gesetz 1820 dies. Trotzdem kam es in der Folgezeit gerade in diesem Detail immer wieder zwischen Protesten von Bauern, die den Fünftelabzug für sich in Anspruch nehmen wollten, dies ihnen aber abgeschlagen wurde. Dazu Marga KOSKE: Zur „Bauernbefreiung" in der Soester Börde, in: Soester Zeitschrift 97 (1985), S. 76-90, hier S 80-84. Auch LA NRW W, Regierung Arnsberg III A Fach 331 Nr. 1.

601 Beispiele für die Einwilligung des Gutsherrn in die Heirat der Kinder von Stelleninhabern in: Stadtarchiv Löhne, Dep. Haus Beck, Nr. L 119 und L 145.

602 Seit 1722 waren Sterbfall und Weinkauf bei landesherrlichen Bauern auf eine absolute, jährlich zu zahlende Gebühr fixiert (Brakensiek, Markenteilungen, S. 51). In den Löhner Hofakten (Stadtarchiv Löhne, Dep. Haus Beck) finden sich zahlreiche Sterbfallberechnungen und -inventare.

603 Damit war die frühe Phase der preußischen „Bauernbefreiung" nicht, wie Dipper, Bauernbefreiung in Deutschland. Ein Überblick, S. 26, schreibt, vom Grundsatz der Freiwilligkeit geprägt. Was man den preußischen Ablösungen aber bis 1850 bescheinigen kann, ist eine Priorität der freien Übereinkunft zwischen den Berechtigten und den Pflichtigen.

604 Für das Herzogtum Westfalen Gesetz-Sammlung 1820, S. 191-192, §2.

605 Gesetz-Sammlung 1820, S. 185-190.

606 Mooser, Klassengesellschaft, S. 111; Strunz-Happe, Wandel, S. 237-240.

607 LA NRW W, Grundakte Soest Nr. 1708/2, S. 18.

waren die Reaktionen in Löhne größer. Hier fanden unter diesen Bedingungen die ersten Verwandlungen und auch Ablösungen statt. Zwölf Bauern verwandelten hier Teile ihrer Lasten in Geldrenten (Tabelle 6-a, Zeile 1). Da beiden Parteien erlaubt war, die Verwandlung zu beantragen, und bei keinem dieser Akte der Provokant bzw. Antragsteller überliefert ist, lässt sich kein verlässliches Urteil fällen, ob dies nun von den Bauern ausging oder sie vielmehr zur Verwandlung gedrängt wurden. Allein zu vermuten ist, dass es sich um Provokationen der Bauern handelte. Denn wären die jeweiligen Grundherren, in sechs Fällen der Landrat Franz von Borries als Besitzer des Gutes Beck und in einem Fall der Hauptmann von Quernheim als Besitzer des Gutes Oberbehme, wirklich interessiert gewesen, Geld statt Naturalien zu empfangen und auf dieser Grundlage die eigene Ökonomie umzuformen, hätten diese nicht allein einen Teil ihrer Berechtigungen umwandeln lassen, sondern alle. Wahrscheinlicher ist deshalb, dass die Initiative von den Bauern ausging.

So wandelten 1821 und 1828 12 Kolone ihre Abgaben an die Güter Beck, Steinlacke und Oberbehme in Geldrenten um. Noch weiter gingen neun Löhner Kolone 1821 bis 1825, die die komplette Ablösung aller – soweit zu dem Zeitpunkt gesetzlich möglich – den Gütern zu erbringen Abgaben und Dienste beantragten (Tabelle 6-a, E1).[608] Dass die Initiative von den Bauern ausging, ist aber nur in einem Fall wirklich belegt.[609]

War es ein günstiger Augenblick für Verwandlung und Ablösung der Bauern? Von welchem Standpunkt aus trafen sie ihre Entscheidung?

---

608 Hermann Heinrich Schwarze (LK 3, LOE HofID 3), Carl Heinrich Schewe (LK 4, LOE HofID 4), Berend Heinrich Voschefeld (LK 8, LOE HofID 8), Friedrich Wilhelm Stratmeyer (LK 21, LOE HofID 21), Johann Heinrich Ussling (LK 6, LOE HofID 6), Carl Heinrich Brackmann (LK 27, LOE HofID 27), Franz Heinrich Pahmeier (LK 24, LOE HofID 24), Remmert (LK 1, LOE HofID 1), Johann Jürgen Griese (LK 28, LOE HofID 28). LOE AblöseIDs: 438, 444, 459, 468, 525, 529, 538, 551, 560. Das Kolonat Fränsemeyer (LK 31, LOE HofID 31) war bereits 1788 vom Besitzer freigekauft worden (LOE AblösID 546).

609 LA NRW OL, Grundakten Löhne, Nr. 50091, fol. 79: So steht in dem Rezess des Kolonats Schwarze von 1822, der „Colonus Schwarze wünscht, sich von vorstehender Eigenbehörigkeit und Praestande abzulösen" und der „Landrat von Borries erläßt für sich und seine Erben den Colonem Schwarze auf ewige Zeiten die erwähnten Dienstleistung und Gefälle". Die Abgaben und Dienste – 10 Scheffel Gerste, 10 Scheffel Hafer, ein Spanndienst pro Woche, eine Fuhr auswärts, drei Flachs- und 2 doppelte Erntedienste, ein Stück Garn, 1 Mahlschwein und 2 Hühner, außerdem der Weinkauf und der Heimfall – wurden umgerechnet zu einem Kapital von 1.150 Taler, was der Obereigentümer Borries ihm aber 10 Jahre lang stundete: „Dieses Capital ... kann und muß primo loco statt der bisherigen Eigenbehörigkeit auf das Schwarzesche Colonat im Hypothekenbuch eingetragen werden.... Auch verspricht der ... Borries dieses Capital ad 1150 Rt. Geld, so lange die Zinsen prompt und richtig bezahlt werden, binnen 10 Jahren von Michaeli 1822 gerechnet,... nicht zu kündigen, wogegen es dem Colone Schwarze unbenommen bleibt, auf obige Schuld, wenn es ihm gelegen sein möchte, die runde Summe von 200 Rt. abzutragen".

Bei den umgewandelten Abgaben haben die Getreide etwa drei Viertel des Wertes gestellt, daher sind die Getreidepreise in den Blick zu nehmen. Nach den sehr guten Ernten 1819, 1820 und 1821 waren die Marktpreise im Fallen begriffen und insbesondere die Getreideabgabe wird den ablösenden Kolonen in diesem Jahr wohl kaum schwergefallen sein. Mit den niedrigen Preisen jedoch – sie hatten 1822 einen extrem niedrigen Stand erreicht – konnte das langfristige Ziel verfolgt werden, die Abgabe auf niedrigem Wertniveau zu fixieren. Wenn sie die Naturalien in Zukunft zu höheren Preisen auf dem Markt absetzen konnten, dann hatten sie an der Verwandlung verdient. Dass die Marktpreise lange nicht wieder ein höheres Niveau erreichten und auch die später berechneten Normalpreise unter denen von 1822 lagen, konnten die Kolone nicht ahnen.

6.3.2 Phase 1829-1850

1825 folgte ein neues Gesetz mit zahlreichen Präzisierungen, das aber an den Ablösekonditionen keine Änderungen mit sich brachte, und 1829 (bzw. für das ehemalige Herzogtum Westfalen 1840) eine Ablöseordnung, die bis zum März Oktober 1848, als ein Moratorium des Ablösungsprozesses eintrat, die wichtigste Grundlage darstellte.[610]

Da die Ablösung prinzipiell frei zwischen Bauer und Grundherrn verhandelt werden sollte, waren auch vom Gesetz abweichende Konditionen vereinbar. In der Praxis wurden etwa niedrigere Kapitalisierungsfaktoren gewählt.[611] Auch für die Untersuchungsorte finden sich Ablösevorgänge mit abweichenden Bedingungen, doch bildeten sich in der Mehrzahl wohl die gesetzlichen „Vorschläge" als Richtgrößen heraus, auf die sich letztlich beide Seiten zurückziehen konnten, ohne dass Konflikte ausgetragen werden mussten.

Die Berechtigten durften nunmehr eine Ablösung nur noch dann provozieren, wenn es sich noch um Naturalabgaben handelte.[612] Die Pflichtigen hingegen konnten die Ablösung sowohl von naturalen als auch monetären Abgaben, also auch von „fixierten Renten", beantragen (§21-22 und 37).[613] Infolgedessen schloss eine Verwandlung aus, dass später eine Ablösung vom Berechtigten erzwungen wurde. Den Bauern

---

610 Gesetz-Sammlung 1825, S. 74-94, 94-112, 112-128; Gesetz-Sammlung 1829, S. 65-92, Gesetz-Sammlung 1840, S. 156-186 und Gesetz-Sammlung 1848, S. 276-278.

611 Lammers, Gutsherrschaft, passim: So lösten mehrere Bauern aus dem münsterländischen Angelmodde 1849 mit dem 20fachen der Rente ab.

612 „Ablöseordnungen" 1829 und 1840 (Gesetz-Sammlung 1829, S. 65-92; Gesetz-Sammlung 1840, S. 156-186). Die Paragraphen beziehen sich auf die Ablöseordnung 1829. Konkrete Beispiele bei Lammers, Gutsherrschaft, S. 97. Zu den Verhandlungen im Provinziallandtag, wo gerade auch die Frage eines Provokationsrechtes der Berechtigten umstritten war, Strunz-Happe, Wandel, S. 117-127.

613 Eine Ablösung des Heimfalls allerdings konnte ein Berechtigter bis zu einer Präzisierung 1835 unter bestimmten Umständen verweigern (Gesetz-Sammlung 1829, S. 80; Ebd. 1835, S. 53).

stand damit mit der Verwandlung ein Mittel zu Verfügung, sich für die Zukunft ihre Handlungsmöglichkeiten zu erhalten.

Bei der Abfindung waren beiden Seiten Wahlmöglichkeiten zugebilligt, nämlich ob sie das Kapital in Raten oder in einer Summe zahlen bzw. empfangen wollten, oder ob Land im Gegenwert des Kapitals abgetreten werden sollte. Das Abtreten von Land war Bauern ohnehin nur möglich, wenn ihre Nutzfläche mehr als die „landübliche, spannfähige bäuerliche Nahrung" betrug – im Fall Löhnes entsprechend 70 Morgen (~17,8 ha) Ackerland, in Borgeln 45 Morgen (~11,5 ha) und in Oberkirchen gar 80 Morgen[614] (~20,5 ha) desselben – und ihnen auch nach der Ablösung dieser Rest noch verblieb.[615]

Die größeren Freiheiten hatten auch hierbei die Bauern. Sie konnten nicht darauf verpflichtet werden, auf welche Art sie ablösen wollten. Unter Umständen musste ein Berechtigter auch die eigene Provokation wieder zurücknehmen, wenn er die Zahlungsweise missbilligte. Provozierte der Bauer, so war auch dem Grundherrn möglich, auf einer Zahlungsweise zu beharren und damit den Prozess scheitern zu lassen. In einem Punkt war ein Bauer, der unbedingt ablösen wollte, dem Berechtigten gegenüber im Vorteil: Eine Kapitalzahlung in ungeteilter Summe durfte ein Berechtigter nicht zurückweisen. Davon abgesehen blieb es bei einer 25fachen Kapitalisierung der Geldrente, bei der Umrechnung von Naturalabgaben in Geldrenten kam es zu leichten Modifikationen.[616]

In Löhne setzten reine Verwandlungen 1832 wieder ein und bis 1847 wurden 29 Beziehungen zwischen Bauern und Grundherrn in Geldrenten im Wert von 304 Talern verwandelt (Tabelle 6-a, A2, B2). Die Aktion ging bei den meisten dieser Vorgänge von dem Landrat von Borries aus, der als Besitzer der Güter Steinlacke und Beck die Grundherrschaft ausübte. Borries, am Anfang einer Verwaltungslaufbahn, hatte diese Güter verpachtet und deshalb kein Interesse an naturalen Einkünften.[617] Dessen Inspektor Schemel hatte auf Verwandlung aller Naturalabgaben provoziert und den Vertreter der Generalkommission am 27. Januar 1843 auf das Gut Beck be-

---

614 Amtsblatt Arnsberg, 1842 (Extra-Beiblatt zum 9. Stück, 26.2.1842), S. 2.

615 Zu Borgeln: Amtsblatt Arnsberg 1847, S. 203; zu Löhne: Amtsblatt Minden 1835, Beilage zum 21. Stück, S. 2. Für den Bereich des ehemaligen Herzogtums Westfalen sind keine Größen bekannt.

616 Gesetz-Sammlung 1829, S 65-92, hier S. 74, und Gesetz-Sammlung 1840, S. 156-186, hier S. 166. Das Prinzip des seit 1820 geltenden Tarif des Normalpreises, gebildet aus dem Durchschnitt der vorangegangenen 14 Jahre, mit Ausschluss der zwei teuersten und der zwei billigsten Jahre, blieb erhalten. Doch wurde jetzt als Ablösepreis der Durchschnitt aus dem Ablösepreis zum Zeitpunkt des jeweiligen Gesetzes (1829 bzw. 1840) und dem Ablösepreis zum Zeitpunkt der Provokation eingeführt. Diese Preise wurden ab 1829 bzw. 1840 in den Amtsblättern veröffentlicht.

617 Wertschätzungsprotokoll Mennighüffen, S. 80.

stellt. Die Pflichtigen zeigten sich nicht so gefügig und so erkannte der Protokollführer:

„dass der Herr Berechtigte mit einer Vereinigung über die Ablösung noch keineswegs überall zustande gekommen war, vielmehr mit den in großer Anzahl (etwa 40) herbeigerufenen Pflichtigen heute erst in Unterhandlung treten wollte... Nachdem der Herr Ober Regierungs Rath von Borries den anwesenden Pflichtigen sein[en] unabänderlichen Schluß zu erkennen gegeben hatte, daß er den gesetzlich zulässigen Ablöse- und Rentenverwandlungs-Antrag bei Königl. General Commission gegen diejenigen einleiten wolle, mit welchen er zu keiner Vereinigung kommen kann, so baten viele Pflichtige um Zustellung der Berechnung“[618]

Auch bei einem zweiten Termin im Mai 1843 weigerten sich noch viele Bauern, dem Ansinnen Borries nachzugeben.

„Es haben sich jedoch nur die vorstehend aufgeführten Pflichtigen bereit erklärt, im Vergleichswege die verlangten Renten und Nachlage Renten zu übernehmen, die übrigen Pflichtigen hatten [zur Rentenverwandlung] aber keine Lust.“

Borries' Pächter Schemel drohte daraufhin mit seinem Provokationsrecht auf Ablösung. Die Bauern jedoch „meinten, dass sie eine solche Last nicht tragen könnten, und dass, wiewohl Herr Inspector Schemel ihnen versicherte, es werde auf Ablösung provocirt, dieses weder gesetzlich zulässig sei, noch auch geschehen werde.“[619]

Man erkennt an diesem Vorgang also eine sehr starke Initiative von Seiten der Berechtigten, einen selbst nach dem Einschalten der Behörde immer noch konfliktträchtigen Einigungsprozess, und den Widerstand auf Seiten der Verpflichteten, die sich, sofern die Beurteilung aus der Distanz möglich ist, fälschlicherweise auf Gesetze beriefen.

In diesem Jahr 1843 allein wurden Naturalabgaben in Höhe von 141 Talern in Geldrenten verwandelt. 19 Bauern hatten damit eine Situation hergestellt, in der Borries nicht auf Ablösung provozieren konnte. Die anderen drängte er zu weiteren Verhandlungen. Im November 1843 schrieb er der Generalkommission im Vorfeld eines abermaligen Verwandlungstermins. Bemerkenswerterweise benutzte er dabei den Terminus „Freikauf“ für Ablösung, wie es vor Beginn der Ablösegesetzgebung üblich war:

„Euer Wohlgeboren ersuche ich, wenn der Herr Assessor Stohlmann, wie ich höre, am nächsten Freytag nach Beck kommt, den Versuch zu machen, ob die Praestantiarien nicht zu bewegen sind, statt der Renten-Verwandlung einen vollkommenen Freykauf eintreten zu lassen unter folgenden Bedingungen:

618 Stadtarchiv Löhne, Dep. Haus Beck, G 15, S. 13.

619 Ebd., G 15, S. 55.

Tabelle 6-a: Ablöseentscheidungen in Löhne, Borgeln und Oberkirchen-Westfeld

		A	B	C	D	E	F	G	H
		Verwandlungen		**zuvor verwandelt, nun abgelöst**		**verwandelt und abgelöst**		**Summe abgelöster Renten**	**(Anteil am Gesamtwert)**
		N	*Wert an Rente in Talern*	N	*Wert an Rente in Talern*	N	*Wert an Rente in Talern*		
Löhne									
1	vor 1829	12	*279*			10[1]	*338*[1]	338	(28%)
2	1829-1850	29	*304*	23	*351*	27	*88*	439	(37%)
3	1850-1859			32	*198*	27	*108*	306	(25%)
4	nach 1859			22	*6*	108	*115*	121	(10%)
5	total	42	*583*	77	*555*	172	*650*	1.205	(100%)
Borgeln									
6	vor 1829					1	*0*	0	0%
7	1829-1850	34	*1.369*	18	*205*	19	*222*	427	(13%)
8	1850-1859	6	*87*	29	*1.207*	61	*1.594*	2.801	(83%)
9	nach 1859			3	*1*	52	*126*	127	(4%)
10	total	40	*1.456*	50	*1.413*	133	*1.942*	3.355	(100%)
Westfeld									
11	vor 1829							0	(0%)
12	1829-1850	2	*2*	1	*0*	53	*84*	84	(32%)
13	1850-1859			23	*51*	71	*117*	168	(65%)
14	nach 1859					6	*8*	8	(3%)
15	total	2	*2*	24	*51*	130	*209*	260	(100%)

Quellen: Grundakten Borgeln, Löhne und Westfeld; LA NRW W, Domänenrentamt Soest, Hofakten Borgeln; Archiv Fürstenberg-Herdringen, Nr. 10520; Stadtarchiv Löhne, Haus Beck, L 120-151.

1) Darunter der Freikauf des Kolonats Fränsemeyer aus der Eigenbehörigkeit des Gutes Uhlenburg 1788. Das Kapital betrug 450 Taler, eine Geldrente wurde nicht berechnet.

1. Die ermittelte Rente wird zu 4% oder mit anderen Worten zum 25zigfachen Betrage zu Kapital berechnet,
2. Das Kapital bleibt auf dem Kolonat gegen Eintragung in dem Hypothekenbuch an dieselbe Stelle, wo die Gefälle standen und gegen Notirung im Feuer Societäts Kataster so wie gegen 4% Zinsen stehen, und
3. ich verpflichte mich, das Kapital in den nächsten 10 Jahren nicht zu kündigen, dagegen können deren Freykauffenden eine 6 monatliche Kündigungspflicht beantragt werden, auch, wenn die Rente(?) sonst nicht zu Stande kommen will, dass er das Kapital theilweise lassen und zurückbezahlen könne, jedoch nur in einer Summe von 100 Rt.
Dieses Arrangement convenirt mir mehr als die Renten-Verwandlung und hat auch hinsichtlich der freyen Disposition für den Freykaufenden manchen Vorzug. Wenn derselbe zu Stande zu bringen ist, bin ich bereit den Leuten kleine Vortheile zu bewilligen."[620]

Es ist nur zu mutmaßen, was Borries an dieser Lösung besser gefiel als an einer Geldrente, denn auf den ersten Blick ergab sich kein Unterschied. Statt der Rente hätte Borries den gleichen Betrag an Zinsen bezogen. Denkbar ist, dass er sich die Option eröffnen wollte, die Hypotheken an Dritte zu verkaufen und damit vor der 10-Jahres-Frist das Kapital zu erhalten. Vielleicht auch rechnete er sich bessere Chancen aus, ausgebliebene Zinsen vor Gericht zu erstreiten, wenn es sich formal um einen Kredit handelte.

Ob dies freilich den Bauern auch „konvenierte", ist eher unwahrscheinlich. Erst 1846 war das Jahr der Ablösungen in Löhne. Abgaben aller drei Güter im Rentenwert von 325 Talern wurden abgelöst. In einem Jahr lösten die Bauern 27% aller Abgaben ab (Tabelle 6-a: Basis D5 und F5). Und tatsächlich stundete allein Borries Kapitalien in Höhe von über 6.400 Talern, hervorgegangen aus Abgaben im Wert von 254 Talern. Darunter auch solche, die bereits in monetäre Renten verwandelt waren und nicht unbedingt abgelöst werden hätten müssen. So lässt sich vermuten, dass die von Borries angebotene Hypothek einen Vorteil versprach, weil ihr Zinssatz von 4% unter dem sonstigen Niveau lag. In Kapitel 6.4 wird dies im Kontext der Ablösefinanzierung noch weiter diskutiert werden. Noch im gleichen Jahr verkaufte Borries nämlich die Güter Steinlacke, Beck, Uhlenburg und Gohfeld an den ungarischen Fürsten Handjery. Die Hypotheken blieben auf die Güter eingetragen, sodass man annehmen darf, dass Borries die Ablösungen vorantrieb, um einen Kaufanreiz zu bieten. Borries war die treibende Kraft hinter einem Großteil der Ablösungen in Löhne, kam aber mit seinem Finanzierungsangebot auch den Bauern entgegen.

Bis zur Mitte des 19. Jahrhunderts waren in Löhne Abgaben in Höhe von 1.009 Taler fixiert worden, von denen bis 1850 777 Taler abgelöst waren – 65% des Wertes aller Abgaben (Tabelle 6-a, Summe G1 und G2).

---

620 Stadtarchiv Löhne, Dep. Haus Beck, G 15, S. 63.

In Borgeln waren zur Jahrhundertmitte nur Abgaben im Wert von 427 Talern, 13% aller Abgabenwerte (Tabelle 6-a, G7). Daneben bestanden monetäre Renten in Höhe von 1.164 Talern (B7-D7). Mit anderen Worten: 13% der Abgaben und Dienste waren abgelöst, 35% in monetäre Renten umgewandelt und 52% bestanden natural fort. So gesehen machten in Borgeln viele Bauern von der Möglichkeit einer Verwandlung ohne Ablösung Gebrauch, doch meist erst Mitte der 1840er-Jahre. Stärker als die anderen Orte war Borgeln schon zu Beginn des 18. Jahrhunderts auf die Produktion von Getreideüberschüssen ausgerichtet und gerade deswegen überrascht es, dass die Borgeler nicht schon früher die Chance wahrnahmen, ein so grundsätzliches Hindernis wie die vielfältigen Naturalabgaben aus dem Weg zu räumen. Um dies an einem Beispiel zu verdeutlichen: Das knapp 26 ha große Kolonat Gösslinghof hatte jährlich – abgesehen von einer Geldabgabe – der Domänenverwaltung je 45 Scheffel Roggen und Gerste, 8 Scheffel Hafer, die halbe Obsternte, ein Schwein, zwölf Hühner und zwei Gänse zu erbringen und zudem noch einen Scheffel Lein zu säen. Diese Naturallast wandelte Gösslinghof im November 1846 in eine jährliche Geldrente von 141 Talern um.[621] Warum drängten er und viele andere nicht schon eher auf die Verwandlung? Schließlich ist eine Marktorientierung kaum denkbar, ohne dass sich der Akteur bewusst auf die Marktnachfrage einstellt und damit der Produktion von bestimmten Gütern in seiner Wirtschaft Priorität einräumt.[622] Warum also weiterhin Gerste für die Grundherrschaft produzieren, wenn der Markt längst Weizen verlangt und damit der Gewinn gesteigert werden kann?

Im Kontext der in Abbildung 2-A dargestellten Entwicklung der Ablösepreise lässt sich Folgendes schlussfolgern: Zwischen 1833 und 1838 wirkten sich Verwandlungen nachteilig für die Bauern aus, weil die Ablösepreise über den Marktpreisen lagen. Ablieferung des naturalen Getreides war günstiger. Tatsächlich sind aus allen Orten in dieser Zeit keine oder kaum Aktionen, reine Verwandlungen oder solche kombiniert mit Ablösung überliefert. Bestrebungen der Domänenrentei Soest, zu Verwandlungen und Ablösungen zu gelangen, sind höchst selten aktenkundig.[623]

Hingegen gab es in Löhne wie in Borgeln vermehrte Verwandlungen in den Jahren 1831 und 1832 und nach 1846. Dies deutet jeweils auf ein recht überlegtes Verhalten hin, mit dem die Bauern auf eine große Differenz zwischen Markt- und Ablösepreisen reagierten und zyklische Preisbewegungen erwarteten. So erklären sich die zahlreichen Verwandlungen nach der zweiten Jahreshälfte 1846 mit der Missernte 1846 und den

621 LA NRW W, Rentamt Soest Nr. 1643.

622 Kopsidis, Marktintegration, zu marktgerechter Produktausrichtung.

623 So berichtete 1837 der Borgeler Ortsvorsteher Schulze an das Rentamt: „Ich habe mit der Witwe Beuckmann wegen Ablöse der Binnerpfächte nochmal gesprochen, wozu sie entschlossen ist, selbige abzulösen. Zur Ablöse des Gewinn oder Leibgewinns könnte sie sich jetzt noch nicht entschließen. Sie wollte vor der Hand damit noch ausstand nehmen.“ (LA NRW W, Rentamt Soest, Nr. 38: Beuckmanns Colonie zu Borgeln).

erntebedingt sehr hohen Getreidepreisen. Für Betriebe aller Größen war es opportun, die Lasten in dieser Situation zu monetisieren, umso mehr, als bis zum 18. November 1846 Ablösepreise galten, in die die hohen Preise der Teuerung noch nicht eingeflossen waren. So bereitete die Regierung Arnsberg das Rentamt Soest am 6. November 1846 darauf vor, dass „die jetzt bestehenden Getreidepreise gegen die bei der Verwandlung der Fruchtgefälle in fixe Geldrenten zur Anwendung kommenden Preise bedeutend höher sind, so läßt sich wohl annehmen, daß sich bis zum 18ten d[es] Monats noch viele Pflichtige zum Abschluß des Verwandlungsgeschäfts melden werden“[624]. Es war also auch die Erwartung des verhältnismäßig hohen Anstiegs der Ablösepreise zum 19. November hin um etwa 3%, welche die Hälfte der Borgeler Bauern dazu veranlasste, eine Verwandlung einzuleiten. Gösslinghof, der eben dieses Verhalten zeigte, fixierte seine Abgaben auf 141 Taler anstatt der im Folgejahr zu erwartenden 145 Taler. Da ferner 1846 noch zu erwarten war, die Rente mit dem 25fachen ablösen zu müssen, summierte sich die zu erwartende Ersparnis für Gösslinghof auf rund 100 Taler.

Auch in Löhne kamen nach dem Jahr 1832 die Initiativen weitgehend zum Erliegen. Mit dem Jahr 1838, als die Marktpreise erstmals wieder über den Ablösepreisen lagen, sind wieder vereinzelte Verwandlungen durchgeführt worden. Die Initiative des Gutsherrn von Borries 1843 traf die Bauern in einer nicht ungünstigen Lage. Borries selbst versprach sich offensichtlich aus den hohen Marktpreisen für Naturalgetreide keinen Vorteil, vielleicht weil er die Kosten der Lagerung und des Marktverkaufs scheute. 1846, in dem Jahr der meisten Verwandlungen und Ablösungen in Löhne, regierten die Bauern hier offensichtlich ebenso stark auf die Schere zwischen Ablöse- und Marktpreisen wie in Borgeln.

Der zweite Vorteil einer Verwandlung der Naturalabgaben in eine Geldrente, der der Unabhängigkeit in der Produktauswahl, musste aus Borgeler Sicht nicht zur Verwandlung motivieren. Seit spätestens 1829 war es den Hintersassen der westfälischen Domänenrenteien möglich, ihre Getreideabgaben monetär zu jährlich festgelegten Preisen zu zahlen. Dabei versuchte man noch zusätzlich die Bauern zur Geldabgabe zu gewinnen, indem man vorgab, bei einer Geldabgabe einen Abschlag zu gestatten, da der Marktpreis für erstklassiges Getreide gelte, in der Regel aber schlechteres Getreide als Zinsgetreide geliefert würde. Naturalabgaben akzeptiere man hingegen nurmehr von erstklassiger Qualität:

> „Um den Domainenpflichtigen-Unterthanen die Berichtigung des Zins- und Pachtgetraides … zu erleichtern“,

so leitete das Amtsblatt Minden beispielsweise eine jährliche Anzeige ein,

> „bleibt den erwähnten Praestantiarien die Wahl freigestellt, daß aus der Ernte … zu entrichtende … entweder in natura, jedoch in untadelhafter Qualitaet, abzuliefern, oder nach

624 LA NRW W, Rentamt Soest, Nr. 1643.

der, aus den Martini-Preisen der Kreis-Staedte durchschnittsweise berechneten und um 8 Procent ermaeßigten, Taxe in Geld zu bezahlen"[625].

Diese Preise lagen beispielsweise bezüglich der Rentei Herford 1829 bei 2,01 Taler für Weizen, 1,36 Taler für Roggen, 1,04 Taler für Gerste und 0,54 Taler für Hafer. Auch für die Domänenrentämter des Regierungsbezirks Arnsberg galten ähnliche Regelungen.[626]

Auf diese Weise war es auch den Borgeler Kolonen längst möglich, die Abgaben monetär zu entrichten und für den Markt zu produzieren und sich trotzdem nicht langfristig mit einer fixierten Rente zu binden. Waren die Marktpreise niedriger als die von der Rentei angebotenen Sätze, so konnte die Abgabe natural erbracht werden, wobei u. U. die nicht mehr selbst produzierten Waren hinzugekauft werden mussten. So erklärt sich weitgehend die zögerliche Verwandlung Borgeler Abgaben und fixierte Renten durch zu volatile Marktpreise und gleichzeitig weitreichende Optimierungsmöglichkeiten bei Abgaben an das Domänenrentamt.

Auch Ablösungen fanden in Borgeln bis 1850 nur selten statt. Die Berechtigten dieser Ablösungen waren in etwa drei Vierteln aller Fälle die Domänenrentei Soest und ansonsten Privatpersonen, karitative Organisationen wie die Waisen- und Armenkasse oder auch die Kirche und die Dorfgemeinde. Bedauerlicherweise ist nur in einem Fall nachweisbar, dass die Ablösung vom Bauern eingeleitet wurde.[627] Was die Provokation der übrigen Ablösungen betrifft, ist allerdings zu vermuten, dass auch hier eher die Bauern initiativ wurden, und nicht die Domänenrentei als die in den meisten Fällen Berechtigte. Denn hätte der Fiskus ein klares Ablösungsinteresse verfolgt, wäre es schon vor 1850 möglich gewesen, einen Großteil der Borgeler Kolone zu den Ablösungen zu zwingen. Für 1822, in einer Periode großen Preisverfalls und „exorbitanten Geldmangels"[628], gibt es einen Beleg der Regierung Minden, demzufolge die Domänenrenteien die Ablösungen nicht selbst einleiten sollten, um ökonomische Härten zu vermeiden. Möglicherweise galt für die Rentämter

---

625 Amtsblatt Minden 1829.

626 So wurde im Amtsblatt Arnsberg am 24.11.1836 darauf hingewiesen, dass die „Dominial-Abgabepflichtigen ... die für das Jahr 1836 zu entrichtenden Fruchtgefälle nach den bestimmten Mittelpreisen, welche bei den Königlichen Rentämtern zu erfahren sind, bis zum zehnten Januar künftigen Jahres 1837 in Gelde berichtigen können. Diejenigen Praestantiarien aber, welche von dieser Bestimmung keinen Gebrauch machen oder die Fruchtschuldigkeit nicht in natura abliefern, werden nach der bestehenden Ordnung zur Abführung ihrer Abgaben nach den höchsten während der Lieferungszeit gegoltenen Preisen angehalten werden" (Amtsblatt der Königlichen Regierung zu Arnsberg, S. 276. Hervorhebungen original).

627 Es handelt sich hierbei um die Erbpacht des Kolons Adolf Bornefeld, fixiert auf etwa 17 Taler, die er der St. Petri-Kirche in Soest pflichtig war und 1836 ablöste (LA NRW W, Grundakten Soest Nr. 1934, fol. 77, BOR AblösID 30).

628 Für das Zitat LA NRW W, Oberpräsidium Münster 1558, fol. 186-187, zit. nach Strunz-Happe, Wandel, S. 102.

grundsätzlich die Devise, sich hier passiv zu verhalten.[629] In seinen Berichten an den Landrat in Soest geht der Borgeler Amtmann Pilger im Januar 1848 erstmals auf die Ablösungen in seinem Bezirk ein. So seien „Ablösungen von gutsherrlichen Gefällen möglich geworden in Folge der reichen Ernte und hohen Preise“[630]. Demzufolge hat eine besonders günstige konjunkturelle Situation den Anstoß gegeben, dass Bauern von sich aus Ablösungen beantragten und durchführten. Dies kann einerseits bedeuten, dass Ablösungsgelder direkt aus dem laufenden Haushalt bezahlt werden konnten, oder aber, dass tatsächlich die enorme Differenz zwischen Markt- und Ablösepreisen als der richtige Zeitpunkt für eine weit in die Zukunft weisende strategische Entscheidung erkannt wurde. Trotzdem kam es nach 1850 zu noch günstigeren Bedingungen und in Borgeln auch zum Höhepunkt der Ablösungen.

In Oberkirchen-Westfeld spielten reine Verwandlungen naturaler in monetäre Pflichten keine größere Rolle. Auch trat erst in den 1840er-Jahren etwas Dynamik in die Ablösungen ein.[631] Dies stützt die zuvor für Borgeln und Löhne formulierte These, dass die Schere zwischen Markt- und Ablösepreisen ein für die Bauern wesentliches Kriterium der Überlegungen war. Auch für 1846 ist ein verstärktes Interesse der Bauern an Verwandlung und Ablösung zu verzeichnen.

Zwischen 1838 bis 1847 wurden 32% aller Abgaben abgelöst, die jedoch absolut nur 84 Taler wert waren, was die geringe Höhe der Feudallasten in dem Mittelgebirgsort verdeutlicht. Anders als in Löhne gingen in Westfeld vermutlich die meisten Ablösungen vor 1850 auf Anträge der Kolonen bzw. der Besitzer einzelner Parzellen aus. Die Interessenslagen wurden verkompliziert durch die zahlreichen Hofteilungen und Splissbesitze, sodass man zwischen Sohlstättenbesitzern und Splissbesitzern unterscheiden muss. In manchen Fällen waren an einem ehemaligen Hofkomplex bis zu 15 einzelne Pflichtige beteiligt. Wenn die Abgaben bereits „repartiert“, also auf die einzelnen Parzellenbesitzer aufgeteilt worden waren, war jeder unmittelbar seinen Anteil dem Freiherrn von Fürstenberg schuldig. War die zu erbringende Abgabe aber sehr klein, fielen die Transaktionskosten der Ablieferung umso mehr ins Gewicht, zumal die Abgabe in die etwa 25 Kilometer von Oberkirchen entfernt liegende fürstenberg'sche Rentei Adolphsburg abgeliefert werden mussten. Daraus ergaben sich Anstöße, die Ablösungen einzuleiten. Waren die Abgaben nicht auf die Einzelbesitzer aufgeteilt, hatte der Sohlstättenbesitzer nach wie vor die Verantwortung für die ge-

---

629 LA NRW OL, M 1 III E, Nr. 175, fol. 152-155, zit. nach Strunz-Happe, Wandel, S. 102.

630 LA NRW W, Kreis Soest, Landratsamt, Nr. 14, hier Weslarn, 25.1.1848, fol. 708-709.

631 Überliefert sind eine Verwandlung 1831 und dann erst 1838 die Provokation von Ludwig Vollmer und Franz Schauerte, die ihre Abgaben des Vormwald-Hofes in Oberkirchen ablösen wollten. Archiv Fürstenberg Nr. 10521, 10649. Der Vormwald-Hof als „Sohlstätte“ mit 270 Morgen (= ca. 69 ha) gehörte Heinrich Feldmann. Schauerte und Vollmer hatten Parzellen des

samte Abgabe, und damit ebenfalls gute Gründe eine Ablösung zu erwirken.[632] In den Büchern des Freiherrn und im Grundbuch sind die Besitzer der Ursprungshöfe eingetragen, sodass man annehmen kann, dass letztere die Last des Abgabensammelns und Abliefers hatten. So kam es auch in Westfeld eher zu Provokationen aus den Reihen der Stammhofbesitzer.[633] Nur die Seite des Berechtigten von Fürstenberg bleibt in dieser Zeit weitgehend unbeteiligt. Da jedoch auch kein einziger Beleg für ein

---

Hofes gekauft und dabei die Abgaben an den Freiherrn von Fürstenberg anteilig übernommen. Diese beiden nun drängten nun als Splissbesitzer auf Ablösung.

632 Die Ablöseordnung von 1840 sah für solche Fälle folgende Regelung vor: „Sind zu einer und derselben Leistung mehrere Personen gemeinschaftlich und zugleich solidarisch verpflichtet, so sind dieselben in Ansehung der Ablösung nur als Eine Person anzusehen, so daß die Verpflichteten nur die Ablösung für die gemeinschaftliche Last im Ganzen verlangen können. Bei jeder Ablösung aber muß die sich die Minorität der solidarisch Verpflichteten, dem Beschlusse der Majorität (nach dem Theilnehmungs-Verhältnisse gerechnet) unterwerfen. … Ist dagegen die gemeinschaftliche Verpflichtung eine nicht solidarische, so kann auch jeder Einzelne die Ablösung seines Antheils von dem Berechtigten verlangen".

633 Solche Fälle sind: (1) das Sporck-Hanses-Kolonat in Westfeld, das 1837 unter 16 Eignern aufgeteilt wurde und dessen Rest von 50 Morgen umfasste. Bei diesem Gut beantragte der Stammhof-Besitzer Heinrich König genannt Müller zu Westfeld die Ablösung (Archiv Fürstenberg, Nr. 10637; OKI AblösIDs 18, 21, 28, 29, 32, 35, 45, 47, 54, 58, 60, 62, 64, 67, 71, 75, 78 und 183).

(2) König gen. Müller provozierte außerdem die Ablösung des Kolonat Königs vulgo Müller zu Westfeld, das ehemals seinen Vorfahren gehört hatte, dann aber unter 25 Splissbesitzern aufgeteilt worden war, so dass ihm gerade ein Rest von 13 Morgen verblieb. Er schilderte in einem Schreiben im Zuge der von ihm provozierten Ablösung 1846 die Probleme, die er als Restbesitzer der zersplitterten Stätte hatte: „Seit 1832 ist von Müllers Gute keine [Erb-]Pacht bezahlt, weil die Splissbesitzer nichts dazu beitragen wollten, und ich für dieselben nicht zahlen konnte, somit ist ein zwölfjähriger Rückstand bis 1844 geworden. Bis 1832 habe ich sämmtliche Pacht, auch für die Splißbesitzer entrichten müssen, und wurde mir 1832 mein Haus und Hofraum für Rückstände, welche auf den Splissbesitzern mit hafteten, verkauft. Von der Zeit an steht nun die Pacht mit circa 130 Th. zurück". König beklagte, dass der Rentmeister jetzt die Erbpacht einfordere, und damit auch die der Splisse, aber sich nicht darum kümmere, dass König früher für die Splissbesitzer mitgezahlt habe. „Und jetzt glauben die Splissbesitzer, sie brauchten weiter keine Pacht zu zahlen, als für die geforderten 12 Jahre." Er hätte deshalb den Justizkommissar Huser in Fredeburg autorisiert, den auf jeden Splissbesitzer fallenden Anteil ausstehender Pacht gerichtlich einzutreiben (alles Archiv Fürstenberg, Nr. 10593).

(3) Auf Antrag des Franz Anton Hoffmann gt. Cors zu Westfeld wurde am 9.5.1845 die Ablösung des Cors Kolonats in Westfeld, welches er selbst besaß und an dem neben ihm 11 weitere Besitzer beteiligt waren, eingeleitet. Der Ablösung des Kolonats Henders mit seinen 24 Besitzern ging ein Antrag der Ehefrau des Johannes Hennecke zu Westfeld vom 27.3.1845 voraus, auf die eine fixierte Rente von 2 Talern entfiel. Der Hauptteil unter dem Besitzer Heinrich Albers gt. Henders blieb noch bestehen (Archiv Fürstenberg Nr. 10560).

(4) Ablösen wollten auch 1846 die Splissbesitzer des Vogts-Kleinsorge Kolonats – 17 an der Zahl. Der Verwalter ließ aber den Besitzer des Restgutes, Johann Ludwig Vogt gt. Kleinsorge wissen, das Ablösequantum werde nur als eine Summe angenommen, was offenbar dazu geführt hat, dass diese Provokation wieder zurückgezogen und erst 1852 auf Aufforderung Fürstenbergs hin weiterbetrieben wurde (Archiv Fürstenberg Nr. 10521).

Handeln des Freiherrn vor 1850 vorliegt, dann aber sehr deutlich Initiative ergriffen wurde, dürfte diese Ablösung wohl ebenfalls vom Kolon selbst ausgegangen sein.

6.3.3 Phase 1850-1859

Die wichtigste Phase des Ablösungsprozesses setzte in Preußen 1850 ein. Im Zuge der revolutionären Unruhen, nach dem Zusammentreten der Deutschen Nationalversammlung in der Frankfurter Paulskirche am 18. Mai 1848, waren in Preußen die Bemühungen um die Agrarreform wieder aufgenommen worden und es zeichnete sich insgesamt ab, dass der Kapitalisierungsfaktor deutlich herabgesetzt werden würde. Unter dem Eindruck der Ereignisse organisierten sich in Westfalen beide Parteien, um Einfluss zu nehmen. Für den Autor eines Artikels des Soester Kreisblattes am 4. Juli 1848 bestand Handlungsbedarf, weil mehrere Bauern der Börde übereinstimmend berichtet hätten, dass ihnen

> „von seiten der Berechtigten drängende Provokationen zugegangen, in dieser bewegten, dem Landmann nicht günstigen, kreditlosen Zeit unverzüglich, binnen wenigen Tagen, ihre Gutsherrlichen Gefälle abzulösen. Es besteht wohl kein Zweifel, daß diese ... ihren Grund zunächst in den mildern und billigern Ablöse-Bestimmungen haben, welche von hoher Staats-Regierung vor kurzem in Aussicht gestellt ... – und daß diejenigen Pflichtigen, welche noch keine Kündigung erhalten, dieselbe zu erwarten haben“[634].

Gerade die Borgeler Bauern, so wurde berichtet, seien in die Initiative gegangen, indem sie sich versammelten und absprachen.[635]

Ob die westfälischen Berechtigten 1848/49 tatsächlich verstärkt provozierten, muss dahingestellt bleiben, denn belegen lässt es sich mit eigenen Daten nicht. Wohl aber blickten sie der Gesetzesnovelle tatsächlich mit Unwillen entgegen und versammelten sich am 20. Juli 1848 erstmals in Münster, um gegen die projizierten niedrigen Ablösesätze anzugehen.[636] Auch unter dem Eindruck dieser Bewegungen wurde im Oktober 1848 das „Sistierungsgesetz“ erlassen, das es erlaubte, bereits laufende Ablösungsverfahren bis zum Inkrafttreten der neuen Gesetze auszusetzen.[637]

Mit dem Gesetz vom 2. März 1850 schließlich wurde der Kapitalisierungsfaktor tatsächlich von 25 auf 18 gesenkt,[638] infolge dessen die vom Bauern aufzubringende

---

634 Soester Kreisblatt, 4.7.1848, S. 259.

635 Koske, Bauernbefreiung, S. 82. Schließlich wurde von 470 Bauern der Soester Börde eine Petition aufgesetzt, v.a. um den so genannten „Fünftel-Abzug“, die Anrechnung der auf die Bauern fallenden Grundsteuer, durchzusetzen.

636 Hans-Joachim BEHR: Der „Westfälische Schutz- und Wohlfahrtsverein“ von 1848. Eine agrarpolitische Vereinigung der Revolutionszeit, in: Westfalen 58 (1980), S. 191-202, hier S. 191.

637 Gesetz-Sammlung 1848, S. 276-279.

638 Gesetz-Sammlung 1850, S. 77-111; Gesetz-Sammlung 1850, S. 112-138; Amtsblatt Arnsberg, S. 321, (Extra-Beilage zum 35. Stück, 31.8.1850): „Reglement wegen Ablösung und Amortisation

Summe niedriger war. Außerdem war die Frage, wie Bauern die teils beträchtlichen Ablösekapitale aufbringen konnten, bis dahin immer stärker in den Vordergrund gerückt, sodass in Preußen ein spezielles Ablöse-Kreditsystem installiert wurde. So wurden 1850 in den preußischen Provinzen Rentenbanken gegründet; in Münster für die Provinzen Westfalen und Rheinland. Idee war, sowohl Grundherren als auch Bauern mit einem Finanzierungsmodell für die Ablösung zu gewinnen. Nun könnten, so war in den Amtsblättern im April 1850 zu lesen, „die Verpflichteten aus der Lage der Gesetzgebung keinen Vorwand ferner entnehmen, sich der Erfüllung ihrer Verbindlichkeiten gegen die Berechtigten zu entziehen, um so weniger, als jene neue[n] Gesetze ihnen wesentliche Erleichterungen und die Mittel gewähren, sich durch Ablösung von ihren Verbindlichkeiten zu befreien“[639]. Das Finanzierungsmodell wird in Kapitel 6.4.1 detailliert dargestellt. Hier interessiert zunächst vor allem, dass beiden Seiten sich neue Optionen eröffnet hatten: Der Kredit der Rentenbank ermöglichte es den Bauern, abzulösen, ohne das Kapital liquide zu haben. Sollten die Berechtigten bisher von einer Provokation abgehalten worden sein, weil sie die regelmäßigen Einnahmen bevorzugten und für große Kapitalzuflüsse keine Verwendung hatten, wurden ihnen von der Rentenbank nun festverzinsliche Papiere angeboten.

Dass beispielsweise der Graf von Fürstenberg ein Interesse an der Ablösung seiner Bauern hatte, nur die Bedingungen bis dahin noch nicht seinen Zuspruch gefunden hatten, zeigt die Entwicklung der Ablösungen in den Jahren 1850 bis 1859. Dann nämlich ergriff die Rentei Adolphsburg die Initiative und nahm bald die Ablösungen in Angriff, wobei entsprechend den gesetzlichen Regelungen nicht mehr einzelne Posten, sondern die Abgaben ganzer Gemeinden auf einen Schlag abgelöst werden mussten. Im Juli 1851 vermeldete der Rentmeister Schrader an den Vertreter der Fürstenbergs, Premierleutnant Risse zu Paderborn:

> „Ich habe zunächst die Prästationen aus der Gemeinde Westfeld zur Ablösung gewählt, weil nicht nur die Debenten am weitesten von hier wohnen, sondern hauptsächlich deshalb, weil hier keine Widersprüche zu erwarten sind, und weil ich für gut halte, dass die ersten Ablösungssachen in hiesiger Gegend ohne Anstand abgemacht werden.“[640]

So nahm das Haus Fürstenberg, dessen Vertreter nun als Provokant (Antragsteller) auftrat, auch jene Verfahren wieder auf, die zuvor noch liegen geblieben waren. Die Bedingungen hatten sich geändert, denn für den Berechtigten standen nun die Rentenbriefe als Entschädigung zur Auswahl, und Risse verdeutlichte dem Rentmeister, dass er dies in Anspruch nehmen wollte.[641] Sowohl die bis dahin verwandelten Abgaben als

---

der dem Domainen-Fiscus als Berechtigtem zustehenden Reallasten“. Auch Wilhelm SPRENGEL (Hg.): Die Ablösungs-Gesetze des Preußischen Staats vom 2. und 11.3.1850, Magdeburg 1852. Die Gesetze von 1850 hoben u.a. die Ablöseordnungen von 1829 bzw. 1840 auf.

639 Amtsblatt der Regierung Arnsberg, 1850, S. 171.

640 Archiv Fürstenberg Nr. 10599.

641 Archiv Fürstenberg Nr. 10521.

auch noch verbliebene Naturalabgaben in einer Höhe von insgesamt 168 Talern (Tabelle 6-a, Zeile 13) wurden abgelöst. Damit waren die Abhängigkeiten zwischen den Westfelder Pflichtigen und dem Haus Fürstenberg weitgehend ohne Reibungen beendet worden. Währenddessen hatte sich die konjunkturelle Lage in Oberkirchen verschlechtert und weitere folgende Ablösungsprozesse gingen nicht mehr derart reibungslos vonstatten. Einige dem Haus Fürstenberg pflichtige Kolone strebten danach, die Dienstpflichten von ihren Ablösungen auszunehmen.[642] Die Lebensmittelpreise waren hoch und die Löhne niedrig, sodass die Bauern an einem Frondienst unterm Strich gewannen, vermutlich aber in dieser Krise einfach der Sicherung der Ernährung Priorität einräumten. Dem Protest war kein Erfolg beschieden, denn die Gesetzeslage ließ dies nicht zu, weil alle Rechte eines Berechtigten in einer Gemeinde abgelöst werden mussten. Die Gesetze nach 1850 nahmen, nachdem die Kapitalisierungsrate zu Gunsten der Bauern gesenkt worden und mit der Rentenbank eine allen offen stehende Finanzierungsoption eingeführt worden war, keine Rücksicht mehr auf individuelle Befindlichkeiten. Vielleicht waren die Westfelder Ablösungen letztlich auch deswegen recht schnell zum Ende gebracht worden, vielleicht waren deshalb keine Widersprüche zu erwarten gewesen, wie der Fürstenberg-Vertreter Risse meinte, weil die Westfelder keine Dienste zu leisten schuldeten.

Obwohl in Löhne die meisten Ablösungen bereits in den 1840er-Jahren vollzogen worden waren, wiesen auch die Jahre 1851 bis 1859 noch zahlreiche Ablösungen auf. Viele dieser Lasten kamen auch jetzt noch den Gütern Beck und Steinlacke zugute, die mittlerweile dem ungarischen Fürst Handjery und dessen Frau Caroline geb. Glasemapp besaßen. Aber auch zugunsten des Gutes Oberbehme und seines Besitzers Herr von Laer, der Domänenrentei Herford und auch zugunsten des Löhner Kolons Carl Heinrich Imort wurden grundherrliche Berechtigungen abgelöst. In keinem dieser Fälle konnte allerdings in Erfahrung gebracht werden, von wem die Provokation ausging.

In Borgeln schließlich war bis zum Jahr 1850 selten abgelöst worden. Die neue Gesetzeslage scheint hier einen weitaus wirksameren Impuls freigesetzt zu haben als in den beiden anderen Orten. Denn von 1850 bis 1857 wurden so gut wie alle bedeutenden Abgaben abgelöst. Fast zur Hälfte allerdings bestanden diese 1850 formal immer noch als Naturalabgaben. Mit anderen Worten: Noch nach drei Jahrzehnten preußischer Ablösegesetzgebung waren 83% der Abgaben (Tabelle 6-a, D8, F8) nicht abgelöst und noch die Hälfte weder von Pflichtigen noch von Berechtigten überhaupt im Sinne einer Monetisierung angetastet worden (F8), obwohl doch das preußische

642 Archiv Fürstenberg Nr. 10521, 26.3.1856: „Die Leute wollen nemlich bey der jetzigen Theuerung die Dienste nicht bezahlen, sondern diese leisten, um die Kost zu erhalten. Ich kann diese ihnen nicht geben, und wollte ich sie ihnen geben lassen, so kommen diese zu theuer, denn unter 8 Sgr ist die Beköstigung nicht pro Tag zu beschaffen. Der Werth eines Dienstes ist aber 6 Sgr., wovon für die Kost 3 Sgr. 8 dt. gerechnet werden".

Domänenrentamt im Falle Borgelns der wichtigste Berechtigte war. Wie viele der Borgeler Kolone von sich aus jetzt die Ablösung betrieben, ist auch für die Phase bedauerlicherweise nicht den Quellen zu entnehmen. Dass nun aber viel Bewegung in den Prozess gelangt war, belegt der Bericht des Bürgermeisters Pilger dem Landrat nach Soest aus dem Juli 1851:

> „Die Ablösungen der gutsherrlichen Gefälle schreiten dagegen erfolgreich vor und ist Herbeischaffung der Ablösesummen, um den Berechtigten zu befriedigen jetzt Gegenstand des eifrigsten Bemühens des hiesigen Landmanns. Um hierin nicht gestört zu werden, wünscht er vor allem Frieden nach Außen, gute Ernten und hohe Getreidepreise. Der erste Wunsch ist ihm um jeden Preis gewährt, zu der Erfüllung der beiden anderen ist Aussicht vorhanden."[643]

Die Politik der Domänenrentei jedenfalls hatte sich nach den Gesetzen von 1850 gewandelt. Am 19. August 1850 publizierte das Finanzministerium ein Reglement, dem zufolge die für gutsherrlich-bäuerliche Verhältnisse geltenden Regeln im Wesentlichen auch auf die den Domänen pflichtigen Bauern anwendbar waren.

> „Die Königlichen Regierungen haben von Amtswegen dahin zu wirken, daß … alle an sich ablösbare Reallasten, welche … dem Domainen-Fiskus als Berechtigten zustehen …, in feste Geldrenten umgewandelt und … durch baare Kapitalzahlung, eventuell … im Wege der Amortisation abgelöst werden."[644]

Damit war das bis dahin offensichtlich passive Domänenrentamt beauftragt, von sich aus die Ablösung zu provozieren.

6.3.4 Phase ab 1860

Die letzte Phase des gesamten Ablösungsprozesses begann mit der Schließung der Rentenbank und der weitgehenden Rückkehr zu den Ablösungsbedingungen von vor 1850 und sie endete erst im 20. Jahrhundert. An den „gutsherrlich-bäuerlichen" Abhängigkeiten waren Reste verblieben, die nun ebenfalls abgelöst wurden. Die allermeisten in dieser Phase abgelösten Lasten waren aber solche an die Kirche, Küsterei, Schule, Stiftungen und die dörfliche Gemeinde. Die Ablösbarkeit von Abgaben an diese Berechtigten war grundsätzlich stark eingeschränkt durch ein Gesetz vom 15. April 1857 und uneingeschränkt erst möglich mit Inkrafttreten des Gesetzes vom 27. April 1872.[645]

---

643 LA NRW W, Kreis Soest, Landratsamt, Nr. 17, fol. 268-275, Weslarn, 25.7.1851.

644 Amtsblatt der Königlichen Regierung Arnsberg, Extrablatt zum 35. Stück, 31.8.1850, S. 321.

645 Gesetz-Sammlung 1857, S. 363-366; Gesetz-Sammlung 1872, S. 417-420.

6.4 Die Finanzierung der Ablösungen

Im Folgenden wird untersucht werden, wie die Bauern die Mittel für Ablösungen aufbrachten, ob die gewählte Finanzierung letztlich ohne Alternative war oder ob sich Möglichkeiten boten, mit der Wahl einer Finanzierung bewusst Einfluss auf die eigene Zukunft zu nehmen. Die mikrohistorische Auswertung der Ablösungsvorgänge wird nun allein die Ablösungen und dabei insbesondere die Finanzierung ins Zentrum stellen. Dabei werden Beziehungen zu zwei weiteren Beständen hergestellt, nämlich zu den Grundbucheinträgen dauerhafter Reallasten und Hypothekarkredite und – speziell Borgeln betreffend – zu den Quellen der Buchhaltung der Sparkasse von Soest. Diese ermöglichen es, auf Borgeln bezogen das Kredit- und Einlagengeschäft der Sparkasse zu rekonstruieren.

Die Darstellung behandelt strukturell die Finanzierungsquellen. Zunächst liegt das Hauptaugenmerk darauf, in welchem Maß die staatliche Rentenbank Münster, die 1850 bis 1859 in Betrieb war, für die Ablösungen in Anspruch genommen wurde.[646] Darauf folgend geht es um die lokale Situation der Bauern von Borgeln, wo die Sparkasse Soest den bis dahin allein privaten Kreditmarkt bereicherte. Der Real-Kreditmarkt und Landverkauf und -abtretungen werden anschließend untersucht werden.

6.4.1 Rentenbank (1850-1859)

In Anbetracht stockenden Verlaufs der Ablösungen verfügte eines der beiden preußischen Gesetze vom 2. März 1850 die Einführung der so genannten Rentenbanken, deren Aufgabe es war, als Intermediäre Kredite für die Pflichtigen bereit zu stellen und gleichzeitig die Berechtigten zu entschädigen. Andere deutsche Länder hatten zu dem Zeitpunkt bereits Erfahrungen mit ähnlichen Einrichtungen gemacht.[647] Selbst im westfälischen Paderborn war es zuvor schon möglich gewesen, zu den Ablösungen die eigens eingerichtete Ablösungskasse zu nutzen - quasi ein Modellprojekt für die große Lösung für ganz Preußen.[648]

Wie funktionierte dieses Rentenbank-System? Die Rentenbank nahm eine Vermittlerposition zwischen Bauern und Grundherren ein. Idee war, sowohl Grundherren als auch Bauern mit einem Finanzierungsmodell für die Ablösung zu gewinnen. Der ablösende Bauer konnte nun unter drei Möglichkeiten wählen: Wie unter der Gesetzeslage der vorangegangenen Periode konnte er den Kapitalbetrag komplett in einer

646 Zwar war die Rentenbank Münster auch gegen Ende des 19. Jahrhunderts noch einmal in Betrieb, dies spielt aber für den hier untersuchten Zusammenhang keine Rolle.

647 Den Anfang machten Sachsen 1834 (s. Gross, Agrarreform) und Kurhessen (s. Sakai, Bauer; Pedlow, Survival). Im Überblick Dipper, Bauernbefreiung in Deutschland. Ein Überblick, S. 27-29, und Sternkiker, Ablösungsgelder, S. 71.

648 Dazu die Detailstudie von Blömer, Entwicklung, S. 98-128.

Tabelle 6-b: Rechenmodell eines preußischen Rentenbankkredites mit 1% Tilgung – in Talern

Laufendes Jahr	Restschuld zu Beginn des Jahres 1)	Jährlicher Zins (4% auf die verbleibende Kreditsumme)	Jährliche Tilgung (1% des anfänglichen Ablösekapitals)	Jahreszahlung (Summe aus Zins und Tilgung)
1	72,00	2,88	0,72	3,60
2	71,28	2,85	0,75	3,60
3	70,53	2,82	0,78	3,60
4	69,75	2,79	0,81	3,60
...				
41	3,58	0,14	3,46	3,60
42	0,12			
Summe aller Jahreszahlungen: 148 Taler				

Summe bar zahlen – nun allerdings reduziert auf das 18fache des Betrages der „fixierten Rente". Er konnte sich aber auch darauf festlegen, diese Geldrente 41 Jahre und einen Monat lang zu zahlen – was tatsächlich einem Kreditvertrag über die Ablösesumme mit 4% Zins und 1% Tilgung entsprach (Tabelle 6-b), oder aber er wählte eine noch längere Laufzeit von 56 Jahren und einem Monat, was einer reduzierten monatlichen Zahlung von 90% der Geldrente, und damit ebenfalls 4% Zins, aber nur 0,5% Tilgung entsprach (Tabelle 6-c).

Auch wenn eine Landabtretung nicht mehr vorgesehen war, boten sich dem Bauer nun mehrere Optionen, die er – anders als zuvor – völlig unabhängig vom Berechtigten wählen konnte. Letzterer war hingegen in seinen Möglichkeiten weniger unabhängig. Wählte der Bauer den Weg über die Rentenbank, so bekam der Grundherr das Ablösekapital nicht bar, sondern zum 20fachen Wert der Geldrente in Rentenbriefen, also festverzinslichen Wertpapieren, auf die pro Jahr eine Rendite von 4% des Wertes gewährt wurde. Wann der Grundherr jedoch den Nennwert der Briefe ausbezahlt bekam, konnte nicht vorhergesehen werden. Zweimal im Jahr wurden im Losverfahren Rentenbriefe in der Summe eingelöst, d. h. ausbezahlt, wie Geld bei der Rentenbank eingegangen war. Die Rentenbriefe konnte ein Grundherr auch dann verlangen, wenn der Bauer den Kredit der Rentenbank gar nicht in Anspruch nehmen wollte. In diesem Fall zahlte der Bauer das Ablösekapital bar über die Steuerkasse an die Rentenbank und diese wiederum gab dann die Rentenbriefe an den Grundherrn aus. Diese Option hatte für den Grundherrn den Vorteil, dass er zunächst ein gesichertes jährliches Einkommen aus den Rentenbriefen bezog und sukzessive die Nennwerte der Briefe in Empfang nehmen konnte, die in der Summe am Ende 10% über dem eigentlich festgelegten Wert der Grundlasten lagen. Die Termine der Ein-

Tabelle 6-c: Rechenmodell eines preußischen Rentenbankkredites mit 0,5% Tilgung – in Talern

Laufendes Jahr	Restschuld zu Beginn des Jahres 1)	Jährlicher Zins (4% auf die verbleibende Kreditsumme)	Jährliche Tilgung (0,5% des anfänglichen Ablösekapitals)	Jahreszahlung (Summe aus Zins und Tilgung)
1	72,00	2,88	0,36	3,24
2	71,28	2,85	0,37	3,24
3	70,53	2,82	0,39	3,24
4	69,75	2,79	0,40	3,24
...				
56	3,18	0,13	3,11	3,24
57	0,07			
Summe aller Jahreszahlungen: 185 Taler				

1) Ausgangsbasis ist eine Reallast von 4 Talern fixierter Rente. Diese fixierte Rente wird kapitalisiert mit dem Faktor 18 (ab 1850).

Tabelle 6-d: Rechenmodell eines endfälligen Kredites für eine Reallast von 4 Talern fixierter Rente – in Talern

Laufendes Jahr	Restschuld zu Beginn des Jahres 1)	Jährlicher Zins (5% auf die verbleibende Kreditsumme)	Jahreszahlung
1	72,00	3,60 (2,88)	3,60 (2,88)
2	72,00	3,60 (2,88)	3,60 (2,88)
...			

1) siehe Tabelle 6-c.

lösung der Rentenbriefe waren ihm folglich unbekannt, ein Nachteil, der dadurch kompensiert worden sein mag, dass sich mit den Rentenbriefe handeln ließ, sie also verkauft werden konnten. Für Bauern, die dem Domänenfiskus abgabenpflichtig waren, weil ihre früheren Obereigentümer säkularisiert worden waren, galten die gleichen Bedingungen.

Die Ergebnisse der Rentenbanken von 1865 (Tabelle 6-e) bieten einige Anhaltspunkte, den Erfolg des implementierten Systems zu bewerten. In den Bereichen der Rentenbanken von Berlin, Breslau, Königsberg, Posen und Stettin wählten die Bauern diesen Informationen zufolge in überwiegender Zahl vorzugsweise die Ablösungsform per Kredit der Rentenbank und nur zu einer Minderheit zahlten sie das Ablösekapital bar.[649] Dabei ist zu vergegenwärtigen, dass hier wesentliche Teile der feudalen Abhängigkeiten bereits vor 1850 beseitigt worden waren; die Bauern hatten hier Teile ihres Landes abgetreten oder aber die Gutsherrn mit Kapital abgefunden. 1850, als die noch verbliebenen Lasten abgelöst werden sollten, waren die Bauern also weit weniger kreditwürdig als zuvor. Somit hatte die Einführung der Rentenbanken in den Provinzen Pommern, Schlesien, Ost- und Westpreußen zweifelsfrei positive Effekte auf die Dynamik der Ablösungen, denn ihre Kredite wurden hier am stärksten nachgefragt. Auch im Bereich der Rentenbank Magdeburg war der Amortisationskredit der Rentenbank noch die bevorzugte Finanzierung, doch gab es hier schon weitaus mehr Fälle, in denen Bauern bar zahlten, die Herren dagegen lieber Rentenbriefe annahmen. Wirklich bemerkenswert sind aber die Ergebnisse für die Rentenbank Münster, die für Westfalen und das preußische Rheinland zuständig war. Die sehr hohen Eingänge an Ablösungskapitalien lassen allein schon den Schluss zu, dass die Rentenbank hier auf eigenartige Weise den ihr zugedachten Zweck nicht erfüllte oder nicht erfüllen konnte. Darüber hinaus ist zu bedenken, dass nur jene Kapitalablösungen hier geführt sind, bei denen die Berechtigten sich für die Rentenbriefe entschieden, also all jene nicht, in denen Bauern bar zahlen und die Herren bar empfangen wollten. Anhand der Ablöserezesse ist also auf mikrohistorischer Ebene zu quantifizieren, welche Bedeutung der Rentenbank für beide Seiten in Westfalen, dieser offensichtlich etwas abweichenden Provinz, zukam.

Wie aus Kapitel 6.3.2 hervorgeht, waren im ostwestfälischen Löhne bereits große Teile des Ablösungsgeschäftes abgewickelt, bevor die Rentenbank in Aktion trat. Im südlichen Oberkirchen-Westfeld jedoch, und vor allem in dem in der Soester Börde gelegenen Borgeln erweisen sich die Jahre zwischen 1850 und 1859 als entscheidend, was die Ablösung der Lasten betraf. Doch obwohl die Lasten in Borgeln einen beträchtlichen Umfang erreichten und die fixierten Renten dementsprechend hoch waren, bevorzugten die Bauern in Borgeln die Barzahlung von Ablösekapitalien (Tabelle 6-f). Zur Hälfte waren sie domänenpflichtige Bauern, die ihre Abgaben den Domänenrentämtern zu erbringen hatten, doch standen diesen die gleichen Wahlmöglichkeiten zu Verfügung wie Bauern adeliger oder bürgerlicher Grundherrn. Ihnen

[649] Die Rentenbank trat in Aktion, wenn entweder die Bauern die Rentenbank-Kredite in Anspruch nehmen wollten, oder die Berechtigten lieber Rentenbriefe als Kapital in Empfang nehmen wollten, oder beides. Über die zwischen Pflichtigen und Berechtigten direkt vereinbarten Ablösungen und über die in dem Zusammenhang geflossenen Gelder geben die Daten keine Auskunft.

Tabelle 6-e: Aktivitäten der preußischen Rentenbanken bis zum 1. Oktober 1865 in Talern

Rentenbank	Wert der abgelösten Lasten („fixierte Renten") in Talern (in % der insgesamt über die Rentenbank abgelösten Lasten)			
	Pflichtige finanzierten mit …			an **Berechtigte** 20fach in Rentenbriefen ausgezahlt 3)
	Rentenbank-Kredit		Barzahlung des Ablösekapitals (das 18fache der fixierten Rente)	
	mit langer Laufzeit 1)	mit kurzer Laufzeit 2)		
Berlin	**469.328** (84%)	**50.656** (9%)	**39.920** (7%)	**559.905** (100%)
Breslau	**1.303.191** (96%)	**13.339** (1%)	**40.957** (3%)	**1.357.488** (100%)
Königsberg	**292.030** (95%)	**12.746** (4%)	**4.008** (1%)	**308.785** (100%)
Magdeburg	**252.000** (54%)	**115.012** (24%)	**104.015** (22%)	**471.028** (100%)
Münster	**122.324** (29%)	**66.256** (16%)	**238.509** (56%)	**427.090** (100%)
Posen	**544.398** (95%)	**29.037** (5%)	**1.149** (0%)	**574.584** (100%)
Stettin	**266.730** (92%)	**12.651** (4%)	**11.478** (4%)	**290.860** (100%)

Quelle: August MEITZEN: Der Boden und die landwirtschaftlichen Verhältnisse des Preußischen Staates nach dem Gebietsumfange 1866, Bd. 4, Berlin 1869, S. 274-275, eigene Berechnungen.

1) Zahlungsweise: monatl. Raten, zus. jährlich 90% der fixierten Rente, Laufzeit 56 1/12 Jahre lang.

2) Zahlungsweise: monatl. Raten, zus. jährlich die volle fixierte Rente, Laufzeit: 42 1/12 Jahre.

3) Inkl. eines Anteils an Bargeld zur Abrundung.

wurden Amortisationskredite angeboten, die sie mit Zahlungen an die Steuerhauptkasse hätten abtragen können, somit gab es in praktischer Hinsicht keine Unterschiede zum Rentenbankmodell. Doch nahmen die Borgeler Bauern dieses nur zu einem verschwindend geringen Teil in Anspruch (Tabelle 6-f, H4, H5), und lösten meist in Form von Ablösekapital ab, mehrfach sogar in einer Höhe von 2.000 Talern und mehr (F1-3, G1-3, H1-3).[650]

In den beiden anderen Orten stellten sich die Verhältnisse etwas weniger eindeutig dar. Auch in Löhne und Oberkirchen-Westfeld wählten die meisten Pflichtigen eine Ablösung per Kapital (A1, B1, C1), doch wurde für höhere Lasten auf die Rentenbank zurückgegriffen, wie sich aus dem Verhältnis der mittels Rentenbank abgelösten Werte zur Zahl der abgelösten Beziehungen ersehen lässt (B5/B4). So finanzierte die Rentenbank in Löhne etwa 40% der abgelösten Werte, in Oberkirchen-Westfeld die Hälfte. Auch hier lässt sich jedoch nur schwerlich von einer entscheidenden Rolle der Rentenbank bei der Finanzierung der Ablösungen sprechen.

Dies wirft Schlaglichter sowohl auf die Kreditmärkte der drei Orte als auch auf die Präferenzen der Bauern. Die Amortisationskredite der Rentenbank gingen an den Bedürfnissen der Borgeler weitgehend vorbei, was seine Gründe zum einen in dem speziellen Produkt der Rentenbank, zum anderen aber in der – in Kapitel 4.5 angedeuteten – generellen Abneigung von Betrieben und Haushalten gegenüber Annuitätenkrediten haben könnte. Die Borgeler suchten andere Möglichkeiten der Geldleihe und fanden diese auch. In Löhne und Oberkirchen hingegen lässt sich an dieser Stelle noch nicht entscheiden, ob die Zahlen der Tabelle 6-f primär ein Ergebnis von Präferenzen oder von eingeschränkten Möglichkeiten der lokalen Kreditmärkte waren. Zunächst ist den Zahlen zu entnehmen, dass viele auch hier die Kredite der Rentenbank ambivalent bewerteten und die Ablösungen mit Kapital bezahlten, also auf andere Weise finanzierten. Da aber das Ablösekapital recht bald nach Unterzeichnung der Rezesse in einer ungeteilten Summe aufgebracht werden musste, muss sich kurzfristig eine hohe Kapitalnachfrage gebildet haben, die trotz der Existenz der Rentenbank vornehmlich durch den bestehenden Kapitalmarkt gedeckt wurde.

Andererseits zeigen die Ergebnisse aber auch, wer von der Einführung der Rentenbanken profitieren konnte. Die Berechtigten, meist Gutsbesitzer und Rentiers, hatten die Wahl zwischen dem Empfang großer Ablösesummen und einem regulären, jährlichen Einkommen. Große Summen mussten reinvestiert werden, in Immobilien, Krediten, Sparguthaben, Wertpapieren oder Beteiligungen. Die Rentenbriefe waren aber gerade eine Alternative, einen insgesamt höheren Wert einzustreichen, bis dahin jährliche Einkommen zu beziehen und gleichzeitig jederzeit die Briefe verkaufen und handeln zu können.

---

650 Vgl. die aggregierten Daten bei August MEITZEN: Der Boden und die landwirtschaftlichen Verhältnisse des Preußischen Staates, Bd. 6, Berlin 1901, S. 272-273, Spalte B., die ebenfalls ein Übergewicht der Kapitalablösungen zeigen.

Tabelle 6-f: Finanzierungsentscheidungen in Löhne, Borgeln und Oberkirchen-Westfeld (1850-1859)

		A	B	C	D	E	F	G	H
		Berechtigte empfingen...							
		Löhne			**Oberkirchen-Westfeld**		**Borgeln**		
		private Berechtigte		Domänenfiskus als Berechtigter	private Berechtigte		private Berechtigte		Domänenfiskus als Berechtigter
	Pflichtige zahlten...	Ablösekapital	Rentenbriefe		Ablösekapital	Rentenbriefe	Ablösekapital	Rentenbriefe	
1	Ablösekapital	9	35	2	2	67	28	26	29
2		*13*	*169*	*3*	*1*	*71*	*404*	*1.092*	*1.097*
3		(235)	(3.040)	(59)	(14)	(1.390)	(7.447)	(19.655)	(19.769)
4	Renten an Fiskus/Rentenbank 1)		12	1		23		3	2
5		n.m.	*105*	*16*	n.m.	*72*	n.m.	*98*	*18*
6			(-)	(-)		(-)		(-)	(-)
7	total	**9**	**47**	**3**	**2**	**90**	**28**	**29**	**31**
8		***13***	***274***	***19***	***1***	***143***	***404***	***1.190***	***1.115***

Quellen: Grundakten Borgeln, Löhne und Westfeld; LA NRW W, Domänenrentamt Soest, Hofakten Borgeln; Archiv Fürstenberg-Herdringen, Nr. 10520; Stadtarchiv Löhne, Haus Beck, L 120-151; Datenbanken BOR Abloes, LOE Abloes und OKI Abloes.

Erläuterung: Zeilen 1, 4 und 7: Anzahl der abgelösten Beziehungen. Zeilen 2, 5 und 8 (kursiv): Wert der abgelösten Lasten in Talern („fixierte Renten"). Zeilen 3 und 6 (in Klammern): geflossene Kapitalbeträge in Talern.

1) Unter Renten werden sowohl die 100%-ige Rente (Kredit über 41 1/12 Jahre) als auch die 90%-ige (56 1/12 Jahre) verstanden.

N.m.: aus rechtlichen Gründen nicht möglich.

Die Ergebnisse Kulhawys zur Ablösefinanzierung des Braunschweigischen Leihhauses zeigen ein gänzlich anderes Bild der Akzeptanz der institutionellen Ablösekredite. Bei einem Kapitalisierungsfaktor von umgerechnet 22 bot das Leihhaus einen Kredit mit einer fixen jährlichen Tilgung und einem Zins von 3,5% auf die offene Kreditsumme an (Tabelle 6-g). Anhand der Analyse von Rezessen aus sieben Ortschaften des ganzen Braunschweigischen Territoriums kommt Kulhawy zu dem Ergebnis, dass rund 63% aller Ablösekapitalien (am Wert gemessen) vom Leihhaus finanziert wurden, rund 16% mit Krediten privater Gläubiger und 14% des Volumens die Bauern aus Eigenmitteln aufbrachten. Kulhawy spricht in dem Zusammenhang davon, dass das Institut „in erster Linie den fast völligen Ausfall privater Geldgeber

Tabelle 6-g: Rechenmodell eines Kredites des Braunschweigischen Leihhauses (ab 1834) für eine Reallast von 4 Talern fixierter Rente – in Talern

Laufendes Jahr	Verbleibende Kreditsumme 1)	Jährlicher Zins (3,5% auf die verbleibende Kreditsumme)	Jährliche fixe Tilgung 2)	Jahreszahlung
1	88,00	3,08	1,0417	4,12
2	86,96	3,04	1,0417	4,09
3	85,92	3,01	1,0417	4,05
4	84,88	2,97	1,0417	4,01
5	83,83	2,93	1,0417	3,98
...				
84	1,54	0,05	1,0417	1,10
85	0,50	0,02	1,0417	1,06
Summe aller Jahreszahlungen: 309 Taler				

1) Kapitalisierung mit dem Faktor 22 (Kulhawy, Bauernbefreiung, S. 123).

2) Tilgung festgelegt auf 1 Rt. 1 Gr. pro 100 Rt. des Kapitals (Kulhawy, Bauernbefreiung, S. 123).

aus[glich]"[651]. Das Leihhausmodell war keineswegs besser als das spätere Rentenbankmodell in Preußen, vor allem wegen des höheren Kapitalisierungsfaktors eher schlechter, wie Tabelle 6-g im Vergleich mit den Tabellen 6-b und 6-c ausweist. Bei der empirisch belegten Bedeutung freilich stellt sich die Frage, warum das Leihhaus bei der Finanzierung derart dominant war. Zu den von Kulhawy genannten Gründen, große Nähe zu den Betrieben und Rücksicht auf deren Belange, ist wohl eine Ursache im Vergleich mit den alternativen Finanzierungen zu suchen. Im Beispiel eines Ablösekapitals von 88 Talern beliefen sich die jährlichen Zahlungen auf anfangs 4,68% mit abnehmender Tendenz. Ein paar Jahre nur lag hier die Annuität über dem Wert der vorherigen Naturalrente. Dies berechnet sich freilich für jede Ausgangsrente anders, es nährt jedoch die Zweifel, ob es sich wirklich um ein Fehlen privater Finanziers handelte oder ob das Leihhaus schlichtweg bessere Bedingungen als der private Kreditmarkt bot. Einen Schluss auf die Verfassung des privaten Kreditmarkts erlaubt das gute Ergebnis des Leihhauses bei Ablösungen nicht. Sowohl die Erwägungen zum Rentenbankkredit in Westfalen als auch die Ergebnisse für Braunschweig führen jedoch zu dem Schluss, dass die Höhe der Jahreszahlungen von großer Bedeutung für die Entscheidungen der Bauern war. Sie wählten vermutlich das in der jährlichen Belastung kostengünstigste Modell. Die Borgeler Bauern nahmen dabei in Kauf, für Tilgung und Abtrag durch eigenes Sparen sorgen zu müssen.

651 Kulhawy, Bauernbefreiung, S. 136.

Abbildung 6-A: Jährliche Summe der Ablösungskapitale in Löhne, Borgeln und Oberkirchen in Reichstalern (1830-1866)

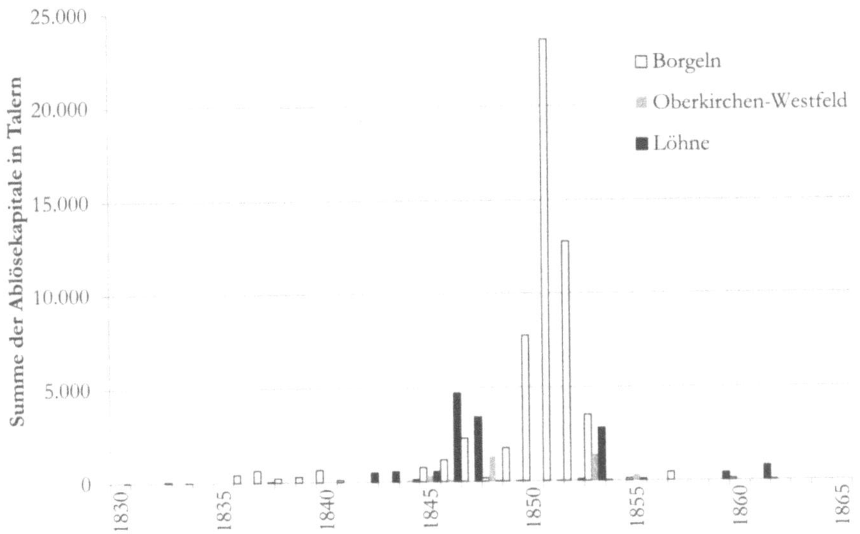

Quellen: Grundakten Borgeln, Löhne und Westfeld; LA NRW W, Domänenrentamt Soest, Hofakten Borgeln; Archiv Fürstenberg-Herdringen, Nr. 10520; Stadtarchiv Löhne, Haus Beck, L 120-151. Erläuterungen: Die Jahresangaben geben – wenn bekannt - das Zahlungsjahr wieder, ansonsten das Fälligkeitsjahr bzw. das Datum des Rezesses.

6.4.2 Sparkassenguthaben

Aus Tabelle 6-a ging bereits hervor, dass die 1850er-Jahre insbesondere in Borgeln die wichtigste Phase der Ablösungen darstellten. In Verbindung mit der Einsicht, dass in Borgeln die Ablösungsgelder beinahe ausnahmslos in bar bezahlt wurden (Tabelle 6-f), wird deutlich, dass in diesen Jahren für die Maßstäbe der ländlichen Gesellschaft enorme Summen geflossen sind. Dies findet sich bestätigt in Abbildung 6-A, die auf den exakten Kapitalsummen, wie sie aus den Ablöserezessen hervorgehen, beruht. Es zeigt deutlich, wie sehr sich in Borgeln die Ablösungszahlungen in den Jahren 1850 bis 1853 konzentrierten, also insbesondere in den Jahren, als die Rentenbank aktiv war. Ohne Zweifel erklärt sich diese Hausse an Ablösungen durch jenes Gesetz vom 2. März 1850, in dem die Kapitalisierungsrate auf 18 herabgesetzt wurde. Wenn nun die Sparkasse Soest für den Ablösungsprozess als Finanzier von Bedeutung gewesen sein sollte, müssten die Zahl der bäuerlichen Debitoren zwischen 1850 und 1853 und die Ausgaben, also ausgezahlte Sparguthaben und gewährte Kredite, überdurchschnittlich hoch gewesen sein.

Tabelle 6-h: Summe der Einzahlungen und Abhebungen bei Borgeler Konten zwischen 1845 und 1860

Jahr	Einzahlungen in Talern	Auszahlungen in Talern	Einzahlungen minus Auszahlungen in Talern	Auszahlungen in % der Einzahlungen
1847	2.588	578	+2.010	22%
1848	2.983	3.213	-230	108%
1849	2.129	1.283	+846	60%
1850	1.812	3.743	-1.931	207%
1851	3.207	5.123	-1.916	160%
1852	2.121	4.918	-2.797	232%
1853	3.872	1.262	+2.610	33%
1854	4.924	1.983	+2.941	40%

Quellen: Sparkassenjournale; Datenbank KONTEN.

Wenn man die Einzahlungen auf und Abhebungen von Borgeler Konten pro Jahr betrachtet, ergibt sich für die Jahre 1850 bis 1852 die Situation, dass deutlich mehr abgehoben als eingezahlt wurde (Abbildung 5-B). Dies spricht für einen deutlichen und kurzzeitig wirksamen Effekt der Ablösungen und es lässt sich vermuten, dass in den ersten Jahren wirklich diejenigen ablösten, deren Entscheidung durch die Reduzierung des Kapitalisierungsfaktors befördert oder die von der Domänenrentei zur Ablösung gedrängt wurden. Nominell verringerten sich die Guthaben der Borgeler 1850-52 um über 6.600 Taler (auch Tabelle 6-h). Zu vermuten ist, dass in jenen Jahren im Wesentlichen die Kolone ihr gespartes Vermögen aufzehrten, um sich abzulösen. Aber mehr noch. Denn mit Ausnahme des Revolutionsjahres 1848 war zuvor von den Borgelern beständig mehr eingezahlt als abgehoben worden. Man muss also, auch eingedenk der hohen Getreidepreise und guten Ernten, davon ausgehen, dass ohne Ablösungen weiterhin Einzahlungen über den Abhebungen gelegen hätten. Nicht allein das Geld, um das netto die Guthaben erleichtert wurden, sondern auch das Geld, was gar nicht erst auf die Konten gelangte, aber zur Ablösung verwandt wurde, muss also als Ablösungseffekt berechnet werden. Diese liquiden Mittel wird es sicher gegeben haben, und sie lassen sich auf mindestens 2.500 Taler einschätzen. Bemerkenswert, und im Folgenden näher zu hinterfragen ist auch, dass das gesamte Sparguthaben aller Borgeler selbst unter dem Eindruck der Ablösungen nicht die Marke von 9.000 Talern unterschritt. Es wird also ebenfalls zu eruieren sein, warum so viel Vermögen unangetastet bleiben konnte.

Tabelle 6-i: Finanzierung der Ablösungen durch Sparguthaben

Datum des Rezesses	Verpflichteter, *Hof*	Ablöse-kapital in Talern	Transaktions-datum		
4.1.1848	Steinhoff gt. Schwolle *Schwollen Kolonie zu Borgeln*	495	20.12.1847	bezahlt	Guthaben von 513 Talern am 30.3.1848 aufgelöst
10.4.1850	Carrie *Carrien Kolonie Borgeln*	720	4.4.1850	bezahlt	Guthaben von 632 Talern am 30.1.1850 aufgelöst (siehe Kasten)
18.7.1850	Uhlenburg *Uhlenburgs Kolonie zu Borgeln*	900	29.6.1850	bezahlt	Guthaben von 595 Talern aufgelöst am 28.6.1850
13.12.1850	Dahlhoff gen. Tommes *Tommes-Kolonie zu Borgeln*	619	13.12.1850	quittiert	Zwei Guthaben von 321 und 288 Talern aufgelöst am 5.11.1850
4.3.1851	Schulze *Schulzen Kolonie zu Borgeln*	843			Guthaben am 24.3.1851 um 800 Taler reduziert
2.7.1851	Stahl gt. Hilgenkamp *Hilgenkamps Kotten*	294	1.10.1851	fällig	Guthaben 6.10.1851 mit 110 Talern aufgelöst
31.7.1851	Steinhoff gt. Schwolle *Schwollen Kolonie zu Borgeln*	497	11.11.1850	fällig	Guthaben am 4.5.1851 um 709 Taler reduziert
25.5.1853	Multermann gen. Wortmann *Wortmann zu Borgeln*	99	1.10.1853	fällig	Konto der Schwester am 5.9.1853 mit 92 Talern aufgelöst
3.12.1851	Holtmann *Jacobs-Kolonie zu Borgeln*	261			Guthaben am 5.5.1851 reduziert um 243 Taler

Quellen: siehe Tabelle 6-j.

Tabelle 6-i führt jene Abhebungen von Sparkonten auf, die mit hoher Wahrscheinlichkeit einem Impuls der Ablösungen folgten, Tabelle 6-j nach dem gleichen System die aufgenommenen Sparkassenkredite. Bei den aufgeführten Transaktionen liegen einerseits die Termine von Abhebungen bzw. Kreditaufnahme und Kapitalzahlung eng beieinander, andererseits sind die Summen der Transaktionen angemessen, um einen kausalen Zusammenhang herzustellen. Insgesamt ergibt sich aus diesen eine Summe an liquidierten Sparguthaben von 3.900 Talern und Krediten von rund 13.350 Talern. Doch über die Transaktionen hinaus sind aus den Daten der Sparkassen noch weitere, entscheidende Kenntnisse über Finanzen ländlicher Ökonomien zu erlangen.

Tabelle 6-j: Finanzierung der Ablösungen über Sparkassen-Kredite

Datum des Rezesses	Verpflichteter, Hof	Ablösekapital in Talern	Transaktionsdatum		Datum der Rückzahlung
2.12.1850	Jünglings *Jünglings-Kolonie zu Blumroth*	1.484	bezahlt vor dem 2.12.1850	KontoID 729: Kredit über 1.000 Taler am 10.10.1850	3.2.1851
19.3.1851	Gösslinghoff gnt. Steinhoff *Steinhoff-Kolonie zu Borgeln*	2.654	fällig am 12.3.1851	KontoID 602: Kredit über 2.700 Taler am 10.3.1851	gelöscht am 25.6.1877
16.5. u. 26.6.1851	Risse gen. Beuckmann *Beuckmann Kolonat zu Fahnen*	2.107	bez. am 20.1. und 15.11.1851	KontoID 600: Kredit über 4.800 Taler ab 15.1.1851 (keine Hypothek)	nicht vor 1868
1.6.1851	Juchheim *Juchheims Kolonie zu Hattropholsen*	681	bez. am 12.3.1851	KontoID 603: Kredit über 950 Taler am 10.3.1851	6. Juni 1856
21.9.1852	Göbel *Witteborgs Kolonie zu Borgeln/ Göbel Kotten*	62	fällig am 1.4.1853	KontoID 612: Kredit über 100 Taler am 19.3.1853	23.8.1861
23.6.1853	Bimberg *Blumerhoffs Kolonie zu Blumroth*	3.257	fällig am 1.10.1853	KontoID 614: Kredit über 3.800 Rt. am 1.10.1853	gelöscht am 18.1.1883

Quellen: Grundakten Borgeln; LA NRW W, Domänenrentamt Soest, Hofakten Borgeln; Sparkassenjournale; Datenbanken BOR Abloes und KONTEN.
Es handelt sich nur um die einander zuzuordnenden Transaktionen, weder um alle Ablösungen der angegebenen Höfe, noch um alle Kredite und Sparguthaben ihrer Inhaber.

Immerhin zu einem Teil konnten manche Kolone ihr Angespartes für die eigene Ablösung einsetzen. Nicht immer reichten die Guthaben für alle Ablösungen eines Hofes aus. Viele Kolone besaßen auch keine Konten der Sparkasse, sodass diese Finanzierung ihnen nicht zu Verfügung stand. Die meisten Kolone mobilisierten ihr komplettes Sparguthaben, wenn sie von einer Ablösung betroffen waren.[652] Die Sparzinsen, die sie verloren, waren mit 3,33% geringer als die Kreditzinsen, die sie ande-

[652] Zwei Fälle sind belegt, in denen trotz zu finanzierender Ablösung Geld auf dem Konto verblieb. In einem ist in der Detailanalyse ersichtlich, dass es sich hierbei um ein Konto speziell für den Ruhestand eines Leibzüchterpaares handelte, das aus den jährlichen Zinszahlungen eine kleine Rente erhielt (siehe unten Kapitel 7.3). Im zweiten Fall, dem des Günne Kolonats in Borgeln, konnte der Kolon Wilhelm Günne (seit 1848 Kolon, BOR OFBID 189) von 1850 bis 1861 weitgehend stetig Geld ansparen, während sein Vater, der Altbauer Christoph Günne (BOR OFBID 188), 1851 die nicht sehr hohe Ablösung von knapp 100 Talern aufbrachte.

renfalls hätten zahlen müssen. Zwar hätten sie ihre Sparkonten auch unangetastet lassen und damit eine Liquiditätsreserve behalten können, doch war dies offenbar keine lohnende Alternative und wurde in dieser Form nicht praktiziert.

Dennoch verblieben auf Borgeler Konten im Jahr 1852 Guthaben in der Höhe von etwa 8.800 Talern. Wer hatte trotz Ablösungen noch Guthaben, während die Kolone sich ihrer Einlagen bedienten? Die Aufstellung in Tabelle 6-k zeigt eine Gliederung der Sparer aus Borgeln nach sozialen Merkmalen. Zu rund zwei Dritteln konnten sie direkt aus den Sparkassenbüchern entnommen werden, zu einem weiteren Drittel wurden sie erschlossen durch die Identifikation mit Personen der Familienrekonstitution und deren Beruf oder Familienstand. Der Anteil der Kolone hatte sich gegenüber der Phase vor 1850 stark verringert.[653] Zu 85% gehörten die Guthaben Ende 1852 Personen aus den übrigen Berufs- und Sozialgruppen. Selbst wenn diese Familienmitglieder eines Kolons waren, so blieben doch die Ablösezahlungen in der Regel ohne Einfluss auf privates Vermögen. Diesen Grundstock an Guthaben bildeten Personen und Haushalte, die grundherrlicher Pflichten ledig waren wie Lehrer, Müller, Handwerker, Tagelöhner und Gesinde. Auch die Sparkonten von Institutionen wie der Gemeindekasse und des Schützenvereins waren verständlicherweise von Ablösepflichten untangiert. Bisweilen waren die Konten im Besitz von Minderjährigen. So waren z. T. Erbgelder deponiert worden, andererseits nutzte gerade der Borgeler Pfarrer Seidensticker das Spargut als Möglichkeit, bereits Geld für seine Kinder mit namentlich zugeordneten Konten anzusparen.

---

[653] An Kolonen waren dies acht Fälle, wobei die Fälle von Carrie (BOR OFBID 1787) und Wilhelm Günne (BOR OFBID 189) bereits beschrieben wurden. Dahlhoff genannt Tommes (BOR OFBID 148) und Schriewer (BOR OFBID 1832) in der Tat höhere Einlagen als Ablösepflichten hatte, dem Jungkolonen Rüsse zum Fahnen (BOR OFBID 90) war das Kolonat noch nicht formal übertragen, seine Mutter musste die Ablösekapitale aufbringen, sein seit 1852 bestehendes Konto aber blieb bis zu seinem Hofantritt unangetastet. Kolon Steinhoff genannt Schwolle (BOR OFBID 333) eröffnete noch 1852 ein Konto mit drei aufeinander folgenden Einnahmen, war aber gleichzeitig mit Ablöseforderungen konfrontiert.

Tabelle 6-k: Bestehende Konten und Guthaben gegen Ende der Ablösephase in Borgeln

Familienstand bzw. Beruf	Anzahl Sparkonten	Summe der Guthaben am 31.12.1852 in Talern
Kolone	9	1.405
Minderjährige (<24)	17	1.220
Müller	1	1.040
Knechte	10	1.081
Lehrer	4	925
Ledige Frauen, Witwen	13	689
Institutionen/Vereine	8	636
Kleinbesitzer, Tagelöhner	9	578
Erbengemeinschaften	4	324
Mägde	7	256
Gutsbesitzer	1	101
ohne Angabe	8	514
Gesamtergebnis	91	8.769

Quellen: Sparkassenjournale; Datenbank KONTEN.

Was die Bedeutung von Guthaben für die Finanzierung der Ablösungen betrifft, kann man also ein Verhalten entdecken, dass sich stark am Preis des Geldes orientierte und den Guthabenzins eher opferte, als einen höheren Kreditzins in Kauf zu nehmen, und dabei Vorteile alternativer Lösungen, beispielsweise den Erhalt einer Liquiditätsreserve, gering bewerteten. Die war auch möglich, weil Liquidität auf dem Soester/Borgeler Kreditmarkt reichlich zu Verfügung stand.

6.4.3 Kredite

Die Präferenz der Borgeler Bauern für Ablösung durch Kapitalzahlung schlug in den Jahren von 1850 bis 1853 voll auf den Kreditmarkt durch (Tabelle 6-l). In nur vier Jahren nahmen die Borgeler ein Drittel der gesamten Kreditaufnahme zwischen 1830 und 1866 auf (59.567 Taler von rund 183.774 Talern). Die Kreditaufnahme stieg um 362% gegenüber den Vorjahren (Tabelle 6-l, F6). Häufiger als über den Gesamtzeitraum gesehen wandten sich Borgeler an Finanziers aus anderen Gemeinden, oft Kaufleute (C6, C3). Den weitaus größten Anteil hatten aber auch jetzt Soester Bürger und Kaufleute (B6, B3). Hier waren, sieht man von den wenigen ausgewählten Kreditoren aus anderen Städten ab (D6), die höchsten Kredite zu bekommen. Der wichtigste einzelne Gläubiger ist hier, wie schon nach dem vorangehenden Kapitel zu erwarten, die Sparkasse Soest gewesen (B5). Zwischen 1850 und 1853 erreichte sie bezogen auf Borgeler Debitoren einen „Marktanteil" von rund 13%, während es zwischen 1845 und 1849 gerade 6% waren. Dies war der stärkste Zuwachs an Marktanteilen aller in Tabelle 6-l dargestellten Gläubigergruppen, während vor allem die Kaufleute aus dem Umland (C3) am stärksten verloren (von 37% auf 14%). Die Hälfte aller Darlehen-Werte an Borgeler des Zeitraums von 1830 bis 1866 gewährte sie in den Jahren 1850 bis 1853 (auf Hypothek 7.772 Taler von 15.802 Talern, s. Tabelle 6-l, B5 und Tabelle 4-l, C7b; alle Darlehen: 15.030 Taler von 27.465 Talern). Das bedeutet, dass insbesondere die Sparkasse Soest von dem gestiegenen Kreditbedarf der Ablösungen profitieren konnte. Überdies flossen drei weitere Darlehen von auswärtigen Sparkassen, jedes in Höhe von 500 bis 2.000 Taler, in die Borgeler Wirtschaft und von dort vermutlich direkt in die Kassen des Staates und einzelner Grundherrn (D5).

Man kann aus diesen Ergebnissen schließen, dass sich in den ausgewählten Jahren die Situation auf dem Kreditmarkt änderte. Die durch die Zahlung von Ablösekapitalien ausgelöste Kapitalnachfrage führte dazu, dass sich die Bauern neue Kreditquellen erschlossen. Gerade die Sparkasse Soest und Kaufleute gewannen eine Position auf diesem Markt wie nie zuvor und auch später in der Untersuchungsperiode nicht mehr.

Was aber verlieh dem Hypothekarkredit einen Vorteil gegenüber dem Rentenbankkredit? Gegen einen Rentenbankkredit sprach die Aussicht, die jährlichen Abgaben mehr als 40 Jahre weiter zahlen zu müssen. Ein Vorteil eines Hypothekenkredites waren auch niedrigere regelmäßige Zahlungen, insbesondere, da der Zinssatz der Sparkasse auf 4% gefallen war. Für die Blumrother Witwe Bimberg beispielsweise lässt sich recht anschaulich belegen, dass dies ein Hauptmotiv des Handelns war. Hätte sie den Schuldendienst der Rentenbank gewählt, so wäre sie verpflichtet gewesen, über 56 Jahre lang eine Annuität in Höhe von 162 Talern zu zahlen, in Form von monatlichen Zuschlägen auf die Steuer. Im Falle ihres Sparkassendarlehens musste sie jährlich einen Zins von 4%, also 130 Taler aufbringen und die Summe zu späterem Zeitpunkt zurückzahlen. Sie schuldete deshalb auch teilweise von einem Zinssatz von 5% auf 4% um.[654] Zudem genoss die Eintragung der Rentenzahlung an die Rentenbank im

[654] Die Kolona Friederike Bimberg aus Blumroth (BOR OFBID 1474) hatte ursprünglich eine Annuität von 181 Talern an Feudalabgaben zu erbringen. Im März 1853 nahm sie ein Darlehen der Sparkasse über 580 Taler zu 5% Zinsen auf (KontoID 611). Dem zwei Monate später geschlossenen Ablösevertrag zufolge hatte sie zum 1.10.1853 das 18fache der Annuität, 3.257 Taler, zu zahlen. Im September 1853 schuldete sie in ein zweites Darlehen zum Zinssatz von 4% um (KontoID 614). Dieses belief sich nun auf 3.800 Taler, einerseits jene 580 Taler, die sie am 1.10. zurückzahlte, andererseits 3.220 Taler, die also ziemlich genau der Ablösesumme entsprachen. Dieses Kapital zahlte sie bei der berechtigten Staatskasse noch vor dem 1.10. ein (LA NRW W, Grundakte Soest 1926/1, S. 157).

Tabelle 6-1: Hypothekarkredite Borgeln nach Herkunft und Profession der Gläubiger (1850-1853)

Summe der aufgenommenen Kredite in Reichstaler 1850-1853 1)
Mittelwert eines Kredits
(Durchschnittliche Veränderung im Jahresmittel gegenüber 1845-49) 2)

	A	B	C	D	E	F
Berufskategorie	**Borgeln**	**Soest**	**andere Gemeinden**	**andere Städte**	**unbekannt**	**Gesamtergebnis**
1 Adel und Gutsbesitzer	0	0	2.000 *2.000*	1.500 *1.500*	400 *400*	3.900 *1.300*
2 Bauern und Kleinstellenbesitzer	0	0	2.500 *625*	0	0	2.500 *625* (+1.308 %)
3 Bürger, Kaufleute, Handwerker	0	28.543 *840*	8.407 *366*	1.150 *383*	0	38.100 *635* (+230 %)
4 Sonstige und unbekannte	275 *275*	380 *127*	40 *40*	1600 *1600*	1000 *1000*	3.295 *470* (+1.077 %)
5 Sparkasse	0	7.772 *777*	0	4000 *1333*	0	11.772 *906* (+1.433 %)
6 Gesamtergebnis	275 *275*	36.695 *781* (+166 %)	12.947 *446* (+395 %)	8.250 *1.031*	1.400 *700*	59.567 *685* (+362 %)

Quellen: Hypothekenbücher Borgeln; Datenbank BOR (Tabelle Lasten).

Erläuterungen: In die Berechnungen flossen alle Hypothekarkredite ein, die als Darlehen gewährt wurde, d. h. ohne dass ein Geschäft unter den gleichen Partnern, bspw. ein Warenkauf vorausging.

1) Gesamtzahl der Fälle 1850-53 = 87.

2) Formel: (Jahresmittel 1850-53/Jahresmittel 1830-66 * 100) – 100. Angaben nur wenn Fallzahl 1845-49 und 1850-53 größer 2.

Grundbuch Priorität, während ein neuer Kredit an eine bestehende Liste von Hypotheken angehängt wurde. In dieser Hinsicht engte der Realkreditmarkt am wenigsten ein.

Weiterhin von Bedeutung ist die Frage nach den Gründen, in dieser Situation dem Kredit der Sparkasse gegenüber dem eines Kaufmanns den Vorzug zu geben. Der Darlehenszins der Sparkasse lag gewöhnlich bei 5% und damit etwas über dem Durchschnitt aller Hypothekarkredite. Die Ermäßigung auf 4% dürfte für eine Be-

Tabelle 6-m: Hypothekarkredite Löhne nach Herkunft der Gläubiger (1845-1847)

	Summe der aufgenommenen Kredite in Reichstaler 1845-1847 (Durchschnittliche Veränderung im Jahresmittel gegenüber 1840-1844) *Mittelwert eines Kredits*					
	1	2	3	4	5	6
	Löhne	**Herford**	**andere Gemeinden**	**andere Städte**	**unbekannt**	**Gesamtergebnis**
Darlehen	862 *108* (-65 %)	3.846 *256* (-1 %)	602 *120* (-39 %)	405 *135* (-93 %)	35 *35* (-93 %)	5.751 *180* (-57 %)
Ablösekapital als Hypothek zugunsten der ehemaligen Berechtigten	0	0	6.330 *352*	0	0	6.330

Quelle: Hypothekenbücher Löhne; Datenbank LOE (Tabelle Lasten).

lebung des Geschäfts verantwortlich gewesen sein.[655] Auch konnte der Schuldner wohl den Zeitpunkt der Rückzahlung selbst bestimmen. Die Sparkasse nahm Jahr für Jahr mehr Geld ihrer Kunden ein. Es war unwahrscheinlich, dass die Sparkasse von sich aus das Geld zurückforderte, denn sie verfügte über reichlich Kapitalzufluss, benötigte aber laufend rentable Re-Investitionen.

Der Grund für die bemerkenswerten Strukturveränderungen 1850 bis 1853 dürfte somit teilweise im Produkt der Sparkasse zu finden sein, aber auch in der Elastizität des Marktes an sich. Während das bis dahin zweifelsohne sehr starke Angebot an privaten Krediten den sich auf wenige Jahre verdichtenden Nachfrageanstieg nicht befriedigen konnte, war dies der Sparkasse mit ihrem fortwährenden Kapitalüberhang möglich.

Auf eine andere Situation traf die Welle von Ablösungen in Löhne, als 1846 – wohl im Vorlauf eines Verkaufs der Güter Beck und Steinlacke auf Initiative des Besitzers von Borries – alle bis dahin verbliebenen Abgaben an die beiden Güter abgelöst wurden. In diesen Jahren musste noch das 25fache der fixierten Rente an Ablösekapital direkt an den Berechtigten bezahlt werden. Aufgrund von Tabelle 6-m wird man jedoch zu der zunächst widersinnig erscheinenden Feststellung kommen, dass gerade als der Kapitalbedarf besonders hoch war, der Hypothekenkredit besonders selten in Anspruch genommen wurde. 5.751 Taler liehen die Löhner in den Jahren 1845, 1846 und 1847. Fast ebenso viel hatten sie in den Jahren 1840 bis 1844 im Mittel jedes Jahr

[655] Zinssatz von 4% bei KontoIDs 600, 602, 603, 606, 607, 608 und 614.

aufgenommen und möglicherweise für die Intensivierung der ihnen 1840 aus der Gemeinheitsteilung zugefallenen und bis dahin extensiv genutzten Flächen verwendet. Die dann eingetretene Kreditknappheit muss zuvorderst auf die Missernte und Ernährungskrise 1846/47 zurückgeführt werden. Markterschöpfung und ausgereizte Kreditrahmen können verstärkend gewirkt haben. Zudem waren die nun zusätzlich belastenden Ablösegelder teils beträchtlich und auch im Schnitt höher als die üblichen Darlehen, sodass vielleicht Darlehen einer bestimmten Größenordnung nicht zu erlangen waren. Der Rückgang der Hypothekarkredite in Löhne nach 1844 traf alle Gläubigergruppen. Die gerade gegründete Sparkasse Herford konnte in dieser Situation noch keinen Beitrag leisten. Am ehesten liehen 1845-47 noch die Bürger und Kaufleute aus Herford. Am stärksten brach hingegen die Kreditversorgung aus dem eigenen Dorf ein. Zuvor gefragte Gläubiger mussten nun die eigenen Ablösungen bezahlen. So blieb als naheliegende Möglichkeit, dass die Gutsbesitzer, die zuvor die Abgaben und Renten kassiert hatten, nun das Ablösekapital stundeten und eine Hypothek als Sicherheit auf die Grundstücke der Bauern eintragen ließen. Vereinzelt waren so bereits ab 1822 Ablösungen vorgenommen worden. In diesen drei Jahren aber, 1845-47, haben in insgesamt 18 Fällen und in einer Gesamthöhe von 6.330 Taler die Besitzer der zwei Güter Steinlacke und Beck, von Borries und Handjery, die Kapitalien zunächst als Hypothek stehen lassen. Noch 1847 konnten sechs dieser Hypotheken gelöscht werden, wobei die Löschung zweier großer Hypotheken im Umfang von 500 und 650 Talern zumindest in zeitlichem Zusammenhang von Landverkäufen – zum einen an die Eisenbahn, zum anderen an privat – standen. Alle weiteren Kredite wurden jedoch weitaus später getilgt. Eine Unabhängigkeit von Bauer und ehemaligem Grundherr, wie sie von den Ablösungen erhofft wurde, konnte sich auf diese Weise freilich noch lange nicht einstellen.

6.4.4 Land für Geld

Zu untersuchen bleiben folglich die Ablösungen durch Landabtretung einerseits und durch Verkauf von Land andererseits. Eine Landabtretung – die ohnehin nur bis 1850 erlaubt und stark reglementiert war, lässt sich für keinen der Orte feststellen.[656] Anders, als man zunächst bei hohen Raten der Kapitalablösung annehmen könnte, nahm aber auch die Finanzierung über Landverkauf nur eine Nebenrolle ein. Es handelte sich um Einzelfälle, wenn in Löhne Ablösehypotheken mit Landverkäufen getilgt wurden. Ähnlich der Kreditaufnahme war auch die Zahl der Landverkäufe just in den Jahren der Ablöseverhandlungen 1846 und 1847 beinahe zum Erliegen gekommen.

---

[656] Auch Strunz-Happe, Wandel, S. 238; Teuteberg, Einfluß, S. 224-227.

Auch in Oberkirchen zeigen die Landverkäufe nur solche Schwankungen, die nicht auf Ablösungen zurückzuführen sind, was in Anbetracht der niedrigen Ablösesummen auch nicht überraschend sein kann.

In Borgeln schließlich, wo insgesamt außergewöhnlich wenig Land gehandelt wurde, sticht ein einziger Fall heraus, der eindeutig auf eine Kapitalablösung zurückzuführen ist. So verkaufte der Bauer Schulze aus Borgeln, dessen enormes Ablösekapital von insgesamt über 3.400 Talern im April 1852 fällig wurde, im Mai 1851 eine 5,5 Hektar große Parzelle, ein Fünftel seines Landes, für 3.200 Taler.[657]

6.5 Die Abtragung der Schulden

Es gibt mehrere Anzeichen für eine schnelle Bewältigung der Ablösephase selbst in Borgeln, das von sehr hohen Lasten betroffen war. Abgesehen davon, dass insgesamt die Jahrhundertmitte als ökonomisch vorteilhaft für Bauern zu gelten hat[658], drücken dies auch die Zahlen der Sparkasse aus. Schon 1853 erwiesen sich die Borgeler wieder als Nettosparer und zahlten mehr als je zuvor auf ihre Sparbücher ein. Die Finanzierung der Ablösungen scheint auch deshalb einfach verlaufen zu sein, weil eine vorteilhafte Phase vorangegangen war. 1849 betrugen die Auszahlungen der Sparkasse Soest nur 55% der Einnahmen. Höhere Ausgaben ließen auch dieses Verhältnis ansteigen, nie jedoch höher als 85%, weil nach 1849 die Wachstumsrate der Einlagen noch höher als die der Ausgaben war und 1855 die Einzahlungen einen neuen Höhepunkt erreichten. Daraus kann man folgern, dass die Jahre der Ablösungen zu einem gewissen Grad die Kredittätigkeit der Sparkasse dynamisierte. Die ökonomische Gesamtsituation aber, die auch die Borgeler zu verstärktem Sparen nach 1853 beflügelte, ermöglichte einen schnellen Ausgleich der Finanzierungslasten. Zu der weiteren Zunahme der Einnahmen mag dabei durchaus beigetragen haben, dass die Sparkasse die aus den Ablösungen hervorgehenden Kapitalüberschüsse deponierte. Dabei ist sowohl an die bei den Berechtigten bar eingegangenen Kapitalien, als auch an die von der Rentenbank bereits eingelösten Rentenbriefe zu denken. Aus beiden Quellen gingen bare Kapitale hervor, welche die Berechtigten wieder investieren mussten.

Die obige Tabelle 6-j der sechs Sparkassenkredite mit Ablösezweck an Borgeler Kolone gibt einen Eindruck der Tilgung und Rückzahlung dieser Darlehen. Die Fähigkeit oder Entschlossenheit zu rascher Rückzahlung scheint dementsprechend sehr unterschiedlich verteilt gewesen zu sein. Ein vergleichbares Bild ergibt eine Auswertung der Löschungen der Hypothekenkredite (Tabelle 6-n). Die Zeit bis zur Rückzahlung variierte sehr stark, sodass ein Kredit einerseits bereits nach fünf Jahren

657 BOR EID 2; LA NRW W, Grundbuch Nr. 477, fol. 85.

658 Kopsidis, Marktintegration, S. 443-444.

Tabelle 6-n: Laufzeiten der Ablösefinanzierungen

Laufzeit bis zur Löschung	Borgeln Hypothekenkredite Anzahl	Borgeln Rentenbankkredite Anzahl	Löhne Hypothekenkredite Anzahl	Löhne Rentenbankkredite Anzahl	Oberkirchen Hypothekenkredite Anzahl	Oberkirchen Rentenbankkredite Anzahl
0-10	3	keine Auswertung möglich	14	1	1	1
11-20	3		3	1	1	13
21-30	4		4	0	0	20
31-40	5		5	0	2	8
über 40 Jahre	1		3	6	3	21
Gesamtergebnis	16		29	8	7	63
Mittelwert	26 Jahre		17 Jahre	41 Jahre	35 Jahre	31 Jahre

Quellen: Hypothekenbücher Borgeln, Löhne und Oberkirchen; Datenbanken BOR, LOE und OKI (jew. Tabelle Lasten).

Es handelt sich jeweils um Mindestlaufzeiten, da teilweise keine eindeutigen Löschungsdaten bekannt sind, sondern die Lasten zu einem späten Zeitpunkt noch auf dritte Grundbuchfolien überschrieben wurden. In diesen Fällen galt jeweils das Datum des letzten Nachweises der Last.

abbezahlt, andererseits auch nach 38 Jahren noch auf dem Hof lasten konnte. Nimmt man nun einmal an, dass, wenn die Löschungsdaten schon nicht gleichbedeutend mit den Rückzahlungen sind, dann zumindest das Ausmaß der Abweichungen für Löhne und Borgeln gleich ist, so lassen sich die Tilgungsgeschwindigkeiten vergleichen. Der Mittelwert der Laufzeiten liegt für Borgeln höher als für Löhne (Tabelle 6-n). Teilt man die Summe aller Kredite durch die Summe aller Laufzeiten, so erhält man eine Zahl der durchschnittlich pro Jahr erbrachten Rückzahlung. Die Borgeler leisteten hier 66 Taler pro Jahr, die Löhner 26 Taler. So kann man feststellen, dass die Borgeler zwar pro Jahr mehr als doppelt so viel tilgen konnten, die aufgenommenen Kredite aber so hoch waren, dass trotzdem meist erst später die Ablöseschulden wirklich bewältigt waren.

Die Kredite der Rentenbank änderten an diesem Bild verständlicherweise nichts, waren sie doch auf noch weitaus längere Laufzeiten ausgerichtet. Auch war ihre Zahl, wie sich oben bereits zeigte, aus verschiedenen Gründen sowohl in Löhne als auch in Borgeln so gering, dass sich verlässliche Angaben kaum treffen lassen. In einem Fall wurde eine für Borgeln vorliegende hohe Rentenpflicht bereits 1853 gelöscht,[659] sodass die Vermutung naheliegt, dass eine stattliche Sofortzahlung geleistet wurde, deren Finanzierung aber weder als Transaktion bei der Sparkasse noch als Hypothek nach-

659 BOR AblösID 254; BOR LastID 161, gelöscht am 23.9.1853.

weisbar ist. Alle anderen Rentenpflichten an die Rentenbank, drei in Borgeln,[660] elf in Löhne,[661] und 80 in Oberkirchen, waren entweder von geringer Höhe oder wurden erst nach Laufzeiten von über 40 Jahren gelöscht, wenn auch nicht immer die volle Frist von 56 1/12 Jahren bei den reduzierten Renten ausgeschöpft wurde. Grundsätzlich wurden die Renten an die Rentenbank tatsächlich weniger wie jederzeit kündbare Kredite, die sie ja durchaus waren, sondern wie eine auf unabsehbare Zeit laufende ständige Last behandelt. Die automatische Einziehung der Rentenpflichten mit den monatlichen Steuern mag dieser Behandlung Vorschub geleistet haben. Auf diese Weise kam es dazu, dass sich die Auswirkungen der Ablösungen bis ins 20. Jahrhundert hinzogen. Man sollte daraus aber nicht den Schluss ziehen, die schweren Belastungen der ersten Jahre nach den Ablösungen hätten sich bis über die Jahrhundertwende hinaus erhalten. Die dann noch bestehenden Rentenpflichten waren aufgrund der Preis- und Lohnsteigerungen der Gründerjahre in der relativen Bedeutung stark gesunken.

6.6 Zwischenresümee

Die vorangegangenen Untersuchungen haben folgende Faktoren erkennen lassen, warum Bauern die Verwandlung bzw. Ablösung ihrer Lasten betrieben.

Eine Situation mit hohen Markt- und gleichzeitig niedrigen Ablösepreisen scheint, wie zu erwarten war, die Bauern für eine Verwandlung der Abgaben in einer Geldrente motiviert zu haben. Insbesondere die Borgeler Bauern haben die hohen Marktpreise 1846 genutzt, um bei gleichzeitig niedrigen Ablösepreisen unmittelbar einen Gewinn einzufahren. Eindeutige Zusammenhänge lassen sich aus den Daten nicht herauslesen, da meist unklar ist, wer die Verwandlung beantragte. Kein Zusammenhang bestand aber zwischen dem Grad der Marktintegration eines Ortes und dem Interesse der Bauern an Verwandlung. Im marktorientierten Borgeln drangen die Bauern gerade nicht darauf, die Naturalverpflichtung umzuwandeln, und zwar weil die meisten von ihnen der Domänenrentei abgabenpflichtig waren, und diese – und nicht nur im Regierungsbezirk Arnsberg – akzeptierten bereits die Möglichkeit von Geldlieferungen, ohne dass eine fixe Verwandlung hätte stattfinden musste.

660 BOR AblösIDs 23, 142, 144 bzw. 145; LastIDs 458, 259 und 478.

661 LOE AblösIDs 245, 400, 557 bzw. 246, 561, 542, 557, 246, 418, 419, 416, 415; LOE LastIDs 1100, 1166, 796 u. 1102, 804 bzw. 1101, 834, 926, 1007, 766, 783, 887, 1188. OKI LastIDs 1120, 1125, 1126, 1127, 1133, 1134, 1135, 1150, 1153, 1161, 1170, 1171, 1176, 1178, 1181, 1190, 1214, 1220, 1249, 1271, 1278, 1286, 1290, 1304, 1314, 1327, 1337, 1342, 1355, 1356, 1381, 1382, 1391, 1393, 1394, 1406, 1407, 1506, 1507, 1575, 1596, 1597, 1605, 1639, 1673, 1718, 1719, 1726, 1748, 1755, 1762, 1778, 1800, 1804, 1805, 1807, 1808, 1809, 1820, 2005, 2023, 2028, 2096, 2122, 2192, 2260, 2284, 2290, 2298, 2307, 2354, 2356, 2360, 2371, 2372, 2383, 2410, 2411, 2412, 2514.

Bei der Ablösung der Lasten sind andere Motive wirksam gewesen. Der Umfang der Lasten variierte stark von Ort zu Ort; auch unter den Höfen eines Ortes. Zwar kann man davon ausgehen, dass es einem Betrieb umso mehr daran gelegen war, sich der Lasten zu entledigen, je mehr diese seine Erträge schmälerten. Da Ablösung nur gegen proportionale Entschädigung möglich war, dürften sich Anreiz und Abschreckung in etwa die Waage gehalten haben. Die Reduzierung des Kapitalisierungsfaktors von 25 auf 18 im Jahr 1850 hat sicher viele motiviert, die eigene Ablösung zu betreiben, doch gerade in dieser Phase der Ablösungen waren auch und gerade die Berechtigten sehr interessiert. Die preußische Domänenverwaltung verlor ihre Zurückhaltung, und die privaten Berechtigten dürften mit der Entschädigung in Form von Rentenbriefen für eine Ablösung eingenommen worden sein.

Letzteres verweist schon auf die Rolle der Ablösefinanzierung bei der Entscheidungsfindung auf beiden Seiten. In Westfalen waren die Grundlastenablösungen eine Reform auf Kredit. Landabtretungen und Landverkäufe gab es nur im Einzelfall, und die Auflösung von Sparguthaben ist wohl kaum in größerem Maßstab, als dies die Borgeler taten, vorstellbar. Eine häufig anzutreffende Strategie bestand darin, das Angebot der staatlichen Rentenbank Münster auszuschlagen und stattdessen eine Finanzierung auf dem bestehenden Kreditmarkt zu suchen. Dies begegnet am stärksten im reichen Borgeln, aber auch in Löhne und Oberkirchen. Je näher an der Stadt gelegen, desto weniger problematisch wird es gewesen sein, seriöse und weitgehend anonyme Kredite zu finden. Wer vor 1850 aufgrund eines Antrags seines Grundherrn ablösen musste, wie viele in Löhne, dem blieb ohnehin kaum eine Wahl, als sich auf dem Markt das Geld zu leihen. Wenn zudem die Kreditkonjunktur oder individuelle Verschuldung selbst diese Optionen der Bauern einschränkte, blieben nur die Grundherren als Gläubiger. Hier hätte eine frühere Gründung einer staatlichen Kreditbank zwar nicht den formalen Ablöseprozess beschleunigen, aber doch die Bauern unterstützen können.

Dass allerdings die Verfassung des Kreditwesens und die Situation auf dem Kreditmarkt sich forcierend oder hemmend auf Entscheidungen der Bauern ausgewirkt hätten, kann nicht bestätigt werden. Und auch die institutionelle Neuerung der Rentenbank brachte aus Sicht der Bauern keine substantiell neuen Anreize für eine Ablösung, während die Rentenbriefe offensichtlich von Berechtigten begrüßt wurden. Für sich allein genommen scheint also keiner der Faktoren entscheidend gewesen zu sein. Schwerlich aufrechterhalten lassen wird sich somit für Westfalen und die Rheinprovinz die These, bis zur Einführung der Rentenbanken habe mangelnder Kredit die Abwicklung der Ablösungen behindert. Zum einen betraf dies nur eine Seite der möglichen Antragsteller, die Pflichtigen, und auch für diese hat die Untersuchung eher widersprechende Befunde geliefert. Weder hat das gute Kreditangebot in Borgeln die Ablösungen beschleunigt, noch konnte der wohl erschöpfte Kreditmarkt von Löhne verhindern, dass abgelöst wurde. In Oberkirchen-Westfeld hinderte mangelnder Kredit die Kolone nicht daran, selbst Ablösungen einzuleiten.

Insgesamt muss hervorgehoben werden, dass die Ablösungen sehr lokalspezifisch verliefen. Deshalb wird man die wirklich treibenden Kräfte der Ablösungen in einer Gesamtschau auf Ebene der ganzen Provinz oder gar ganz Preußens nicht erfassen können. So bestand das Ablösen aus einem Zusammenspiel von Möglichkeiten und Zwängen, in dem individuelle Strategien zum Tragen kamen, insbesondere in der Finanzierung. Diese Strategien zu analysieren heißt, die Fülle der Finanzierungsarten – Kredite, Landverkäufe, Sparguthaben – zu erschließen. Dies konnte für die untersuchten Orte zu einem Großteil erfüllt werden.

Dennoch gibt es weiterhin regionale Unterschiede zu erklären. Die aggregierten Daten aus Tabelle 6-e, welche die Ergebnisse der Rentenbanken wiedergeben, werfen ein Schlaglicht auf die Position Westfalens und des Rheinlands in Preußen. Wenn in Westfalen die Rentenbank keine dominante Funktion bei den Ablösungen entfaltete, weil der private Kreditmarkt stark war und zum Teil aus Sicht der Pflichtigen die besseren Produkte anbot, warum war dies in den anderen Provinzen so anders? War folglich dort der private Kreditmarkt tatsächlich unterentwickelt, wie es soeben für Westfalen bestritten wurde? Nur Forschungen zur Rolle privater Kreditmärkte bei den Ablösungen östlich der Elbe können dies beantworten.

Kapitel 7: Familienzyklus, Haushaltszyklus und individuelle Lebensökonomie

> „Wenn ich nun gleich jetzt so viel Vermögen noch nicht besitze, so hoffe ich doch bald durch mein Fleiß dahin zu gelangen, indem ich, obgleich noch jung, schon so viel durch Ausdienen erspart habe, dass ich das Holz zu meinem Hause gekauft und bar bezahlen konnte...“[662]

Unter Lebensökonomie kann man „alle Vorgänge und die dazugehörenden Entscheidungen verstehen, die im Laufe eines Lebens nach dem Start in den Beruf zum Erwerb und zur Verwendung von Einkommen führen – von der Gründung einer Familie und den dazugehörigen Aufwendungen bis hin zur Finanzierung von Pflegeleistungen“[663]. Es handelt sich also um eine stark auf den privaten Haushalt und auch auf die individuelle Situation zugeschnittene Perspektive, auch um ein Einordnungs- und Deutungssystem für Transaktionen und Entscheidungen, bei dem der Lebenslauf zum Kernelement der Interpretation wird.

Für Bauern und Bäuerinnen im 19. Jahrhundert lautete der typische, hier zunächst sehr grob skizzierte Weg: heranwachsen im Elternhaushalt, Gesindedienst auf anderen Höfen oder Arbeit im Elternhaus, Heirat und Übernahme eines Hofes oder eines kleineren Betriebs, schließlich Rücktritt von der Wirtschaft und möglicherweise Rückzug aufs Altenteil. Ihre Lebensökonomie ist vor dem Hintergrund dieser Laufbahn, die allgemein als Lebenszyklus verstanden wird, zu sehen. Die Individuen befanden sich allerdings die meiste Zeit auch in einem übergeordneten Zyklus, dem der Familie. Unter Familienzyklus wird meist der zeitliche Verlauf der Zusammensetzung der Familie als verstanden, und zwar meist bezogen auf das gemeinsame Wohnen. Der Familienzyklus hängt ganz wesentlich mit dem Haushaltszyklus zusammen, bei dem die Betonung auf der Struktur der gemeinsam wohnenden und arbeitenden Kräfte liegt. Der Haushaltszyklus umfasst also auch familienfremde Mitglieder des Haushalts und Betriebs, insbesondere Gesinde. Es ist eine offene Frage, inwieweit sich die Lebensökonomie eines Individuums von den verschiedenen Zyklen determiniert wird.

So zwangsläufig dieser Lebenslauf zunächst erscheint: In der Praxis resultierte er aus Einzelentscheidungen zu bestimmten Zeitpunkten. Auch eine bäuerliche Lebens-

---

[662] Franz Wilhelm Kohlhage, Hattropholsen, 1837 (BOR OFBID 3213; LA NRW W, Landratsamt Soest, Nr. 315, fol. 5).

[663] Ich übernehme den Begriff Lebensökonomie von Ulrich PFEIFFER und Reiner BRAUN: Private Lebensökonomie und staatlicher Einfluss. Neue Strategien zur Vermögensbildung, Köln 2003, S. 11.

ökonomie musste bewusst geführt werden. Zu Hilfe kamen den Akteuren dabei Märkte und Institutionen. Ein ganz wesentliches Element dieser Lebensökonomie war der Verkehr mit Grundstücken, der weitgehend marktfern ablief.[664] Im Zentrum der Untersuchung wird im Folgenden die Nutzung von Kredit und Sparvermögen im Rahmen des Familien- und Haushaltszyklus, aber auch im Sinne einer lebenszyklusorientierten Lebensökonomie stehen.

Bei der Finanzierung von Notlagen im eigenen Leben war der Kredit ein probates Mittel, wie unten zitierte Forschungen zeigen. Gerade aber das Sparen steht im Zentrum vieler moderner Theorien in der Wissenschaft wie auch gegenwärtig vieler öffentlichkeitswirksamer Aufforderungen zur individuellen Lebensökonomie. Diese betonen dabei die Eigenverantwortung des Individuums und senden die Botschaft aus, die Bürger sollten sich selbst als strategisch wirtschaftende Akteure entdecken. Das Vorhaben, die Lebensökonomie historischer Gesellschaften zu untersuchen, zielt ebenso darauf ab, die historischen Akteure als Lenker ihrer eigenen Geschicke darzustellen. Dies ist nur zu einem Teil die Übertragung modernen Denkens auf die Vergangenheit. Schließlich wollten schon die frühen Sparkassen direkt die Vernunft der Menschen ansprechen und ihnen die Möglichkeit der Anlage eines Notgroschens für schlechte Zeiten bieten (siehe Kapitel 5.2 und 5.3). Je nach Lebensphase ergaben sich verschiedene Hauptsparmotive: Zweck- oder Zielsparen war vermutlich ein probates Mittel zur Erreichung des ersten Lebensziels, der Haushaltsgründung. „Vorsichtsparen" konnte Einkommenseinbußen in der Kinderphase überbrücken. „Vorsorgesparen" schließlich war dann erforderlich, wenn man sich auf einen Einkommensrückgang im Alter vorbereitete.

Die folgenden Abschnitte werden spezifische Phasen und Ereignisse in den individuellen Lebensläufen untersuchen und in Zusammenhang mit Vermögensentscheidungen interpretieren. Was am historischen Material erhoben und untersucht werden kann, sind Ist-Zustände, nicht aber die Überlegungen und Strategien, die die Akteure bewegten. Ein übergeordnetes Ziel dieses Kapitels wird sein, die Überlegungen der Akteure nachzuvollziehen, doch soll das Spannungsverhältnis zwischen den beiden Phänomenen „Status" und „Motivation bzw. Strategie" nochmals an einem aktuellen Beispiel verdeutlicht werden.

Eine Untersuchung zum heutigen Sparverhalten der Deutschen hat vier Hauptmotive des Sparens herausgearbeitet. Am wichtigsten war für die Befragten daher das Sparen für unvorhergesehene Ereignisse. 71% der Befragten bezeichneten dies als „sehr wichtig", immer noch 22% als „wichtig" und nur 7% maßen diesem keine Bedeutung zu. Das strategische Alterssparen war mit Werten von 68%, 20% und 12% nur wenig niedriger bewertet. Die staatliche Förderung des Sparens – bspw. in Form von Sparzulagen – bezeichneten immer noch 30% als sehr wichtig. Hingegen sagten 69% der Befragten, dass die Überlegung, den Nachkommen etwas zu hinterlassen, für

---

664 G. Fertig, Äcker.

sie „unwichtig" sei.[665] Letzteres erstaunt angesichts der hohen Bedeutung des Vererbungs- und Nachlassmotivs in der ökonomischen Spartheorie – auf die noch einzugehen sein wird – und der hohen Vermögensbestände, die jedes Jahr vererbt werden. Zwar dürfen die Motive heutiger Sparer nicht mit den Sparergebnissen heutiger Erblasser in Verbindung gebracht werden, schließlich gehören letztere im Mittel einer älteren Generation an, und gibt es deutliche Hinweise darauf, dass es in den letzten Jahren eine Verschiebung hin zu individueller Altersvorsorge gegeben hat. Dennoch können generell Zweifel angemeldet werden an der Annahme, das Ergebnis des Sparens und die Verwendung des Ersparten seien generell Resultate der Intentionen des Sparers. Dies gilt offensichtlich nicht für die Sparer unserer Zeit und gilt noch viel weniger für Sparer, deren Leben weit weniger kalkulierbar war als das heutige. Der idealistische Blick auf den Menschen als einen homo oeconomicus würde die Ergebnisse des Sparens, jedenfalls solange keine Willensbekundung des historischen Individuums bekannt ist, als exakt das begreifen, was der Akteur mit seinem Handeln intendierte und erwartete. Es ist offensichtlich, dass dies eine eher großzügige Annahme ist. Intentionalität und Strategie sind als dynamische Prozesse zu sehen, die jeweils den sich ändernden Umständen angepasst werden. Wenn also der Akteur, um beim Sparen zu bleiben, bei Eintritt des Ruhestandes über viel Erspartes verfügt und keine Kinder hat, an die er vererben kann, so hat er nicht notwendigerweise sein Leben lang auf den Ruhestand hin akkumuliert. Möglich ist ebenso, dass er mit einem Vererbungsmotiv begann, seine Intention anpasste und am Ende vor die Situation gestellt war, das ganze Geld selbst für den Konsum einsetzen zu können.

7.1 Haushaltsgründung und Heirat

7.1.1 Konzepte zu Haushaltsgründung und Heirat

In diesem Unterkapitel soll ergründet werden, welche Bedeutung das Vermögen junger Erwachsener, insbesondere etwaiges Sparvermögen für Heirat, Haushalts- und Familiengründung hatte. Vermögen wird daher als ein Faktor dieser Entscheidungen untersucht und gegen andere soziale Faktoren, die im Folgenden diskutiert werden, abgegrenzt.

Zunächst wird man annehmen, dass Liebe und gegenseitige Anziehung die Hauptrolle bei Heirat und Familiengründung spielten. Gerade für den Untersuchungszeitraum ist dies aber eine spannende und viel diskutierte Frage, bestärkt und angeheizt durch Edward Shorters These, dass überhaupt erst zwischen 1750 und 1850 Liebe bei

[665] Axel BÖRSCH-SUPAN und Lothar ESSIG: Sparen in Deutschland. Ergebnisse der ersten SAVE-Studie, Köln 2002.

der Partnerwahl eine Rolle zu spielen begann.[666] Anzunehmen ist etwa, dass unehelich geborene Kinder, die in der Regel als deutliche Belege für beiderseitige Anziehung und Liebe zu werten sind, eine Heirat nach sich zogen, weil bestimmte gesellschaftliche und religiöse Normen dies forderten. Zwei Belege aus dem ländlichen Milieu Westfalens sollen den Aspekt der Liebesheirat zunächst aufgreifen.

Der Kolon Philipp Richter aus Roxel bei Münster, geboren 1815, berichtet in einem zwischen 1853 und 1864 geschriebenen Teil seiner Autobiographie davon, dass am Anfang seines Brautwerbens die eigene Verliebtheit gestanden hätte, die ihn dann aber zu sehr materiellen Erwägungen, nämlich dem Plan einer Erweiterung des elterlichen Hofes motivierte.

> „Durch meine Verliebung in die damalige Krawinkel-Tochter, Kirchspiel Telgte, die das Kolonat bekam, wurde besonders das Vorhaben in mir bestärkt, unser Nachbarkolonat Böckmann durch Tausch zu erwerben. Nämlich ich wollte die Krawinkel-Tochter heiraten, damit auf Richters Erbe [das elterliche Kolonat] ziehen und den Böckmanns-Erben das Krawinkelsche Kolonat wiedergeben."[667]

Rudolf Dunkmann, Sohn eines Heuerlingspaares im ostwestfälischen Leeden, berichtete 1972 als 70-Jähriger in einem Interview von seiner Heirat, kurz nachdem der Vater gestorben war.

> „Es war mir noch reichlich früh, 1926 zu heiraten. Und da hat [mir] meine Mutter so lange zugeredet gesagt, wenn wir hierbleiben wollten, dann müsste ich sehen, dass eine Frau ins Haus kommt. ... Und dann war [meine Mutter] ja auch schon reichlich alt, und mit dem Acker und dem Korn und allem, das konnte sie nicht mehr alleine schaffen. Da haben wir dann doch geheiratet. Ich war 25 Jahre alt. Ich hatte noch gar keine Traute, ich wollte mich noch gar nicht so früh binden. Aber in so einem Falle, da ist man gezwungen, entweder – oder."[668]

Ob dies subjektiv in der Rückschau zugespitzt war oder eine objektive Schilderung von hohem Wahrheitsgehalt, steht hier nicht zur Diskussion. Wichtig ist für den Zusammenhang, dass auch in den autobiografischen Beschreibungen von Bauern die materielle Seite einen zentralen Stellenwert einnahm. Richters Partnersuche etwa beruhte darauf, dass sowohl er als auch seine Erwählte die elterlichen Kolonate übernehmen werden. Es kann daher kein grundsätzlicher Zweifel bestehen, dass es einen

---

666 Zum Forschungskontext der These Edward Shorters Andreas GESTRICH: Geschichte der Familie im 19. und 20. Jahrhundert, München 1999, S. 29-35; Marion LISCHKA: Liebe als Ritual. Eheanbahnung und Brautwerbung in der frühneuzeitlichen Grafschaft Lippe, Paderborn 2006, S. 6-16.

667 Richter, Bauernleben, S. 18. Richters Dienstherr wünschte eine Heirat mit der eigenen Tochter. Über die folgenden Verwicklungen ließe sich ein „vollständiger Roman" schreiben, schreibt Richter, „ich ... aber trug den vollen Sieg davon, indem ich so klug handelte und die untergeschobene Braut fahren ließ, bekam aber die von mir gewählte auch nicht...".

668 Dietmar SAUERMANN (Hg.): Aus dem Leben eines Heuerlings und Arbeiters. Rudolf Dunkmann berichtet, Münster 1980, S. 50.

engen kausalen Zusammenhang zwischen Vermögen, ökonomischer Leistungsfähigkeit, ökonomischen Erwartungen und der Heirat gab.

Ebenso stellt das Vermögen auch in den bestehenden Grundsatz-Konzepten zum generationellen Übergang, im *„Stellenmechanismus“* ebenso wie in dem, was ich als *„Heiratsfonds-Kapitalbildung“* bezeichnen will, die beide im Folgenden erläutert werden, durchweg ein Kernelement dar. Beide Konzepte wurden entwickelt, um die demographische Entwicklung in Mittelalter und Früher Neuzeit zu erklären, und dienen nicht primär zur Erklärung von Vermögensentscheidungen. Jedoch sehen beide in materieller Ausstattung die Hauptvoraussetzung für die Heirat eines jungen Paares, die wiederum als Voraussetzung für dessen Fortpflanzung gesehen wird. Folglich muss im Folgenden auch geklärt werden, ob sie treffende Erklärungen für den lokalen Untersuchungskontext bereithalten. Insbesondere ist ein Ziel dieses Kapitels, zu ermitteln, ob Heirat und Haushaltsgründung gleichzusetzen waren oder etwa zwei Schritte bedeuteten, und ob Vermögen und Ersparnisse diese Schritte im Lebenslauf förderten und begünstigten.

Im Konzept des *„Stellenmechanismus“*, das sich zwischen den 1930er- und 1980er-Jahren großen Einflusses erfreute, wird etwa behauptet, Heiraten seien nur möglich gewesen, wenn eine Stelle, meist ein bäuerlicher Haushalt, frei wurde, und damit die materielle Grundlage für einen Haushalt und eine Familie vakant war.[669] Dies mündete in der Formulierung der These einer Kette von Hof und Heirat. Nur wer die Existenzgrundlage bekam, konnte sich demnach einen Lebenspartner suchen.[670] Wenn man so will, dann sind die beiden Zitate aus dem Westfälischen Variationen des Stellenmechanismus: Richter konnte das Nachbarskolonat, das zur Expansion des elterlichen Hofs dienen sollte, nur dann bekommen, wenn er eine Frau mit Kolonat heiratete. Dunkmann konnte den kleinen Betrieb nur dann übernehmen, wenn er die Ehe einging. In John Hajnals Konzept eines europäischen Heiratsmusters („european marriage pattern“) ist der Stellenmechanismus in empirisch prüfbare Thesen gemündet.[671] Es besagt, dass viele Ehen aufgrund mangelnder Ressourcen ungeschlossen

---

669 Für das Folgende dienen als Grundlage: Christian PFISTER: Bevölkerungsgeschichte und historische Demographie. 1500-1800, München 1994, S. 63-66; Schlumbohm, Lebensläufe, S. 96-99; Zeitlhofer, Besitztransfer, Kapitel 7.

670 Methodische Ansätze zur Prüfung dieser These zeigt Georg FERTIG: Wie lang waren die eisernen Ketten? Vergleichende Verfahren in der neuzeitlichen Familiengeschichte, in: Helga SCHNABEL-SCHÜLE (Hg.), Vergleichende Perspektiven – Perspektiven des Vergleichs. Studien zur europäischen Geschichte von der Spätantike bis ins 20. Jahrhundert, Mainz 1998, S. 171-201.

671 Eine ideen- und historiographiegeschichtliche Einordnung leistet Georg FERTIG: The Hajnal thesis before Hajnal: The pre-history of the European Marriage Pattern, unveröffentlichtes Manuskript 2005. Hajnal selbst vermeidet demnach die Argumentation mit Stellen oder Nischen, sondern argumentiert durchaus mit Haushaltsneugründungen, also einer neolokalen Formation. Seine Thesen gelten dennoch in besonderem Maße für die Beschränkungen im Rahmen des

blieben. In Europa, mit Ausnahme Ost- und Südosteuropas, sei ein Heiratsmuster dominant gewesen, bei dem nur wenige Paare heiraten, und dies obendrein spät. Da dieses europäische System auf der Kernfamilie als Haushaltseinheit beruhte, benötigten Paare zur Haushaltsgründung die Mittel, also ein Haus und eine Existenzgrundlage. Wem diese fehlten, der heiratete nicht, so die These. Wesentliche Elemente dieser Theorie sind also ein *hohes Heiratsalter*, eine *hohe Ledigenquote* in der Bevölkerung und eine enge *Verkettung* von Heirat und Hoferbe.

Die Übernahme bestehender Höfe (Stellen) ist das eine, die Gründung eines neuen Haushalts das andere.[672] So setzt das Konzept der klassischen Ökonomie beginnend mit Thomas Malthus auf den Zusammenhang von Reallöhnen und Heiraten. Hohe Löhne, so die These, ermöglichen jungen Menschen das Ansparen einer Aussteuer und eines Hausstandes, vielleicht auch des Kapitals für Landkauf und Hausbau.[673] Ebenso werden Brautleute das Wagnis einer Ehe eher unter dem Eindruck niedriger Preise für Lebensmittel, vor allem für die Hauptnahrungsmittel Kartoffeln und Roggen eingegangen sein. Anders als beim Stellenmechanismus, wo ein Paar den Haushalt der Eltern des Mannes oder der Frau übernahm (patrilokale oder uxorilokale Haushalte), konnten nach diesem Modell also neue Haushalte gegründet werden (neolokale Haushalte). Auch das Konzept der „protoindustriellen Bevölkerungsweise" weist in diese Richtung.[674] Ein Ausweg aus den ökonomischen Beschränkungen habe dort bestanden, wo sich neben der Agrarwirtschaft ein zweiter, „protoindustrieller" Erwerbszweig herausbildete. Im Gewerbe hätten junge Menschen früh eigenes Einkommen gehabt. Somit seien frühe Heiraten möglich gewesen und viele Haushalte mit gewerblicher Einkommensbasis entstanden.

Beide Interpretamente weisen folglich den ökonomischen Lebensgrundlagen entscheidende Bedeutung zu, in diesem Fall für die Möglichkeit zu heiraten und Kinder in die Welt zu setzen. Der Unterschied zwischen beiden ist jedoch die Abfolge der Schritte und der Grundbedingungen: Dem Stellenprinzip liegt die Annahme zugrunde, dass die Zahl der Stellen nicht vermehrbar ist und es nur zwei Möglichkeiten für junge Menschen gab: Entweder sie bekamen die ökonomische Grundlage (Heirat) oder eben nicht (Ledigsein). Das Konzept der Heiratsfonds-Kapitalbildung sieht keine institutionellen Schranken bei der Zahl der Haushalte vor. Es sieht vielmehr in konjunkturellen

---

Stellenmechanismus. Siehe auch G. Fertig, Ketten; Schlumbohm, Lebensläufe, S. 97; Gestrich, Geschichte, S. 75-80.

672 Zur geringen Bedeutung der Neolokalität bei Hajnal siehe G. Fertig, Hajnal, S. 4.

673 Poppel/ Nelissen, Opportunities; Macfarlane, Marriage.

674 Gestrich, Geschichte, S. 76-77; Schlumbohm, Lebensläufe, S. 97-98 sowie passim; Peter KRIEDTE, Hans MEDICK und Jürgen SCHLUMBOHM: Sozialgeschichte in der Erweiterung – Protoindustrialisierung in der Verengung? Demographie, Sozialstruktur, moderne Hausindustrie: eine Zwischenbilanz der Protoindustrialisierungs-Forschung, 2 Teile, in: Geschichte und Gesellschaft 18 (1992), S. 70-87, 231-255, hier S. 73-87.

Bedingungen die Ursachen für Unterschiede: Haushaltsgründungen und damit Heiraten hingen ab von der Kapitalbildung der jungen, lohnabhängigen Erwachsenen. Man geht nicht fehl, wenn man in der Konkurrenz beider eine Grundfragestellung der Sozialgeschichte erblickt: ob Menschen ihre soziale Positionierung qua Geburt und Herkunftsschicht erlangten, oder ob sie sich diese mit ihrem Fleiß erarbeiteten.

Die historische Realität trug, wie man erwarten kann, Züge beider Mechanismen. Einerseits waren vielerorts Ehebeschränkungen in Kraft – zunächst kirchlich determiniert, im 19. Jahrhundert auch von zahlreichen Staaten. Und auch in Preußen, wo seit dem Allgemeinen Preußischen Landrecht 1794 keine derartige staatliche Regelung mehr galt, hatten eine Zeit lang danach noch Feudalherren und vor allem die Gemeinden großen Einfluss. Der gutsherrliche Heiratskonsens, ein Recht, das beispielsweise die Gutsherren Beck gegenüber den Löhnern ausübten, fiel 1820 fort.[675] Hingegen gab es aber durchaus Ansiedelungs-Barrieren im Kompetenzbereich der lokalen Gesellschaften und Autoritäten.[676] Die zu beantwortende Frage ist also vor allem, wie stark die lokale ländliche Gesellschaft auf die Zahl der Höfe beschränkt blieb und warum. Mit welchen Mitteln gelang Paaren die Haushaltsgründung?

Die empirischen Belege weisen darauf hin, dass die historische Realität in den drei Untersuchungsorten, speziell aber auch in Borgeln zwischen den theoretischen Polen lag. Wenig auffällig sind zunächst die *Heiratsalter* der drei Orte. Die mittleren Erstheiratsalter in den drei Orten bewegten sich unter den Frauen zwischen 24 und 27 Jahren, bei den Männern zwischen 24 und 32 Jahren. In Löhne heirateten die Paare am frühesten, begünstigt möglicherweise von den Erwerbsmöglichkeiten der Protoindustrie, wahrscheinlicher aber verursacht durch das dort praktizierte Minorat, die Hofnachfolge durch den jüngsten Sohn. Auch dass gerade Heuerlinge auf eine Heirat länger warten mussten, wie von Georg Fertig gezeigt, ist dabei durchaus schlüssig, und gleichzeitig ein deutlicher Widerspruch zur Idee einer typischen protoindustriellen Bevölkerungsweise. In Oberkirchen heirateten insbesondere die Männer später, was im Mittel zu einem stattlichen Altersunterschied von 4 bis 5 Jahren führte; in Borgeln schließlich heirateten beide Geschlechter vergleichsweise spät.[677]

---

675 Gesetz-Sammlung 1820, S. 169-184; Gestrich, Geschichte, S. 29. Das Allgemeine Preußische Landrecht von 1794 sieht den herrschaftlichen Ehekonsens vor, der aber einer fehlenden Existenzgrundlage allein nicht versagt werden kann (ALR 2, Titel 7, §§ 161-170).

676 Gesetz-Sammlung 1845, S. 496-498.

677 Georg FERTIG: „Wenn zwey Menschen eine Stelle sehen“: Heirat, Besitztransfer und Lebenslauf im ländlichen Westfalen des 19. Jahrhunderts, in: Duhamelle / Schlumbohm (Hg.), Eheschließungen, S. 93-124, hier S. 102-103. Beim Heiratsalter stellte Schlumbohm, Lebensläufe, S. 99-105, hohe Variabilität je nach historischer Periode fest. Vor allem die Alterunterschiede zwischen Mann und Frau waren sehr unterschiedlich, denn die jungen Männer aus Großbauernfamilien heirateten vergleichsweise spät, die Töchter von Großbauern aber eher früh. Landlose heirateten früher und hatten geringe Altersunterschiede, was gerade nicht mit der Hajnal-Hy-

Was das *Ledigbleiben* betrifft, finden sich regional sehr unterschiedliche Quoten. In österreichischen Regionen blieben insbesondere wegen strikt gehandhabter Heiratskonsense 30-40% der Männer ledig. Fertig errechnete, dass in der Periode von 1770 bis 1810 in Borgeln etwa 6-11% der Menschen ihr Leben lang ledig blieben, in Oberkirchen 4-8,5%, in Löhne mit 4-5% am wenigsten.[678] Ähnlich niedrige Ledigenquoten im nahe Osnabrück gelegenen Belm führt Schlumbohm auf die ökonomischen Bedingungen der Leinenprotoindustrie zurück, die zu Beginn des 19. Jahrhunderts vielen Paaren Möglichkeiten boten, auch ohne Grundbesitz zu einer Existenzgrundlage zu kommen. Der Verfall des Hausleinengewerbes und neue gesetzliche Ehebeschränkungen hätten die Ledigenquote dann aber ansteigen lassen.[679] Sehr gut möglich, dass Kindern aus Heuerlingshaushalten durch die Protoindustrie überhaupt erst eine eigene Existenz ermöglicht worden war.

In der konkreten Frage, welches Prinzip bei Heirat und Haushaltsgründung in Westfalen Mitte des 19. Jahrhunderts herrschte, finden sich Anhaltspunkte für jedes der Konzepte. Georg Fertig untersuchte bisher die Faktoren, die zu Heiraten führten, in einer Event-History-Analyse, also einer Untersuchung der Abfolge von Ereignissen. So ist in jedem der drei Orte zu erkennen, dass Heiraten oftmals geschlossen wurden, wenn bereits ein Kind gezeugt oder geboren war. Zuneigung und Liebe können getrost als primäre Gründe für solche Heiraten gesehen werden. Denkbar ist etwa, dass ein Eheversprechen der Zeugung vorausging. Moralisch-religiöse Einstellungen können obendrein dahin gehend gewirkt haben, dass auch dann geheiratet wurde, wenn eine ökonomische Grundlage eigentlich fehlte. Am schwächsten war dies allerdings in Borgeln ausgeprägt, denn hier verblieben die Eltern eines vorehelichen Kindes öfter als in den anderen beiden Orten ledig.[680] Da passt es durchaus in das Bild, dass das *Stellenprinzip* noch am stärksten in Borgeln wirkte, wo junge Erwachsene gerade dann häufig heirateten, wenn mindestens ein Elternteil bereits verstorben war und folglich die nächste Generation nachrücken konnte.[681] Festzuhalten bleibt aber auch, dass im Vorfeld – aber auch im Anschluss – einer Heirat vielfach der Erwerb einer ökonomischen Grundlage stattfand, sei es als Transfer oder als Kauf. Die ökonomische Grundlage war also wichtig, es musste aber nicht immer ein Hof sein.[682] In Löhne und

pothese zu erklären ist, hingegen durchaus damit, dass hier auch für Landlose je nach Phase sich im Hausgewerbe ein Erwerb bot.

678 G. Fertig, Menschen, S. 103.

679 Schlumbohm, Lebensläufe, S. 138-139. In der Agrarverfassung mit Löhne vergleichbar ist das von Schlumbohm untersuchte Kirchspiel Belm, in dem 1812 nur 3 bis 4% der über 45jährigen Männer und Frauen unverheiratet waren. Diese Quoten waren nach der Jahrhundertwende deutlich auf 6% (Frauen) und 8% (Männer) gestiegen.

680 C. Fertig, Familie, S. 153-164.

681 G. Fertig, Menschen.

682 Heirat, Hofübernahme und Zeugung waren oftmals drei Elemente eines einzigen, sich über einen Zeitraum erstreckenden Prozesses. Wenn beispielsweise die Hofübergabe vor der Heirat

Oberkirchen kauften die Brautleute häufig vor der Heirat Parzellen, was dafür spricht, dass sie Geld für diesen Zweck gespart hatten.

Für Borgeln, den Hauptort dieser Untersuchung, ist der Zusammenhang von Investition und Heirat ebenfalls nachgewiesen worden, wenngleich schwächer als für Löhne und Oberkirchen. Insgesamt gesehen blieben in Borgeln verhältnismäßig viele Menschen ledig, selbst wenn sie bereits Kinder hatten. Das Stellenprinzip scheint hier relativ präsent gewesen zu sein, sicher auch, weil wenig Land auf den Markt gelangte. In Anbetracht der aktiven Teilhabe an institutionellen Sparmöglichkeiten ist zu fragen, welchen Einfluss Spartätigkeit und -guthaben auf die Heiratschancen hatten.

7.1.2 Heiraten in Borgeln

Implizit wird bei allen Thesen davon ausgegangen, dass die Zahl der Heiraten übereinstimmt mit der Zahl der Gründungen eigenständiger Haushalte, egal ob bestehende „Stellen" oder Neusiedlungen. Dieses ist allerdings nicht so eindeutig, denn es gibt Belege dafür, dass nicht alle Ehepaare einen gemeinsamen Haushalt gründeten, wenngleich nicht quantifizierbare.[683] So behandelt das folgende Unterkapitel Heirat und Haushaltsneugründung getrennt in zwei verschiedenen Ansätzen, die jedoch auch um den Nexus beider kreisen.

Zunächst zur Heirat: Ist es nachweisbar, dass Sparguthaben die Heirat erleichterte? Heirateten ledige Frauen und Männer mit Sparbuch früher als solche ohne?

Vorliegende Forschungen lassen wahrscheinlich erscheinen, dass geheiratet wurde, weil die Braut schwanger oder ein uneheliches Kind bereits auf der Welt war.[684] Im Allgemeinen wie auch im Fall aller drei untersuchten Orte in der Untersuchungsperiode ist ein Altersunterschied zwischen Mann und Frau festzustellen.[685] Vor allem

---

lag, kann ebenso die Realisation der Heirat eine Bedingung des Besitzwechsels gewesen sein. Formulierungen, in denen die Altbauern eine Heirat des Hoferben zur Bedingung machen, finden sich in vorliegenden Übergabeverträgen in nicht geringer Zahl. Z. B. BOR KonID 268, 476, 295, 493 und 524.

683 Ein Beispiel mag dies verdeutlichen: So gingen 1820 in Borgeln die bereits schwangere Wilhelmine Rüsse und Christoph Bergmann die Ehe ein (BOR OFBID 799 und 798). Einen gemeinsamen Haushalt hatten sie bis dahin nicht. Wilhelmine wurde von ihrem Bruder, der das elterliche Rüsse Colonat übernahm, gegen einen Abschlag von der Abfindung zugestanden, dass er „sie nebst ihren Kindern ... für den gebührlichen Lohn als Dienstmagd bei sich wohnen" lasse (BOR KonID 554, 1821). Zu einer Haushaltsgründung kam es möglicherweise 1829, als ihr Bruder ein Haus bauen ließ, erst 1837 kann die mittlerweile siebenköpfige Familie dieses Haus aber, da Wilhelmine Rüsses Abfindung noch immer aussteht, kaufen (BOR EID 793, 946, BOR KonID 540).

684 Schlumbohm, Lebensläufe, S. 123-137.

685 G. Fertig, Menschen, S. 103. Vgl. auch Georg FERTIG: Marriage and economy in rural Westphalia, 1750-1870: A time series and cross sectional analysis, in: Isabelle DEVOS und Liam KENNEDY (Hg.), Marriage and Rural Economy: Western Europe Since 1400, Turnhout 1999, S. 243-271.

in Borgeln und Oberkirchen war die Frau jünger als der Mann.[686] Auch die Lebenshaltungskosten werden wahrscheinlich Einfluss auf die Entscheidung zu heiraten gehabt haben. Für zukaufende Schichten waren niedrige Preise der Hauptnahrungsmittel Kartoffeln und Roggen ein positives Zeichen und motivierten vermutlich eher, die Ehe zu wagen, als hohe Preise. Beim Weizen, der von den Höfen verkauft wurde, mag dies genau anders herum gewesen sein, denn hier versprachen hohe Preise eher eine rosige Zukunft in Borgeln. Schließlich kann der Geburtsrang eine Rolle gespielt haben, denn nachgeborene Kinder mögen i. d. R. nicht den Hof bekommen haben, dies aber bereits zu frühem Zeitpunkt in ihrem Leben gewusst und daher in eine unabhängigere Lebensgestaltung, sprich frühe Heiraten, umgesetzt haben. Das Sparguthaben, so ist die zentrale Annahme, hat eine Heirat beschleunigt. Hingegen ist beim Grundbesitz der Eltern die Frage, ob die materielle Sicherheit eher schnelle Allianzen förderte, oder aber die Eigenständigkeit in Lohnabhängigkeit.

Die hier angewandte statistische Methode, dies herauszufinden, ist abermals die Logistische Regression (Tabelle 7-a).[687] Die einzelnen Datensätze sind Personen-Jahre. Für jede Frau und jeden Mann, die in Borgeln zwischen 1815 und 1830 geboren wurden, gibt es für jedes Lebensjahr über 18 bis zum Tod bzw. bis zur Erstheirat eine Beobachtung. Das im Zentrum stehende Ereignis ist die Heirat, die als abhängige Variable (y) formuliert ist. Es gibt nur zwei Ausprägungen: Wenn die Person im betreffenden Personen-Jahr heiratete, dann hat die Variable Heirat den Wert 1, andernfalls 0. Die unabhängigen Variablen enthalten Faktoren, die sowohl Stellenprinzip, als auch die Einflüsse von individueller Kapitalbildung und Zuneigung ausdrücken. Wenn die Übernahme der elterlichen Stelle die Voraussetzung zur Heirat wäre, dürfte eine hohe Anzahl von Geschwistern die Chance einer Heirat eher verringern. Der Erhalt eines Hofes auf dem Weg des Transfers aber sollte eine Heirat unmittelbar nach sich ziehen. Der Tod eines Elternteils wiederum steht für den Generationswechsel auf einer Stelle und sollte in dieser Hinsicht ebenfalls eine baldige Heirat ermöglichen.

Andererseits wurden in der Regressionsschätzung auch Variablen getestet, die bei positiven Einflüssen der Kapitalbildung auf Heiraten gute Ergebnisse liefern sollten. So drücken Weizen- und Kartoffelpreis annäherungsweise die Verdienstmöglichkeiten von Lohnbeschäftigten aus, da Weizen das wesentliche Exportgetreide in Borgeln war. Der Preis der Kartoffeln hingegen steht eher für die Höhe der Lebenshaltungskosten. Anzunehmen nach den Vorstellungen einer Konjunkturabhängigkeit ist, dass die Kapitalbildung zwei Menschen dann möglich war, wenn *Weizenpreise* hoch und *Kartoffelpreise* niedrig waren. Selbstredend sind dies recht grobe Indikatoren, die mit viel Aufwand durchaus präziser zu fassen wären. Wichtiger aber für den Untersuchungs-

---

686 Insbesondere für die bäuerliche Oberschicht bestätigt von Schlumbohm, Lebensläufe, S. 105.

687 Ich folge hier Paul D. ALLISON: Survival Analysis using the SAS System. A Practical Guide, Cary 1995, S. 219-222, der die Logistische Regression als Methode der Survival- bzw. Event History Analysis mit zeitabhängigen Variablen vorschlägt.

gegenstand sind direkte Nachweise von Vermögen. So gibt die Variable *Kontostand* an, ob und wie viel Vermögen eine Person zum Stichjahr angespart hatte. Guthaben hat möglicherweise eine Starthilfe bei der Existenzgründung geboten, andererseits aber ließ es auch auf Zuverlässigkeit und Sparsamkeit schließen, Charakterzüge, die bei der Suche nach einem Lebenspartner von Vorteil sein konnten. Die Variable *Land gekauft* drückt aus, ob bis zum Stichjahr die Person bereits Vermögen in Land investiert hatte. Beide Variablen sollten einen positiven Einfluss haben, wenn sie das Eingehen einer Heirat begünstigten. Als zusätzliche Variablen wurden das *Alter* und *Alter*^{2} in die Untersuchung einbezogen, weil man annehmen kann, dass sowohl zu geringes als auch zu hohes Alter eine Heirat eher erschwert als erleichtert. Erwartbar sind somit ein positiver Koeffizient für das einfache Alter, und ein niedriger negativer Koeffizient für das quadrierte Alter.

Die Untersuchungen für Männer und Frauen sind getrennt durchgeführt worden. Ausgewertet wurden alle Lebensjahre der Borgeler Geburtsjahrgänge 1815 bis 1830 bis zum Heiratsjahr bzw. zum 37. Lebensjahr.

Die für Männer signifikanten Koeffizienten für die Altersangaben sind ein Hinweis darauf, dass die Alterskurve zunächst ansteigt und darauf wieder fällt.[688] Dies hat nicht damit zu tun, dass verheiratete Personen dem Heiratsmarkt nicht mehr zur Verfügung standen, weil die Grundgesamtheit der Heiratsfähigen sich verringerte. In die Rechnung gehen pro Jahr beide Zahlen ein, die heiratenden und die nicht heiratenden.

Voreheliche Elternschaft bzw. Zeugung eines Kindes förderte das Eingehen einer Ehe in beachtlichem Maße. Das Kind konnte der Grund für eine Heirat sein. Einschränkend muss allerdings hinzugefügt werden, dass auch ein gegebenes Heiratsversprechen und die in die Wege geleitete Heirat Gründe dafür sein konnten, dass das Brautpaar bereits intim war.

---

688 Die Interpretation der Koeffizienten ist allerdings, anders als bei einer Linearen Regression, nicht in der Form möglich, dass die Einflüsse des einfachen und des quadrierten Alters in eine Funktion gesetzt werden, deren Maximum dann errechenbar ist.

Tabelle 7-a: Einflüsse auf die Eheschließung in Borgeln (Logistische Regression)

	Männer		Frauen	
	b	Sign.	b	Sign.
abhängige Variable:				
Erstheirat im gleichen Jahr ja/nein				
unabhängige Variablen:				
Alter	**1,294**	***	0,314	
Alter²	**-0,021**	***	-0,005	
Anzahl lebende Geschwister	**-0,107**	+	**-0,115**	*
Hof/ Haus bekommen	**0,826**	*	**2,309**	*
nur Mutter tot	0,385		-0,177	
nur Vater tot	0,327		-0,029	
Vater und Mutter tot	0,329		0,037	
Besitz der Eltern	0,001		**0,002**	*
Weizenpreis	0,245		**0,454**	*
Weizenpreis Vorjahr	-0,212		0,058	
Kartoffelpreis	-0,118		-0,361	
Kartoffelpreis Vorjahr	-0,403		**-1,241**	*
Parzellen gekauft	**1,106**	**	1,239	
Kontostand	0,000		0,001	
weichend*Kontostand	**0,006**	*		
uneheliches Kind	**3,825**	***	**1,628**	***
Konstante	**-22,311**	***	**-7,808**	**
N	2.960		2.232	
davon 1-Werte	94	(3%)	104	(5%)
Cox-Snell R²	0,05		0,03	
Nagelkerke R²	0,20		0,08	
-2*Log likelihood	688,68		783,62	

Quellen: Familienrekonstitutionen, Hypothekenbücher, Sparkassenjournale, Datenbanken BOR (Tabellen Eigentumswechsel, Familien, Personen) und KONTEN.

b: Regressionskoeffizient. Signifikanzniveaus + 10%, * 5%, ** 1%, *** 0,1%.

Grundgesamtheit (N): Personen-Jahre. Alle zwischen 1815 und 1830 in Borgeln geborene, die das 20. Lebensjahr erreichten (191 Männer, von denen 94 im Zeitraum heirateten. 168 Frauen, von denen 104 heirateten). Personen, deren Todesjahr nicht bekannt ist, sind ebenso eingegangen. Möglicherweise verließen diese den Ort, heirateten vielleicht auch außerhalb. Eine Reduktion auf Personen, die nachweislich im Ort geblieben sind (Begräbnis in Borgeln), brachte keine substantiellen Veränderungen der Ergebnisse. Für jede Person wurde für jedes der Lebensjahre, maximal bis zum Alter von 37 (letzter Jahrgang 1830 im letzten Berichtsjahr 1867), ein Eintrag angelegt.)

(Fortsetzung der Erläuterungen zu Tabelle 7-a)
Hochzeit im gleichen Jahr: 1, wenn das Jahr das Hochzeitsjahr ist, 0, wenn nicht.
Alter und Alter2: Lebensalter in Jahren. Hat der Koeffizient für das Alter im Ergebnis ein positives Vorzeichen, der fürs quadrierte Alter ein negatives Vorzeichen, ist dies die Konstellation einer nach unten offenen Parabel und repräsentiert die Hypothese, dass ab einem bestimmten Lebensalter die Wahrscheinlichkeit der Heirat wieder abnimmt.
Weizen- und Kartoffelpreis: Oktoberpreise für Soest. Werte ausgedrückt in Taler/Scheffel. Kartoffel- und Weizenpreis stehen in geringer Korrelation zueinander (Korrelationskoeffizient=0,55).
Land gekauft: 1, wenn einzelne Parzellen per Kauf vor dem Stichjahr erworben wurden, 0, wenn nicht.
Kontostand: Kontostand in Talern im Vorjahr.
weichend: nur bei männlichen Personen: 1, wenn im Stichjahr ein älterer Bruder lebt.
uneheliches Kind: 1, wenn bis zum 31. Dezember eines Jahres ein Kind geboren oder gezeugt wurde.
Besitz der Eltern: Der Maximalbesitz des elterlichen Hofes oder Haushalts.
Hof bekommen: 1, wenn die Person zum Zeitpunkt einen Hof übertragen bekommen hat (kein Kauf)

Aber auch die konjunkturellen Rahmenbedingungen spielten stark in die Heirat hinein. Ein niedriger Kartoffelpreis rief mehr Heiraten hervor als ein hoher, was das Argument bestätigt, dass niedrige Lebenshaltungskosten für die Entscheidung zu heiraten wichtig waren. Allerdings ist der Einfluss allein für die Frauen statistisch signifikant. Man kann sagen, dass eine hypothetische Erhöhung Kartoffelpreises um 1 Taler die Chancen auf eine Heirat im Folgejahr um gut zwei Drittel minderten.[689] Ein hoher Weizenpreis hingegen beförderte die Heirat, was mit positiven Einkommensaussichten des Paares einerseits, aber auch des Elternhaushaltes andererseits und damit höheren Transfererwartungen zusammenhängen könnte. Dass dieser Effekt nicht für die Männer nachweisbar ist, könnte an einer Asymmetrie des Datenbestandes liegen, da nicht zwingend beide Brautleute in der Stichprobe enthalten sind.

Welche Rolle spielte schließlich der Vermögens-Hintergrund der Männer und Frauen in Bezug auf Partnerfindung und Heirat? Großer Besitz der Eltern beschleunigte allenfalls bei Frauen eine Heirat. Einem Mann konnten sowohl Sparguthaben als auch einzelne gekaufte Parzellen die Heirat beschleunigen. Das Guthaben wirkte allerdings nur dann positiv, wenn er nicht sowieso Hoferbe war. Für Frauen sind die Einflüsse beider Variablen nicht signifikant. Das Sparkonto lieferte hier einen zwar kleinen Beitrag, dieser stellte sich jedoch immerhin für die Untersuchungsgruppe aus Männern und Frauen (hier nicht wiedergegeben) als signifikant auf 5% Niveau heraus. Man kann sagen, dass eine Person mit Sparbuch gegenüber einer zweiten mit den gleichen Eigenschaften und Rahmenbedingungen, aber ohne Sparbuch, höhere

689 Die Ergebnisse der logistischen Regression werden in Odds (Chancen) ausgedrückt. Da die Koeffizienten in der logistischen Funktion die Exponenten von e bilden, werden sie als solche berechnet. Keine Erhöhung des Kartoffelpreises bedeutet $e^{(-1,24x0)}=1$. Demgegenüber ergibt sich bei Erhöhung des Kartoffelpreises um 1 Taler $e^{(-1,24x1)}=0,29$, also nur 29% so hohe Chancen auf eine Heirat.

Chancen hatte, früh zu heiraten. Theoretisch erhöhten 100 Taler auf dem Konto eines voraussichtlich weichenden Erben die Chancen einer Heirat immerhin um 70%.[690] So reifte die Sparkasse insbesondere für Männer zu einem nennenswerten Vorteil bei der Heirat heran.

Umgekehrt betrachtet besaßen von 252 eindeutig identifizierten Sparkontoinhabern, die in den Jahren 1832 bis 1866 erstmals heirateten, 72 ihr Sparbuch am Beginn des Jahres vor der Heirat. Von diesen lösten 49 ihr Sparbuch im Hochzeitsjahr, dem Vorjahr oder dem Jahr danach auf, was auf einen Zusammenhang mit der Heirat hindeutet. Einige Beispiele lassen die Abfolge von Transaktionen und Aktionen sehr deutlich werden. So heiratete der Knecht Albert Hohoff[691] am 4. Oktober 1855 (Tabelle 7-b). Ein Jahr zuvor hatte er bereits das Konto angegriffen, einen Monat nach der Hochzeit löste er es auf. Hohoff zog auf den Kotten seiner Frau.[692]

Der Knecht Christian Franke[693] besaß sein Konto zwei Jahre. Er löste es im Oktober 1849 bei einem Stand von 56 Talern auf. Zwei Monate später heiratete er die Hauserbin Elisabeth Müller[694].

Tabelle 7-b: Verlauf des Kontos von Albert Hohoff

Datum	Rt.	Sgr.	Pf.
1.3.1853	+50	0	0
19.3.1853	+50	0	0
10.1.1854	+150	0	0
23.11.1854	-102	15	0
1.11.1855	-161	23	8

Quelle: Sparkassenjournale; Datenbank KONTEN, KontoID 7.

Friedrich Camen, ebenfalls Knecht, seit 1861 Besitzer eines ererbten Hauses, heiratete am 19. Mai 1864. Er besaß seit 1858 ein Konto, das er ebenfalls wenige Monate vor der Heirat auflöste (Tabelle 7-c). Im Jahr zuvor hatte er erstmals Geld vom Konto genommen und Land im Wert von 164 Talern hinzugekauft.[695]

690 Rechnung: $e^{(0,0053 \times 100)} = 1,70$.

691 KontoID 7, BOR OFBID 2442.

692 BOR HofID 21.

693 KontoID 160, BOR OFBID 983.

694 BOR OFBID 984, BOR KonID 447, BOR EID 725.

695 KontoID 397, BOR OFBID 1942, BOR EID 827 und 826.

Tabelle 7-c: Verlauf des Kontos von Friedrich Camen

Datum	Rt.	Sgr.	Pf.
29.11.1858	+12	0	0
19.10.1859	+28	0	0
6.5.1861	+50	0	0
30.3.1863	-45	7	6
28.1.1864	-54	3	10

Quelle: Sparkassenjournale; Datenbank KONTEN, KontoID 397.

Friedrich Vieth heiratete am 20. November 1864. Sein neun Jahre kontinuierlich erspartes Sparguthaben löste er 1863 auf (Tabelle 7-d). Vieth stand nicht vor der Existenzgründung. 1852 hatte er den Hof übertragen bekommen, doch erst 1862 war der den Nießbrauch habende Vater gestorben. Im Übergabevertrag war festgelegt, dass er bei der faktischen Übernahme nach des Vaters Tod die erste Hälfte der Abfindungen an seine Geschwister zu zahlen habe. Damit ist ein wesentliches Motiv für strategisches Zielsparen dokumentiert. 1864 tätigte Vieth außerdem drei Grundstückskäufe, die allerdings im Wert weit über dem Ersparten gelegen haben dürften.[696] Hypothekenschulden nahm er dafür nicht auf.

Tabelle 7-d: Verlauf des Kontos von Friedrich Vieth

Datum	Rt.	Sgr.	Pf.
21.9.1854	+10	0	0
8.9.1855	+13	0	0
19.7.1856	+18	0	0
11.7.1857	+12	0	0
22.3.1860	+11	0	0
15.11.1860	+12	0	0
6.10.1863	-93	4	0

Quelle: Sparkassenjournale; Datenbank KONTEN, KontoID 310.

Der letzte hier zu schildernde Fall zeigt den kausalen Nexus zwischen Transaktionen aufs Deutlichste (Tabelle 7-e). Der Glaser Franz Römling heiratete am 15. Januar 1859. Sein Konto mit zuletzt 137 Talern hatte er am 21. Juli 1858 aufgelöst und am gleichen Tag ein Haus samt Hofraum und kleinem Acker für 600 Taler gekauft.[697]

---

696 KontoID 310, BOR OFBID 1876, BOR EID 379, 380 und 377; auch BOR EID 1166 und BOR KonID 585.

697 KontoID 709, BOR OFB 1213 (Heirat 15.1.1859), BOR EID 585

Tabelle 7-e: Verlauf des Kontos von Franz Römling

Datum	Rt.	Sgr.	Pf.
26.1.1856	+25	0	0
19.9.1856	+85	0	0
28.11.1857	+20	0	0
21.7.1858	-137	14	4

Quelle: Sparkassenjournale; Datenbank KONTEN, KontoID 709.

Diese Beispiele zeigen in Einzelfällen die Mechanismen der Vermögensverschiebungen. Zum einen wurde vorhandenes Sparguthaben in Ehen mit Partnern eingebracht, deren Hausbesitz bereits eine Haushaltsgründung sicherstellte. Zum anderen stellt sich Sparen auch als Vorbedingung für Land- und Hauserwerb dar.

7.1.3 Neuansiedlungen in Borgeln

Ein eigener Haushalt ließ sich gründen, indem man einen bestehenden Hof übernahm, was in dem Konzept des Stellenmechanismus so pointiert zum Ausdruck kommt. Zusätzliche Haushalte bedurften aber einer Teilung der Stellen, was kaum vorkam, oder einer Neugründung, eines Neubaus.[698] Wer neu bauen wollte, also eine neue Stelle in der Gemarkung besetzen wollte, musste die Erlaubnis des Landratsamtes einholen. Dieses handelte auf gesetzlicher Grundlage[699] und richtete sich offenbar vor allem nach der Einschätzung der Gemeinde und des Amtmanns. Dass hier Heirat und Haushalt oftmals miteinander verknüpft wurden, zeigen folgende Passagen, in denen Gemeinden indirekt auch eine Geburtenbeschränkung erließen. Sie mussten grundsätzlich ihr Plazet zu Neuansiedlungen geben und urteilten dabei immer über den Paarstatus, die wirtschaftliche Potenz und charakterliche Eignung der Antragsteller. Wurde keine bestehende Stelle übernommen, so wurde dies auch zur Entscheidung über die Erlaubnis der Ehe. So z. B. in Westfeld, als die Gemeinde 1832 festhielt: „Da der Caspar Arens dahier eine eigene Wohnung hat, so liegt demselben von

[698] Ob es in den drei Orten nennenswerte Möglichkeiten der Miete gab, ist nicht zu beantworten. Es gibt im ausgewerteten Material ausgesprochen wenig Hinweise, etwa in LA NRW W, Landratsamt Soest Nr. 315, fol. 119.: Antrag von Colon Risse gen. Beuckmann auf Bau einer Mietwohnung für Tagelöhner, und ebd., fol. 142: Bauantrag des Zimmermanns Heinrich Volmerich aus Berwicke (BOR OFBID 6595), 6.6.1853: „... ich wegen meiner Familienverhältnisse durchaus gezwungen bin, mir solcherweise selbst ein Unterkommen zu verschaffen, umso mehr, da eine Miethwohnung nicht zu bekommen ist" [Hervorhebung original].

[699] Gesetz-Sammlung 1845, S. 496-498; Auch Oberpräsidial-Verfügungen vom 25.2.1837 und vom 31.5.1835.

Seiten hiesiger Gemeinde nichts im Wege, sich mit M. T. Albers zu verehelichen."[700] Matthäus Rötz und Anna Kath. Arens durften 1830 heiraten, weil Rötz bereits als Beisitzer angenommen war.[701] Und wenn es nicht direkte Einflussnahme war, so konnte die Gemeinde doch jungen Paaren Steine in den Weg legen. So ist von 1844 in Oberkirchen die Einführung eines Einzugsgeldes in Höhe von 15 Talern bezeugt, zahlbar von allen „selbstständigen Einwohnern" die sich niederlassen wollen, mit Ausnahme derjenigen, die sich im elterlichen Haus niederließen.[702]

Was von einem zukünftigen Haushaltsvorstand erwartet wurde, machte der für Borgeln zuständige Amtmann Pilger im Verfahren um die Ansiedlung des Knechtes Friedrich Juchhoff[703] 1850 deutlich:

> „Der Juchhoff ist
> 1. unbescholten.
> Er besitzt
> 2. außer dem bezeichneten sehr wertvollen Grundstück noch ein Bar-Vermögen von mindestens 400 Rt.
> 3. Die Gemeinde hat laut Anlage zur Ansiedelung ihre Einwilligung gegeben und ist
> 4. wider die Lage des Wohnplatzes nichts zu erinnern."

Dieser Einschätzung folgte das Landratsamt mit seiner Erlaubnis. Das von den Bauwilligen geforderte Vermögen war wohl das ausschlaggebende Kriterium für die Gemeindeversammlung. Nach Gesetzeslage waren zusätzlich zum Grundstück 200 Taler gefordert, um für den Hausbau genügend Eigenkapital zu besitzen. Diese hohe Hürde konnte mancher Antragsteller nicht nehmen. 1837 hatte der Ackerknecht Franz Wilhelm Kohlhage zu Hattropholsen nach eigenen Angaben schon „sämtliche Colone" bewegen können, Teile von ihrem Gemeindegrunde für 10 Taler und 1 Taler Rente jährlich abzugeben,

> „weil ich als Dorfskind bekannt und mich jeder Zeit redlich betragen habe, so dass über mir und meine Frau in moralischer Hinsicht niemand das Mindeste zu erinnern findet ... Wenn ich nun gleich jetzt so viel Vermögen noch nicht besitze, so hoffe ich doch bald durch mein Fleiß dahin zu gelangen, indem ich, obgleich noch jung, schon so viel durch Ausdienen erspart habe, dass ich das Holz zu meinem Hause gekauft und bar bezahlen konnte, wie die

---

700 Stadtarchiv Schmallenberg, Bestand B: Stadt u. Amt Schmallenberg, Nr. 74, Westfeld, 30.9.1832. Es handelt sich um OKI OFBID 358 und 138.

701 Ebd., Westfeld 8.9.1830. Es handelt sich um OKI OFBID 7124 und 4236.

702 Stadtarchiv Schmallenberg, Gemeinde-Protokollbuch Oberkirchen, 1843-1856, 9.7.1844, unpag. Für das Zürcher Oberland auch Rudolf BRAUN: Industrialisierung und Volksleben. Veränderungen der Lebensformen unter Einwirkung der verlagsindustriellen Heimarbeit in einem ländlichen Industriegebiet (Zürcher Oberland) vor 1800, Göttingen 1979, S. 39-41. Einzugsgeld als Mittel der Gemeinden, Pauperisierungstendenzen entgegenzuwirken, untersucht Ulrich PFISTER: Die Zürcher Fabriques. Protoindustrielles Wachstum vom 16. zum 18. Jahrhundert, Zürich 1992, S. 424-442, 489-492.

703 BOR OFBID 3976; LA NRW W, Landratsamt Soest, Nr. 315, fol. 107.

Quittungen der Anlage Nr. 3 bis 6 mit 50 Thalern begründen; auch erhalte ich von meinem Vater 20 Th. desgleichen, von meinem Schwiegervater 20 Th. Kindestheil-Quote und von meinem Brodtherrn 20 Th., so dass ich mit diesen 60 Th. das notdürftigste bestreiten kann."[704]

Der Bürgermeister verwehrte ihm dennoch die Zustimmung.[705] So wurde denn auch die Erlaubnis vom Landratsamt verwehrt.

Kredit war ein für die Gründung eines Haushalts ungeeignetes Mittel. Wenn die finanzielle Grundlage offenbar für die Heirat und Haushaltsgründung eine große Rolle spielte, wie wichtig war dann in jungen Jahren erspartes Vermögen? Das Ansiedlungsgesetz von 1845 setzt ausdrücklich Land oder Hypothekenkapitalien, also Forderungen, als notwendiges Vermögen voraus. Sparguthaben war noch zu selten verbreitet.

Es ist verschiedentlich in dieser Arbeit bereits zu Sprache gekommen, dass erstens die Besitzverteilung in Borgeln höchst ungleich war, dass viele Haushalte mit sehr wenig Land auskommen mussten, sehr wenige aber große Besitzungen hatten. Auch dass eine große Anzahl von Knechten und Mägden im Ort ein Auskommen fand, ist bereits bemerkt worden. Es gab also einen Arbeitsmarkt.[706] Silke Goslar hat in ihrer Magisterarbeit auf die hohe Quote der vorehelichen Geburten hingewiesen und dies in den Zusammenhang mit dem großen Arbeitsbedarf in Borgeln gestellt.[707] Insofern war es nicht allein Protoindustrie, die die Reproduktion von Landlosen und weichenden Erben ermöglichte, sondern viel allgemeiner eine hohe Nachfrage des Produktionsfaktors Arbeit. In Borgeln war dies bereits 1828 der Fall, als der Autor des Wertschätzungsprotokolls kritisierte, die Bauern in Borgeln und den Nachbargemeinden würden ihr Gesinde zu hoch entlohnen. Wenn sie ihnen zum Lohn noch Land zur Verfügung überließen, sei dieses oftmals zu gut, der Naturallohn an Leinen und Schuhen sei übertrieben und oft müssten sie noch ein oder zwei uneheliche Kinder ihrer

---

704 BOR OFBID 3213; LA NRW W, Landratsamt Soest, Nr. 315, fol. 5.

705 LA NRW W, Landratsamt Soest, Nr. 315, fol. 7: Pilger, damals Bürgermeister, am 31.7.1837: „Bittsteller wird nach vollendetem Bau Schulden haben, das Wohnhaus eiligst im Brandkataster eintragen lassen und auf die Versicherungssumme eine Anleihe contractieren. Dieses ist seither bei Ansiedelungen Regel gewesen. Ist dann der Besitzer nicht mehr erwerbsfähig, trifft ihn oder seine Familie ein Unfall, so ist bittere Armuth bei der vorhandenen Verschuldung immer Folge. Dies zu verhindern ist Zweck der betr. Verordnungen über Einschränkung der Ansiedelungen und deshalb könnte der Kohlhage, der in Folge Schwängerung eines Mädchens und dadurch herbeygeführte Heirath nun ein Obdach fehlt, nur abschlägig beschieden werden".

706 Ob man Knechte und Mägde explizit vom Arbeitsmarkt ausnehmen, oder vielleicht von mehreren Märkten sprechen muss, weil Gesinde und Tagelöhner nicht um die gleichen Stellen konkurrierten, ist fraglich. Die Berufs- und Stellungsangaben in den Kirchenbüchern variieren gerade bei den Unterschichten immer zwischen Tagelohn, Gesindedienst und Kleinbesitz. Dies spricht eher dafür, die Grenzen hier fließend zu sehen.

707 Silke GOSLAR: Nichteheliche Kinder auf dem Land: eine vergleichende Analyse zweier westfälischer Kirchspiele im 19. Jahrhundert, Magisterarbeit Münster 2005.

Mägde mit ernähren.[708] Hier regierte der Markt, weitgehend unerkannt von dem von außen kommenden Betrachter, den die Sorge um die Kolone und deren Einkommen umtrieb, nicht die um die Kapitalbildung des Gesindes. Sparguthaben wiederum könnte auch die Existenzgründung in Form einer Neuansiedlung ermöglicht haben.

Aus Borgeln und den zur Pfarrei zugehörigen Gemeinden wurden 1837 bis 1867 24 Anträge auf Neuansiedlungen und Hausbau gestellt (Tabelle 7-f). Die Verteilung auf die Untersuchungsperiode zeigt eine Verdichtung der Bauanfragen ab 1850. Sicher war ein bedeutender Impuls der gerade noch abgewendete Konkurs des Kolons Klauke in Blumroth, auf dessen ehemaligem Land gleich mehrere neue Stellen entstanden (vgl. Kapitel 8.3), und dessen Scheune etwa der bauwillige Knecht Volmerich ersteigerte. 3 dieser 24 Bauanträge waren von Kolonen gestellt worden, so von Kolon Risse gen. Beuckmann[709], der ein Miethaus für Tagelöhner baute, von Kolon Bertel, der für seinen Sohn ein Haus baute, und schließlich von Kolon Wilhelm Gösslinghoff[710], der ein Mühlenprojekt verfolgte, das ihm nicht gewährt wurde. Vier weitere Antragsteller wohnten bereits in Borgeln, wollten aber ihr altes Haus verkaufen und ein neues bauen.[711] Von den übrigen 17 Anträgen wurden 5 abgewiesen und 12 bewilligt (Tabelle 7-f).

Eine Analyse der finanziellen Hintergründe der 17 Hausbauunternehmungen zwischen 1837 und 1867 rückt die Bedeutung des Sparbuch-Sparens für den Hausbau auf den ersten Blick eher in den Hintergrund. Fünf Antragsteller kamen von auswärts, wenn auch meist aus Nachbargemeinden, die aber bei der Rekonstitution der Konten nicht ausgewertet wurden. Doch auch bei den in Borgeln gebürtigen 13 Antragstellern vermisst man die Vorbereitung dieser Transaktion durch ein Sparkonto. Im Moment der Antragsabgabe hatte allein einer der Bauherren, Christoph Carrie, ein Sparguthaben, das ihm auch entsprechend zugute geschrieben wurde. Bei allen anderen Antragstellern wurde amtlicherseits vor allem das in Grundbesitz angelegte und unbelastete Vermögen als Grundlage für die Ausgaben des Hausbaus angesehen, denn bei entsprechender Größe und Wert konnten die Grundstücke belastet werden, ohne für den neuen Haushalt größere Bedrängnis zu bedeuten. In Einzelfällen wurde auf zusätzliches Vermögen hingewiesen, so beim schon zitierten Friedrich Juchhoff oder beim Stellmacher Franz Schlüter, der zusätzlich zum Grundstück im Wert von 350 Talern ein Vermögen von 200 Talern hatte.

---

708 Wertschätzungsprotokoll Borgeln, Kap. III, §11.

709 BOR OFBID 125. LA NRW W, Landratsamt Soest Nr. 315, fol. 119.

710 BOR OFBID 251. LA NRW W, Landratsamt Soest Nr. 315, fol. 178.

711 LA NRW W, Landratsamt Soest Nr. 315, fol. 15, 30, 161 und 184.

Tabelle 7-f: Ansiedlungsanträge für die Pfarrei Borgeln (1837-1867)

Datum	Antragsteller(in)	BOR OFBID	Reaktion des Amtes	Familienstand	Kontostand	Grundbesitz	
						geerbt	gekauft
18.7.1837	Ackerknecht Franz Wilh. Kohlhage, Hattropholsen	3213	-	verh.	k. A.	-	-
24.6.1848	Margarethe Schulthoff, Blumroth	1485	-	ledig	83[1]	-	+
12.8.1850	Ackerknecht Friedrich Juchhoff, Stocklarn	3976	+	ledig	0	+[5]	+
1850	Ackerknecht Christoph Carrie, Stocklarn	6196	+	verh.	378[2]		+[6]
13.5.1851	Ackerknecht Wilhelm Uhlenburg zu Blumroth	1599	+	verh.	0	-	+
21.5.1851	Schneider Wilhelm Hölscher, Blumroth	1519	+	verh.	0	+	+
9.7.1852	Zimmermann Heinrich Volmerich, Berwicke	6595	-	verh.	k. A.	-	+
27.6.1853	Schneider Wilhelm Buschoff, Borgeln	821	+	ledig	0		+
5.2.1855	Landwirt Dietrich Kothe, Stocklarn	6603 o. 2234	+	verh.	0	k.A.	
20.7.1855	Schuster Christoph Overhof, Berwicke	4098	+	verh.	0	+[3]	
7.7.1861	Zimmergeselle Heinrich Schnapp, Borgeln	1018	-	verh.	0	-	-
20.3.1862	Stellmacher Franz Schlüter, Berwicke/ Borgeln	1373	+	verh.	k. A.	-	+
3.7.1862	Ökonom Wilhelm Bennemann und Catharina Reck		-	k. A.	k. A.	k. A.	k. A.
5.9.1863	Florenz Schulthoff, Stocklarn	8865	+	verh.	0	-	+
10.3.1864	Ackermann Heinrich Witteborg, Hattropholsen	1799	+	verh.	-80[4]	+	+
11.5.1865	Schneider Carl Busse, Stocklarn	3378	+	ledig	0	+	-
9.6.1865	Weber Wilhelm Düllmann, Borgeln	1386	+	verh.	0	-	+

Quelle: LA NRW W, Landratsamt Soest, Nr. 315, Sparkassenjournale, Hypothekenbücher. Datenbanken BOR (Tabellen Eigentumswechsel) und KONTEN.

+: Zustimmung bzw. Besitz vorhanden; -: Ablehnung bzw. kein Besitz vorhanden.

1) KontoID 706, am 8. Mai 1848 mit 83 Taler aufgelöst. 2) KontoID 115, am 21. Juli 1851 beinahe komplett abgehoben.

3) Grundbesitz in Berwicke. 4) KontoID 630: Darlehenkonto mit 80 Taler Kreditaufnahme am 20. Januar 1864.

5) BOR EID 1374: Gerichtliche Abtretung 17. Juli 1850, Haus und Hof

6) BOR EID 1330 (16. März 1850), Parzelle im Tausch erworben. Abgegebene Parzelle unbekannt.

An der Schwelle zum eigenen Haus hatte also bereits der Grund und Boden größere Bedeutung als Geldvermögen. Den Antrag, ein Haus auf erworbenem Grund zu bauen, nahmen wohl aufgrund der restriktiven Kriterien nur wenige in Angriff, dies aber in jedem Fall, nachdem sie Geld in Boden umgewandelt hatten. Margaretha Schulthoff hatte am 8. Mai 1848 ihr Konto mit 83 Taler aufgelöst, am 19. Juni die Parzelle gekauft und am 24. Juni den Antrag gestellt, der wegen eines ungeeigneten Bauplatzes nicht bewilligt wurde. Der Schneider Hölscher hatte im Vorfeld des Hausbaus zwar ständig ein Konto, auf dem er meist kurzfristig kleinere Summen deponierte, den Baugrund kaufte er aber, nachdem er mehrere andere Parzellen zu Geld gemacht hatte. Ackermann Witteborg hatte sich 1860 sein Guthaben von über 500 Talern auszahlen lassen; vier Jahre vor der Heirat und Hauskauf. Diese Belege rücken die Vorbedingungen von Neuansiedlungen stärker in den Kontext des allgemeinen Grunderwerbs.

7.1.4 Zwischenresümee

Ausgehend von den zwei einander entgegenstehenden demographischen Thesen zur Haushaltsgründung, dem „*Stellenmechanismus*" und der These der „*Heiratsfonds-Kapitalbildung*", die beide theoretische Voraussetzungen benennen, die einem Paar zur Heirat resp. Haushaltsgründung verhalfen, wurde untersucht, welche Rolle Vermögen und Ersparnis in dieser Lebensphase spielten.

Insgesamt war in dem vertieft betrachteten Ort Borgeln das „Stellenprinzip" recht wirksam. Dennoch wurden Heirat und Haushaltsgründung hier analytisch auseinandergehalten, weil die letztere weitaus strengeren Prinzipien unterlag. Eigenes Land, weniger signifikant auch eigenes Sparvermögen, war einem Mann zur Heirat dienlich. Eine Frau profitierte eher vom Vermögen der Eltern. Am stärksten beförderten aber bei beiden Geschlechtern das Erbe eines bestehenden Haushalts und voreheliche Kinder bzw. Konzeptionen die Heirat.

In Borgeln stellten die Verfügung über Bauland, zusätzliches Erspartes für den Hausbau, ein Lebensunterhalt und ein guter Leumund allein schon vom Gesetz her die Kriterien für einen Erfolg dar. Sparen und – in geringerem Maße – transferiert bekommen waren notwendige Voraussetzungen dessen. Wichtig war aber, dass ein Bauplatz gefunden worden war. Dessen Erwerb bedeutete bereits Umwandlung liquiden Guthabens in Grundbesitz. Sparen konnte folglich primär die Voraussetzung für eine Voraussetzung der Haushaltsgründung sein.

Es ging im Vorangehenden nicht darum, ein Urteil zu fällen, ob die westfälischen Orte nun die eine oder die andere der oben genannten Thesen bestärken. Allerdings fällt auch in diesem Punkt eine Antwort nun leichter: Das Stellenprinzip war vor allem in Borgeln wirksam, weil die – teils vorgeschriebene, teils frei praktizierte – Unteilbarkeit der Höfe einer Ausweitung der Stellen im Wege stand, weil die Bauern ihr Land behielten und nicht auf den Markt brachten, weshalb Bauwillige nicht zu Bauland kamen. Auch die Bedingung vorliegenden Vermögens konnte nicht jeder erfüllen. Bei den wenigen, die es vorweisen konnten, die gespart und Vermögen deponiert hatten, ist aber eine Verwendung des Sparbuchs nur in Einzelfällen nachweisbar. Gerade die demographischen Konsequenzen des Stellenmechanismus bewahrheiteten sich aber nicht voll, denn auch ledige Mägde gebaren Kinder, und Knechte und Mägde taten sich zusammen und heirateten, selbst wenn sie Land entbehrten. Fortpflanzung und Erbschaft waren keine „eiserne Kette", vielleicht eher ein biegsames aber strammes Gummiband.

7.2 Vermögensflüsse im Haushaltszyklus

7.2.1 Konzepte zur Ressourcenlenkung im Familienzyklus

Wie funktioniert ein Familienbetrieb und wie wirtschaftet er mit den ihm zu Verfügung stehenden Produktionsfaktoren? Gibt es eine Systematik im Ablauf von Familienphasen? Diesen Fragen soll auf den nächsten Seiten nachgegangen werden. Dabei werden die zwei Modelle von Alexander Tschajanow und Michael Mitterauer diskutiert, die beide speziell für die ländliche Gesellschaft entwickelt wurden. Ihnen gemeinsam ist, dass sie Muster ökonomischer Entscheidungen abbilden, die zum Ziel haben, Produktionsfaktoren kurzfristig an zyklisch sich ändernde Bedingungen der Familienstruktur anzupassen (Tabelle 7-g). Im Anschluss daran wird versucht, die Implikationen der Modelle für die Analyse zu operationalisieren und zu prüfen.

Die Theorie Alexander Tschajanows (Cajanov) hat in den 1970er- und 1980er-Jahren starke Rezeption erfahren. Tschajanow analysierte 1923, wie bäuerliche Betriebe in russischen Provinzen ihre Produktionsfaktoren Arbeit, Boden und Kapital organisierten, und formulierte daraus eine Theorie der bäuerlichen Wirtschaft.[712] Wesentlich für den Gegenstand hier ist die exakte Beschreibung des Problems, dass ein Familienbetrieb je nach Einsatzfähigkeit der Kinder wechselnden Belastungen unterworfen ist.[713] Tschajanows Erklärungen, wie ein Betrieb diese Belastungen meistert, sind aller-

---

712 Tschajanow, Lehre. Die Arbeit erschien zunächst in deutscher Sprache. Die Grundlage der meisten Arbeiten zu Tschajanow ist jedoch die englische Ausgabe Alexander V. CHAYANOV [=Čajanov]: The theory of peasant economy, Homewood (Illinois) 1966.

713 Der Schweizer Agrarökonom Oskar HOWALD: Einführung in die Agrarpolitik unter besonderer Berücksichtigung der schweizerischen Verhältnisse, Bern 1946, S. 114-115, beschreibt dies für mitteleuropäische Betriebe seiner Zeit als „Schicksalskurve der Bauernfamilie", die in der Kinderphase unter die „Bedrängnisgrenze" fällt, ohne jedoch konkrete Angaben zu den betriebswirtschaftlichen Folgen zu machen. Für Betriebe in Realteilungsgebieten konnte Howald zudem – im Gegensatz zu Tschajanow – ausmachen, dass sie nach der Kinderphase ihre Nutzfläche ausweiteten.

Tabelle 7-g: Konzepte familien- und lebenszyklischer Transaktionen

Modelle	**Transaktionen in...**	
	Boden	**Geldvermögen**
Familienwirtschaft (Tschajanow)	Mit der Zahl der Arbeitskräfte zunehmende Akkumulation, danach Aufteilung unter der heranwachsenden Generation. Umverteilung innerhalb des russischen *Mir.*	Pachtzins für zugepachteten Grundbesitz in Phase zunehmender Mitarbeit von Kindern
Rollenergänzungszwang (Mitterauer)	Hofwirtschaft wird geschlossen übergeben oder vererbt.	Gesindelöhne in Kinderphase.

Quellen: Tschajanow, Lehre; Mitterauer, Formen.

dings durch die starke Fixierung auf die russische Agrargesellschaft von geringer Übertragbarkeit.

Nach Tschajanow setzt ein Betrieb seine Ressourcen entsprechend dem Verhältnis von Verbrauchern und Arbeitern ein.[714] Da der von Tschajanow betrachtete bäuerliche Betrieb ein reiner Familienbetrieb ist, ist das Verhältnis von Verbrauchern und Arbeitskräften in der Familie erheblich. Sind die Kinder klein, muss der Haushalt viel erwirtschaften, jedoch ohne zusätzliche Arbeitskraft verfügbar zu haben. Dies ändert sich, sobald das erste Kind als Arbeitskraft einsetzbar ist (bei Tschajanow mit 15). Mit jedem zusätzlichen Jahr wird das Verhältnis Verbraucher/Arbeiter wieder vorteilhafter, bis die Kinder erwachsen sind, heiraten, und der Haushaltszyklus geschlossen ist. Tschajanow stellte in Auswertung bestehender Agrarstatistiken fest, dass die Nutzfläche eines Betriebes mit der Zahl der arbeitenden Familienmitglieder stieg,[715] dass aber

[714] Tschajanow, Lehre, S. 35. Auf die wichtige These des so genannten Gleichgewichts von Beschwerlichkeit und Nutzen der Arbeit wird hier nicht eingegangen. Vgl. Heide INHETVEEN: Von der „Hausmutter" zur „Mithelfenden Familienangehörigen". Zur Stellung der Frau in Agrartheorien, in: Konrad BEDAL und Hermann HEIDRICH (Hg.), Freilichtmuseum und Sozialgeschichte. Referate des Symposions am Fränkischen Freilandmuseum vom 7. bis 8.11.1985, Bad Windsheim 1986, S. 109-121., hier S. 115: Inhetveen interpretiert diese von Tschajanow für den ganzen Betrieb beschriebene Allokationsentscheidung als einen rationalen Akt jedes Individuums und widerspricht. Die Abwägung über den Einsatz ihrer Arbeitskraft sei vielen Frauen in der Landwirtschaft fremd. Zu Recht kritisiert sie den insgesamt bei Tschajanow mit 3 bis 4% des ganzen Arbeitsaufwandes auf einem Hof viel zu gering eingeschätzten Zeitaufwand für häusliche Arbeit. Immerhin beschäftigte die häusliche Arbeit mindestens eine Person den ganzen Tag lang, und war auch nicht einzusparen oder zu ersetzen. Inhetveen schätzt: „Die Hausarbeit macht circa 20-40% der Gesamtarbeit aus" (S. 117).

[715] Tschajanow, Lehre, S. 17-23.

Härtephasen eines ungünstigen Verbraucher/Arbeiter-Verhältnisses mit Mehrarbeit bewältigt wurden.[716]

Aus folgenden Gründen bietet diese Theorie keine Erklärungsansätze für das Wirtschaften auf einem westfälischen Betrieb des 19. Jahrhunderts: Grundsätzlich ist fraglich, ob mit diesem, zwar mit Familienzyklen argumentierenden, aber darin im Grunde statischen Modell, die sich entwickelnde Agrargesellschaft des 19. Jahrhunderts erklärt werden kann. Insgesamt sind die dem Modell inhärenten Beharrungskräfte bäuerlicher Wirtschaft sehr groß. Schwerer wiegt, dass der von Tschajanow beschriebene Mechanismus der Ressourcenallokation in nordwestdeutschen Agrargesellschaften so nicht funktionierte. Tschajanow argumentiert auf Grundlage der russischen Feldgemeinschaft (dem Mir), in der die Gemeindemitglieder das Land periodisch unter sich umverteilen und darüber hinaus an- oder verpachten.[717] Daher ist sein Modell anwendbar auf Gebiete, in denen Betriebe jederzeit die Möglichkeit hatten, den Produktionsfaktor Boden zu vermehren oder zu vermindern, sei dies in Form eines aktiven Landmarktes, eines Pachtmarktes oder in Form eines übergeordneten Systems der Bodenallokation wie dem Mir. In deutschen Ländern ist solch ein Verhalten allenfalls in Realteilungsgebieten möglich gewesen, nicht aber in solchen mit geschlossener Vererbung, wie Westfalen eines ist.[718] Die Einschränkung bezieht sich also vornehmlich auf die Art, wie Familien mit familienzyklischen Belastungen umgingen, nicht aber auf das ob. In unserem Fall heißt dies: Wenn einem ungünstigen Verbraucher/Arbeiter-Verhältnis nicht mit mehr Boden und damit mehr Eigenproduktion begegnet werden konnte, wurde dann versucht, sich mit Krediten oder liquidem Sparvermögen über die Zeit zu retten?

Vorliegende Untersuchungen bestätigen grundsätzlich das Problem des Verbraucher/Arbeiter-Verhältnisses. Familienzyklen auf Bodenmärkten weisen David Sabean,[719] Gérard Béaur[720] und Ulrich Pfister[721] nach. Pfister bezieht in seinem Modell

---

716 Tschajanow, Lehre, S. 32. In dessen Folge Otto BRUNNER: Das „ganze Haus" und die alteuropäische „Ökonomik" [1956], in: ders.: Neue Wege der Verfassungs- und Sozialgeschichte, 3. Aufl., Göttingen 1980, S. 103-127, hier S. 107.

717 Tschajanow, Lehre, S. 62. Zum Forschungsstand zu dem russischen Mir siehe Gregory L. FREEZE: New Scholarship on the Russian Peasantry, in: European History Quarterly 72 (1992), S. 605-617.

718 Berkner, Stem Family, S. 414.

719 Sabean, Property, S. 258-259, arbeitet die Akkumulation von Land in der Erziehungsphase und – zumindest fürs 18. Jahrhundert – auch die Verminderung des Besitzes etwa ab dem 55. Lebensjahr heraus.

720 Gérard BÉAUR: Land Accumulation, Life-course, and Inequalities among Generations in Eighteenth-century France: The Winegrowers from the Chartres Region, in: The History of the Family 3 (1998), S. 285-302, untersuchte Bodenkäufe und -verkäufe von 90 Weinbauern der Region nördlich von Chartres. Zwar kauften diese nach dem 30. Lebensjahr zunächst per saldo mehr Land an, um das 40. Lebensjahr herum gewannen aber Verkäufe die Oberhand. Die Belastungen führten in letzter Konsequenz zu Verkauf und Liquidierung gebundener Mittel.

„permanent income-cum-accumulation" die familienzyklischen Transaktionen von Haushalten auf verschiedenen Märkten aufeinander und verbindet Überlegungen zum Verhältnis von Arbeitskräften und Konsumenten in der Familie mit der Theorie Milton Friedmans über die Nutzung von Sparguthaben und Kredite zum Zwecke eines permanenten, konstanten Einkommens. Den Hintergrund bilden die protoindustriellen Verdienstmöglichkeiten im Kanton Zürich Ende des 18. Jahrhunderts und der durch Realteilung dynamisierte Landmarkt. Zwar wurden Verdienstausfälle ausgeglichen durch Kredit. Vor allem aber scheint Kredit als Mittel relevant gewesen zu sein, um Land zu kaufen und so den Besitz an die Zahl der Arbeitskräfte anzupassen.

Unterm Strich lässt sich somit sagen, dass familienzyklische Belastungen, wie Tschajanow sie thematisiert und wie sie für andere gesellschaftliche Kontexte nachgewiesen sind,[722] mit großer Wahrscheinlichkeit eintraten und die Akteure zu Ausgleichsmaßnahmen zwangen. Die in dem russischen Mir anzutreffende Flexibilität der Bodenverteilung konnte aber, wenn überhaupt, allein in Realteilungsgebieten mit entsprechend aktivem Bodenmarkt erreicht werden. Wahrscheinlicher ist, dass der Kreditmarkt die Funktion übernahm, Haushalten in der Kinderphase ein ausreichendes, stabiles Einkommen zu sichern.

Erst als das erstgeborene Kind seine Arbeitskraft einsetzen konnte, kauften die Haushalte im Mittel wieder Land zu. Die Zahl der Ankäufe überwog schließlich in der Phase, als der Haushaltsvorstand zwischen 45 und 60 Jahre alt war. Arbeitende Kinder trugen eigene Einkommen bei, Sparvermögen wurde akkumuliert, und der Haushalt partizipierte an Erbschaften. Diese positive Situation wurde in Akkumulation des Bodenbesitzes umgesetzt. Der Familienvater war im Schnitt 55 Jahre alt, als das erste Kind heiratete und den Haushalt verließ. Von diesem Zeitpunkt an sanken die Ankäufe wieder, bis ab dem 60. Lebensjahr die Verkäufe die Käufe wieder überwogen (S. 291). Ab dem 70. Jahr wurde hauptsächlich verkauft. Wie Tschajanow kann Béaur also auch einen Zusammenhang zwischen dem Bodenbesitz und der Zahl der Arbeiter zeigen.
Allerdings spricht Béaur bei den Weinbauern um Chartres nicht von einer Familienökonomie, sondern von der Familie als sozialer Institution, die nicht unbedingt alle Kräfte in einer Ökonomie vereine. Auch betont er die von Mitgliedern kleinerer Betriebe angebotene Lohnarbeit, die von größeren Weinbaubetrieben in Anspruch genommen wurde (S. 288-289).

721 Pfister, Rural land and credit markets.

722 Familienzyklische Problemlagen sind auch durch Untersuchungen für Arbeiterfamilien des 19. Jahrhunderts belegt. Von der Geburt der Kinder bis zu deren Erwerbstätigkeit konnten die Eltern aufgrund ihrer Altersphase zwar theoretisch Höchstlöhne verdienen, die Frauen jedoch waren zeitweise nicht erwerbstätig und der Haushalt hatte die lebenszyklisch höchsten Ausgaben zu tragen (Schulz, Untersuchungen, S. 510; Hermann SCHÄFER: Die Industriearbeiter. Lage und Lebenslauf im Bezugsfeld von Beruf und Betrieb, in: Hans POHL (Hg.), Sozialgeschichtliche Probleme in der Zeit der Hochindustrialisierung (1870-1914), Paderborn u.a. 1979, S. 143-216, hier S. 186). Durch das Ausscheiden der Kinder und das Nachlassen der Erwerbsfähigkeit geriet der Elternhaushalt theoretisch abermals in eine kritische Phase. Tatsächlich konnten aber Lohnsteigerungen im Verlauf des 19. Jahrhunderts diese Einbußen kompensieren, sodass ein Abfall des Verdienstes im Alter vermutlich nicht stattfand (Schäfer, Industriearbeiter, S. 202).

Ein demgegenüber für Gebiete mit geschlossener Vererbung weitaus treffenderes Modell von Familienzyklen hat Michael Mitterauer anhand österreichischer Beispiele entwickelt.[723] Wie in Westfalen waren auch in Österreich eher solche Betriebe vorherrschend, bei denen Land und Hofstelle als ein zusammenhängender Komplex aus der Vergangenheit überliefert worden waren. Wenn auch der personelle Kern eines solchen Betriebes meist eine Familie war, waren sie eher nicht als „Familienwirtschaft", sondern als „Hofwirtschaft" organisiert.[724] Familienfremde Kräfte waren in bäuerlichen Betrieben die Regel, sei es als ständige Kräfte wie Knechte und Mägde in der Viehwirtschaft oder als Tagelöhner und später Landarbeiter in der Getreidewirtschaft. Im westfälischen und norddeutschen Bereich gab es außerdem noch das Heuerlingssystem, in dem zusätzliche landlose und nichtverwandte Haushalte mittels eines Vertrages zu Arbeitsleistungen in der Hofwirtschaft verpflichtet wurden und gleichzeitig ein Haus und wenig Land nutzen durften.[725]

Mitterauer wertete Seelenverzeichnisse aus, namentliche Querschnittsaufstellungen der Haushaltsmitglieder, die in kurzen Abständen aufeinander folgend aufgenommen worden waren und aus denen somit die Entwicklung der personellen Struktur der Höfe rekonstruiert werden konnte. So gelangte Mitterauer zu einem Modell der familienzyklischen Beschäftigung von familienfremden Kräften, das er „Rollenergänzungszwang" nannte, das aber eher als Zwang zur *Besetzung von Funktionen* in der Familienökonomie zu verstehen ist.[726] Auch in diesem Modell ist der Verbraucher / Arbeiter-Effekt wirksam, demzufolge in einer bäuerlichen Familie Kinder im Kindesalter ernährt werden und auch Zeit beanspruchen, aber nicht als Arbeitskräfte zur Verfügung stehen. Ihre zukünftigen Funktionen, also die der mithelfenden Familienmitglieder, müssen zunächst durch familienfremde Arbeiter ersetzt werden. Diese sind jedoch nicht nur selbst Verbraucher, da sie Kost und Logis in Anspruch nehmen, sondern werden obendrein entlohnt.[727] Jeweils dann, wenn ein Kind nennenswert mitarbeiten konnte, in Österreich meist ab dem 12. Lebensjahr,[728] wurde eine Gesindekraft obsolet. Damit war der individuell-betriebliche Bedarf an fremden Kräften abhängig von der Struktur der eigenen Familie. Erst infolge allgemein sinkender Säuglingssterblichkeit wuchsen in den Haushalten immer mehr Kinder heran, sodass auf großen Höfen die Familienmitglieder allein ausreichten und immer weniger Fremd-

---

723 Mitterauer, Formen.

724 Spittler, Tschajanow, hier S. XIII-XIV.

725 Mooser, Klassengesellschaft, S. 246-280; Brakensiek, Sozialtypologie; Schlumbohm, Lebensläufe, S. 543-615.

726 Mitterauer, Formen, S. 261.

727 Ebd., S. 276-277, zur Entlohnung mitarbeitender Familienmitglieder.

728 Ebd., S. 241.

kräfte diese Rollen vertreten mussten. Auf diese Weise ging infolge des demographischen Wandel die Praxis der Rollenergänzung zurück.[729]

Statistische Belege dafür, dass Gesinde die Funktion nicht vorhandener oder heranwachsender Kinder erfüllte, wurden für den schweizerischen Kanton Zürich und das österreichische Waldviertel erbracht.[730] Für den norddeutschen Raum ist Rollenergänzung von Schlumbohm mit Einschränkungen bestätigt worden,[731] und Volker Lünnemann erkannte, dass sich in den bäuerlichen Haushalten des münsterländischen Kirchspiels Beelen die Zahlen von Kindern über 14 Jahren und Gesinde zueinander umgekehrt proportional verhielten.[732] Was die Ergänzung von Funktionen des Haushaltsvorstandes und der Hausfrau betrifft, fanden sich bisher auch Belege in den Untersuchungsorten.[733] Auch Berichte von Zeitzeugen, die noch zwischen 1900 und 1910 Gesindedienst auf westfälischen Höfen leisteten, bestätigen den zyklischen Bedarf an familienfremden Kräften solange eigene Kinder diese Funktionen einnehmen konnten.[734] In Bödefeld, nicht weit vom Untersuchungsort Oberkirchen entfernt,

---

729 So verzeichnete die landwirtschaftliche Statistik Österreichs 1930 gegenüber 1900, bei fast stabil gebliebener Zahl der Haushalte und der Arbeitskräfte insgesamt, enorm gestiegene Zahlen an mitarbeitenden Familienkräften und in gleichem Maße gesunkene Zahlen der familienfremden Kräfte; siehe Norbert ORTMAYR: Beim Bauern im Dienst. Zur Sozialgeschichte des ländlichen Gesindes in der Ersten Republik, in: Hubert Ch. EHALT (Hg.), Geschichte von unten. Fragestellungen, Methoden und Projekte einer Geschichte des Alltags, Wien 1984, S. 95-141, hier S. 120-122 (für seinen Hinweis auf den demographischen Wandel schulde ich Norbert Ortmayr Dank).

730 Berkner, Stem Family, S. 413; Ulrich PFISTER: Haushalt und Familie auf der Zürcher Landschaft des Ancien régime, in: Sebastian BRÄNDLI u.a. (Hg.), Schweiz im Wandel. Studien zur neueren Gesellschaftsgeschichte, Basel 1990, S. 19-42, hier S. 41.

731 Schlumbohm, Lebensläufe, S. 213-252, 292.

732 Volker LÜNNEMANN: Bodenmarkt und Familie im Kirchspiel Beelen (Kreis Warendorf) in der Mitte des 19. Jahrhunderts, Magisterarbeit Münster 1999, S. 71-74.

733 Fertig et al., Inheritance.

734 Sauermann, Knechte. Darin: Dietrich Buhre (geb. 1902), Kreis Minden, S. 31: „Dienstboten stammten fast alle aus der eigenen Gemeinde oder aus den Nachbarsdörfern. Meist waren es Kinder kleiner Landwirte oder Arbeiter. Aber auch Söhne von Bauernhöfen, auf denen eine Reihe Kinder vorhanden war, so daß sie nicht alle im elterlichen Betriebe beschäftigt werden konnten". Friedrich Alleweit (geb. 1902), Kreis Lübbecke, S. 39: „Es kam auch vor, daß kleine Kinder bei der Magd schliefen. Bei größeren ist das deswegen unwahrscheinlich, weil bei Vorhandensein eigener erwachsener Mädchen gewöhnlich keine Magd gehalten wurde". Emil Kröger (geb. 1890), Kreis Herford, S. 44: „Als Großknecht arbeitete auf dem Kerkhof oft ein Bauernsohn, ehe er den väterlichen oder eigenen Hof übernahm". Hermann Grochtmann (geb. 1897), Kreis Recklinghausen, S. 47: „Auf dem elterlichen Hof in Spexard (90 Morgen) habe ich keine Knechte und Mägde erlebt, da wir „äigene Lüie" (eigene Leute, d.h. die eigenen Kinder) hatten." Wilhelm Sundermann (geb. 1891), Kreis Tecklenburg, S. 72: „Der Hof meiner Eltern war 400 Morgen groß... Da eigene Kinder im einsatzfähigen Alter noch nicht vorhanden waren ... waren auf dem Hofe zwei Knechte und zwei Mägde notwendig." Rudolf Eismann (geb. 1900), Kreis Ahaus, S. 79: „Der Hof Schulze-Vasthoff ... ist 280 Morgen groß. Vor und nach 1900 wurden auf dem Hof zwei Knechte und zwei Mägde beschäftigt. Als in den Jahren 1915-

schrieb Theodor Droste in seine Memoiren über das Jahr 1852, in dem er 14 Jahre alt war: „Unser Knecht ging im Laufe dieses Jahres [1852] ab und ich vertrat nun dessen Stelle". Drei Jahre später trat Droste eine Stelle bei dem in dieser Arbeit mehrfach erwähnten Unternehmer Nückel an. „Er hielt 13 Dienstboten und ich kam als 14ter hinzu... Mein Vater miethete an meiner Stelle einen Knecht aus Osterwald."[735]

Auch der Rollenergänzungszwang ist also eine Interpretation, wie der Haushalt in Reaktion auf familienzyklische Prozesse die ihm zu Verfügung stehenden Ressourcen zuteilt, doch ist der Produktionsfaktor Boden in konstanter Größe verfügbar und erzwingt eine konstante Höhe an Arbeitskräften. Dies ist auch bei unterbäuerlichen Betrieben der Fall. Erreichen hier die Kinder das Jugendalter, müssen sie den Haushalt verlassen und in den Gesindedienst gehen, denn aufgrund geringer Betriebsgröße gibt es für ihre Arbeitskraft keine Verwendung und obendrein belasten sie den Haushalt als Verbraucher.[736] In fremde Dienste geschickt konnten sie sogar Geld heimbringen. So werden in einer jüngeren Diskussion Remittances/ Geldsendungen der Heranwachsenden und auch naturale Bestandteilen des Gesindelohns als Beiträge zum Einkommen des Elternhauses gewertet.[737]

Erneut prägen sich hier schichtenspezifische Entscheidungsmuster im Verlauf des Familienzyklus aus. Hier ist über Mitterauer hinaus zu gehen, denn unter diesen Phasen können ebenso ökonomisch belastende und entlastende unterschieden werden.

1920 drei erwachsene Töchter im Haushalt, in der Landwirtschaft und in der Viehhaltung mit tätig waren, begnügte man sich mit einer Magd." Christian Born (geb. 1909), Kreis Wittgenstein, S. 165: „Knechte und Mägde wurden nur gehalten, wenn es unbedingt notwendig war. Es gab Jahre auf unserem Hof, in denen kein Knecht und keine Magd in unserem Haus waren. ... Waren in unserem Haus genug erwachsene, arbeitsfähige Kinder, dann wurde kein Knecht und keine Magd gemietet." Karl Stark (geb. 1883), Kreis Wittgenstein, S. 167: „In den Familienbetrieben gab es neben der oft großen Kinderzahl die Onkel und Tanten. Fast bei einem Drittel aller Familien gab es einen Onkel oder eine Tante: Familienmitglieder, die nicht heiraten wollten und für Wohnung, Essen und Kleidung ihr Leben lang Haus- und Feldarbeit leisteten".

Vgl. jedoch auch Grochtmann (wie oben): „...Geschwister von mir, um einmal auch bei anderen Leuten zu sein und um sich etwas zu verdienen, [haben] selber auf Bauern- und Meierhöfen gedient." Friedrich Stratmann (geb. 1894), Kreis Halle, S. 54: „Es war ein gutes Einvernehmen, Söhne und Töchter von Bauernhöfen traten nicht als Dienstboten ein. ... Zweite und dritte Bauernsöhne gingen auf Gutshöfe im Osten, um die Verwalterlaufbahn einzuschlagen".

Belege für Rollenergänzung auch: Hermann HEIDRICH: Mägde – Knechte – Landarbeiter. Zur Geschichte einer schweigenden Klasse, in: ders. (Hg.), Mägde – Knechte – Landarbeiter. Arbeitskräfte in der Landwirtschaft in Süddeutschland, Bad Windsheim 1997, S. 7-38, hier S. 33; Bertram POPP: Dienstboten und landwirtschaftliche Arbeitskräfte im Weiler Kleinlosnitz im 19. und 20. Jahrhundert, in: Ebd., S. 85-98, hier S. 92; Harnisch, Aspekte, S. 287.

735 Beide Zitate: Alfred BRUNS (Bearb.): Deutscher Krieg und sauerländische Landwirtschaft. Die Chronik des Theodor Droste vom 18. Jahrhundert bis 1901, Warendorf 2008, S. 32/33

736 Mitterauer, Formen, S. 255.

737 Thijs LAMBRECHT: Unmarried adolescents and filial assistance in eighteenth-century Flanders, in: Georg FERTIG (Hg.), Social Networks, Political Institutions, and Rural Societies, voraussichtlich Turnhout 2013.

Die Frage ist vor allem, wie diese Zyklen finanziell bewältigt bzw. ausgeglichen wurden. Den von Béaur untersuchten französischen Weinbauern gelang dies offensichtlich mithilfe des Landmarktes. In den von Pfister untersuchten protoindustriellen Haushalten zweier Schweizer Dörfer um 1700 wirkte sich die finanziell schwierige Geburten- und Erziehungsphase nochmals schwerer aus, weil sie besonders die Frauen in Anspruch nahm, die aber auch den Großteil des Haushaltseinkommens erwirtschafteten. In diesen Haushalten bewältigte man diese Phase zum Teil über Kredite.[738] Die Interpretation von lebens- und familienzyklischen Entscheidungen und Finanzlagen ist also in hohem Maße auf die Analyse von Finanzmärkten angewiesen, mit deren Hilfe in Zwangslagen Kredite aufgenommen oder akkumuliertes Guthaben aufgelöst werden konnte.

7.2.2 Qualitative Analyse der familienzyklischen Lohnarbeit

Für die Höfe der drei westfälischen Untersuchungsorte scheint also das Mitterauersche Modell zunächst adäquat zu sein. Eine wesentliche Bedingung bei der Einschätzung der Belastung durch den Rollenergänzungszwang ist, wie schwer die Ergänzung von Familienrollen den Haushalt finanziell trifft. Bei Mitterauer selbst stehen die finanziellen Aspekte nicht im Vordergrund. Ihm erscheint „die Frage der Entlohnung von verwandten Hilfskräften ... insgesamt als ein Problem“, weil sie über „deren Stellung innerhalb der Hausgemeinschaft Relevanz gehabt haben könnte“[739]. Mitterauer wies auch Otto Brunners Verdikt, wonach die Familienwirtschaft „im Kern auf der lohnlosen Arbeit der Familienmitglieder“[740] beruhe, für die Situation in Österreich als zu pauschal zurück:

> „Für die ... österreichischen Landgemeinden läßt sich zeigen, daß erwachsene Kinder, die bei ihren Eltern arbeiteten, ihnen gegenüber Anspruch auf ‚Lidlohn' hatten. Der Lohn wurde ihnen freilich oft erst bei der Heirat oder der Regelung des Erbes ausbezahlt. Es ist dies ein Problemkreis, für den kaum Quellenzeugnisse vorliegen und der in Untersuchungen über bäuerliche Familienverhältnisse bisher keine Beachtung gefunden hat. Für die Frage familienbetrieblicher Strukturen im ländlichen Raum erscheint das Thema sehr wichtig. Wenn es hier im Zusammenhang mit der Arbeitskräftedeckung alter Bauern berührt wird, so nicht um das massive materielle Interesse am Verbleib von erwachsenen Kindern zu bezweifeln. Sicher war ihr Einsatz billiger als der von Gesinde.“[741]

---

738 Béaur, Land Accumulation, S. 285-302; Pfister, Hauswirtschaft, S. 96-98.

739 Mitterauer, Formen, S. 276.

740 Brunner, Haus, S. 107-108.

741 Mitterauer, Formen, S. 277.

Auch Harnisch formuliert die Entlohnung von Kindern in Gesindefunktionen zumindest als Problem.[742] Die angedeuteten Differenzierungen haben bisher in der Forschung jedoch keine größere Rolle gespielt. So stehen beispielsweise für Kopsidis nach wie vor Familienbetrieb und Mitarbeit von Familienmitgliedern im eindeutigen Gegensatz zu Lohnarbeit und den auf entlohnten Kräften basierenden Großbetrieben.[743]

Was ergibt sich theoretisch aus der Entlohnung von Familienarbeit? Wenn die Mitarbeit der Familienangehörigen unvergütet blieb, so standen niedrigen Einkommen in der Phase der Rollenergänzung hohe Einkommen in der der Familienarbeit gegenüber. Diese konnten gespart oder konsumiert werden. Wenn zunächst unvergütete Arbeit später aufgerechnet wurde, *musste* unter Umständen das Mehreinkommen während der Familienarbeitsphase tatsächlich gespart werden, um zum Stichtag liquidierbar zu sein. Wenn Familienarbeit ohne Unterschied zu fremdem Gesinde vergütet wurde, unterschieden sich die Phase der Gesindearbeit und die der Familienarbeit finanziell gesehen nicht, wobei bei beiden Arrangements Löhne keineswegs immer sofort ausbezahlt werden mussten. So wird der Einfluss familienzyklischer Phasen auf die Finanzen im Wesentlichen von der Verfassung der Familienarbeit abhängig gewesen sein.

Es ist daher zu fragen, welche Erkenntnisse über die Arrangements der Familienarbeit in westfälischen Betrieben vorliegen. Indizien für die Verfahrensweise in westfälischen Betrieben liefern die Übergabeverträge und Testamente, in denen der Hofnachfolger bzw. die Hofnachfolgerin dazu verpflichtet wurde, die Geschwister oder auch andere Familienmitglieder im Haushalt zu dulden und zu unterhalten. Hierbei lässt sich fraglos nur bestimmte Familienarbeit fassen, nämlich die von Geschwistern nach der Übergabe durch die Eltern, die freilich nicht vergleichbar ist mit der Arbeit von heranwachsenden und erwachsenen Kindern im elterlichen Haushalt. Dennoch ist dies immerhin ein Fingerzeig.

Im sauerländischen Oberkirchen begegnen uns des Häufigeren Formulierungen wie diese:

---

742 Harnisch, Aspekte, S. 288. Nicht plausibel erscheinen aber die von Harnisch beschriebenen Alternativen. Er spricht für das 19. Jahrhundert davon, „daß es mit Sicherheit billiger war, Arbeitskraft zu kaufen als familienangehörige Arbeitskräfte eines Tages mit großen Summen abfinden zu müssen“ und begründet dies mit den stagnierenden Gesindelöhnen und steigenden Hofwerten. Implizite Annahme Harnischs scheint zu sein, dass Abfindungen und Entlohnung einander ausschlossen. Auch ein gegen Lohn angestelltes Kind verlor deswegen nicht seinen Erbanspruch und hatte insofern Anspruch an Teilhabe an Wertsteigerungen.

743 Michael KOPSIDIS: Labour productivity and market integration in Westphalian peasant agriculture 1830-1880: from Boserup to Smith? Papier zum Workshop "Market performance and the welfare gains of market integration in history", Fiesole, 1. bis 4.7.2004.

„Meinem Universalerbe[n][744] sowie während der Nießbrauchszeit meiner Ehefrau lege ich die Verpflichtung auf, meine ... Kinder zur Zeit ihrer Großjährigkeit oder ihrer früheren Verheiratung als Abfindung vom väterlichen Vermögen ... einem jeden 15 Tlr. bar auszuzahlen, dieselben auch bis dahin, daß sie sich selbst helfen können, gegen ihren Kräften entsprechende Beihilfe in den häuslichen Arbeiten in allen Lebensbedürfnissen frei zu unterhalten“[745].

Während bei diesem Beispiel von einer Mitarbeit bis zur Volljährigkeit bzw. Heirat und der Zahlung der Abfindung zu diesem Zeitpunkt die Rede ist, wird in anderem Zusammenhang auch für den Fall eines Verzichts auf die Abfindung und der lebenslange Verbleib im Haushalt des Hoferben vorgesorgt.

Gertrud Borchard wurde bei Hofübernahme auferlegt, ihre Halbgeschwister, so lange diese wollen, gegen Mitarbeit weiter zu unterhalten.[746] Die Leibzüchterin Anna Maria Hennecke[747] stellte ihren Töchtern anheim, „statt der vorgedachten Geld- und Naturalabfindung von dem Universalerben[748] vollständig freie und standesgemäße Verpflegung in gesunden und kranken Tagen hier im Hause zu verlangen, wogegen dieselben selbstverständlich verpflichtet sind, zu des Bruders und Universalerben Besten nach Kräften mitzuwirken.“[749] In seinem Testament verpflichtete Friedrich Vollmers aus Westfeld 1857 seinen Sohn und Haupterben, dessen Geschwister, so lange sie es benötigen, „unentgeltlich und ihrem Stande gemäß zu ernähren, zu bekleiden, zu verpflegen, zu beobdachen, zur Schule zu schicken, und einsegnen zu lassen“. Bis sie sich selbst „verheirathen oder einen eigenen Hausstand gründen“ solle er ihnen „freien Ein- und Ausgang im Wohnhause ... gestatten, wogegen dieselben des Hauses beste zu befördern und namentlich verpflichtet sind, den Haupterben durch die ihrem Stande angemessenen Dienste zu unterstützen“.[750]

In diesen und weiteren[751] Fällen, die mehrheitlich aus den 1870er- und 1880er-Jahren stammen, wurde folglich die Mitarbeit nur mit Unterhalt und vielleicht noch mit Kleidung und Wohnung vergolten, was der lohnlosen Familienwirtschaft gegenüber

---

744 OKI OFBID 236, Franz Anton Albers.

745 OKI KonID 316 (1873).

746 OKI KonID 27 (1875): Gertrud Borchard (OKI OFBID 736) müsse „ihren Halbgeschwistern Caspar, Josef, und Maria Borchard mit dem vollendeten 24sten Lebensjahr, und zwar den beiden Halbbrüdern je 90 Thaler und der Halbschwester 120 Thaler zu zahlen, dieselben auch bis dahin, daß sie die Abfindung, welche ihnen nicht aufgedrängt werden kann, gefordert und erhalten haben, gegen Mitarbeit nach Kräften in allen Lebensbedürfnissen zu unterhalten, die Schwester Maria Borchard auch bis zum zurückgelegten 14ten Lebensjahr die Schule besuchen zu lassen“.

747 OKI OFBID 3373.

748 OKI OFBID 3374.

749 OKI KonID 327.

750 OKI KonID 339.

751 OKI KonID 210, 346.

der Lohnarbeit tatsächlich einen beträchtlichen Kostenvorteil verschaffte. Dies spricht für ein hohes Arbeitskraftangebot in dieser Region Westfalens.

Dies ist in Löhne und Borgeln offensichtlich anders gewesen. Anna Maria Catharina Engel Schwarze[752] in Löhne verpflichtete sich 1844 gegenüber ihrer Mutter, „ihre … Schwester bis dahin, wo dieselbe sich verheirathet, als Spinnerin bei sich zu behalten und derselben außer freier Kost und Wohnung, für ihre Leistungen den üblichen Mägdelohn zu zahlen".[753] Da eine Spinnerin an sich keine Magd ist, deutet der Zusammenhang darauf hin, dass das Spinneinkommen als Teil des Familieneinkommens betrachtet wurde.

Der Übergabevertrag der Witwe Anne Marie Pahmeier[754] an ihren Sohn Franz Heinrich Pahmeier sah umfangreiche Brautschätze für dessen drei unverheiratete Schwestern vor. Der Vertrag sieht bemerkenswerterweise, vielleicht unabsichtlich, kein Wohn- und Unterhaltsrecht für die Schwestern vor. Doch „behalte sie sich noch vor", ließ die Mutter fixieren,

> „dass ihr Sohn der Anerbe, falls derselbe verlange, dass eine von ihren Töchtern von nun an bei ihm als Magd diene, derselben von ihm der gewöhnliche Lohn gereicht werde."

Ihr Sohn versprach,

> „dass er seiner Mutter gutwillig und gern die nötigen Lebensbedürfnisse wegen ihrer Schwächlichkeit reichen, auch seinen Schwestern, wenn solche von nun an bei ihm als Magd oder Mägde dienen würden, den hergebrachten Lohn geben wolle."[755]

Dies spricht dafür, dass ein Unterschied gemacht wurde zwischen dem Zusammenleben im gleichen Haushalt, vielleicht auch einer undefinierten Mithilfe im Haushalt, und einer Magd, die eine definierte Funktion besetzte, für die dann aber auch Lohn gezahlt werden musste.

Während in den Oberkirchener Verträgen noch das lebenslange Wohnrecht mit lohnloser Arbeit im Haushalt als gleichwert erachtet wurde, wurde in einem Löhner Vertrag genau diese mit 5 Taler jährlich vergütet. So musste Anna Maria Wilhelmine Ilsabein Hartmann[756], „so lange dieselbe im elterlichen Hause bleiben will, gegen die zu leistende Arbeit in allen Lebensbedürfnissen unterhalten werden und einen Lohn von mindestens 5 Talern jährl. bekommen".[757] Nicht entlohnte Arbeit leistete hingegen die 15-jährige Anna Maria Balsmeyer[758] als Pflegetochter im Kolonat Krüger in Löhne. Sie sei, heißt es im Übergabevertrag von 1887,

---

752 LOE OFBID 18367.

753 LOE KonID 35 (1844).

754 LOE OFBID 17270.

755 LOE KonID 197 (1816).

756 LOE OFBID 12923.

757 LOE KonID 331 (1862).

758 LOE OFBID 12877.

„von ihrem vierten Lebensjahr hier im Hause gewachsen, verpflegt und erzogen [worden]; dagegen [sie] sich auch bisher für das beste des Hauses beschäftigt hat, ohne besonderen Lohn, abgesehen vom Taschengeld, erhalten zu haben".

600 Mark Abfindung sollte sie erhalten, höchstens ein Sechstel der Erbteile der biologischen Kinder der Kolone. „Sie soll auch weiter keinen Lohn erhalten; indessen bleiben ihr die 600 Mark auch dann, wenn sie den Hof verlassen sollte."[759] Wäre sie eine leibliche Tochter gewesen, so lässt sich umgekehrt vermuten, hätte sie sehr wohl Lohn erhalten.

Aus den Borgeler Übergabe- und Schichtungsverträgen sind die meisten und ausführlichsten Nachweise über die Bedingungen der Mitarbeit von Familienangehörigen überliefert. Bei einer gewissen Variationsbreite lässt sich daraus schließen, dass Kinder unter dem elterlichen Regime unentgeltlich arbeiteten, bis sie in der Lage waren, selbst Geld zu verdienen. Dies konnte unter Umständen früh der Fall sein, aber auch bis zur Volljährigkeit mit 24 Jahren dauern. Für diese Ordnung gibt es aus Borgeln viele Belege, von denen nur einige zitiert werden können. Typisch scheint die Formulierung, dass die Schichterin bzw. der Schichter, also die Witwe bzw. der Witwer bei möglicher Wiederheirat, sich verpflichtete, „seine Kinder bis zum Tage der Großjährigkeit, Heirath oder Wirthschaftserrichtung[760] auf dem Hofe unentgeldlich zu verpflegen, zu bekleiden und zu erziehen, gegen die von diesen zu erfüllende Verpflichtung, nach Kräften auf dem Hofe zu arbeiten."[761] Ein einziger Fall ist überliefert, in dem eine Tochter bei der Nachlassinventarisierung reklamierte, sie habe bei ihrem verstorbenen Stiefvater für Lohn gearbeitet und habe ihm diesen „vorgeschossen", was allerdings von den anderen Erben bestritten wurde.[762]

Die Arbeit für Geschwister wurde offensichtlich ganz anders bewertet. Hatte eines der Kinder den Hof übernommen, arbeiteten die Geschwister nur noch gegen Lohn. Die Belege dafür stammen aus dem gesamten 19. Jahrhundert. 1805 traten die vier Kinder der verstorbenen Eheleute Clüsener[763] das Erbe an. Der älteste Bruder war Kolon auf dem Hof seiner Frau, die übrigen drei hatten den elterlichen Hof zunächst weiter bewirtschaftet. Bei der Vermögensaufnahme wurde dann für diese drei Geschwister je fünfjähriger Lohn als Schulden in Rechnung gestellt: für den 39-jährigen Bruder Heinrich 100 Taler, für die beiden 35 und 42 Jahre alten Schwestern Elisabeth und Anna Maria je 40 Taler. Diese drei kamen überein, dass sie

„annoch ein Jahr a dato gemeinschaftlich auf der Colonie haushalten wollten, jedoch dem Henrich Clüsener die Herrschaft zustehe, und Gewinn und Verlust allein tragen und profiti-

759 LOE KonID 47 (1887).

760 Bei Verträgen nach Inkrafttreten des Bürgerlichen Gesetzbuches häufig das 21. Lebensjahr.

761 BOR KonID 367 (1881). Ähnliche Formulierungen in BOR KonIDs 491 (1871), 208 (1869), 418 (1867) und 549 (1864).

762 BOR KonID 635 (1834).

763 BOR OFBID 530 und 3943. BOR KonID 485.

ren solle, dahingegen aber einer jeden seiner Schwestern den auf der Börde hergebrachten Lohn auszuzahlen schuldig sein solle, und wolle."[764]

Bei heranwachsenden Geschwistern scheint die Lage nicht so deutlich gewesen zu sein. So versprach ein Hofnachfolger 1881

> „seine drei minderjährigen Geschwister, solange wie dieselben sich nicht selbst unterhalten können, und auch später in kranken Tagen nicht aber über das 21. Lebensjahr hinaus, unentgeldlich auf dem Hofe zu unterhalten und zu verpflegen und ihnen die übliche Erziehung zu geben, ihnen auch nach erreichtem Großjährigkeitsalter in kranken Tagen Aufnahme auf dem Hof zu verstatten."[765]

Ein anderer räumte 1896 ein:

> „Bis zum 21. Lebensjahr haben die Schwestern Julia und Bertha das Recht, sich auf dem Hofe aufzuhalten und gegen Lohn dort Hausarbeit zu thun. Auch den drei jüngeren Schwestern steht, solange sie bevormundet sind, das gleiche Recht zu. Es wird jedoch ausdrücklich vorbehalten, daß sie von diesem Rechte nur mit Zustimmung des Vormundes Gebrauch machen dürfen, welcher auch den Lohn vereinbaren wird."[766]

Selbst dem inhaftierten Christoph Westermann, der den elterlichen Hof in Brand steckte, wurde gewährt, nach der Freilassung bei seinem Bruder, dem Hofnachfolger unterzukommen:

> „So muß Heinrich Westermann denselben bei sich aufnehmen und ihn unterhalten, solange sich keine Gelegenheit zum Unterhalt für den Christoph Westermann anderwärts darbietet. Es versteht sich von selbst, daß Christoph Westermann dagegen für seinen Bruder zu arbeiten gegen üblichen Lohn verpflichtet ist."[767]

Lohn wurde unter Geschwistern offensichtlich dann bezahlt und empfangen, wenn die Befehlsgewalt klar geregelt war. Das setzte allerdings auch einen Verlust des Familiengeistes voraus, der für das Funktionieren des Betriebes wichtig war. Die Lohnabhängigkeit leistete Eigeninteressen Vorschub und beraubte die Geschwister gleichzeitig möglicherweise ihres „Standes". So ist zu erklären, dass Anna Maria Göbel bei der Übernahme des Hofes durch ihren Bruder Dietrich Göbel 1819 einerseits in Anspruch nahm, auf dem Hof zu bleiben und Verpflegung, Licht und Wärme zu bekommen, sich aber nicht dem Bruder unterstellen wollte. Sie versprach „des Hofes Beste nach ihren Kräften befördern zu helfen, ohne sich jedoch dabei befehlen oder Dienste anweisen zu lassen." Daraus ergab sich, dass im Vertrag festgehalten wurde,

---

[764] BOR KonID 485 (1805).

[765] BOR KonID 346 (1881).

[766] BOR KonID 231.

[767] BOR KonID 581 (1844).

es „soll keines der drei Kinder Forderungen an das Andere machen können, es sei wegen Lohn, noch aus sonstigen Gründen."[768]

Die Kosten der Arbeit von Familienmitgliedern muss man also sehr differenziert sehen. Je nach Lebensphase hatten die Angehörigen spezifische Ansprüche an Gegenleistungen. Die Arbeit der eigenen Kinder war wahrscheinlich ohne Löhne möglich, bis sie eine feste Funktion im Betrieb übernahmen. Von „weichenden", aber auf dem Hof bleibenden Geschwistern konnte ein Hofbesitzer die Übernahme einer Gesindefunktion verlangen, musste dann aber regulären Lohn zahlen. Der Altbauer wiederum, der seinen Hof formal abtrat, aber sich den Nießbrauch seines Hofes vorbehielt, musste unter Umständen den Jungbauern gegen Lohn beschäftigen. Der 66-jährige Kolon Schriewer etwa wollte die Wirtschaft auf diese Weise nicht vollständig aus der Hand geben. Der Hofnachfolger in spe, der 27-jährige Friedrich Schriewer, „acceptierte solches", laut Vertrag, „und verpflichtete sich zunächst, während der Dauer des väterlichen Nießbrauchs seinen Vater beim Betriebe der Ackerwirtschaft nach Kräften zu unterstützen und die vorkommenden Arbeiten gleich einem Ackerknecht zu verrichten, wogegen ihm der Vater außer freier Wohnung und Kost von heute an einen Jahrlohn von 50 Thlr. entrichtet."[769]

Die Unterschiede in der Höhe der Entlohnung lagen darin begründet, welche Alternativen sich den jugendlichen und erwachsenen Kindern im Ort boten. Wenn in Oberkirchen Kinder im elterlichen Haus verblieben und die Arbeit dort unentgeltlich machten, so spricht dies dafür, dass es eher ein Übermaß an Arbeitskräften gab und die Arbeit nur wenig mehr als der bloße Unterhalt mit Kost und Logis wert war. Der Gesindedienst auf anderen Höfen wird demgegenüber mit einem gewissen Lohn entgolten worden sein, doch ist fraglich, ob genügend Fluktuation herrschte, um daraus einen Arbeitsmarkt entstehen zu lassen. Wie es um den gewerblichen Nebenverdienst stand, ist allerdings daraus nicht unmittelbar zu entnehmen, denn gerade die Logis ist mit Geld allein nicht aufzuwiegen gewesen, wenn kein Markt für Vermietungen existierte; und es gibt keinen Hinweis darauf, dass es einen gab.[770] Vielmehr war zumindest Hausbau an Vermögen und guten Leumund gebunden. Die jungen Menschen hatten also nicht unbedingt freie Wahl.[771] Was dem Dienst auf dem elterlichen Hof demgegenüber den Vorzug gab, war möglicherweise eine moralische Verbundenheit dem elterlichen Besitz gegenüber, eine Teilhabe am gemeinsamen Einkommen des Hofes und daher auch die Aussicht, durch eigenen Einsatz das Einkommen beeinflussen zu können. Was die Eltern zur Einstellung der Kinder bewog, könnte neben

---

768 BOR KonID 214 (1819).

769 BOR KonID 317 (1863). BOR OFBIDs 1793 und 1832.

770 Vgl. die Anmerkungen zu Kapitel 7.1.3.

771 Vgl. Ulrich PFISTER: Exit, voice, and loyalty: Parent-child relations in the proto-industrial household economy (Zürich, 17th-18th centuries), in: The History of the Family 9 (2004), S. 401-423, hier S. 404, der dies im Zürcher Umland vorfand und in seinen Modellen voraussetzt.

den geringeren Kosten durchaus eine Einstellung der Fürsorge für die Kinder gewesen sein. Aber auch die Erwartung höherer Motivation bei der Arbeit auf dem zukünftigen Erbe und dem Erhalt desselben, ist anzunehmen.

Bei den beiden anderen Orten, Löhne und besonders Borgeln, sind andere ökonomische Zusammenhänge zu vermuten. Gerade in Borgeln hatten Kinder Alternativen, denn nirgends gab es so gute Möglichkeiten in den bezahlten Gesindedienst zu gehen wie hier. Nirgends waren die Eltern oder die den Hof erbenden Geschwister eher daran interessiert, Arbeitskräfte zu binden. Abermals gilt, dass eigene Kinder in Gesindefunktionen sich vielleicht mit dem Hof stärker identifizierten. Nicht zu unterschätzen ist aber auch die übliche Regel, dass das Kapital der Abfindung verzinst im Betrieb blieb, bis der Anspruchsberechtigte schließlich auszog.

Der Übertritt eines Kindes ins Erwachsenenalter führte, indem von diesem Zeitpunkt an Gesindelohn ausbezahlt wurde, zu einer formalisierten Verbindung zwischen den Eltern und ihren Kindern, bzw. zwischen dem Hofübernehmer und seinen Geschwistern. Dies unterscheidet sich auf bemerkenswerte Weise von dem von Rudolf Braun und Ulrich Pfister beschriebenen Verhalten von jungen Beschäftigten der Zürcher Protoindustrie. Hier wie dort war die Arbeitskraft der Familienmitglieder auf dem Markt gefragt. Statt sich der elterlichen Autorität unterzuordnen und ihre Arbeitskraft in ein Haushaltseinkommen einfließen zu lassen, zogen es Zürcher Heimarbeiter – wie viele ist allerdings nicht bekannt – vor, ihr Verhältnis zu den Eltern als ein Mietverhältnis formal zu fixieren und den gewerblichen Lohn selbst einzustreichen.[772] Auf westfälischen Höfen waren aber, Ausnahmen stellen die Regel nicht in Frage, Logis und Verpflegung von Gesinde auf dem Hof des Dienstherrn üblich. In den zitierten Fällen blieben Kinder auf dem elterlichen Hof, strichen den Lohn ein und ordneten sich der Funktion gemäß unter. Wie viele jedoch die Unabhängigkeit wählten, lässt sich anhand der Quellen nicht erschließen.

Die westfälischen Orte stellten somit Typen dar, die von der von Pfister definierten Dichotomie von agrarischen und protoindustriellen Haushalten deutlich abweichen. In Pfisters Modell ist die protoindustrielle Familienwirtschaft mit einem funktionierenden Arbeits- und Mietmarkt konfrontiert, sodass die Eltern ihren Kindern finanziell entgegenkommen mussten, um sie zum Verbleib im Haushalt zu bewegen. Im Modell eines agrarwirtschaftlichen Haushalts liegt das Einkommen grundsätzlich höher, sodass Pfister folgert, der Haushalt könne leicht verkraften, den Kindern auf ihren Unterhalt noch einen Lohn zu bezahlen. In diesen Haushalten habe es Konflikte weniger ums Geld, als um die Autorität im Management gegeben, insbesondere wenn die Eltern älter wurden und ihre Kräfte schwanden.

Die für die protoindustrielle Wirtschaft postulierten Voraussetzungen bestanden im Ort mit großer Mischökonomie, Oberkirchen, nicht. Hier stellt die gewerbliche Arbeitsproduktivität noch keine Konkurrenz dar. Weniger bedrohte den Haushalt eine

[772] Pfister, Exit, S. 420-421; Braun, Industrialisierung, S. 83-89.

mögliche Unabhängigkeit der Kinder, sondern eher der – aufgrund extensiver Produktion und geringen Erträgen unproduktive – Verbleib der nicht auswärtig Arbeit findenden Kinder in der Fürsorge der Eltern.

Hingegen sind Familienwirtschaften im marktorientierten Borgeln viel eher vom Auszug der volljährigen Kinder und Geschwister bedroht – freilich vorausgesetzt, dass sie zu dem Haushalt mehr beizutragen hatten als familienfremde Lohnarbeiter. Konkurrenzsituationen entstanden keineswegs durch konkurrierende industrielle Erwerbsmöglichkeiten, sondern durch die Nachfrage anderer Haushalte im gleichen Sektor. Die Erträge waren hoch genug, um den Kindern Gesindelöhne zu zahlen. Auch wurde am zitierten Beispiel der Maria Göbel in der Tat deutlich, dass nicht die durch Geld ermöglichte Unabhängigkeit vom Bruder, sondern die Gleichrangigkeit gegenüber diesem und damit die Unabhängigkeit gegenüber seinen Anweisungen das wertvollere Gut darstellte.

7.2.3 Analyse der Vermögensflüsse

Zur Prüfung der familienzyklischen Belastungen am Datenmaterial werden drei Untersuchungen durchgeführt. Erstens wird auf Basis der Annahme eines Verbraucher / Arbeiter-Verhältnisses die Verteilung von Vermögensflüssen auf einzelne Familienphasen dargestellt und analysiert. Zweitens finden die Ergebnisse über familienzyklische Lohnarbeit in Borgeln Anwendung. Mithilfe von Informationen zum Gesindebesatz werden Bedarfsgruppen gebildet, die ebenfalls als Ordnungsschema für Vermögensflüsse zum Einsatz kommen. Drittens werden beide Schemata benutzt, um ausschließlich die Sparflüsse der Sparkontobesitzer zu analysieren, von denen angenommen wird, dass sie von ihren Besitzern als nächstliegendes Instrument zur Bewältigung von zyklischen Belastungen angesehen wurde.

Zur Konstruktion der Familienphasen

Zur Konstruktion von Familienphasen wurde zunächst die Referenzgruppe (die sogenannte Risikopopulation) der Landbesitzer definiert, denn nur diese konnten Hypothekenkredite aufnehmen und Land verkaufen. Daraufhin wurden vier Familienphasen unterschieden, wobei nur jene Akteure Berücksichtigung fanden, die überhaupt die Möglichkeit hatten, einen Familienzyklus zu durchlaufen, d. h. die im Laufe ihres Lebens geheiratet haben.[773] Diese Einschränkung schloss einen insgesamt kleinen Anteil von Akteuren aus, da es bei allen Einschränkungen doch die Regel war, dass Landbesitzer verheiratet waren. Auf Grundlage der Familienrekonstitution wurde berechnet, wie viele Kinder ein Akteur hatte, wie alt diese und ob sie bereits verheiratet waren (Tabelle 7-h). Die Gruppe derer, deren Kinder „noch nicht geboren“

[773] Diese Darstellung baut auf Berechnungen von Georg Fertig auf, dem ich dafür Dank schulde.

waren, umfasst kinderlose Akteure im Alter bis einschließlich 40 Jahre. Ältere Kinderlose wurden weder als Akteure noch als Risikopopulation berücksichtigt, da sie in der nicht eindeutigen Phase waren, zwar nicht von kleinen Kindern ökonomisch belastet zu sein, selbst aber den Zenit der Arbeitsfähigkeit bereits überschritten zu haben. Die zweite ausgewertete Gruppe ist die mit „überwiegend kleinen Kinder“. In diese Gruppe wurden Akteure mit gleich vielen oder mehr Kindern unter 14 als darüber klassifiziert.[774] Hatten Akteure mehrheitlich Kinder über 14 Jahren, dann zählten sie zur Gruppe der „überwiegend jugendliche Kinder“. Diese jugendlichen und erwachsenen Kinder durften mehrheitlich noch nicht verheiratet sein. Andernfalls wurde der Akteur der Gruppe mit „überwiegend verheirateten“ Kindern zugeschrieben.

Diese Klassifizierungsentscheidungen sind ein Konstrukt der Annäherung an Realitäten. Es lässt sich nicht definitiv benennen, wie viele Jugendliche mit ihrer Arbeit den Konsum einer gesetzten Anzahl kleinerer Kinder erarbeiteten. Wie bei jeder Klas sifizierung sind hier Grenzen zu ziehen. Tschajanow oder Mueller bieten ausdifferenziertere Modelle, die dennoch ebenso nicht frei von Schwächen sind.[775] In der empirischen Praxis erwiesen sich aber die Grenzen als robust und Verschiebungen der Grenzen bringen keine bedeutsamen Veränderungen.

Die Tabelle 7-h zeigt, wie viele der Landbesitzer sich in Borgeln durchschnittlich in den verschiedenen Familienphasen befanden. Diese Phasen stehen in engem Zusammenhang mit dem Lebensalter der (Ehe-)Partner und mit faktischen Heiratsbeschränkungen. Jemand, der sein Leben lang ledig und kinderlos blieb, konnte die getesteten Familienphasen gar nicht erst erreichen. Auch ist der Effekt der Alterspyramide deutlich zu entnehmen. Dieses ist die Risikopopulation, mit denen die Daten über stattgefundene Transaktionen ins Verhältnis gesetzt werden müssen. Nicht allein für Borgeln, für alle drei Orte wurde ein deutliches Übergewicht der Akteure mit nichtarbeitenden, „kleinen“ Kindern festgestellt. Rechnet man die angegebenen Zahlen zusammen, so ergeben sich für einen beliebigen Zeitpunkt zwischen 1830 und 1866 im Mittel in Borgeln 176 Landbesitzer. Wichtig für die Betrachtung der Flüsse sind die Relationen zwischen den Gruppen, die sich bei allen Orten in etwa gleich darstellen.

---

774 Der ehemalige Heuerling Dunkmann erzählt davon, dass seine Geschwister vor dem 14. Jahr schon „zum Bauern gingen“, also wohl Pflegekinder waren – siehe Sauermann (Hg.), Aus dem Leben, S. 25. Dies scheint aber nach Schlumbohm, Lebensläufe, S. 198 und 233 zumindest im niedersächsischen Belm eine Ausnahme gewesen zu sein.

775 Eva MUELLER: The Economic Value of Children in Peasant Agriculture, in: Ronald G. RIDKER (Hg.), Population and Development. The Search for Selective Interventions, Baltimore 1976, S. 98-153. Dieses für sich entwickelnde Länder des 20. Jahrhunderts gedachte Modell geht von Betrieben ohne Gesinde bzw. Gesinderollen aus. Auch wird mit niedrigen Heiratsaltern und einem frühen Verlassen der elterlichen Haushalte gerechnet. Frauen werden generell, ohne Unterschied ihrer Rolle, sehr geringe Produktionswerte von etwa einem Drittel einer männlichen Kraft zugewiesen. Vgl. auch die oben zitierte Kritik von Inhetveen an Tschajanow.

Tabelle 7-h: Vergleich der Risikopopulationen zu Borgeln

Familienphasen	**Anzahl Hof-Jahre**		**Anzahl Höfe und Hausstellen**			
Betriebsinhaber haben...	Basis: Hypothekenbücher Borgeln 1830-1866		Basis: Querschnitt Güterverzeichnis Borgeln 1829/30		Basis: Querschnitt Güterauszüge Borgeln 1866	
noch keine Kinder [1]	329	6%	8	5%	20	11%
überwiegend kleine Kinder	2.989	53%	72	45%	68	36%
überwiegend jugendliche Kinder	1.670	29%	38	24%	58	31%
überwiegend verh. Kinder	344	6%	4	3%	10	5%
sonstige [2]	330	6%	37	23%	32	17%
alle Familienphasen	**5.662**	**100%**	**159**	**100%**	**188**	**100%**

Quellen: Datenbank BOR (Tabellen Personen, Familien, Artikel, Kontrakte, Eigentumswechsel). Prozentangaben gerundet.

1) Inhaber selbst ist jünger als 40 Jahre.

2) Familienphase unbekannt oder keine Kinder und älter als 39 Jahre.

Vermögensflüsse in Familienphasen.

In die Untersuchung der Familienphasen, wie auch später der Gesindebedarfsphasen, gingen alle Ressourcenflüsse des Hypothekenkreditverkehrs, des Bodenverkehrs und des Sparbuchsparens ein. Es bot sich jedoch an, die Rückzahlungen von Krediten aus der Betrachtung auszuschließen, da die Datierung hier nicht verlässlich erschien (Kapitel 4.2.2). Auch die wenigen nachgewiesenen Kreditvergaben werden nicht eigens interpretiert, weil sie in zu geringer Zahl anfielen, wenngleich die Diagramme sie prinzipiell ausweisen.

Bei den Einzahlungen und Abhebungen von Sparguthaben handelt es sich um tagesgenau durchgeführte und registrierte Handlungen; beim Guthaben selbst um ein schnell liquidierbares Vermögen. Deshalb kommt diesen Flüssen gerade bei der Überbrückung kurzfristiger Krisen und Engpässe hohe Bedeutung zu. Hypothekenkredite hingegen drücken Transaktionen von meist größerer Dimension aus; größer, als sie beispielsweise durch die zusätzliche Beschäftigung einer familienfremden Person entstanden wäre. Auch war die Höhe möglicher Kreditaufnahmen von der Größe des Besitzes abhängig. Dennoch haben die Hypothekenkredite ihren Aussagewert, denn man muss davon ausgehen, dass bei jeder Kreditaufnahme die wirtschaftliche Lage des Betriebs und damit auch die familienzyklische Konstellation entscheidend war. Befand sich der Betrieb in einer guten Lage, konnte manche Investition aus dem laufenden Umsatz mit Bargeld getätigt werden. Die Hypothekenkredite werden also nicht als Kredit zur direkten Bewältigung familienzyklische Lasten gewertet, sondern im weiteren Sinne als Indikatoren für möglicherweise familienzyklisch verursachten Geldbedarf.[776]

In den Abbildungen 7-A und 7-B sind die mittleren Ressourcenflüsse pro Jahr und Taler Steuerreinertrag dargestellt. Als positive Flüsse repräsentieren Abhebungen von Sparguthaben, Landverkäufe und Kreditaufnahmen einen *Geldzufluss aus Anlageformen heraus in den Haushalt*. Negative Flüsse sind hier Landkäufe, Kreditvergaben und Spareinzahlungen als *Flüsse in Anlageformen hinein*. Die Division durch die Taler Reinertrag erfolgt, um eine Betrachtung unabhängig von den Betriebsgrößen zu ermöglichen. Dennoch wird die Gesamtheit der Hausstellen und Höfe in zwei Besitzgruppen eingeteilt, eine bis 50 Taler Reinertrag und eine darüber. Die Grenze von 50 Talern Reinertrag liegt etwas über der Grenze zum Vollerwerbsbetrieb. Auf eine stärkere Differenzierung der Betriebsgrößen wurde verzichtet, um den Einfluss von Einzelfällen gering zu halten.

Zunächst fällt auf, dass die Volumina der Transaktionen relativ zur Betriebsgröße bei den kleineren Betrieben weitaus größer ausfallen als bei großen. Dies ist zwar durchaus den sehr kleinen Haushalten geschuldet, die nur sehr wenig Nutzfläche besaßen und daher die Mittelwerte in die Höhe treiben. Ihre Sicherheiten bestanden in höherem Maße aus einem Haus, dem aber kein Reinertrag zugeschrieben wurde. Aber auch ein Vergleich der Betriebsgrößen von 10 bis 50 Taler Reinertrag ergibt im Mittel deutlich höhere relative Transaktionsvolumina. Dies bedeutet, dass die Inhaber kleiner Betriebe sich sehr viel aktiver auf den Faktormärkten bewegten und ihre finanziellen Handlungsmöglichkeiten stärker ausschöpften als Besitzer größerer Betriebe.

Der zweite Befund gilt der lebenszyklischen Abfolge von Ressourcenflüssen. Im Vergleich der Familienphasen fällt auf, dass beide Besitzgruppen zwischen Besitzerwerb und Kinderphase die höchsten Transaktionsvolumina verzeichnen. Sehr bedeutend ist der Unterschied in der Gruppe der Höfe über 50 Taler Reinertrag. Man kann geradezu davon sprechen, dass in der Frühphase der Familie ein Aktivitätsschub stattfand. Dies war die einzige Phase, in der die relativen Volumina etwa denen der unteren Klasse entsprachen. Danach kamen aber die Finanztransaktionen weitgehend zum Erliegen.

---

[776] In die Betrachtung gingen alle hypothekarischen Barkredite ein, also auch jene, die offensichtlich als Ablösungskredite Verwendung fanden. Die unter Ausschluss der betreffenden Jahre (bei Borgeln 1850-1853) berechneten Kurven zeigen aber die gleichen Relationen auf verständlicherweise niedrigerem Niveau.

Abbildung 7-A: Geldflüsse von Betrieben bis zu 50 Taler Steuer-Reinertrag nach Familienphasen (1830-1866)

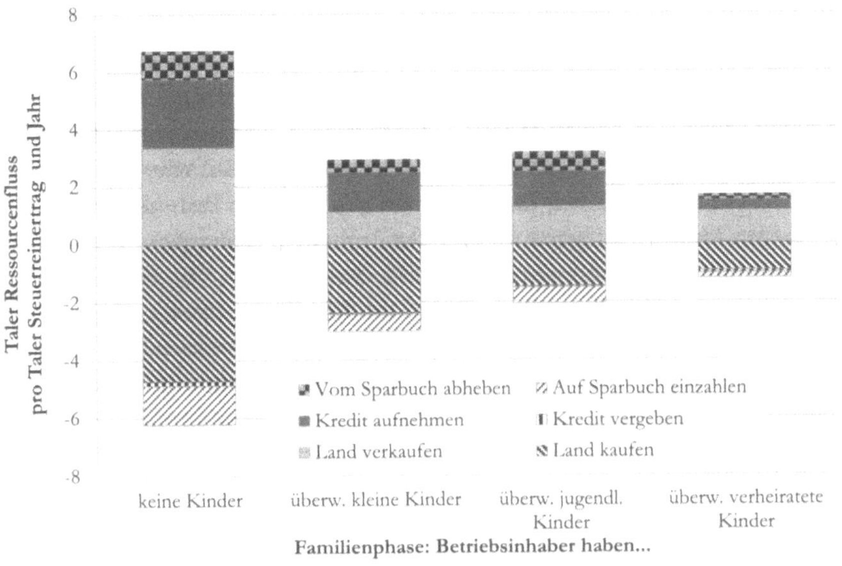

Abbildung 7-B: Geldflüsse von Betrieben über 50 Taler Steuer-Reinertrag nach Familienphasen (1830-1866)

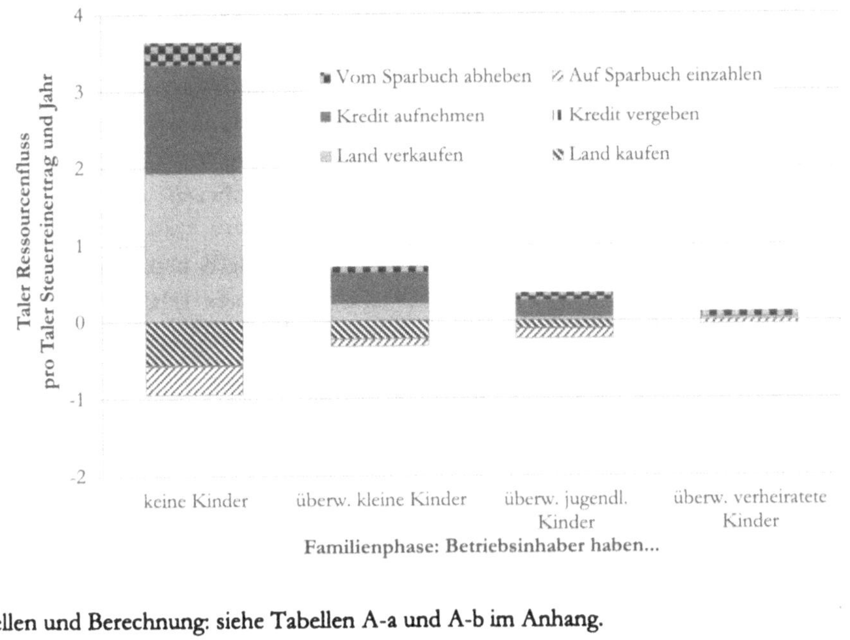

Quellen und Berechnung: siehe Tabellen A-a und A-b im Anhang.

Sparen. Die Einzahlungs- und Abhebeströme in beiden Hofgrößenklassen waren weitgehend unabhängig von Familienphasen. Die mittleren Auszahlungen wichen nicht sehr von den mittleren Einzahlungen ab. Dies spricht dafür, dass Sparflüsse meist nicht von einer in eine andere Phase transferiert wurden, sondern dass kurzfristigeren Zielen, die noch innerhalb einer Familienphase realisiert wurden, gewidmet waren.

Kreditaufnahme. Da Kreditvergaben als Marginalie einzustufen sind, richtet sich der Blick allein auf die Kreditnahmen. Auch in der Kreditaufnahme tätigten kleine Betriebe im Verhältnis zu ihrem Reinertrag weitaus größere Transaktionen als große Betriebe. In den kleinen Betrieben fand in der frühen Familienphase vor Geburt der Kinder die höchste Kreditaufnahme statt. Da dies nicht in der familienzyklischen Härtephase mit kleinen Kindern geschah, und die Kreditaufnahme in der Gunstphase mit jugendlichen Kindern nicht weiter zurückging, ist auf investive Zwecke der Kreditaufnahme zu schließen. Obendrein überwiegen in den ersten drei Phasen die Landkäufe gegenüber den Verkäufen, sodass es sich auch um eine familienzyklische Ausweitung der Betriebsfläche handeln kann, die aber bereits vor der Geburt des ersten Kindes einsetzte, und nicht, wie Tschajanow es beschreibt, wenn die ersten Kinder zu Arbeitskräften heranwuchsen. Kredite scheinen insgesamt zur Finanzierung der Landkäufe eingesetzt worden sein und eben nicht für familienzyklisch hohen Konsum. Für die hohe Kreditaufnahme der jungen und noch kinderlosen Betriebsinhaber ist darüber hinaus noch ein anderer Punkt anzuführen: Da nur ein Teil dieser Kredite durch entsprechende Ressourcenflüsse in Land gedeckt ist, lässt sich vermuten, dass es sich bei diesen früh aufgenommenen Krediten auch um Transfers an Geschwister handelte. Ebenso kommen Transfers in Betracht als Begründung für die zwar im Vergleich zur kinderlosen Phase gesunkene, aber im Vergleich mit den anderen Ressourcenflüssen immer noch hohe Kreditaufnahme in den Phasen mit kleinen und jugendlichen Kindern. Hier dürfte sich zu einem gewissen Teil auch Ressourcenverteilung von der bäuerlichen in unterbäuerliche Schichten verbergen. Ein wertvoller Befund ist schließlich, dass die Kreditaufnahme im höheren Alter in beiden Größenklassen weitgehend zum Erliegen kam.

Land. Der Landverkauf war unter kleinen *und* größeren Betrieben in der Phase vor der Geburt der Kinder am höchsten. Gerade noch kinderlose Inhaber sehr kleiner Betriebe verkauften bisweilen den ganzen Besitz oder doch wichtige Teile davon. Dies kann durchaus im Zusammenhang mit Erbengemeinschaften und anschließendem Verkauf an einen Miterben stehen. Für jeden Taler Reinertrag verkauften die kleinen Betriebe in dieser Phase im Schnitt pro Jahr Grundbesitz im Wert von über 3 Talern. Dieses Verhältnis mag zunächst überraschen, jedoch hatte Land von einem Taler Reinertrag bereits 1830 in Borgeln einen Marktpreis von rund 18 Talern.[777] Auch in späteren Familienphasen wurde aktiv verkauft. Zugleich aber waren die kleinen Be-

[777] Vgl. auch Tabelle 8-a.

triebe auch sehr aktive Käufer. Unterm Strich kauften sie mehr als sie verkauften. Dies betrifft alle Phasen bis auf die letzte, in der die Kinder überwiegend bereits verheiratet waren. Ein deutliches Muster im Sinne einer Erweiterung der Betriebsfläche, wenn das Arbeitskraftpotential wuchs, lässt sich nicht erkennen. Eher lassen sich Akkumulationsstrategien vermuten, die zu Beginn des Zyklus stark, gegen Ende hingegen nur noch schwach betrieben wurden.

Unter Strich bestätigt diese aggregierte Analyse nicht, dass es bei den kleinen Betrieben von bis zu 50 Talern Reinertrag mit dem Anwachsen des Arbeitskräftepotentials zu Zukäufen kam. Landkäufe gab es in weitaus höherem Maße in einer Phase vor den Geburten. Das heißt, Käufe zählten sehr viel stärker zu der Betriebsgründung an sich und können erst in zweiter Linie einer Strategie der Anpassung an das Arbeitskraftpotential gefolgt sein. Unter den größeren Betrieben finden sich – mit Ausnahme der kinderlosen Phase, in der wohl die Abfindung der Geschwister im Vordergrund stand – nur verhältnismäßig geringe Ressourcenflüsse, unter denen Kredite hervortreten. Diesen stehen keine entsprechenden Flüsse in Land gegenüber. Dies ist wiederum anders bei den kleinen Betrieben, die somit sehr viel stärker einen Einsatz des Kredits im Sinne einer Betriebsgrößenerweiterung erkennen lassen. Die Sparflüsse schließlich sind in allen Phasen und in beiden Gruppen sehr ausgeglichen. Dies stützt die Einschätzung, dass Sparguthaben verhältnismäßig kurzfristig zur Erreichung investiver Ziele eingesetzt wurde.

Zur Konstruktion von Gesindebedarf und -überschuss

Ein zweiter Zugang zu den familienzyklischen Lasten, nun eher am Mitterauer-Modell orientiert, ist möglich über eine Berechnung des Gesindebedarfs eines Hofes. Die im Eingangskapitel zur bäuerlichen Wirtschaft bereits angesprochenen Wertschätzungsprotokolle liefern Durchschnittszahlen für den durchschnittlichen Gesindebesatz von drei Hofklassen. Diese Zahlen sind für die Verbände Borgeln, Löhne, und die Oberkirchen benachbarten Verbände Kirchhundem und Meschede in Abbildung 7-C wiedergegeben. Diese drei in den Wertschätzungsprotokollen verwendeten Hofgrößenklassen sind nicht als eine wirkliche Klassengesellschaft zu betrachten, sondern als Wegmarken auf einer Kurve des Gesindebedarfs zu verstehen. So wird der 5-ha-Betrieb in Borgeln vielleicht tatsächlich ohne zusätzliche Kräfte ausgekommen sein. Die Schwelle, ab der eine Magd eingestellt wurde, lag aber nur wenig darüber.

Meschede hatte von allen vier Verbänden unabhängig von der Hofgröße den niedrigsten Bedarf an Gesinde. Gerade im Nachbarverband Kirchhundem hingegen, von Viehwirtschaft dominiert, war ein hoher Grundbesatz an Gesinde nötig: Kleine Höfe benötigten hier mehr Gesinde als in den anderen drei Verbänden. Dafür war der zusätzliche Bedarf ab etwa 15 ha Nutzfläche geringer als in Löhne und Borgeln.

Abbildung 7-C: Gesindebesatz nach den Wertschätzungsprotokollen (1824-1828)

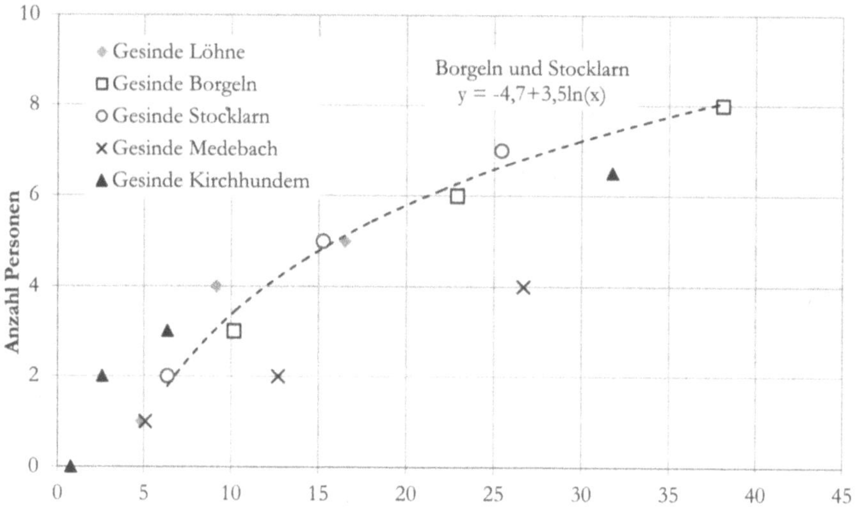

Quelle: Wertschätzungsprotokolle Borgeln, Mennighüffen, Kirchhundem und Medebach.

Borgeln war in diesem Spektrum das andere Extrem. An Nutzfläche kleine Betriebe benötigten relativ wenig Gesinde. Die unterste Klasse des Wertschätzungsprotokolls, ein 10-ha-Hof, benötigte einen Pferdeknecht, einen Jungen und eine Magd. Viele Betriebe lagen allerdings noch darunter. Dafür stieg hier der Bedarf auch für größere Betriebe noch stark an. Die Betriebe der größten Klasse benötigten im Schnitt acht Personen zusätzlich zum Arbeitspaar von Mann und Frau: drei Mägde, drei Pferdeknechte, einen Arbeitsknecht und einen Jungen. Man sieht daran den durch die im Ackerbau direkt von Fläche und Erträgen abhängigen Arbeitsbedarf, während in viehwirtschaftlichen Gebieten ein hoher Grundbedarf herrschte, der aber von der Größe der Weideflächen oder des Viehbestandes in geringerem Maße abhängig war.[778]

Mit den Werten für Borgeln und Stocklarn wurde eine Gleichung generiert, welche die Gesindenorm optimal als Funktion der Nutzfläche eines Hofes ausdrückt. Es zeigt sich, dass eine logarithmische Funktion dies am besten erfüllt. Dies lässt einen positiven Skaleneffekt im Einsatz von Gesinde vermuten, d. h. es scheint zunächst so, als wenn große Betriebe je Flächeneinheit weniger Gesinde benötigten als kleine. Dann hätten große Betriebe einen Vorteil gehabt, weil sie mit vergleichsweise wenig Gesinde auskamen. Tatsächlich sind bei landwirtschaftlichen Betrieben eher gegenteilige Effekte wirksam. Bei wachsender Betriebsgröße sinken die Grenzerträge, das heißt mit

[778] Mitterauer, Formen.

jeder zusätzlich eingesetzten Faktoreinheit wird ein geringerer Zusatzertrag erwirtschaftet. Der Gesindebesatz dürfte zum Output in einem festen Verhältnis gestanden haben. Daraus resultiert, dass die Erträge eben nicht proportional zur Fläche wuchsen.

Mithilfe der Regressionsgleichungen konnten auch Gesindenormwerte für Höfe berechnet werden, die zwischen den drei Größenklassen der Wertschätzungsprotokolle lagen. Diese Werte sind in Tabelle A-c im Anhang wiedergegeben. Sie stellen Norm-Werte an Kräften dar, die zusätzlich zu dem Arbeitspaar im Betrieb benötigt wurden. Die Norm-Werte entsprachen in der Regel nicht dem tatsächlichen Gesindebedarf, da – soweit möglich – Kinder und andere die Funktionen übernahmen. Es ist außerdem davon auszugehen, dass Söhne und Töchter von Vollbauern den elterlichen Hof nicht zugunsten des Dienstes auf einem fremden Hof verließen. Familienfremdes Gesinde rekrutierte sich weitgehend aus Kleinbesitzerfamilien.[779] Wie aus der Diskussion der Entlohnung von Familienmitgliedern des Weiteren hervorgeht, war nur bei jugendlichen Kindern bis zur Heirat oder Volljährigkeit davon auszugehen, dass sie feste Funktionen in der Familienökonomie besetzten, ohne dafür Lohn zu bekommen. Nur sie waren eine potentielle Entlastung für den Haushalt, oder mit anderen Worten: Die Zahl der zu entlohnenden Arbeitskräfte, der „Gesindebedarf", bemaß sich an der Höhe der Gesinde-Norm abzüglich der Zahl der Jugendlichen im Haushalt.

Um anhand dieser Daten den Familienzyklus zu testen, wurden Größenklassen mit zugehörigen Gesinde-Normzahlen gebildet. Für Borgeln ist dies in Tabelle A-c im Anhang dargestellt: Für jeden Hof konnte also zu jedem Zeitpunkt die Gesindenorm errechnet werden. Alle Höfe zusammengenommen ergibt sich so für 1830 eine Gesindenorm von knapp 250 Personen, d. h. Stellen, die von eigenen Kindern über 14 oder von familienfremdem Gesinde eingenommen werden mussten.

Gleichzeitig konnte für jede Hofbesitzer-Familie errechnet werden, wie viele jugendliche Kinder (unverheiratet, über 14) sich vermutlich im Haushalt aufhielten und wie hoch der Gesindebedarf nach Abzug der Zahl der Jugendlichen war. Tabelle A-d im Anhang zeigt dies anhand dreier Berechnungswege. Demnach hatten in Borgeln zu einem beliebigen Zeitpunkt zwischen 1830 und 1866 durchschnittlich 32% der Höfe mehr Kinder im arbeitsfähigen Alter, als vonnöten waren. In 42% der Betriebe entsprach das Angebot der Familie genau dem Bedarf. In 27% hingegen mussten Kräfte eingestellt werden.

Auf dieser Grundlage ließen sich die Ressourcenflüsse zuordnen. Folgende Grundbedingungen sind zu beachten: Für Betriebe mit wenig Nutzfläche ergeben sich öfter hohe Zahlen von über dem Bedarf liegenden Familienmitgliedern als für solche mit viel Land, die beinahe ständig Bedarf hatten. Stellte sich bei kleinen Betrieben dennoch Bedarf ein, war die Möglichkeit der Kreditaufnahme begrenzt, da sie Gläubi-

---

779 Sauermann, Brautschätze, S. 31, 48, 56, 82, 89, 101, 106, 120 und 139; siehe auch Schlumbohm, Lebensläufe, S. 337-367.

gern nur begrenzt Sicherheit bieten konnten. Niedrige Kreditaufnahmen in diesen Bedarfsgruppen können also nicht überraschen. Hingegen handelt es sich bei Betrieben mit einem hohen Bedarf an Kräften sehr wahrscheinlich um Betriebe mit viel Land, die in der Lage sind, hohe Kredite aufzunehmen. Um diesen verschiedenen Grundsituationen gerecht zu werden, werden nur kleine Betriebe unter einem Reinertrag von 50 Talern (ca. 5 ha) und große über einem Reinertrag von 100 Talern (ca. 10 ha) betrachtet.

Vermögensflüsse in Gesindebedarfsphasen

In Abbildung 7-D wird der Effekt von arbeitsfähigen, unverheirateten Kindern auf die Ressourcenflüssen von kleinen Betrieben geprüft. Diese Betriebe hatten den Wertschätzungsprotokollen gemäß kein Gesinde. Jugendliche, unverheiratete Kinder mussten sehr wahrscheinlich den Haushalt verlassen, konnten aber im Gesindedienst bei großen Bauern Geld verdienen. Die Grafik bietet folglich keinen Anhaltspunkt für das Verhalten von Haushalten in lebenszyklischen Härtephasen. Vielmehr kann abgeschätzt werden, ob etwaige Geldsendungen der Kinder an ihre Eltern zu erkennbar niedrigeren Sparabhebungen und Kreditaufnahmen oder höheren Käufen und Einzahlungen führte. Tatsächlich wurde unter der Bedingung des Arbeitskraftüberschusses zwar weniger Kredit aufgenommen und weniger Land verkauft, aber auch weniger Land gekauft. Einzahlungen und Abhebungen sind nicht nur gleich hoch gewesen, sondern auch bei beiden Gruppen auf gleichem Niveau. Dies lässt die Bedeutung von Geldsendungen der im Gesindedienst befindlichen Kinder an ihre Eltern, eher gering erscheinen.[780]

Die größeren Höfe über 100 Taler Reinertrag, also mit mehr als 10 ha Fläche, unter denen sich aber auch etliche mit 40 ha und mehr befanden, waren fast immer auf Gesinde angewiesen. Abbildung 7-E zeigt daher die Geldflüsse dieser großen Höfe nur unterschieden nach einer Phase geringen Bedarfs von bis zu 2 Personen, mittleren Bedarfs von 3-4 Personen und großen Bedarfs von 5 und mehr Personen. Die Betriebsgrößen sind innerhalb dieser Bedarfsphasen nicht gleich verteilt, vielmehr finden sich in der Gruppe mit Bedarf an mehr als 5 Personen überproportional viele Betriebe über 150 Talern Reinertrag. Dennoch bedeutete dies auch für sehr große Betriebe einen verhältnismäßig hohen Bedarf. Umso erstaunlicher ist, dass die Sparflüsse auch hier sich die Waage halten. Allerdings stehen hohen mittleren Kreditaufnahmen der durch viel Gesinde belasteten Betriebe Käufe von deutlich niedrigerem Volumen gegenüber. Dies ist aber unter geringem Gesindebedarf, also in einer theoretisch günstigen Phase, ebenso gewesen (wenn auch bei niedrigeren Umsätzen).

---

780 Vgl. Lambrecht, Unmarried adolescents.

Abbildung 7-D: Geldflüsse von Betrieben bis zu 50 Taler Steuer-Reinertrag und arbeitsfähige Kinder in der Familie (1830-1866)

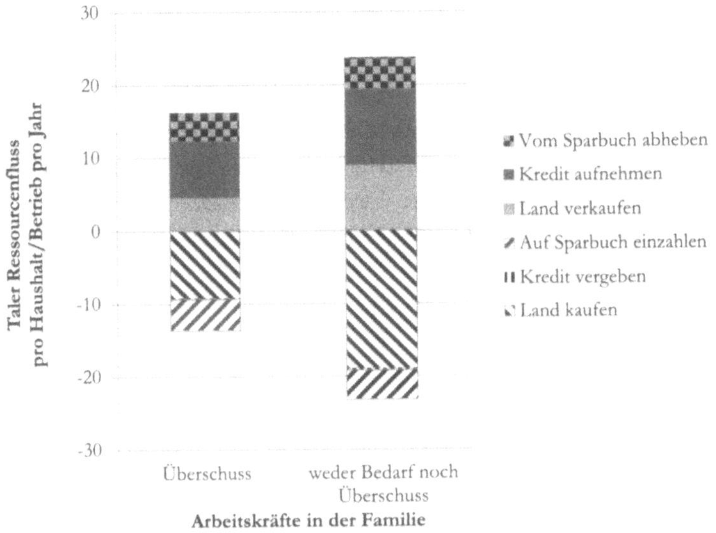

Daten und Quellen: siehe Tabellen A-e und A-f im Anhang.

Abbildung 7-E: Geldflüsse von Betrieben mit mehr als 100 Taler Steuer-Reinertrag und familienzyklischer Bedarf an Gesinde (1830-1866)

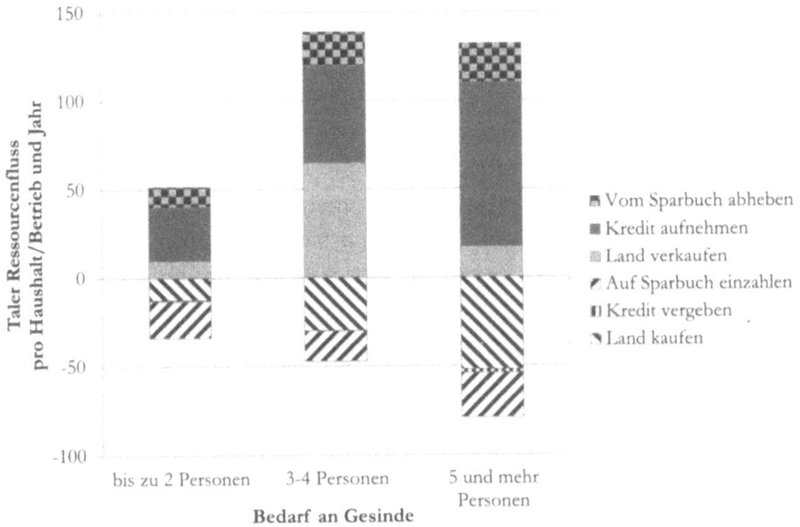

Quellen und Daten: siehe Tabellen A-e und A-g im Anhang.

Einzig die relativ starken Einzahlungen in dieser Phase deuten auf familienzyklische Einsparungen hin.

Insgesamt aber scheint der Gesindebedarf nicht beeinflusst zu haben, ob mehr oder weniger Kredit aufgenommen wurde oder ob Land verkauft oder gekauft wurde. Alle Geldflüsse sind in der Phase großen Bedarfs höher gewesen als in der theoretisch ökonomisch günstigeren. Als Faktor, der den Unterschied zwischen den Phasen bildete, bleibt am ehesten der des Alters des Hofinhabers oder der Hofinhaberin. Schon aus den in der Abbildung 7-B gezeigten Flüssen ging hervor, dass die großen Höfe einfach in einer frühen Familienphase höhere Vermögensumsätze als später hatten. Dies scheint auch der Faktor für die Unterschiede hier zu sein. Die Umsätze an sich waren in einer frühen Phase sehr hoch, als viel Gesinde beschäftigt wurde. Im Gegensatz zu den Erwartungen war offensichtlich der ökonomische Gestaltungswille in frühen Familienphasen sehr hoch.

Dafür, dass der Gesindebedarf bei großen Höfen nicht als Faktor für Vermögensflüsse in Betracht kommt, kann auch ein Beispiel angeführt werden. Die Kolonie Blumroth hatte durchgehend eine Größe von rund 50 ha. 1844 wurde sie von Friederike Bimberg übernommen, ihr verstorbener Ehemann hatte ihr den gerade siebenjährigen Sohn hinterlassen. Sie und ihr Sohn blieben mindestens bis zum Tod der Kolona 1877 die einzigen Familienkräfte auf dem Hof. In der belegten Zeit der Wirtschaftsführung der Witwe, 1844-1877, die sie bis zu ihrem Tod zwar an einen Verwalter delegiert,[781] jedoch formal nicht übergeben hatte, hat sie an belegten Vermögensflüssen nur das Ablösekapital als Kredit aufgenommen und den Hof um eine Parzelle erweitert.

Analyse der Spar-Nettoflüsse

Während Landverkäufe und Hypothekenkredit meist Transaktionen größerer Volumina waren und daher nur recht grobe Instrumente zur Prüfung des Familienzyklus sind, bietet sich eine genaue Analyse der Sparbewegungen an, da Sparen als dasjenige Instrument mit der höchsten Liquidität angesehen werden kann und also bei Belastungen eines Haushalts, wie sie der Familienzyklus nahelegt, am ehesten zum Einsatz gekommen sein dürften. Wenn die Kinderphase mit finanziellen Belastungen einherging, so wäre zu erwarten, dass die Bauern bei Bedarf seltener einzahlten und häufiger abhoben als in der Phase mit Kräfteüberschuss. Operationalisiert wurde dies mit jährlichen Nettosparflüssen, also dem, was unterm Strich innerhalb eines Jahres floss, ob Nettoeinzahlungen oder Nettoauszahlungen. In die Betrachtung flossen alle Hof-Jahre

[781] Friedrich WEBER: „Äs dai oine unnerchenk, was dai annere all wuier do." Menschen und Familien auf einem mittleren Hof in der Soester Niederbörde, Welver 1994, S. 184.

Tabelle 7-i: Spartransaktionen von Sparern nach Familienphasen (in Hof-Jahren)

	A	B	C	D	E	F
	Betriebs-inhaber >39 J., keine Kinder	Betriebs-inhaber <40 J., keine Kinder	Kinder der Betriebsinhaber sind:			Gesamt
Betriebsgröße			überw. <14 J.	überw. jugendl.	überw. verheiratet	
0-10 Taler RE						
1 Nettoeinzahlung	13	60	64	20	7	164
2 Guthaben o. Veränderung [1]	12	49	50	65	10	186
3 Nettoauszahlung	9	35	36	15	7	102
4 alle Hof-Jahre mit Konto	34	144	150	100	24	452
10-50 Taler RE						
5 Nettoeinzahlung	5	15	39	13	1	73
6 ohne Veränderung [1]		16	28	10	1	55
7 Nettoauszahlung	4	13	25	9	3	54
8 alle Hof-Jahre mit Konto	9	44	92	32	5	182
50-100 Taler RE						
9 Nettoeinzahlung		1	15	9		25
10 ohne Veränderung [1]			13	5		18
11 Nettoauszahlung			9	8		17
12 alle Hof-Jahre mit Konto		1	37	22		60
100-150 Taler RE						
13 Nettoeinzahlung	2	7	8	16	2	35
14 ohne Veränderung [1]	2	1	13	7	3	26
15 Nettoauszahlung	1		7	6	1	15
16 alle Hof-Jahre mit Konto	5	8	28	29	6	76
über 150 Taler RE						
17 Nettoeinzahlung	10	33	32	50	1	126
18 ohne Veränderung [1]	29	26	9	40	6	110
19 Nettoauszahlung	7	19	20	24	2	72
20 alle Hof-Jahre mit Konto	46	78	61	114	9	308
Alle Höfe						
21 Nettoeinzahlung	30	116	158	108	11	423
22 ohne Veränderung [1]	43	92	113	127	20	395
23 Nettoauszahlung	21	67	97	62	13	260
24 alle Hof-Jahre mit Konto	94	275	368	297	44	1.078
25	(9%)	(26%)	(34%)	(28%)	(4%)	(100%)

Quellen: Sparkassenjournale, Wertschätzungsprotokoll Borgeln, Datenbanken KONTEN und BOR (Tabellen Eigentumswechsel), eigene Berechnungen, Prozentangaben gerundet.

RE = Kataster-Reinertrag. [1] Zinsgewinn wurde nicht als Veränderung gewertet.

Tabelle 7-j: Spartransaktionen von Kleinstbesitzern unter Gesindeüberschuss und –bedarf (in Hof-Jahren)

	A	B	C	D	E
	Arbeitskräfte i. d. Familie über Bedarf			kein Bedarf	u. A.[1]
Betriebsgröße	5 bis 6	3 bis 4	1 bis 2		
0-10 Taler RE					
1 Nettoeinzahlung	1	11	38	88	26
2 Guthaben ohne Veränderung [1]		22	68	81	15
3 Nettoauszahlung		3	25	70	4
4 alle Hof-Jahre mit Konto	1	36	131	239	45
10-50 Taler RE					
5 Nettoeinzahlung		2	14	54	3
6 ohne Veränderung [1]		2	11	33	9
7 Nettoauszahlung	1	1	15	34	3
8 alle Hof-Jahre mit Konto	1	5	40	121	15

Quellen und Anm.: Tabelle 7-i. [1] unzureichende Angaben

ein, in denen der Hofbesitzer ein Konto bei der Sparkasse besaß, d. h. in denen er in der Lage war, sowohl einzuzahlen als auch abzuheben, insgesamt 1.078 Jahre (Tabelle 7-i, Zeile 24). Die Zählung von Hof-Jahren hat gegenüber der Aggregation von Sparflüssen den Vorteil, dass große Vermögensbewegungen einzelner Höfe die Transaktionen kleiner Haushalte nicht überdecken und der „Jahresabschluss" jedes Hofes mit Konto gleichberechtigt gewertet wird.

Das Ergebnis der Berechnungen sowohl für Familienphasen (Tabelle 7-i) als auch für Gesindebedarfsphasen (Tabellen 7-j und 7-k) zeigt mit nur marginalen Ausnahmen (Tabelle 7-i, E7 und E19; Tabelle 7-j, C7), dass unabhängig von der personellen Situation und unabhängig von der Betriebsgröße in mehr Jahren Guthaben aufgebaut als aufgezehrt wurde. Das Verhältnis von Jahren mit Nettoeinzahlungen zu solchen mit Nettoauszahlungen beläuft sich auf 1,5:1 bis 2:0 und spiegelt damit wider, was oben über die Anzahl von Spartransaktionen ausgesagt wurde. Grundsätzlich nahmen Sparer in Borgeln öfter Einzahlungen als Abhebungen vor (siehe Kapitel 5.5.4). Das Sparverhalten derer, die über ein Sparbuch verfügten, ist also grundsätzlich sehr stabil gewesen und wurde nicht vom Familienzyklus beeinflusst. Am ehesten fällt ins Gewicht, dass kinderlose Sparer unter 40 Jahren gegenüber der generellen Population in dieser Phase etwas überrepräsentiert waren (Tabelle 7-i, Zeile 25 gegenüber Tabelle 7-h), was darauf verweist, dass das Sparbuch insbesondere von jungen Erwachsenen zur Vorbereitung ihres weiteren Lebenslaufes genutzt wurde.

Tabelle 7-k: Spartransaktionen von mittleren und großen Betrieben unter Gesindeüberschuss und –bedarf (in Hof-Jahren)

	F	G	H	I	J	K	L	M
	Arbeitskräfte i.d. Familie über Bedarf		kein Bedarf	Bedarf an Gesinde				u. A.[2]
Betriebsgröße	3-4	1-2		1-2	3-4	5-6	>6	
50-100 Taler RE								
1 Nettoeinzahlung		6	6	13				
2 ohne Veränderung [1]	1	6	3	8				
3 Nettoauszahlung		3	4	9	1			
4 alle Hof-Jahre mit Konto	1	15	13	30	1			
100-150 Taler RE								
5 Nettoeinzahlung		1	3	14	14	1		2
6 ohne Veränderung [1]			1	9	15	1		
7 Nettoauszahlung				7	8			
8 alle Hof-Jahre mit Konto		1	4	30	37	2		2
über 150 Taler RE								
9 Nettoeinzahlung				21	34	41	22	
10 ohne Veränderung [1]			1	24	21	47	7	1
11 Nettoauszahlung				4	23	27	13	
12 alle Hof-Jahre mit Konto			1	49	78	115	42	1

Quellen.: siehe Tabelle 7-i.

[1] Zinsgewinn wurde nicht als Veränderung gewertet; [2] unzureichende Angaben

7.2.4 Zwischenresümee

Familienzyklische Phasen konnten in der westfälischen Agrarverfassung kaum auf dem Wege der Anpassung des Besitzes, wie von Tschajanow vorausgesetzt, balanciert werden. Hingegen waren die westfälischen Höfe in ihrem Grundbesitz weitgehend inflexibel und schöpften auch die geringen Spielräume des Bodenmarktes nicht aus. Die Logik der Hofwirtschaft war eher, die Arbeit des Hofes in unverminderter Intensität durch Einsatz familienfremden Gesindes zu bewältigen. Daher wurden in der Analyse Fluktuationen im Verhältnis von Verbrauchern und Arbeitern in etwaig vorhandenen Sparguthaben und in der Kreditaufnahme gesucht. In Borgeln war jedoch allein jene Phase theoretisch kostengünstig, in der die eigenen Kinder voll arbeiteten, aber noch keinen Lohn verlangten. Das war zwischen deren 14. Lebensjahr und ihrer Volljährigkeit bzw. Heirat der Fall. Man kann daher weniger von familienzyklischen

Belastungsphasen sprechen als von kurzen Phasen, in denen im Betrieb keine oder relativ geringe Lohnkosten anfielen.

Jedoch zeigen sich alle Analysen, auf der Ebene von Familienphasen wie auf der von Gesindebedarfsphasen, weitgehend unbeeindruckt von zyklischen Belastungen. Dafür können zwei Gründe verantwortlich gemacht werden:
1. Die relativ hohen Erlöse der Produktion ließen gerade bei großen Höfen die Personalkosten in den Hintergrund treten.
2. Zyklische Belastungen schlugen sich nicht zyklisch nieder, sondern in größeren Flüssen. Gesindelöhne wurden unregelmäßig ausgezahlt.[782] Erst die Praxis des Sparbuchsparens hat hier offensichtlich zu einem Wandel geführt. Sparendes Gesinde forderte seinen Lohn regelmäßig, sodass auf zahlreichen Gesindekonten regelmäßige Einzahlungen in Höhe der Gesindelöhne zu verzeichnen sind.

Insgesamt präsentiert sich uns Borgeln als ein Ort, an dem familienzyklische Konstellationen komplett von individuellen Lagen überlagert wurden. Kreditaufnahmen waren in beinahe allen Phasen und unter Höfen aller Größen zu beobachten, schon weil die Ablösungen finanziert werden mussten. Fast alle weiteren Transaktionen aber, darüber hinaus gehende Darlehen und deren Rückzahlungen, Landverkäufe und Käufe, wurden in der Masse von nur wenigen Akteuren vorgenommen. Verkäufe waren in großem Maße Resultate der Verschuldung. Die vollzogenen oder abgewendeten Konkurse der Höfe Dierks und Klauke in Blumroth etwa sind zwei Beispiele: große Höfe, die gerade in grundsätzlich vorteilhafter Lage in Bedrängnis gerieten und sich verkleinern mussten. Dies war die Dynamik der Transaktionen in Borgeln. Ihre Logik liegt nicht im Familienzyklus, sondern in Transaktionsketten.

Sparen und Entsparen offenbart sich hingegen als ein Instrument der besser Wirtschaftenden, die freilich noch weniger vom Familienzyklus in Mitleidenschaft gezogen worden waren. Die Zyklen des Sparens waren kurzfristige. Sie folgten nicht den längeren Wellen des Lebens- und Familienzyklus. Da die mittleren Kontolaufzeiten recht kurz waren, ist es auch nicht überraschend, dass die Abhebungen pro Familienphase auf ähnlich hohem Niveau wie die Einzahlungen lagen. Hingegen stellte das Sparen eigene Bedingungen: Es liegt auf der Hand, dass nur einst eingezahltes Vermögen auch abgehoben werden konnte. Große negative Salden waren daher zumindest in der ersten Familienphase per se ausgeschlossen. Kleine negative Salden wären hingegen möglich, denn der Zinsgewinn führte zu einem Ansteigen des Guthabens. In der aggregierten Sicht über alle Hofgrößen hinweg überwiegt in den ersten drei Phasen ein leichter positiver Saldo aus Einzahlen und Abheben, die Borgeler waren in diesen Phasen also Nettosparer und betrieben – im Mittel – Vermögensaufbau. Es wurde also gespart, selbst wenn Kinder klein waren und viel Zeit und Kraft in Anspruch nahmen.

---

[782] Kopsidis, Marktintegration, S. 404-413.

7.3 Alter und „Ruhestand"

7.3.1 Konzepte zur Entstehung der individuellen Altersvorsorge

Im Bereich der Altersversorgung setzte in der zweiten Hälfte des 19. Jahrhunderts eine Entwicklung ein, die von innerfamiliären Transfers und einzelnen betrieblichen Pensionskassen über die Bismarckschen Reformen bis hin zur heutigen Situation führte, in der die gesetzliche Rente bzw. Pension die bedeutendste Versorgungsform ist, gefolgt von den Betriebsrenten. Für europäische und speziell für deutsche Verhältnisse kann zwar insgesamt von einem Bedeutungsverlust innerfamiliärer Transfers und einem Übergang zu institutionellen Versorgungssystemen gesprochen werden, bis zum heutigen Tag aber nicht von einem Übergang zu privaten lebenszyklischen Vorsorgestrategien. Anders in den Vereinigten Staaten, wo die individuelle Vorsorge, etwa in Form von Pensionsfonds und Aktienbesitz, einen weitaus größeren Stellenwert genießt. Daher kann es nicht überraschen, dass auch die US-amerikanische Wirtschaftswissenschaft wie auch Wirtschaftsgeschichte intensiv den Ursprüngen des Sparverhaltens nachging.

So verorten mehrere amerikanische Forscher den Übergang von einem System der auf intergenerationellen Transfers beruhenden Altersversorgung hin zum individuellen Life-Cycle-Sparen bereits im ländlichen Amerika um die Mitte des 19. Jahrhunderts. [783] Sie führen sowohl die Umstellung der Finanzierung des Ruhestands, als auch den in Amerika in der ersten Hälfte des 19. Jahrhunderts durchgreifenden Geburtenrückgang auf die West-Wanderung der jungen Generationen (25- bis 35-Jährige) zurück.[784] Das alte System der Altersvorsorge, nämlich den Kindern einen reichen Nachlass in Aussicht zu stellen und ihnen so einen Anreiz zur Arbeit auf dem Hof zu bieten, habe beides befördert: viele Geburten und Sparen für reiche Nachlässe.[785] Beide Bemühungen seien in einer Situation obsolet geworden, als die Jungen gar nicht mehr zu Verfügung standen, sei es, weil sie bessere Jobs in Industrien und Städten fanden, sei es, weil sie abwanderten. Kinder verloren ihren „Wert" für das Auskommen der Eltern. Das traditionelle Familiensystem sei auf diesem Weg einer individuellen Strategie gewichen, in der Sparen eine zentrale Rolle spielte. Der neue „spirit of individualism and independence" habe nun darauf hingewirkt, dass nicht

---

783 Sundstrom / David, Security Motives; Sutch, Life-cycle perspective; Carter et al., Life-Cycle Transition.

784 Carter et al., Life-Cycle Transition, führten eine statistische Rechnung durch, in der sie schätzen, wie stark die Fruchtbarkeit von der tatsächlichen Auswanderung, von dem ländlichen Arbeitmarkt und von der Schulbildung der Erwachsenen abhing. Die Vermögensbildung und Inanspruchnahme von Finanzintermediären blieb unberücksichtigt.

785 Ebd., S. 274-275. Damit folgen sie der These des „intergenerational bargaining" von Sundstrom / David, Security Motives.

viele Kinder in die Welt gesetzt, sondern wenige Kinder besser unterrichtet und ausgebildet wurden. Eltern erwarteten nichts mehr von ihren Kindern, sahen sich aber auch ihrer Verantwortung entledigt, nachdem sie in deren Ausbildung investiert hatten. Jetzt sparten sie nicht mehr für ihre Erben, sondern nur noch für sich und ihr Alter. Diesen Übergang nennen Susan Carter, Roger Ransom und Richard Sutch die „life cycle transition".

Die Interpretation des Nachlass-Sparens ist bei ihnen eine sehr funktionale: Akkumulation zu dem Zweck, die Kinder als Arbeitskräfte zuhause zu halten. Sie widersprechen damit Richard Easterlins Modell eines „bequest-motive" (Nachlass-Motiv), in dem er Vermögensakkumulation als altruistischen und moralischen Akt interpretiert.[786] Nach Easterlin wollten Farmer in Amerika primär den Besitz zusammenhalten und Vermögen an die Kinder vererben. Zwei Ziele bestimmten demnach ihr Handeln: Erstens sollten die Kinder den sozialen Status halten können, indem jedem einzelnen möglichst so viel nachgelassen oder mitgegeben wurde, wie die Vorgeneration selbst erhalten hatte (unter den Farmern der Vereinigten Staaten war es seit dem 18. Jahrhundert Praxis, das Vermögen zu gleichen Teilen an die Kinder zu übergeben). Zweitens sollte der Hof ungeteilt in der Familie bleiben.[787]

Easterlins Modell beinhaltet folglich auch starke Anreize zum Sparen, auch wenn er selbst nicht vom Sparen spricht. Wesentlich an seinem Modell aber ist, dass nicht etwa die Vermögensstrategie der Kinderzahl folgt, sondern er die Kinderzahl eines Paares als Resultat seiner Möglichkeiten zur Akkumulation deutet. Daraus folgt seine These zum Geburtenrückgang in Amerika im 19. Jahrhundert. Da die Akkumulationsmöglichkeiten im Osten Amerikas nicht so gut waren wie im neu besiedelten Westen, soll die Konsequenz der Paare daraus gewesen sein, nur wenige Kinder zu bekommen. Dort, wo man viel Rendite erwirtschaften konnte, im Westen, war die Geburtenrate zunächst hoch und sank erst später, als auf dem Land nicht mehr so viel zu verdienen war, wie zuvor noch.

Die Historiker der „life cycle transition" hingegen werten die Vermögensstrategie als Resultat der Demographie und stellen damit sicherlich die von den Bauern besser zu beeinflussende Variable ins Zentrum. Allerdings sind auch hier Zweifel anzumelden: Ausgerechnet die Farmer mit ihrem bis dahin funktionierenden System von intergenerationellen Transfers sollen also die Urheber des finanziellen Individualismus gewesen sein? Die Vorstellung, die ländlichen Gegenden der USA seien im 19. Jahrhundert das gesellschaftliche Versuchslabor Amerikas gewesen, welches am Ende den

---

786 Easterlin, Population change, S. 45-75. "What motivates him [den amerikanischen Bauern] most is concern about loss of status for his children" (S. 65). Um der Darstellung an dieser Stelle vorzugreifen: Auch in der heutigen Forschung zum Sparverhalten in Auseinandersetzung mit Modiglianis Lebenszyklus-Hypothese kommt dem Nachlass-Motiv ein weniger instrumenteller Charakter zu. Wird heutigen Sparern in der Forschung ein Nachlass-Motiv zugeschrieben, so wird dies eher als altruistischer und fürsorglicher Akt gewertet.

787 Easterlin, Population change, S. 65.

Wertekanon des Landes hervorbrachte, ist nicht ohne Reiz. Jedoch waren die Farmer nicht die erste Schicht, die das Altersproblem bewältigte. Städtische Schichten und Lohnabhängige dürften zuvor schon die Strategien individueller Altersvorsorge praktiziert haben.[788]

Die These einer Kausalkette von der Abwanderung der Jungen über enttäuschte Alterserwartungen der Eltern, über die individuelle Vermögensbildung hin zu weniger Geburten ist ebenso gewagt. Versetzen wir uns in die Lage eines Paares, das mit den abwandernden 20-, eher wohl 25-jährigen Kindern auch seine Altersversorgung schwinden sieht. Für reagierende Vermögensbildung ist es für dieses Paar zu spät, es blieben ihm allenfalls noch wenige Jahre zur Akkumulation. Eine zehn Jahre jüngere Geburtenkohorte wird diese Entwicklung verfolgt haben, und die Möglichkeit individueller Vermögensbildung auch wahrgenommen haben. Für eine Reaktion in der Familienplanung wird es auch für das jüngere Paar schon fast zu spät gewesen sein, denn auch ihre Kinder sind bereits geboren. Folgt man einer strengen Abfolge von Ursache und Wirkung, dürfte erst die Folgegeneration mit weniger Geburten reagiert haben, jetzt allerdings tatsächlich vor dem Hintergrund größeren Ressourcenspielraums (verfügbares Land, Wohnraum) und damit wieder gesunkener Gefahr weiterer Abwanderung.[789] Es handelt sich also um einen komplexen Vorgang, der eher für eine ungleichzeitige Entwicklung von Geburtenrückgang und Vermögensbildung spricht.

Ähnliche demografische Prozesse hat Europa während der verschiedenen Wellen der Auswanderung erlebt. Stimmte die Hypothese, dann müsste sich in Auswanderungsgebieten stärker und früher das Lebenszyklus-Sparen entwickelt haben. Der Untersuchungsort, an dem zuerst institutionelles Sparen möglich war, Borgeln, hatte allerdings keine Auswanderung zu verkraften, so dass die Abwanderung als Gründungsmovens der Sparkasse definitiv ausfällt.

Das strukturelle Problem von wenigen oder ausbleibenden Kindern erfuhren manche Eltern allerdings auch hier. Unter den Land- und Hofbesitzern wären die Eltern mit wenigen oder gar ohne Kinder diejenigen, bei denen man am ehesten eine lebenszyklische Strategie erwarten würde. Darüber hinaus verfügte Borgeln, wie aus den

---

788 Arbeiterhaushalte zum Gegenstand haben: Di Matteo, Determinants; Lilja, Marknad; Combs, Bequest Motive; Donald R. ADAMS JR.: Earnings and savings in the early 19th century, in: Explorations in Economic History 17 (1980), S. 118-134; Heilwig SCHOMERUS: Die Arbeiter der Maschinenfabrik Esslingen. Forschungen zur Lage der Arbeiterschaft im 19. Jahrhundert, Stuttgart 1977; dies.: Lebenszyklus und Lebenshaltung in Arbeiterhaushalten des 19. Jahrhunderts, in: Werner CONZE und Ulrich ENGELHARDT (Hg.), Arbeiter im Industrialisierungsprozeß: Herkunft, Lage und Verhalten, Stuttgart 1979, S. 195-200.

789 Carter et al., Life-cycle Transition, S. 273, wenden sich gegen malthusianische Erklärungen, wenn Landmangel als Ursache für eine Geburtenbeschränkende Entscheidung der Eltern gesehen wird, etwa, weil diese nur noch wenigen Kindern Land vererben können. Als Ursache für eine Abwanderungswelle kommen aber auch bei ihnen durchaus ähnliche Faktoren in Betracht (etwa geringes Jobangebot).

Abbildung 7-F: Einfaches Modell des Sparens nach Modigliani

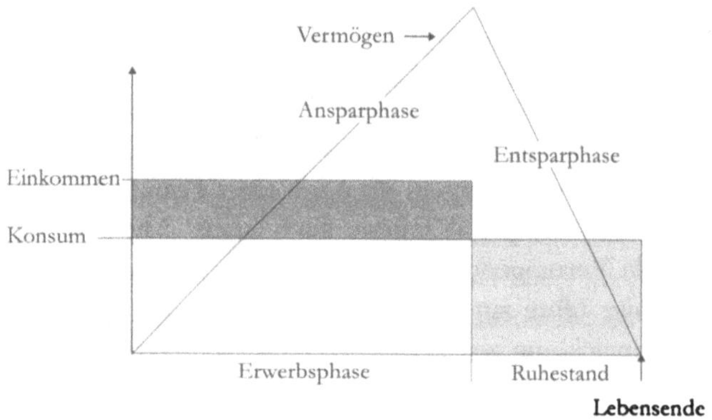

Nach N. Gregory MANKIW: Makroökonomik, 3., überarb. u. erw. Aufl., Stuttgart 1998, S. 467.

vorangegangenen Kapiteln hervorging, innerhalb der Agrargesellschaft des 19. Jahrhunderts über spezifische, in die Moderne weisende Elemente. Die frühe Entwicklung des Finanzmarktes mit privaten Kreditoren und einem ersten Spar- und Kreditinstitut, der Sparkasse, sowie der verhältnismäßig gut ausgebildete Arbeitsmarkt für Gesinde sprechen dafür, dass Kinder bei der Alterversorgung keine Rolle spielten.[790]

Den Hintergrund für die zitierten Individualisierungsthesen bildet die gerade im angelsächsischen Raum große Bedeutung individueller und kapitalgestützter Altersvorsorge. Die Forschungen von Franco Modigliani und seinen Mitarbeitern und die vielfältigen Anstrengungen zur Erweiterung seines Lebenszyklus-Modells legen davon Zeugnis ab. Insbesondere auf das einflussreiche Modigliani-Modell ist an dieser Stelle vertieft einzugehen, da es gleichsam als ein Ideal einer individuellen, von familiären und staatlichen Kontexten losgelösten Sparstrategie zu lesen ist.

Modiglianis Lebenszyklus-These ist als Erklärung des modernen Konsumverhaltens entstanden. Es baut auf der Erkenntnis von Milton Friedman auf, der zufolge Akteure es selbst in der Hand haben, den Konsum zu steuern, ihn gegebenenfalls niedriger als das Einkommen einzustellen und ihn so auf ein langfristig realisierbares Maß einzupendeln.[791] Sie arbeiten mit der Zeit und verschieben Konsum auf die Zukunft. Modigliani und seinen Mitarbeitern zufolge richten die Wirtschaftssubjekte ihren Konsum darüber hinaus auf ihren Lebenszyklus aus. In der Erwartung ihres Ruhestandes sparen sie von vornherein einen Teil des Einkommens, akkumulieren also Vermögen, um dieses im Ruhestand per Konsum wieder aufzehren zu können.[792]

---

[790] Di Matteo, Determinants, S. 914.

[791] Milton FRIEDMAN: A theory of the consumption function, Princeton 1957.

[792] Franco MODIGLIANI: The life cycle hypothesis of saving twenty years later, in: Andrew ABEL (Hg.), Collected Papers of Franco Modigliani, Bd. 2, Cambridge (Mass.) 1980, S. 41-78; ders.:

Das Modell verfolgt eine sehr individualistische Sichtweise: Jeder Haushalt spart einen Teil des eigenen Einkommens und braucht das letztendlich entstandene Vermögen auch selbst auf. Das Motiv zu sparen, um der nächsten Generation zu helfen oder ihr etwas zu hinterlassen, wurde von Modigliani mehrfach als gering eingeschätzt, erwies sich aber in der Diskussion als entscheidend für die Validität des Modells, denn wer für seine Kinder spart, braucht das Vermögen nach einer Akkumulationsphase nicht auf, sondern transferiert es.[793] Konsequenterweise spielen Erbschaften und andere intergenerationelle Transfers für die Vermögensentwicklung von Haushalten bei Modigliani eine geringe Rolle.[794] Die Lebenszyklus-These geht außerdem von einem komplett rational und strategisch sparenden Akteur aus, der weiß, wie lang er zu leben hat und wie stark seine Erwerbsfähigkeit gegen Ende des Lebens abnehmen wird. Diese in der Wirtschaftswissenschaft der neoklassischen Strömung zugeordnete Perspektive hat die Entwicklung eines eher verhaltenspsychologisch orientierten Gegenmodells befördert, der „behavioural life cycle hypothesis".[795]

Verschiedentlich sind lebenszyklische Sparstrategien an historischen Gegenständen untersucht worden, selten jedoch mit engerem Bezug zur Lebenszyklus-Hypothese. Sehr gut kann diese die von Martin Rheinheimer analysierte Vermögenswirtschaft von nordfriesischen Kapitänen des 18. und 19. Jahrhundert erklären. Kapitäne brachten es im 18. Jahrhundert mit Handel oder Walfang innerhalb einer kurzen Erwerbsphase zu Reichtümern, mit denen sie in ihre Heimatorte zurückkehrten und Kapitalanlagen für ihren Ruhestand suchten. Rheinheimer machte unterschiedliche Anlageformen aus, abhängig vom Umfang des verfügbaren Kapitals. Die meisten Kapitäne strebten den Erwerb von Land an. Da Land aber ein begrenztes Gut insbesondere auf Inseln war, lenkten die reichsten Kapitäne ihre Gelder in langfristige Kredite.[796] In ihrer Analyse Esslinger Fabrikarbeiter des 19. Jahrhunderts hob Heilwig Schomerus hervor, dass

---

Life Cycle, Individual Thrift, and the Wealth of Nations, in: American Economic Review 76 (1986), S. 297-313.

[793] Modiglianis Entgegenung auf dieses Argument: Franco MODIGLIANI: The Role of Intergenerational Transfers and Life Cycle Saving in the Accumulation of Wealth, in: Journal of Economic Perspectives 2:2 (1988: Spring), S. 15-40.

[794] Andere Rechnungen, beispielsweise von Laurence J. KOTLIKOFF: Intergenerational Transfers and Savings, in: Journal of Economic Perspectives 2:2 (1988: Spring), S. 41-58, gehen hingegen davon aus, dass das private Vermögen eines Haushalts durchschnittlich zu fast 80% nicht dadurch zu erklären ist, dass die Haushalte etwas vom Einkommen sparten, sondern dass sie Transfers bereits in frühen Jahren erlangten und diese verzinst anlegen konnten, sodass mit den Jahren ein erkleckliches Vermögen entstand.

[795] Hersh M. SHEFRIN und Richard H. THALER: The behavioral life-cycle hypothesis, in: Economic Inquiry 26,4 (1988), S. 609-643. Zur Lebenszyklus-Hypothese als historischem Forschungsgegenstand Sutch, Life-cycle perspective.

[796] Martin RHEINHEIMER: The Captains' Money: Capital and Credit on the North Frisian Islands of Amrum and Föhr, 1763-1812, in: International Journal of Maritime History 17, 2 (2005), S. 141-165; ders.: Das Geld der Kapitäne. Kapital und Kredit auf den Nordfriesischen Inseln Amrum und Föhr im 18. und 19. Jahrhundert, in: Lorenzen-Schmidt (Hg.), Geld, S. 177-203.

diese vor der Ehe bei der Württembergischen Sparkasse Stuttgart sparten und die „Errungenschaft“ der Ehe dann meist in Form von Lebensversicherungen anlegten.[797] Im untersuchten Fall stellte aber auch das Unternehmen mit dem „Unterstützungsverein“ eine gesonderte Altersversorgung für die Betriebsangehörigen bereit. Zu beachten ist auch, dass in manchen Betrieben junge Arbeiter zu sparen verpflichtet waren.[798] Nach Philip T. Hoffman, Gilles Postel-Vinay und Jean-Laurent Rosenthal wurde der Pariser Kreditmarkt teilweise für lebenszyklische Intentionen benutzt. Unter den Debitoren waren Junge leicht überproportional vertreten, unter den Kreditoren aber die Alten stark überproportional. Kinderlose legten Ihr Geld demnach häufig in Leibrenten an, bei denen sie hohe Annuitäten bezogen, aber nach ihrem Tod kein Kapital zurückgezahlt wurde. Anleger mit Nachkommen investierten hingegen häufig in Renten mit Kapitalrückzahlung, sodass die Kinder schließlich das Kapital zurückbezahlt bekamen. Aus solchermaßen differenziertem Verhalten lässt sich unschwer auf ein Nachlass-Motiv der Familien und ein Individualmotiv der Kinderlosen schließen.[799]

Im Gegensatz zu den Vorgenannten setzen sich die Forschungen von Mary Beth Combs, Livio Di Matteo und Kristina Lilja explizit mit dem Modiglianischen Modell auseinander. Combs findet in ihrer Analyse von Vermögen britischer Ladenbesitzer Ende des 19. Jahrhunderts das Nachlass-Motiv, nicht aber das Lebenszyklus-Motiv mit dem typischen Entsparen. Je höher die Zahl der zuhause oder auswärts lebenden Kinder, desto höher war der Wert des Gesamtvermögens (inklusive Immobilien).[800]

Di Matteos Untersuchung zu den Vermögen kanadischer Haushalte Ende des 19. Jahrhunderts bestätigt das idealtypische Altersprofil der Lebenszyklus-Hypothese, d.h. die Vermögen der jungen Erwachsenen waren kleiner als die der älteren Erwachsenen, die der greisen Erwachsenen aber wiederum geringer. Di Matteo bestätigt somit das idealtypische „hump“-Altersprofil.[801] Ähnliches beobachtete Lilja an Arbeitern des schwedischen Industriereviers Bergslagen, die im Alter von 50 Jahren die höchsten Sparguthaben besaßen. Bei älteren Sparern waren die Vermögen im Mittel kleiner. Lilja führt geringeres Arbeitseinkommen und mögliche Transfers an Kinder als Gründe ins Feld. Ähnlich den Esslinger Arbeitern erfuhren Ende des 19. Jahrhunderts auch die schwedischen Arbeiter hohe Lohnzuwächse, sodass zu diesem Zeitpunkt stete Akkumulation, auch über das 64. Lebensjahr hinaus, häufig war.[802] Investitionen tätigten Haushaltsvorstände nach Lilja v.a. in einer Phase zwischen 25 und 40 Jahren,

---

797 Schomerus, Arbeiter, S. 233-237.

798 Schulz, Untersuchungen, S. 512.

799 Hoffman et al., Priceless Markets, S. 157-162.

800 Combs, Bequest Motive, S. 10.

801 Di Matteo, Determinants, S. 929. Dabei zeigten sich deutliche Unterschiede zwischen Stadt und Land. Städtische Haushalte hatten gegenüber ländlichen insgesamt höhere Vermögen, weniger Grundbesitz, weniger Bargeld, aber mehr Wertpapiere und höhere Spareinlagen.

802 Lilja, Marknad, S. 170-172.

in denen die Verschuldung der Haushalte am höchsten war. Das gesamte Vermögen eines durchschnittlichen Haushalts war in einer Phase von 35 bis 45 Jahren sehr hoch, nahm aber bis zum Alter von rund 55 Jahren deutlich ab, was Lilja mit Verschuldung aufgrund der Kosten nicht-erwerbstätiger Kinder begründet, also mit einem schlechten Verhältnis von Arbeitskräften zu Verbrauchern. Haushalte, deren Vorstand älter als 55 war, besaßen im Mittel wieder deutlich mehr Vermögen. Individuelle Vorsorge und familienzyklische Lasten verknüpfen sich hier also zu einer Vermögenswelle mit zwei Bergen (oder Zacken). Dies kommt den Annahmen für agrarische Haushalte sehr nahe.[803] Lilja und Di Matteo bekräftigen beide aber auch das Motiv des Nachlass-Sparens.[804]

Die bisherigen Ergebnisse sind also ambivalent in Bezug auf die Unterscheidung von Sparmotiven und die Deutung zusammenhängender Sparverläufe. Obendrein ist aber die Validität des Modigliani-Modells generell fraglich. Für entwickelte Industriegesellschaften scheint die Lebenszyklustheorie nicht hinreichend; schließlich sind vielfach staatliche oder betriebliche Sozialversicherungssysteme in Kraft und die privaten Vermögen erreichen durchschnittlich nicht die Höhe, die für langjährigen Konsum nötig wären.[805] Weniger noch scheint die Lebenszyklustheorie die Vermögensströme in Agrargesellschaften erklären können. Bauern mussten für ihren Lebensabend nicht strategisch vorsorgen, denn im Rahmen von Erbsystemen wurde die Altersversorgung vertraglich geregelt, indem die Altbauern ihren Erben den bäuerlichen Besitz hinterließen und sich Pflege und Kost ausbedungen. So lassen sich zwar die Ergebnisse von David Sabean und Georg Fertig einerseits im Sinne der Lebenszyklustheorie lesen, denn beide Untersuchungen bestätigen für die Lebensphase zwischen 25 und 50 ansteigenden Bodenbesitz bzw. mehr Landkäufe als -verkäufe und danach das umgekehrte Bild. Andererseits waren dies Verkäufe in der Familie, oft vom Altbauern an die junge Generation, die somit nur ein bestehendes Erbsystem verschleierten oder ergänzten. Es wurden somit nicht individuelle Sparstrategien realisiert, sondern das Instrument des Bodenmarktes als Alternative zum Erbsystem gewählt. Insgesamt deuten die vorliegenden Forschungen zur Altersversorgung auf dem Land auch an, dass das heutige Problembewusstsein dazu verleitet, die historische Problemlage des Alters zu überschätzen. Zum einen muss man annehmen, dass alte Menschen auf dem Land stets gearbeitet haben. Im negativen Sinne gab es für sie keinen Ruhestand, im positiven Sinne hatten sie denjenigen, die sie miternährten, noch

---

803 Vgl. die „Schicksalskurve“ bei Howald, Einführung, S. 114-115.

804 Lilja, Marknad, S. 176-178.

805 Dies gilt für die Bundesrepublik Deutschland der 1980er-Jahre, wobei für Deutschland stets eine im internationalen Vergleich hohe Sparquote festgestellt wird. Hier ergab sich seit 1953 die widersinnige Situation, dass die Sozialsysteme höhere Einkommen im Alter zu Verfügung stellten, als die Rentner konsumieren konnten, so dass gerade im Alter gespart wurde. Börsch-Supan/ Essig, Sparen; auch Kotlikoff, Intergenerational Transfers, S. 52; zu Sozialsystemen.

Leistungen anzubieten.[806] Zum anderen stellte die vorindustrielle Landwirtschaft auch Tätigkeiten für alte Menschen bereit.[807] Auch ist fraglich, ob versorgungsbedürftige Alte rein quantitativ überhaupt ein Problem darstellten. Selbst in Regionen mit hohen Ledigenquoten, also vielen alten Alleinstehenden, gab es wohl so wenige Fälle, dass sie mühelos durch lokal unterschiedliche Systeme der Fürsorge (Einlage, Stiftungen) aufgefangen werden konnten.[808]

Es kann daher insgesamt kaum überraschen, dass auch eine überblicksartige Synthese von Gerd Hardach über die Geschichte der Alterversorgung im deutschen Raum lebenszyklisches Sparen kaum thematisiert. Entgegen Carter et al. sieht Gerd Hardach die Transformation der Altersversorgung im Untersuchungszeitraum eher vom „traditionellen Generationenvertrag" zum „bürgerlichen Generationenvertrag"[809]. Letzterer ist grundsätzlich auf Lohneinkommen gegründet und sieht eine Akkumulation und Vererbung des Vermögens innerhalb der Familie vor. Hier bildet nach wie vor die Familie eine Versorgungs- und Fürsorgeeinheit, ergänzt durch staatliche Transfersysteme. Auch für den „modernen Generationenvertrag" sieht Hardach weniger einen Wandel der Ressourcenflüsse, als einen Wandel der gesellschaftspolitischen Leitbilder (Emanzipation, neue soziale Bewegungen) als charakteristisch an. Dieses für die deutsche Geschichte wohl angemessene Modell lässt damit selbst für das 20. Jahrhundert kaum Spielräume für eine individualistische oder zumindest aufs Ehepaar bezogene Vorsorgestrategie mittels Kapitalanlage.

Umso mehr Bedeutung erlangen daher die in der Arbeit bisher schon gefundenen Belege für Lebenszyklus-Sparen. Die in Borgeln nachgewiesene niedrige Kreditaufnahme in der vierten Familienphase lässt mehrere Interpretationen zu. Möglich wäre, dass die alten Borgeler die Kreditaufnahme für notwendige Investitionen scheuten und diese Aufgabe der Sanierung des Hofes ihrem Nachfolger ließen. Möglich wäre auch, dass eben die Sparkasse diesen Bedarf an finanziellem Spielraum erfüllen konnte, indem sie den Personen die Möglichkeit zur Akkumulation von Geld und zur Liquidation zu einem Zeitpunkt der Wahl gab. Tatsächlich weist die Darstellung der Spartransaktionen nach Familienphasen die letzte Familienphase als die einzige aus, in der die Kontoinhaber in mehr Jahren Geld abhoben als einzahlten (Tabelle 7-i, E21, E23). Ältere hoben viel Geld ab, verzichteten aber nicht komplett auf Einzahlungen.

---

806 Norbert ORTMAYR: „Oarbeits, sunst kemts ins Quartier". Alter und Armut am Land im frühen 20. Jahrhundert, in: Helmut KONRAD und Michael MITTERAUER (Hg.), „... Und i sitz' jetzt allein." Geschichte mit und von alten Menschen, Wien 1987, S. 71-91, hier S. 83-85; Hermann ZEITLHOFER: Arbeit und Alter in ländlichen Gesellschaften der Frühen Neuzeit. Die Erwerbstätigkeit im Alter zwischen eigenem Besitz und den Zwängen einer „Ökonomie des Auskommens", in: JWG 2008,1, S. 31-54.

807 Ortmayr, Alter und Armut, S. 86.

808 Ebd., S. 87.

809 Gerd HARDACH: Der Generationenvertrag. Lebenslauf und Lebenseinkommen in Deutschland in zwei Jahrhunderten, Berlin 2006, S. 28.

Das Alter war also nicht notwendigerweise eine Zeit des Entsparens, wie es die Aussage einer auf das Individuum konzipierten Strategie wäre, sondern eben bisweilen auch des fortgesetzten Sparens. In aggregierter Sicht kam es aber zu Vermögensabbau. Dies kann als Beleg gedeutet werden, dass sich in der letzten Familienphase die Gewichte verschoben und der Abbau des Vermögens bei manchen Sparern Priorität erlangte.

Die in der Lebenszyklustheorie des Sparens enthaltenen Motive können beim Sparverhalten der Bevölkerung von Borgeln durchaus eine Rolle gespielt haben. Insbesondere kann die Theorie als Ideal einer Vorsorgestrategie von Lohnbeschäftigten gelten, die auf ihre Arbeitskraft als einzigen Produktionsfaktor angewiesen waren, also Gesinde, Tagelöhnern und Heuerlinge. Und auch die „weichenden Erben", jene Kinder aus bäuerlichen Familien, die in einem System geschlossener Vererbung kein Land erbten, sondern mit Geld abgefunden wurden, benötigten Anlageformen für die Altersversorgung.[810] So wird es ein Anliegen dieser Arbeit sein, die Spartätigkeit eben dieser Bevölkerungsteile zu untersuchen.

In den Sparverläufen laufen beide Typen langfristigen Sparens, das für einen reichen Nachlass und das für eine gesicherte Altersphase in Wohlstand, über weite Strecken auf das Gleiche hinaus: Akkumulation von Teilen des Einkommens über eine lange Zeit hinweg. Das Ideal lebenszyklischen Sparens sieht einen definierten *Höhepunkt* der Sparkurve und eine *Entsparphase* vor. Insgesamt erstreckt sich diese Idealkurve über den ganzen Lebenslauf und hat infolge der Phasen die Form eines Zackens, so ist im Angelsächsischen der Begriff des „hump-savings" geprägt worden (siehe Abbildung 7-F).[811] Wenn so strategisch gespart wurde, müsste der Höhepunkt der Sparkurve mit dem Eintritt des Ruhestands überein gefallen sein und eine Höhe erreicht haben, von der einige Jahre wenigstens gezehrt werden konnte. In der Entsparphase schließlich müssten in kurzen Abständen die zum täglichen Konsum erforderlichen Geldbeträge abgehoben worden sein. Das Vermögen ist desto höher, je weniger Kinder vorhanden sind. Beim Nachlasssparen ist das Vermögen hoch, wenn viele Kinder auszustatten sind. Es impliziert, dass die Vermögensmasse bis zum Tod behalten wurde und vielleicht sogar im Ruhestand noch ausgebaut wurde.

---

810 So scheint die Relevanz des Modells in der amerikanischen Geschichte insbesondere für jene Zeit von 1870 bis 1930 gelten, als weite Teile der Bevölkerung sich von industriell-gewerblichen Einkommen ernährten, aber die Sozialversicherungssysteme noch nicht ausgebildet waren. In dieser Zeit verzeichneten die USA weitaus höhere Sparquoten als beispielsweise in den 1980er-Jahren.

811 Erstmals durch R. F. HARROD: Towards a Dynamic Economics, London 1948, S. 41.

7.3.2 Einflussfaktor Kinderzahl

Zunächst soll der These nachgegangen werden, dass desto mehr gespart wurde, je weniger Kinder für die Versorgung im Alter verfügbar waren, sei es, weil sie abgewandert oder vielleicht gar nicht geboren waren. In dieser Sicht hätte etwa die Zahl der zu einem Zeitpunkt lebenden Kinder einen negativen Einfluss auf die Vermögenshöhe, das Alter jedoch einen positiven. Dies impliziert die Lebenszyklus-These.

Die Nachlass-These sagt das Gegenteil und ist von Di Matteo und Combs gestärkt worden. Tabelle 7-1 zeigt einen den Studien von Combs und Di Matteo vergleichbaren methodischen Ansatz. Es ist wichtig zu vergegenwärtigen, was die von Di Matteos und Combs verwandte Methode der Analyse der Sparmotive anhand der Vermögenshöhe und -struktur impliziert. Es ist die Grundannahme beider, dass das Vermögen prinzipiell ein Resultat eigenen Wirtschaftens ist. Den Bezug von Transfers, von hohen Erbschaften beispielweise, beziehen sie gar nicht in die Schätzung ein.[812]

Methodisch gesehen wird in ihrem Ansatz zunächst Vermögen, egal ob mobil oder immobil, als Gesamtersparnis gewertet. Dies ist nicht falsch, doch wird damit definitorisch überdeckt, dass Immobilien i. d. R. vererbt wurden, also vielleicht von den Akteuren erstens gar nicht aktiv angespart, zweitens vielleicht auch gar nicht als liquidierbare Masse gesehen wurden. Auch ist vorstellbar, dass die Betriebsinhaber betriebliches Vermögen von privatem trennten, auch wenn diese Unterscheidung rechtlich ohne Basis war. Verstärkend tritt hinzu, dass der Grundbesitz, v.a. das Land, alle anderen Besitzstände im Wert überragte. Deshalb wird im Folgenden sowohl das Gesamtvermögen inklusive der Immobilien als auch das reine Sparbuchguthaben analysiert werden.

Es wurde berechnet, wie stark Einflussfaktoren auf die Gesamthöhe des Vermögens einwirken. Dazu wurden die Vermögensstände aus Nachlassinventaren erhoben, die in den Grundakten überliefert sind. Diese Inventare, 69 aus Borgeln, 32 aus Löhne und 7 aus Oberkirchen, wurden erhoben, wenn ein Ehepartner gestorben war und die Vermögensmasse nun zwischen den gemeinsamen Kindern und dem/der Witwer/in geteilt wurde. Daran bemaßen sich die Erbteile. Kernvariablen der oben zitierten Argumentation sind die *Kinderzahl* und das *Alter*, die sich beide ebenfalls in der Rechnung finden. Beim Alter ist anzumerken, dass es für ein Ehepaar verständlicherweise zwei Altersangaben gibt, das des verstorbenen und das des verwitweten Teils. Um eine Vergleichbarkeit zu erreichen, habe ich mich auf das des Haushaltsvorstandes bezogen, in der Regel also des Mannes. Bei ledigen oder verwitweten Personen freilich war die Entscheidung eindeutig.

Die ergänzenden Variablen sind der *Steuerreinertrag* des Hofes, da davon ausgegangen wurde, dass der Grundbesitz eine große Rolle im Vermögen spielt. Bei manchen

---

812 Paradoxerweise bedeutet dies, dass zwar die Eltern sich bemühten, hohe Vermögen zu vererben, dies aber für die Vermögensbildung der Kinder unerheblich war.

Höfen vor den Ablösungen bewirkten aber die Grundlasten hohe Abzüge vom Wert der Immobilien, nach den Ablösungen allerdings konnten die Ablösekredite zu Abzügen führen. Eingeführt wurde deshalb eine Dummy-Variable *Inventar nach Ablösung*, die mit 1 ausgeprägt war, falls das Inventar nach der Ablösung des Hofes aufgenommen wurde. Des Weiteren umfasst das Modell zwei *Ortsvariablen* für *Löhne* und *Oberkirchen*, die mit ihren Koeffizienten v.a. Abweichungen gegenüber dem Referenzfall Borgeln anzeigen. Eine Variable *Ehedauer* bezeichnet die Dauer der durch den Tod beendeten Ehe als Indikator für eine Länge einer von Rückschlägen und Teilungen unbeeinträchtigten Phase. Schließlich, da anzunehmen ist, dass aufgrund der säkularen Tendenz zu Ertrags- und Erlössteigerungen sich zu späterem Zeitpunkt höhere Vermögen erwirtschaften ließen, ist mit dem *Aufnahmejahr* des Inventars eine kontinuierlich ansteigende Variable eingefügt worden.

Im Ergebnis stellen die bisher in der Forschung hoch bewerteten Faktoren der Kinderzahl und des Alters sich für die drei Orte als weitgehend irrelevant heraus. Weder die einfache Annahme, dass ältere Besitzer über höheres Vermögen als junge verfügten, noch die Abwandlung im Sinne eines Rückgangs des Vermögens im hohen Alter kann bestätigt werden. Stattdessen stellt sich die Dauer der zurückliegenden Ehe als ein signifikant, wenn auch nur schwach positiv wirkendes Moment heraus. Man kann also sagen, dass es nicht allein auf die Lebensjahre, sondern die Qualität der zugebrachten Zeit ankam. So steht eine lange Ehedauer für eine weitgehend ohne Brüche verlaufende Familienbiografie, für früh eingegangene Ehen und vielleicht frühe Inbesitznahme eines eigenen Betriebes. Eine kurze Ehedauer steht für all das nicht, stattdessen ist sie häufig bei jenen Erblassern zu finden, die ein zweites oder drittes Mal verheiratet waren und deshalb bereits mindestens ein Mal ihr Vermögen mit Kindern geteilt hatten.

Tabelle 7-1: Einflussfaktoren der Vermögenshöhe in Inventaren, Borgeln, Löhne und Oberkirchen, 1820-1880 (Lineare Regression)

	b	Stdabw.	Sign.
Abhängige Variable:			
Gesamtvermögen in Nachlassinventaren (ln)			
unabhängige Variablen:			
Alter 25-34	0,64	(0,41)	
Alter 35-44	**0,64**	**(0,31)**	*
Alter 55-64	0,09	(0,30)	
Alter 65plus	-0,26	(0,37)	
Kinder 1-2	-0,35	(0,27)	
Kinder 5-6	**-0,50**	**(0,27)**	+
Kinder ü 7	-0,06	(0,38)	
Ehedauer	**0,03**	**(0,02)**	*
Aufnahmejahr	0,01	(0,01)	
Ortsvariable Löhne	-0,17	(0,27)	
Ortsvariable Oberkirchen	**-1,19**	**(0,55)**	*
Inventar nach Ablösung?	0,52	(0,40)	
Steuerreinertrag des Hofes (ln)	**0,45**	**(0,04)**	***
Konstante	**4,48**	**(0,49)**	***
N	85		
R^2 korr.	0,64		

Verfahren: Lineare Regressionsschätzung (OLS). Quellen: Grundakten Löhne, Borgeln und Westfeld (Inventare). N=alle Nachlassinventare der drei Orte 1820-1880, b: unstandardisierter Regressionskoeffizient. Stdabw.: Standardabweichung. Signifikanzniveaus: + 10%, * 5%, ** 1%, *** 0,1%.

Gesamtvermögen: Alle Vermögensbestände abzüglich der Schulden und der in Kapital umgerechneten Grundlasten. Als natürlicher Logarithmus ausgedrückt wegen zu ungleichmäßiger Verteilung der Werte. Negatives Gesamtvermögen (6 Fälle) nicht berücksichtigt. Werte: 3,46 bis 9,45 (entspricht Gesamtvermögen unlogarithmiert von 31,73 Talern bis 12705,3 Talern)

Betriebsgröße: Kataster-Reinertrag (ln) des Hofes zum Zeitpunkt der Inventaraufnahme. Werte 0 bis 615. Als natürlicher Logarithmus ausgedrückt wegen stark ungleichmäßiger Verteilung. Nichtbesitz von Land, da ln(0) unzulässig, als Beobachtung gestrichen. Werte: -4,6 bis 6,22 (entspricht Steuerreinertrag unlogarithmiert von 0,01 Taler bis 503 Taler.

Gesamtvermögen und *Betriebsgröße* sind mit dem Koeffizienten 0,74 miteinander korreliert (Pearson).

Altersgruppen: Bei angegebener Altersgruppe 1, sonst 0. Nach Sterbealter des Erblassers, bei Ehepaaren Alter des Haushaltsvorstandes.

Kinderzahl: Dummy-Variablen, bei angegebener Kinderzahl 1, sonst 0. Insgesamt Kinderzahl max. 8.

Ortsvariablen: Jeweils 0 für nicht zutreffend, 1 für zutreffend.

Inventar nach Ablösung: 0 für Aufnahme des Inventars vor der individuellen Ablösung der wichtigsten Grundlasten, 1 für Aufnahme nach der Ablösung.

Aufnahmejahr: Jahr der Inventaraufnahme minus 1800.

Als wichtigste Einflussgröße stellt sich der Steuerreinertrag heraus, der ja einer der Anhaltspunkte für die Bewertung des Grundbesitzes war, aber eben i. d. R. nicht als strategisch angespartes Vermögen zu werten ist. Ebenfalls sehr verlässlich ist der negative Koeffizient für Oberkirchen, der darauf hinweist, dass hier die Vermögenswerte insgesamt im Mittel niedriger als im Referenzort Borgeln waren.

Tabelle 7-m stellt eine Variation der Fragestellung dar. Gewählt wurden nun aber ausschließlich Sparguthaben zum Stichjahr 1865, sodass es sich um eine Querschnittsanalyse handelt. Sparguthaben dienten sowohl dem Zweck des individuellen Konsums (etwa als Konsequenz weniger Kinder) als auch der Teilbarkeit im Nachlassfall. Wenn auch Sparguthaben ererbt werden konnte, so stellten sie doch im Wesentlichen individuelle Sparleistungen dar. Die Gesamtheit der Beobachtungen sind nun aber nicht mehr die Haushalte, sondern alle Sparer mit Sparbuch. Wir haben also eine Auswahl von Personen vorliegen, von denen bereits sicher anzunehmen ist, dass sie eine irgendwie geartete Motivation des Sparens verwirklichten. Im Stichjahr 1865 waren dies 35 aktive oder gewesene Land- und Hausbesitzer und 54 Sparer, die bis dahin weder Haus noch Hof besessen hatten. Das angewandte Verfahren ist abermals das einer linearen Regressionsschätzung. Besitzer und Nichtbesitzer wurden getrennt untersucht, wodurch die Fallzahlen sehr gering sind.

Unter den besitzenden Sparern stellen sich die als bedeutsam angenommenen Variablen Alter und Anzahl der Kinder in dieser Form als unbedeutend heraus. Weder besaßen alte Sparer mehr Guthaben als junge, noch kinderreiche mehr als kinderlose. Als entscheidend aber erweist sich die Variable der Größe des Landbesitzes (hohe Signifikanz), wobei wiederum unbedeutend war, wie lange der Besitz bereits innegehabt worden war. Ausschlaggebend war also bei den Landbesitzern, wie groß ihre ökonomische Grundlage war, nicht wie lange sie zur Akkumulation Gelegenheit hatten. Dies Ergebnis kann als Hinweis dafür gelten, dass das ökonomische Potential entscheidend war und weniger etwaige langfristige, strategische Überlegungen zur Akkumulation.

Ein wenig anders sieht dies bei den Nicht-Besitzern aus (Spalte 2). Die einzigen signifikanten Variablen in diesem Modell sind die Altersvariablen. Dies bedeutet, dass man am ehesten unter den Nicht-Besitzern einen lebenszyklus-strategischen Zusammenhang vermuten kann. Wird das gleiche Modell mit nicht-transformierten Variablen geschätzt, so ergeben sich Koeffizienten von 0,19 für das einfache und -0,0019 für

Tabelle 7-m: Einflussfaktoren auf die Höhe des Kontostandes von Sparern 1865 (Lineare Regression)

	1 **N= Sparer und Haus-/ Hofbesitzer**		2 **N= Sparer ohne Haus oder Hof**	
	b	Sign.	b	Sign.
abhängige Variable: Kontostand				
unabhängige Variablen:				
Alter des Besitzers	0,77		**2,29**	***
$Alter^2$	0,04		**-2,14**	***
Geschlecht	0,37		-0,07	
Kinder lebend	0,10		-0,09	
Phase mit überw. kleinen Kindern	-0,50			
Betriebsgröße	**0,64**	*		
Dauer Hofbesitz	-0,68			
verheiratet			-0,02	
verwitwet	**-2,83**	***	-0,34	
Konstante	4,77		4,64	
N	36		54	
R^2 korr.	0,25		0,13	

Verfahren: Lineare Regression (OLS); Quellen: Sparkassenjournale; Familienrekonstitution; Hypothekenbücher; Datenbanken BOR (Tabellen Familien, Personen, Eigentumswechsel) und KONTEN.

b: Regressionskoeffizient; Signifikanzniveaus: + 10%, * 5%, ** 1%, *** 0,1%.

Kontostand: Natürlicher Logarithmus der Summe der Guthaben des Sparers bei der Sparkasse Soest 1865. Min. 0,032, Max. 7,68, arithm. Mittel: 4,56 (entspricht unlogarithmiert Min. 1, Max. 2.173, arithm. Mittel: 218.

Mit Ausnahme von *Geschlecht*, *verheiratet*, *verwitwet* und *Kinder lebend* alle Variablen z-standardisiert.

Alter: Lebensalter des Kontoinhabers im Jahr 1865, arithm. Mittel 47,5 (Modell A) und 38,6 (Modell B), z-standardisiert durch Abzug des arith. Mittels und Division durch Standardabweichung.

$Alter^2$: Lebensalter quadriert, arithm. Mittel von 2.380 (Modell A) und 1.650 (Modell B), z-standardisiert.

Geschlecht: Dummy-Variable. 0 für männlich, 1 für weiblich (A: 1mal weiblich, 34mal männlich; B: 24mal weiblich, 28mal männlich).

Betriebsgröße: Katasterreinertrag (nur in A) in Talern: Min. 0,13, Max. 615,04, arithm Mittel von 122,98.

verwitwet, verheiratet: Dummy-Variable, jeweiliger Familienstand 1865. 1 für zutreffend, 0 für nicht zutreffend (A: 4mal verwitwet, 31mal nicht verwitwet; B: 3mal verwitwet; 18mal verheiratet). Aus Gründen der Multikollinearität wurde *verheiratet* aus Modell A ausgeschlossen.

Dauer Hofbesitz (nur in A): Jahre des Hofbesitzes, auch des bereits abgeschlossenen, bis zum Jahr 1865. Min. 1, Max. 51, arith. Mittel von 17,97.

Kinder lebend: Im Jahr 1865 lebende Kinder. In A Werte von 0 bis 7, arithm. Mittel 2,6. In B Werte von 0 bis 5, arithm. Mittel 0,75.

das quadrierte Alter. Setzt man die Ableitung gleich null, lässt sich ermitteln, dass ein Maximum des Kontostandes im Alter von 50 Jahren erreicht war. Dies erscheint niedrig, entspricht aber exakt Liljas Ergebnissen[822] und stärkt die Hypothese eines lebenszyklischen Sparens. Dies ist auch plausibel, da Nichtbesitzer tatsächlich einen Grund zur Vorsorge hatten, da ihnen das Instrument des Hoftransfers an Kinder nicht zur Verfügung stand. Dass die Variable der Kinderzahl einen negativen Koeffizienten aufweist (bei allerdings niedriger Signifikanz), kann als Hinweis für eher individualistisches Sparen in dieser Bevölkerungsgruppe ausgelegt werden.

7.3.3 Altersprofil des Sparguthabens

Tabelle 7-n zeigt, in welchem Alter Sparkonten eröffnet wurden. Verglichen mit ihrem Anteil an der gesamten Population eröffneten junge Erwachsene überdurchschnittlich häufig Konten, die Alten hingegen unterdurchschnittlich. Dies kann als vager Hinweis auf Lebenszyklus-Sparen gewertet werden. Bei der perfekten Abbildung des Ideals hätten freilich ausschließlich die jungen Erwachsenen Konten eröffnet, und sie bis zum Lebensende behalten.

Wie sich in Kapitel 5.5.3 zeigte, waren Akkumulations- und Entsparzeiten häufig kurz, sodass diese Annahme eher fehlgeht. Zugleich eröffneten Sparer eben auch noch in einem Alter Konten, das bereits nahe dem Eintritt der Altersphase lag. Unter den 18 Konten, die im Untersuchungszeitraum von über 60-Jährigen besessen wurden, finden sich allein fünf, die von ihren Inhabern überhaupt erst nach dem 60. Lebensjahr eröffnet wurden. So kam es bei Kolon Wilhelm Carre noch zu Ansparen, als er bereits nur noch den Nießbrauch am Hof ausübte.[823] Die Witwe Catharina Maria Grotjohann eröffnete noch im Alter von 69 Jahren ein Konto, das sie zu Lebzeiten nicht mehr auflöste.[824] Auch die Witwe Elisabeth Beuckmann eröffnete 75-jährig noch einmal ein Sparbuch.[825]

Somit bedeutet der Befund auch, dass selbst in höheren Lebensaltern noch weitgehend unvermindert Konten neu eröffnet wurden, obwohl der Sparer bis dahin keine lange Akkumulationsphase aufweisen konnte. Dadurch wird das Ergebnis der Diskussion der Kontolaufzeiten bestärkt, dass es keine lebenslangen Konten gab, sondern dass lebenslanges Akkumulieren nicht allein auf Basis eines einzigen Sparbuchs stattfand.

---

822 Lilja, Marknad, S. 170.

823 BOR OFBID 1787; KontoID 134.

824 BOR OFBID 2009; KontoID 192.

825 BOR OFBID 124; KontoID 426. Vgl. auch BOR KonID 734.

Tabelle 7-n: Altersverteilung der Kontoeröffnungen von Borgeler Einwohnern (1830-1867)

Altersklasse 1)	Anzahl von Kontoeröffnungen 1830-67		Bevölkerung Borgelns 2)		Zu erwartende Anzahl von Kontoeröffnungen 3)	
15-24	146	(33%)	5.262	(29%)	127	(29%)
25-34	126	(28%)	4.254	(23%)	103	(23%)
35-44	82	(19%)	3.090	(17%)	75	(17%)
45-54	57	(13%)	2.442	(13%)	59	(13%)
55-64	22	(5%)	1.805	(10%)	44	(10%)
65 and older	10	(2%)	1.467	(8%)	35	(8%)
Total	443	(100%)	18.320	(100%)	443	(100%)

Quellen: Sparkassenjournale; Familienrekonstitution Borgeln; Datenbanken KONTEN und BOR (Tabelle Personen)

Erläuterung: Ausgeschlossen wurden alle von Inhabern unter 15 Jahren, da sie wahrscheinlich Mündelgelder darstellten.

1) Alter des Kontoinhabers bei der Kontoeröffnung.

2) Lebensjahre, die alle Einwohner Borgelns zwischen 1830 und 67 in einer spezifischen Altersklasse verbrachten.

3) Der Annahme folgend, dass die Altersverteilung der Kontoeröffnungen derjenigen der Population entspricht, also altersspezifische Einflüsse keine Rolle bei der Eröffnung spielen.

Die Verteilungskennzahl X^2 beträgt 37.77, was einem Signifikanzniveau von 0,1% entspricht. D. h. es ist sehr wahrscheinlich, dass die Altersverteilung von der der Risikopopulation verschieden ist.

7.3.4 Entsparen nach der Hofübergabe?

Von den 324 für den Zeitraum 1831 bis 1867 rekonstruierbaren Borgeler Konten, deren Inhaber eindeutig identifiziert wurden und deren Todesjahr bekannt ist, gab es nur 27, die einem ehemaligen Hofbesitzer noch nach dessen Hofübergabe (bis 1864) gehörten (Tabelle 7-o). Von diesen 27 Konten sind 13 nach der Übergabe eröffnet worden, und widersprechen von vornherein dem Lebenszyklus-Modell, ohne aber deswegen das Nachlassmodell zu bestätigen. Am Verlauf der 14 vor der Übergabe angelegten Konten und dem (Ent)-Sparverhalten nach der Übergabe müsste unterscheidbar sein, ob sie eher für individuellen Konsum oder für den Nachlass gespart hatten.

Von diesen Konten weist keines das Profil eines bewusst schrittweise durchgeführten Entsparens auf. Es finden sich Konten, die (1.) durch hohe Einmalzahlungen entspart wurden, (2.) deren Inhaber starb, der verwitwete Ehepartner jedoch das Vermögen beibehielt, und schließlich (3.) Konten, bei denen zwar Entsparen stattfand, jedoch in zu hohen Beträgen, als dass es mit einem Konsum für Unterhalt zu

Tabelle 7-o: Konten, die über die Hofübergabe hinaus besessen wurden

	Konten eröffnet:		
	vor der Hofübergabe (1831 bis 1864)	im Jahr der Hofübergabe oder später (1831 bis 1864)	**gesamt**
Konten geschlossen:			
nach Hofübergabe, vor dem Todesjahr	6 [1)]	6 [2)]	12
im Todesjahr oder später	8 [3)]	7 [4)]	15
gesamt	14	13	27

Quellen: Sparkassenjournale; Familienrekonstitutionen; Grundakten und Hypothekenbücher Borgeln; Datenbanken KONTEN und BOR (Tabellen Eigentumswechsel, Kontrakte, Personen).
[1)] KontoIDs 11, 37, 77, 280, 418, 713. [2)] KontoIDs 90, 114, 415, 489, 508, 712. Bei den Konten 213, 192, 375 und 233 haben Witwen nach dem Tod ihres Mannes und nach der Übergabe ohne Nießbrauch noch Konten eröffnet und auch vor ihrem Tod geschlossen. Bei Konto 315 geschah dies im Nießbrauch nach des Mannes Tod. [3)] KontoIDs 9, 35, 36, 121, 124, 134, 148, 198.
[4)] KontoIDs 127, 191, 233, 319, 420, 426, 733.

begründen wäre. Es empfiehlt sich, um die Komplexität der Möglichkeiten zu erfassen, auch hier der Blick aufs Detail.

1. In manchen Fällen kam es noch zu Lebzeiten des Inhabers zur Kontoauflösung durch hohe Einmalauszahlungen von weit über 100 Talern, die zu einem kontinuierlichen Bedarf im Ruhestand in Widerspruch stehen.

- Bei einem Konto fand ein Auflösen des Guthabens mit einer hohen Einmalauszahlung von 193 Talern statt.[826]
- In einem weiteren teilte der Vater, Kolon Karje, nach der Übergabe, aber noch während des Nießbrauchs, die 632 Taler seines Kontos auf den Pfennig genau auf die Konten seiner Kinder auf.[827]
- Kolon Heinrich Holtmanns Guthaben war 1846 auf 640 Taler angewachsen.[828] 1849 wurde der Übergabevertrag mit einstweiligem Nießbrauch geschlossen. Das Konto wurde zeitnah zu Ablösungen im Jahr 1852 aufgelöst. Sowohl der Sohn und Hofnachfolger Caspar Holtmann[829] als auch dessen Bruder Wilhelm Holtmann[830] hoben namentlich 1851 und 1852 je über 240 Taler ab und hatten beide zeitnah Ablö-

826 KontoID 280; BOR OFBID 228.
827 BOR OFBID 1787; KontoID 37 aufgeteilt in KontoIDs 96, 100, 155, 115, 188, 189.
828 BOR OFBID 444; KontoID 77.
829 BOR OFBID 382.
830 BOR OFBID 312.

sungen zu zahlen.[831] Offensichtlich hat hier das Konto nach der Übergabe den Inhaber gewechselt oder wurde vom Inhaber für die Zwecke der jungen Generation benutzt.

2. Bei weiteren Beispielen kam es zu einem Übergang auf die Ehefrau, weil der Tod des Kolons die Übergabe ausgelöst hatte. Wie gingen die Leibzüchterinnen mit dem Vermögen um?[832]

- Ein Konto wurde bald nach dem Tod des Inhabers aufgelöst, hatte aber auch nur geringes Guthaben.[833]
- Helena Büker geb. Günne führte nach dem Tod ihres Mannes dessen Konto fort.[834] Nach zweimaligen Einzahlungen blieb das Guthaben fünf Jahre lang auf einem Stand von 30 Talern. Sie hob alles ab, als sie die Hofhaltung ihrem Sohn übertrat und die ersten Erbabfindungen anstanden.[835] Für diesen Fall kann an ein Nachlass-Motiv gedacht werden, damit der Hofnachfolger von dem kleinen Besitz nicht zu viel an seine Miterben abtreten musste und der Betrieb in einer – auch mit Leibzucht – ökonomisch tragfähigen Größe blieb.
- Goswin Gilhaus hatte 13 Jahre lang jährlich etwa 50 Taler gespart und starb 1858 48-jährig.[836] Seine Frau leistete nach seinem Tod noch zwei Einzahlungen und löste es 1860, nachdem sie wieder geheiratet hatte, bei einem Guthaben von 370 Talern auf. Sie war 1860 bereits 50 Jahre alt und kinderlos geblieben, weshalb das Nachlassmotiv zu dem Zeitpunkt nicht infrage kommt. Ein Vorsorgemotiv könnte vorgelegen haben, denn erst nachdem mit der Wiederheirat die Zukunft ökonomisch gesichert war, schritt Elisabeth Droste zur Auflösung.
- Der Müller Schwolle hatte bei seinem Tod ein Guthaben von 1.600 Talern. Seine Witwe ließ dies unangetastet. Erst acht Jahre später löste Schwolles Tochter als Alleinerbin das Konto mit einem Mal auf.[837]
- Ein letztes Konto schließlich lässt ein Nachlass-Motiv erkennen, wenngleich eher im Sinne einer kleinen Witwenrente. Es handelt sich um ein zweites Konto des oben erwähnten Kolons Wilhelm Karje[838], der eines seiner Konten auf die Kinder aufteilte. Das andere aber sparte er in den zwei Jahren vor Übergabe und Eintritt des Nießbrauchs 1848 auf 430 Taler an. Danach hob er einmal eine größere Summe ab, dann aber bis zu seinem Tod 1855 nicht mehr.[839] Seine Witwe hob jährlich 10 Taler Zinsen

831 BOR AblösID 162 und 168.

832 KontoIDs 148, 198, 36, 121, 134 und 713.

833 KontoID 148.

834 BOR OFBID 3487 und 5362; KontoID 198.

835 BOR KonID 204.

836 BOR OFBID 4189; KontoID 121.

837 BOR OFBID 376 und 815; KontoID 9.

838 BOR OFBID 1787.

839 KontoID 134.

ab, ließ das Guthaben von 335 Talern an sich aber unberührt. Nach ihrem Tod im Jahr 1859 wurde das Konto mit einer Einmalauszahlung aufgelöst.

3. Die Beispiele, die ein „geordnetes“ Entsparen vermuten lassen, sind sehr rar:[840]

- Dem Lehrer Heinrich Pötter gehörten zwei Konten.[841] Seine Frau und er verkauften 1858 zuerst ihr Haus und 1860 zwei weitere Parzellen.[842] Zeitgleich liquidierten sie von den beiden bestehenden Konten jährlich rund 200 Taler. Pötter starb 1861, woraufhin seine Witwe zu dem Sohn zog, der bis 1865 beide Konten auflöste. Ein individuelles Altervorsorgemotiv könnte bei Pötter infrage kommen, der im Gegensatz zu den Bauern tatsächlich in den „Ruhestand“ wechselte. Nur sind diese Auszahlungen von Verkäufen und Sparkonten zu hoch gewesen, um für reine Konsumzwecke genutzt worden zu sein.
- Der Witwer Kolon Heinrich Schulze zu Borgeln hatte 1837 ein Konto mit 200 Talern angelegt,[843] 1838 die Übergabe ohne Nießbrauch vollzogen.[844] Formal zählte das Sparbuch zu dem übergebenen Vermögen. Mit der Einmalzahlung könnte durchaus die Überlegung verbunden gewesen sein, das Geld schrittweise zu entsparen. Nach der Übergabe nutzen konnte Schulze das Guthaben aber nicht, denn er verstarb nur neun Monate später. Das Konto wurde mehr als zehn Jahre später aufgelöst.
- Auch der verwitwete Maurer Wilhelm Langenscheid hatte seinen Besitz unter Nießbrauch-Vorbehalt an seine Tochter übergeben.[845] Zu diesem Zeitpunkt hatte sein Konto einen Stand von 36 Talern, allenfalls ein zusätzliches Einkommen neben einer bestehenden Altersversorgung. Diese Summe hob er ein Jahr nach der Übergabe fast komplett ab. Da das Konto vorher großen Schwankungen unterlag, ist eine Strategie, wenn vorhanden gewesen, nicht stringent realisiert worden.

Die Detailanalyse von Konten, die noch nach der Hofübergabe geführt wurden, ergab äußerst wenige Hinweise, die auf lebenszyklisches Sparen hindeuten. Allenfalls als zusätzliche Witwenversorgung sind die Guthaben noch zum Einsatz gekommen. Öfter aber wurde durch eine Einmalauszahlung aufgelöst. Insgesamt scheint das Nachlassmotiv stärker gewesen zu sein, wie man an den zahlreichen weitergeführten Guthaben sieht, wird aber durch den geringen Einfluss der Kinderzahl in den vorangegangenen Analysen nicht bestätigt.

---

840 KontoIDs 35, 124, 713 und 36.

841 BOR OFBID 711. KontoIDs 35 und 124.

842 BOR EID 63, 999 und 1008.

843 BOR OFBID 32. KontoID 36.

844 BOR OFBID 33, BOR KonID 288.

845 BOR OFBID 1202. BOR KonID 449. KontoID 713.

7.3.5 Praxis von Hofbesitzern Ende des 19. Jahrhunderts: das Sparbuch als Zusatzversorgung

Bekanntlich wurde die Altersversorgung von Bauern im 19. und 20. Jahrhundert – und wird nach wie vor – in hohem Maße durch intergenerationelle Verträge sichergestellt. Nicht immer verliehen Kolone ihren Intentionen in Verträgen mit ihren Kindern derart unverblümt Ausdruck, wie die Eheleute Bartling aus Löhne im Jahr 1865:

> „Wir sind bereits 62 Jahre alt, schon 41 Jahre miteinander verheiratet... Die Verwaltung und Bewirthschaftung namentlich unseres Colonats wird uns mit der Zeit zu schwer und wir suchen uns eine Unterstützung in der Arbeit zu sichern. Eine solche durch Abtretung unseres Vermögens unter Lebendigen an das eine oder andere unserer Kinder zu gewinnen, haben wir zur Zeit keine Lust. Dieses durch letztwillige Disposition herbeizuführen, paßt wegen der möglichen Zurücknahme und Abänderung auf der anderen Seite nicht. Wir sind daher entschlossen und haben mit ... unserer Tochter und unserem Schwiegersohn vereinbart, den letzteren ein vertragsmäßiges Recht auf unseren Nachlaß zuzusichern und dabei gleichzeitig wegen der Erbtheile unserer ... Kinder Bestimmungen zu treffen. Es bleibt uns dann überlassen und wir behalten uns vor zu einer anderen Zeit ... unser Vermögen schon bei Lebzeiten zu übertragen und uns auf die Leibzucht zu begeben. ...“[846]

Deutlich wird, dass die Eheleute aus den existierenden rechtlichen Modellen jenes ausgewählt hatten, das ihnen ein Maximum an Handlungsfreiheit in der Zukunft bot. Peinlich genau achteten sie darauf, den Kindern ein Mindestmaß an Planungssicherheit einzuräumen, gleichzeitig aber die Verfügungsgewalt über ihr Vermögen zu wahren. Diese Gratwanderung dürfte in gewissem Maß jedem Vertrag zwischen den Generationen zugrunde gelegen haben.

Das Ehepaar vermied einen Übergabevertrag, um weiterhin über das Vermögen verfügen zu können und um weiterhin individuelle Erbteile festlegen zu können. Die weitaus häufigeren Übergabeverträge enthielten nämlich in der Regel Formeln, nach denen „das gesamte Vermögen“ auf den Hofnachfolger überging. Folglich blieb kein separates Vermögen für den Übergeber übrig.[847] Mit dem separaten Sparguthaben wuchs hier eine Vermögensform, die eine Anpassung der Vertragsform an die Strategien der Altbauern begünstigte.

---

846 LOE KonID 55, LA NRW OL, D 23 B, Nr. 50104, S. 111 (7.6.1865).

847 Vgl. das Beispiel des Marschbauern Thies Köllns (1756-1828) bei Lorenzen-Schmidt, Kreditverhalten in den Elbmarschen, S.263-264, der zum Zeitpunkt seines Todes 1828, fünfzehn Jahre nach der Hofübergabe an seinen Sohn, insgesamt 47 Forderungen von zusammen über 85.000 Lübecker Mark besaß, etwa 28.000 Taler 14.000 Mark entfielen auf das dem Sohn gewährte, quasi vorgeschossene, Kaufgeld, wovon das Altbauernpaar das Leibgeding finanzierte. Die verbleibenden 71.000 Mark sind primär mit einem ungebremsten Unternehmungsgeist, erst nachrangig mit einem Vererbungsmotiv zu erklären. Ein Life-Cycle-Motiv kommt hier am wenigsten in Betracht.

Sparkassenkonten selbst wurden in den Übergabeverträgen der Untersuchungsperiode nicht separat erwähnt. Anders sieht dies jedoch in späteren Verträgen gegen Ende des 19. und zu Beginn des 20. Jahrhunderts aus. Das erste vorliegende Beispiel für eine besondere Berücksichtigung des Sparkassenguthabens ist der Vertrag über die Übertragung des Besitzes der Witwe Catharina Risse geb. Floeing von 1876.[848] Ihr Mann Anton war 1870 gestorben. Im Übertragungsvertrag an ihren Sohn findet sich der Passus, dass „vom Übertrage ausgeschlossen bleibt eine in der Soester Sparkasse beruhende Forderung, die für Witwe Risse zu ihrem persönlichen Gebrauche dienenden Immobilien, Kleidung und sonstigen Gegenstände ... diese verbleiben der Witwe Risse zur ausschließlichen Verfügung.“[849] Hierbei dürfte es sich um das Sparbuch 19083 der Sparkasse Soest gehandelt haben, das von Anton Risse, damals 58 Jahre alt, 1863 mit 220 Talern angelegt wurde.[850] Ob dieses Konto von vornherein zur unabhängigen Alterssicherung vorgesehen war, ist natürlich unbekannt. Risse glich mehrmalige Abhebungen immer wieder durch Einzahlungen aus, sodass die Einlage nie substanziell geschmälert wurde. 1867, am Ende des ausgewerteten Zeitraums, hatte das Konto einen Bestand von 310 Talern. Die Möglichkeit individueller Unabhängigkeit bedeutete allerdings nicht, dass dem Sohn damit die Übernahme erleichtert wurde. Vielmehr bedingte sich die Witwe Risse auch eine hohe Leibzucht aus.

> „Witwe Risse erhält die von ihr benutzte Schlafstube nebst Mobiliar zum ausschließlichen Gebrauch, volle Verpflegung in gesunden und kranken Tagen, wie sie es bis jetzt gewohnt gewesen und notwendig haben wird“. Es „zahlt ihr Wilhelm Risse in vierteljährigen Raten jährlich 20 Thlr. und liefert ihr ein Stück flächsen Leinen...“[851]

Ebenso verhielten sich die Eheleute Karje, als sie 1879 den Hof an ihren Sohn übergaben. Im Übertragungsvertrag hielten sie fest: „Die übertragenden Eheleute behalten sich aber vorläufig den Nießbrauch und die Verwaltung ihres Vermögens bevor und schließen von der Übertragung an den Sohn Wilhelm diejenigen Capitalien aus, welche sie in die städtische und ländliche Sparcasse Soest niedergelegt haben.“[852]

In den Borgeler Übergabeverträgen nach 1879 finden sich so bald keine weiteren derartigen Formulierungen, wobei aber die überlieferten Verträge keinen repräsentativen Zugang zu der Vertragspraxis dieser Jahre darstellen. Aus mehreren Verträgen späterer Zeit ist jedoch ebenfalls die Zurückbehaltung des Sparbuchs bezeugt. So übertragen der Lohnarbeiter Georg Röttger und seine Frau Luise zu Hattropholsen[853] 1899 ihr „ganzes Vermögen in Pausch und Bogen mit Gut und Schuld“ ihrer Tochter,

---

848 BOR KonID 456, BOR OFBID 289.

849 LA NRW W, Grundakte Soest Nr. 8904, S. 40.

850 KontoID 505.

851 LA NRW W, Grundakte Soest Nr. 8904, S. 40.

852 BOR KonID 381.

853 BOR OFBID 1913 und 1914.

bedingen sich aber den vollen Nießbrauch des Besitzes aus, eine Leibzucht, Taschengeld, und behalten die Sparkasseneinlage in ihrem „freien Eigentum".[854] Formal konnte im Nießbrauch eine Nutzung nach den Maßstäben einer ordnungsgemäßen Wirtschaft stattfinden. Dagegen waren Änderungen der Kulturarten nicht statthaft und es bestand die Pflicht, den wirtschaftlichen Bestand zu erhalten und Reparaturen vorzunehmen. In der Praxis darf man sich wohl vorstellen, dass die Altbauern wirtschafteten, wie bis dahin geschehen. Diesem Fall ähnlich übergaben auch die Eheleute Landwirt Wilhelm Mettner und Maria geb. Lappe zu Borgeln den Besitz 1903 ihrer Tochter, jedoch behielt sich Mettner

> „…die Herrschaft in Gestalt des Nießbrauchs mit der Maßgabe vor, dass er berechtigt ist, jederzeit auf den Nießbrauch zu verzichten, und auf die Leibzucht zu ziehen. Von der Übertragung bleiben ferner ausgeschlossen und der freien Verfügung der Übertragsgeber vorbehalten deren Ersparnisse, die in der Sparkasse beruhen, und auch diejenigen Ersparnisse, welche während der Nießbrauchzeit gemacht wurden".[855]

Bei der Übertragung Friedrich und Wilhelmine Schillers aus Hattropholsen im Jahr 1907 hieß es, „von der Übertragung bleiben ausgeschlossen die Sparkasseneinlagen der Übertragsgeber, etwaige andere ausstehende Forderungen, und das vorhandene Barvermögen."[856] Ähnliche Passagen finden sich in sechs weiteren Übertragungsverträgen der Jahre 1903 bis 1910,[857] was aber immer noch nicht einmal einem Drittel aller für die Zeit von 1899 bis 1910 überlieferten Übertretungsverträge entspricht. Häufiger als der Hinweis auf spezielles freies Eigentum an Sparguthaben war in jedem Fall die Inanspruchnahme des vollen Nießbrauchs, mit der die Eltern die faktische Übergabe des Besitzes bis zum letzten Moment hinauszögerten und die Verfügungsgewalt des Nachfolgers nachhaltig einschränkten.

Im ausgehenden 19. Jahrhundert finden sich auch in Löhner Übergabeverträgen derartige Verfügungen, die dem Sparkassenguthaben einen besonderen Stellenwert verleihen. Im Vertrag der Eheleute Köster vom großen Hof Löhne-Beck 2 wurden 7.500 Mark auf einem Konto der Sparkasse Gohfeld „von der Übertragung nicht ausgeschlossen, doch hält sich Abtreter über diese Summe die uneingeschränkte Verfügung unter Lebenden dergestalt vor, daß er den Betrag sowohl vollständig aufbrauchen, wie auch verschenken kann."[858] Und wenn die Alten verstürben, müsse der Hoferbe die Miterben anteilig am Rest des Vermögens beteiligen. „Völlig freie Disposition" am Sparkassenguthaben von 3.000 Mark behielt sich die Kolona Hamelmann

[854] BOR KonID 274.

[855] BOR KonID 425.

[856] BOR KonID 488

[857] BOR KonIDs 522 (1906), 355 (1910), 394 (1910), 457 (1907) und 414 (1903).

[858] LOE KonID 7 (1885).

bei der Übergabe vor.[859] Die Eheleute Knoop wollten 1899 nach der Übergabe noch über das bei der Kreissparkasse Herford liegende Guthaben von 600 Mark verfügen, „indessen nur zu ihren persönlichen Bedürfnissen und nur bei Lebzeiten. Sie dürfen also keine Verfügung von Todes wegen über diesen Werth treffen".[860]

In Oberkirchen-Westfelder Übergabeverträgen taucht in keinem Fall eine besondere Stellung eines Sparkassenguthabens auf, obwohl auch hier zahlreiche Verträge von nach 1900 vorliegen. Dies dürfte, nachdem zu dem Zeitpunkt die Region von zahlreichen Finanzinstituten durchdrungen war, auf insgesamt schwache Kapitalbildung in Oberkirchen hinweisen.

Aufgrund der vorliegenden Dokumente kann man also sagen, dass sich um die Jahrhundertwende die Idee des Sparguthabens als einem zusätzlichen Vermögen im Ruhestand entwickelte. Dabei wurde das Sparguthaben immer zusätzlich zur ausbedungenen eigentlichen Leibzucht zurückbehalten. Diese Leibzucht war an sich schon dem bisherigen Lebensstandard angepasst, reiche Altbauern hatten auch in der Leibzucht mehr zu Verfügung. Das Sparbuch verschaffte Ihnen über das gewährte Taschengeld hinaus noch zusätzliche Freiheit. Doch lässt die oben zitierte Formulierung im Vertrag von Mettner-Lappe aus Borgeln erahnen, dass es auch um einen Einstellungswandel ging. Wenn es hieß, ausgeschlossen vom Transfer blieben die „Ersparnisse, die in der Sparkasse beruhen, und auch diejenigen Ersparnisse, welche während der Nießbrauchzeit gemacht wurden", ist anzunehmen, dass die Altbauern hier zwischen Familienerbe und eigenem Erspartem unterschieden. Am Sparguthaben waren nun Erfolg und Misserfolg des Wirtschaftens eindeutig klassifizierbar. Das selbsterarbeitete sollte auch einem selbst zugutekommen. Natürlich muss bei solchen normativen Klauseln bedacht werden, dass es um klare rechtliche Abgrenzungen ging, und mancher Sachverhalt selbst dann möglichst strikt formuliert wurde, wenn sich in der Praxis die Frage gar nicht stellte. Dennoch ist die spezielle Handhabung der Sparkassenguthaben in manchen Verträgen am Ende des 19. Jahrhunderts ein Indiz dafür, dass hier zusätzliche Spielräume des dritten Lebensalters gewonnen wurden.

[859] LOE KonID 50 (1898).

[860] LOE KonID 72 (1899).

7.3.6 Praxis von Kleinbesitzern und Besitzlosen: sparen auf eine Leibzucht

Ein ganz anderes Bild ergibt sich, wenn man sich von der Vorstellung löst, der Wandel habe sich in einer Entscheidung zwischen Leibzucht und individueller finanzieller Vorsorge ausgedrückt. In dieser Perspektive ist der Übergang, eigentlich der Anfang eines Übergangs auf dem Land, tatsächlich erst um die Jahrhundertwende auszumachen.

Faktisch aber mussten auch die Angehörigen unterer Besitzschichten eine Lösung für die Altersphase finden, denn das etablierte und eingespielte System der Leibzucht beruhte auf Vermögensübertrag. Deshalb ist es sinnvoll, gerade das Sparen besitzarmer und besitzloser Schichten zu untersuchen. Ob bei diesen ein Sparen für die Altersversorgung angestrebt wurde, lässt sich ansatzweise beantworten, wenn man die Entwicklung der Konten betrachtet, die Landlose und –arme in ihrem 50., 55. oder 60. Lebensjahr besaßen.

Wie im Kapitel 5.3.3 zur Transaktionsform des Sparbuch-Sparens erläutert wurde, hatten Besitzarme im Vergleich mit den Kolonen eine unterdurchschnittliche Beteiligung an Sparbüchern. Dies trifft auch auf die Alterskonten dieser Schicht zu. So sind für den Zeitraum 1831 bis 1867 nur 15 Fälle zu rekonstruieren, in denen 50-jähriges Gesinde, Kleinbesitzer oder „Sonstige" Konten besaßen. Darunter waren allein vier Konten, die entweder nur marginales Guthaben erreichten oder weit vor dem Tod des Inhabers bereits aufgelöst wurden.[861] Wurde hier fürs Alter gespart, dann offensichtlich erfolglos.

- So hatte die verheiratete Tagelöhnerin Anna Maria Bertelt geb. Schneider im Jahr ihres 50. Geburtstages, 1864, ein Konto mit Einlagen von 80 Talern.[862] Es bestand zu dem Zeitpunkt seit 12 Jahren, hatte bis dahin nur Einzahlungen verzeichnet, was auf ein kontinuierliches Sparen mit zugrunde liegender Strategie hindeutet. Das Ende des Untersuchungszeitraumes 1867 steht einer weiteren Verfolgung des Kontos entgegen, sodass nicht bekannt ist, ob sie bis zu ihrem Tode 1888 weiter akkumulierte, das Vermögen möglicherweise auf einen Schlag abbaute oder aber in eine Entsparphase eintrat. Sie und ihr Ehemann kamen aber am Ende ihrer Erwerbsphase noch zu kleinem Landbesitz. Zum Zeitpunkt ihrer Übergabe 1870 besaß das Ehepaar drei Parzellen mit einem Wohnhaus. Im Übergabevertrag konnten sie sich einen kleinen Nießbrauch ausbedingen.[863]
- Die Witwe Luise Schulthoff[864] hatte nach dem Tod ihres Mannes, eines Ackerknechtes, 37-jährig mit hohen Einmalzahlungen ein Konto eröffnet,[865] mehrmals

861 Konten IDs 305, 284, 479, 213, 315 und 243.

862 BOR OFBID 1330. KontoID 222.

863 BOR EID 570; BOR KonID 356.

864 BOR OFBID 2263.

865 KontoID 286.

dreistellige Beträge eingezahlt und auch abgehoben, sich immer aber die jährlichen Zinsen auszahlen lassen (Tabelle 7-p). Ein Jahr vor ihrem Tod, 1867, hatte das Konto einen Stand von 208 Talern. Die schon im Eröffnungsjahr einsetzenden jährlichen Zinsabhebungen in Höhe von zunächst 6, später 16 und zuletzt 5 Talern deuten darauf hin, dass dieses Geld für Konsum verwendet wurde und sie nicht primär eine Akkumulationsstrategie verfolgte. Hohe Einmalein- und -auszahlungen, deren Bestimmung aber nicht weiter erklärt werden kann, lassen auf dem gleichen Konto eine zweite, unabhängige Dynamik erkennen. Geld war nicht gleich Geld. Ein Grundbestand blieb bestehen und seine Zinsen wurden konsumiert, große Zuflüsse wurden ebenfalls in großen Summen einer neuen Verwendung zugeführt. Landkäufe sind nicht bekannt.

Tabelle 7-p: Verlauf des Kontos von Luise Schulthoff

Lebensjahr	Datum	Rt.	Sgr.	Pf.
37	26. 1. 1854	+300	0	0
	27. 6. 1854	-101	3	4
	8. 11. 1854	-6	3	4
38	28. 11. 1855	-6	20	0
39	29. 11. 1856	-6	20	0
40	7. 11. 1857	-6	20	0
41	10. 11. 1858	-6	20	0
42	8. 11. 1859	-6	20	0
43	17. 11. 1860	+300	0	0
44	9. 11. 1861	-7	20	10
	9. 11. 1861	-16	20	0
45	5. 11. 1862	-16	20	0
46	2. 11. 1863	-16	20	0
47	19. 1. 1864	-200	0	0
	1. 10. 1864	-103	22	6
	8. 11. 1864	-5	0	0
48	8. 11. 1865	-5	0	0
49	15. 11. 1866	-5	0	0
50	31. 10. 1867	-5	0	0

Quelle: Sparkassenjournale; Datenbank KONTEN, KontoID 286. BOR OFBID 2263.

- Die Magd Christine Beimann[866] hatte bereits mit 24 Jahren ihr Konto eröffnet und bis zu ihrem Tod im Jahr 1864 verschiedentlich geringe Summen eingezahlt (Tabelle 7-q).[867] Dabei war sie ledig und kinderlos, hatte also kein Nachlass-Interesse. Abge-

[866] BOR OFBID 2382.

[867] KontoID 40.

hoben wurde das Geld erst nach ihrem Tod, vermutlich durch ihren Schwager. Dieser Kontoverlauf lässt ein Altersvorsorgemotiv vermuten, das aber nicht sehr erfolgreich umgesetzt und durch den frühen Tod obsolet wurde.

Tabelle 7-q: Verlauf des Kontos von Christine Beimann

Lebensjahr	Datum	Rt.	Sgr.	Pf.
24	3. 11. 1836	+25	0	0
32	11. 4. 1844	+7	0	0
34	30. 11. 1846	+7	0	0
47	5. 4. 1859	+4	20	0
Nachlass	10. 10. 1864	-5	3	9
Nachlass	24. 10. 1864	-88	4	6

Quelle: Sparkassenjournale; Datenbank KONTEN, KontoID 40. BOR OFBID 2382.

- Nachdem ihr Mann gestorben war und auch keines ihrer drei Kinder die ersten zwei Jahre überlebt hatte, hatte sich Maria Markhoff[868] offensichtlich in den Gesindedienst begeben, was aus einer Prämienzahlung der Sparkasse an verdiente Mägde am 15. Juni 1863 hervorgeht.[869] Markhoff hat bis zu ihrem Tod sehr regelmäßig den Gesindelohn zur Sparkasse gebracht, was sich an den Daten ablesen lässt.[870] Sie starb 60-jährig und konnte das Vermögen von zuletzt knapp 120 Talern nicht mehr aufbrauchen (Tabelle 7-r).
- Mit 60 Jahren eröffnete der Zimmermann Wilhelm Kensmann[871] ein Sparbuch und zahlte in den vier Jahren bis zum Ende des Untersuchungszeitraums insgesamt 11 Taler ein.[872] Er starb 75-jährig.
- Erst elf Jahre nach der Übergabe (ohne Nießbrauch) eines Wohnhauses an seinen Sohn eröffnete der verwitwete 70-jährige ehemalige Tagelöhner Andreas Wittfaut ein Konto.[873] Nach einer Einmalzahlung von 30 Talern hob er bis zu seinem Tod wiederholt kleinere Summen ab. Unmittelbar vor seinem Tod löste er das Konto mit den verbleibenden 20 Talern auf.

868 BOR OFBID 7034, KontoID 393.

869 Prämie für mehrjährige Zugehörigkeit als Gesinde zu einem Haushalt. Dazu Schoel, Leben, S. 58.

870 Der Dienstwechsel fand meist am 1.4.oder 1.11. statt, alternativ sind auch der 1.5. und der 11.11. (Martini) belegt. Die Auszahlung des Gesindelohns geschah zweimal im Jahr, meist zu Ostern und zum 1. Oktober. Siehe Sauermann, Brautschätze, S. 71, 82, 90, 101, 115, 121, 128 und 133.

871 BOR OFBID 806.

872 KontoID 501.

873 BOR OFBID 939; BOR KonID 384; KontoID 388.

Tabelle 7-r: Verlauf des Kontos der Wwe. Maria Markhoff

Lebensjahr	Datum	Rt.	Sgr.	Pf.
51	1. 11. 1858	+20	0	0
52	1. 11. 1859	+6	0	0
53	1. 11. 1860	+3	0	0
54	1. 11. 1861	+10	0	0
55	8. 11. 1862	+4	0	0
	2. 3. 1863	+8	0	0
	15. 6. 1863	+2	2	6 [1)]
56	10. 11. 1863	+7	0	0
	15. 3. 1864	+18	0	0
57	12. 11. 1864	+3	0	0
	11. 3. 1865	+10	0	0
58	8. 11. 1865	+11	0	0
post mortem	1. 7. 1867	-119	17	0

Quelle: Sparkassenjournale; Datenbank KONTEN, KontoID 393. BOR OFBID 7034; [1)] Prämie der Sparkasse.

▪ Eine Akkumulationsstrategie konnte die ledig und kinderlos in Blumroth lebende, aber nicht mit Erwerb nachgewiesene Sophia von Klocke[874] erfolgreicher verwirklichen (Tabelle 7-s). Sie begann im 45. Lebensjahr mit dem Sparen und setzte dies weitgehend stringent bis 1851 fort. Dann aber hob sie 54-jährig ihr Guthaben mit einer Einmalauszahlung ab. Sie starb 63-jährig in Blumroth. Eine mögliche Erklärung dafür, wie sie dieses Vermögen im Alter einsetzte, liefern die beiden nächsten Fälle.

Tabelle 7-s: Verlauf des Kontos von Sophie von Klocke

Lebensjahr	Datum	Rt.	Sgr.	Pf.
45	25. 11. 1841	+16	0	0
46	25. 11. 1842	+12	0	0
48	1. 11. 1844	+10	0	0
50	25. 10. 1846	+12	0	0
51	4. 11. 1847	+15	0	0
53	26. 10. 1850	-27	1	3
54	8. 2. 1851	+30	0	0
	21. 3. 1851	+20	0	0
	23. 5. 1851	-102	13	8

Quelle: Sparkassenjournale; Datenbank KONTEN, KontoID 87; BOR OFBID 9557.

874 BOR OFBID 9557.

- Die Geschwister Margarethe Wortmann[875], Magd, und Christoph Wortmann[876] besaßen je ein Sparbuch seit ihrem 42. Lebensjahr (1855 bzw. 1859). Christoph, ledig und kinderlos und Besitzer von 1,25 Mg Schlagholz[877], hatte 1859 80 Taler und dann erst wieder 1867 200 Taler eingezahlt.[878] Margarethe, ledige Mutter eines Sohnes und Besitzerin von 1,7 Mg Ackerland[879], sparte pro Jahr rund 55 Taler. Sie hob einmalig 389 Taler ab, hatte aber 1867, da war sie 54 Jahre alt, wieder mehr als 440 Taler auf dem Konto.

Beide sparten für ihr Auskommen im Alter, nicht aber, um es aufzuzehren. Sie brachten ihr jeweiliges Guthaben in die Verhandlungen um eine Leibzucht mit ihrem Bruder Caspar Wortmann ein, der den elterlichen 6-ha-Hof bekommen hatte.[880] Der 50-jährige Christoph legte sich vertraglich 1867 fest:

> „Ich übertrage nun hiermit mein gesamtes Vermögen, nichts davon ausgenommen, an meinen Bruder Landwirt Caspar Multermann gt. Worthmann zu Borgeln und übergebe ihm hiermit den Besitz, indem ich von nun an nur in seinem Namen besitzen will. Caspar Multermann gt. Worthmann acceptiert diese Vermögensübertragung und verpflichtet sich dagegen, seinen Bruder Christoph Worthmann, wie bisher schon geschehen, lebenslänglich bei sich zu alimentieren und mit allen Lebensbedürfnissen zu versehen, ihm auch jährlich einen Spielpfennig von 10 Thlr. zu zahlen…“[881].

Dass das Vermögen Christophs mit nur 200 Talern und damit deutlich zu gering angegeben wurde, dürfte seinen Grund in der am Wert bemessenen Stempelgebühr gehabt haben. Christoph Wortmann starb 65-jährig im Jahr 1882.

Exakt das gleiche Verfahren wählte auch die Schwester Margarethe Wortmann, allerdings erst im Alter von 76 Jahren. Sie hatte einen Sohn im Alter von 38 Jahren. Im Übergabevertrag heißt es:

> „Die Margaretha Wortmann und ihr genannter Sohn haben fast während ihrer ganzen Lebenszeit bei [dem Bruder] Caspar Wortmann gewohnt und sind von diesem mit allen Lebensbedürfnissen versehen worden. Das Vermögen der Margaretha Wortmann besteht 1. aus dem Grundstück Flur 2-224 … 2. aus den Sparkasseneinlagen a) bei der städtischen Sparkasse zu Soest über 5801,23 Mark … b) bei der ländlichen Sparkasse zu Soest über 1393,95 Mark… 3. Außerdem besitzt die M. Wortmann noch einen Koffer, ein vollständiges Bett und einen Leinenvorat.

875 BOR OFBID 10743.

876 BOR OFBID 10745.

877 BOR EID 622.

878 KontoID 404.

879 BOR EID 1025.

880 BOR OFBID 13, HofID 50: Wortmanns Colonie in Borgeln.

881 BOR KonID 301.

Die vorstehenden Vermögensstücke und auch ihr sonstiges, hier nicht benannte Vermögen überträgt die M. Wortmann an ihren Halbbruder Caspar Wortmann zu vollem Eigenthum, behält sich jedoch den lebenslänglichen Nießbrauch an demselben vor.

C[aspar] Wortmann acceptiert diese Übertragung, erklärt, bereits in dem Besitze des übertragenen Vermögens zu sein und verpflichtet sich ..., seine Halbschwester und deren Sohn während deren Lebenszeit in seinem Hause zu behalten und beide in der bisherigen Weise mit allen Lebensbedürfnissen zu verpflegen, sollten zu den Ausgaben zu der Bestreitung der Bedürfnisse der M[argarethe] Wortmann und ihres Sohnes Karl die Früchte des Nießbrauchs nicht hinreichen, so verpflichtet sich der Übertragsnehmer, das fehlende aus seinem Vermögen beizuschießen. Sollten dagegen die Früchte des Nießbrauchs zur Bestreitung der Bedürfnisse der Margaretha und Karl Wortmann nicht alle erforderlich sein, so fällt der überschießende Theil immer in das Eigenthum des Übertragsnehmers.“[882]

Das Vermögen der Margarethe Wortmann hatte also nach 1867 noch beträchtlich zugenommen. Es betrug 1889 knapp 7.200 Mark, in alter Währung wären dies fast 2.400 Taler gewesen. Für eine „Magd“, die immerhin keine eigene Wirtschaft betrieb, hatte sie eine enorme Entschlossenheit zu Sparen an den Tag gelegt. Sicher bestand ein Zusammenhang zwischen ihrer hohen Spareinlage und der Notwendigkeit, eine Altersversorgung für sich und ihren Sohn, der als „kränklich“[883] bezeichnet wird, zu sichern. Dass sie auf ewig auf dem Hof leben konnte, war ihr, in auffälligem Gegensatz zu ihrem Bruder Christoph,[884] bei der elterlichen Übergabe nicht vertraglich zugesichert worden. Ihr Verbleiben auf dem Hof wurde begünstigt davon, dass der Hoferbe Caspar erst spät Kinder bekam. Das Leben Margarethas war insgesamt also mit großen Risiken behaftet, die sie durch Sparen auszugleichen wusste. Der Übergabevertrag an Caspar hat durchaus eine rein materielle Substanz, denn hier wurde ein sehr hohes Vermögen gegen die Pflege eingetauscht, und keiner wusste, wie lang die beiden Leibzüchter noch lebten.[885] Tatsächlich starb der kranke Carl noch im Jahr 1889, Margaretha aber lebte noch acht Jahre.

Vergleichbare Fälle gibt es nur aus Borgeln, während für Löhne und Oberkirchen dergleichen Übertragungen von Kleinbesitzern nicht überliefert sind. Meist allerdings konnten die Übergeber ein Wohnhaus bieten, um sich eine Leibzucht zu sichern.[886] Übergaben sie ihr Haus an junge Paare ohne eigenen Haushalt, waren die Vereinbarungen besonders weitgehend.[887] Eine Parzelle ohne Haus war demgegenüber von

882 BOR KonID 412.

883 BOR KonID 412.

884 BOR KonID 409.

885 Zu Übergabeverhandlungen, insbesondere zu materiellen Aspekten des Tauschhandels zwischen den Generationen Peter BORSCHEID: Geschichte des Alters. Bd. 1: Vom Spätmittelalter bis zum 18. Jahrhundert, Münster 1987, S. 192.

886 BOR KonID 43, 265, 29, 254, 349 und 302.

887 BOR KonID 302.

geringerem Tauschwert. Als der erst 35-jährige Ackerknecht Wilhelm Jacob 1839 seine 1,5 Morgen Ackerland seinem Bruder, einem Kolon, übergab, konnte er sich dafür nur eine mäßige Leibzucht sichern. Dieser Bruder verpflichtete sich,

> „für Wilhelm Jacob lebenslang nähen und flicken zu lassen, ihn auch bei Krankheitszeiten, in Dienstlosigkeit, und wenn er unfähig werden möchte, als Ackerknecht sein Brot zu verdienen, unentgeltlich bei sich auf- und anzunehmen und zu verpflegen und zu unterhalten."[888]

Wichtig ist, was nicht im Vertrag auftauchte: eigene Kammer, Licht und Wärme, ärztliche Versorgung, Zugang zu Lebensmitteln, Essen am gleichen Tisch, Taschengeld, standesgemäßes Begräbnis. Nicht alles wird dem Leibzüchter verwehrt worden sein, aber eine Fixierung im Vertrag fand eben nicht statt. Dies spricht dafür, dass der verhältnismäßig geringe Wert des eingebrachten Vermögens und das Risiko, den Bruder vielleicht sein halbes Leben lang verpflegen zu müssen, den Gegenwert der Leistungen schmälerte. Zusätzlich angespartes Vermögen konnte in dieser Situation offensichtlich zusätzliche Sicherheit bedeuten.

Deutlich wird in diesem Einzelfall also, dass das Sparen nicht an die Stelle der Leibzucht trat, sondern als Mittel eingesetzt wurde, um sich in eine Leibzucht zu kaufen und in den Verhandlungen um diese möglichst viel bieten zu können. Der enge Bezug im Vertragstext zwischen dem eingebrachten Vermögen der Halbschwester und den Kosten der Leibzucht weist in außergewöhnlicher Weise auf eine Äquivalenz der Werte hin. Vermögen wurde gegen Kost, Logis und Pflege getauscht. Bei Sparen und Leibzucht handelt es sich nicht um Alternativen. Vielmehr blieb die Leibzucht ein angestrebtes Ideal der bäuerlichen und unterbäuerlichen Altersversorgung.[889]

---

[888] BOR KonID 98, BOR OFBID 6260.

[889] Vgl. hingegen für Südschweden Dribe / Lundh, Retirement, die – wenngleich nicht sozial differenziert – eher Verkäufe des Hofes ohne Ausbedingung von Gegenleistungen als vorherrschendes Modell seit etwa 1825 vermuten lassen. Folglich ist zu erwarten, dass die Altbauern den Lebensabend mit dem Verkaufserlös finanzierten.

7.4 Zwischenresümee

Hofbesitzer, und seien es nur Kleinbesitzer mit Haus und Hofraum, deren Wert kaum 250 Taler überstiegen, hatten eine sichere Grundversorgung im Alter, sowohl wenn sie den Hof an ein Kind übergeben konnten, als auch wenn sie ihn an Dritte verkauften, denn im jeweiligen Vertrag wurde eine Leibzucht vereinbart. Diese stellte sicher, dass eine individuell akkumulierte Alterversorgung nicht zwingend nötig war.

Wenn die Altbauern den Hof übergaben, bedeutete dies nicht, dass sie die Wirtschaftsführung abgaben. Während des Nießbrauchs, der in einem Drittel der Fälle vereinbart war, konnten sie Schulden machen – wenngleich dies nur in kleinem Ausmaß geschah –, Land kaufen und weitersparen. Insgesamt ist anzunehmen, dass dann die Wirtschaft normal fortgesetzt wurde. Dadurch sind auch Kontoauflösungen durch Einmalauszahlungen erklärbar, denn sie folgten noch betrieblichen Erfordernissen. Der Hofübergabevertrag stellte nur die frühe Kodifizierung der angestrebten Verhältnisse dar. Im Nießbrauch verlebten die Altbauern eine Übergangszeit, in die sowohl Sparen als auch Entsparen sinnvoll integriert werden konnte, abhängig davon, welchen Stellenwert der Hofübergeber der eigenen Vormachtstellung auf dem Hof einräumte.

Der faktische Rücktritt von der Wirtschaftsführung ist von den Quellen her nicht genau feststellbar. Formal war mit dem faktischen Rücktritt auch der Übertrag allen Vermögens, inklusive der Sparkonten, verbunden. Daher muss man annehmen, dass eine Kontoverfügung nach diesem Rücktritt nicht bzw. nur im Konsens mit dem Hofnachfolger möglich war. Erst die Ende des Jahrhunderts aufkommenden Separatverfügungen über das Sparvermögen zeigen, dass es hier ein Bedürfnis nach individueller „Zusatz"-Versorgung gab.

Es ist kein Fall überliefert, in dem es ein allmähliches Abschmelzen des Geldes gab, d. h. ein solches Verhalten war unabhängig von den Übergangsphasen gar nicht verbreitet. Wir haben es also mit einem Bewahren des Vermögens als Liquiditätsreserve zu tun, während es offenbar keine Probleme gab, den Konsum weiterhin aus dem Betrieb zu bestreiten.

Weder Lebenszyklus- noch Nachlass-Sparen wurden in Reinform realisiert, sondern allenfalls eine Kombination. Explizit für das Alter gespart wurde im Untersuchungszeitraum nicht, dafür ist die Zahl der von Alten geführten Konten zu gering. Wer Guthaben hatte, war zwar in der Lage, dies in Konsum umzusetzen, aber aufgrund des bestehenden Transfersystems und der positiven wirtschaftlichen Lage nicht dazu genötigt. Infolgedessen blieben die Vermögen ungeschmälert. So konnte das Guthaben sowohl den Zweck der Liquiditätsreserve als auch den des Nachlasses erfüllen und als Verhandlungsmasse eingesetzt werden.

Kapitel 8: Anlageziele und Vermögensflüsse

„Aber werden die Bauern denn nicht zur Einsicht kommen ...? ... Sie begreifen den Unterschied zwischen der jetzigen Unsicherheit ihres Besitzes und der früheren Sicherheit desselben nicht. Wenn jetzt in der Reihenfolge der Besitzer ein Verschwender vorkommt, steht alles für immer auf dem Spiele."[890]

8.1 Boden, Kredit und Sparbuch als Anlageformen

Wer mit Vermögen Geld verdienen will, sucht möglichst rentable Unterbringung. Er möchte aber auch liquide bleiben und möglichst kein Verlustrisiko eingehen. Er befindet sich also in einem Zielkonflikt, sodass seine Wahl und Präferenz auf seine Motive und Intentionen rückschließen lassen. Risiko und Liquidität schlagen sich nämlich beide theoretisch auf die Rendite nieder. Dies führt zu der klassischen theoretischen Überlegung, dass, je höher ein Verlustrisiko einer Anlageform ist, der Debitor desto mehr Zins anbieten muss, um den Anleger zur Anlage des Geldes zu bewegen. Auf der anderen Seite ist der Gläubiger nur dann bereit, ein höheres Verlustrisiko einzugehen, wenn die Anlage mehr Zins abwirft. Will der Anleger sein Geld jederzeit verfügbar halten, muss er niedrigen Ertrag in Kauf nehmen. Höhere Rendite kann er erst dann erzielen, wenn er sein Vermögen bindet und es der unmittelbaren Liquidität entzieht.

In gewissem Maße waren diese Regeln auf den ländlichen Faktormärkten in Kraft. Unmittelbar nachvollziehbar sind sie beim Vergleich von Sparguthaben und Kreditvergabe. Der Gang zur Sparkasse brachte einem Borgeler Einwohner 3 1/3 % Zinsen Rendite. Er hatte dabei nahezu kein Verlustrisiko (ob er dieses auch so gering einschätzte, ist nicht gewiss), aber eine hohe Liquidität. Wer für sein Geld einen Kreditnehmer fand, konnte höhere Zinsen von bis zu 5% erwirtschaften, musste aber den Verlust riskieren und eine eingeschränkte Liquidität hinnehmen. Die Aufteilung des Vermögens auf mehrere Schuldner konnte zwar das Risiko nicht verringern, die Wahrscheinlichkeit eines Gesamtverlustes aber herabsetzen. Allerdings haben die vorangehenden Untersuchungen gezeigt, dass die Borgeler Grundbesitzer überhaupt nur selten Kredite vergaben, zumindest was Hypothekenkredite und Kreditnehmer aus dem Dorf betrifft.

---

890 Anonymus, Rettung, S. 6 und 16-17 (1864).

Wo in diesem Vergleich der Boden steht, ist nicht klar zu bestimmen. Zwar wurde, wie die Ausführungen zur Einschätzung von Grundbesitz zeigten, zur Wertbestimmung oft der Kataster-Reinertrag kapitalisiert, doch kann anhand des Kapitalisierungsgrades nicht auf die Rendite eines Stücks Bodens geschlossen werden, sondern allein auf die Amortisationsdauer. Ein erste Anhaltspunkt für die Rentabilität des Bodens ergibt sich aus Bemerkungen Michael Kopsidis', demzufolge die in den Wertschätzungsprotokollen als Referenz angeführten Pachtzinse 1790-1828 in der Regel ein Drittel unter den Kataster-Reinerträgen lagen.[891] Aus Borgeln werden im Wertschätzungsprotokoll drei Beispiele von Pachten genannt (Tabelle 8-a). So zahlte der Ökonom Löser an Pacht für das 45 ha (=374 Taler Kataster-Reinertrag) große Gut Fahnen dem Pachtvertrag von 1807 zufolge pro Jahr 269 Taler, also 72% des Reinertrags. Der Freiherr von Boeslager, der 1818 Parzellen von insgesamt 38 ha (mit einem Kataster-Reinertrag von 658 Talern) an Stocklarner Einwohner verpachtete, erzielte hingegen jährliche Einnahmen von 1.613 Talern, 245% des geschätzten Kataster-Reinertrags. Freiherr von Fürstenberg in Herdringen, bekanntlich der wichtigste Grundherr der Oberkirchener, der aber auch 77 ha Land (=1.386 Taler Kataster-Reinertrag) in Stocklarn besaß, verpachtete dieses 1825 ebenfalls. Er erlöste damit pro Jahr 1.444 Taler, 104% des Kataster-Reinertrags. Die beiden letztgenannten Fälle sind für unsere Betrachtung sicher ernster zu nehmen, da sie die Summe der Verpachtung einzelner Parzellen darstellen, obendrein zeitnäher der Untersuchungsperiode liegen. Pachteinnahmen sind dabei unmittelbar mit der Rendite aus Geldanlagen vergleichbar, denn sie erfordern keinen oder kaum Arbeitseinsatz des Verpächters.[892] Dass die Pachtzinse über den Kataster-Reinerträgen lagen, kommt einem ökonomischen Paradox gleich, schließlich musste ein Pächter mehr erwirtschaften können, als er Pacht zahlte, sonst wäre er das Geschäft kaum eingegangen. Abermals zeigt dies aber, dass die Borgeler Kataster-Reinerträge zu gering angesetzt waren.

---

891 Kopsidis, Marktintegration, S. 163.

892 Wären die Reinerträge zutreffend geschätzt gewesen, hätten sie in jedem Fall über den Pachtzinsen gelegen haben müssen, denn der Pächter muss aus seinem Arbeitseinsatz noch zusätzliche Rendite ziehen, sonst lohnt sich das Wirtschaften nicht. Vgl. hingegen Kopsidis, Marktintegration, S. 162, demzufolge in 13 Wertschätzungsverbänden die Katasterreinerträge über den Pachtzinsen lagen und damit die Validität der Größe des Reinertrags stärkten. Die Pachten betrugen zwischen 109% und 45% des Reinertrags, im Mittel 67%.

Tabelle 8-a: Pachtverhältnisse und Renditeberechnung der Bodenverpachtung in Borgeln

	Pacht 1 **Gut Fahnen**	**Pacht 2** **div. Parzellen**	**Pacht 3** **div. Parzellen**
Verpächter	Freiherr von Plettenberg	Freiherr von Boeselager (Heesen)	Freiherr von Fürstenberg (Herdringen)
Pächter	Ökonom Löser	div.	div
Pachtbeginn	1807	1818	1825
Nutzfläche	45 ha	38 ha	77 ha
Kataster-Reinertrag nach der Schätzung 1822/35	374 Taler	658 Taler	1.386 Taler
Pachtzins pro Jahr	269 Taler	1.613 Taler	1.444 Taler
Pacht in % des Reinertrags	72 %	245 %	104 %
Geschätzter Wert der Grundstücke 1815-34 1)	6.732 Taler	11.844 Taler	24.948 Taler
Pachtzins in % des Werts = Rendite des Verpachtens	4,0 %	13,6 %	5,8 %

Quelle: Wertschätzungsprotokoll Borgeln; Hypothekenbücher Borgeln.
1) als das 18fache des Kataster-Reinertrags. Das 18fache ist das Verhältnis der Summe der 1815 bis 1834 in Borgeln gezahlten Kaufpreise zu der Summe der Kataster-Reinerträge dieser Grundstücke (Bedingung: Reinertrag für jede Parzelle bekannt).

Diese verpachteten Parzellenkonvolute hätten Ende der 1820er-Jahre, unter der Bedingung, dass sie nicht gleichzeitig auf den Markt gekommen wären und damit die Angebotssituation grundlegend geändert hätten, Preise des rund 18fachen Kataster-Reinertrags erzielt, und die jährlichen Pachtzinse hätten dann zu Beginn des Untersuchungszeitraumes zwischen 4,0 und 13,6% des Grundstückswerts betragen.[893] Ein Kolon freilich, der vor der Entscheidung stand, eine Parzelle zu kaufen, hatte eine höhere Rendite zu erwarten, wollte er doch die eigene Arbeitskraft einsetzen. Sein Risiko war nicht das des Verlustes des Vermögens, wie bei der Kreditvergabe. Sein

893 Es wurde hier dem Mittelwert der dokumentierten Kaufpreise von Borgeln zwischen 1815 und 1834 der Vorzug gegeben gegenüber den Ergebnissen der hedonischen Regression bei G. Fertig, Äcker, S. 194, die für das Stichjahr 1830 das 48fache des Kataster-Reinertrags als mittleren Wert Kaufpreis ausweisen.

Risiko war, dass die Rendite in manchen Jahren unter den Erwartungen blieb, in manchen Jahren diese aber überstieg.

Es lässt sich also schließen: Boden war unterm Strich die renditestärkste Vermögensform. Selbst die Verpachtung des Bodens war noch rentabler als etwa die Kreditvergabe oder das Sparbuchsparen. Nur: Verpachten war keine übliche Praxis, dies taten nur wohlhabende Großbesitzer, die keinerlei Ambitionen hatten, die Flächen selbst zu bewirtschaften. Ein Bauer aber, der es dank eigener Arbeitskraft selbst in der Hand hatte, den Ertrag zu optimieren, konnte an Verpachtung gar kein Interesse haben, was sich mit Fehlen jeglicher Nachweise für Pacht aus Bauernhand deckt. Verpachtetes Vermögen war weit weniger liquide als ein vergebener Kredit, weil eine Pachtperiode mindestens sechs Jahre dauerte. Aufgrund der unterschiedlichen Renditen kann man also annehmen, dass die Bewohner Borgeln danach strebten, langfristig in Boden zu investieren. Und wer langfristig Vermögen aufbauen wollte, seinen kurzfristigen Liquiditätsbedarf begrenzen konnte, und die höchste Rendite erreichen wollte, transferierte seine Gelder vom Sparkonto aus in die Kreditvergabe oder aber in Land.

Diese Strategie erscheint trivial, doch ist sie praktisch die einzige idealtypische Strategie, die für Analysezwecke zu Verfügung steht. Sie besteht aus mehreren Schritten, wobei die kurzfristigen Intentionen nicht dem strategischen Ziel entsprechen, ihm aber dienen. Der umgekehrte Weg allerdings ist deswegen nicht automatisch ebenso plausibel. Während die Anlage in Boden vermutlich nicht jederzeit möglich war, war es die Liquidierung hingegen schon, denn auf einem Markt mit Nachfrageüberhang wird auch ein Käufer zu finden gewesen sein, der den Verkaufspreis schnell zu zahlen in der Lage war. Freilich stellt sich die Frage der Liquidität erst, wenn es andere, vielleicht noch renditestärkere Anlageformen gibt, die schnelle Zahlung und also unbedingte Liquidität erforderten. Oder aber wenn Forderungen Dritter bestanden, die diese schnell eingelöst sehen wollen. Eine Umschichtung von Bodenvermögen in Sparguthaben würde allerdings dafür sprechen, dass Betriebsinhabern die Liquidierbarkeit des Bodens zu gering erschien, um Vermögen etwa für eine Konsumintention einzusetzen oder für unvorhergesehene Anlässe bereit zu halten.

Somit sind einige strukturelle Motive genannt, die eine Interpretation von Geldflüssen vor dem Hintergrund ökonomischer Rationalität ermöglichen. Zu beantworten ist, was einen Akteur veranlasste, eine Transaktion vorzunehmen. Unter welchen Bedingungen wurde Vermögen gebildet, und wie gelenkt und gewandelt unter den Bedingungen der Märkte? Diesen Fragen soll dieses abschließende Kapitel gewidmet sein.

8.2 Untersuchung von Vermögensflüssen

8.2.1 Bemerkungen zur Operationalisierung und Modellbildung

Wie bereits beschrieben, waren alle überlieferten Transaktionen eher seltene Ereignisse, denn die meisten Kolone verbrachten mehr Jahre ohne Landkäufe als mit und nahmen längst nicht jedes Jahr einen Hypothekenkredit auf. Viele verschuldeten sich gar nicht hypothekarisch. Selbst Spareinzahlungen und -abhebungen wurden, obwohl Sparguthaben eine jederzeit verfügbare Anlageform war, vom Sparer oft seltener als ein Mal pro Jahr vorgenommen, und viele Bewohner Borgelns betätigten sich gar nicht bei der Sparkasse. Demzufolge stellt die Transaktion eher einen Bruch, ein besonderes Ereignis im Wirtschaften dar, das, so muss man vermuten, aufgrund einer besonderen Konstellation von Betriebsdaten, Ereignissen in der Familie oder Marktbedingungen zustande kam.

Erst in einer Zusammenschau der Transaktionen und durch die Rekonstruktion von Beziehungen der Transaktionen zueinander lassen sich wirklich ökonomische Ziele und Intentionen untersuchen. Das gilt naturgemäß weniger für den Kauf eines Hofes, dessen Zweck in der Mehrzahl der Fälle der Existenzgrundlage dient. Aber wie erklärt man den Zweck und die Intention einer Kreditaufnahme, des Abhebens eines Sparguthabens oder den Verkauf einer Parzelle? Bei den Krediten ist, wie zuvor dargestellt, die funktionale Zuordnung zu Verwendungszwecken zu einem geringen Teil aufgrund der Zusätze im Grundbuch zu erschließen. Doch in der Mehrzahl der Fälle sind die Angaben hier spärlich, am auskunftsfreudigsten sind in dieser Beziehung die Grundbücher Oberkirchens, am wenigsten die von Borgeln. Die Journale der Sparkasse Soest sind hingegen vollkommen frei von qualitativen Zusätzen der verzeichneten Spartransaktionen.

Als adäquates Mittel der statistischen Analyse bietet sich somit abermals die Logistische Regression an, weil nicht die Höhe von Transaktionsflüssen untersucht werden soll, sondern die Entscheidung als solche. These ist, dass Entscheidungen dann getroffen werden, wenn äußere und interne begünstigende Gegebenheiten zusammentreffen. Im Folgenden wird versucht, Verbindungen zwischen Transaktionen herzustellen. Dies wird vor allem auf Grundlage zeitlicher Nähe der Aktionen zueinander geschehen. Der Einsatz dieser Methode kann nicht den Anspruch erheben, Transaktionen zur Gänze zu erklären. Die Schätzungen werden vielmehr im Folgenden auch als heuristische Mittel verstanden, um interpretierbare Einzelfälle zu erkennen.

Die Analyse erfolgt in drei Schritten. In einem ersten Schritt werden alle unabhängigen, erklärenden Variablen in das Modell einbezogen. Diese sind:

1. Transaktionen, die der Hypothese entsprechend die größte Aufmerksamkeit genießen. Diese sind:

Barkredit aufnehmen: Hier handelt es sich um aller Wahrscheinlichkeit nach als Barauszahlung vorgenommenen Darlehn. Das heißt, dass der Geldfluss wahrscheinlich zum Zeitpunkt des im Hypothekenbuch vermerkten Vorgangsdatums stattfand, das i. d. R. die Datierung der Urkunde übernimmt. Ansonsten gelten die zuvor gemachten Bemerkungen. Die Rückzahlungen von Krediten sind nicht in die Analyse einbezogen worden, weil sie nur aufgrund der Löschungen in den Hypothekenbüchern erschließbar sind, die aber möglicherweise mit zeitlichem Verzug vorgenommen wurden.

Sparguthaben anlegen bzw. auflösen: Es handelt sich um die Betrachtung von Nettoflüssen aus Einzahlungen und Abhebungen. Es kam nicht selten vor, dass innerhalb eines Jahres sowohl eingezahlt als auch abgehoben wurde. Aus diesem Grund wurden Nettoflüsse berechnet und daraus schließlich zwei Variablen geformt: (Netto-)Einzahlungen oder (Netto-)Auszahlungen. Zugrunde liegende Überlegung war dabei, dass es sich trotzdem um unterscheidbare Transaktionen handelt, und zum Beispiel ein Landkauf aus Sparguthaben finanziert worden sein kann, ohne dass das Gegenteil der Fall war, also der Verkauf von Land in Spareinzahlungen resultierte. Schließlich sei noch bemerkt, dass bei den Abhebungen Zinsauszahlungen nicht ins Gewicht fallen, da Borgeler Sparkonten sehr selten als Rentenkapital benutzt wurden und die Zinsen somit auf den Konten verblieben.

Land kaufen bzw. Land verkaufen: Das hier als entscheidend angesehene Datum ist ebenfalls direkt durch das Grundbuch belegt. Es dürfte der Datierung der jeweiligen Kaufurkunde entsprechen. Käufer und Verkäufer sind als Inhaber der jeweiligen Folien im Hypothekenbuch namentlich nachgewiesen. Nicht dort ausgewiesene Preise sind geschätzt (siehe auch Kapitel 3.3.1). Auch hier handelt es sich um Nettoflüsse. Da Käufe und Verkäufe ein und desselben Hofes selten in einem Jahr vorkamen, ist dies eher eine theoretische Bemerkung.

Direkt nachgewiesene Barkredite und vor allem Spartransaktionen sind in ihrer zeitlichen Bedeutung genau einzuschätzen, denn die Ausstellung einer Obligation und die Aushändigung des Geldes standen meist in einem sehr engen zeitlichen Zusammenhang, wenn sie nicht sogar zeitgleich stattfanden. Infolgedessen kann die Reaktion auf eine Kreditaufnahme in einem Zeitraum eines Jahres nach dem Vorgang gesucht werden. Anders ist dies bei Landkäufen und -verkäufen. Kaufverträge können aber die Formel enthalten haben, der zufolge der Besitz des Landes wechselte, aber der Käufer erst zu einem nahen Zeitpunkt den Preis zu bezahlen habe. Probeschätzungen mit größeren 3- und 5-Jahres-Zeiträumen haben jedoch in den Ergebnissen keine nennenswerten Veränderungen gebracht.

Alle hier genannten Transaktions-Variablen sind als Dummy-Variablen codiert, d. h. sie nehmen ausschließlich die Werte 1 für eine erfolgte Transaktion oder 0 an.

2. Lebenzyklische Daten. Einerseits stehen diese Daten für Momente, von denen angenommen wird, dass sie die Vermögenswirtschaft betreffen konnten, etwa eine

Heirat eines Kindes (Dummy-Variablen). Andererseits werden Dummy-Variablen für Lebensdekaden und für die Kinderphase (nach Kapitel 7.2.3) gesetzt.

3. Konjunkturelle Daten, vor allem der Mittel des Weizenpreises aus dem betreffenden Jahr und den zwei Vorjahren.

4. Betriebliche, zeitabhängige Daten, wie Kataster-Reinertrag und Hypotheken-Schuldenstand.

5. Strukturvariablen: Sie kennzeichnen die Dekaden des Untersuchungszeitraums, um temporäre Häufungen oder Trends zu erfassen.[892]

In einem zweiten Schritt werden die Residuen, also die Differenzen zwischen den jeweils tatsächlichen, beobachteten Werten und den vom Modell geschätzten Werten untersucht. Dies beruht auf der Annahme, dass zusätzlich zum systematischen Zusammentreffen von Transaktionen, die im Prinzip typische Entscheidungen von Akteuren bezeichnen, noch ein weiterer, individueller Faktor hinzutreten muss. Es ist sehr wohl anzunehmen, dass Betriebsinhaber bei gleicher Ausgangslage, bei identischen Besitz- und Schuldenstand verschiedene Entscheidungen fällten, weil sie verschiedene ökonomische Einstellungen vertraten oder verschiedene Strategien verfolgten. Solche, nicht durch das in Schritt 1 beschriebene Verfahren repräsentierte Faktoren kann eine Residuen-Analyse aufdecken. Hat zum Beispiel Hofinhaber A Jahr für Jahr eingezahlt und sein Nachbar B nicht, obwohl beide Besitzungen gleich groß und auch die sonstigen Strukturbedingungen, Ereignissen und Transaktionen gleich waren, dann wichen die Fälle von Inhaber A positiv vom geschätzten Mittel ab, die von Inhaber B negativ. Kern des Schrittes ist also, die Inhaber bzw. Höfe mit besonders „abweichenden" Beobachtungen zu ermitteln. Dazu wurden die Mittelwerte aller Residuen der jeweiligen Höfe berechnet. Das hierfür benutzte Verfahren war das der Linearen Regressionsschätzung, wobei der Wert eines Residuums als abhängige Variable und die Höfe als unabhängige Variablen mit der Codierung 0 oder 1 (Dummies) eingeführt wurden.

Dritter Schritt: Waren die aus der Residuenanalyse hervorgehenden geschätzten mittleren Residuen signifikant, so wurden die entsprechenden Hofvariablen in eine nochmalige Analyse der Transaktionen als „fixed effects" eingeführt (Modell B).

---

892 Korrelationen der Variablen untereinander finden sich in drei Bereichen: Der *Weizenpreis* korreliert aufgrund seines aufsteigenden Trends negativ mit der Variablen für die 1830er-Jahre (nach Pearson -0,54) und positiv mit den 1850er-Jahren (0,38). Die Dummy-Variablen für die *Kinderphase* und *Kind geboren* korrelieren mit 0,37. *Kinderphase* außerdem mit der Altersphase des 30. bis 39. Lebensjahrs mit 0,27 und mit der für die Lebensphase ab dem 60. Lebensjahr mit -0,27. Die Variable *Kind geboren* korreliert mit den beiden letzteren schwächer. Die Zeit-Variablen korrelieren untereinander erwartungsgemäß negativ mit Koeffizienten von -0,35 bis -0,4 und die Alters-Variablen mit -0,2 bis -0,32. Diese Korrelationen erschienen, da manche dieser Variablen eher als Kontrollfaktoren dienen, und die ganze Modellbildung eher heuristischen Charakter hat, vertretbar.

In einem vierten Schritt wurde das nunmehr bestehende Modell auf die aus Modell B als signifikant hervorgehenden Variablen reduziert, um den Erklärungswert der wichtigsten Variablen zu ermitteln.

Insgesamt gingen 5.461 Hof-Jahre in die Schätzungen ein, d. h., dass im Mittel der ganzen Laufzeit 147 Höfe bestanden; wie wir wissen in den 1860er-Jahren mehr als zu Beginn der Periode. Dies sind realistische Werte.

8.2.2 Einflüsse auf Einzahlungen

In 289 oder gut 5% aller Hof-Jahren fanden Netto-Einzahlungen auf Sparkonten statt (Tabelle 8-b). Als signifikant für das Vorkommen von Netto-Einzahlungen pro Jahr stellten sich zunächst Variablen für die Dekaden heraus, und zwar weisen die 1830er-, 1840er- und 1850er-Jahre negative Koeffizienten auf, d. h. gegenüber den 1860ern, die hier Referenz sind, wiesen Dekaden zuvor deutlich weniger Einzahlungen auf – aber mit steigender Tendenz, wie die zunehmenden Koeffizienten zeigen. Dies repräsentiert die gestiegene Sparbereitschaft in einem deutlichen Zeittrend. Weiterhin positive und signifikante Einflüsse sind für den Weizenpreis (als Mittel des aktuellen und der zwei Vorjahre) und für die Betriebsgröße (Steuerreinertrag) belegt. Letztere, bereits als relevant für die Höhe von Einzahlungen belegt, war also auch relevant dafür, dass überhaupt zur Einzahlung geschritten wurde.

Eine Gleichzeitigkeit von Einzahlungen und einem Landkauf, aber auch von Einzahlungen und Kreditaufnahmen wird mit negativen Koeffizienten geschätzt, was bedeutet, dass beides, wenn überhaupt, sehr selten auftrat. Dies stärkt nicht zuletzt die Plausibilität von Daten und Modell. Es floss aber auch kein Geld aus Verkäufen in das Zwischendepot des Sparbuchs, wie sich aus der fehlenden Signifikanz der Variable Land verkaufen schließen lässt.

Für den Einfluss von hoher relativer Verschuldung liefern die Modelle differierende Schätzungen. Das Ergebnis des Modells A legt nahe, dass Verschuldung die Hofinhaber eher hinderte, auf ihr Sparbuch einzuzahlen. In dem durch fixed effects erweiterten, und an Erklärungskraft sehr verbesserten Modell B jedoch ist diese Variable nicht mehr signifikant. Das heißt, dass der Einfluss nicht generell besteht, sondern im Bereich des individuellen Verhaltens zu finden ist, den die Hof-Variablen ausdrücken. Im Umkehrschluss heißt dies auch, dass es durchaus vorkam, dass Kontoinhaber einzahlten, obwohl sie verschuldet waren. Es wurde also auch bewusst auf Entschuldung verzichtet. Erklären lässt sich dies damit, dass ein Sparguthaben für investive Zwecke schnellstmöglich liquidiert werden kann. Selbst ein reichhaltiges Kreditangebot kann dies nicht garantieren.

Durch den Einsatz der Hofvariablen erlangen außerdem Altersvariablen Signifikanz. Sie bekräftigen die Hypothese, dass Einzahlen durchaus eine lebenszyklische Aktion war, und dass Hofinhaber in der ersten Lebenshälfte öfter einzahlten als in der zweiten.

Tabelle 8-b: Spareinzahlungen und zeitnahe Transaktionen in Borgeln (Logistische Regression)

	A: **Komplettes Modell** b	Sign.	B: **Komplettes Modell mit fixed effects** b	Sign.	C: **Reduziertes Modell mit fixed effects** b	Sign.
abhängige Variable						
Einzahlen ja/nein						
unabhängige Variablen						
Ablösezahlung	0,66		-0,85			
Land kaufen	-0,21		**-0,81**	*	**-0,77**	*
Land verkaufen	-0,55		-0,58			
Kredit nehmen	**-2,22**	**	**-1,72**	*	**-1,73**	*
Kinderphase	-0,08		-0,04			
Übergabe/Übernahme-Jahr	0,50		**0,63**	+	0,21	
Heirat	0,71		0,95			
Kind geboren	**0,41**	+	0,33			
Ehepartner gestorben	1,01		0,73			
Kind heiratet	0,20		0,68			
Lebensalter 20-29	0,05		0,09			
Lebensalter 30-39	0,18		**0,47**	*	**0,42**	*
Lebensalter 50-59	-0,09		**-0,40**	+	**-0,41**	*
Lebensalter 60 und älter	-0,29		**-0,57**	+	**-0,56**	*
1830er-Jahre	**-2,03**	***	**-2,34**	***	**-2,33**	***
1840er-Jahre	**-1,05**	***	**-1,32**	***	**-1,28**	***
1850er-Jahre	**-0,56**	***	**-0,68**	***	**-0,69**	***
1860er-Jahre	(Referenz)		(Referenz)		(Referenz)	
Betriebsgröße	**0,33**	***	**0,56**	***	**0,52**	***
Schuldenstand abs.	**-0,28**	**	-0,14			
Weizenpreis (3-Jahres-Mittel)	**0,25**	**	**0,29**	**	**0,29**	**
Fixe Hof-Variablen	Nein		1)		2)	
Konstante	**-4,44**	***	**-6,19**	***	**-3,58**	***
N	5.461		5.461		5.461	
davon: Jahre mit Einzahlung	289	(5%)	289	(=5%)	289	(=5%)
Pseudo-R^2 (Nagelkerke)	0,12		0,39		0,38	
-2*Log-Likelihood	2.040,99		1.489,86		1.501,20	
Korrekt geschätzte Fälle	5.172	(=95%)	5.184	(=95%)	5.173	(=95%)

Erläuterungen zur umseitigen Tabelle:

Quellen: Hypothekenbücher Borgeln, Familienrekonstitution, Grundakten Borgeln, Sparkassenjournale; Datenbanken BOR, KONTEN, BOR Abloes.

b: Regressionskoeffizient, Sign.: Signifikanzniveaus: + 10%, * 5%, ** 1%, *** 0,1%

1) Das Modell umfasst Hof-Variablen als 32 „fixed effects", die in einer Residuen-Analyse sich als systematische Abweichungen ergeben haben (dabei mit positivem Koeffizienten geschätzt auf 10%-Signifikanzniveau: HofIDs 41, 46, 47, 199, 238; auf 5%-Niveau: 36, 39, 201, 209, 211, 233; auf 1%-Niveau 28, 58, 82, 91, 99, 111; auf 0,1%-Niveau: 8, 30, 34, 37, 40, 43, 59, 60, 76, 89, 92, 93, 235, 248. Negativ geschätzt auf 10%-Niveau signifikant: HofID 2.) In dem Modell sind mit Ausnahme von HofID 2 alle Hof-Variablen auf 0,1%-Niveau signifikant und mit positivem Koeffizienten geschätzt.

2) das Modell umfasst alle unter 1) genannten Hof-Variablen. Alle, mit Ausnahme von HofID 2, sind mit positiven Koeffizienten zwischen 2,5 und 5,7 und auf 0,1% Niveau signifikant geschätzt.

Einzahlen ja/nein: Dummy-Variable, bei positivem Saldo aus Einzahlungen und Abhebungen von Sparbüchern im gleichen Hof-Jahr 1; 289 1-Werte, 5.172 0-Werte

Ablösezahlung: Dummy-Variable, bei Ablösekapitalzahlung bzw. -fälligkeit im gleichen Hof-Jahr ist Wert 1; 91 1-Werte, 5370 0-Werte

Land kaufen: Dummy-Variable; Wert ist 1 bei positivem Saldo aus Landkäufen und -verkäufen (258 Fälle).

Land verkaufen: Dummy-Variable; Wert ist 1 bei negativem Saldo aus Landkäufen und -verkäufen (110 Fälle).

Kreditnehmen: Dummy-Variable mit Wert 1 bei Kreditaufnahmen (Hypothekenkredite und ungesicherte Sparkassenkredite). 373 Fälle.

Kinderphase: Dummy-Variable. Falls Familie im Hof-Jahr überwiegend aus Kindern unter 14 bestehend ist Wert 1; 2.708 1-Werte, 2.753 0-Werte.

Übergabe/Übernahme-Jahr: Dummy-Variable. Falls Übergabe oder -nahme im gleichen Jahr ist Wert 1; 283 1-Werte, 5.178 0-Werte.

Heirat: Dummy-Variable. Wert ist 1 falls Heirat des Betriebsinhabers im gleichen Jahr; 145 1-Werte, 5.316 0-Werte.

Kind geboren: Dummy-Variable. Falls Kind des Betriebsinhabers im gleichen Jahr geboren ist Wert 1; 714 1-Werte, 4.747 0-Werte.

Ehepartner gestorben: Dummy-Variable. Falls Ehepartner im gleichen Jahr gestorben ist Wert 1; 92 1-Werte, 5.369 0-Werte.

Kind heiratet: Dummy-Variable. Falls Heirat eines Kindes im gleichen Jahr ist Wert 1; 174 1-Werte, 5.287 0-Werte.

Lebensalter: Dummy-Variablen. 20-29: 383 1-Werte; 30-39: 1.340 1-Werte; 40-49 (Referenz): 1.589 1-Werte; 50-59: 1.274 1-Werte; 60-69: 521 1-Werte.

1830er-Jahre, 1840er-Jahre, 1850er-Jahre: Dummy-Variable für Dekaden. 1830er: 1.371 1-Werte; 1840er: 1.480 1-Werte; 1850er: 1.526 1-Werte; 1860er: Referenz (1.084 1-Werte).

Betriebsgröße: Kataster-Reinertrag des Hofes. Standardisiert.

Schuldenstand abs.: Summe der Hypothekenschulden (inkl. Kaufgeldern und Abfindungen) des Hofes in Talern. Standardisiert.

Weizenpreis (drei Jahre): Mittel aus Soester Oktoberpreis des betreffenden Jahres, des Vorjahres und des vorvergangenen Jahres in Taler/ Scheffel. Standardisiert.

Fixe Hof-Variablen: Siehe oben 1) und 2)

Alle Standardisierungen: Subtraktion des arithmetischen Mittels vom Beobachtungswert, anschließend Division durch Standardabweichung.

Im Ergebnis kann man festhalten, dass sich durch den Einsatz von fixed effects die Erklärungskraft des kompletten Modells stark verbessert. Die verbliebenen signifikanten Effekte erweisen sich in einem reduzierten Modell C als robust. Es lassen sich drei wesentliche Einflüsse der Einzahlungen ausmachen: anhaltend gute Getreidepreise, die in gewisser Weise ebenfalls den Zeittrend abbilden, ein großer Betrieb und eine individuelle Sparbereitschaft. Insbesondere letztere dürfte für einen klar zunehmenden Zeittrend verantwortlich sein. Keinen Einfluss auf Einzahlungen dürften die meisten familienzyklischen Ereignisse gehabt haben. Ausgeschlossen ist, dass Geld aus Kreditaufnahmen auf Konten gelangte. Auch der Erlös aus Verkäufen ist vermutlich nicht auf Konten eingezahlt worden.[893]

8.2.3 Einflüsse auf Abhebungen

Die Analyse der Abhebungen (Tabelle 8-c) stützt sich auf 477 Hof-Jahre mit Nettozuflüssen aus Spareinlagen in die bäuerlichen Ökonomien. Entgegen der vorangegangenen Analyse wurden nur Hof-Jahre berücksichtigt, in denen die Hofinhaber auch Konten besaßen. Da dies eine Auswahl von Höfen ist, förderte eine Residualanalyse nur für fünf Höfe signifikante Abweichungen zutage. Die Inklusion dieser Hof-Variablen in Modell B als fixed effects erbrachte zwar einen Gewinn an Erklärungskraft (Pseudo-R^2) von 50%. Dies ist aber vergleichsweise wenig. Dies dürfte daran liegen, dass alle Sparbuch-Inhaber sich bereits durch die strategische Entscheidung zu sparen gegenüber anderen auszeichneten.

Ähnlich den Einzahlungen unterlagen auch die Abhebungen einem Zeittrend von zunehmenden Transaktionen. In der Tat wurde in den 1860er-Jahren in 40% der Fälle mehr abgehoben als eingezahlt, während dies in den 1840er-Jahren nur in 20% der Fälle so war. Die Gründe liegen allerdings längst nicht auf der Hand. Es kann sich um eine höhere Auszahlungsfrequenz handeln. Dies zu ergründen würde aber eine Berücksichtigung der Akkumulationszeiten bis zur Abhebung erfordern, was hier zu weit führen würde.

Die lebenszyklischen Ereignisse haben den geschätzten Modellen zufolge keinen Einfluss gehabt auf die Sparabhebungen der Hofinhaber. Dies stützt die Analysen des vorangehenden Kapitels. Was die Transaktionen betrifft, mit denen das Abheben in Zusammenhang stehen könnte, kann einzig ein hoch signifikanter positiver Einfluss des Landkaufs ausgemacht werden. Dies deutet auf eine strikt instrumentelle Nutzung des Sparbuchs hin. Hofbesitzer nutzten das Depot für die Finanzierung von Investitionen in Land. Überraschend ist, dass die Nutzung der Konten für Ablösezahlungen nicht bestätigt wird. Wie in Kapitel 7 dargestellt, lassen sich im Einzelfall durchaus

---

893 Grabein, Entstehung, S. 40-42, führt als häufigste Ursache für hohe Einmalzahlungen 1911 Grundstücksverkäufe und Erbschaften auf.

Tabelle 8-c: Sparbuchabhebungen und zeitnahe Transaktionen in Borgeln (Logistische Regression)

	A Komplettes Modell			B Komplettes Modell mit fixed effects			B Reduziertes Modell mit fixed effects	
	b	Sign.		b	Sign.		b	Sign.
abhängige Variable								
Abheben								
unabhängige Variablen								
Ablösezahlung	-0,06			-0,17				
Landkaufen	**1,05**	**		**1,19**	**		**1,04**	***
Landverkauf	0,96			0,89				
Kreditaufnahme	-20,29			-20,44				
Kinderphase	0,06			0,26				
Heirat des Kontoinhabers	-0,37			0,57				
Kind geboren	-0,37			-0,37				
Kind heiratet	-0,44			-0,32				
Ehepartner gestorben	-0,63			-0,75				
Übergabe/Übernahme-Jahr	0,45			-0,51				
Lebensalter 20-29	0,64			0,65				
Lebensalter 30-39	0,35			0,36				
Lebensalter 50-59	0,03			0,13				
Lebensalter 60 und höher	-0,27			-0,02				
1830er-Jahre	-1,07			**-1,45**	+		-1,04	
1840er-Jahre	**-0,78**	**		**-0,86**	*		**-0,75**	*
1850er-Jahre	-0,20			-0,16				
Betriebsgröße	0,08			0,06				
Schuldenstand rel	-17,64			-36,62				
Weizenpreis (3-Jahres-Mittel)	-0,02			-0,02				
Fixe Hof-Variablen	Nein			1)			1)	
Konstante	-2,12			-5,11			**-1,16**	***
N	477			477			477	
davon mit Netto-Abhebung	116	(=24%)		116	(=24%)		116	(=24%)
Pseudo-R² (Nagelkerke)	0,10			0,15			0,07	
-2*LogLikelihood	495,89			478,88			507,77	
Korrekt geschätzte Fälle	365	(=77%)		.367	(=77%)		362	(=75%)

Erläuterungen zur umseitigen Tabelle:

[1)] Das Modell B umfasst Hof-Variablen als 5 „fixed effects", die in einer Residuen-Analyse sich als systematische Abweichungen ergeben haben. Dabei in Modell B mit positivem Koeffizienten geschätzt auf 10%-Signifikanzniveau: HofIDs 34 und 206. Diese sind auch in Modell C enthalten.

Signifikanzniveaus: + 10%, * 5%, ** 1%, *** 0,1%

Abheben ja/nein: Dummy-Variable. Bei negativem Saldo aus Einzahlungen und Abhebungen ist Wert 1 (123 Beobachtungen), 353 0-Werte.

Schuldenstand rel.: Hypothekenschulden laut Hypothekenbuch geteilt durch Katasterreinertrag des Besitzes; standardisiert.

Weitere unabhängige Variablen und Quellen: siehe Tabelle 8-b.

Zusammenhänge zwischen Abhebungen und der Kapitalzahlung für die Grundlastenablösung erschließen. Diese erlangen jedoch nicht statistische Signifikanz.

8.2.4 Einflüsse auf Kreditaufnahmen

Die Analyse von Kreditaufnahmen (Tabelle 8-d) kann wiederum durch die Integration von Hof-Variablen deutlich verbessert werden. In der Residuen-Analyse weichen 50 Höfe signifikant von den Erwartungswerten ab. Werden diese als fixed effects eingeführt, erreicht das komplette Modell eine vergleichsweise gute Erklärungskraft. Dieses und das auf die signifikanten Variablen reduzierte Modell C sind daher Grundlage der Interpretation.

Der stärkste Einfluss auf eine Kreditaufnahme geht von der Zahlung eines Kapitals zur Ablösung der Grundlasten aus. Dies bestätigt die in Kapitel 6 festgestellte starke Nutzung des privaten Kreditmarktes für Kapitalzahlungen an die Grundherren. Da die Ablösungszahlungen der Hauptgrund für sehr zahlreiche Kreditaufnahmen Anfang der 1850er-Jahre waren, ist die Zeitvariable für diese Dekade zugleich insignifikant. Es gab also keinen Trend zu vermehrter Kreditaufnahme im Lauf der Untersuchungszeit.

Nachweisbar ist auch eine Transaktionskette von Kreditaufnahme und Landkauf. Kreditaufnahme erfolgte also zum Zwecke der Vergrößerung des betrieblichen Vermögens und damit der wirtschaftlichen Grundlage des Betriebs. Dabei erwies sich ein hoher, bestehender Schuldenstand eher als Hindernis. Kreditaufnahmen gingen, nicht überraschend, eher nicht mit Spareinzahlungen einher, aber auch nicht mit Abhebungen. Daraus, dass bei beiden Mobilisierungsformen jeweils andere Höfe als signifikant ausgewiesen sind (siehe jeweils Erläuterungen zu den Tabellen), lässt sich außerdem schließen, dass hier offensichtlich Betriebsinhaber Präferenzen bei der Finanzierung hatten.

Tabelle 8-d: Barkreditaufnahmen und zeitnahe Transaktionen in Borgeln (Logistische Regression)

	A **Komplettes Modell**		B **Komplettes Modell mit fixed effects**		C **Reduziertes Modell mit fixed effects**	
	b	Sign.	b	Sign.	b	Sign.
abhängige Variable						
Kreditaufnahme ja/nein						
unabhängige Variablen						
Ablösezahlung	**1,19**	***	**1,72**	***	**1,66**	***
Kaufen	**0,60**	**	**0,90**	***	**0,89**	***
Verkaufen	**0,82**	**	0,11			
Einzahlen	**-2,64**	**	**-2,03**	**	**-2,13**	**
Abheben	**-1,45**	**	**-1,00**	*	**-1,09**	*
Kinderphase	0,04		0,02			
Übergabe/Übernahme-Jahr	**0,50**	*	**0,54**	*	**0,52**	*
Heirat	0,10		0,13			
Kind geboren	-0,22		-0,11			
Ehepartner gestorben	0,10		0,20			
Kind heiratet	-0,24		-0,07			
Lebensalter 20-29	0,06		-0,29			
Lebensalter 30-39	0,07		-0,01			
Lebensalter 50-59	**-0,47**	**	**-0,47**	*	**-0,45**	*
Lebensalter 60 und höher	**-0,72**	**	**-0,62**	*	**-0,59**	+
1830er-Jahre	0,01		0,09			
1840er-Jahre	0,05		0,09			
1850er-Jahre	0,01		0,01			
Betriebsgröße	0,03		-0,12			
Schuldenstand rel.	-0,11		**-0,20**	*	**-0,20**	*
Weizenpreis (3-Jahres-Mittel)	-0,06		-0,07			
Fixe Hof-Variablen			1)		2)	
Konstante	**-2,34**	***	**-3,74**	***	**-3,48**	***
N	5.461		5.461		5.461	
Davon mit Kreditaufnahme	375	(=7%)	375	(=7%)	375	(=7%)
Pseudo-R^2 (Nagelkerk)	0,06		0,28		0,18	
-2*Log-Likelihood	2.607,35		2.220,42		2.331,73	
Korrekt geschätzte Fälle	5.085	(=93%)	5.085	(=93%)	5.085	(=93%)

Erläuterungen zur umseitigen Tabelle:
b: Regressions-koeffizient, Sign.: Signifikanzniveaus: + 10%, * 5%, ** 1%, *** 0,1%
1) Das Modell umfasst Hof-Variablen als 50 „fixed effects", die in einer Residuen-Analyse sich als systematische Abweichungen ergeben haben (auf 10%-Signifikanzniveau: HofIDs 71, 78, 99, 203, 208, 210, 232, 236 und 237; auf 5%-Niveau: 23, 27, 50, 73, 84, 85, 92, 98, 101, 219 und 251; auf 1%-Niveau 29, 30, 32, 49, 70, 77, 95, 214 und 241; auf 0,1%-Niveau: 4, 5, 6, 11, 13, 21, 38, 40, 48, 64, 90, 105, 109, 110, 115, 199, 200, 211, 213, 220 und 245. Alle mit positivem Koeffizienten geschätzt).
2) Das Modell umfasst die unter 1) genannten Hof-Variablen, für die durchweg positive Koeffizienten geschätzt wurden (auf 10%-Signifikanzniveau: HofIDs 50, 71, 208, 210, 232, 236, 237 und 251; auf 5%-Niveau: 23, 27, 84, 85, 92, 98, 101 und 219; auf 1%-Niveau 29, 30, 32, 49, 70, 73, 77, 95, 105, 214 und 241; auf 0,1%-Niveau: 4, 5, 6, 11, 13, 21, 38, 40, 48, 64, 90, 105, 109, 110, 115, 199, 211, 213, 220 und 245).
Kreditaufnahme ja/nein: Dummy-Variable. 375 1-Werte, 5.086 0-Werte.
Weitere unabhängige Variablen und Quellen: siehe Tabelle 8-b und 8-c.

Übergabe- und Übernahme-Jahre haben die Kreditaufnahme wahrscheinlich befördert, was mit Abfindungszahlungen an Miterben zusammenhängen könnte. Es konnte außerdem ein deutliches Nachlassen der Kreditaufnahme in der zweiten Lebenshälfte nachgewiesen werden. Zusammen mit den zwar nicht signifikanten, aber doch ebenfalls negativ geschätzten Koeffizienten für die Altersklassen von 20 bis 39 lässt dies darauf schließen, dass das Referenzalter 40-49 die typische Altersphase der Kreditaufnahme war. Während Kapitel 7.2 hohe Kreditvolumina für die frühe Familienphase ergab, scheinen im Lebensalter von 40 bis 49 besonders zahlreiche Kredite aufgenommen worden zu sein.

8.2.5 Einflüsse auf Landkäufe

Aus einer weiteren Auswertung für alle Landkäufe (Tabelle 8-e) gehen Abhebungen und Kreditaufnahmen als signifikante und positive Einflüsse hervor. Dieses Ergebnis ist stabil in allen Schätzungen. Landkäufe erfolgten bei großen Betrieben häufiger als bei kleinen, wie das Modell A ausweist. Dies dürfte unmittelbar mit der Akkumulationszeit bis zum Kauf einer Parzelle zusammenhängen. Während kleine Betriebe mehrere Jahre sparen mussten, um zu kaufen, konnten große Betriebe dies innerhalb eines Jahres erreichen. In den durch fixed effects erweiterten Modellen schwindet dieser Einfluss der Betriebsgröße, vermutlich weil die als ausgesprochen kauf-affine Höfe ermittelten Hof-Variablen den Effekt der Betriebsgröße bereits beinhalten. Wie bei den vorangehenden Schätzungen auch, gewinnt diese Analyse durch den Einbezug der fixed effects an Erklärungskraft, wenn auch nicht so deutlich.

Im Altersprofil erweisen sich die 30-39-Jährigen als häufige und die über 60-Jährigen als seltene Käufer. Dies mag konkret daran liegen, dass die Kirchengemeinde Borgeln 1842 etliche einzelne Parzellen ihres Landes an ebenfalls einzelne, insbesondere neu gegründete Haushalte auf Erbpacht verkaufte, deren Inhaber zwischen 30 und 39 Jahren alt waren. Auch dass die Käufer sich familienzyklisch häufig in der

Tabelle 8-e: Landkäufe und zeitnahe Transaktionen in Borgeln (Logistische Regression)

	A **Komplettes Modell**		B **Komplettes Modell mit fixed effects**		C **Reduziertes Modell mit fixed effects**	
	b	Sign.	b	Sign.	b	Sign.
abhängige Variable						
Landkauf ja/nein						
unabhängige Variablen						
Ablösezahlung	0,01		-0,25			
Einzahlen	-0,02		-0,26			
Abheben	**1,01**	***	**0,89**	***	**0,87**	***
Kreditnehmen	**0,62**	**	**0,74**	***	**0,72**	***
Landverkauf	-18,79		-18,70			
Kinderphase	**0,25**	*	**0,24**	+	**0,24**	*
Übergabe/Übernahme-Jahr	**1,57**	***	**1,64**	***	**1,38**	***
Heirat	0,63		0,61			
Kind geboren	0,01		-0,01			
Ehepartner gestorben	0,69		0,65			
Kind heiratet	**2,32**	*	**2,45**	*	**2,60**	*
Lebensalter 20-29	0,33		0,28			
Lebensalter 30-39	**0,57**	***	**0,50**	**	**0,50**	***
Lebensalter 50-59	-0,13		-0,12			
Lebensalter 60 und älter	**-1,10**	**	**-0,96**	*	**-0,89**	*
1830er-Jahre	**-0,83**	**	**-0,86**	*	**-0,62**	**
1840er-Jahre	0,01		-0,01			
1850er-Jahre	-0,18		-0,15			
Betriebsgröße	**4,68**	**	0,12			
Schuldenstand rel.	-0,07		-0,13			
Weizenpreis (3-Jahres-Mittel)	-0,10		-0,09			
Fixe Hof-Variablen			1)		2)	
Konstante	**-6,87**	***	**-7,07**	***	**-6,12**	***
N	5.461		5.461		5.461	
davon mit Landkauf	258	(=5%)	258	(=5%)	258	(=5%)
Pseudo-R^2 (Nagelkerke)	0,10		0,14		0,12	
-2*Log-Likelihood	1.911,34		1.839,12		1.873,74	
Korrekt geschätzte Fälle	5.203	(=95%)	5.204	(=95%)	5.203	(=95%)

Erläuterungen zur umseitigen Tabelle:
1) Das Modell umfasst 12 fixe Hof-Variablen (fixed effects), davon auf einem Niveau von 5% signifikant: BOR HofIDs 1, 75, 108, 213 und 219; auf 1%: 46, 102, 104, 233, 235; auf 0,1%: 206. Diese wurden alle positiv geschätzt.
2) Das Modell enthält alle vorgenannten, in Modell A signifikanten Hof-Variablen. Sie sind auf einem Niveau zwischen 0,1% und 5% signifikant und alle mit positivem Koeffizienten geschätzt.
Landkauf ja/nein: Dummy-Variable. Bei positivem Saldo aus Käufen und Verkäufen ist Wert 1; 258 1-Werte, 5.203 0-Werte.
Unabhängige Variablen und Quellen: siehe Tabelle 8-b und 8-c.

Kinderphase befanden, dürfte darin seinen Grund haben. In der Variablen des Übergabe/Übernahme-Jahres kommt einerseits zum Ausdruck, dass Höfe und Haushalte durch Kauf erworben bzw. überhaupt erst gegründet wurden, aber auch Übergaben formal als Käufe organisiert waren. Auch das Altersprofil der kaufenden 30-39-Jährigen und der eher nicht-kaufenden 60-69-Jährigen stützt die bisher bekannten Ergebnisse, dass sich zwar bei Landtransaktionen so etwas wie ein Lebenszyklus findet, dieser sich aber primär durch als Kauf organisierte Transfers ausdrückt.

Wie erläutert, nehmen die statistischen Auswertungen hier auch den Stellenwert eines heuristischen Mittels ein, um die Zusammenhänge in interpretierfähigen Fällen nochmals vertieft zu untersuchen. Sparabhebungen und Kreditaufnahmen haben diesen Analysen zufolge beide dem Zweck des Landkaufs gedient, denn sie erfolgten verhältnismäßig oft in zeitlicher Nähe zu Käufen. Es handelte sich aber um Finanzierungsstrategien, die von unterschiedlichen Akteuren gewählt wurden – dies geht aus den fehlenden Überschneidungen der Hof-Variablen hervor.

Es stellt sich nun die Frage, welche Bedeutung diese Finanzierungen bei möglichen Expansionen der Betriebe hatten. Um dieser Frage nachzugehen, wurden zunächst die Besitzverläufe grob in Höfe mit Flächenzuwachs zwischen 1830 und 1866, mit Flächenverlusten und gleichbleibender Fläche unterteilt, und zwar auf Basis absoluter und relativer Maße (Tabelle 8-f). Gewählt wurde dafür eine Auswahl an Betrieben, die jeweils bereits 1830 mindestens 2 ha groß waren und 1866 noch immer bestanden. Sparer waren unter den Betrieben mit Flächenzuwachs zahlreicher vertreten als unter denen mit -verlust (D1 gegenüber D3, D5 gegenüber D7). Mehrfach-Debitoren waren unter den Betrieben mit Flächenverlusten zahlreicher vertreten als unter solchen mit Flächenzugewinnen (F3 gegenüber F1, F7 gegenüber F5). Unter den Betrieben, deren Inhaber das Sparbuch benutzten, waren mehr Flächenzugewinner als -verlierer. Unter den Debitoren war es umgekehrt. Man kann also folgern, dass den Sparern auf Dauer mehr Fortune beim Ausbau des Hofes beschieden war. Es ist infolgedessen auch wahrscheinlich, dass manche von ihnen, wenn nicht alle, Akkumulationsstrategien mit einem Aufbau des Flächeneigentums als primärem Ziel verfolgten und manchen dies auch gelang.

Tabelle 8-f: Betriebsgrößenentwicklung und Spartätigkeit, Borgeln 1830-1866

		A	B	C	D	E	F
		1830-1866 nach Güterverzeichnissen und –auszügen Borgeln		Betriebe, deren Inhaber 1830-1866 jemals Sparbuch hatten		Betriebe, auf die in mehr als 2 Jahren Hypothekenkredit aufgenommen wurde	
		Anzahl Betriebe	% (von A4)	Anzahl Betriebe	% (C/A)	Anzahl Betriebe	% (F/A)
1	Flächenzuwachs > 1 ha	15	27%	12	80%	4	27%
2	Flächenveränderung +/- 1 ha	20	36%	14	70%	5	25%
3	Flächenverlust > 1 ha	20	36%	8	40%	9	45%
4	alle Betriebe über 2 ha Fläche	55	100%	34		18	
5	Flächenzuwachs > 10%	14	25%	12	86%	4	29%
6	Flächenveränderung +/- 10%	24	57%	15	63%	7	29%
7	Flächenverlust > 10%	17	19%	7	41%	7	41%
8	alle Betriebe über 2 ha Fläche	55	100%	34	62%	18	
9	ausgeschlossene Betriebe 1)	71		29		18	

Quellen: Güterverzeichnisse und Güterauszüge Borgeln; Sparkassenjournale; Hypothekenbücher Borgeln; Datenbank BOR (Tabellen Artikel, Lasten).

1) Ausgeschlossen alle Betriebe unter 2 ha Fläche 1830 und der Hof Jünglings (BOR HofID 108) wegen vermutlich fehlerhafter Daten in den Güterauszügen Borgeln 1866.

Nur Betriebe bestehend 1830 und 1866.

Schaut man sich Vermögensverläufe von sparenden Höfen an, wird der Zusammenhang noch bestärkt. So wurden für auffällig starke Sparer Verlaufskurven der wichtigsten Transaktionen und Vermögensformen erstellt. Es handelt sich um den Bodenbesitz (in Kataster-Reinertrag), den Schuldenstand (Hypothekenschulden plus nicht eingetragene Sparkassenkredite) und das Sparguthaben. Es erfolgt eine Auswahl typischer Kurven, zahlreiche vergleichbare werden hier nicht detailliert ausgeführt.

Dargestellt seien zunächst zwei Idealfälle ausgesprochener Spartätigkeit: Juchheims Kolonie und Schillers Kolonie, beide in Hattropholsen (HofID 233 bzw. HofID 93). Die beiden rund 15 bzw. rund 10 ha großen Kolonate konnten Anfang der 1840er-Jahre Kirchenland per Erbpacht erwerben. Juchheim[894] (Abbildung 8-A) zahlte in den

[894] BOR OFBID 1770.

Abbildung 8-A: Vermögensverlauf der Juchheims Kolonie (HofID 233)

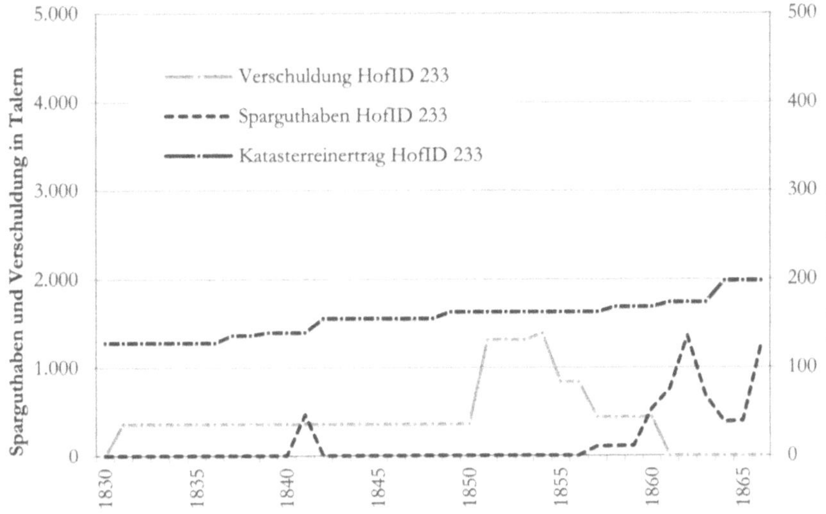

Quelle: Hypothekenbücher Borgeln, Grundakten Borgeln, Sparkassenjournale; Datenbanken BOR (Tabellen Eigentumswechsel, Lasten); KONTEN.

Abbildung 8-B: Vermögensverlauf der Schillers Kolonie Hattropholsen (HofID 93)

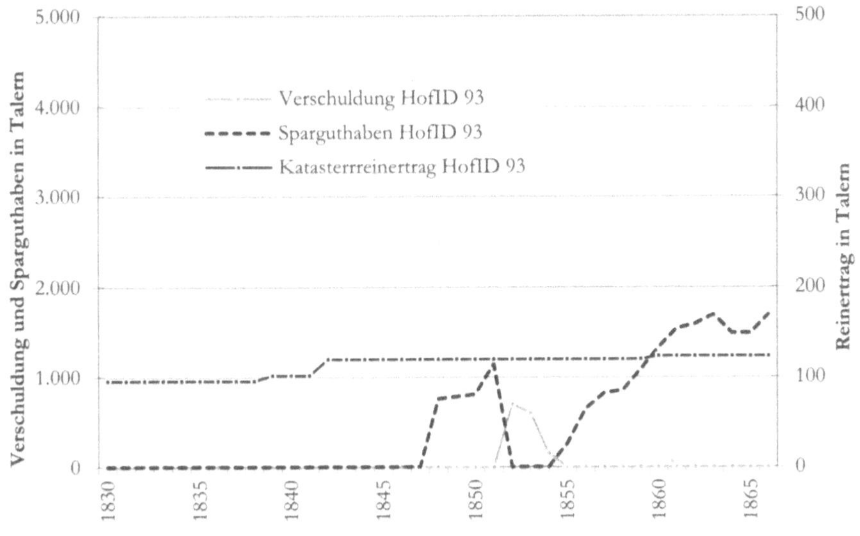

Quelle: wie Abbildung 8-A.

1850ern zunächst den Ablösekredit zurück und begann 1855 mit dem Sparen bei der Sparkasse. Dieses wird wohl ein nahtloser Prozess gewesen sein, der allein durch die Ungenauigkeit der Hypothekendaten etwas verwaschen ist. Das Sparguthaben Juchheims weist 1863 einen Rückgang auf, der mit dem Zuwachs an Grundbesitz einhergeht.

Schiller[895] trat als Sparbuchinhaber bereits in den 1840er-Jahren in Erscheinung (Abbildung 8-B). Infolgedessen konnte er die Ablösungen zum Teil aus dem Vermögen bestreiten und musste nur einen kleinen Kredit aufnehmen. Aufgrund einer hohen individuellen Sparquote war dieser schnell getilgt und von 1854 an wurden die Ersparnisse wieder akkumuliert. Mit Ausnahme eines kleinen weiteren Grundzuwachses 1860 blieben Tauschvorgänge zwischen Sparguthaben und Grundbesitz aus.

Kreditaufnahme und Spareinzahlungen schlossen sich weitgehend aus. Paradoxerweise war es durchaus möglich, dass ein Sparguthaben auf- und gleichzeitig Schulden nicht abgebaut wurden: dann nämlich, wenn die Rückzahlungstermine nicht vom Schuldner bestimmt werden konnten. Dies war bei Abfindungen der Fall. So kam es etwa im Fall von Uhlenburgs Kolonie[896] zu Borgeln zustande (Abbildung 8-C), dass der Hof eine Abfindungslast von 2.000 Talern über die Jahre trug, die erst 1858 bei der Heirat eines „weichenden" Miterben[897] gelöscht wurde. Währenddessen hatte der Hofinhaber aber in den 1840er-Jahren knapp 600 Taler angespart und 1850 für die Ablösung verwendet.

Das Sparbuchsparen begünstigte also die Akkumulation. Dies gilt nicht für die Kreditnahme. Die Besitzverläufe sind hier so heterogen, dass sich kein klares Bild von Transaktionsketten der Vermögensbildung erkennen lässt. Kredite stehen zwar signifikant mit Käufen in Verbindung, selten aber trat Kreditnahme zeitgleich mit einem Landzuwachs auf, es sei denn als Kaufgelder-Schuld zugunsten des Verkäufers, was hier nicht als Hypothekenkredit betrachtet wird (siehe Kapitel 4.3.2). Diejenigen, die häufig und schnell hintereinander Kredit aufnahmen, etwa das Lammert Kolonat nach 1850, oder die noch zu behandelnden Kolonate Dierks und Klauke in der ersten Jahrhunderthälfte, konnten dies nicht in eine Vergrößerung des Hofes münden lassen. Ihre Hypothekenschuldenstände stiegen bei gleichbleibendem Besitz progressiv an, sodass wohl auch die steigende Zinslast selbst zur Neuverschuldung Anlass gab.

---

[895] BOR OFBID 1818.

[896] BOR HofID 46.

[897] BOR OFBID 2870.

Abbildung 8-C: Vermögensverlauf der Uhlenburgs Kolonie Borgeln (HofID 46)

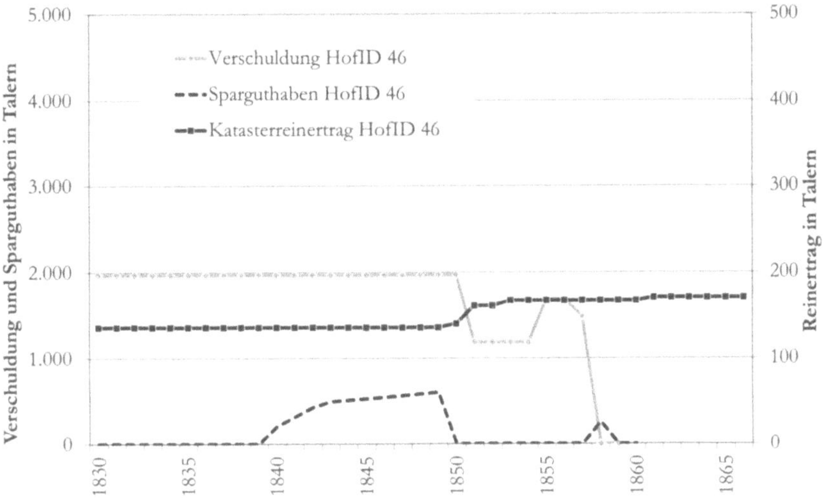

Quelle: wie Abbildung 8-A.

Fraglos bleiben viele Feinheiten der Betriebsverbesserung verborgen, wenn man zur Analyse nur das Sparbuch, die Nutzfläche und den Schuldenstand zur Verfügung hat. Doch bleibt auffällig, dass die meisten bemerkenswerten Betriebserweiterungen in Verbindungen mit der Spartätigkeit der Hofinhaber stattfanden. In sechs von sieben Fällen, in denen Betriebe (über 2 ha) ihren Grundbesitz von 1830 um über 30% erweiterten, waren die Betriebsinhaber auch Sparer bei der Sparkasse. Bei den neun Fällen von Verlusten in der gleichen Größenordnung waren jedoch nur drei Sparer die Inhaber.

8.3 Grundbesitz als letztes Glied von Transaktionsketten

Der bisherige Gang der Darstellung führt weitgehend zu dem Schluss, dass der Bodenerwerb am Ende einer Transaktionskette stand, dass Boden den Primat ländlichen Reichtums darstellte, das Ziel des Strebens war und durch andere Anlageformen nicht zu ersetzen war. Dieser Schluss mag etwas überhöht sein, auch befördert durch zeitgenössische Belege, die genau dies widerspiegeln. Hinweise, die Gegenteiliges vermuten lassen, sind in der Analyse nicht begegnet, und es mag Ansporn zukünftiger Forschungen sein, etwaige Hinweise aufzunehmen.

Doch unter welchen Bedingungen gelangte Boden wieder auf den Markt, welche Faktoren lagen Verkäufen zugrunde?

Die Kirchengemeinde Borgeln privatisierte im Untersuchungszeitraum praktisch ihren ganzen Landbesitz (1830 noch fast 20 ha, 1866 nur noch 0,5 ha). In Löhne wurde der Rest der Gemeinheit geteilt und einige Parzellen rasch wieder auf den Markt gebracht. Ebenfalls in Löhne und auch in Borgeln, wenngleich dort in weit geringerem Maß, wurden im Zuge des Eisenbahnbaus zuerst Parzellenteile zwangsweise aufgekauft und später die restlichen, ungenutzten Flecken wiederum verkauft. Diese Mobilisierung von Werten ist auf die Reform der Agrar- und Marktinstitutionen zurückzuführen. Der Anteil des Bodenmarktes, der von den Betrieben gestellt wurde, besser: auf dem von den Betrieben angeboten wurde, war klein. Ein Grund dafür sind die familienzyklischen Mechanismen des Besitztransfers, die Georg Fertig zu Tage gefördert hat. Zudem wurde auch das Mittel des Verkaufs angewandt, um Transfers in der Familie zu bewerkstelligen.[898] Auf private Anbieter von Land mit anderen Motiven entfielen also nicht mehr viele Fälle. Diesem Restsegment des Angebots von privaten Anbietern soll die folgende Analyse nachspüren. In Anbetracht der Seltenheit von Verkäufen kann eine statistische Analyse nicht weiterführen, sondern vor allem eine Detailanalyse von individuellen Vermögensverläufen.

Die niedrige Wechselrate des Bodens in Borgeln deutet darauf hin, dass Boden nicht primär als Ware betrachtet wurde. Dies ist einerseits mit einer Besitzverbundenheit der bäuerlichen Gesellschaft zu erklären, andererseits mit dem Boden als der objektiv renditeträchtigsten Form der Anlage. Wie Georg Fertig ausführte, war der Handel mit dieser Ressource zwar formal möglich, führte aber nicht in größerem Umfang zu Neuverteilungen. Die Konstanz auf dem Bodenmarkt ist hingegen als Zeichen für gute Bedingungen auf den Produktmärkten zu werten, sodass relativ wenige Betriebe an den Rand der Existenz gerieten und deshalb keine Neuverteilung der Ressourcen initiierten. Über den Untersuchungsgegenstand und die Untersuchungsperiode dieser Studie hinausgedacht wäre zu fragen, ob diese Anpassungen, eben die Wanderung des Bodens zum „besseren Wirt" verhindert oder aber nur aufgeschoben war, etwa bis zum Beginn des Einflusses preisgünstiger Importgetreide.

Im Folgenden zeigen allerdings vier Vermögensverläufe, dass schon innerhalb des Untersuchungszeitraums Korrekturen am Landbesitz notwendig wurden, wenn hohe Schulden drückten (Abbildungen 8-E bis 8-G). Die Beispiele machen auch die im Laufe des Jahrhunderts sehr stark gestiegene Schwelle von krisenhafter Verschuldung deutlich. Alle Fälle hatten zu gravierenden Sanierungsmaßnahmen geführt, in deren Folge je mindestens die Hälfte des Landes verkauft werden musste. Mit dem Mittel der „notwendigen Subhastation" (Zwangsversteigerung) geschah dies allerdings, soweit sich sehen lässt, allein im Falle der Lammert Kolonie 1849 (Abbildung 8-G). Allen vier Besitzverläufen ist eine gravierende Bedeutung der frühen 1850er-Jahre gemein, in allen Einzelfällen in Zusammenhang zu bringen mit den Ablösungen. Der Kauf und Verkauf von Boden in Borgeln war ein Resultat großer Verschuldung

---

[898] G. Fertig, Äcker, S. 119-156.

einzelner Höfe, nicht unbedingt hervorgerufen, aber doch verstärkt durch die Ablösungen der 1850er-Jahre.

Jedoch hat jeder Besitzverlauf seine individuelle Geschichte. Für den Niedergang des Hofes Dierks (Abbildung 8-E) hatten die Zeitgenossen, so berichtet Emil Bimberg, offenbar magische Gründe gefunden, soll doch im Siebenjährigen Krieg ein auf dem Hof einquartierter Offizier hingerichtet worden sein, nachdem ihm der Verlust der Kriegskasse zur Last gelegt wurde. Dies sei noch zu seiner Kinderzeit mit dem Hof verbunden worden, schreibt Bimberg. Der „Fluch" wird es wohl nicht allein gewesen sein. Der Gemeinderat von Blumroth hielt Goswin Bierbrodt, den Inhaber der Dierks Kolonie, für unordentlich und empfahl „Fleiß, Sparsamkeit und nüchterne Lebensweise".[899] Schließlich musste der Hof „schuldenhalber verkauft werden; durch die Verhältnisse waren die Besitzer gezwungen". Bimberg war zu diesem Zeitpunkt noch sehr jung, doch wie er über den Verlauf berichtet, lässt eine beinahe konsensuale Entschuldungsprozedur der Beteiligten vermuten, unter denen zwei der Gläubiger Dierks, jüdische Kaufleute, hervortraten. Diese beiden traten nach Bimberg – der die Religion der beiden nicht erwähnt – keineswegs als Nutznießer auf, denn als Investoren, die dem ehemaligen Kolon den Verbleib im Dorf ermöglichten.

> „Als Käufer fanden sich ... Neukircher und Rosenberg aus Östinghausen, Der Kauf wurde so abgeschlossen, daß Dirks eine bestimmte Summe Geld erhielt zum Bezahlen seiner Schulden, den Anteil von der Dirksheide, welcher dem Hofe zufiel, und noch soviel Barmittel, um sich ein für seine Zwecke passendes Haus zu erbauen. Diese Heide, ein unkultiviertes Landstück, nur als Gänseweide tauglich, ... war ein zweifelhafter Schatz. Eine traurige Aussicht – ebenso konnte man sich in Amerika ansiedeln."

Das ursprünglich mehr als 20 ha große Kolonat wurde zersplittert, die feudalen Grundlasten nicht abgelöst, sondern per amtlicher Verfügung gelöscht.[900] Der Vermögensverlauf in Abbildung 8-D weist einen starken Schrumpfungsprozess nach, nach dem nur die kleine Stelle Blumroth 11 von 2,5 ha Fläche und eine abermals steigende Schuldenlast, die rasch im Verhältnis weit schwerer wurde, als sie es zuvor gewesen war, übrig blieben.[901]

---

899 LA NRW W, Kreis Soest, Landratsamt, Nr. 315, S. 41.

900 LA NRW W, Grundakte Soest Nr. 8707, Rubrum 2.

901 Bimberg, Lebensweise, S. 174-175: „Trotzdem ist es gelungen; alles kam in den Besitz eines Schulze, von Catrast gebürtig, der eine der fünf Töchter des Bierbrodt auf das Anwesen heiratete und dessen Sohn Wilhelm Schulze jetziger [1911] Besitzer ist".

Abbildung 8-D: Vermögensverlauf der Höfe Dierks und Blumroth 11 (BOR HofID 109 und 115)

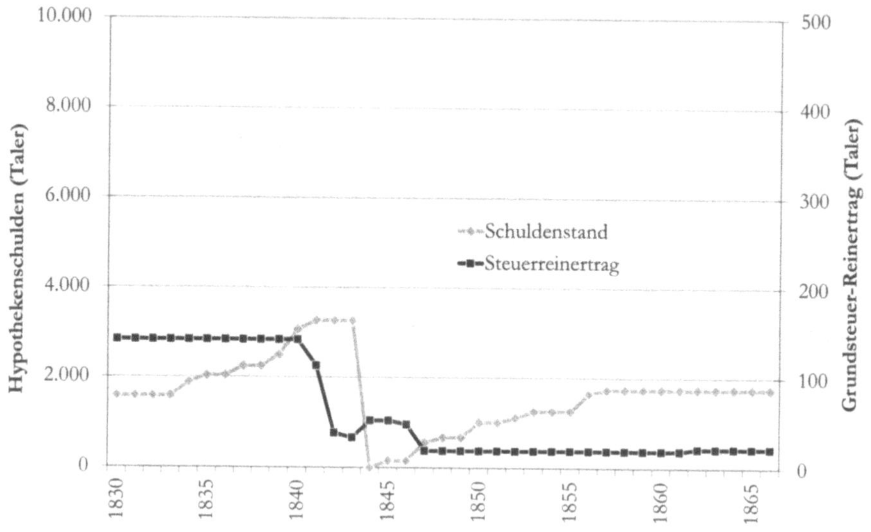

Quelle: wie Abbildung 8-A.

Abbildung 8-E: Vermögensverlauf des Hofes Klauke (BOR HofID 110)

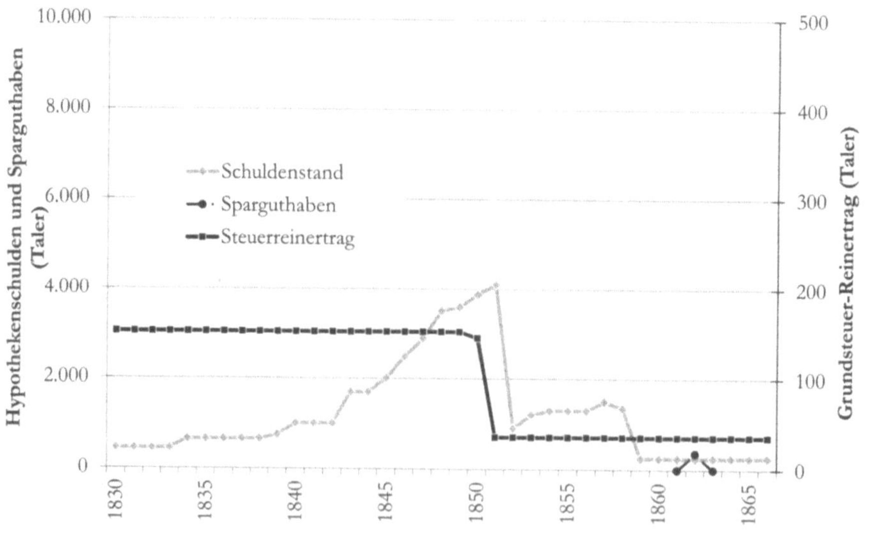

Quelle: wie Abbildung 8-A.

Im Falle des Kolonats Klauke (Abbildung 8-E), ähnlich groß wie das Dierks, ist etwa seit Anfang der 1840er-Jahre eine starke Kreditaufnahme zu erkennen, die schließlich so drängend wurde, dass praktisch jedes Jahr mehrere Hundert Taler aufgenommen werden mussten. Allein die Zinslast belief sich bereits 1845 auf 150 Taler pro Jahr, fünf Jahre später, am Vorabend der Ablösungen waren es bereits 220 Taler. Von der Ablösung der Grundlasten im Wert von etwa 1.000 Talern ist allein der Löschungsnachweis aus dem Jahr 1851 erhalten, sodass die Methode der Ablösefinanzierung nicht klar ist. Hingegen ist der Erlös der Grundstücke im Jahr 1851 (knapp 13 ha) auf 5.500 Taler zu schätzen, womit die Schulden bezahlten wurden.[902] Bimberg schreibt:

> „Beim Niedergange des Klaukenhofs wurden nur soviele [Parzellen, J.B.] wegverkauft, als da notwendig war, um die Schulden tilgen zu können... Der Klaukenhof ist auf dem besten Wege, wieder zu kommen. Schon der letzte Besitzer aus der Familie Klauke [Wilhelm Klauke, Hofübernahme 1857, J.B.] hatte sich so weit bestrebt, daß er ein Areal von 12 Morgen ... kaufen konnte zur Wiedervergrößerung seines Hofes."[903]

In den Jahren 1862 und 63 ist Wilhelm Klauke schließlich als Sparbuchinhaber nachweisbar.[904]

Auch vom Hof Thiele (Abbildung 8-F) musste ein Gutteil verkauft werden, woran das 1851 fällige Ablösekapital von fast 1.000 Talern seinen Anteil gehabt haben dürfte. Die Schulden stiegen allerdings weiter, und vermutlich erst zwischen 1867 und 69 kam zu einer weiteren Verkleinerung, was aus dem Übergabevertrag 1869 hervorgeht, mit dem der Landwirt Wilhelm Thiele den Besitz von noch maximal 44 Talern Kataster-Reinertrag seiner Tochter übergab und der zweiten Tochter nur noch eine Abfindung von 120 Talern zugestanden wurde.[905] Es war also auch möglich, die „goldenen Zeiten" zu verpassen.

Einzig im Falle des Lammerts Kolonats (Abbildung 8-G) kam es zu einer Subhastation. Angekündigt war die Versteigerung des Kolonats im Wochenblatt Soest für den 26. März 1849. Der Wert des Kolonats wurde mit 3.067 Talern angegeben. Die Hypothekenschulden betrugen nach dem Grundbuch 1.530 Taler.[906] Das Kolonat blieb dennoch in Besitz Heinrich Lammerts. Unklar ist, ob die anschließenden Verkäufe im Wert von über 1.000 Talern (16. Juli 1851) und 1.200 Talern (17. März 1852) noch direkt mit der Subhastation in Zusammenhang stehen.[907] Jedenfalls trugen sie

902 LA NRW W, Grundakten Soest Nr. 6606.

903 Bimberg, Lebensweise, S. 173.

904 KontoID 490, Sparbuch Hauptbuch-Nr. 18233.

905 LA NRW W, Grundakten Soest Nr. 6885, S. 293-296.

906 Wochenblatt Soest, 1848, S. 840.

907 BOR EIDs 1264, 1202, 1265 und 1149.

Abbildung 8-F: Vermögensverlauf des Hofes Thiele (BOR HofID 11)

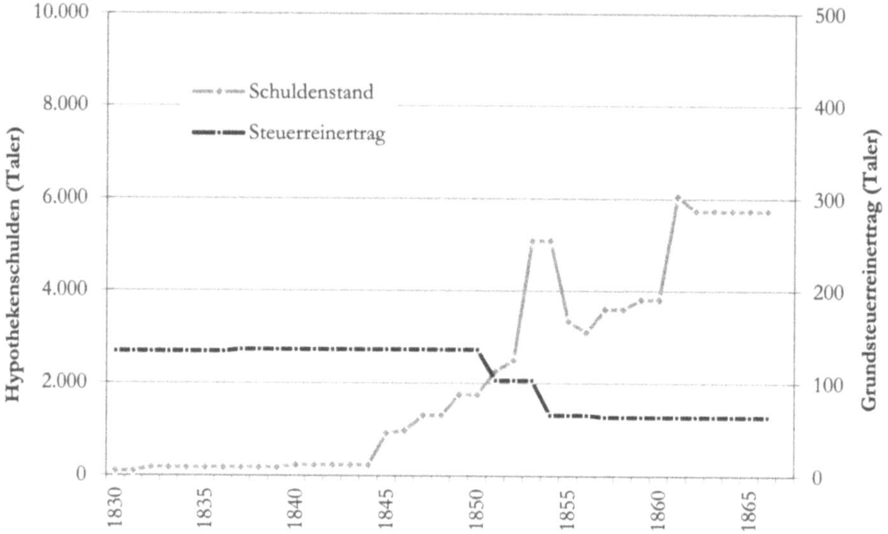

Quelle: wie Abbildung 8-A.

Abbildung 8-G: Vermögensverlauf des Hofes Lammert (BOR HofID 5)

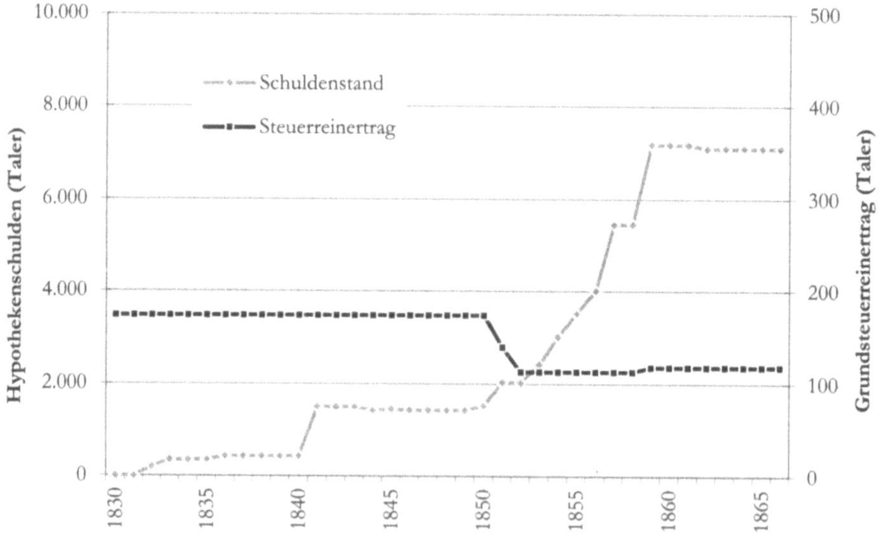

Quelle: wie Abbildung 8-A.

sowohl zur Tilgung von Schulden als auch zur Finanzierung des Ablösekapitals bei, das insgesamt 800 Taler betrug von dem Kolonat 1852 bar gezahlt wurde.[908] Zugleich verschuldete sich Lammert in diesen Jahren erneut. Lammerts Fall zeigt also, dass erst in einer Situation auswegloser Verschuldung und zusätzlichen Kapitalbedarfs, den Lammert nicht selbst zu verantworten hatte, von der Praxis des Landbehaltens abgewichen wurde. In den darauf folgenden 1850er-Jahren konnte der Hof, trotz weiter zunehmender Verschuldung, weiter bestehen. Erst 1859 wurde das Kolonat familienfremd verkauft. Laut Grundbuch betrug der Kaufpreis 9.150 Taler. Mit anderen Worten: Selbst mit Lasten in Höhe von über 7.000 Talern war der Besitz noch nicht überschuldet.

8.4 Zwischenresümee

Zusammenhänge der Vermögensflüsse sind vor allem mit Landkauf zu erkennen. Dabei lassen sich die Auflösungen von Sparguthaben und Kreditaufnahmen und Investitionen in Land mit ökonomisch rationalen Erwägungen der Akteure begründen. Boden war ein knappes Gut, gerade in Borgeln, wo Impulse aus Gemeinheitsteilungen und aus dem Rückverkauf von Eisenbahngrundstücken fehlten. Möglicherwiese war Boden begehrt, weil er in der bäuerlichen Sozialhierarchie und Selbsteinschätzung eine große Rolle spielte, sicher aber auch, weil er die rentierlichste Ressource war, über die Borgeler Bauern verfügten. Nicht gering schätzen sollte man aber individuelle Komponenten. Wer bereits das Instrument des Sparens anwandte, konnte öfter zu einer Vermehrung des Grundbesitzes gelangen und war seltener auf Kredite angewiesen. Einigen fiel das Sparen gerade in den „goldenen Jahren" nach 1850 leicht. Jedoch konnten sie das Vermögen nur in Boden umsetzen, weil einige ihrer Nachbarn die Jahre nicht zu deren eigenem Vorteil nutzten oder nutzen konnten. Die individuellen Momente sind auch hier der Grund, warum manche Bauern und manche Stellen auffällig an Stärke verloren. Schlechte Wirtschaft einzelner Personen kann ein Grund gewesen sein, doch fallen die Wendepunkte von Vermögensverläufen selten mit Inhaberwechseln zusammen, sodass sich auch der Gedanke aufdrängt, dass die Qualität der Stellen an sich und ihre Leistungsfähigkeiten jenseits der amtlichen Einschätzung durch den Kataster-Reinertrag für die individuelle Streuung von Erfolg und Misserfolg verantwortlich waren.

[908] BOR AblösID 272, 282 und 175.

Kapitel 3: Resümee

„Der Wohlstand muß und wird zunehmen.“[909]

9.1 Wachstum und Erstarrung

Die hier untersuchten Generationen westfälischer Bauern erlebten Jahrzehnte des Wachstums. Die Naturalerträge des Weizens stiegen zwischen 1830 und 1866 um bis zu 100%, und zwar in der mit guten Böden ausgestatten Börde ebenso wie im Mittelgebirge. Der Normalpreis, eine Richtschnur für das langfristige Preisniveau, nahm im gleichen Zeitraum um rund 44% oder 1% jährlich zu, seit 1835 jährlich sogar um 1,5%. Dieser Indikator ermöglichte Betriebsinhabern erstmals, Preissteigerung nicht nur als „teure Jahre“ und somit als Phase, sondern als einen Trend zu verstehen. Produzenten waren vom Preisanstieg in ihren Grundbedürfnissen zunächst nicht in Mitleidenschaft gezogen. Sie profitierten. Der Preis des Bodens stieg auf das Dreifache, ebenso die bäuerlichen Vermögen und Vermögensbestandteile insgesamt und auch die Hypothekenverschuldung. Die Vermögenswerte und die Preise für Land stiegen damit weitaus schneller als die Getreidepreise und spiegelten auch den Produktivitätsfortschritt wider. Um die Inflation bereinigt verbleibt die jährliche Wachstumsrate immer noch bei 2%. Dies mag nach der Erfahrung des wachstumsverwöhnten 20. Jahrhunderts unspektakulär erscheinen, die Gesamtwirtschaft jedoch wuchs langsamer.[910]

Die Zeitgenossen – wenn sie nicht in den rückständigsten Regionen lebten – erkannten dieses Wachstum, weil es nicht allein kontinuierlich anstieg, sondern bei Vermögenswerten, Verschuldung und zum Teil auch in den Erträgen spürbar mit Änderungen des institutionellen Gefüges (Besitzrechte) oder Innovationen (Drainage) zusammenhing. Die Eltern hatten als Eigenbehörige oder Hintersassen der Gutsherrn nur Mobiliar besessen, die Kinder schon Häuser, die Enkel nannten die Höfe ihr Eigen. Die Vermögenswerte stiegen zunächst aus rechtlichen, institutionellen Gründen, dann infolge der Konjunktur. An den Normalpreisen war seit den 1830er-Jahren Jahr für Jahr neues Wachstum abzulesen. Jedes neue Jahr ließ diesen Mittelpreis ansteigen. Die Spareinlagen aus dem Bördeort Borgeln stiegen von Anfang der 1830er- bis Mitte der 1860er-Jahre auf das Zehnfache, und zwar als Ergebnis eines Anstiegs der Sparerzahl. Waren in den 1820er- und frühen 1830er-Jahren die Meldungen des dortigen

[909] Der Weslarner Amtmann Pilger, 1860 (LA NRW W, Kreis Soest, Landratsamt, Nr. 19, fol. 321-322, 370-371).

[910] Hoffmann, Wachstum, S. 20.

Bürgermeisters noch oft davon geprägt, dass man sich in „geldlosen Zeiten" befände, womit stagnierende oder ausbleibende Marktumsätze gemeint waren, die den Bauern kein Geld in die Kassen brachten, waren die 1840er-Jahre dort konjunkturell positive Jahre, und auch die Teuerung 1846/47 hatte geringere Auswirkungen als in den beiden anderen Orten. Von „überfüllten Kassen" infolge der Ablösungen der 1850er-Jahre berichtete schließlich der Zeitgenosse Emil Bimberg, womit der Fluss der Ablösekapitalien zu den Grundherren und gleichzeitig der verfügbare private und institutionelle Kredit gemeint waren. Volle Kassen hatten aber in den 1850er- und 1860er-Jahren auch die Borgeler Bauern, die sich von den Belastungen der Ablösungen schnell erholten. Preise waren nicht mehr so stark vom Ernteausgang abhängig, bäuerliche Einkommen stabilisierten sich. Selbst in Oberkirchen, wo der „Wohlstand" nach den Berichten des Bürgermeisters insgesamt eher abnahm als zunahm, verdienten die Bauern Anfang der 1850er-Jahre an den hohen Preisen.

Neben diesen Momenten wirtschaftlicher Dynamik gerade in Borgeln sind aber die statischen Momente zu betonen. Borgeln wirkt in Wachstum erstarrt. Die Inanspruchnahme der vollen Besitz- und Verfügungsrechte durch die Bauern, die resultierende Liberalisierung des Zugangs zu den Faktormärkten, die Erweiterung ökonomischer Handlungsspielräume hat in Borgeln zu geringeren ökonomischen Verwerfungen geführt als in den beiden anderen Orten. In Löhne verschwanden im Untersuchungszeitraum elf Haushalte und Höfe über 2 ha Fläche unwiderruflich, in Oberkirchen sieben, in Borgeln jedoch nur zwei.[911] Aus Löhne wanderten im Untersuchungszeitraum allein 17 Familien aus, aus Borgeln ist keine Auswanderung bekannt. Die Konjunktur war für die Betriebe der Börde zu gut, als dass es zu größeren Umverteilungen hätte kommen können. Die Kredite konnten bedient werden, sodass erstens die Gläubiger ihre Rechte bei sich behielten und nicht mit ihnen Handel trieben, zweitens kaum Notverkäufe von Land nötig wurden. Die Unterschiede im wirtschaftlichen Erfolg zeigten sich eher in der Kapitalbildung bei der Sparkasse, wo sich der Ort deutlich teilte zwischen Sparern und Nichtsparern.

Die Borgeler Bauern ließen neuen Haushalten nur wenig Raum. Zwar war Kapitalbildung Voraussetzung für eine Neuansiedlung, und Tagelöhner und Gesinde konnten dies mit den gebotenen Löhnen und mit Hilfe der Sparkasse offensichtlich bewerkstelligen. Die Bauern verschlossen jedoch den Zugang zu Bauland, indem sie erstens kein Land auf den Markt brachten, und zweitens in der Gemeinde über die Ansiedlungsanträge entschieden. In Löhne mögen die Bauern ihre Heuerlinge ökonomisch ausgebeutet haben, was freilich nicht belegt ist. Dafür durchstießen die Löhner mit

---

[911] LOE HofID 2, 22, 31, 54, 61, 91, 94, 113, 117, 126, 133. BOR HofID 109, 246. OKI HofID 49, 53, 62, 195, 245, 246, 248 (Datenbanken BOR, LOE, OKI, Tabelle Artikel). Vgl. LA NRW W, Kreis Meschede, Landratsamt Nr. 541: Parzellierung der bäuerlichen Güter Bd. 1, 1837-1895, die dort aufgeführten, im Untersuchungszeitraum in Oberkirchen zerschlagenen Hofkom-

Heiraten und Patenschaften des Öfteren die Schichten- und Klassengrenzen. In Borgeln reproduzierten die Bauern den Klassenunterschied, indem sie innerhalb ihrer Schicht heirateten und ebenso selektiv Paten wählten.[912] In ökonomischer Hinsicht, und nur diese wurde hier analysiert, war Borgeln eindeutig eine Klassengesellschaft der Bauern einerseits und der Landarbeiter und des Gesindes andererseits, in der aber beide Klassen am allgemeinen Wachstum partizipierten.

Löhne bot mehr Gelegenheiten und auch mehr Zwang zu sozialer Mobilität. Der Eisenbahnbau bescherte den Landbesitzern teilweise große Entschädigungssummen, erschwerte ihnen aber auch die Nutzung vieler Parzellen, die folglich im Wert fielen und somit für andere Betriebe interessant wurden. Die Gemeinheitsteilung kam vor allem den Bauern zugute, ein Teil der Parzellen gelangte aber auf den Markt und über dessen Vermittlung an Unterschichten. Schließlich nötigte der unbedingte Ablösewille des Gutsherrn den Bauern Finanzierungsentscheidungen auf, ohne dass der Markt die Kredite hätte bereitstellen können. Ein in Löhne wohnender Kaufmann nutzte als Lokalpatron all diese Impulse sehr geschäftstüchtig aus und erlangte große Bedeutung für die lokalen Vermögensökonomien.

Ähnlich wie in Borgeln fehlten auch in Oberkirchen Marktimpulse, zumal auch die Konjunktur sehr zu wünschen übrig ließ. Jahr um Jahr musste der Bürgermeister resp. Amtmann von Schmallenberg dem Landrat in Arnsberg schlechte Nachrichten vermelden. Das auf Getreideimporte angewiesene Sauerland unterlag gegen die aufstrebende Region an der Ruhr, welche die Getreidepreise setzte. Die Waldwirtschaft funktionierte, aber der Wanderhandel lag brach. Kreditzentren, wie Soest eines war, lagen fern. Sparkassen kamen spät, und noch später die Eisenbahn. Auch die Betriebe in Oberkirchen waren auf diese Weise vom Kredit eines lokalen Patrons abhängig, einem Unternehmer, der ihnen auf seinen Hammerwerken auch Arbeit gab.

9.2 Transaktionen und Entscheidungen

Dass in Borgeln kein Patron eine derartige Stellung aufbauen konnte, dürfte an der Kreditversorgung durch Soester Rentiers, an der Sparkasse und an dem erkennbaren Bemühen der Borgeler Bauern gelegen haben, in der Vermögenswirtschaft nicht von den Nachbarn und Verwandten abhängig zu sein. Für solche Vermeidungsstrategien waren die Märkte in Löhne und Oberkirchen nicht gut genug ausgebildet. Insofern tragen die Vermögensökonomien in Borgeln einerseits individualistische Züge. Man bemühte sich nicht, bestehende Beziehungen durch Kredite zu festigen, sondern vermied geradezu, diese zu belasten. Andererseits schöpften die Borgeler bei ihren Trans-

---

plexe sind nur unvollständig in den Oberkirchener Güterverzeichnissen und Hypothekenbüchern identifizierbar.

912 C. Fertig, Familie, u.a. S. 130-141 und 246.

aktionen längst nicht jeden sich bietenden Spielraum für Individualismus aus. Spielräume gab es nicht im Rahmen der ehelichen Gütergemeinschaft, wohl aber in den Verträgen zwischen den Generationen. Erst sehr spät, gegen Ende des 19. Jahrhunderts und damit nach dem engeren Untersuchungszeitraum, finden sich Hinweise, dass Sparguthaben dazu genutzt wurden, Eigentum zu differenzieren und zwischen der eigenen Lebensökonomie und dem Wirtschaften der Nachfolgegeneration zu unterscheiden.

Wie im Untersuchungszeitraum mit Krediten und Sparguthaben gewirtschaftet wurde, lässt sich am Beispiel Borgeln en détail erkennen. Sparguthaben und Hypothekenkredite wurden in der vorliegenden Arbeit als unterschiedliche Bereiche der Vermögenswirtschaft behandelt. Der schnellen Liquidierbarkeit und der relativ geringen Rendite der Sparguthaben wegen wurde zunächst angenommen, dass diese eingesetzt wurden, um kurzfristige Wirtschaftseinbußen und familienzyklische Lasten auszugleichen. Hypothekenkredite wurden, da sie 30-50% des gesamten Kreditvolumens abdeckten, als hervorragende Indikatoren dafür angesehen, wie Vermögenswirtschaft jenseits der unmittelbaren Wirtschaftsumstände betrieben wurde. Diese Unterscheidung hat sich nur begrenzt bestätigen lassen. Zwar verhielten sich Akteure beim Sparen und bei der Kreditnahme insoweit unterschiedlich, als sie beim Sparen häufig kleinere Beträge akkumulierten, Kredite aber i. d. R. nicht in Teilbeträgen zurückzahlten. Theoretisch hergeleitete familienzyklische Belastungsphasen drückten sich aber in keiner der beiden Vermögensformen aus. Wer ein Sparkonto besaß, hatte jedenfalls auch in familienzyklisch ungünstigen Phasen keine Probleme, Vermögen zu akkumulieren. Diese Phasen, sieht man einmal von der weitgehend inaktiven Altersphase ab, machten auch für die Vermögenswirtschaft keine nennenswerten Unterschiede.

Ein wesentlicher Impuls der Borgeler Kreditaufnahme waren die Grundlastenablösungen, bei denen die Borgeler Bauern zinsgünstigen endfälligen Darlehen gegenüber Annuitätendarlehen der Rentenbank Vorrang einräumten. In ihren Entscheidungen für niedrig-zinsige endfällige Darlehen folgten die Borgeler zunächst einer allgemeinen Neigung zu dem „alten Modell“ endfälliger Kredite. Dabei, das bestätigen auch andere Forschungen, war es durchaus nicht immer dringendes Ziel der Kreditnehmer, die Kredite schnell zurückzuzahlen. Wenn diese Kredite von privaten Gläubigern kamen, kann man ein solches Kreditnahmeverhalten als Wertschätzung und Aufrechterhaltung von Beziehungen der Schuldner zu den Gläubigern werten.[913] In solchen Fällen akzeptierten sowohl Gläubiger als auch Schuldner die Funktion des Kredits als fortdauernden Kredit, der in dieser Form fast einer Rente gleichkam. Auch manche Borgeler Sparkassenkreditverläufe aber nahmen diesen fortdauernden Charakter an, obwohl das soziale Argument offensichtlich nicht zutraf. Fortdauernde Kredite waren einerseits eingeübte Praxis. Andererseits können sie in einer Zeit wachsender landwirtschaftlicher Renditen und Investitionsziele aber auch Resultat ökonomischer Erwägungen gewesen sein. Solange Gespartes und die Erlöse der Wirtschaft so eingesetzt werden konnten, dass der Gewinn über dem Kreditzins von 4 bis 5% lag, war es sinnvoll, den Kredit nicht zurückzuzahlen. Dabei ist die Verschleppung der Rückzahlung wohl nicht als im Vorhinein reflektiertes Ziel zu sehen, sondern als eingeübte Praxis.

In der Situation der Ablösungen entschieden sich die Betriebsinhaber für endfällige Darlehen mit niedrigen Annuitäten. Dies war sicher eine eher kurzfristige Strategie, weil sie zwar ermöglichte, das Risiko eines finanziellen Engpasses durch niedrige jährliche Zahlungsverpflichtungen gering zu halten und gleichzeitig die Liquidität zu erhalten. Das langfristigere Ziel aber, durch jährliche Tilgung die Verschuldung abzubauen, trat demgegenüber nicht unbedingt zurück. Gleichzeitig verfügten die Betriebsinhaber nämlich über die Erfahrungen steigender Umsätze oder zumindest großer Umsatzschwankungen. Somit schätzten sie die Chance, ihre Kredite binnen weniger Jahre zurückzuzahlen, hoch ein. Mit Unterstützung der Produktmärkte gelang ihnen dies auch. Auf diese Weise waren die aufgenommenen endfälligen Darlehen zum Zwecke der Ablösungen in den jährlichen Zahlungen niedriger und in den Gesamtkosten billiger als die staatlichen Annuitätendarlehen. Tatsächlich ermöglichten die hohen Umsätze der 1850er-Jahre vielen Bördebauern die Rückzahlung innerhalb weniger Jahre. Generell beglichen in der zweiten Jahrhunderthälfte mehr Schuldner ihre Schulden über Teiltilgungen. Da die Gelegenheit zum Erwerb zusätzlichen Landes, was am renditestärksten gewesen wäre, nicht allzu oft gegeben war, wurden Einkommensüberschüsse vermehrt für die Rückzahlung verwandt, was nach dem Landerwerb die renditestärkste „Anlage" war.

Die Motivation, mit niedrigen Annuitäten die Liquidität zu erhalten, war angesichts kurzfristiger Einkommensschwankungen betriebswirtschaftlich vorteilhaft. Dies war augenscheinlich eingeübte Praxis. Eine andere Motivation war es, die Gesamtkosten eines Kredits bis zur Tilgung zu reduzieren. Beide ergänzten sich vortrefflich, sodass die Überlegung müßig ist, welche von beiden die Entscheidende war. Mit Sicherheit wird man aber annehmen können, dass der in dem Jahrhundert einmalige, aber Jahrzehnte dauernde Prozess der Ablösungen die betriebswirtschaftliche Methodik und Kompetenz der Betriebsinhaber enorm verbesserte. Die Bauern der anderen Orte hatten weder die ökonomische Perspektive der Borgeler, noch das Kreditangebot der „überfüllten Kassen", wenngleich „Kreditmangel", ein Schlagwort der Zeit, qualitativ für keinen der drei Orte nachgewiesen werden konnte. Die Oberkirchener und Löhner Bauern, welche Rentenbank-Kredite durchaus in gewisser Zahl aufnahmen, entschieden aber nicht weniger vernunftgeleitet, nur weniger eindeutig als die Borgeler.

Die Analyse der Ablöseentscheidungen hat nebenbei aber auch zutage treten lassen, dass die Etablierung der Rentenbank, verbunden mit der Ausgabe von festverzinslichen Rentenbriefen selbst bei Kapitalzahlung der Bauern, weitaus eher den

[913] Fontaine, Bauern.

Bedürfnissen der Berechtigten als denen der Pflichtigen entsprach. Dies könnte Anlass bieten, die Geschichte der Grundlastenablösungen ein weiteres Mal zu analysieren, diesmal unter besonderer Berücksichtigung der Rolle der Gutsherren bei der Einführung der Rentenbanken.

Ein anderes Medium, über das strategische Vermögenswirtschaft betrieben werden konnte, und das die Landbevölkerung für genau diesen Zweck sensibilisierte, war das Sparbuch. Während Kleinbesitzer es eher zum Erhalt der kurzfristigen Liquidität nutzten, diente es Bauern und Gesinde, in freilich unterschiedlichem Umfang, der Deponierung von Erlösen und Löhnen mit dem Ziel der Liquidität im Falle größerer Investitionen. Die Verzinsung war Anreiz und willkommener Nebeneffekt zugleich. Sparziele für das Gesinde konnten ein Baugrund und liquides Vermögen für den Hausbau sein. Auch im Zusammenhang mit der Heirat wurden Konten von Knechten und Mägden aufgelöst, man denke an den Aufbau eines gemeinsamen Hausstandes oder auch nur an die Feier. Gerade Männer konnten mit Sparbuch schneller einer Heirat entgegensehen als ohne.

Das bevorzugte Sparziel für Bauern war der Kauf von Boden, welcher die renditeträchtigste Anlageform war. Sowohl Fallanalysen als auch die statistische Gesamtschau belegen Vermögensflüsse vom Sparbuch in den Grundbesitz. Zwar hätte es sich für die Sparer unter Umständen auch ausgezahlt, ihre Guthaben aufzulösen und als Kredite zu vergeben, doch verliehen die Borgeler überhaupt keine Kredite auf Hypothek, was primär heißt, keine großen Summen. So ist auch die angesprochene Absenz von Hypothekenkrediten im Nahfeld, an Nachbarn und Verwandte, als Effekt der Sparkasse zu deuten. Dieser bewusste Verzicht auf soziale Abhängigkeiten ist auf die früh verfügbare alternative Anlage bei der Sparkasse zurückzuführen. Ausnahmen bildeten dabei eben die ländliche Patrone, zu deren „Unternehmenskonzept" gehörte, dass sie mit regem Land- und Kreditverkehr Beziehungen unterhielten und Abhängigkeiten schufen. Gegenüber bestehenden Konzepten zum ländlichen Kredit, welche die sozialen Funktionen des Kredits hervorheben, führte die Analyse zu einem abweichenden Ergebnis. Zwar konnte die Funktion des Kredits als ein soziale Beziehungen vermittelndes Instrument mit dem ausgewählten Zugang nicht analysiert und daher auch nicht negiert werden. Vielmehr ist durchaus zu vermuten, dass es den „Kredit als soziale Beziehung" unterhalb der Schwelle der Hypothek gab. Ergebnis der Analysen ist aber, dass dieses System insbesondere in Borgeln, aber auch in Löhne und am schwächsten in Oberkirchen, im Volumen weit von einem anderen System, der individuellen Vermögenswirtschaft, überlagert wurde. In der Vermögenswirtschaft war Kredit ein Mittel zur Realisierung wirtschaftlicher Ziele, nicht zur Bildung und Konsolidierung sozialer Bande.

9.3 Ländliche Märkte, Märkte für ländliche Betriebe

Waren die Produktmärkte ab der Mitte des 19. Jahrhunderts nicht mehr allein lokale Märkte, wenngleich der Verbleib selbst von exportorientierten Produkten (Weizen) bei Betrieben mit hohen Marktquoten zum Hauptteil wohl nach wie vor lokal war, so kann man dies von den ländlichen Faktormärkten nicht behaupten. Die Bodenmärkte waren, soweit man überhaupt bei den niedrigen Umsatzraten von Märkten sprechen kann, sehr lokal, weil die Nachfrager nach Parzellen verständlicherweise die Betriebe vor Ort waren, weil sie die Fahrtwege und Transportkosten gering halten wollten. Marktimpulse gab es in lokal unterschiedlichem Ausmaß durch den Eisenbahnbau, die Gemeinheitsteilungen, die Aufgabe von Höfen aufgrund Auswanderung und durch Versteigerungen und Verkäufe hochverschuldeter Betriebe.

Die Kreditmärkte aller drei Untersuchungsorte waren ebenfalls sehr lokal gebunden, wobei man im Einzugsbereich von Städten korrekterweise nicht von ländlichen, sondern von semi-lokalen Kreditmärkten sprechen muss. Sie verbanden Stadt und Land. In diesen Fällen waren die Landbewohner eindeutig die Kreditnehmer und die Stadtbürger die Gläubiger. Zu vermuten ist anhand der drei untersuchten Fälle, dass dort, wo vermögende Stadtbürger erreichbar waren, Verwandte und Nachbarn auch nicht mehr als Gläubiger in Betracht gezogen wurden.

Für Borgeln kann man eindeutig von einem großen Kreditangebot, bereitgestellt durch Soester Bürger, Rentiers und Kaufleute sprechen. Die Sparkasse wurde immer stärker in Anspruch genommen. Beim Sparen wohl weitgehend ohne Alternative, stand sie im Aktivgeschäft bei der Kreditvergabe auch am Ende des Untersuchungszeitraums doch unvermindert in Konkurrenz zu den privaten Gläubigern. Eine Transformation hin zu Kreditinstitutionen konnte im Untersuchungszeitraum selbst in diesem weit entwickelten Ort nicht beobachtet werden. Von dem breiten Kreditangebot konnte sogar der hohe Kreditbedarf der Ablösungen komplett gedeckt werden. Das Angebot war bereits vor den Ablösungen so gut, dass selbst die Ablösungen nicht den Markt erschöpften, sondern scheinbar paradoxerweise zu einem Überangebot an Kapital bei den Grundherren führten. Diese wollten wieder anlegen und drückten damit das Zinsniveau. In Löhne hingegen ist für die 1840er-Jahre infolge der Ablösungen ein Kreditmangel zu konstatieren, für einen strukturellen Mangel aber fehlen Hinweise. Der Kreditmarkt von Oberkirchen erlebte keinen derartigen Impuls, die Ergebnisse lassen hingegen hier am ehesten mangelnde Kredite vermuten.

Der Einfluss der institutionellen Neuerung der Ablösebank ist in allen drei Orten nachweislich gering gewesen, allerdings aus unterschiedlichen Gründen. Diese sehr lokalen Unterschiede, Kapitalüberfluss in Borgeln, frühe Ablöseprovokation in Löhne durch den Grundherrn, gering bemessene Feudalabgaben in Oberkirchen, sind aber eben nicht nur Abweichung von einem Grundmuster, sondern generierten vollkommen unterschiedliche Ablöseverläufe. Die aggregierten Zahlen der Rentenbank Münster, die vom Rest Preußens fundamental abweichen, weil sie die Präferenz der Bauern für Kapitalzahlungen ausweisen, zeigen eben, dass im Westen Preußens insgesamt in den entscheidenden Jahren ab 1850 an Agrarkredit kein Mangel herrschte. Warum die Kapitalmärkte im preußischen Westen die Ablösungen finanzieren konnten, andernorts jedoch nicht, müssen weitere Forschungen speziell zu den semi-lokalen und regionalen Finanzmärkten klären.

Der außer in Ansätzen nicht existierende Bodenmarkt und die in allen Orten existierenden Kreditmärkte machen die Frage obsolet, ob sich Faktormärkte gegenseitig verstärkten; sie taten es offensichtlich (in dieser Phase, in der ländlichen Gesellschaft) nicht. Die Interdependenzen zwischen Boden- und Kapitalmarkt waren gering, was die aggregierten Zahlen angeht. Bodenumsatz, Kreditaufnahme und Spartätigkeit schwankten uneinheitlich. Der Bodenmarkt funktionierte nicht, weil kein Angebot bestand. Es bestand kein Angebot, weil der Boden die rentabelste Vermögensanlage für jemanden war, der Geräte, Standort und Wissen hatte, ihn zu bearbeiten. Und weil die Bauern in ihrer Ökonomie im 19. Jahrhundert „zu selten" so bedroht waren, dass sie den Grund hätten antasten müssen, waren sie nicht auf den Bodenmarkt angewiesen. So war Borgeln unter den untersuchten Orten derjenige mit der größten Produktivität und mit der vermutlich größten Einkommenssicherheit unter den bäuerlichen Betrieben. Die große Sparneigung und ein Teil des insgesamt großen Erfolgs der Soester Sparkasse, die in der untersuchten Periode eine der erfolgreichste Sparkassen der Provinz war, sind somit auch auf den geringen Handel mit Land zurückzuführen. Weil die Bauern nach Land strebten und weil Land nur selten angeboten wurde, benötigten sie Liquidität. Die aktiven Sparer verfügten mit dem Sparbuch über die einzige Anlage mit hoher Liquidität. Wer nicht gespart hatte, erlangte Liquidität auf dem Kreditmarkt, denn Borgeln war von den drei untersuchten Orten derjenige mit der besten Kreditversorgung.

Wenn sich die Märkte nicht gegenseitig verstärkten, ersetzten sie sich vielleicht, indem ein Markt dann in Anspruch genommen wurde, wenn ein anderer versagte? Für die Ausnahmesituation der Ablösungen kann man von sich gegenseitig substituierenden Märkten sprechen. Kreditmärkte und Ersparnisse reichten aus, um die Ablösekapitalien zu finanzieren, sodass Bauern kein Land verkaufen mussten. Auch wurden die familienzyklischen Arbeitskraftschwankungen mithilfe des Arbeitsmarktes (Gesinde) bewältigt, ohne dass Bodenmarkt oder Finanzmarkt davon tangiert worden wären. Grundsätzlich waren in der vorindustriellen Landwirtschaft aber der Substitution der Produktionsfaktoren enge Grenzen gesetzt. Noch war der Kapitalbedarf, oder besser: waren die Möglichkeiten des Einsatzes von Kapital in der Landwirtschaft begrenzt. Boden konnte allenfalls sehr bedingt durch Arbeit oder Kapital ersetzt werden. Noch ersetzte keine Maschine Arbeitskraft. Möglich ist die Interpretation, dass betriebliche Allokation in Borgeln trotzdem gut funktionierte, weil sowohl Arbeits- als auch

Kapitalmarkt gut entwickelt waren und die Bedürfnisse der Betriebe stillen konnten. Dazu passt, dass in Oberkirchen mindestens zwei Märkte unterentwickelt waren, der Boden- und der Kreditmarkt, weshalb Allokationsentscheidungen nicht möglich waren und Betriebe unter ihren Möglichkeiten blieben. Für den wirtschaftlichen Erfolg bzw. Misserfolg der Regionen lassen sich allerdings so viele gute Argumente (naturräumliche Situation, Eisenbahn, Nachfrage nach Agrarprodukten, Niedergang der Protoindustrien) anführen, dass Faktorallokation allenfalls als ein Nebenfaktor in Betracht kommt. Hingegen kann man davon sprechen, dass Betriebe die Vermögensinstrumente komplementär nutzten. Dies gilt nicht für Boden, der in allen drei Orten weitgehend aus der Vermögenswirtschaft herausgehalten wurde bzw. das Anlageziel darstellte, wohl aber für Kredit und Sparbuch. Offensichtlich begann sich die ländliche Gesellschaft, in Sparer und Debitoren zu differenzieren.

Anhang

A1 Basis-Tabellen

Tabelle A-a: Risikopopulation Borgeln und aggregierte Steuerreinerträge

Betriebsgröße Betriebsinhaber haben…	Hof-Jahre	Summe des Steuerreinertrags in Talern	Mittelwert des Steuerreinertrags in Talern pro Hof und Jahr
0-50 Taler Reinertrag			
noch keine Kinder[1)]	285	2.271	7,97
überwiegend kleine Kinder	2.103	14.484	6,89
überwiegend jugendliche Kinder	1.123	8.316	7,41
überwiegend verheiratete Kinder	273	1.889	6,92
sonstige[2)]	288	2.202	7,65
alle Familienphasen	4.072	29.162	7,16
über 50 Taler Reinertrag			
noch keine Kinder[1)]	44	8.299	188,61
überwiegend kleine Kinder	886	171.043	193,05
überwiegend jugendliche Kinder	547	112.039	204,82
überwiegend verheiratete Kinder	71	13.026	183,46
sonstige[2)]	12	9.546	795,50
alle Familienphasen	1.590	313.953	197,45
total			
noch keine Kinder[1)]	329	10.570	32,13
überwiegend kleine Kinder	2.989	185.527	62,07
überwiegend jugendliche Kinder	1.670	120.355	72,07
überwiegend verheiratete Kinder	344	14.915	43,36
sonstige[2)]	330	11.748	35,60
alle Familienphasen	5.662	343.115	60,60

Erläuterung: Die Werte dieser Tabelle sind mit Tabelle A-b Basis für die Abbildung 7-A und 7-B.
Quellen: Datenbank BOR (Tabellen Personen, Familien, Artikel, Kontrakte, Eigentumswechsel).
Prozentangaben gerundet.

[1)] Inhaber selbst ist jünger als 40 Jahre.

[2)] Familienphase unbekannt oder keine Kinder und älter als 39 Jahre.

Tabelle A-b: Aggregierte Ressourcenflüsse nach Familienphasen

Ressourcenflüsse	noch keine Kinder[1)]	überwiegend kleine Kinder	überwiegend jungendliche Kinder	überwiegend verheiratete Kinder
Höfe und Häuser bis 50 Taler Steuerreinertrag				
Kaufen	10.776	34.641	12.131	1.774
Verkaufen	7.567	16.208	10.584	2.092
Kredit aufnehmen	5.444	19.209	9.868	668
Kredit vergeben	325	600	361	150
Auf Sparbuch einzahlen	3.077	8.476	4.698	336
Vom Sparbuch abheben	2.254	6.538	5.692	357
Höfe und Häuser über 50 Taler Steuerreinertrag				
Kaufen	4.719	39.750	11.310	0
Verkaufen	15.997	38.424	3.853	321
Kredit aufnehmen	11.688	68.740	25.272	30
Kredit vergeben	-66	-770	-824	0
Auf Sparbuch einzahlen	3.085	15.140	13.709	670
Vom Sparbuch abheben	2.461	14.059	10.777	1.016

Quellen: Familienrekonstitutionen Borgeln; Hypothekenbücher Borgeln; Sparkassenjournale; Datenbanken BOR (Tabellen Lasten, Eigentumswechsel, Personen, Familien, Höfe); KONTEN.
Erläuterung: Die Werte dieser Tabelle sind zusammen mit Tabelle A-a Basis für die Abbildungen 7-A und 7-B.

Tabelle A-c: Größenklassen und Gesindenorm in Borgeln

Gesindenorm Anzahl Personen	Größenklasse (ha)	Anzahl Betriebe 1830	Summe Gesindenorm 1830 (=ungefähre Zahl der Gesindepersonen)
1	5,0-6,9	2	2
2	6,8-8,9	10	20
3	9,0-11,6	5	15
4	11,7-15,3	8	32
5	15,3-20,0	14	70
6	20,1-26,0	5	30
7	26,1-33,6	3	21
8	über 33,6	7	56
Summe		**54**	**246**

Quelle: Wertschätzungsprotokoll Borgeln, eigene Berechnungen

Tabelle A-d: Gesindebedarf Borgeln

	Arbeitskräfte über Bedarf			kein Bedarf	Bedarf an Arbeitskräften				Alle
	5-6	3-4	1-2		1-2	3-4	5-6	7 und mehr	
Berechnung auf Basis der Grundbücher 1830-1866	1%	6%	25%	42%	7%	9%	6%	4%	100% N=5.883 Besitzer Jahre
		∑ 32%				∑ 27%			
Berechnung auf Basis der Güterverzeichnisse 1829/30	2%	6%	24%	37%	12%	10%	6%	4%	100% N=131 Höfe
		∑ 32%				∑ 32%			
Berechnung auf Basis der Güterauszüge 1866	0%	4%	29%	44%	5%	12%	4%	2%	100% N=172 Höfe
		∑ 33%				∑ 23%			

Quelle: Wertschätzungsprotokoll Borgeln, Hypothekenbücher Borgeln, Güterverzeichnisse und Güterauszüge Borgeln. Datenbank BOR (Tabellen Artikel). Prozentangaben gerundet.

Tabelle A-e: Hof-Jahre der Betriebe Borgelns nach Gesindebedarfsphasen – Risikopopulation Gesindebedarf (1830-66)

Betriebsgröße	Arbeitskräfte über Bedarf			kein Bedarf	Bedarf an Arbeitskräften				Alle
	5-6	3-4	1-2		1-2	3-4	5-6	7 und mehr	
0-10 RE	51	258	1.076	2.116					3.501
10-50 RE	23	63	269	635	20	20			1.030
50-100 RE		41	86	48	133	31			339
100-150 RE			15	22	117	193	34		381
über 150 RE			8	17	142	349	340	243	1.099
alle Betriebe	74	362	1.454	2.838	412	593	374	243	6.350

Quellen: Familienrekonstitutionen Borgeln; Hypothekenbücher Borgeln; Datenbank BOR (Tabellen Eigentumswechsel, Personen, Familien, Höfe).
Erläuterung: RE: Steuerreinertrag der Höfe. Die oberen Grenzen der Gruppen verstehen sich exklusive des exakten Grenzwertes. Die Werte dieser Tabelle sind zusammen mit den Tabellen A-f und A-g Basis der Abbildung 7-D.

Tabelle A-f: Aggregierte Ressourcenflüsse von Betrieben bis 50 Taler Steuerreinertrag nach Gesindebedarfsphasen

Ressourcenflüsse	3 und mehr Personen	1-2 Personen	kein Bedarf	Bedarf
Kaufen	2.971	13.140	52.154	111
Verkaufen	1.575	6.302	24.371	0
Kredit aufnehmen	3.014	10.471	27.484	1.351
Kredit vergeben	48	150	200	350
Auf Sparbuch einzahlen	902	6.539	10.942	0
Vom Sparbuch abheben	1.654	5.097	11.904	0
Anzahl Hof-Jahre 1830-66 [1)]	395	1.345	2.751	40

Quellen: Familienrekonstitutionen Borgeln; Hypothekenbücher Borgeln; Sparkassenjournale; Datenbanken BOR (Tabellen Lasten, Eigentumswechsel, Personen, Familien, Höfe); KONTEN.
Erläuterung: [1)] Errechnet aus Tabelle A-e. Die Werte dieser Tabelle sind Basis für die Abbildung 7-D.

Tabelle A-g: Aggregierte Ressourcenflüsse von Betrieben mit 100 Taler Steuerreinertrag und darüber nach Gesindebedarfsphasen

Ressourcenflüsse	mehr Arbeitskräfte als Bedarf	kein Bedarf	1-2 Personen	3-4 Personen	5 und mehr Personen
Kaufen	105	627	3.131	16.378	32.283
Verkaufen	227	457	2.415	34.819	10.677
Kredit aufnehmen	780	413	8.674	29.867	57.039
Kredit vergeben	0	0	180	50	1.181
Auf Sparbuch einzahlen	250	716	5.476	9.266	15.525
Vom Sparbuch abheben	0	0	3.345	10.559	13.661
Anzahl Hof-Jahre 1830-66 [1)]	23	39	259	542	617

Quellen: Familienrekonstitutionen Borgeln; Hypothekenbücher Borgeln; Sparkassenjournale; Datenbanken BOR (Tabellen Lasten, Eigentumswechsel, Personen, Familien, Höfe); KONTEN.
Erläuterung: [1)] Errechnet aus Tabelle A-e. Die Werte dieser Tabelle sind Basis für die Abbildung 7-E.

A2 Analyse von Sparverläufen – Datenorganisation und Grundbegriffe

Bei der ausgewerteten Quelle handelt es sich um die Journale (Tagebücher) der Stadtsparkasse Soest aus den Jahren 1830 bis 1867. Die Journale enthalten die unmittelbaren tagesgenauen Einträge aller Zahlungsvorgänge der Sparkasse. Die allermeisten dieser Zahlungsvorgänge sind Schaltervorgänge mit Spar- und Kreditkunden, also deren *Kontobewegungen*. Entgegen der Überlieferung in Hauptbüchern, welche nach Konten organisiert sind und die daher eine Parallelüberlieferung zu den Sparbüchern darstellen, die aber beide für Soest nicht erhalten sind, bestehen die Journale also aus Listen von Eintragungen von Kontobewegungen, die außer dem zeitlichen Zusammenhang, dass eben Transaktionen hintereinander am gleichen Tag stattfanden, keinen weiteren Zusammenhang aufweisen.

Grundsätzlich sind die Journale in eine linke Einnahmen- und eine rechte Ausgabenseite unterteilt. Als Einnahme verbucht wurden Spareinzahlungen, Kreditzinszahlungen und Kreditrückzahlungen. Als Ausgabe verbucht wurden Rückzahlungen von Spareinlagen, ausgezahlte Guthabenzinsen und Auszahlungen von Kreditsummen (Tabelle A-f). Die Sparkasse Soest tätigte bis Ende 1867 124.209 Einnahmen und 62.227 Ausgaben, was unschwer nachzuvollziehen ist, da von Beginn 1825 an bis Januar bzw. März 1868 die Zahlungsvorgänge tatsächlich durchnummeriert wurden. In den ab 1830 überlieferten und bis Ende 1867 ausgewerteten Journalen sind rund 178.000 Zahlungsvorgänge enthalten. In diesem Zeitraum haben die Einträge grundsätzlich eine Form, wie sie in Abbildung A-A für das Jahr 1853 mit der Eröffnung des Sparbuchs 9735 von „H[err]n Landwirth Christoph Schulze zu Borgeln" wiedergegeben ist.

Wie zu ersehen ist, enthalten die einzelnen Einträge der Zahlungsvorgänge sehr unterschiedlich ausführliche Informationen. Der zitierte Eintrag enthält die Angabe, die wievielte Einzahlung es seit Beginn im Jahr 1825 war (laufende Nr. 48317), die Hauptbuchnummer (gleichbedeutend mit Kontonummer), die Transaktionsart („erlegte"), Datum, Anrede, Beruf, Rufname, Nachname (Hofname), Wohnort und Betrag. Alle weiteren Transaktionen der Konten sind nicht mehr ausführlich, enthalten i. d. R. nur den Nachnamen und den Betrag, und sind damit nicht mehr eindeutig einem Ort zuzuordnen. Ein Zusammenhang kann jedoch rekonstruiert werden durch die eindeutige Zuordnung der Hauptbuchnummer. Jede Hauptbuchnummer existierte zwei Mal: Als Sparkonto und als Kreditkonto.

Abbildung A-A: Auszug aus einem Sparkassenjournal

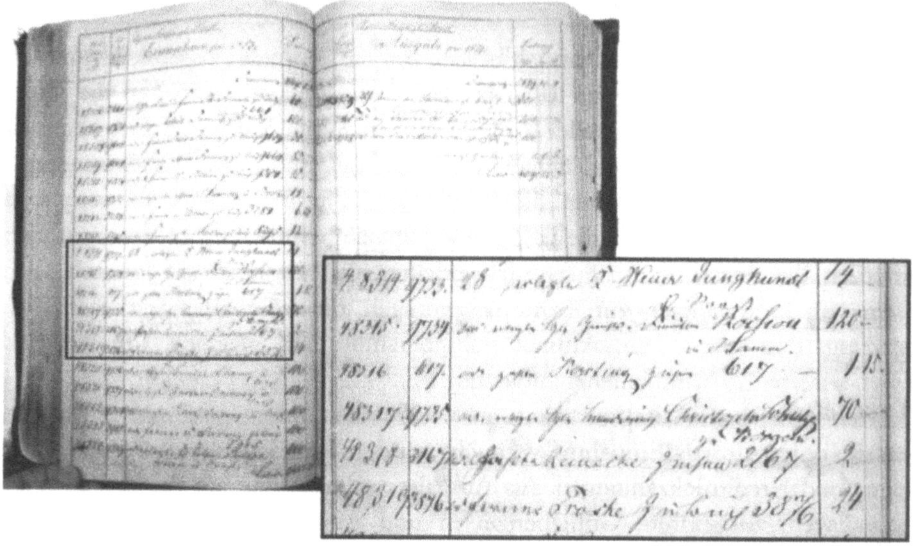

Quelle: Stadtarchiv Soest, C1010, Einnahmen vom 28.6.1853, laufende Nummern 48314 bis 48319.

A2.1 Konten-Rekonstruktion

Für eine Untersuchung des Sparverhaltens im Untersuchungsgebiet Borgeln wurden alle von Bewohner der Orte bei der Sparkasse Soest geführten Sparbücher und Kredite ausgewertet. Diese Konten, sowohl Kredit- als auch Sparkonten, mussten zunächst rekonstruiert werden, was so in der Forschung noch nicht zur Anwendung kam.

In einem manuellen Verfahren, das kaum zu bewältigen gewesen wäre, wären also folgende Schritte zu tun gewesen: Auswahl der von Borgelern geführten Spar- und Kreditkonten (d. h. Auswahl von Hauptbuchnummern), indem alle Sparkontoeröffnungen und alle neu vergebenen Kredite daraufhin durchgesehen werden, ob der Wohnort des Kunden Borgeln ist. Danach hätte man erneut und wiederholt alle Journale durcharbeiten müssen, um alle Transaktionen zu finden, die unter Angabe der Hauptbuchnummer getätigt wurden. Tatsächlich aber kam bereits bei der Rekonstruktion der Konten, und nicht erst bei der Verwaltung der Daten, die Technik der relationalen Datenbank zum Einsatz. Folgende Arbeitsschritte wurden durchgeführt:

1. Zunächst wurden die Journale des Untersuchungszeitraums im Stadtarchiv Soest mit einer Digitalkamera abfotografiert, sodass auch am universitären Arbeitsplatz mit den Journalen gearbeitet werden konnte (ca. 7.600 Aufnahmen).

Tabelle A-h: Zahlungsvorgänge in den Journalen der Sparkasse

Einnahmen	**Ausgaben**
Einzahlungen von Sparern	gewährte Kreditsummen
Zinsen auf Kredite	ausgezahlte Guthabenzinsen
Kreditrückzahlungen (auch Raten, Annuitäten)	zurückgezahlte Guthaben
div. interne Buchungen	div. interne Buchungen

2. Aufnahme aller Zahlungsvorgänge (Einzahlungen und Auszahlungen, 178.000 Stück), jedoch reduziert auf die Hauptbuchnummern in der Ordnung der Laufenden Nummern mit dem jeweiligen Datum. Jeder Zahlungsvorgang wurde nun als eine Kontobewegung behandelt und bekam eine BewegID zugeordnet. Erstellung der Tabelle „Bewegungen".

3. Detaillierte Aufnahme derjenigen Bewegungen, die Kontoeröffnungen von Borgeler Einwohner waren. Dies waren die Konten, die in ihrem kompletten Verlauf rekonstruiert wurden und einen Datensatz mit KontoID erhielten (Erstellung der Tabelle KONTEN). Für die Kontoinhaber bzw. Kreditnehmer wurden Personendatensätze mit einer KundenID angelegt (Erstellung der Tabelle „Sparkassenkunden").

4. Detaillierte Aufnahme einer repräsentativen Auswahl von Kontoneueröffnungen (siehe unten Tabelle A-).

5. Kontenrekonstitution: Mittels Datenbanktechnik wurden alle Bewegungen (BewegIDs) herausgesucht, die den Hauptbuchnummern eines selektierten Kontos entsprechen. Da jede Hauptbuchnummer zweimal erscheint, als Kredit (Kontoart: K wie Kredit) und als Sparkonto (Kontoart: B wie Buch), musste durch Prüfung entschieden werden, welchem Typ eine Bewegung zugeordnet wird. Dazu musste abermals ins Journal geblickt werden; dies wurde ermöglicht durch die Abfrage in der Datenbank, die zu jeder Bewegung das ursprüngliche Journal ausgab.

6. Nach Abschluss von Schritt 5 waren die Konten rekonstruiert. Feinarbeit ergab sich noch durch Nachberechnung der Konten. Mittels Zinsberechnungen konnten fehlende bzw. falsch gelesene Bewegungen gefunden und korrigiert werden. Rekonstruktion der jährlichen Kontostände der Sparkonten.

7. Abgleich der Sparkassenkunden (KundenIDs) mit den Personen (BOR OFBIDs) der Familienrekonstitution (von 727 im Zusammenhang mit den Konten genannten Personen sind 594 (=82%) eindeutig identifiziert worden) und Abgleich der Sparkassenkredite mit den Hypothekenkrediten der Hypothekenbücher (79 von 113 Sparkassenkrediten (70%) waren eingetragen).

A2.2 Beschreibung der Daten

Kontoeröffnungen. Da bei den Kontoeröffnungen schon in der Quelle wesentliche Informationen zu den Sparkassenkunden (Beruf, Wohnort) vorlagen, wurden diese aufgenommen, um Quer- und Längsschnitte der Sparer zu analysieren. Diese Daten bilden den gesamten Kundenstamm der Sparkasse ab, nicht nur des Untersuchungsgebiets Borgeln. Dabei konnte für die 1830er-Jahre noch jede Sparkontoeröffnung, für die 1840er noch jede dritte bis vierte, und für die 1850er- und 1860er-Jahre nur jede zehnte detailliert aufgenommen werden (Tabelle A-h). Da zufällig anhand der letzten Ziffer der Hauptbuchnummer ausgewählt wurde, wird davon ausgegangen, dass die Auswahl repräsentativ ist.

Rekonstruierte Konten. Im Untersuchungszeitraum 1830-1867 sind 601 Konten von Borgeler Inhabern belegt. Unter diesen ist bei fünf Konten das Eröffnungsdatum unbekannt, aber etwa aus den Kontonummern rekonstruierbar (Tabelle A-i). In 139 Fällen ist das Schließungsdatum unbekannt, da es nicht mehr im ausgewerteten Zeitraum lag. Die Zahl der Kontoeröffnungen stieg progressiv an und auch für Borgeln sind gerade in den 1860er-Jahren die meisten Eröffnungen belegt, die verständlicherweise zu einem Großteil 1867 noch nicht geschlossen sind. Diese Zensierung macht sich in der Auswertung der Kontolaufzeiten bemerkbar.

Tabelle A-i: Beschreibung der Querschnittstichprobe der Sparkontoeröffnungen

Regionale Zuordnung	1830-1841 alle Eröffnungen	1842-1851 Auswahl der Kontonummern, letzte Ziffer 0, 1 oder 2	1852-1867 Auswahl der Kontonummern, letzte Ziffer 0
Borgeln, Hattropholsen, Stocklarn; Blumroth, Fahnen*)	43	57	64
Kreis Soest ohne Stadt Soest und Hattropholsen	772	658	755
nicht Kreis Soest	171	196	151
ohne Angabe (vermutl. Soest)	678	282	11
Stadt Soest	490	519	677
Gesamtergebnis	2.154	1.712	1.658

Querschnittstichprobe: Aufnahme der Sparkonten mit Betrag der Ersteinlage, Inhabername, -stand bzw. -beruf, Wohnort, und Zinssatz. *) Hier nur die der Auswahl entsprechenden Fälle gezählt. Tatsächlich wurden alle Borgeler Konten detailliert aufgenommen und rekonstruiert.

Tabelle A-j: Zensierte Laufzeiten rekonstruierter Konten

Anzahl von KontoID	Eröffnung belegt	Eröffnung nicht belegt	Gesamtergebnis
Schließung belegt	457	5	462
Schließung nicht belegt	139	0	139
Gesamtergebnis	596	5	601

Bei den Berechnungen, insbesondere der Laufzeiten, sind die zensierten Datensätze sowohl ein- wie ausgeschlossen worden. Bei den rechtszensierten Konten ist jeweils die Laufzeit im Belegzeitraum berechnet worden, bei linkszensierten die geschätzte Vorlaufzeit. Zu einem grundsätzlich unterschiedlichen Eindruck kommt man durch diese Differenzierung nicht (Tabelle A-k und A-l).

Tabelle A-k: Laufzeiten Borgeler Konten in Klassen, 1830-1867

	Anzahl Konten	
	mit zensierten	ohne zensierte
unter 2 Jahre	149	145
2 bis 5 Jahre	165	125
5 bis 10 Jahre	141	99
10 bis 15 Jahre	68	42
15 bis 25 Jahre	46	19
über 25 Jahre	9	5
zensierte		143
Gesamtergebnis	578	578

Tabelle A-l: Laufzeiten Borgeler Konten nach Dekade der Eröffnung

	1830er		1840er		1850er		andere		Gesamtergebnis	
Laufzeit in Klassen:										
unter 2 Jahre	11	(21%)	40	(31%)	51	(22%)	47	(29%)	149	(26%)
2 bis 5 Jahre	13	(25%)	22	(17%)	56	(24%)	74	(45%)	165	(29%)
5 bis 10 Jahre	6	(11%)	31	(24%)	64	(28%)	40	(24%)	141	(24%)
10 bis 15 Jahre	7	(13%)	17	(13%)	44	(19%)	0		68	(12%)
15 bis 25 Jahre	9	(17%)	19	(15%)	15	(7%)	3	(2%)	46	(8%)
über 25 Jahre	7	(13%)	2	(2%)	0		0		9	(2%)
Gesamtergebnis	53	(100%)	131	(100%)	230	(100%)	164	(100%)	578	(100%)

A3 Analyse von Ablösebeziehungen – Datenorganisation

Für nahezu 100 Prozent der in den Grundbüchern aller drei Orte eingetragenen und in der Kernzeit 1830 bis 1866 gelöschten Feudallasten liegen entsprechende Ablöserezesse vor. Das heißt, es konnte die Gesamtheit der zu Beginn des Untersuchungszeitraums noch bestehenden Feudalbeziehungen rekonstruiert und untersucht werden. Die Daten wurden für alle drei Orte in speziell entwickelten Datenbanken aufgenommen, die zunächst eine weitgehend quellengetreue Aufnahme der Inhalte ermöglichte. Mögliche Verknüpfungen zu den bestehenden Datenbanken gab es bei den betreffenden Reallasten, bei den beteiligten Personen und bei den belasteten Parzellen und Höfen.

Definitorisch getrennt wurden *Rezesse* und *Ablösebeziehungen*. Ein Rezess ist im Grunde der Vertrag als Dokument, der aber durchaus in mehrfacher Ausfertigung aber gleichen Inhalts existieren kann. Weder ist der Rezess an einen einzigen Berechtigten noch an einen Pflichtigen gebunden, sondern kann auf beiden Seiten mehrere Akteure beinhalten. Ebenso kann in einem Rezess über mehrere im Grundbuch stehende Lasten verfügt werden. Aus diesem Grund spreche ich von *Ablösebeziehungen* (bezeichnet als AblöseID), d. h. von Ablösungen aller oder eines Teils der Feudallasten zwischen *einem Pflichtigen* und *einem Berechtigten* zu *einem bestimmten Zeitpunkt*. Beide können zu einem weiteren Zeitpunkt abermals einen Teil der Feudallasten abgelöst haben, dann ist dies datenbanktechnisch eine zweite Ablösebeziehung. Für die Organisation der Datenbank ergab sich folglich die Notwendigkeit und Möglichkeit, Pflichtige und Berechtigte in den Personendatenbanken zu identifizieren (bei Pflichtigen durchgehend möglich, bei Berechtigten teilweise) und zu verknüpfen.

Ähnlich gestaltete sich die Datenorganisation bei den Feudallasten, bei denen zu unterscheiden ist zwischen den in den Grundbüchern eingetragenen und in den Ortsdatenbanken befindlichen Einträgen der Grundlasten (LastIDs), den in einer Ablösebeziehung (AblöseID) verhandelten Teilen von Feudallasten und den teilweise aus der Ablösung hervorgehenden Folgelast, sei es eine weitere regelmäßige Abgabe (wie eine monetäre Rente anstelle der alten Naturalabgabe) oder ein Kredit. Zu jeder Ablösebeziehung wurden also Verknüpfungen hergestellt zu den Lasten des Grundbuchs und zwar sowohl in der Bedeutung einer abgelösten wie einer resultierenden Last. Mit jeder Ablösebeziehung können eine oder mehrere abgelöste Lasten und eine oder mehrere Folgelasten verknüpft sein. Eine Grundbuchlast (LastID) kann in einer oder mehreren Ablösebeziehungen abgelöst worden sein.

A4 Verwendete Maße und Währungen

Längenmaße

1 Rute, preußische	=12 preuß. Fuß (1 preuß. Fuß = 31,38 cm) =144 preuß. Zoll (1 preuß. Zoll = 2,62 cm) =3,766 m

Flächenmaße

1 Morgen, preußisch	=180 Quadrat-Ruten (1QR = 14,11 m²) =25.920 Quadrat-Fuß (1 QF = 0,098 m²) =0,254 ha =2.540 m²

1 Morgen in Kirchhundem, Hochsauerland (laut Wertschätzungsprotokoll 1832)
=0,6711 preuß. Morgen
=0,1705 ha

Hohlmaße

Preußen

1 Scheffel, preußisch	=16 preuß. Metzen =48 Quart =3.072 preuß. Kubikzoll (1 Kubikzoll=17,89 cm³) =54,96 Liter
	Gewicht von 1 Scheffel
	Weizen =90 pr. Pfund (1 pr. Pfund (bis 1858) 467,7g) =42 kg
	Roggen =82 Pfund =38,35 kg
	Kartoffeln =100 lb = 46,5 kg
1 Klafter, preußisch	=108 Kubikfuß, preußisch

Lokalmaße Löhne

1 Fuder (Wagenladung)	=12 Malter =36 Scheffel =72 Himpten =576 Metzen
1 Hausberger Scheffel	(bis 1722) =2 Hausberger Himten =4 Spind =ca. 1,128 preußische Scheffel (1829) =62,0 Liter
1 Mindener Scheffel	(bis 1829 in Kraft) =2 Mindener Himpten =1,058 preuß. Scheffel =58,1 Liter

Forts. *Lokalmaße Löhne*

1 Herforder Scheffel	(bis ins 19. Jh. in Gebrauch, wenngleich außer Kraft) =1/12 Herforder Malter =0,76-0,79 preuß. Scheffel je nach Kornart =ca. 41 Liter
Lokalmaße Oberkirchen	
1 Schmallenberger Scheffel	=4 Spint =16 Becher =44,65 Liter Hartkorn, 49,92 Liter Hafer
1 Astenberger Scheffel	=4 Spint =16 Becher =48,4 Liter Hartkorn, 62,92 Liter Hafer
1 Wormbacher Scheffel	=4 Spint (1 Spind = 11,42 Liter) =16 Becher (1 Becher =2,85 Liter) =0,83 preuß. Scheffel (Hartkorn: Weizen, Roggen, Gerste) =45,68 Liter (Hartkorn: Weizen, Roggen, Gerste)
Lokalmaße Borgeln	
1 Soester Mütte	=2 Soester Scheffel =8 Spind (1 Spind = 7,52 Liter) =32 Becher (1 Becher = 1,88 Liter) =1,083 preuß. Scheffel =59,80 Liter

Währungen

1 Reichstaler	=54 Stüber =648 Deut (dt)
1 Reichstaler, bergisch	=60 Stüber (Stbr.) =720 Pfennige
1 Reichstaler	(bis 1763 in Preußen) =36 Mariengroschen (MGr) =432 Pfennige
1 Taler, preußisch	(etwa 1763-1821) =24 Gutegroschen (GGr) =288 Pfennige
1 Taler, preußisch	(ab 1821 in Preußen, abgek. „rt.“, „rthlr.“ oder „Rthlr.“) =30 Silbergroschen (Sgr.) =360 Pfennige (Pf.) =1,75 süddeutsche Gulden (fl)
1 Mark	(ab 1871 in Kraft, Taler benutzt bis ins 20. Jahrhundert) =100 Pfennige =1/3 preußischer Taler von 1821

Quellen: Wertschätzungsprotokolle Kirchhundem, Borgeln und Mennighüffen; Tabelle zur Vergleichung der im Regierungs-Bezirk Minden bisher gebräuchlich gewesenen Orts- und Pivat-Scheffel..., in: Amts-Blatt der königlichen Regierung zu Minden 1844, S. 5-35; Maaß- und Gewichts-Vergleichung, in: Amts-Blatt der königlichen Regierung zu Minden 1830, S. 9-11. Weitere Lokalmaße finden sich in Amtsblatt Arnsberg 1829, S. 83-84; Amts-Blatt der Königlichen Regierung zu Arnsberg 1818, S. 673-682; Ebd, 9.3.1870, Extrablatt S. 61-74; Leopold SCHÜTTE: Wörter und Sachen aus Westfalen 800-1800, Münster 2007, S. 273, 445—448, 461; Günter SCHULTE: Wormbacher Scheffel, Schmallenberger Scheffel und Korbacher Spint, in: Jahrbuch Hochsauerlandkreis 1997, S. 150-156; Mooser, Klassengesellschaft, S. 495. Bei widersprechenden Angaben wurde den amtlichen Veröffentlichungen Vorrang eingeräumt.

Nach Michael SCHERM: Kleine und mittelständische Betriebe in unternehmerischen Netzwerken: Die Reidemeister auf der Vollme im vor- und frühindustriellen Metallgewerbe der Grafschaft Mark, Diss. Regensburg 2007, S. 193-222, wurde in der Grafschaft Mark ein Reichstaler mit Gutegroschen als 0,923 Taler mit Silbergroschen gerechnet. Aus den Quellen für diese Arbeit geht dergleichen nicht hervor, sodass die Berechnungen dieser Arbeit 1:1 durchgeführt wurden.

A5 Abkürzungsverzeichnis

AblösID	Identifikationsnummer einer Ablösebeziehung in den Datenbanken BOR Ablös, OKI Ablös und LOE Ablös
AG	Amtsgericht
ALR	Allgemeines Landrecht
b	Regressionskoeffizient
BewegID	Identifikationsnummer einer Kontobewegung in der Datenbank KONTEN
BOR Ablös	Datenbank der Ablösungen Borgeln
BOR	Datenbank Borgeln
EID	Identifikationsnummer einer Eigentumsveränderung an Land in den Datenbanken
fl.	Gulden
fol.	Folium, Hypothekenbuchblatt
GAL	Grundakten Löhne
GAS	Grundakten Soest
GAW	Grundakten Westfeld
GB	Hypotheken- bzw. Grundbuch
GBB	Hypotheken- bzw. Grundbuch Borgeln
GBL	Hypotheken- bzw. Grundbuch Löhne
GB LöB	Hypotheken- bzw. Grundbuch Löhne-Beck
GBS	Hypotheken- bzw. Grundbuch Sorpe
GBW	Hypotheken- bzw. Grundbuch Westfeld
HofID	Identifikationsnummer eines Hofes in den Datenbanken (siehe A8)
JEH	Journal of Economic History
JWG	Jahrbuch für Wirtschaftsgeschichte
KonID	Identifikationsnummer einer Vermögensneuordnung (Kontrakt) in den Datenbanken
KontoID	Identifikationsnummer eines rekonstruierten Kontos in der Datenbank KONTEN
LastID	Identifikationsnummer einer Grundlast oder Hypothek in den Datenbanken
LOE Ablös	Datenbank der Ablösungen Löhne
LOE	Datenbank Löhne
LöB	Löhnebeck
LöK	Löhne Königlich
LuSTG	Land- und Stadtgericht
N	Gesamtzahl der Fälle/Beobachtungen
OFBID	Identifikationsnummer einer Person in den Datenbanken
OKI Ablös	Datenbank der Ablösungen Oberkirchen
OKI	Datenbank Oberkirchen
Pf.	Pfennig
Rt.	Reichstaler
Sgr.	Silbergroschen
Sign.	Signifikanzniveau
LA NRW OL	Landesarchiv Nordrhein-Westfalen Abteilung Ostwestfalen-Lippe (ehemals Staatsarchiv Detmold)
LA NRW W	Landesarchiv Nordrhein-Westfalen Abteilung Westfalen (ehemals Staatsarchiv Münster)
SuLG	Stadt- und Landgericht
VSWG	Vierteljahrschrift für Sozial- und Wirtschaftsgeschichte
WF	Westfälische Forschungen
ZAA	Zeitschrift für Agrargeschichte und Agrarsoziologie

A6 Tabellenverzeichnis

1-a	Optionen von Vermögenstransaktionen	6
1-b	Einwohnerzahlen der Untersuchungsorte (1818-1885)	25
1-c	Eingesetzte Datenbanken	37
2-a	Einnahmen und Ausgaben der Neubauerei Spanier gen. Rübemeyer in Löhne, 1860	6
2-b	Einnahmen und Ausgaben des Kolonats Tacke in Löhne, 1866	67
2-c	Wertschätzungspreise, Marktpreise und Normalpreise im Vergleich (Löhne 1826/ Borgeln 1828)	72
2-d	Abgelöste Lasten in Löhne, Borgeln und Oberkirchen-Westfeld	79
2-e	Streuung der Feudalquoten in den drei Orten (1822/1830)	82
2-f	Durchschnittliche Erlöse aus protoindustrieller Weberei in Talern	85
3-a	Durchschnittliche Höhe von Geldabfindungen (1775-1924)	102
3-b	Häufigkeit der Eintragungen von Transfers ins Borgeler Hypothekenbuch (1830-66)	105
3-c	In Verträgen überlieferte Geldabfindungen 1775-1924	118
3-d	Einflussfaktoren auf die Höhe der Geldabfindungen 1830-1866 (Semi-log Regressionsschätzung)	120
3-e	Entschädigungen der Köln-Mindener Eisenbahn für Löhner Grundbesitzer 1848/49	131
3-f	Entschädigungen der Hannoverschen Westbahn für Löhner Grundbesitzer 1854-56	132
3-g	Empfänger von Parzellen aus dem Heuerlingsteil 1840-1842 nach Betriebsgrößen	136
3-h	Der Verbleib von Parzellen des Heuerlingsteils von Löhne 1866	138
3-i	Wechsel an Land aus der Gemeinheit nach der Teilung (1840-66)	139
4-a	Systematik der preußischen Hypothekenbücher (Grundbücher)	152
4-b	Schulden und Forderungen in Inventaren (1825-67)	161
4-c	Hypothekar- und nicht eingetragene Kredite der Sparkasse Soest, vergeben an Borgeler Einwohner (1830-67)	162
4-d	Hypothekeneintragungen in Borgeln, Löhne und Oberkirchen (1830-66)	165
4-e	Hypothekarische Verschuldung zum Zeitpunkt einer Zession, Löhne (1830-66)	176
4-f	Abstand zwischen Kreditvergabe und Zessionen, Löhne (1823-66)	177
4-g	Rückzahlungspraktiken bei Sparkassenkrediten (1830-67)	181
4-h	Verlauf des Kreditkontos von Heinrich Wegge zu Hattropholsen	182
4-i	Verlauf des Kreditkontos von Anton Schiller zu Hattropholsen	182
4-j	Kredite der Sparkasse Soest nach Rückzahlungsart	184
4-k	Verlauf des Annuitätendarlehens des Kolons Amecke aus Dinker	185
4-l	Hypothekarkredite Borgeln nach Herkunft und Profession der Gläubiger (1830-66)	188
4-m	Hypothekarkredite Oberkirchen nach Herkunft und Profession der Gläubiger (1830-66)	191
4-n	Hypothekarkredite Löhne nach Herkunft und Profession der Gläubiger (1830-66)	193
4-o	Korrelation der Hypothekarkreditaufnahmen pro Jahr	195
4-p	Faktoren der Eintragung von Sparkassenkrediten ins Grundbuch (Logistische Regression)	206

5-a	Sparkassenentwicklung in Westfalen (1839-1869)	225
5-b	Soziale Verteilung der Inhaber neu eröffneter Konten (Kreis Soest ohne Stadt Soest)	227
5-c	Soziale Verteilung der Inhaber neu eröffneter Konten aus Borgeln	229
5-d	Konten verheirateter Frauen	235
5-e	Korrelationsmatrix der Sparentwicklung in Borgeln	237
5-f	Korrelationsmatrix der Sparkassentransaktionen pro Jahr	240
5-g	Einfluss von Betriebsgröße und Weizenpreis auf die Einzahlungen Borgeler Sparer (Tobit-Regressionsschätzung, linear)	242
5-h	Saisonale Verteilung der Einzahlungen und Abhebungen Borgeler Sparer bei der Sparkasse Soest (1831-1867)	245
5-i	Korrelation der monatlichen Einzahlungen und Abhebungen 1831-1867	246
5-j	Spartransaktionen des Kolons Juchheim, OFBID 1770	254
5-k	Akkumulations- und Entspartempi Borgeler Sparer	255
5-l	Aufteilung der Kontolaufzeiten in Akkumulations- und Entsparphase	255
5-m	Transaktionsfrequenz in Borgeln	255
6-a	Ablöseentscheidungen in Löhne, Borgeln und Oberkirchen-Westfeld	276
6-b	Rechenmodell eines preußischen Rentenbankkredites mit 1% Tilgung - in Talern	288
6-c	Rechenmodell eines preußischen Rentenbankkredites mit 0,5%Tilgung - in Talern	289
6-d	Rechenmodell eines endfälligen Kredites für eine Reallast von 4 Talern fixierter Rente	289
6-e	Aktivitäten der preußischen Rentenbanken bis zum 1. Oktober 1865 in Talern	291
6-f	Finanzierungsentscheidungen in Löhne, Borgeln und Oberkirchen-Westfeld (1850-1859)	293
6-g	Rechenmodell eines Kredites des Braunschweigischen Leihhauses (ab 1834) für eine Reallast von 4 Talern fixierter Rente	294
6-h	Summe der Einnahmen und Ausgaben Borgeler Konten zwischen 1845 und 1860	296
6-i	Finanzierung der Ablösungen durch Sparguthaben	297
6-j	Finanzierung der Ablösungen über Sparkassen-Kredite	298
6-k	Bestehende Konten und Guthaben gegen Ende der Ablösephase in Borgeln	300
6-l	Hypothekarkredite Borgeln nach Herkunft und Profession der Gläubiger (1850-53)	302
6-m	Hypothekarkredite Löhne nach Herkunft der Gläubiger (1845-1847)	303
6-n	Laufzeiten der Ablösefinanzierungen	306
7-a	Einflüsse auf die Eheschließung in Borgeln (Logistische Regression)	322
7-b	Verlauf des Kontos von Albert Hohoff	324
7-c	Verlauf des Kontos von Friedrich Camen	325
7-d	Verlauf des Kontos von Friedrich Vieth	325
7-e	Verlauf des Kontos von Franz Römling	326
7-f	Ansiedlungsanträge für die Pfarrei Borgeln (1837-1867)	330
7-g	Konzepte familien- und lebenszyklischer Transaktionen	333
7-h	Vergleich der Risikopopulationen zu Borgeln	349
7-i	Spartransaktionen von Sparern nach Familienphasen (in Hof-Jahren)	359
7-j	Spartransaktionen von Kleinstbesitzern unter Gesindeüberschuss und -bedarf (in Hof-Jahren)	360

7-k	Spartransaktionen von mittleren und großen Betrieben unter Gesindeüberschuss und -bedarf (in Hof-Jahren)	361
7-l	Einflussfaktoren der Vermögenshöhe in Inventaren, Borgeln, Löhne und Oberkirchen, 1820-1880 (Lineare Regression)	374
7-m	Einflussfaktoren auf die Höhe des Kontostandes von Sparern 1865 (Lineare Regression)	376
7-n	Altersverteilung der Kontoeröffnungen von Borgeler Einwohnern (1830-1867)	378
7-o	Konten, die über die Hofübergabe hinaus besessen wurden	379
7-p	Verlauf des Kontos von Luise Schulthoff	387
7-q	Verlauf des Kontos von Christine Beimann	388
7-r	Verlauf des Kontos der Wwe. Maria Markhoff	389
7-s	Verlauf des Kontos von Sophie von Klocke	389
8-a	Pachtverhältnisse und Renditeberechnung der Bodenverpachtung in Borgeln	397
8-b	Spareinzahlungen und zeitnahe Transaktionen in Borgeln (Logistische Regression)	403
8-c	Sparbuchabhebungen und zeitnahe Transaktionen in Borgeln (Logistische Regression)	406
8-d	Barkreditaufnahmen und zeitnahe Transaktionen in Borgeln (Logistische Regression)	408
8-e	Landkäufe und zeitnahe Transaktionen in Borgeln (Logistische Regression)	410
8-f	Betriebsgrößenentwicklung und Spartätigkeit, Borgeln 1830-1866	412
A-a	Risikopopulation Borgeln und aggregierte Steuerreinerträge	433
A-b	Aggregierte Ressourcenflüsse nach Familienphasen	434
A-c	Größenklassen und Gesindenorm in Borgeln	434
A-d	Gesindebedarf Borgeln	435
A-e	Hof-Jahre der Betriebe Borgelns nach Gesindebedarfsphasen – Risikopopulation Gesindebedarf (1830-66)	435
A-f	Aggregierte Ressourcenflüsse von Betrieben bis 50 Taler Steuerreinertrag nach Gesindebedarfsphasen	436
A-g	Aggregierte Ressourcenflüsse von Betrieben mit 100 Taler Steuerreinertrag und darüber nach Gesindebedarfsphasen	436
A-h	Zahlungsvorgänge in den Journalen der Sparkasse	439
A-i	Beschreibung der Querschnittstichprobe der Sparkontoeröffnungen	440
A-j	Zensierte Laufzeiten rekonstruierter Konten	441
A-k	Laufzeiten Borgeler Konten in Klassen, 1830-1867	441
A-l	Laufzeiten Borgeler Konten nach Dekade der Eröffnung	441

A7 Abbildungsverzeichnis

1-A Besitzverteilung in Borgeln 1829/30 (nur steuerpflichtige Landbesitzer) 29
1-B Konzentration des Landbesitzes in den drei Orten 1829/33 (Lorenzkurve) 31
1-C Konzentration des Landbesitzes in den drei Orten 1866 (Lorenzkurve) 31

2-A Entwicklung der Markt-, Normal- und Ablösepreise in Borgeln (1820-1866) 47
2-B Betriebsgrößen und Grundsteuer-Reinerträge in Borgeln 1830 (194 Betriebe) 63
2-C Besatz an Rindvieh in den drei Untersuchungsorten 1830 69
2-D Verhältnis der monetisierten, „fixierten" Feudallasten zu den Grundsteuer-Reinerträgen der Betriebe (Borgeln, 1822/30) 80

3-A Borgeln und Löhne: Hofwerte bei Teilungen und Übergaben im Verhältnis zum Kataster-Reinertrag (1815-1867) 92
3-B Beispiele von Vermögensneuordnungen im Rahmen der Gütergemeinschaft nach Soester Statuten 111
3-C Landverkäufe durch Bewohner der drei Untersuchungsorte (nur örtliche Grundbücher) 128
3-D Landkäufe durch Bewohner der drei Untersuchungsorte 1830-1864 (nur örtliche Grundbücher) 128
3-E Nettoflüsse in Landbesitz durch Bewohner der drei Untersuchungsorte 1830-1864 (nur örtliche Grundbücher) 128
3-F Löhne - Besitzwechsel von Parzellen des ehemaligen Heuerlingsteils (1840-67) 137

4-A Neuaufnahmen an Hypothekenkrediten in Borgeln, Löhne und Oberkirchen (1830-64) 167
4-B Hypothekenverschuldung in Borgeln, Löhne und Oberkirchen (1830-1866) 170
4-C Verschuldung in Inventaren aus Borgeln, Löhne und Oberkirchen (1810-1880) gemessen am Grundsteuer-Reinertrag von 1830 170
4-D Verschuldung der Löhner Debitoren zum Zeitpunkt der Zession ihrer Kredite (1830-66) 174
4-E Verzug zwischen Rückzahlung und Löschung der Hypothek in Jahren 178
4-F Zeit zwischen Aufnahme und Rückzahlung von Krediten der Sparkasse Soest an Borgeler Einwohner (1830-1867) 180
4-G Herkunft der Gläubiger von Hypothekenkrediten 1830-1866 194
4-H Zinsen auf Hypothekarkredite 1820-1866 (gewichtete 10-Jahres-Mittel, 1860-1866 6-Jahres-Mittel) 197
4-I Hypothekenkredite Borgeler Schuldner nach Gläubigergruppen (1825-1864) 201
4-J Hypothekenkredite Löhner Schuldner nach Gläubigergruppen (1825-1864) 201
4-K Hypothekenkredite Oberkirchener Schuldner nach Gläubigergruppen (1825-1864) 201
4-L Kredite der Sparkasse Soest an Borgeler Einwohner (1830-1867) 204

5-A Herkunftsverteilung der Sparer der Sparkasse Soest (gleitendes 9-Jahres-Mittel) 223
5-B Summe aller Guthaben von Borgeler Sparern bei der Sparkasse Soest (1830-1867) 233
5-C Summe aller Guthaben Borgeler Sparer nach sozialen Schichten (1830-1867) 234
5-D Entwicklung der Sparkontenzahl in Borgeln (1830-1867) 238
5-E Saisonalität der Einzahlungen und Abhebungen Borgeler Sparer 1831-1849 247

5-F Saisonalität der Einzahlungen und Abhebungen Borgeler Sparer 1850-1867 247
5-G Zehn exemplarische Sparverläufe Borgeler Sparer 250
5-H Laufzeitenverteilung Borgeler Konten sozial differenziert (1830-1867) 252

6-A Jährliche Summe der Ablösungskapitale in Löhne, Borgeln und Oberkirchen in Reichstalern (1830-1866) 295

7-A Geldflüsse von Betrieben bis zu 50 Taler Steuer-Reinertrag nach Familienphasen (1830-1866) 351
7-B Geldflüsse von Betrieben über 50 Taler Steuer-Reinertrag nach Familienphasen (1830-66) 351
7-C Gesindebesatz nach den Wertschätzungsprotokollen (1824-1828) 354
7-D Geldflüsse von Betrieben bis zu 50 Taler Steuer-Reinertrag und arbeitsfähige Kinder in der Familie (1830-1866) 357
7-E Geldflüsse von Betrieben mit mehr als 100 Taler Steuer-Reinertrag und familienzyklischer Bedarf an Gesinde (1830-1866) 357
7-F Einfaches Modell des Sparens nach Modigliani 366

8-A Vermögensverlauf der Juchheims Kolonie Hattropholsen (HofID 233) 413
8-B Vermögensverlauf der Schillers Kolonie Hattropholsen (HofID 93) 413
8-C Vermögensverlauf der Uhlenburgs Kolonie Borgeln (HofID 46) 415
8-D Vermögensverlauf der Höfe Dierks und Blumroth 11 (BOR HofID 109 und 115) 418
8-E Vermögensverlauf des Hofes Klauke (BOR HofID 110) 418
8-F Vermögensverlauf des Hofes Thiele (BOR HofID 11) 420
8-G Vermögensverlauf des Hofes Lammert (BOR HofID 5) 420

A-A Auszug aus einem Sparkassenjournal 438

A8 Nachweis einzelner Identifikationsnummern

A8.1 AblösIDs (Ablösebeziehungen)

AblösID	Nachweis
LOE	
245	SuLG G12, fol. 77
246	SuLG G12, fol. 77
400	GAL 50430, fol. 49
415	GAL 50439, fol. 17
416	GAL 50439, fol. 17
418	GAL 50439, fol. 17
419	GAL 50439, fol. 17
542	GAL 50159, fol. 182
546	GAL 50164, fol. 44
557	GAL 50206, fol. 12
561	rekonstruiert
BOR	
23	GAS 1794, fol. 247
30	GAS 1934, fol. 77
142	GAS 8614, fol. 46
144	GAS 8941, fol. 119
145	GAS 8941, fol. 119, fol. 100
162	GAS 8962, fol. 100
168	GAS 8974, fol 97v
175	LA NRW W, Rentamt Soest, 341
254	rekonstruiert aus Grundbüchern
272	GAS 1659, fol. 151 u. 180
282	GAS 6960, fol 47

AblösID	Nachweis
OKI	
18	GAW 819, fol. 55
21	GAW 828, fol. 50
28	GAW 840, fol. 30
29	GAW 840, fol. 36
32	GAW 845, 62; auch AFürstenberg 10521
35	GAW 847, fol. 62
45	GAW 851, fol. 147
47	GAW 858, fol. 116
54	GAW 864, fol. 114
58	GAW 868, fol. 72
60	GAW 873, fol. 27
62	GAW 883, 37; auch AFürstenberg 10521
64	GAW 884, fol. 145
67	GAW 890, fol. 35
71	GAW 912, fol. 11
75	GAW 916, fol. 50
78	GAW 919, fol. 7
183	rekonstruiert aus GBW

A8.2 EIDs (Eigentumswechsel)

EID	Nachweis
LOE	
204	GBL 1, fol. 48 (291)
912	GB LöB1, fol. 4 (31)
517	GBL 3, fol. 118
518	GBL 3, fol. 118
519	GBL 3, fol. 118
520	GBL 3, fol. 118
521	GBL 3, fol. 118

EID	Nachweis
523	GBL 3, fol. 118
524	GBL 3, fol. 118
654	GB LöB 1, fol. 35 (235)
1505	Fortschreibungsverh. 1856
1826	Artikel 240, FV 1856
1945	Artikel 33, FV 1851
BOR	
2	GBB 1, fol. 3 (9)

EID	Nachweis
22	GBB 1, fol. 7 (25)
63	GBB 7, fol. 77 (41)
271	GBB 7, fol. 52 (275)
377	GBB 3, fol. 47 (139)
379	GBB 3, fol. 47 (139)
380	GBB 3, fol. 47 (139)
570	GBB 10, fol. ? (110)
585	GBB 2, fol. 48 (139)
622	GBB 4, fol. 129 (25)
1149	GBB 1, fol. 4 (13)
1166	GBB 7, fol. 107 (163)
1202	GBB 1, fol. 19 (73)
1264	GBB 11, fol. 1 (1)
1265	GBB 7, fol. 133 (283)

EID	Nachweis
725	GBB 5, fol. 258 (124)
793	GBB 6, fol. 60 (178)
826	GBB 8, fol. 13 (37)
827	GBB 8, fol. 13 (37)
946	GBB 9, fol. 52 (154)
999	GBB 11, fol. 5 (13)
1008	GBB 11, fol. 10 (28)
1025	GBB 11, fol. 26 (76)
1330	GBB 2, fol. 58 (169)
1374	GBB 4, fol. 189 (204)
OKI	
1468	Grundakte Westfeld 830

A8.3 HOFIDs (Höfe)

HofID	Name; Hausnr.; Grundbuchfolium (-ien)
LOE	
1	Remmertsches Colonat; LöK 1; GBL1, fol. 1 (5)
2	Hepersches Colonat; LöK 2a; GBL1, fol. 2 (14)
3	Stätte Schwarze; LöK 3; GBL1, fol. 3 (23)
4	Hof ohne besonderen Namen; LöK 4; GBL 1, fol. 4 (32)
6	Colonat Usling; LöK 6; GBL 1, fol. 6 (50)
8	Colonat Voschefeld; LöK 8; GBL 1, fol. 8 (68)
10	Colonat Meyer; LöK 10; GBL 2, fol. 75 (89)
11	Colonat Stuke; LöK 11; GBL 1, fol. 11 (93)
16	Ruebemeyer-sches Colonat; LöK 16; GBL 1, fol. 16 (123); GBL 2, fol. 71 (51)
18	Stätte Steinsiek; LöK 18; GBL 1, fol. 18 (135)
21	Hof ohne besonderen Namen; LöK 21; GBL 1, fol. 21 (153)
22	Hartmannsches Colonat; LöK 22; GBL 1, fol. 22 (159)
24	Colonat Pahmeyer; LöK 24; GBL 2, fol. 77 (109)
27	Brackmann-sches Colonat; LöK 27; GBL 1, fol. 27 (189); GBL 1, fol. 56 (315)
28	Griesen Stätte; LöK 28; GBL 1, fol. 28 (195)
29	Kochsches Colonat; LöK 29; GBL 1, fol. 29 (201)
31	Colonat Fraensemeyer; LöK 31; GBL 2, fol. 72 (61)
48	Geisbrinker Windmühle / Untere Mühle; LöK 48; GBL 1, fol. 48 (291); GBL 3, fol. 116
54	Hof ohne besonderen Namen; LöK 54; GBL 1, fol. 54 (309)
61	Kuntemeyersche Erbpächterei; LöK 62a; GBL 2, fol. 62 (7)
86	Hof ohne besonderen Namen; LöK 87; GBL 3, fol. 130
89	Tiemannsche Stätte; LöB 3; GB LöB1, fol. 3 (22)
90	Hof ohne besonderen Namen; LöB 4; GB LöB1, fol. 4 (31); GBL 4, fol. 151

HofID	Name; Hausnr.; Grundbuchfolium (-ien)
91	Ventkersche Stätte; LöB 5; GB LöB1, fol. 5 (40)
93	Colonat Take; LöB 7; GB LöB1, fol. 7 (58)
94	Rahe; LöB 8; GB LöB1, fol. 8 (67)
106	Colonat Stricker; LöB 19; GB LöB1, fol. 19 (139)
112	Krömkersches Colonat; LöB 25; GB LöB1, fol. 25 (175)
113	Jacobsmeyersches Colonat; LöB 26; GB LöB1, fol. 26 (181); GB LöB1, fol. 21 (151)
117	Noltings Stätte; LöB 30; GB LöB1, fol. 30 (205)
122	Colonat des Elstermeyer; LöB 35; GB LöB1, fol. 35 (235)
126	Hof ohne besonderen Namen; LöB 39; GB LöB1, fol. 39 (247)
133	Hof ohne besonderen Namen; LöB 47; GB LöB1, fol. 47 (271)
BOR	
1	Schulzen Colonie zu Borgeln; 1; GBB 7, fol. 77 (41)
2	Beuckmanns Colonie zu Borgeln; 4; GBB 7, fol. 73 (21)
3	Ruphoffs Colonie zu Stocklarn; 1; GBB 1, fol. 51 (201)
4	Trottenborgs Colonie zu Stocklarn; 2; GBB 7, fol. 71 (13)
5	Lammerts Colonie zu Stocklarn; 3; GBB 7, fol. 133 (283)
6	Löers Colonie zu Stocklarn; 4; GBB 1, fol. 16 (61)
7	Potthoffs Colonie zu Stocklarn; 7; GBB 7, fol. 102 (143)
8	Schillers Hof zu Stocklarn; 10; GBB 1, fol. 19 (73)
9	Strumanns Colonie zu Stocklarn; 11; GBB 1, fol. 12 (45)
10	Greunen Colonie zu Stocklarn; 12; GBB 1, fol. 11 (41)
11	Thielen Hof zu Stocklarn; 13; GBB 1, fol. 53 (209)
12	Hapen Colonie zu Stocklarn; 14; GBB 7, fol. 74 (29)
13	Schulthoffs Colonie zu Stocklarn; 16; GBB 7, fol. 135 (291)
16	Stocklarn 21; 21; GBB 4, fol. 126 (16)
21	Krabben Kotten Stocklarn 30; 30; GBB 1, fol. 63 (249)
28	Stocklarn 41(Nölken); 41; GBB 9, fol. 73 (217)
29	Colonie Blumroth (Bimberg); 1; GBB 1, fol. 5 (17)
30	Remmerts Colonie zu Borgeln; 5; GBB 7, fol. 130 (271)
31	Windhüvels Colonie zu Borgeln; 6; GBB 7, fol. 119 (223)
32	Goesslinghoffsche Colonie; 7; GBB 7, fol. 96 (119)
33	Steinhoffs Colonie; 9; GBB 7, fol. 82 (61); GBB 3, fol. 61 (181)
34	Tommes Colonie zu Borgeln; 10; GBB 10, fol. 147 (13)
35	Westermanns Colonie zu Borgeln; 11; GBB 7, fol. 118 (219)
36	Dahlhoffs Colonie zum Korten bei Borgeln; 12; GBB 7, fol. 111 (179)
37	Holtmanns Colonie zum Kotten bei Borgeln; 13; GBB 7, fol. 122 (239)
42	Jacobs Colonie zu Borgeln; 18; GBB 7, fol. 129 (267); GBB 5, fol. 286 (208)
43	Schwollen Colonie zu Borgeln; 19; GBB 7, fol. 126 (255)
44	Bertels Hof zu Borgeln; 21; GBB 1, fol. 56 (221)
45	Grotjohanns Colonie zu Borgeln; 22; GBB 7, fol. 116 (211)
46	Uhlenburgs Colonie zu Borgeln; 23; GBB 7, fol. 128 (263)
48	Rohen Colonie; 25; GBB 7, fol. 81 (57)
50	Wortmanns Colonie; 27; GBB 7, fol. 69 (5); GBB 3, fol. 84 (250)

HofID	Name; Hausnr.; Grundbuchfolium (-ien)
54	Borgeln 33; 33; GBB 6, fol. 93 (277)
56	Borgeln 35 (vor 1850 abgebrochen); 35; GBB 4, fol. 212 (273)
58	Borgeln 36b; 36b; GBB 4, fol. 215 (282)
59	Borgeln 38; 38; GBB 3, fol. 56 (166); GBB 12, fol. 39 (39)
60	Borgeln 39; 39; GBB 5, fol. 231 (43)
63	Borgeln 43; 43; GBB 3, fol. 14 (40)
64	Borgeln 44; 44; GBB 3, fol. 26 (76); GBB 12, fol. 22 (22)
66	Borgeln 46; 46; GBB 5, fol. 221 (13)
67	Borgeln 47; 47; GBB 2, fol. 46 (133); GBB 11, fol. 7 (19)
68	Borgeln 59; 59; GBB 3, fol. 24 (70)
71	Hoparten Kotten zu Borgeln; 53; GBB 7, fol. 144 (335)
74	Borgeln 57; 57; GBB 5, fol. 254 (112)
75	Borgeln 58; 58; GBB 11, fol. 5 (13); GBB 3, fol. 6 (16)
76	Borgeln 61, Schulhaus; 61; GBB 11, fol. 10 (28)
82	Borgeln 68; 68; GBB 9, fol. 81 (241); GBB 9, fol. 94 (280)
83	Borgeln 69; 69; GBB 2, fol. 48 (139)
86	Borgeln 72; 72; GBB 6, fol. 51 (151); GBB 11, fol. 37 (109)
87	Borgeln 74; 74; GBB 6, fol. 60 (178); GBB 9, fol. 52 (154)
89	Carren Colonie zu Hattropholsen; 2; GBB 7, fol. 115 (195)
90	Hänsen Colonie zu Hattropholsen; 4; GBB 7, fol. 52 (275)
91	Schrivers Colonie zu Hattropholsen; 5; GBB 7, fol. 108 (167)
92	Vieths Colonie zu Hattropholsen; 6; GBB 7, fol. 107 (163); GBB 12, fol. 30 (30); GBB 6, fol. 84 (250)
93	Schillers Colonie zu Hattropholsen; 7; GBB 7, fol. 92 (101); GBB 3, fol. 54 (160)
96	Hattropholsen 12; 12; GBB 6, fol. 31 (91)
99	Hattropholsen 21; 21; GBB 6, fol. 39 (115)
102	Hattropholsen 25; 25; GBB 10, fol. ? (69)
107	Maaß Colonie zu Blumroth; 2; GBB 7, fol. 80 (53)
108	Jünglings Colonie in den Blumerhöfen; 3; GBB 13, fol. 28; GBB 7, fol. 117 (215)
109	Dierks Colonie zu Blumroth; 4; GBB 7, fol. 100 (135)
110	Klauke zu Blumroth; 5; GBB 1, fol. 30 (117); GBB 13, fol. 19
111	Schulzen Colonie zu Witteborg; 6; GBB 7, fol. 140 (315)
112	Uhlenborgs Colonie zu Blumroth; 12; GBB 13, fol. 21
115	Blumroth 11 (Dierks); 11; GBB 11, fol. 54 (160)
203	Gut Fahnen; 2; GBB 1, fol. 36 (141)
204	Rüssen Colonie (Fahnen); 3; GBB 7, fol. 97 (123)
206	Borgeln 29; 29; GBB 12, fol. 47 (47); GBB 6, fol. 91 (271); GBB 11, fol. 6 (16)
211	Borgeln 55; 55; GBB 3, fol. 41 (121); GBB 13, fol. 24; GBB 13, fol. 57
213	Borgeln 78; 78; GBB 9, fol. 25 (73)
219	Haus Broel (Borgeln 8); 8; GBB 9, fol. 91 (271); GBB 1, fol. 3 (9)
222	Greunen Erbkotten (Stocklarn); 18; GBB 1, fol. 50 (197)
233	Juchheims Colonie Hattropholsen ; 3; GBB 13, fol. 47; GBB 7, fol. 106 (159); GBB 12, fol. 10 (10)

HofID	Name; Hausnr.; Grundbuchfolium (-ien)
235	Gärners Stätte, Hattropholsen ; 14; GBB 3, fol. 86 (256)
239	Borgeln 49; 49; GBB 3, fol. 31 (91)
240	Schulzen Colonie Hattropholsen; 1; GBB 7, fol. 85 (73)
245	Dörendahl (Stocklarn); ; GBB 4, fol. 191 (210)
246	Georg Greune; 18; GBB 4, fol. 151 (91); GBB 13, fol. 15; GBB 11, fol. 31 (91)
247	Nr. 95; 95; GBB 10, fol. ? (101)
248	Borgeln 83; 83; GBB 2, fol. 45 (130b); GBB 4, fol. 122 (4); GBB 12, fol. 24 (24)
249	Kothe zu Stocklarn; 6; GBB 8, fol. 6 (16)
250	Borgeln 44 (ab 1855); 44; GBB 13, fol. 45
251	Kothe Ex-Dierks Blumroth 4; 4; GBB 12, fol. 43 (43)
OKI	
49	Hamm, Joh. Georg Heinr. (Holthausen); -; GBS 1, fol 23
53	Lingemann-Klauke (Holthausen); -; GBS 1, fol. 36
62	Freymuth-Funke (Nordenau); -; GAW 820
195	Ochsenfeld (Niedersorpe); -; GBS 1, fol. 41
245	Hitzegrad, Heinrich (Lenneplätze); -; GBW 2, fol. 54
246	Hitzegrad, Kaspar (Lenneplätze); -; GBW 2, fol. 56
248	Schütte (Lenneplätze); -; GBW 2, fol. 59

A8.4 InvIDs (Inventare)

InvID	Nachweis
LOE	
2	GA 50418, fol. 91
4	GA 50390, fol. 90
7	GA 50411, fol. 7
12	GA 50119, fol. 111
13	GA 50120, fol. 53
16	GA 50122, fol. 134
19	GA 50112, fol. 42
23	GA 50163, fol. 68
24	GA 50164, fol. 58
27	GA 50180, fol. 39

InvID	Nachweis
28	GA 50186, fol. 8
33	GA 50228, fol. 22
BOR	
12	GA 1986b, fol. 44
27	GA 5696-3, fol. 133
28	GA 5696, fol. 14
58	GA 8951, fol. 16
64	GA 9218/2, fol. 66
65	GA 9218/1, fol. 10
69	GA 8974, fol. 43

A8.5 KonIDs (Kontrakte)

KonID	Nachweis
LOE	
7	GAL 50388, fol. 187
10	GAL 50397, fol. 90
21	GAL 50403, fol. 168
23	GAL 50407, fol. 61

KonID	Nachweis
30	GAL 50425, fol. 51
35	GAL 50427, fol. 53
36	GAL 50430, fol. 17
39	GAL 50436, fol. 270
47	GAL 50092, fol. 21

KonID	Nachweis
48	GAL 50175, fol. 69
49	GAL 50175, fol. 71
50	GAL 50175, fol. 172
55	GAL 50104, fol. 111
60	GAL 50108, fol. 149
66	GAL 50120, fol. 43
72	GAL 50127, fol. 97
86	GAL 50398, fol. 49
105	GAL 50389, fol. 25
106	GAL 50428, fol. 142
110	GAL 50089, fol. 75
123	GAL 50100, fol. 39
133	GAL 50105, fol. 169
136	GAL 50110, fol. 171
139	GAL 50114, fol. 89
141	GAL 50116, fol. 93
143	GAL 50117, fol. 66
144	GAL 50118, fol. 15
145	GAL 50119, fol. 105
155	GAL 50130, fol. 70
163	GAL 50137, fol. 118
171	GAL 50144, fol. 19
182	GAL 50159, fol. 68
184	GAL 50161, fol. 18
189	GAL 50162, fol. 200
192	GAL 50165, fol. 35
197	GAL 50171, fol. 44
198	GAL 50171, fol. 40
201	GAL 50120, fol. 90
202	GAL 50123, fol. 117
203	GAL 50124, fol. 5
204	GAL 50131, fol. 78
213	GAL 50174, fol. 96
221	GAL 124, fol. 98
223	GAL 50163, fol. 58
229	GAL 50176, fol. 28
241	GAL 50097, fol. 29
255	GAL 50180, fol. 49
270	GAL 50183, fol. 1
279	GAL 50200, fol. 13
281	GAL 50197, fol. 126
284	GAL 50186, fol. 54
285	GAL 50210, fol. 11

KonID	Nachweis
290	GAL 50227, fol. 27
294	GAL 50418, fol. 70
331	GAL 50115, fol. 20
337	GAL 50136, fol. 103
346	GAL 50186, fol. 78
347	GAL 50186, fol. 54
BOR	
24	GAS 8877, fol. 50
29	GAS 963, fol. 43
41	GAS 1658/1, fol. 2
43	GAS 1708/2, fol. 22
51	GAS 1751/5, fol. 15
55	GAS 1794, fol. 37
60	GAS 1820/7, fol. 28
69	GAS 1880/6, fol. 3
86	GAS 1926/1, fol. 136
91	GAS 1933/3, fol. 62
98	GAS 1978, fol. 15
103	GAS 1986, fol. 65
109	GAS 1996/1, fol. 22
112	GAS 1996/2, fol. 15
116	GAS 2741/1, fol. 15
140	GAS 3242, fol. 109
141	GAS 3226, fol. 8
155	GAS 3560, fol. 5
204	GAS 5043, fol. 21
208	GAS 5222, fol. 9
214	GAS 5457, fol. 21
216	GAS 5457, fol. 36
219	GAS 5551, fol. 96
228	GAS 5696, fol. 139
230	GAS 5696, fol. 268
231	GAS 5696, fol. 271
238	GAS 6585, fol. 3
252	GAS 6592, fol. 50
254	GAS 6607, fol. 7
265	GAS 6639, fol. 6
268	GAS 6639, fol. 91
269	GAS 6640, fol. 2
270	GAS 6640, fol. 22
272	GAS 6640, fol. 45
274	GAS 6640, fol. 130
288	GAS 7359, fol. 70

KonID	Nachweis
292	GAS 7359, fol. 259
295	GAS 8513, fol. 16
301	GAS 8515, fol. 20
302	GAS 8516, fol. 3
310	GAS 8531, fol. 25
312	GAS 8531, fol. 121
317	GAS 8538/1, fol. 88
324	GAS 8556, fol. 118
328	GAS 8562, fol. 11
335	GAS 8580, fol. 23
346	GAS 8685, fol. 144
349	GAS 8773, fol. 10
350	GAS 8773, fol. 34
355	GAS 8847, fol. 36
356	GAS 8852, fol. 10
363	GAS 8853, fol. 57
364	GAS 8853, fol. 60
367	GAS 8853, fol. 163
381	GAS 8869/2, fol. 102
384	GAS 8874, fol. 9
394	GAS 8880, fol. 99
404	GAS 8883, fol. 28
409	GAS 8884, fol. 71
412	GAS 8884, fol. 131
414	GAS 8884, fol. 160
418	GAS 8886, fol. 131
422	GAS 8892/2, fol. 72
425	GAS 8893, fol. 109
426	GAS 8895, fol. 2
436	GAS 8898, fol. 19
447	GAS 8900, fol. 28
709	Kreisgericht Soest 1861, fol. 9
449	GAS 8903, fol. 80
456	GAS 8904, fol. 40
457	GAS 8904, fol. 81
459	GAS 8905, fol. 16
468	GAS 8908, fol. 253
470	GAS 8929, fol. 44
476	GAS 8930, fol. 66
485	GAS 8951, fol. 2
486	GAS 8951, fol. 13
488	GAS 8951, fol. 163
491	GAS 8952, fol. 63

KonID	Nachweis
493	GAS 8954, fol. 109
499	GAS 8962, fol. 56
503	GAS 8974, fol. 24
516	GAS 8998, fol. 51
522	GAS 8999, fol. 114
524	GAS 9092, fol. 42
539	GAS 9093, fol. 3
540	GAS 9093, fol. 20
549	GAS 9113, fol. 25
554	GAS 9173, fol. 20
555	GAS 9173, fol. 39
556	GAS 9173, fol. 59
560	GAS 9218, fol. 3
562	GAS 9218, fol. 60
565	GAS 9218, fol. 221
573	GAS 1673, fol. 3
581	GAS 2077, fol. 66
585	GAS 4727, fol. 87
599	GAS 8908, fol. 253
616	GAS 1933/3, fol. 93
617	GAS 1977/1, fol. 4
635	GAS 6609, fol. 35
645	GAS 8685, fol. 144
653	GAS 3242, fol. 109
661	GAS 5696, fol. 139
679	GAS 9977, fol. 111
730	Kreisgericht Soest 1402, fol. 6
732	GAS 8886, fol. 131
734	LuStG Soest 842, fol. 72
735	LuStG Soest 842, fol. 88
736	LuStG Soest 842, fol. 93
OKI	
5	GAW 815, fol. 87
17	GAW 822, fol. 40
24	GAW 825, fol. 66
25	GAW 826, fol. 48
27	GAW 827, fol. 77
34	GAW 833, fol. 167
92	GAW 867, fol. 28
96	GAW 870, fol. 9
121	GAW 882, fol. 45
122	GAW 882, fol. 52
175	GAW 897, fol. 68

KonID	Nachweis
190	GAW 908, fol. 5
210	GAW 931, fol. 26
212	GAW 931, fol. 44
215	GAW 932, fol. 83
220	GAW 934, fol. 14
228	GAW 938, fol. 7
238	GAW 947, fol. 24
269	GAW 898, fol. 93
316	AG Fredeburg 46, fol. 7
325	AG Fredeburg 615, fol. 11
327	AG Fredeburg 669, fol. 7
339	AG Fredeburg 1625, fol.
346	AG Fredeburg 1539, fol. 9
349	AG Fredeburg 1636, fol. 7

A8.6 KontoIDs (Kredit- und Sparkonten)

KontoID	Stadtarchiv Soest...; Eintragsdatum; Hauptbuchnr.
7	C1010; 1.3.1853; 9479
9	C1001; 2.8.1837; 2061
10	C1001; 14.12.1837; 2236
11	C1001; 20.3.1838; 2320
20	C1002; 16.8.1841; 3427
35	C1000; 4.8.1835; 1428
36	C1001; 15.7.1837; 2033
37	C1000; 2.1.1836; 1533
40	C1000; 3.11.1836; 1778
66	C1001; 7.7.1837; 2029
77	C1002; 10.4.1840; 2980
83	C1002; 7.1.1841; 3218
87	C1003; 25.11.1841; 3501
90	C1003; 17.6.1842; 3732
96	C1003; 24.1.1843; 3968
99	C1004; 14.6.1843; 4177
100	C1004; 26.6.1843; 4188
114	C1004; 10.7.1844; 4561
115	C1004; 5.8.1844; 4587
115	C1005; 5.8.1844; 4587
121	C1005; 7.1.1845; 4766
124	C1005; 4.10.1845; 5061
127	C1005; 3.12.1845; 5138
131	C1006; 24.3.1846; 5310
134	C1006; 1.7.1846; 5442
148	C1006; 1.3.1847; 5790
155	C1006; 13.7.1847; 5976
160	C1007; 22.11.1847; 6197
167	C1008; 7.8.1848; 6506
176	C1008; 16.5.1849; 6923
177	C1008; 16.5.1849; 6924
178	C1008; 16.5.1849; 6925
179	C1008; 16.5.1849; 6926
188	C1009; 30.1.1850; 7205
189	C1009; 30.1.1850; 7206
191	C1009; 8.2.1850; 7221
192	C1009; 9.2.1850; 7223
198	C1009; 26.8.1850; 7521
213	C1009; 30.5.1851; 8133
222	C1010; 14.1.1852; 8586
233	C1010; 28.5.1852; 8891
255	C1010; 30.6.1853; 9749
257	C1010; 6.7.1853; 9757
280	C1010; 6.1.1854; 10248
285	C1010; 21.1.1854; 10332
285	C1011; 21.1.1854; 10332
286	C1011; 26.1.1854; 10359
310	C1011; 21.9.1854; 11053
315	C1011; 28.11.1854; 11244
319	C1011; 29.1.1855; 11483
329	C1011; 13.10.1855; 12101
356	C1012; 2.1.1857; 13165
365	C1012; 18.5.1857; 13518
368	C1012; 20.7.1857; 13666
375	C1013; 13.1.1858; 14050
386	C1013; 8.6.1858; 14369
388	C1013; 12.6.1858; 14380
389	C1013; 5.8.1858; 14493
393	C1013; 1.11.1858; 14662
397	C1013; 29.11.1858; 14796

KontoID	Stadtarchiv Soest...; Eintragsdatum; Hauptbuchnr.
404	C1013; 9.2.1859; 15002
415	C1014; 7.11.1859; 15620
418	C1014; 23.11.1859; 15689
420	C1014; 5.1.1860; 15821
423	C1014; 1.2.1860; 15948
423	C1014; 1.2.1860; 15948
426	C1014; 16.3.1860; 16060
479	C1015; 9.4.1862; 17868
489	C1015; 29.10.1862; 18219
490	C1015; 1.11.1862; 18233
495	C1016; 21.4.1863; 18704
501	C1016; 29.10.1863; 19052
505	C1016; 7.11.1863; 19083
508	C1016; 21.11.1863; 19151
544	C999; 7.2.1832; 470
600	C1009; 15.1.1851; 3077
602	C1009; 10.3.1851; 3099
603	C1009; 10.3.1851; 3100

KontoID	Stadtarchiv Soest...; Eintragsdatum; Hauptbuchnr.
606	C1009; 19.11.1851; 3199
607	C1009; 19.11.1851; 3200
608	C1010; 28.1.1852; 3231
609	C1010; 2.9.1852; 3292
611	C1010; 15.3.1853; 3384
612	C1010; 19.3.1853; 3389
614	C1010; 1.10.1853; 3494
615	C1011; 21.5.1855; 3769
630	C1016; 20.1.1864; 5245
697	C1014; 17.3.1860; 16062
706	C1007; 1.10.1847; 6065
709	C1012; 26.1.1856; 12465
712	C1013; 7.1.1858; 14026
713	C1011; 4.2.1854; 10412
716	C1014; 25.11.1859; 15705
724	C1016; 20.5.1863; 18779
729	C1009; 10.10.1850; 3034
733	C1000; 8.1.1834; 1035

A8.7 LastIDs (Grundlasten)

LastID	Nachweis
LOE	
766	GBL 1, fol. 41 (270)
783	GBL 1, fol. 48 (291)
796	GBL 1, fol. 54 (309)
804	GBL 1, fol. 55 (312)
834	GBL 2, fol. 69 (31)
887	GBL 2, fol. 92 (257)
926	GBL 3, fol. 104
1007	GB LöB 1, fol. 3 (22)
1100	GB LöB 1, fol. 19 (139)
1101	GB LöB 1, fol. 19 (139)
1102	GB LöB 1, fol. 19 (139)
1166	GB LöB 1, fol. 37 (241)
1188	GB LöB 1, fol. 46 (268)
BOR	
84	GBB 7, fol. 77 (41)
124	GBB 1, fol. 27 (189)
161	GBB 7, fol. 111 (179)
701	GBB 2, fol. 9 (25)

LastID	Nachweis
259	GBB 7, fol. 139 (311)
365	GBB 7, fol. 83 (65)
377	GBB 7, fol. 85 (73)
458	GBB 7, fol. 121 (235)
460	GBB 7, fol. 121 (235)
478	GBB 7, fol. 52 (275)
794	GBB 2, fol. 71 (208)
795	GBB 2, fol. 71 (208)
OKI	
1327	GBS 2, fol. 81
1337	GBS 3, fol. 114
1342	GBS 3, fol. 137
1355	GBS 2, fol. 100
1356	GBS 3, fol. 101
1120	GBS 1, fol. 4
1125	GBS 1, fol. 5
1126	GBS 1, fol. 5
1127	GBS 1, fol. 5
1133	GBS 1, fol. 8

LastID	Nachweis
1134	GBS 1, fol. 8
1135	GBS 1, fol. 9
1150	GBS 2, fol. 92
1153	GBS 1, fol. 13
1161	GBS 1, fol. 15
1170	GBS 1, fol. 17
1171	GBS 1, fol. 17
1176	GBS 1, fol. 19
1178	GBS 1, fol. 20
1181	GBS 1, fol. 22
1190	GBS 1, fol. 25
1214	GBS 1, fol. 32
1220	GBS 1, fol. 35
1249	GBS 1, fol. 45
1271	GBS 2, fol. 57
1278	GBS 2, fol. 59
1286	GBS 2, fol. 63
1290	GBS 2, fol. 66
1304	GBS 2, fol. 72
1314	GBS 2, fol. 78
1381	GBS 3, fol. 128
1382	GBS 3, fol. 135
1391	GBS 4, fol. 152
1393	GBS 4, fol. 157
1394	GBS 4, fol. 159
1406	GAW 815
1407	GAW 815
1506	GAW 826
1507	GAW 826
1575	GAW 831
1596	GAW 834
1605	GAW 837
1639	GAW 849
1673	GAW 854
1718	GBO 1, fol. 15

LastID	Nachweis
1719	GBO 1, fol. 16
1726	GBO 1, fol. 18
1748	GBO 1, fol. 24
1755	GBO 1, fol. 27
1762	GBO 2, fol. 89
1778	GBO 1, fol. 34
1800	GBO 2, fol. 69
1804	GBO 2, fol. 71
1805	GBO 2, fol. 73
1807	GBO 2, fol. 74
1808	GBO 2, fol. 74
1809	GBO 2, fol. 77
1820	GBO 3, fol. 107
2005	GBW 2, fol. 72
2023	GBW 2, fol. 77
2028	GBW 2, fol. 78
2096	GBW 2, fol. 94
2122	GBW 2, fol. 97
2192	GBW 3, fol. 104
2260	GBW 3, fol. 121
2284	GBW 3, fol. 131
2290	GBW 3, fol. 132
2298	GBW 3, fol. 134
2307	GBW 3, fol. 136
2354	GBW 3, fol. 143
2356	GBW 3, fol. 144
2360	GBW 3, fol. 145
2371	GBW 3, fol. 147
2372	GBW 3, fol. 147
2383	GAW 935
2410	GAW 941
2411	GAW 941
2412	GAW 941
2514	GBW 3, fol. 142

A8.8 OFBIDs (Personen in den Familienrekonstitutionen)

OFBID	Nachname; Vorname; Geburtsort; Geburtsdatum; Sterbeort; Sterbedatum
LOE	
12591	Bartling; Anna Maria Engel; Löhne; 7.7.1793; Löhne; 31.12.1869
12877	Botterbusch; Anna Maria Louise Engel; Löhne; 6.6.1873; unbek.; unbek.
12923	Hartmann; Anna Maria Wilhelmine Ilsabein; Löhne; 10.5.1841; unbek.; unbek.
12973	Brackmann; Carl Heinrich; Löhne; 27.3.1795; unbek.; unbek.
14414	Meyer; Ernst Friedrich Wilhelm; Mennighüffen; 24.1.1821; Mennighüffen; 4.10.1893
14478	Griese; Maria Engel; Löhne; 16.8.1781; Mennighüffen; 22.3.1850
14483	Griese; Johann Caspar Heinrich; Löhne; 26.3.1804; Löhne; 27.7.1864
14808	Hemeyer; Carl Friedrich Gottlieb; Löhne; 9.1.1808; Löhne; 16.11.1867
15167	Imort; Carl Heinrich; Löhne; 18.10.1782; Löhne; 11.9.1854
15187	Imort; Johann Friedrich Carl; Löhne; 10.8.1812; Löhne; 24.1.1876
15734	Krömker; Johann Hermann Heinrich; Löhne; 11.1.1802; unbek.; unbek.
16203	Stuke; Johann Caspar Heinrich; Löhne; 27.7.1799; Löhne; 3.3.1861
16580	Niemeyer; Friedrich Wilhelm; Herford-Stiftberg; 22.8.1825; Löhne; 5196
16901	Nolting; Johann Friedrich; Löhne; 1.1.1825; Löhne; 126
17152	Osterhage; Johann Dietrich; Löhne; 11.3.1791; Löhne; 9.4.1855
17270	Pahmeyer; Anna Maria Ilsabein; Löhne; 27.12.1755; Löhne; 13.5.1820
17673	Trampe; Friedrich Wilhelm; Mennighüffen; 3.2.1800; Löhne; 31.7.1867
18367	Schwarze; Anna Maria Elisabeth; Löhne; 21.3.1818; unbek.; unbek.
18434	Sohnsmeyer; Johann Heinrich Gottlieb; Löhne; 5.11.1810; Löhne; 26.5.1887
18626	Steinsiek; Johann Friedrich Wilhelm; Löhne; 27.12.1814; Löhne; 12.12.1867
55577	Kroenig; Friedrich Arnold; unbek.; unbek.; unbek.; unbek.
BOR	
13	Worthmann; Andreas Dietrich Caspar Wilhelm; Borgeln; 14.2.1827; Borgeln; 3585
32	Coers; Johann Heinrich Georg Wilhelm; Hattrop; 24.4.1770; Borgeln; 13.3.1839
33	Schulze zu Borgeln; Christoph Wilhelm Heinrich; Borgeln; 23.12.1811; Borgeln; 8.1.1887
90	Rüsse zum Fahnen; Wilhelm Franz Heinr. Christoph Friedrich; Borgeln; 27.8.1823; Borgeln; 16.10.1891
107	Stahl; Gerhard Stephan Wilhelm Christoph; Borgeln; 2.10.1794; Borgeln; 7.3.1867
124	Wilms; Maria Catharina Elisabeth; Borgeln; 25.9.1785; Borgeln; 11.11.1861
125	Risse; Dietrich Georg Caspar Arnold; Schwefe; 20.8.1820; Borgeln; 13.11.1880
126	Beuckmann; Christine Margaretha Elisabeth Wilhelmine; Borgeln; 9.4.1815; Borgeln; 22.12.1841
148	Dahlhoff; Johann Dietrich Albert Heinrich Christian; Borgeln; 19.11.1811; Borgeln; 3.1.1875
188	Brügger; Christoph Justus Wilhelm Heinrich; Borgeln; 10.3.1780; Borgeln; 22.11.1870
189	Karje; Andreas Wilhelm; Borgeln; 5.2.1812; Borgeln; 10.4.1881
228	Dahlhoff; Andreas Peter Wilhelm Christoph; Borgeln; 20.10.1795; Borgeln; 2.7.1864
251	Gösslinghoff; Wilhelm Gottfried Anton Georg; Borgeln; 10.9.1809; Borgeln; 28.5.1885
268	Rademacher; Johann Lambert Heinrich; Borgeln; 26.6.1791; Borgeln; 27.8.1859

OFBID	Nachname; Vorname; Geburtsort; Geburtsdatum; Sterbeort; Sterbedatum
289	Floeingschulz; Maria Margaretha Carolina Catharina; Borgeln; 24.2.1823; Borgeln; 16.9.1893
312	Holtmann; Dietrich Wilhelm; Borgeln; 5.3.1815; Borgeln; 14.4.1880
333	Steinhoff; Wilhelm Johann Heinrich Gerhard; Borgeln; 4.10.1804; Borgeln; 22.1.1880
376	Schwolle; Johann Christoph Wilhelm Jakob; Borgeln; 16.3.1793; Borgeln; 6.6.1854
382	Holtmann; Caspar Christoph Wilhelm; Borgeln; 27.12.1809; Borgeln; 17.4.1889
444	Holtmann; Anton Jakob Georg Heinrich; Borgeln; 8.11.1783; Borgeln; 8.5.1867
446	Holtmann; Heinrich Franz Christoph Dietrich; Borgeln; 28.12.1806; Borgeln; 15.9.1847
530	Clüsener; Catharina; unbek.; 10.3.1732; Borgeln; 16.9.1800
621	Rohe; Stephan Christoph Wilhelm Georg; Borgeln; 2.12.1814; Borgeln; 26.7.1850
711	Pötter; Heinrich; Bausenhagen; 15.12.1796; Borgeln; 11.5.1861
798	Bergmann; Johann Christoph Heinrich; Borgeln; 24.6.1785; Borgeln; 27.10.1847
799	Rüsse zum Fahnen; Anna Catharina Maria Wilhelmine; Borgeln; 30.8.1794; Borgeln; 19.4.1859
806	Kensmann; Michael Dietrich Wilhelm; Borgeln; 2.8.1803; Borgeln; 11.3.1878
815	Schwolle; Anna Maria Margaretha Angeline Dorothea Wilhelmine; Borgeln; 2.10.1830; Borgeln; 1844
821	Buschhoff; Heinrich Philipp Christoph Wilhelm; Borgeln; 10.4.1821; Borgeln; 2377
939	Wittfaut; Johann Andreas; Borgeln; 14.10.1788; Borgeln; 5.3.1862
983	Franke; Heinrich Christoph Albert Wilhelm; Borgeln; 16.2.1822; unbek.; unbek.
984	Müller; Anna Catharina Sophia Elisabeth; Borgeln; 22.2.1816; unbek.; unbek.
1018	Schnapp; Heinrich; Borgeln; 7.2.1818; Borgeln; 15.9.1880
1202	Langenscheid; Wilhelm; unbek.; 1806; Borgeln; 20.6.1869
1203	Schroer; Sophia; Welver; 1813; Borgeln; 15.1.1863
1204	Buschhoff; Peter Florenz Friedrich Wilhelm; Soest (kath. Patroloster); 18.4.1830; Borgeln; 21.1.1885
1330	Schneider; (Anna) Maria Elisabeth Sophia; Borgeln; 10.4.1814; Borgeln; 23.7.1888
1373	Schlüter; Andreas Dietrich Franz; Welver; 28.2.1827; Borgeln; 29.6.1884
1386	Düllmann; Johann Heinrich Christoph Franz Wilhelm; Borgeln; 28.4.1842; Borgeln; 6736
1474	Wiemann; Friederike; Lünern; 15.1.1799; Borgeln; 16.7.1877
1485	Schulthoff; Anna Margaretha Maria Catharina Louise; Borgeln; 14.8.1817; Borgeln; 23.6.1877
1499	Bierbrodt; Johann Goswin Heinrich Wilhelm; Borgeln; 20.3.1801; Borgeln; 20.5.1866
1519	Karje; Christoph Wilhelm Georg; Borgeln; 14.9.1806; Borgeln; 10.7.1876
1554	Klauke; Heinrich Caspar Friedrich; Borgeln; 15.8.1802; Borgeln; 10.3.1864
1599	Beuckmann; Wilhelm Heinrich Carl; Borgeln; 26.3.1815; Blumenroth; 8.1.1894
1751	Hänse; Friedrich Hermann Peter Heinrich Dietrich; Borgeln; 2.11.1808; Borgeln; 6.7.1881
1770	Juchheim; Goswin Wilhelm Heinrich; Borgeln; 17.6.1811; Borgeln; 14.12.1880
1787	Karje; Johann Heinrich Albert Wilhelm; Borgeln; 30.6.1780; Borgeln; 26.5.1855
1793	Schriver; Friedrich Franz Heinrich Christoph Dietrich; Borgeln; 1.10.1836; Hattropholsen; 7.1.1885
1797	Witteborg; Heinrich Wilhelm Peter; Borgeln; 25.11.1799; Borgeln; 13.12.1849

OFBID	Nachname; Vorname; Geburtsort; Geburtsdatum; Sterbeort; Sterbedatum
1799	Witteborg; Peter Franz Heinrich; Borgeln; 7.3.1824; Borgeln; 5.12.1896
1818	Schiller; Heinrich Anton; Borgeln; 25.2.1803; Borgeln; 4.6.1888
1832	Schriver; Johann Franz Heinrich Wilhelm; Borgeln; 24.9.1797; Borgeln; 5.1.1867
1874	Vieth; Johann Heinrich Georg Christoph; Borgeln; 29.6.1791; Borgeln; 15.8.1862
1876	Vieth; Dietrich Georg Andreas Friedrich Heinrich; Borgeln; 16.12.1836; Borgeln; 4549
1913	Röttger; Heinrich Wilhelm Georg Ludwig; Borgeln; 31.8.1834; Borgeln; 3998
1914	Bierbrodt; Louise Maria Margaretha; Borgeln; 9.8.1839; Borgeln; 2746
1942	Kamen; Heinrich Friedrich Dietrich; Borgeln; 17.12.1835; Hattropholsen; 2.5.1886
2009	Vieth; Catharina Maria Margaretha; Borgeln; 3.4.1781; unbek.; unbek.
2234	Reinecke; Dietrich Albert Heinrich; Borgeln; 4.7.1800; Borgeln; 22.1.1871
2263	Aldeholt; Maria Margaretha Catharina Louise Elisabeth; Borgeln; 25.4.1817; Borgeln; 2.11.1868
2383	Rüsse; Dietrich Wilhelm; unbek.; 28.9.1731; unbek.; unbek.
2441	Balks; Florenz Heinrich Christoph; Borgeln; 4.7.1815; Borgeln; 1.11.1854
2442	Balks; Dettmar Christoph Albert; Borgeln; 4.7.1815; Stocklarn; 21.1.1888
2870	Beuckmann; Gottfried Anton Heinrich Christoph Wilhelm; Borgeln; 10.4.1831; unbek.; unbek.
3172	Borgschultze; Maria Catharina Helena Elisabeth; Borgeln; 10.3.1817; unbek.; unbek.
3213	Kohlhage; Franz Wilhelm; unbek.; unbek.; unbek.; unbek.
3378	Buse; Carl Dietrich Albert Heinrich Georg Wilhelm; Borgeln; 8.12.1834; unbek.; unbek.
3487	Büker; Anton Dietrich Wilhelm Goswin; Borgeln; 2.10.1806; unbek.; 12.1.1852
3943	Dörendahl; Wilhelm Stephan; unbek.; 18.1.1732; unbek.; unbek.
3976	Dörendahl; Albert Friedrich Wilhelm Dietrich; Borgeln; 3.5.1815; unbek.; unbek.
3988	Schulthoff; Anton Friedrich Florenz; Borgeln; 1.10.1811; Borgeln; 3.8.1866
4098	Oberhof; Christoph Heinrich; Berwicke; 25.8.1818; unbek.; 22.5.1879
4189	Gillhaus; Christoph Goswin Georg; unbek.; 13.6.1810; Borgeln; 3.10.1858
5195	Löer; Johann Heinrich Andreas Ludwig; Borgeln; 15.5.1801; Borgeln; 27.12.1864
5321	Karje; Andreas Wilhelm Heinrich Dietrich; Borgeln; 29.11.1814; unbek.; unbek.
5362	Günne; Anna Margaretha Helena Elisabeth; unbek.; 22.3.1812; unbek.; unbek.
5826	Hohoff; Thomas Carl Heinrich Albert Wilhelm; Borgeln; 21.10.1822; unbek.; 4.8.1876
6196	Karje; Christoph Peter Georg Wilhelm; Borgeln; 13.10.1818; Stocklarn; 14.8.1898
6260	Jacob; Heinrich Hermann Peter Wilhelm; Borgeln; 6.6.1804; Borgeln; 1.4.1861
6595	Baumschlüter; Heinrich Dietrich Anton Hermann; Borgeln; 13.2.1815; Borgeln; 3.11.1890
6603	Kothe; Heinrich Albert Christoph Dietrich Georg; Borgeln; 28.3.1831; unbek.; unbek.
6721	Lammert; Heinrich Andreas Georg Dietrich Albert Franz Christoph; Borgeln; 23.6.1827; Berwicke; 5.9.1885
7034	Witteborg; Catharina Margaretha Elisabeth Maria; Borgeln; 3.10.1807; Borgeln; 1.1.1867
7412	Thiele; Wilhelm Carl Dietrich Anton (Dettmar); Borgeln; 31.1.1815; Borgeln; 15.5.1880
7618	Schnapp; Heinrich Christoph Friedrich Gottfried Rudolph; Borgeln; 2.1.1819; Borgeln; 8.5.1891
7764	Windhüvel; Elisabeth Sophia Margaretha Charlotte; Borgeln; 16.10.1832; unbek.; unbek.
8865	Schulthoff; Wilhelm Albert Friedrich Florenz; Borgeln; 3.4.1828; unbek.; 22.3.1883
9557	von Klocke; Sophia; unbek.; 1796; unbek.; 22.9.1859

OFBID	Nachname; Vorname; Geburtsort; Geburtsdatum; Sterbeort; Sterbedatum
10743	Worthmann; Catharina Margaretha Elisabeth; Borgeln; 7.12.1813; Borgeln; 18.10.1897
10745	Rademacher; Stephan Christoph Heinrich Anton; Borgeln; 31.7.1817; unbek.; 3.11.1882
15073	Rocholl; Matthias; unbek.; unbek.; unbek.;
OKI	
138	Albers; Maria Katharina Luzia; Westfeld; 9.6.1810; unbek.; 16.3.1883
236	Albers; Franz Anton; unbek.; 2.8.1852; unbek.;
358	Arens; Johann Kaspar; Westfeld; 10.8.1809; unbek.; 19.5.1866
736	Borgard; Gertrud; unbek.; 13.5.1847; unbek.; 3709
3373	Hennecke; Anna Maria; Westfeld; 27.4.1826; unbek.; 18.2.1879
3374	Harnacke; Heinrich Josef; unbek.; 21.1.1848; unbek.;
4236	Hermes; Anna Maria Katharina; Westfeld; 21.6.1802; unbek.; 16.5.1873
7124	Rötz; Johann Matthias Georg; Westfeld; 25.11.1796; unbek.; unbek.

A9 Quellenverzeichnis

A9.1 Häufig zitierte Quellen

Grundakten

Borgeln	LA NRW W, Amtsgericht Soest, Grundakten Soest (Auswahl Borgeln, Stocklarn, Hattropholsen, Blumroth, Borgeler Linde, Borgeler Mühle, Fahnen)
Löhne	LA NRW OL, D 23 B, Grundakten Löhne königlich und Löhne-Beck.
Westfeld	LA NRW W, Grundakten Westfeld

Güterverzeichnisse

Borgeln	LA NRW W, Katasterbücher Arnsberg, Nr. 6022: Güterverzeichnisse 1829 der Steuergemeinden Stocklarn und Borgeln,
Löhne	Katasteramt Herford, Güterverzeichnisse 1833 der Steuergemeinden Löhne-Königlich und Löhne-Beck
Oberkirchen	Katasteramt Brilon, Güterverzeichnisse 1833 der Steuergemeinden Oberkirchen, Westfeld und Sorpe,

Güterauszüge

Borgeln	LA NRW W, Katasterbücher Arnsberg, Nr. 6023: Güterauszüge 1866 der Steuergemeinden Borgeln, Blumroth, Stocklarn und Hattropholsen.
Löhne	Katasteramt Herford, Güterauszüge 1866 der Steuergemeinden Löhne-Königlich und Löhne-Beck,
Oberkirchen	Katasteramt Brilon, Güterauszüge 1866 der Steuergemeinden Oberkirchen, Westfeld und Sorpe.

Hypothekenbücher

Borgeln	LA NRW W, Grundbücher SoestNr. 468, 4, 70-475, 477-479. 483-486 (=Hypothekenbücher Borgeln 1-13)
Löhne	LA NRW OL, Hypothekenbücher Löhne 1-4, Hypothekenbuch Löhne-Beck 1.
Oberkirchen	Grundbuchamt Bad Fredeburg, Hypothekenbücher 1-3 der Steuergemeinde Oberkirchen, Hypothekenbücher 1-4 der Steuergemeinde Sorpe, Hypothekenbücher 2-3 der Steuergemeinde Westfeld.

Sparkassenjournale

Stadtarchiv Soest, C999-1019: Journale der Sparkasse Soest 1830-1867.

Wertschätzungsprotokolle

Borgeln	LA NRW W, Katasterbücher Arnsberg, Nr. 92
Mennighüffen	LA NRW OL, M 5 C 54
Kirchhundem	LA NRW W, Katasterbücher Arnsberg, Nr. 90
Medebach	LA NRW W, Katasterbücher Arnsberg, Nr. 84

A9.2 Vollständiger Archivaliennachweis

Archiv Freiherr von Fürstenberg-Herdringen

Archiv Freiherr von Fürstenberg-Herdringen, Nr. 2612, 6136, 6055, 6080, 6060, 6082, 4302, 6699.

Bestand Rentei Adolphsburg, 1452-1995, Nr. 10520, 10521, 10555, 10560, 10564, 10566, 10568, 10580, 10593, 10597, 10599, 10616, 10637, 10646, 10648, 10649.

Grundbuchamt Bad Fredeburg

Hypothekenbücher 1-3 der Steuergemeinde Oberkirchen
Hypothekenbücher 1-4 der Steuergemeinde Sorpe
Hypothekenbücher 2-3 der Steuergemeinde Westfeld

Katasteramt Brilon

Flurkarten Oberkirchen, Westfeld und Sorpe
Fortschreibungsverhandlungen 1-3 der Steuergemeinde Oberkirchen
Fortschreibungsverhandlungen 1-2 der Steuergemeinde Sorpe
Fortschreibungsverhandlungen der Steuergemeinde Westfeld
Güterverzeichnisse 1833 der Steuergemeinden Oberkirchen, Westfeld und Sorpe
Güterauszüge 1866 der Steuergemeinden Oberkirchen, Westfeld und Sorpe

Katasteramt Herford

Mutterrollen Löhne (1830)
Fortschreibungsverhandlungen 1831-1866 der Steuergemeinden Löhne-Königlich und Löhne-Beck
Güterverzeichnisse 1833 der Steuergemeinden Löhne-Königlich und Löhne-Beck
Güterauszüge 1866 der Steuergemeinden Löhne-Königlich und Löhne-Beck
Urkarte Löhne
Reinkarte Löhne
Flurkarte Löhne

Kreisarchiv Herford

A 1125, Steuerhebelisten 1865

Landesarchiv Nordrhein-Westfalen Abteilung Ostwestfalen-Lippe (ehemals Staatsarchiv Detmold)

Hypothekenbücher Löhne 1- 4

Hypothekenbuch Löhne-Beck 1

D 23 B: Grundakten, Nr. 124, 10506, 16100, 20434, 50089-50255, 50386-50449 und 59437

L 114 v. Borries, Nr. 308, 478 und 1344

M 1 III C (Domänenregistratur), Nr. 130, 253, 1344, 1624 und 1740

M 1 I D (Verkehr), Nr. 88, 102 und 245

M 5 C 54: Protokoll über die Ermittelung des besteuerbaren Rein-Ertrages aller Liegenschaften und Wohngebäude in den zum VIIIten Prüfungsverbande …, Jahrgang 1824/26 (Wertschätzungsprotokoll Mennighüffen)

Landesarchiv Nordrhein-Westfalen Abteilung Westfalen (ehemals Staatsarchiv Münster)

Amtsgericht Fredeburg (Auswahl von Testamenten aus Westfeld, Lengenbeck, Nordenau, Lenneplätze)

Grundakten Fredeburg

Grundakten Soest (Auswahl Borgeln, Stocklarn, Hattropholsen, Blumroth, Borgeler Linde, Borgeler Mühle, Fahnen im Untersuchungszeitraum), Nr. 19, 87, 88, 89, 172, 177, 197, 199, 200, 232, 377, 403, 486, 507, 575, 640, 679, 694, 704, 803, 859, 888, 890, 891, 922, 929, 963, 964, 965, 970, 971, 987, 1061, 1062, 1063, 1125, 1140, 1149, 1149a, 1155, 1159, 1237, 1254, 1354, 1452, 1481, 1515, 1617, 1658, 1673, 1697, 1708, 1737, 1749, 1750, 1751, 1761, 1771, 1775, 1788, 1794, 1820, 1827, 1843, 1850, 1855, 1880, 1882, 1885, 1905, 1909, 1926, 1932, 1933, 1934, 1960, 1965, 1975, 1977, 1978, 1986, 1995, 1996, 1997, 2010, 2011, 2014, 2015, 2017, 2018, 2024, 2032, 2057, 2077 rep, 2127, 2196, 2210, 2235, 2238, 2252, 2255, 2256, 2311, 2476, 2588, 2703, 2704, 2705, 2741, 2743, 2932, 2945, 2992, 3023, 3024, 3128, 3142, 3143, 3191, 3212, 3226, 3242, 3246, 3307, 3395, 3400, 3427, 3460, 3496, 3499, 3510, 3519, 3560, 3624, 3625, 3666, 3699, 3728, 4008, 4012, 4065, 4066, 4110, 4127, 4176, 4282, 4285, 4339, 4340, 4353, 4369, 4413, 4428, 4441, 4489, 4501, 4541, 4565, 4708, 4805, 4826, 4839, 4845, 4897, 4950, 5043, 5057, 5136, 5222, 5236, 5237, 5420, 5454, 5455, 5457, 5491, 5515, 5539, 5551, 5576, 5696, 5784, 5785, 6582, 6585, 6588, 6841, 6875, 6898, 8877 und 9016

Grundakten Westfeld, Nr. 815-915

Grundbücher Soest, Nr. 468, 470-475, 477-479 und 483-486

Hypothekenbücher Oberkirchen

Katasterbücher Arnsberg, Nr. 84, 90, 92 (Wertschätzungsprotokolle), 6022 (Güterverzeichnis Borgeln 1829), 6023 (Güterauszüge Borgeln 1866)

Kreis Soest, Landratsamt, Nr. 4 bis 7, 10 bis 14, 16, 17, 19, 398 und 315

Kreis Soest, Gerichte, Stadt- und Landgericht Soest, II. Testamente, Nr.: 65, 132, 281, 283, 310, 338, 356, 390, 421, 530, 541, 842, 871, 893, 987, 1004, 1077, 1098 und 1178

Kreis Soest, Gerichte, Kreisgericht Soest, II. Testamente, Nr.: 30, 301, 408, 432, 503, 782, 1036, 1115, 1132, 1391, 1531, 1629, 1694, 1723, 1861, 1862, 1910, 1949, 1958, 1994, 2006, 2023 und 2091

Oberpräsidium, Nr. 351 (Landwirtschaftliche Preise)

Regierung Arnsberg, Nr. 20774: Enteignungen beim Bau der Köln-Mindener-Verbindungseisenbahn [Strecke Hamm-Soest-Lippstadt]

Regierung Arnsberg, III A Domänen, Fach 332: Nr. 33, 34, 35, 36, 37, 38, 49, 50, 52 und 56; Fach 381: Nr. 14; Fach 382: Nr. 15 und 16

Rentamt Soest, Nr. 5, 38, 124, 148, 190, 209, 229, 248, 261, 327, 341, 424, 428, 438, 444, 470, 498, 525, 529, 580, 587, 641, 643, 649, 673, 689, 703, 728, 730, 740, 758, 767, 862, 882, 935, 968, 1108, 1155 und 1949.

Landeskirchenarchiv Bielefeld

Kirchenbücher ev. Kirchengemeinde Löhne
Kirchenbücher ev. Kirchengemeinde Borgeln
Familienkartei ev. Kirchengemeinde Borgeln

Privatbesitz

Jung, Rudi und Dierk: Familienbuch Oberkirchen (Sauerland). Katholische Pfarrei St. Gertrud, Oberkirchen, einschließlich Filialen (Unveröffentlichtes Typoskript Bonn/ Oberkirchen 1989)

Stadtarchiv Löhne

Depositum Haus Beck, Nr. G10, G11, G12, G15, G17, L119 bis L152, L155, L157 und L165

Stadtarchiv Soest

C 999-1019: Journale der Stadtsparkasse, 1830-1867

Stadtarchiv Schmallenberg

Bestand B: Stadt u. Amt Schmallenberg (K340/1), Nr. 66 und 74
Gemeinde-Protokollbuch Oberkirchen, 1843-1856

A9.3 Amtliche, gedruckte Quellen

Allgemeines Preußisches Landrecht

[Eigentumsordnung 1741] Königlich Preußische Eigenthums-Ordnung des Fürstenthums Minden und der Grafschaft Ravensberg, 26.11.1741, in: Westphälisches Magazin zur Geographie, Historie und Statistik, hg. v. Peter Florenz Weddigen, 4. Band, Lemgo/ Leipzig/ Bückeburg 1788, S. 120-153.

Instruktion über das Verfahren bei Aufnahme des Katasters…" zur Reinertragsermittelung vom 11. Februar 1822, in: Annalen der Preussischen innern Staats-Verwaltung 1822, S. 292-330.

Allerhöchste Kabinets-Ordre vom 24. November 1833 … betreffend die Deklaration der §§ 37. und rsp. 24. und 23. der Gesetze vom 21. April 1825 über die gutsherrlich-bäuerlichen Verhältnisse, in: WELTER 1883, S. 445.

Gesetz-Sammlung = Gesetz-Sammlung für die Königlichen Preußischen Staaten

1811 Nr. 52, S. 281-299: „Edikt die Regulierung der gutsherrlichen und bäuerlichen Verhältnisse betreffend", 14.9.1811.

1811 Nr. 28, S. 157-164: „Verordnung über die Ablösung der Dominial-Abgaben jeder Art", 16.3.1811.

1816 Nr. 333, S. 97: „Verordnung in Betreff der ehelichen Gütergemeinschaft in den Westphälischen Provinzen und in dem Herzogthum Cleve", 8.1.1816.

1820 Nr. 623, S. 169-184: „Gesetz, die gutsherrlichen und bäuerlichen Verhältnisse in den vormals zum Königreich Westphalen, zum Großherzogthum Berg, oder zu den französisch-hanseatischen gehörenden Landestheilen betreffend", 25.9.1820.

1820 Nr. 624, S. 185-190: „Gesetz wegen der in Magdeburg und Münster zu errichtenden Generalkommissionen", 25.9.1820.

1820 Nr. 625, S. 191-192: „Gesetz, die gutsherrlichen und bäuerlichen Verhältnisse im Herzogthum Westphalen betreffend", 25.9.1820.

1822 Nr. 748, S. 195-204: „Subhastations-Ordnung für die Rheinprovinzen", 1. August 1822.

1823 Nr. 786, S. 33: „Allerhöchste Kabinetsordre…, daß in gewissen Fällen Bauerngüter auch über den vierten Theil ihres Werths mit Hypothek-Schulden belastet werden können", 23. Februar 1823.

1825 Nr. 938, S. 74-94: „Gesetz, über die den Grundbesitz betreffenden Rechtsverhältnisse und über die Realberechtigungen in den Landestheilen, welche vormals eine Zeit lang zum Königreich Westphalen gehört haben", 21. April 1825.

1825 Nr. 939, S. 94-112: „Gesetz, über die den Grundbesitz betreffenden Rechtsverhältnisse und über die Realberechtigungen in den Landestheilen, welche zu dem ehemaligen Großherzogtum Berg eine Zeit lang gehört haben", 21. April 1825.

1825 Nr. 940, S. 112-128: „Gesetz, über die den Grundbesitz betreffenden Rechtsverhältnisse und über die Realberechtigungen in den Landestheilen, welche vormals zu den französischen Departements eine Zeit lang gehöret haben", 21. April 1825.

1825 Nr. 950, S. 153-159: „Patent wegen Einführung des Allgemeinen Landrechts und der Allgemeinen Gerichtsordnung in das Herzogtum Westfalen…", 21. Juni 1825.

1829 Nr. 1204, S. 65-92: „Ordnung wegen Ablösung der Real-Lasten in denjenigen Landestheilen, welche vormals zum Königreich Westphalen, zum Großherzogtum Berg oder zu französischen Departements gehört haben", 13. Juli 1829.

1835 Nr. 1602, S. 53: „Gesetz wegen Erleichterung der Ablösung des Heimfallsrechts in der Provinz Westphalen", 25.4.1835.

1836 Nr. 1730, S. 209-214: „Gesetz über die bäuerliche Erbfolge in der Provinz Westphalen", 13.7.1836.

1838 Nr. 1956, S. 5-14: Preußisches Sparkassenreglement, 12.12.1838.

1838 Nr. 1947, S. 505-516: „Gesetz über die Eisenbahn-Unternehmungen", 3.11.1838.

1839 Nr. 1964, S. 30-43: „Grundsteuer-Gesetz für die westlichen Provinzen", 21.1.1839.

1840 Nr. 2106, S. 153-155: „Gesetz über die, den Grundbesitz betreffenden Rechtsverhältnisse im Herzogtum Westphalen", 18.6.1840.

1840 Nr. 2107, S. 156-186: Ordnung wegen Ablösung der Reallasten im Herzogtum Westphalen", 18. Juni 1840.

1845 Nr. 2600, S. 496-498: „Verordnung, betr. die neuen Ansiedelungen in der Provinz Westphalen", 11. Juli 1845.

1848 Nr. 3043, S. 276-279: „Gesetz, betr. die Sistirung der Verhandlungen über die Regulirungen der gutsherrlich-bäuerlichen Verhältnisse...", 9.10.1848.

1850 Nr. 3233, S. 77-111:„Gesetz betreffend die Ablösung der Reallasten und die Regulirung der gutsherrlichen und bäuerlichen Verhältnisse", 2. März 1850.

1850 Nr. 3234, S. 112-138: „Gesetz über die Einrichtung von Rentenbanken", 2. März 1850.

1851 Nr. 3450, S. 622-650: „Gesetz, betr. den Ansatz und die Erhebung der Gerichtskosten", 10. Mai 1851.

1851 Nr. 3451, S. 651-655: „Gesetz, betreffend den Ansatz und die Erhebung der Gebühren der Notare", 11. Mai 1851.

1855 Nr. 4261, S. 521-547: „Gesetz, das Verfahren bei Theilungen und bei gerichtlichen Verkäufen von Immobilien im Bezirk des Appelationsgerichtshofes Cöln betr.", 18.4.1855.

1856 Nr. 4464, S. 550-553: „Gesetz betreffend die Abschätzung von Landgütern zum Behufe der Pflichttheils-Berechnung in der Provinz Westfalen", 4.6.1856.

1857 Nr. 4650, S. 235-236: „Gesetz, betreffend die Präklusion von Ansprüchen auf Regulirung der gutsherrlichen und bäuerlichen Verhältnisse Behufs der Eigenthums-Verleihung", 16.3.1857.

1857 Nr. 4670, S. 363-366: „Gesetz, betreffend die Ergänzung und Abänderung des Ablösungsgesetzes vom 2. März 1850, bezüglich der Ablösung der den geistlichen und Schul-Instituten, sowie den frommen und milden Stiftungen etc. zustehenden Reallasten", 15.4.1857.

1858 Nr. 4889, S. 273-274: „Gesetz, betreffend die Schließung der Geschäfte der Rentenbanken", 26.4.1858.

1860 Nr. 5211, S. 165-171: „Gesetz, betr. das eheliche Güterrecht in der Provinz Westphalen...", 16.4.1860.

1861 Nr. 5379, S. 253-316: „Gesetz, betr. die anderweitige Regelung der Grundsteuer", 21.5.1861.

1872 Nr. 8028, 27.4.1872, S. 417-420: „Gesetz, betreffend die Ablösung der den geistlichen und Schul-Instituten, sowie den frommen und milden Stiftungen etc. zustehenden Realberechtigungen".

1881 Nr. 8748, 17.1.1881, S. 5-6: „Gesetz, betreffend die Wiederzulassung der Vermittelung der Rentenbanken zur Ablösung der Reallasten".

Amts-Blatt der Königlichen Regierung zu Arnsberg

insbes.:

Maaß des zur landüblichen Spannfähigkeit einer Bauern-Nahrung erforderlichen Grundbesitzes, in: Amts-Blatt der Königlichen Regierung zu Arnsberg 1835, S. 158-159.

Preisregulirende Getreide-Markt-Orte, deren Bezirke und Reductions-Verhältnisse, in: Amts-Blatt der Königlichen Regierung zu Arnsberg 1835, S. 160-176.

Bekanntmachung Nr. 90: Normalpreise für das Herzogtum Westphalen... nach den Ablösungs-Ordnungen vom 13. Juli 829, 18. Juni und 4. Juli 1840, in: Extra-Blatt zum 9. Stück des Amtsblatts der Königlichen Regierung, Arnsberg, 26.2.1842, S. 1-38.

Erneuerte Bekanntmachung der Normal-Sätze nach der Ablöseordnung vom 13. Juli 1829 für die Grafschaften Mark, Dortmund und Limburg nebst den übrigen Enclaven der ersteren im Arnsberger Regierungsbezirke, oder die Kreise Soest, Hamm, Dortmund, Bochum, Hagen, Iserlohn und Altena, mit Ausschluß der zum Herzogtum Westphalen gehörenden Theile der Kreise Soest, Iserlohn und Altena, in: Amts-Blatt der Königlichen Regierung zu Arnsberg 1847, S. 201-241.

Reglement wegen Ablösung der dem Domainen-Fiskus als Berechtigten zustehenden Reallasten, in: Extra-Beiblatt zum 35. Stück des Amtsblatts der Königlichen Regierung zu Arnsberg, 31.8.1850.

Bekanntmachung Nr. 74: Die bei der Ablösung der Reallasten nach dem Ablösegesetze vom 2. März 1850 in Anwendung kommenden Normal-Marktorte und die Normalpreise für die Kreise Arnsberg, Meschede, Brilon und Olpe, in: Amts-Blatt der Königlichen Regierung zu Arnsberg 1851, S. 102-120.

Bekanntmachung betr. die revidirten Ablösungs-Normalpreise für den Regierungsbezirk Arnsberg, in: Extra-Blatt zum 43. Stücke des Amtsblattes der Königlichen Regierung, Arnsberg, 28.10.1865, S. 1-32.

Amts-Blatt der Königlichen Regierung zu Minden

insbes.

Maaß- und Gewichts-Vergleichung, in: Amts-Blatt der königlichen Regierung zu Minden 1830, S. 9-11.

Normalsätze nach der Ablösungsordnung vom 13. Julius 1829 für den Mindenschen Regierungs-Bezirk, in: Beilage zum 21. Stück des Amtsblatts der Königlichen Regierung zu Minden pro 1835, S. 1-24.

Nachtrag zur Bekanntmachung von Normal-Preisen nach der Ablösungsordnung vom 13. Julius 1829 für die Kreise Minden, Lübbecke, Herford, Bielefeld und Halle, in: Beilage zum 18. Stück des Amtsblatts der Königlichen Regierung zu Minden pro 1836, S. 1-12.

Tabelle zur Vergleichung der im Regierungs-Bezirk Minden bisher gebräuchlich gewesenen Orts- und Pivat-Scheffel..., in: Amts-Blatt der königlichen Regierung zu Minden 1844, S. 5-35.

A10 Datenbanken

BOR BOR-Gesamt, Stand 2008
OKI OKI-Gesamt, Stand 2008
LOE LOE-Gesamt, Stand 2008
Beschreibung der Datenbanken bei G. Fertig, Äcker, A1.6 und A1.7.

BOR Ablös Stand 2006, 273 Datensätze.
LOE Ablös Stand 2006, 293 Datensätze
OKI Ablös Stand 2006, 156 Datensätze (nur Westfeld)
darin jeweils
Haupttabelle *Ablösungen*: Ablösenummer (Primärschlüssel), Verhandelt_T, Verhandelt_M, Verhandelt_J, Verhandelt_Ort (Verhandlungsdatum und -ort), Quelle, Seite (Akte), GB (Band und Blatt des Hypothekenbuchs nach Quelle)Abgabe (Text für ausformulierte Reallast), verwandlung, ablösung (Einstufung des Kontraktinhalts), Verpflichtete, Berechtigte, Belasteter Hof, Belastete Parzellen (in der Quelle genannte Personen bzw. Körperschaften), Verpflichtetezahlen, Berechtigte bekommen (Zahlungsformalitäten),Dauer56Jahre, Dauer41Jahre (bei Rente an Rentenbank, Kontrollfeld zu anderen Feldern), FixR_Wert1, FixR_Wert2, FixR_Wert3, fixR_Währung (Wert und Währung der fixierten Rente), Kap_Wert1, Kap_Wert2, Kap_Wert3, Währung, Kap_Grad (Ablösekapital, Währung und Kapitalisierungsgrad der Rente), gezahlt_T, gezahlt_M, gezahlt_J, termin (Zahlungs- oder Fälligkeitstermin), Tabelle (Zusätze zu Zahlungskonditionen), Text (Quellentext) BOR 273 Datensätze
LOE 293 Datensätze
OKI (nur Westfeld) 156 Datensätze

Verküpfungsfelder zu BOR-Gesamt, LOE-Gesamt und OKI-Gesamt: HofID, OFBID_Verpfl (verpflichtete Person), OFBID_Berecht (berechtigte Person)

Verknüpfungsfelder intern: Verwandl_ID (bei Ablösung die Ablösenummer der vorangegangenen Verwandlung), Abloes_ID und Abloes_ID2 (bei Verwandlung die Ablösenummer der späteren Ablösung(en))

Verknüpfungstabelle *VT Ablösungen-Lasten* zu Tabelle *Lasten* aus BOR-Gesamt, LOE-Gesamt oder OKI-Gesamt.

KONTEN, Stand 2007, siehe zu Aufbau und Verknüpfungen oben A2

Tabelle *Bewegungen*: BewegID (Primärschlüssel), BewegT, BewegM, BewegJ (Bewegungsdatum nach Journal), Rt, Sgr, Pf (Transaktionswert), Zins (bei Kreditnahmen und Eröffnungen), BewegArt („Einnahme“ für Einzahlung oder „Ausgabe“ für Abhebung), Vorgang (etwa Erlegung, Zinszahlung, nach Quelle), Notiz 178.553 Datensätze
Tabelle *Sparkassenkunden*: KundenID (Primärschlüssel), Name, Vorname (Nachname nach Journal), Zusatz (etwa Wwe., nach Quelle), Beruf (nach Quelle), Wohnort (nach Quelle), Notiz
10.228 Datensätze

Tabelle *Konten*: KontoID (Primärschlüssel), Hauptbuch (nach Journal), Kontoart (K für Kredit, B für Sparbuch), Zinssatz, Notizen, EröffBewegID, AuflösBewegID (Verknüpfungsfelder zu Tabelle *Bewegungen*), 714 Datensätze

Verknüpfungstabelle *VT Konten-Bewegungen*: Hauptbuch (Hauptbuchnummer, jede existiert zwei Mal, als Sparbuch und als Kreditkonto), BewegID (Verknüpfungsfeld zu Tabelle *Bewegungen*), Kontoart (K für Kreditkonto, B für Sparbuch) 178.553 Datensätze

A11 Literaturverzeichnis

ABEL, Wilhelm: Agrarkrisen und Agrarkonjunktur. Eine Geschichte der Land- und Ernährungswirtschaft Mitteleuropas seit dem hohen Mittelalter, 2. neu bearb. und erw. Aufl., Hamburg / Berlin 1966.

ABELSHAUSER, Werner: „Zur Vorbeugung der Armuth..." Der Kreis Herford im Spiegel seiner Sparkasse 1846-1996, Stuttgart 1996.

ACHILLES, Walter: Vermögensverhältnisse braunschweigischer Bauernhöfe im 17. und 18. Jahrhundert, Stuttgart 1965.

ACHILLES, Walter: Probleme der Einkommensermittlung in landwirtschaftlichen Betrieben bis zur Einführung der heute gebräuchlichen Buchführung, in: ZAA 21 (1973), S. 65-82.

ACHILLES, Walter: Das verfügbare Einkommen als Maßstab für die wirtschaftliche Lage der Bauern und Landbevölkerung im 18. Jahrhundert, in: Studia Historiae Oeconomicae 10 (1975), S. 55-69.

ACHILLES, Walter: Die Lage der hannoverschen Landbevölkerung im späten 18. Jahrhundert, Hildesheim 1982.

ACHILLES, Walter: Die Entbäuerlichung der Bauern (1880-1913). Dargestellt an den Regionen Magdeburger Börde, Anhalt, südliches Niedersachsen und Oldenburg, in: VSWG 76 (1989), S. 185-201.

ACHILLES, Walter: Landwirtschaft in der Frühen Neuzeit, München 1991.

ACHILLES, Walter: Deutsche Agrargeschichte im Zeitalter der Reformen und der Industrialisierung, Stuttgart 1993.

ADAMS, Donald R. jr.: Earnings and savings in the early 19th century, in: Explorations in Economic History 17 (1980), S. 118-134.

AGREN, Maria: Land and debt: On the process of Social Differentiation in Rural Sweden, circa 1750-1850, in: Rural History 5 (1994), S. 23-40.

ALBRECHT, Thorsten: Truhen, Kisten, Laden. Vom Mittelalter bis zur Gegenwart am Beispiel der Lüneburger Heide, Petersberg 1997.

ALLISON, Paul D.: Survival Analysis using the SAS System. A Practical Guide, Cary 1995.

ALTER, George / Claudia GOLDIN/ Elyse ROTELLA: The savings of ordinary Americans: the Philadelphia Saving Fund Society in the mid-nineteenth century, in: JEH 54 (1994), S. 735-767.

ANONYMUS (=Netteler): Rettung der Bauernhöfe. Betrachtungen für den Bauernstand - Ein Beitrag zur Lösung der socialen Frage, Münster 1864.

ARBEITSKREIS FÜR HAUSFORSCHUNG (Hg.): Ländliches und kleinstädtisches Bauen und Wohnen im 20. Jahrhundert, Bad Sobernheim 1999.

ARRU, Angiolina: „Schenken heißt nicht verlieren". Kredite, Schenkungen und die Vorteile der Gegenseitigkeit in Rom im 18. und 19. Jahrhundert, in: L'Homme Z. F. G. 9 (1998), S. 232-251.

ASHAUER, Günter: Von der Ersparungscasse zur Sparkassen-Finanzgruppe: Die deutsche Sparkassenorganisation in Geschichte und Gegenwart, Stuttgart 1991.

BASS, Hans-Heinrich: Hungerkrisen in Preußen während der ersten Hälfte des 19. Jahrhunderts, St. Katharinen 1991.

BAUER, Katja: Der Beitrag der Raiffeisengenossenschaften zur Überwindung des ländlichen Wuchers, Münster 1993.

BAUER, Alfred: „Peter Müller [...] schuldet laut Schein". Unterschiedliche Formen der privaten Geldleihe und Kapitalbildung eines Bauern-„Bankiers" im Hunsrück vor dem Ersten Weltkrieg, in: Gabriele B. CLEMENS (Hg.), Schuldenlast und Schuldenwert. Kreditnetzwerke in der europäischen Geschichte 1300-1900, Trier 2008, S. 193-210.

BAUER, Leonhard / Herbert MATIS: Geburt der Neuzeit. Vom Feudalsystem zur Marktgesellschaft, 2. Aufl., München 1989.

BAVEL, Bas J. P. van / Peter HOPPENBROUWERS (Hg.): Landholding and land transfer in the North Sea area (late Middle Ages-19th century), Turnhout 2004.

BÉAUR, Gérard: Investissement foncier, épargne et cycle de vie dans le pay chartrain au XVIIIe siècle, in: Histoire et mesure 6 (1991), S. 257-288.

BÉAUR, Gérard: Land Accumulation, Life-course, and Inequalities among Generations in Eighteenth-century France: The Winegrowers from the Chartres Region, in: The History of the Family 3 (1998), S. 285-302.

BÉAUR, Gérard: Der Bodenmarkt im Frankreich des 18. Jahrhunderts. Konjunkturen der Verkäufe und Strategien des Erwerbs, in: Reiner PRASS u.a. (Hg.), Ländliche Gesellschaften in Deutschland und Frankreich, 18. und 19. Jahrhundert, Göttingen 2003, S. 247-267.

BÉAUR, Gérard / Jürgen SCHLUMBOHM: Einleitung. Probleme einer deutsch-französischen Geschichte ländlicher Gesellschaften, in: Reiner PRASS u.a. (Hg.), Ländliche Gesellschaften in Deutschland und Frankreich, 18. und 19. Jahrhundert, Göttingen 2003, S. 11-30.

BECK, Rainer: Unterfinning. Ländliche Welt vor Anbruch der Moderne, München 1993.

BEHR, Hans-Joachim: Der „Westfälische Schutz- und Wohlfahrtsverein" von 1848. Eine agrarpolitische Vereinigung der Revolutionszeit, in: Westfalen 58 (1980), S. 191-202.

BEHR, Hans-Joachim: Das landwirtschaftliche Vereinswesen Westfalens im 19. Jahrhundert, in: WF 39 (1989), S. 180-211.

BEHR, Hans-Joachim: Vinckes Einsatz für den Landbau – „Das solideste Fundament des Gebäudes der öffentlichen Wohlhabenheit", in: Hans-Joachim BEHR / Jürgen KLOOSTERHUIS (Hg.), Ludwig Freiherr Vincke. Ein westfälisches Profil zwischen Reform und Restauration in Preußen, Münster 1994, S. 325-347.

BEHR, Hans-Joachim: Revolution auf dem Lande. Bauern und ländliche Unterschichten 1848/49, in: Westfälische Zeitschrift 150 (2000), S. 43-148.

BEIßNER, Heinz: Die Verschuldung Schaumburger Bauernhöfe in der 2. Hälfte des 18. Jahrhunderts (Ämter Bückeburg und Arensburg), in: ZAA 38 (1990), S. 24-41.

BEIßNER, Heinz: Altersversorgung und Kindesabfindung auf dem Lande. Leibzucht- und Eheverschreibungen in der zweiten Hälfte des 18. Jahrhunderts unter besonderer Berücksichtigung der Schaumburger und Osnabrücker sowie benachbarter Gebiete, Bielefeld 1995.

BENSCHEIDT, Anja R.: Kleinbürgerlicher Besitz. Nürtinger Handwerkerinventare von 1660 bis 1840, Münster 1985.

BERKNER, Lutz K.: The Stem Family and the Development Cycle of Peasant Household. An Eighteenth Century Austrian Example, in: American Historical Review 77 (1972), S. 398-418.

BIMBERG, Emil: Es war einmal. Lebensweise, Sitten und Gebräuche im Amt und Kirchspiel Borgeln und der Soester Boerde: Lebens-Erinnerungen eines Landwirts der Niederbörde, Soest 1911.

BINNENKADE, Alexandra: Haben oder Nicht-Haben: Jüdisch-christliche Schuldnetze im Kanton Aargau des 19. Jahrhunderts, in: Jürgen SCHLUMBOHM (Hg.), Soziale Praxis des Kredits. 16.-20. Jahrhundert, Hannover 2007, S. 153-173.

BLESSING, Werner: 'Ökonom' und Geld. Zum bäuerlichen Kredit im Bayern des 19. Jahrhunderts, in: Zeitschrift für bayerische Landesgeschichte 60 (1997), S. 861-888.

BLÖMER, Maria: Wucher auf dem Lande, in: Hans-Jürgen TEUTEBERG (Hg.), Westfalens Wirtschaft am Beginn des „Maschinenzeitalters", Dortmund 1988, S. 23-56.

BLÖMER, Maria: Die Entwicklung des Agrarkredits in der preußischen Provinz Westfalen im 19. Jahrhundert, Frankfurt 1990.

BLÖMER, Maria: Probleme des institutionalisierten Agrarkredits in Westfalen im Zuge der Agrarreformen des 19. Jahrhunderts, in: WF 40 (1990), S. 417-435.

BLONDÉ, Bruno / Eric VANHAUTE / Michèle GALAND Hg.): Labour and labour markets between town and countryside (Middle Ages - 19th century), Turnhout 2001.

BOEHLER, Jean-Michel: Routine oder Innovation in der Landwirtschaft: „Kleinbäuerlich" geprägte Regionen westlich des Rheins im 18. Jahrhundert, in: Reiner PRASS u.a. (Hg.), Ländliche Gesellschaften in Deutschland und Frankreich, 18. und 19. Jahrhundert, Göttingen 2003, S. 101-123.

BOELCKE, Willi A.: Der Agrarkredit in deutschen Territorialstaaten vom Mittelalter bis Anfang des 18. Jahrhunderts, in: Michael NORTH (Hg.), Kredit im spätmittelalterlichen und frühneuzeitlichen Europa, Köln / Wien 1991, S. 192-213.

BORCHARDT, Knut: Zur Frage des Kapitalmangels in der ersten Hälfte des 19. Jahrhunderts, in: Jahrbücher für Nationalökonomie und Statistik 173 (1961), S. 401-421.

BORSCHEID, Peter: Geschichte des Alters. Bd. 1: Vom Spätmittelalter bis zum 18. Jahrhundert, Münster 1987.

BORSCHEID, Peter: 275 Jahre Feuersozietäten in Westfalen. Vorsprung durch Erfahrung, Münster 1997.

BÖRSCH-SUPAN, Axel / Lothar ESSIG: Sparen in Deutschland. Ergebnisse der ersten SAVE-Studie, Köln 2002.

BOTZET, Rolf: Bauersleut und Heimarbeiter. Feldarbeit und Hausgewerbe im Ravensburger Land, Herford 1992.

BOURDIEU, Jérôme / Lionel KESZTENBAUM / Gilles POSTEL-VINAY: Thrifty Pensioners: Pensions and Savings in France at the Turn of the Twentieth Century, in: JEH 71 (2011), S. 383-412.

BRACHT, Johannes: Reform auf Kredit: Grundlastenablösungen in Westfalen und ihre Finanzierung durch Rentenbank, Sparkasse und privaten Kredit (1830-1866), in: ZAA 54,2 (2006), S. 55-76.

BRACHT, Johannes: Abschied von der hohen Kante? Zur Bedeutung der frühen Sparkassen für ländliche Kapitalmärkte und Wirtschaftsbeziehungen am Beispiel Westfalens (1830-1866), in: Ira SPIEKER u.a. (Hg.), UnGleichzeitigkeiten. Transformationsprozesse in der ländlichen Gesellschaft der (Vor-)Moderne, Dresden 2008, S. 37-60.

BRACHT, Johannes / Georg FERTIG: Wann sich verschulden, wann sparen? Vermögensstrategien und Lebenslauf im ländlichen Westfalen des 19. Jahrhunderts, in: Gabriele B. CLEMENS (Hg.), Schuldenlast und Schuldenwert. Kreditnetzwerke in der europäischen Geschichte 1300-1900, Trier 2008, S. 177-192.

BRAKENSIEK, Stefan: Markenteilungen in Ravensberg 1770 bis 1850, in: WF 40 (1990), S. 45-85.

BRAKENSIEK, Stefan: Agrarreform und ländliche Gesellschaft. Die Privatisierung der Marken in Nordwestdeutschland 1750-1850, Paderborn 1991.

BRAKENSIEK, Stefan: Sozialtypologie und -topographie eines Gewerbedorfes. Die Bauerschaft Bardüttingdorf, Ravensberg, im Vormärz, in: ZAA 45 (1997), S. 181-200.

BRAKENSIEK, Stefan: Grund und Boden – eine Ware? Ein Markt zwischen familialen Strategien und herrschaftlichen Kontrollen, in: Reiner PRASS u.a. (Hg.), Ländliche Gesellschaften in Deutschland und Frankreich, 18. und 19. Jahrhundert, Göttingen 2003, S. 269-290.

BRAKENSIEK, Stefan: Bauern und Landwirtschaft zwischen Ancien Régime und Moderne, in: Harm KLUETING (Hg.), 200 Jahre Reichsdeputationshauptschluss. Säkularisation, Mediatisierung und Modernisierung zwischen Altem Reich und neuer Staatlichkeit, Münster 2005, S. 265-283.

BRAKENSIEK, Stefan: Beobachtungen zu ländlichen Kreditpraktiken in Deutschland und Frankreich im 19. Jahrhundert. Ein Kommentar, in: Gabriele B. CLEMENS (Hg.), Schuldenlast und Schuldenwert. Kreditnetzwerke in der europäischen Geschichte 1300-1900, Trier 2008, S. 259-266.

BRAKENSIEK, Stefan / Michael STOLLEIS / Heide WUNDER (Hg.): Generationengerechtigkeit. Normen und Praxis im Erb- und Ehegüterrecht 1500-1850, Berlin 2006.

BRAUN, Rudolf: Industrialisierung und Volksleben. Veränderungen der Lebensformen unter Einwirkung der verlagsindustriellen Heimarbeit in einem ländlichen Industriegebiet (Zürcher Oberland) vor 1800, Göttingen 1979.

BRÜNING-VASBACH, Engelbert: Die Bewirthschaftung der kleinen Güther, insbesondere Bauerngüther in den Gebirgen von Westfalen, Olpe 1842.

BRUNS, Alfred (Bearb.): Deutscher Krieg und sauerländische Landwirtschaft. Die Chronik des Theodor Droste vom 18. Jahrhundert bis 1901, Warendorf 2008.

BRUNNER, Otto: Das „ganze Haus“ und die alteuropäische „Ökonomik“ [1956], in: Ders., Neue Wege der Verfassungs- und Sozialgeschichte, 3. unveränd. Aufl., Göttingen 1980, S. 103-127.

BUCHHOLZ, Stephan: Zur Entstehung und Entwicklung der „abstrakten Hypothek“: die Grundschuld als Sonderform der Hypothek im ostelbischen Raum, in: Helmut COING / Walter WILLHELM (Hg.), Wissenschaft und Kodifikation des Privatrechts im 19. Jahrhundert, Bd. 3: Die rechtliche und wirtschaftliche Entwicklung des Grundeigentums und Grundkredits, Frankfurt a.M. 1976, S. 218-272.

CARTER, Susan B. / Roger L.RANSOM / Richard SUTCH: Family Matters: The Life-Cycle Transition and the Unparalleled Antebellum American Fertility Decline, in: Timothy W. GUINNANE / William A. SUNDSTROM / Warren WHATLEY (Hg.), History Matters. Essays on Economic Growth, Technology, and Demographic Change, Stanford 2004, S. 271-327.

CHAYANOV [=Čajanov], Alexander V.: The theory of peasant economy, Homewood (Illinois) 1966.

CLARENBACH, Adolf: Zur Hofes- und Familiengeschichte des Dorfes Stocklarn in der Soester Börde, in: Soester Zeitschrift 57 (1939), S. 50-108.

CLARENBACH, Adolf: Zur Hofes- und Familiengeschichte des Kirchspiels Borgeln in der Soester Börde. II. Stück: Blumroth und Hattropholsen, in: Soester Zeitschrift 59 (1942), S. 3-115.

CLARENBACH, Adolf: Zur Hofes- und Familiengeschichte des Kirchspiels Borgeln in der Soester Börde. III. Stück: Berwicke, in: Soester Zeitschrift 67 (1954), S. 3-115.

CLARENBACH, Adolf / RUDACK, Helmut: Die Familien in den Wohnhäusern zu Welver-Borgeln im Kreis Soest bis 1946, Soest 1984.

CLARENBACH, Adolf / Günther RUDACK / Helmut RUDACK: Die Familien auf den Höfen und Kotten zu Welver-Borgeln im Kreis Soest zwischen 1532 und 1946, Soest 1977.

CLEMENS, Gabriele B. (Hg.): Schuldenlast und Schuldenwert. Kreditnetzwerke in der europäischen Geschichte 1300-1900, Trier 2008.

CLEMENS, Gabriele B.: Einleitung. Die Omnipräsenz von westeuropäischen Kreditbeziehungen in Mittelalter und Neuzeit, in: Gabriele B. CLEMENS (Hg.), Schuldenlast und Schuldenwert. Kreditnetzwerke in der europäischen Geschichte 1300-1900, Trier 2008, S. 9-20.

CLEMENS, Gabriele B. / Daniel REUPKE: Kreditvergabe im 19. Jahrhundert zwischen privaten Netzwerken und institutioneller Geldleihe, in: Gabriele B. CLEMENS (Hg.), Schuldenlast und Schuldenwert. Kreditnetzwerke in der europäischen Geschichte 1300-1900, Trier 2008, S. 211-238.

COING, Helmut / WILHELM, Walter (Hg.): Wissenschaft und Kodifikation des Privatrechts im 19. Jahrhundert, Bd. 3: Die rechtliche und wirtschaftliche Entwicklung des Grundeigentums und Grundkredits, Frankfurt a.M. 1976.

COMBS, Mary Beth: They Lived and Saved. Evidence of the Bequest Motive for Saving Among Small Shopkeepers in Late Nineteenth Century Britain, in: David R. GREEN / Alastair OWENS / Josephine MALTBY / Janette RUTTERFORD (Hg.), Men, Women, and Money. Perspectives on Gender, Wealth and Investment, 1850-1930, Oxford 2011, S. 81-98.

CONZE, Werner / Ulrich ENGELHARDT (Hg.): Arbeiterexistenz im 19. Jahrhundert. Lebensstandard und Lebensgestaltung deutscher Arbeiter und Handwerker, Stuttgart 1981.

COYM, Peter: Unternehmensfinanzierung im frühen 19. Jahrhundert – dargestellt am Beispiel der Rheinprovinz und Westfalen, diss. rer. pol., Hamburg 1971.

DERNBURG, Heinrich: Die Schuldverhältnisse nach dem Rechte des Deutschen Reichs und Preußens, Halle a. d. S. 1909.

DERNBURG, Heinrich / Friedrich HINRICHS: Das Preußische Hypothekenrecht. Erste Abteilung: Die allgemeinen Lehren des Grundbuchrechts, Leipzig 1877.

DEROUET, Bernard: Les pratiques familiales, le droit et la construction des différences (XVe-XIXe siècles), in: Annales HSS 52 (1997), S. 369-391.

DETER, Gerd: Das preußische Allgemeine Landrecht in der Provinz Westfalen - Rezeption und Wirkung, in: Karl TEPPE / Michael EPKENHANS (Hg.), Westfalen und Preußen. Integration und Regionalismus, Paderborn 1991, S. 82-97.

DEUS, Wolf-Herbert: Soester Recht. Eine Quellensammlung, Soest 1969-1978.

DEVOS, Isabelle / Liam KENNEDY (Hg.): Marriage and Rural Economy: Western Europe Since 1400, Turnhout 1999.

DI MATTEO, Livio: The Determinants of Wealth and Asset Holding in Nineteenth-Century Canada. Evidence from Microdata, in: JEH 57 (1997), S. 907-934.

DILCHER, Jochen: Die Zins-Wucher-Gesetzgebung in Deutschland im 19. Jahrhundert. Eine entwicklungsgeschichtliche Betrachtung unter besonderer Berücksichtigung wirtschaftlicher und wirtschaftspolitischer Faktoren, Frankfurt a.M. 2002.

DIPPER, Christof: Die Bauernbefreiung in Deutschland 1790-1850, Stuttgart u.a. 1980.

DIPPER, Christof: Ländliche Klassengesellschaft 1770-1848. Bemerkungen zu dem gleichnamigen Buch von Josef Mooser, in: Geschichte und Gesellschaft 12 (1986), S. 244-253.

DIPPER, Christof: Bauernbefreiung, landwirtschaftliche Entwicklung und Industrialisierung in Deutschland. Die nichtpreußischen Staaten, in: Toni PIERENKEMPER (Hg.), Landwirtschaft und industrielle Entwicklung. Zur ökonomischen Bedeutung von Bauernbefreiung, Agrarreform und Agrarrevolution, Stuttgart 1989, S. 63-78 (inkl. Komm.).

DIPPER, Christof: Die Bauernbefreiung in Deutschland. Ein Überblick, in: Geschichte in Wissenschaft und Unterricht 43 (1992), S. 16-31.

DIPPER, Christof: Landwirtschaft im Wandel. Neue Perspektiven der preußisch-deutschen Agrargeschichte im 19. Jahrhundert, in: Neue Politische Literatur 38 (1993), S. 29-42.

DIPPER, Christof: Kredit und Bodenmarkt. Ein Kommentar, in: Gabriele B. CLEMENS (Hg.), Schuldenlast und Schuldenwert. Kreditnetzwerke in der europäischen Geschichte 1300-1900, Trier 2008, S. 245-258.

DIRNINGER, Christian: Die Sparkassen in der Entwicklung der österreichischen Wirtschaftsordnung im 19. und 20. Jahrhundert, in: WISSENSCHAFTSFÖRDERUNG DER SPARKASSEN-FINANZGRUPPE E.V. (Hg.), Sparkassen zwischen Staat und Markt, Bonn/Stuttgart 2001, S. 111-134.

DITT, Karl: „Soziale Frage“, Sparkassen und Sparverhalten der Bevölkerung im Raum Bielefeld um die Mitte des 19. Jahrhunderts, in: Werner CONZE / Ulrich ENGELHARDT (Hg.), Arbeiterexistenz im 19. Jahrhundert. Lebensstandard und Lebensgestaltung deutscher Arbeiter und Handwerker, Stuttgart 1981, S. 516-538.

DRIBE, Martin / LUNDH, Christer: Retirement as a Strategy for Land Transmission: A Micro Study of Pre-Industrial Rural Sweden, in: Continuity and Change 20 (2005), S. 165-191.

DRÖGE, Kurt: Das ländliche Bett. Zur Geschichte des Schlafmöbels in Westfalen, Detmold 1999.

DUHAMELLE, Christophe / Jürgen SCHLUMBOHM (Hg.): Eheschließungen im Europa des 18. und 19. Jahrhunderts. Muster und Strategien, Göttingen 2003.

DURRENBERGER, Paul E. (Hg.): Chayanov, Peasants and Economic Anthropology, Orlando 1984.

EASTERLIN, Richard A.: Population Change and Farm Settlement in the Northern United States, in: JEH 36 (1976), S. 45-75.

EBERT, Jochen / Ingrid ROGMANN / Peter WIEDERSICH: Dorf – Herrschaft – Kirche, in: Jochen EBERT u.a. (Hg.), Schwebda – ein Adelsdorf im 17. und 18. Jahrhundert, Kassel 2006, S. 21-168.

EDWARDS, Jeremy S. / Sheilagh OGILVIE: Universal Banks and German Industrialisation. A Reappraisal, in: Economic History Review 49 (1996), S. 427-446.

EGENOLF, Kordula: Die Anfänge des Sparkassenwesens, in: Hans-Jürgen TEUTEBERG (Hg.), Westfalens Wirtschaft am Beginn des „Maschinenzeitalters“, Dortmund 1988, S. 57-73.

EHMER, Josef: Sozialgeschichte des Alters, Frankfurt a. M. 1990.

EICKMEYER, Wilhelm / Otto STEFFEN / Karl VOGT: Amerikaauswanderer aus den Gemeinden Löhne. Gohfeld, Obernbeck und Mennighüffen im 19. Jahrhundert, in: Beiträge zur Heimatkunde der Stadt Löhne, Sonderh. IV (1985), S. 144-184.

ELLERBROCK, Karl-Peter: An der Schwelle zur Konsumgesellschaft: Traditionelle Nahrungswirtschaft und die Anfänge der industriellen Nahrungsmittelproduktion in Preußen im ausgehenden 18. und im 19. Jahrhundert, in: Michael PRINZ (Hg.), Der lange Weg in den Überfluss. Anfänge und Entwicklung der Konsumgesellschaft seit der Vormoderne, Paderborn 2003, S. 273-289.

ELWERT, Georg: Der entwicklungspolitische Mythos vom Traditionalismus, in: Dieter GOETZE / Heribert WEILAND (Hg.), Soziokulturelle Implikationen technologischer Wandlungsprozesse, Saarbrücken / Fort Lauderdale 1983, S. 29-55.

ELWERT, Georg: Die Verflechtung von Produktionen: Nachgedanken zur Wirtschaftsanthropologie, in: Ernst W. MÜLLER (Hg.), Ethnologie als Sozialwissenschaft, Opladen 1984, S. 379-402.

ENGEL, Ernst: Der Acker- und Häuserbau und der Grundcredit, in: Zeitschrift des königlich Preussischen Statistischen Bureaus 1 (1861), S. 31-33, 40-50.

ENGEL, Ernst: Die Sparcassen in Preussen, in: Zeitschrift des königlich Preussischen Statistischen Bureaus 1 (1861), S. 85-117.

ENGEL, Ernst: Ein Reformprincip für Sparcassen, in: Zeitschrift des königlich Preussischen Statistischen Bureaus 7 (1867), S. 31-39.

ENGEL, Ernst: Wie hoch belastet in Preussen die Grundsteuer die Landwirthschaft?, in: Zeitschrift des königlichen preußischen statistischen Bureaus 7 (1867), S. 93-157.

ENGELEN, Theo: Labour Strategies of Families: A Critical Assessment of an Appealing Concept, in: International Review of Social History 47 (2002), S. 453-464.

ENGELS, Wilhelm: Ablösungen und Gemeinheitsteilungen in der Rheinprovinz. Ein Beitrag zur Geschichte der Bauernbefreiung, Bonn 1957.

ENGERMAN, Stanley L. / Philip T. HOFFMAN / Jean-Laurent ROSENTHAL / Kenneth L. SOKOLOFF (Hg.): Finance, Intermediaries and Economic Development, Cambridge 2003.

ERLEI, Mathias / Martin LESCHKE / Dirk SAUERLAND: Neue Institutionenökonomik, 2., erw. und überarb. Aufl., Stuttgart 2007.

FARR, Ian: In search of credit: peasant farmers, credit co-operatives and rural organisation in Bavaria at the turn of the century, in: JWG 2000, Heft 2, S. 113-132.

FEINSTEIN, Charles H. / Mark THOMAS: Making history count. A primer in quantitative methods for historians, Cambridge 2002.

FELLONI, Giuseppe: Kredit und Banken in Italien, 15.-17. Jahrhundert, in: Michael NORTH (Hg.), Kredit im spätmittelalterlichen und frühneuzeitlichen Europa, Köln / Wien 1991, S. 9-23.

FERTIG, Georg: Wie lang waren die eisernen Ketten? Vergleichende Verfahren in der neuzeitlichen Familiengeschichte, in: Helga SCHNABEL-SCHÜLE (Hg.), Vergleichende Perspektiven – Perspektiven des Vergleichs. Studien zur europäischen Geschichte von der Spätantike bis ins 20. Jahrhundert, Mainz 1998, S. 171-201.

FERTIG, Georg: Marriage and economy in rural Westphalia, 1750-1870: A time series and cross sectional analysis, in: Isabelle DEVOS / Liam KENNEDY (Hg.), Marriage and Rural Economy: Western Europe Since 1400, Turnhout 1999, S. 243-271.

FERTIG, Georg: Bodenmarkt – Familienstrategien – Verwandtschaft: Drei westfälische Kirchspiele im 19. Jahrhundert, unpubl. Habilitationsschrift, Münster 2001.

FERTIG, Georg: Gemeinheitsteilungen in Löhne: Eine Fallstudie zur Sozial- und Umweltgeschichte Westfalens im 19. Jahrhundert, in: Karl DITT / Rita GUDERMANN / Norwich RÜßE (Hg.), Agrarmodernisierung und ökologische Folgen. Westfalen vom 18. bis zum 20. Jahrhundert, Paderborn 2001, S. 393-426.

FERTIG, Georg: „Wenn zwey Menschen eine Stelle sehen": Heirat, Besitztransfer und Lebenslauf im ländlichen Westfalen des 19. Jahrhunderts, in: Christophe DUHAMELLE / Jürgen SCHLUMBOHM (Hg.), Eheschließungen im Europa des 18. und 19. Jahrhunderts. Muster und Strategien, Göttingen 2003, S. 93-124.

FERTIG, Georg: Der Acker wandert zum besseren Wirt? Agrarwachstum ohne preisbildenden Bodenmarkt im Westfalen des 19. Jahrhunderts, in: ZAA 52,1 (2004), S. 44-63.

FERTIG, Georg: Zwischen Xenophobie und Freundschaftspreis: Landmarkt und familiäre Beziehungen in Westfalen, 1830-1866, in: JWG 2005/1, S. 53-76.

FERTIG, Georg: Äcker, Wirte, Gaben. Ländlicher Bodenmarkt und liberale Eigentumsordnung im Westfalen des 19. Jahrhunderts, Berlin 2007.

FERTIG, Georg: The Hajnal thesis before Hajnal: The pre-history of the European Marriage Pattern [unveröffentlichtes Manuskript 2005].

FERTIG, Georg (Hg.): Social Networks, Political Institutions, and Rural Societies, voraussichtlich Turnhout 2013.

FERTIG, Christine: Hofübergabe im Westfalen des 19. Jahrhunderts: Wendepunkt des bäuerlichen Familienzyklus?, in: Christophe DUHAMELLE / Jürgen SCHLUMBOHM (Hg.), Eheschließungen im Europa des 18. und 19. Jahrhunderts. Muster und Strategien, Göttingen 2003, S. 65-92.

FERTIG, Christine: Kreditmärkte und Kreditbeziehungen im ländlichen Westfalen (19. Jh.). Soziale Netzwerke und städtisches Kapital, in: Gabriele B. CLEMENS (Hg.), Schuldenlast und Schuldenwert. Kreditnetzwerke in der europäischen Geschichte 1300-1900, Trier 2008, S. 161-176.

FERTIG, Christine: Familie, verwandtschaftliche Netzwerke und Klassenbildung im ländlichen Westfalen (1750-1874), Stuttgart 2012.

FERTIG, Christine / Georg FERTIG: Transfers von bäuerlichem Besitz: Westfalen im 19. Jahrhundert, in: AKA-Newsletter Nr. 17, 2005 (Arbeitskreis für Agrargeschichte), S. 15-27.

FERTIG, Christine / Georg FERTIG: Bäuerliche Erbpraxis als Familienstrategie: Hofweitergabe im Westfalen des 18. und 19. Jahrhunderts, in: Stefan BRAKENSIEK / Michael STOLLEIS / Heide WUNDER (Hg.), Generationengerechtigkeit. Normen und Praxis im Erb- und Ehegüterrecht 1500-1850, Berlin 2006, S. 163-187.

FERTIG, Christine / Georg FERTIG / Volker LÜNNEMANN: Inheritance, Succession and Familial Transfer in Rural Westphalia, 1800-1900, in: The History of the Family 10,3 (2005), S. 309-326.

FISHLOW, Albert: The Trustee Savings Banks, 1817-1861, in: JEH 21 (1961), S. 26-40.

FLÜGEL, Axel: Kaufleute und Manufakturen in Bielefeld. Sozialer Wandel und wirtschaftliche Entwicklung im protoindustriellen Leinengewerbe von 1680-1850, Bielefeld 1993.

FONTAINE, Laurence: Antoine and Shylock: credit and trust in France, c. 1680-c. 1780, in: Economic History Review 54 (2001), S. 39-57.

FONTAINE, Laurence: Women's Economic Spheres and credit in pre-industrial Europe, in: Beverly LEMIRE / Ruth PEARSON / Gail CAMPBELL (Hg.), Women and Credit: Researching the Past, Refiguring the Future, Oxford / New York 2001, S. 15-32.

FONTAINE, Laurence: Die Bauern und die Mechanismen der Kreditvergabe, in: Gabriele B. CLEMENS (Hg.), Schuldenlast und Schuldenwert. Kreditnetzwerke in der europäischen Geschichte 1300-1900, Trier 2008, S. 109-130.

FONTAINE, Laurence: L'Economie morale. Pauvreté, crédit et confiance dans l'Europe préindustrielle, Paris 2008.

FONTAINE, Laurence / Gilles POSTEL-VINAY / Jean Laurent ROSENTHAL / Paul SERVAIS (Hg.): Des personnes aux institutions: réseaux et culture du crédit du XVIe au XXe siècle en Europe; actes du Colloque international "Centenaire des FUCAM" (Mons, 14 -16 novembre 1996), Louvain-la-Neuve 1997.

FONTAINE, Laurence / Jürgen SCHLUMBOHM: Household Strategies for Survival: An Introduction, in: International Review of Social History 45 (2000), S. 1-17.

FOSTER, Richard N.: Innovation: die technologische Offensive, Wiesbaden 1986.

FRANZ 1977 Franz, Günther: Der deutsche Bauernkrieg, 11., um ein Vorw. erw. Aufl., Darmstadt 1977.

FREEZE 1992 Freeze, Gregory L.: New Scholarship on the Russian Peasantry, in: European History Quarterly 72 (1992), S. 605-617.

FREIBURG, Hubert: Agrarkonjunktur und Agrarstruktur in vorindustrieller Zeit. Die Aussagekraft säkularer Wellen der Preise und Löhne im Hinblick auf die Entwicklung der bäuerlichen Einkommen, in: VSWG 64 (1977), S. 289-327.

FRIEDMAN, Milton: A theory of the consumption function, Princeton 1957.

GECK, A.: Topographisch-historisch-statistische Kreisbeschreibung der Stadt Soest und der Soester Börde, Soest 1825.

GERLING, Friedrich: Damals auf dem Dorfe 1830 - 1901, überarbeitet von Ludwig Zeddies, Hannover 1987.

GERLING, Friedrich / Ludwig ZEDDIES: Unser Dorf vor 1900, Hannover 1990.

GESTRICH, Andreas: Geschichte der Familie im 19. und 20. Jahrhundert, München 1999.

GLÄNTZER, Volker: Baukonjunkturen und Bauinnovationen im Altkreis Bersenbrück, in: Rheinisch-westfälische Zeitschrift für Volkskunde 25 (1979/80), S. 11-33.

GLÄNTZER, Volker: Ländliches Wohnen vor der Industrialisierung, Münster 1980.

GÖMMEL, Rainer: Realeinkommen in Deutschland. Ein internationaler Vergleich (1810-1914), Nürnberg 1979.

GOSLAR, Silke: Nichteheliche Kinder auf dem Land: eine vergleichende Analyse zweier westfälischer Kirchspiele im 19. Jahrhundert, Magisterarbeit Münster 2005.

GRABEIN, Max: Die Entstehung der Spareinlagen auf dem Lande, in: Verein für Socialpolitik (Hg.): Untersuchungen über das Volkssparwesen, Bd. 3, München u.a. 1913, S. 1-63.

GROH, Dieter: Strategien, Zeit und Ressourcen. Risikominimierung, Unterproduktivität und Mußepräferenz – die zentralen Kategorien von Subsistenzökonomien, in: Eberhard SEIFERT (Hg.), Ökonomie und Zeit, Frankfurt a.M. 1988, S. 131-188.

GROSS, Reiner: Die bürgerliche Agrarreform in Sachsen in der ersten Hälfte des 19. Jahrhunderts. Untersuchungen zum Problem des Übergangs vom Feudalismus zum Kapitalismus in der Landwirtschaft, Weimar 1968.

GRÜNE, Niels: „Wir bedürfen weder überseeischen Taback noch indischen Zucker..." Vertriebsaktivitäten und handelspolitisches Engagement badisch-pfälzischer Gewerbepflanzenbauern in der ersten Hälfte des 19. Jahrhunderts, in: Frank KONERSMANN / Hans-Joachim LORENZEN-SCHMIDT (Hg.), Bauern als Händler. Ökonomische Diversifizierung und soziale Differenzierung bäuerlicher Agrarproduzenten (15.-19. Jahrhundert), Stuttgart 2011, S. 135-162.

GUDERMANN, Rita: Morastwelt und Paradies. Ökonomie und Ökologie in der Landwirtschaft am Beispiel der Meliorationen in Westfalen und Brandenburg (1830-1880), Paderborn u.a. 2000.

GUDERMANN, Rita: „Bereitschaft zur totalen Verantwortung" – Zur Ideengeschichte der Selbstversorgung, in: Michael PRINZ (Hg.), Der lange Weg in den Überfluss. Anfänge und Entwicklung der Konsumgesellschaft seit der Vormoderne, Paderborn 2003, S. 375-411.

GUDERMANN, Rita: Ökologie des Notbehelfs. Die Nutzung der Gemeinheiten als Teil der Überlebensstrategien ländlicher Unterschichten im 19. Jahrhundert, in: Uwe MEINERS / Werner RÖSENER (Hg.): Allmenden und Marken vom Mittelalter bis zur Neuzeit. Beiträge des Kolloquiums vom 18. bis 20. September 2002 im Museumsdorf Cloppenburg, Cloppenburg 2004, S. 65-80.

GUINNANE, Timothy W.: A Failed Institutional Transplant: Raiffeisen's Credit Cooperatives in Ireland, 1894-1914, in: Explorations in Economic History 31.1 (1994), S. 38-61.

GUINNANE, Timothy W.: Cooperatives as Information Machines: German Rural Credit Cooperatives, 1883-1914, in: JEH 61 (2001), S. 366-389.

GUINNANE, Timothy W.: Delegated monitors, large and small: Germany's banking system, 1800-1914, in: Journal of Economic Literature 40 (2002), S. 73-124.

GUINNANE, Timothy W.: Trust: A Concept Too Many, in: JWG 2005/1, S. 77-92.

GUINNANE, Timothy W.: Rezension von „Carsten Burhop, Die Kreditbanken in der Gründerzeit", in: EH.Net, 9.2.2008 [URL: http://eh.net/book_reviews/die-kreditbanken-der-gründerzeit, abgerufen Oktober 2011.

GUTMANN, Myron / George ALTER: Family Reconstitution as Event History Analysis, in: David S. REHER / Roger SCHOFIELD (Hg.), Old and new methods in historical demography, Oxford 1993, S. 159-177.

HÄBERLEIN, Mark: Kreditbeziehungen und Kapitalmärkte vom 16. bis zum 19. Jahrhundert, in: Jürgen SCHLUMBOHM (Hg.): Soziale Praxis des Kredits. 16.-20. Jahrhundert, Hannover 2007, S. 37-51.

HABERMANN, Norbert: Die preußische Gesetzgebung zur Herstellung eines frei verfügbaren Grundeigentums, in: Helmut COING / Walter WILHELM (Hg.), Wissenschaft und Kodifikation des Privatrechts im 19. Jahrhundert, Bd. 3: Die rechtliche und wirtschaftliche Entwicklung des Grundeigentums und Grundkredits, Frankfurt a.M. 1976, S. 3-43.

HANUS, Jord: Urban Annuity Markets in Early Sixteenth-Century 's-Hertogenbosch (Bois-le-Duc): Public vs. Private, Paper präsentiert auf der International Economic History Conference, Helsinki 2006 [URL: http://www.helsinki.fi/iehc2006/papers1/Hanus.pdf, abgerufen Oktober 2011].

HARDACH, Gerd: Der Generationenvertrag. Lebenslauf und Lebenseinkommen in Deutschland in zwei Jahrhunderten, Berlin 2006.

HAREVEN, Tamara K. (Hg.): Aging and generational relations over the life course. A historical and cross cultural perspective, Berlin 1996.

HARNISCH, Hartmut: Kapitalistische Agrarreform und Industrielle Revolution. Agrarhistorische Untersuchungen über das ostelbische Preußen zwischen Spätfeudalismus und bürgerlich-demokratischer Revolution von 1848/49, Weimar 1984.

HARNISCH, Hartmut: Agrar- und sozialgeschichtliche Aspekte, in: Jan PETERS / Hartmut HARNISCH/ Lieselott ENDERS (Hg.), Märkische Bauerntagebücher des 18. und 19. Jahrhunderts. Selbstzeugnisse von Milchviehbauern aus Neuholland, Weimar 1989, S. 228-289.

HEESE, Thorsten: Neue Wege durchs Land. 150 Jahre Eisenbahn im Kreis Herford, 2. Aufl., Gütersloh 1998.

HEIDRICH, Hermann (Hg.): Mägde – Knechte – Landarbeiter. Arbeitskräfte in der Landwirtschaft in Süddeutschland, Bad Windsheim 1997.

HEIDRICH, Hermann: Mägde – Knechte – Landarbeiter. Zur Geschichte einer schweigenden Klasse, in: ders. (Hg.), Mägde – Knechte – Landarbeiter. Arbeitskräfte in der Landwirtschaft in Süddeutschland, Bad Windsheim 1997, S. 7-38.

HELLER JR., Charles F. / John T. HOUDEK: Women lenders as sources of land credit in nineteenth-century Michigan, in: Journal of Interdisciplinary History 35,1 (2004), S. 37-67.

HENNING, Friedrich-Wilhelm: Die Verschuldung westfälischer Bauernhöfe in der zweiten Hälfte des 18. Jahrhunderts, in: ders. u.a., Landwirtschaft und ländliche Gesellschaft in Geschichte und Gegenwart. Festschrift Wilhelm Abel, Hannover 1964, S. 11-25.

HENNING, Friedrich-Wilhelm: Dienste und Abgaben der Bauern im 18. Jahrhundert, Stuttgart 1969.

HENNING, Friedrich-Wilhelm: Bauernwirtschaft und Bauerneinkommen in Ostpreußen im 18. Jahrhundert, 1969.

HENNING, Friedrich-Wilhelm: Bauernwirtschaft und Bauerneinkommen im Fürstentum Paderborn im 18. Jahrhundert, Berlin 1970.

HENNING, Friedrich-Wilhelm: Kapitalbildungsmöglichkeiten der bäuerlichen Bevölkerung in Deutschland am Anfang des 19. Jahrhunderts, in: Wolfram FISCHER (Hg.), Beiträge zu Wirtschaftswachstum und Wirtschaftsstruktur im 16. und 19. Jahrhundert, Berlin 1971, S. 57-81.

HENNING, Friedrich-Wilhelm: Die Innovationen in der deutschen Landwirtschaft im ausgehenden 18. und beginnenden 19. Jahrhundert, in: Frank R. PFETSCH (Hg.), Innovationsforschung als multidisziplinäre Aufgabe. Beiträge zur Theorie und Wirklichkeit von Innovationen im 19. Jahrhundert, Göttingen 1975, S. 155-168.

HENNING, Friedrich-Wilhelm: Die Verschuldung der Bodeneigentümer in Norddeutschland im ausgehenden 18. und in den ersten zwei Dritteln des 19. Jahrhunderts, in: Helmut COING / Walter WILHELM (Hg.), Wissenschaft und Kodifikation des Privatrechts im 19. Jahrhundert, Bd. 3: Die rechtliche und wirtschaftliche Entwicklung des Grundeigentums und Grundkredits, Frankfurt a.M. 1976, S. 273-325.

HENNING, Friedrich-Wilhelm: Landwirtschaft und ländliche Gesellschaft in Deutschland, Bd. 2: 1750 bis 1986, 2. erg. Aufl., Paderborn 1988.

HEUVEL, Christine van den: Amt und Kredit: Justus Möser als Kreditgeber des Osnabrücker Adels, in: Jürgen SCHLUMBOHM (Hg.), Soziale Praxis des Kredits. 16.-20. Jahrhundert, Hannover 2007, S. 81-99.

HIPPEL, Wolfgang von: Die Bauernbefreiung im Königreich Württemberg, 2 Bde., Boppart 1977.

HOFFMAN, Philip T. / Gilles POSTEL-VINAY / Jean-Laurent ROSENTHAL: Private Credit Markets in Paris. 1690-1840, in: JEH 52 (1992), S. 293-306.

HOFFMAN, Philip T. / Gilles POSTEL-VINAY / Jean-Laurent ROSENTHAL: Information and Economic History: How the Credit Market in Old Regime Paris Forces Us to Rethink the Transition to Capitalism, in: American Historical Review 104 (1999), S. 69-94.

HOFFMAN, Philip T. / Gilles POSTEL-VINAY / Jean-Laurent ROSENTHAL: Priceless Markets: The Political Economy of Credit in Paris, 1660-1870, Chicago 2000.

HOFFMAN, Philip T. / Gilles POSTEL-VINAY / Jean-Laurent ROSENTHAL: No Exit: Notarial Bankruptcies and the Evolution of Financial Intermediation in Nineteenth Century Paris, in: Stanley L. ENGERMAN u.a. (Hg.), Finance, Intermediaries and Economic Development, Cambridge 2003, S. 75-108.

HOFFMAN, Philip T. / Gilles POSTEL-VINAY / Jean-Laurent ROSENTHAL: Revolution und Evolution. Die Märkte des notariell beglaubigten Kredits in Frankreich 1780-1840, in: Gabriele B. CLEMENS (Hg.), Schuldenlast und Schuldenwert. Kreditnetzwerke in der europäischen Geschichte 1300-1900, Trier 2008, S. 131-160.

HOFFMANN, Walther G.: Das Wachstum der deutschen Wirtschaft seit der Mitte des 19. Jahrhunderts, Berlin 1965.

HÖHER, Peter: Heimat und Fremde. Wanderhändler des oberen Sauerlandes, Münster 1985.

HOLDERNESS, B. A.: Credit in a rural community 1660-1800. Some Neglected Aspects of Probate Inventories, in: Midland History 3 (1975), S. 94-116.

HOLDERNESS, B. A.: Credit in English rural society before the nineteenth century, with special reference to the period 1650-1720, in: Agricultural History Review 24 (1976), S. 97-109.

HOMOET, Christiane / Dietmar SAUERMANN / Joachim SCHEPERS: Sterbfallinventare des Stiftes Quernheim (1525-1808). Eine quellenkritische Untersuchung zur Diffusionsforschung, Münster 1982.

HOPPENBROUWERS, Peter / Jan Luiten van ZANDEN: Peasants into farmers? The transformation of rural economy and society in the Low Countries (Middle Ages – 19the century) in light of the Brenner debate, Turnhout 2001.

HOPPENBROUWERS, Peter / Jan Luiten van ZANDEN: Restyling the transition from feudalism to capitalism. Some critical reflections on the Brenner thesis, in: dies. (Hg.), Peasants into farmers? The transformation of rural economy and society in the Low Countries (Middle Ages – 19the century) in light of the Brenner debate, Turnhout 2001, S. 19-40.

HOWALD, Oskar: Einführung in die Agrarpolitik unter besonderer Berücksichtigung der schweizerischen Verhältnisse, Bern 1946.

HRUSCHKA, Marion: Die Entwicklung des Geld- und Kreditwesens unter besonderer Berücksichtigung der Sparkasse im Raum Straubing-Bogen 1803-1972, Diss., Straubing 1991.

INEICHEN, Andreas: Bäuerliche Verschuldung im Ancien Régime, in: Schweizerische Zeitschrift für Geschichte 42 (1992), S. 69-99.

INHETVEEN, Heide: Von der „Hausmutter" zur „Mithelfenden Familienangehörigen". Zur Stellung der Frau in Agrartheorien, in: Konrad BEDAL / Hermann HEIDRICH (Hg.), Freilichtmuseum und Sozialgeschichte. Referate des Symposions am Fränkischen Freilandmuseum vom 7. bis 8. November 1985, Bad Windsheim 1986, S. 109-121.

JÄGER, Eugen: Der ländliche Personalkredit - die Agrarfrage der Gegenwart, Berlin 1893.

JAMIN, Rainer: Aufbau, Tätigkeit und Verfahren der Auseinandersetzungsbehörden bei der Durchführung der preußischen Agrarreformen, Frankfurt a.M. 1985.

JOHLER, Reinhard: Bäuerliches Kreditwesen im Alpenraum. Vorbemerkungen zu einer „economic anthropology", in: Historische Anthopologie 7 (1999), S. 146-153.

JOHNSON, Paul: Saving and Spending. The Working-class Economy in Britain 1870-1939, Oxford 1985.

JOLK, Michael: Grundherrschaftliche Anweisungen für die Kötter des Christian Franz Theodor Reichsfreiherr von Fürstenberg (1689-1755), in: Südwestfalen-Archiv 4 (2004), S. 165-178.

JUDEICH, Albert: Die Grundentlastung in Deutschland, Leipzig 1863.

JÜRGENS, Arnulf: Die Aufhebung der Leibeigenschaft vornehmlich im Münsterland, in: WF 40 (1990), S. 112-149.

KEINEMANN, Friedrich: Vom Krummstab zur Republik. Westfälischer Adel unter preußischer Herrschaft 1802-1945, Bochum 1997.

KIESEWETTER, Hubert: Zur Entwicklung sächsischer Sparkassen, zum Sparverhalten und zur Lebenshaltung sächsischer Arbeiter im 19. Jahrhundert (1819 - 1914), in: Werner CONZE / Ulrich ENGELHARDT (Hg.), Arbeiterexistenz im 19. Jahrhundert. Lebensstandard und Lebensgestaltung deutscher Arbeiter und Handwerker, Stuttgart 1981, S. 446-486.

KIRCHGÄSSNER, Gebhard: Homo oeconomicus – Das ökonomische Modell individuellen Verhaltens und seine Anwendung in den Wirtschafts- und Sozialwissenschaften, 3., erg. u. erw. Aufl., Tübingen 2008.

KLEE, H.: Die Verschuldung des ländlichen Grundbesitzes, in: Neueste Mittheilungen Jahrgang 3, Nr. 31, Berlin, 13. März 1884, S. 1-4 [Zugang über URL: http://amtspresse.staatsbibliothek-berlin.de, abgerufen Oktober 2011].

KNAPP, Georg Friedrich: Die Bauern-Befreiung und der Ursprung der Landarbeiter in den älteren Theilen Preußens, 2 Bde., Leipzig 1887.

KNOTTNERUS, Otto S.: Yeomen and farmers in the Wadden Sea costal marshes, c. 1500- c.1900, in: Bruno BLONDÉ / Eric VANHAUTE / Michèle GALAND (Hg.), Labour and labour markets between town and countryside (Middle Ages - 19th century), Turnhout 2001, S. 149-186.

KOK, Jan: The Challenge of Strategy: A Comment, in: International Review of Social History 47 (2002), S. 465-485.

KONERSMANN, Frank: Von Betriebsgrößen zu Wirtschaftspraktiken: Die Betriebsgrößenfrage in der deutschen Agrar- und Sozialgeschichte, in: Reiner PRASS u.a. (Hg.), Ländliche Gesellschaften in Deutschland und Frankreich, 18. und 19. Jahrhundert, Göttingen 2003, S. 125-143.

KOPSIDIS, Michael: Marktintegration und Entwicklung der westfälischen Landwirtschaft 1780-1880. Marktorientierte ökonomische Entwicklung eines bäuerlich strukturierten Agrarsektors, Münster 1996.

KOPSIDIS, Michael: The creation of a Westphalian rye market 1820-1870. Leading and following regions, a co-integration analysis, in: JWG 2002/2, S. 85-113.

KOPSIDIS, Michael: Die Leistungsfähigkeit der westfälischen Landwirtschaft am Vorabend der Agrarreformen 1822/35 (im statistischen Vergleich von 79 Abschätzungsverbänden), in: WF 54 (2004), S. 307-377.

KOPSIDIS, Michael: Labour productivity and market integration in Westphalian peasant agriculture 1830-1880: from Boserup to Smith? Papier zum Workshop "Market performance and the welfare gains of market integration in history", Fiesole, 1. bis 4. Juli 2004.

KOPSIDIS, Michael: Agrarentwicklung. Historische Agrarrevolutionen und Entwicklungsökonomie, Stuttgart 2006.

KOPSIDIS, Michael / Heinrich HOCKMANN: Technical change in Westphalian peasant agriculture and the rise of the Ruhr, circa 1830-1880, in: European Review of Economic History 14 (2010), S. 209-237.

KOSKE, Marga: Aus der Geschichte der Stadtsparkasse Soest, Soest 1959.

KOSKE, Marga (Bearb.): Das Bördekataster von 1685, Soest 1960.

KOSKE, Marga: Zur „Bauernbefreiung" in der Soester Börde, in: Soester Zeitschrift 97 (1985), S. 76-90.

KOTLIKOFF, Laurence J.: Intergenerational Transfers and Savings, in: Journal of Economic Perspectives 2:2 (1988), S. 41-58.

KREUCHER, Gerald: Die Urkatasteraufnahme in Westfalen. Düsseldorf: Landesarchiv Nordrhein-Westfalen, Münster 2008.

KRIEDTE, Peter / Hans MEDICK / Jürgen SCHLUMBOHM: Sozialgeschichte in der Erweiterung – Protoindustrialisierung in der Verengung? Demographie, Sozialstruktur, moderne Hausindustrie: eine Zwischenbilanz der Protoindustrialisierungs-Forschung, 2 Teile, in: Geschichte und Gesellschaft 18 (1992), S. 70-87, 231-255.

KRÜGER, Ingo: Sparkassen für Kinder, Dienstboten, Handwerksgesellen und Tagelöhner, in: Im oberen Maintal, auf dem Jura, an Rodach und Itz. Zum 150jährigen Geschäftsjubiläum der Kreissparkasse Lichtenfels, Lichtenfels 1990.

KRÜGER, Ingo: Die Geschichte der bayerischen Sparkassen im Kontext der Modernisierung der Wirtschaft des 19. und beginnenden 20. Jahrhunderts, in: Beiträge zur Genossenschaftsgeschichte, München 2003, S. 54-69.

KULHAWY, Andreas: „Bauernbefreiung" und Kredit: Aus der Praxis des Braunschweigischen Leihhauses, 1834-1930, in: Jürgen SCHLUMBOHM (Hg.), Soziale Praxis des Kredits. 16.-20. Jahrhundert, Hannover 2007, S. 121-151.

KULISCHER, Josef: Das Aufkommen der landwirtschaftlichen Maschinen um die Wende des 18. und in der ersten Hälfte des 19. Jahrhunderts, in: Jahrbücher für Nationalökonomie und Statistik 139 (1933), S. 321-368.

KÜPKER, Markus: Weber, Hausierer, Hollandgänger. Demografischer und wirtschaftlicher Wandel im ländlichen Raum, Frankfurt a.M. / New York 2008.

LAER, Wilhelm von: Die Entwicklung des bäuerlichen Wirtschaftswesens von 1815 bis heute. Die wirtschaftlichen Verhältnisse, in: Engelbert von KERCKERINCK ZUR BORG (Hg.), Beiträge zur Geschichte des westfälischen Bauernstandes, Berlin 1912, ND Münster-Hiltrup [1988], S. 164-223.

LAMBRECHT, Thijs: Unmarried adolescents and filial assistance in eighteenth-century Flanders, in: Georg FERTIG (Hg.), Social networks, political institutions, and rural societies, voraussichtlich Turnhout 2013.

LAMMERS, Wolf: Gutsherrschaft und Bauernbefreiung in Angelmodde, Münster 1999.

LANZINGER, Margareth: Generationengerechtigkeit mittels Vertrag. Besitz- und Vermögensregelungen zwischen Reziprozität und Unterordnung, Ausgleich und Begünstigung (zweite Hälfte 18. Jahrhundert), in: Stefan BRAKENSIEK / Michael STOLLEIS / Heide WUNDER (Hg.), Generationengerechtigkeit. Normen und Praxis im Erb- und Ehegüterrecht 1500-1850, Berlin 2006, S. 241-263.

LEESCH, Wolfgang: Die Verwaltung der Provinz Westfalen 1815-1945. Struktur und Organisation, Münster 1993.

LEMIRE, Beverly / Ruth PEARSON / Gail CAMPBELL: Women and Credit: Researching the Past, Refiguring the Future, Oxford / New York 2001.

LENGERKE, Alexander von: Beiträge zur Kenntnis der Landwirtschaft in den Königlich Preußischen Staaten, Bd. 2: Westfalen, Berlin 1847.

LIEMANN, Bernhard: Zwischen den Generationen. Die Gestaltung des bäuerlichen Besitztransfers in der Soester Börde im 19. Jahrhundert, in: Soester Zeitschrift 120 (2008), S. 55-77.

LILJA, Kristina: Utav omsorg och eftertanke. En undersökning av Falu stads sparbankssparare 1830-1914, Uppsala 2000.

LILJA, Kristina: Marknad och hushåll: Sparande och krediter i Falun 1820-1910 utifrån ett livscykelperspektiv, Uppsala 2004.

LINDGREN, Håkan: The Modernization of Swedish Credit Markets, 1840-1905: Evidence from Probate Records, in: JEH 62 (2002), S. 810-833.

LINNEMEIER, Bernd-Wilhelm: Landwirtschaft im nördlichen Westfalen um 1800. Eine Untersuchung des Freiherrn von Stein aus seiner Mindener Zeit, Münster 1995.

LIPP, Carola: Aspekte der mikrohistorischen und kulturanthropologischen Kreditforschung, in: Jürgen SCHLUMBOHM (Hg.), Soziale Praxis des Kredits. 16.-20. Jahrhundert, Hannover 2007, S. 15-36.

LISCHKA, Marion: Liebe als Ritual. Eheanbahnung und Brautwerbung in der frühneuzeitlichen Grafschaft Lippe, Paderborn 2006.

LORENZEN-SCHMIDT, Klaus-Joachim: Über bäuerliches Kreditverhalten in den Elbmarschen, vor allem im 19. Jahrhundert, in: Jahrbuch Steinburg 30 (1986), S. 101-109.

LORENZEN-SCHMIDT, Klaus-Joachim: Ein Verlaufsmodell für konjunkturbedingte Bodenmobilität, in: Ingwer MOMSEN (Hg.), Schleswig-Holsteins Weg in die Moderne. Zehn Jahre Arbeitskreis für Wirtschafts- und Sozialgeschichte Schleswig-Holsteins, Neumünster 1988, S. 105-112.

LORENZEN-SCHMIDT, Klaus-Joachim: Bäuerliches Heiratsverhalten und Stellenübertragung in den holsteinischen Elbmarschen (1650-1950), in: Historical Social Research 28 (2003), Heft 3, S. 76-91.

LORENZEN-SCHMIDT, Klaus-Joachim (Hg.): Geld und Kredit in der Geschichte Norddeutschlands, Neumünster 2006.

LORENZEN-SCHMIDT, Klaus-Joachim: Kredite für Bauern der holsteinischen Elbmarschen (1350-1540), in: ders. (Hg.), Geld und Kredit in der Geschichte Norddeutschlands, Neumünster 2006, S. 143-157.

LORENZEN-SCHMIDT, Klaus-Joachim: Bäuerliches Kreditverhalten in der Krempermarsch im 19. Jahrhundert, in: ders. (Hg.), Geld und Kredit in der Geschichte Norddeutschlands, Neumünster 2006, S. 143-157, S. 261-276.

LOTTERER, Jürgen: Sparkassenrendanten im nördlichen Ruhrgebiet vor 1914, in: Harald WIXFORTH (Hg.): Sparkassen in Mitteleuropa im 19. und 20. Jahrhundert, Wien 1998, S. 103-139.

LUNDH, Christer: Life Cycle Servants in Nineteenth Century Sweden – Norms and Practice, 2003 [URL: http://www.ekh.lu.se/publ/lup/84.pdf, abgerufen Oktober 2011].

LÜNNEMANN, Volker: Bodenmarkt und Familie im Kirchspiel Beelen (Kreis Warendorf) in der Mitte des 19. Jahrhunderts, Magisterarbeit Münster 1999.

LÜNNEMANN, Volker: Familialer Besitztransfer und Geschwisterbeziehungen in zwei westfälischen Gemeinden (19. Jahrhundert), in: Historische Sozialforschung / Historical Social Research 30:3 (2005), S. 31-48.

LÜNNEMANN, Volker: Der Preis des Erbens. Besitztransfer und Altersversorgung in Westfalen, 1820-1900, in: Stefan BRAKENSIEK / Michael STOLLEIS / Heide WUNDER (Hg.), Generationengerechtigkeit. Normen und Praxis im Erb- und Ehegüterrecht 1500-1850, Berlin 2006, S. 139-162.

LÜTGE, Friedrich: Die Bauernbefreiung in der modernen Wirtschaftsgeschichte, Minden 1948.

MACFARLANE, Alan: Marriage and love in England: modes of reproduction 1300-1840, Oxford 1986.

MAGER, Wolfgang: Protoindustrialisierung und agrarisch-heimgewerbliche Verflechtung in Ravensberg während der Frühen Neuzeit. Studien zu einer Gesellschaftsformation im Übergang, in: Geschichte und Gesellschaft 8 (1982), S. 435-474.

MANKIW, N. Gregory: Makroökonomik, 3., überarb. u. erw. Aufl., Stuttgart 1998.

MAUER, Hermann: Die Verschuldungsgrenze für Bauerngüter in Preußen (1811-1843), in: Archiv für Sozialwissenschaft und Sozialpolitik 24 (1907), S. 547-557.

MAUER, Hermann: Das landschaftliche Kreditwesen Preussens agrargeschichtlich und volkswirtschaftlich betrachtet. Ein Beitrag zur Geschichte der Bodenkreditpolitik des preussischen Staates, Straßburg 1907.

MEITZEN, August: Der Boden und die landwirtschaftlichen Verhältnisse des Preußischen Staates nach dem Gebietsumfange 1866, 6 bde., Berlin 1868-1901.

MEYERS Konversationslexikon, 4. Aufl., Leipzig / Wien 1885.

MEYERS großes Konversationslexikon, 6. Aufl., Leipzig / Wien 1902.

MITTERAUER, Michael: Lebensformen und Lebensverhältnisse ländlicher Unterschichten [1981], in: ders. (Hg.), Familie und Arbeitsteilung: historisch vergleichende Studien, Wien / Köln / Weimar 1992, S. 33-57.

MITTERAUER, Michael: Formen ländlicher Familienwirtschaft. Historische Ökotypen und familiale Arbeitsorganisationen im österreichischen Raum, in: ders. / Josef EHMER (Hg.), Familienstruktur und Arbeitsorganisation in ländlichen Gesellschaften, Wien / Köln / Graz 1986, S. 185-323.

MITTERAUER, Michael / Josef EHMER (Hg.): Familienstruktur und Arbeitsorganisation in ländlichen Gesellschaften, Wien / Köln / Graz 1986.

MITTERAUER, Michael / Josef EHMER: Zur Einführung: Familienstruktur und Arbeitsorganisation in ländlichen Gesellschaften, in: dies. (Hg.), Familienstruktur und Arbeitsorganisation in ländlichen Gesellschaften, Wien / Köln / Graz 1986, S. 7-30.

MODIGLIANI, Franco: The life cycle hypothesis of saving twenty years later, in: Andrew ABEL (Hg.), Collected Papers of Franco Modigliani, Bd. 2, Cambridge (Mass.) 1980, S. 41-78.

MODIGLIANI, Franco: Life Cycle, Individual Thrift, and the Wealth of Nations, in: American Economic Review 76 (1986), S. 297-313.

MODIGLIANI, Franco: The Role of Intergenerational Transfers and Life Cycle Saving in the Accumulation of Wealth, in: Journal of Economic Perspectives 2:2 (1988), S. 15-40.

MOOSER, Josef: Ländliche Klassengesellschaft 1770-1848. Bauern, Unterschichten, Landwirtschaft und Gewerbe im östlichen Westfalen, Göttingen 1984.

MOOSER, Josef: Preußische Agrarreformen, Bauern und Kapitalismus. Bemerkungen zu Hartmut Harnischs Buch „Kapitalistische Agrarreform und Industrielle Revolution", in: Geschichte und Gesellschaft 18 (1992), S. 533-554.

MUELLER, Eva: Economic cost and Value of Children: Conceptualization and Measurement, in: James T. FAWCETT (Hg.), The Satisfactions and Costs of Children: Theories, Concepts, Methods, Hawaii 1972, S. 174-205.

MUELLER, Eva: The Economic Value of Children in Peasant Agriculture, in: Ronald G. RIDKER (Hg.), Population and Development. The Search for Selective Interventions, Baltimore 1976, S. 98-153.

MULDREW, Craig: Interpreting the market: the ethics of credit and community relations in early modern England, in: Social History 18 (1993), S. 163-183.

MULDREW, Craig: The economy of obligation, the culture of credit and social relations in early modern England, London 1998.

MULDREW, Craig: Zur Anthropologie des Kapitalismus. Kredit, Vertrauen, Tausch und die Geschichte des Marktes in England 1500-1750, in: Historische Anthropologie 6 (1998), S. 167-199.

MÜLLER-WILLE, Wilhelm: Der Feldbau in Westfalen im 19. Jahrhundert, in: WF 1 (1938), S. 302-325.

MÜLLER-WILLE, Wilhelm: Die Akten der Katastralabschätzung 1822-35 und die Grundsteuerregelung 1861-65 in ihrer Bedeutung für die Landesforschung in Westfalen, in: WF 3 (1940), S. 47-64.

MUNRO, John H.: Die Anfänge der Übertragbarkeit: einige Kreditinnovationen im englisch-flämischen Handel des Spätmittelalter (1360-1540), in: Michael NORTH (Hg.), Kredit im spätmittelalterlichen und frühneuzeitlichen Europa, Köln / Wien 1991, S. 39-69.

NAARMANN, Margit: Ländliche Massenarmut und „jüdischer Wucher": zur Etablierung eines Stereotyps, in: Ludger GREVELHÖRSTER / Karl HÜSER (Hg.), Region und Gesellschaft im Deutschland des 19. und 20. Jahrhunderts, Vierow bei Greifswald 1995, S. 128-149.

NEUMANN, Anna: Die Bewegung der Löhne der ländlichen „freien" Arbeiter im Zusammenhang mit der Gesammtwirtschaftlichen Entwicklung im Königlich Preussen gegenwärtigen Umfangs vom Ausgang des 18. Jahrhunderts bis 1850, Berlin 1911.

NORTH, Douglass C.: Transaction Costs in History, in: Journal of European Economic History 14 (1985), S. 557-576.

NORTH, Douglass C.: Theorie des institutionellen Wandels. Eine neue Sicht der Wirtschaftsgeschichte, Tübingen 1988.

NORTH, Douglass C.: Institutionen, institutioneller Wandel und Wirtschaftsleistungen, Tübingen 1992.

NORTH, Michael (Hg.): Kredit im spätmittelalterlichen und frühneuzeitlichen Europa, Köln / Wien 1991.

OGILVIE, Sheilagh C. / Markus KÜPKER / Janine MAEGRAITH: Household Debt in Early Modern Württemberg: Evidence from Personal Inventories, in: JEH 72 (2012), S. 134-167.

OGILVIE, Sheilagh C. / Markus KÜPKER / Janine MAEGRAITH: Household Debt in Early Modern Württemberg: Evidence from Personal Inventories (Cambridge Working Papers in Economics 1148 [URL: www.econ.cam.ac.uk/dae/repec/cam/pdf/cwpe1148.pdf], 2011)

Ó GRÁDA, Cormac: Financial Panic, Famine, and Contagion: Ireland in the 1840s and 1850s [URL: http://www.ucd.ie/economics/research/papers/2003/WP03.16.pdf, 2003, abgerufen Oktober 2011].

Ó GRÁDA, Cormac: Savings banks as an institutional import: the case of nineteenth-century Ireland, in: Financial History Review 10 (2003), S. 31-55.

ORTMAYR, Norbert: Beim Bauern im Dienst. Zur Sozialgeschichte des ländlichen Gesindes in der Ersten Republik, in: Hubert Ch. EHALT (Hg.), Geschichte von unten. Fragestellungen, Methoden und Projekte einer Geschichte des Alltags, Wien 1984, S. 95-141.

ORTMAYR, Norbert: „Oarbeits, sunst kemts ins Quartier". Alter und Armut am Land im frühen 20. Jahrhundert, in: Helmut KONRAD / Michael MITTERAUER (Hg.), „...Und i sitz' jetzt allein." Geschichte mit und von alten Menschen, Wien 1987, S. 71-91.

ORTMAYR, Norbert: Sozialhistorische Skizzen zur Geschichte des ländlichen Gesindes in Österreich, in: ders. (Hg.), Knechte. Autobiographische Dokumente und sozialhistorische Skizzen, Wien / Köln / Weimar 1992, S. 297-379.

OTTENJANN, Helmut: Zur Bau-, Wohn- und Wirtschaftsweise der bäuerlichen Oberschicht des Artlandes in der Zeit der Errichtung der Hofanlage Wehlburg, in: ders. (Hg.): Materialien zur Volkskultur nordwestliches Niedersachsen, Leer 1979, S. 39-109.

PAYNE, Peter Lester / Lance Edwin DAVIS: The savings Bank of Baltimore, 1818-1866: A Historical and Analytical Study, Baltimore 1956.

PEDLOW, Gregory W.: The Survival of the Hessian Nobility 1770-1870, Princeton 1988.

PERSSON, Karl Gunnar: Grain Markets in Europe 1500-1900. Integration and Deregulation, Cambridge 1999.

PETERS, Jan (Hg.): Gutsherrschaft als soziales Modell. Vergleichende Betrachtungen zur Funktionsweise frühneuzeitlicher Agrargesellschaften, München 1995.

PETERS, Jan (Hg.): Konflikt und Kontrolle in Gutsherrschaftsgesellschaften. Über Resistenz- und Herrschaftsverhalten in ländlichen Sozialgebilden der Frühen Neuzeit, Göttingen 1995.

PETERS, Jan (Hg.): Gutsherrschaftsgesellschaften im europäischen Vergleich, München 1997.

PFEIFFER, Ulrich / Reiner BRAUN: Private Lebensökonomie und staatlicher Einfluss. Neue Strategien zur Vermögensbildung, Köln 2003.

PFISTER, Christian: Bevölkerungsgeschichte und historische Demographie. 1500-1800, München 1994.

PFISTER, Ulrich: Haushalt und Familie auf der Zürcher Landschaft des Ancien régime, in: Sebastian BRÄNDLI u.a. (Hg.), Schweiz im Wandel. Studien zur neueren Gesellschaftsgeschichte, Basel 1990, S. 19-42.

PFISTER, Ulrich: Die protoindustrielle Hauswirtschaft im Kanton Zürich des 17. und 18. Jahrhunderts, in: Dietmar PETZINA (Hg.), Zur Geschichte der Ökonomik der Privathaushalte, Berlin 1991, S. 71-108.

PFISTER, Ulrich: Die Zürcher Fabriques. Protoindustrielles Wachstum vom 16. zum 18. Jahrhundert, Zürich 1992.

PFISTER, Ulrich: Le petit crédit rural en Suisse aux XVIe-XVIIIe siècles, in: Annales, HSS 49 (1994), S. 1339-1357.

PFISTER, Ulrich: Protoindustrie und Landwirtschaft, in: Dietrich EBELING / Wolfgang MAGER (Hg.), Protoindustrie in der Region. Europäische Gewerbelandschaften vom 16. bis zum 19. Jahrhundert, Bielefeld 1997, S. 57-84.

PFISTER, Ulrich: Exit, voice, and loyalty: Parent-child relations in the proto-industrial household economy (Zürich, 17th-18th centuries), in: The History of the Family 9 (2004), S. 401-423.

PFISTER, Ulrich: Rural land and credit markets, the permanent income hypothesis and proto-industry: evidence from early modern Zurich, in: Continuity and Change 22 (2007), S. 489-518.

PFISTER, Ulrich: Kredit und soziale Netzwerke in der Frühen Neuzeit. Ein Kommentar, in: Gabriele B. CLEMENS (Hg.), Schuldenlast und Schuldenwert. Kreditnetzwerke in der europäischen Geschichte 1300-1900, Trier 2008, S. 267-270.

POHL, Manfred: Agrarwirtschaft und Geldinstitute aus historischer Sicht. Ein Überblick zur Entwicklung im 19. und 20. Jahrhundert bis zur Gründung der Deutschen Rentenbank-Kreditanstalt, in: ZAA 46 (1998), S. 45-59.

POHL, Hans: Wirtschaft, Unternehmen, Kreditwesen, soziale Probleme. Ausgewählte Aufsätze, Teil 2, Stuttgart 2005.

POLANYI, Karl: The Great Transformation. Politische und ökonomische Ursprünge von Gesellschaften und Wirtschaftssystemen, Frankfurt am Main 1978.

POPP, Bertram: Dienstboten und landwirtschaftliche Arbeitskräfte im Weiler Kleinlosnitz im 19. und 20. Jahrhundert, in: Hermann HEIDRICH (Hg.), Mägde – Knechte – Landarbeiter. Arbeitskräfte in der Landwirtschaft in Süddeutschland, Bad Windsheim 1997, S. 85-98.

POPPEL, Frans van / Jan NELISSEN: Economic opportunities and age of marriage: an analysis of 19th-century micro data for the Netherlands, in: Isabelle DEVOS / Liam KENNEDY (Hg.), Marriage and Rural Economy: Western Europe Since 1400, Turnhout 1999, S. 152-178.

POSSEL-DÖLKEN, Paul: Das westfälische eheliche Güterrecht im 19. Jahrhundert. Ein Beitrag zur Geschichte der preußischen Provinzialgesetzgebung, Münster 1978.

POSTEL-VINAY, Gilles: La guerre et l'argent. L'agriculture et le crédit en France du XVIIIe au debut du XXe siècle, Paris 1997.

POSTEL-VINAY, Gilles / Jean-Marc ROBIN: Eating, working, and saving in an unstable world: consumers in nineteenth-century France, in: Economic History Review 45:3 (1992), S. 494-513.

POULSEN, Bjørn: Rural credit and land market in the Duchy of Schleswig c. 1450-1660, in: Bruno BLONDÉ / Eric VANHAUTE / Michèle GALAND (Hg.), Labour and labour markets between town and countryside (Middle Ages - 19th century), Turnhout 2001, S. 203-217.

PRASS, Reiner / Jürgen SCHLUMBOHM / Gérard BÉAUR / Christophe DUHAMELLE (Hg.): Ländliche Gesellschaften in Deutschland und Frankreich, 18. und 19. Jahrhundert, Göttingen 2003.

KÖNIGLICH PREUßISCHES STATISTISCHES LANDESAMT IN BERLIN (Hg.): Die Ländliche Verschuldung in Preußen (=Preußische Statistik 191), 1905-1908.

PRINZ, Michael (Hg.): Der lange Weg in den Überfluss. Anfänge und Entwicklung der Konsumgesellschaft seit der Vormoderne, Paderborn 2003.

REBEL, Hermann: Peasant Stem Families in Early Modern Austria: Life Plans, Status Tactics, and the Grid of Inheritance, in: Social Science History 2 (1978), S. 255-291.

REDISH, Angela: The Mortgage Market in Upper Canada: Window on a Pioneer Economy, in: Stanley L. ENGERMAN u.a. (Hg.), Finance, Intermediaries and Economic Development, Cambridge 2003, S. 111-131.

REEKERS, Stephanie / Johanna SCHULZ: Die Bevölkerung in den Gemeinden Westfalens, Dortmund 1952.

REIF, Heinz: Westfälischer Adel 1770-1860. Vom Herrschaftsstand zur regionalen Elite, Göttingen 1979.

REITH, Reinhold: Zur sozialen Lage der Handwerksgesellen und Lehrlinge vom späten 18. bis ins frühe 20. Jahrhundert. Sparfähigkeit, Sparmöglichkeiten und Sparmotivationen, in: Zeitschrift für bayerische Sparkassengeschichte, H. 6, 1992, S. 57-82.

RHEINHEIMER, Martin: The Captains' Money: Capital and Credit on the North Frisian Islands of Amrum and Föhr, 1763-1812, in: International Journal of Maritime History 17, 2 (2005), S. 141-165.

RHEINHEIMER, Martin: Das Geld der Kapitäne. Kapital und Kredit auf den Nordfriesischen Inseln Amrum und Föhr im 18. und 19. Jahrhundert, in: Klaus-Joachim LORENZEN-SCHMIDT (Hg.), Geld und Kredit in der Geschichte Norddeutschlands, Neumünster 2006, S. 177-203.

RICHTER, Philipp: Ein Bauernleben. Aus den autobiographischen Aufzeichnungen des westfälischen Bauern Philipp Richter (1815-1890), bearb. u. hg. Helmut MÜLLER, Rheda-Wiedenbrück 1990.

RISTO, Ulrich: Abgaben und Dienste bäuerlicher Betriebe in drei niedersächsischen Vogteien im 18. Jahrhundert, Göttingen 1964.

RIVE, Joseph Christian Hermann: Über das Bauerngüterwesen in den Grafschaften Mark, Recklinghausen, Dortmund und Hohen-Limburg, in dem vorm. Stifte Essen, Herzogthume Cleve (an östlicher Rheinseite) und in den Herrschaften Broich und Wertherbruch, Köln 1824.

ROBISHEAUX, Thomas: Rural Society and the Search for Order in Early Modern Germany, Cambridge 1989.

RODBERTUS-JAGETZOW, Karl: Für den Kredit der Grundbesitzer. Eine Bitte an die Reichsstände, Berlin 1847.

RÖSENER, Werner: Einführung in die Agrargeschichte, Darmstadt 1997.

ROTH, Klaus: Sterbfallinventare eigenbehöriger Bauern aus dem 17. bis 19. Jahrhundert, in: Ad van der WOUDE / Anton SCHUURMAN (Hg.), Probate Inventories. A new source for the historical study of wealth, material culture and agricultural developement [Leeuwenbrorch Conference Wageningen 5-7 May 1980], Utrecht 1980.

ROTHENBERG, Winifred Barr: The Emergence of a Capital Market in Rural Massachusetts, 1730-1838, in: JEH 45 (1985), S. 781-808.

ROUETTE, Susanne: Der traditionale Bauer. Zur Entstehung einer Sozialfigur im Blick westfälisch-preußischer Behörden im 19. Jahrhundert, in: Ruth DÖRNER / Norbert FRANZ / Christine MAYR (Hg.), Lokale Gesellschaften im historischen Vergleich. Europäische Erfahrungen im 19. Jahrhundert, Trier 2001, S. 109-138.

ROUETTE, Susanne: Erbrecht und Besitzweitergabe. Praktiken in der ländlichen Gesellschaft Deutschlands, Diskurse in Politik und Wissenschaft, in: Reiner PRASS u.a. (Hg.), Ländliche Gesellschaften in Deutschland und Frankreich, 18. und 19. Jahrhundert, Göttingen 2003, S. 145-166.
ROUETTE, Susanne: Hofesbande – Bauernfamilien. Verwandtschaft und Besitz im münsterländischen Diestedde im 19. Jahrhundert, in: Stefan BRAKENSIEK / Michael STOLLEIS / Heide WUNDER (Hg.), Generationengerechtigkeit. Normen und Praxis im Erb- und Ehegüterrecht 1500-1850, Berlin 2006, S. 189-215.
RÜFFER, Joachim: Vererbungsstrategien im frühneuzeitlichen Westfalen. Bäuerliche Familien und Mentalitäten in den Anerbengebieten der Hellwegregion, Stuttgart 2008.
SAALFELD, Diedrich: Die Produktion und Intensität der Landwirtschaft in Deutschland und angrenzenden Gebieten um 1800, in: ZAA 15 (1967), S. 137-175.
SABEAN, David Warren: Aspects of kinship behavior and property in rural Western Europe before 1800, in: Jack GOODY / Joan THIRSK / Edward P. THOMPSON (Hg.): Family and inheritance: rural society in Western Europe, 1200-1800, S. 96-111.
SABEAN, David Warren: Property, Production, and Familiy in Neckarhausen, 1700-1870, Cambridge u. a. 1990.
SAKAI, Eihachiro: Der kurhessische Bauer im 19. Jahrhundert und die Grundlastenablösung, Melsungen 1963.
SAUERMANN, Dietmar: Hofidee und bäuerliche Familienverträge in Westfalen, in: Rheinisch-westfälische Zeitschrift für Volkskunde 17 (1970), S. 58-78.
SAUERMANN, Dietmar: Bäuerliche Brautschätze in Westfalen (17.-20. Jh.), in: Rheinisch-westfälische Zeitschrift für Volkskunde 18/19 (1972), S. 103-153.
SAUERMANN, Dietmar: Brautschatzverschreibungen als Quelle für die Veränderungen der bäuerlichen Kultur im 18. Jahrhundert. Das Beispiel Lienen, in: WF 29 (1978/79), S. 199-222.
SAUERMANN, Dietmar: Das Verhältnis von Bauernfamilie und Gesinde in Westfalen, in: Niedersächsisches Jahrbuch für Landesgeschichte 50 (1978), S. 27-44.
SAUERMANN, Dietmar: Knechte und Mägde in Westfalen um 1900, Münster 1979.
SAUERMANN, Dietmar (Hg.): Aus dem Leben eines Heuerlings und Arbeiters. Rudolf Dunkmann berichtet, Münster 1980.
SCHÄFER, Hermann: Die Industriearbeiter. Lage und Lebenslauf im Bezugsfeld von Beruf und Betrieb, in: Hans POHL (Hg.), Sozialgeschichtliche Probleme in der Zeit der Hochindustrialisierung (1870-1914), Paderborn u.a. 1979, S. 143-216.
SCHALDT, Hartmut: Zur Geschichte der Sparkassen in Westfalen und Lippe, in: Wilfried REININGHAUS / Hartmut SCHALDT / Ralf STREMMEL (Bearb.), Handbuch zur Geschichte der westfälisch-lippischen Sparkassen, Bd. 1, hg. v. Stiftung Westfälisches Wirtschaftsarchiv und dem Westfälisch-Lippischen Sparkassen- und Giroverband, Dortmund 1998, S. 9-27.
SCHARPWINKEL, Klaus: Die westfälischen Eigentumsordnungen des 17. und 18. Jahrhunderts, Diss. Jur. Göttingen 1965.
SCHLIEN, Manfred: Familienbuch Löhne. 300 Jahre des Kirchspiels Löhne, Celle / Klein Hehlen 1993.
SCHLIEN, Manfred: Die Familien der Kirchspiele Gohfeld, Löhne und Mennighüffen, 17. bis 19. Jahrhundert, Celle / Klein Hehlen 2001.
SCHLIPF, Johannes Adam: Populäres Handbuch der Landwirthschaft für den praktischen Landwirth nach dem gegenwärtigen Standpunkte der Fortschritte im Acker-, Wiesen- und Weinbau [...], 3. verm. und verb. Aufl., Reutlingen 1847.
SCHLIPF'S POPULÄRES HANDBUCH DER LANDWIRTHSCHAFT, 7. vollst. neu bearb. Aufl., Berlin 1874.
SCHLUMBOHM, Jürgen: Lebensläufe, Familien, Höfe. Die Bauern und Heuerleute des Kirchspiels Belm in proto-industrieller Zeit, 1650-1860, Göttingen 1994.
SCHLUMBOHM, Jürgen (Hg.): Soziale Praxis des Kredits. 16.-20. Jahrhundert, Hannover 2007.

SCHLUMBOHM, Jürgen: Kreditsicherung und Schuldbeziehungen seit dem späten Mittelalter. Ein Kommentar, in: Gabriele B. CLEMENS (Hg.), Schuldenlast und Schuldenwert. Kreditnetzwerke in der europäischen Geschichte 1300-1900, Trier 2008, S. 239-244.

SCHMITT, Günther: Ein bedeutender Agrarökonom ist wieder zu entdecken: Alexander Tschajanow, in: ZAA 36 (1988), S. 185-216.

SCHNEIDER, Karl Heinz: Bäuerliche Aktivitäten während der Bauernbefreiung, in: ZAA 37 (1989), S. 9-27.

SCHOEL, Thomas: Mitten im Leben. 175 Jahre Sparkasse Soest, hg. v. d. Sparkasse Soest, Stuttgart 1999.

SCHOFIELD, Philipp R.: Dearth, Debt and the Local Land Market in a Late Thirteenth-Century Village Community, in: Agricultural History Review 45 (1997), S. 1-17.

SCHOMERUS, Heilwig: Die Arbeiter der Maschinenfabrik Esslingen. Forschungen zur Lage der Arbeiterschaft im 19. Jahrhundert, Stuttgart 1977.

SCHOMERUS, Heilwig: Lebenszyklus und Lebenshaltung in Arbeiterhaushalten des 19. Jahrhunderts, in: Werner CONZE / Ulrich ENGELHARDT (Hg.): Arbeiter im Industrialisierungsprozeß: Herkunft, Lage und Verhalten, Stuttgart 1979, S. 195-200.

SCHÖNE, Manfred: Das Herzogtum Westfalen unter hessen-darmstädtischer Herrschaft 1802-1816, Olpe 1966.

SCHORLEMER-ALST, Burghardt Freiherr von: Die Lage des Bauernstandes in Westfalen und was ihm Noth thut, Münster 1864.

SCHORLEMER-ALST, Burghardt Freiherr von: Die Lage des ländlichen Grundbesitzes in Westfalen, bezüglich Verschuldung und Kreditnoth, wie der Mittel zu deren Abhülfe, Münster 1868.

SCHREINER, Mark: Measuring Savings, in: Savings and Development 29 (2005), S. 21-38.

SCHREMMER, Eckart: Bauernbefreiung in Hohenlohe, Stuttgart 1963.

SCHREMMER, Eckart: Agrareinkommen und Kapitalbildung im 19. Jahrhundert in Südwestdeutschland, in: Jahrbücher für Nationalökonomie und Statistik 176 (1964), S. 196-240.

SCHREMMER, Eckart: Faktoren, die den Fortschritt in der deutschen Landwirtschaft im 19. Jahrhundert bestimmten, in: ZAA 36 (1988), S. 33-77.

SCHUBERT, Ernst: Wucher und Kredit in Bayern vom 18. bis zur Mitte des 19. Jahrhunderts, in: Zeitschrift für bayerische Sparkassengeschichte 8 (1994), S. 21-44.

SCHUETTE, Hermann: Kataster und Grundbuch in Preußen, ihre Verbindung und gegenseitige Berichtigung, 1936.

SCHULZ, Günther: Fabriksparkassen für Arbeiter – Konzeption und Inanspruchnahme einer betrieblichen Institution, in: Zeitschrift für Unternehmensgeschichte 225 (1980), S. 145-178.

SCHULZ, Günther: „Der konnte freilich ganz anders sparen als ich". Untersuchungen zum Sparverhalten industrieller Arbeiter im 19. Jahrhundert, in: Werner CONZE / Ulrich ENGELHARDT (Hg.), Arbeiterexistenz im 19. Jahrhundert. Lebensstandard und Lebensgestaltung deutscher Arbeiter und Handwerker, Stuttgart 1981, S. 487-515.

SCHULTE, Günter: Wormbacher Scheffel, Schmallenberger Scheffel und Korbacher Spint, in: Jahrbuch Hochsauerlandkreis 1997, S. 150-156.

SCHUMANN, P. L.: Erläuterungen zu dem Gesetze betreffend die Ablösung der Reallasten [...] vom 2. März 1850, Berlin 1850.

SCHÜTTE, Leopold: Wörter und Sachen aus Westfalen 800-1800, Münster 2007.

SCHWERZ, Johann Nepomuk von: Beschreibung der Landwirtschaft in Westfalen und Rheinpreussen, 1. Theil, ND d. Ausg. Stuttgart 1836, Münster o.J.

SEIDER, Ulrich: „Welche unß Paar dargestreckht". Die Kirche als Kreditgeberin auf dem Land vom 17. bis zum 20. Jahrhundert, dargestellt am Beispiel der Pfarrei Gottsdorf im unteren Bayerischen Wald, in: Ostbairische Grenzmarken. Passauer Jahrbuch für Geschichte, Kunst und Volkskunde 38 (1996), S. 65-111.

SEIDER, Ulrich: Und ist ihme dargelichen worden. Die Kirche als Geldgeber der ländlichen Bevölkerung vom 17. bis zum 20. Jahrhundert, dargestellt am Beispiel der Pfarrei Gottsdorf im unteren bayerischen Wald, Passau 1996.

SELTER, Bernward: Waldnutzung und ländliche Gesellschaft. Landwirtschaftlicher „Nährwald" und neue Holzökonomie im Sauerland des 18. und 19. Jahrhunderts, Paderborn 1995.

SHEFRIN, Hersh M. / Richard H.THALER: The behavioral life-cycle hypothesis, in: Economic Inquiry 26,4 (1988), S. 609-643.

SIEKMANN, Mechthild: Die Brandversicherung im Hochstift Münster 1768-1805. Entstehung, Arbeitsweise, Quellen, in: WF 31 (1981), S. 154-168.

SMITH, Richard M.: Some issues concerning families and their property in rural England 1250-1800, in: ders. (Hg.), Land, Kinship and Life Cycle, Cambridge 1984.

SPITTLER, Gerd: Tschajanow und die Theorie der Familienwirtschaft, in: Alexander Tschajanow. Die Lehre von der bäuerlichen Wirtschaft. Versuch einer Theorie der Familienwirtschaft im Landbau, Frankfurt a. M. / New York 1987, S. VII-XVIII.

SPOHN, Thomas: Novationen des ländlichen Hausbaus im Großraum Dortmund während des 19. Jahrhunderts, in: ARBEITSKREIS FÜR HAUSFORSCHUNG 1999, S. 91-115.

SPRENGEL, Wilhelm (Hg.): Die Ablösungs-Gesetze des Preußischen Staats vom 2. und 11. März 1850, Magdeburg 1852.

STEINER, André: Von der Eigenfertigung zum Markterwerb der Kleidung. Ein Beitrag zur Kommerzialisierung des Wirtschaftens privater Haushalte in Deutschland im langen 19. Jahrhundert, in: Michael PRINZ (Hg.), Der lange Weg in den Überfluss. Anfänge und Entwicklung der Konsumgesellschaft seit der Vormoderne, Paderborn 2003, S. 255-271.

STERNKIKER, Edwin: Bäuerliche Ablösungsgelder, ihrer Empfänger und Verwendungsarten in Preußen nach 1850, in: JWG 1986/3, S. 71-89.

STERNKIKER, Edwin: Die Rentenbanken in Preußen. Zu ihrer Geschichte, Organisation und Rolle im Prozess der kapitalistischen Bauernbefreiung, Diss. Uni Rostock 1987.

STIEWE, Heinrich: Historische Bauakten und Feuerversicherungsanträge aus dem Sauerland. Möglichkeiten einer EDV-gestützten Auswertung von Massenquellen zur Baugeschichte des 19. und frühen 20. Jahrhunderts – ein Vorbericht, in: ARBEITSKREIS FÜR HAUSFORSCHUNG 1999, S. 75-90.

STRUNZ-HAPPE, Anne: Wandel der Agrarverfassung. Die „Bauernbefreiung" im ehemaligen Hochstift Paderborn im 19. Jahrhundert, Paderborn 2003.

STURM, Beate: „Borg macht Sorg". Schuldkonflikte im frühneuzeitlichen Hannover, in: Jürgen SCHLUMBOHM (Hg.), Soziale Praxis des Kredits. 16.-20. Jahrhundert, Hannover 2007, S. 53-79.

STURM, Beate: „wat ich schuldig war". Privatkredit im frühneuzeitlichen Hannover (1550-1750), Stuttgart 2009.

SUNDSTROM, William A. / Paul A. DAVID: Old-Age Security Motives, Labor Markets, and Farm Family Fertility in Antebellum America, in: Explorations in Economic History 25 (1988), S. 164-197.

SUTCH, Richard: All Things Reconsidered: The Life-Cycle Perspective and the Third Task of Economic History, in: JEH 51 (1991), S. 271-288.

SVENSSON, Patrick: Agrara entreprenör. Böndernas roll i omvandlingen av jordbruket i Skåne ca 1800-1870, Stockholm 2001.

SVENSSON, Patrick: Peasants and Entrepreneurship in the Nineteenth-Century Agricultural Transformation of Sweden, in: Social Science History 30 (2006), S. 387-429.

TEUTEBERG, Hans-Jürgen: Der Einfluß der Agrarreformen auf die Betriebsorganisation und Produktion der bäuerlichen Wirtschaft Westfalens im 19. Jahrhundert, in: Fritz BLAICH (Hg.), Entwicklungsprobleme eine Region: Das Beispiel Rheinland und Westfalen im 19. Jahrhundert, Berlin 1981, S. 167-276.

TEUTEBERG, Hans-Jürgen (Hg.): Westfalens Wirtschaft am Beginn des „Maschinenzeitalters", Dortmund 1988.

TEUTEBERG, Hans-Jürgen: Agrarhistorische Forschungen in Westfalen im 19. und 20. Jahrhundert: Entwicklung, Quellen und Aufgaben, in: WF 40 (1990), S. 1-44.

THOMES, Paul: Zwischen Pump und Sparen – Unterschichtenhaushalte in der Industrialisierung, in: Toni PIERENKEMPER (Hg.), Zur Ökonomik des privaten Haushalts. Haushaltsrechnungen als Quellen historischer Wirtschafts- und Sozialforschung, Frankfurt u.a. 1991, S. 240-252.

THOMES, Paul: Die Diffusion der Sparkassen in Preußen, in: Manfred PIX / Hans POHL (Hg.), Invention – Innovation – Diffusion. Die Entwicklung des Spar- und Sparkassengedankens in Europa, Stuttgart 1992, S. 187-205.

THOMES, Paul: Das Kapital der Weiblichkeit. Die Kundinnen der Kreissparkasse St. Wendel (1859-1867), in: Harald WIXFORTH (Hg.), Sparkassen in Mitteleuropa im 19. und 20. Jahrhundert, Wien 1998, S. 141-157.

THORNER, Daniel: Chayanov's concept of peasant economy, (Homewood, Illinois: Irwin 1966, in: Chayanov, Alexander V.: The theory of peasant economy, Homewood (Illinois) 1966, S. xi-xxiii.

TIEKE, Klaus: Wirtschaftliche und soziale Strukturen im Raum Löhne (1850-1918), in: HEIMATVEREIN LÖHNE UND STADT LÖHNE (Hg.), 1000 Jahre Löhne. Beiträge zur Orts- und Stadtgeschichte, 2. verb. Aufl., Löhne 1993.

TILLY, Richard H.: Die Industrialisierung des Ruhrgebiets und das Problem der Kapitalmobilisierung, Dortmund 1969.

TOCH, Michael: Geldleiher und sonst nichts? Zur wirtschaftlichen Tätigkeit der Juden im deutschen Sprachraum des Spätmittelalters, in: Tel Aviver Jahrbuch für deutsche Geschichte 22 (1993), S. 117-126.

TREIBER, Angela: Bäuerliche Altenfürsorge in Franken, Würzburg 1988.

TRENDE, Adolf: Geschichte der deutschen Sparkassen bis zum Anfang des 20. Jahrhunderts, Stuttgart 1957.

TROßBACH, Werner: Bauern 1648-1806, München 1993.

TROßBACH, Werner: Historische Anthropologie und frühneuzeitliche Agrargeschichte deutscher Territorien. Anmerkungen zur Gegenständen und Methoden, in: Historische Anthropologie 5 (1997), S. 187-211.

TROßBACH, Werner: Beharrung und Wandel „als Argument". Bauern in der Agrargesellschaft des 18. Jahrhunderts, in: ders. / Clemens ZIMMERMANN (Hg.), Agrargeschichte. Positionen und Perspektiven, Stuttgart 1998, S. 107-136.

TROßBACH, Werner / ZIMMERMANN, Clemens (Hg.): Agrargeschichte. Positionen und Perspektiven, Stuttgart 1998.

TSCHAJANOW (Cajanov), Alexander V.: Die Lehre von der bäuerlichen Wirtschaft. Versuch einer Theorie der Familienwirtschaft im Landbau [1923], ND d. Ausgabe Berlin 1923, Frankfurt 1987.

VAN DER WEE, Herman: Forschungen zur Geschichte des privaten Kredits. Ein methodologischer Überblick, in: Michael NORTH (Hg.), Kredit im spätmittelalterlichen und frühneuzeitlichen Europa, Köln / Wien 1991, S. 215-219.

VEREIN FÜR SOCIALPOLITIK (Hg.): Der Wucher auf dem Lande. Berichte und Gutachten, Leipzig 1887.

VIAZZO, Paolo / Katherine A.LYNCH: Anthropology, Family History and the Concept of Strategy, in: International Review of Social History 47 (2002), S. 423-452.

WALDECK, Benedikt F.: Über das bäuerliche Erbfolgegesetz für die Provinz Westphalen, Arnsberg 1841.

WEBER, Andreas Otto: Empirie in der Sparkassengeschichtsforschung: Sparkassenentwicklung und regionale Wirtschafts- und Bevölkerungsstrukturen am Beispiel Mittelfrankens im 19. Jahrhundert, in: Wilfried FELDENKIRCHEN / Ingo KRÜGER (Hg.), Standortbestimmung Sparkassengeschichte. Festschrift für Manfred Pix, Stuttgart 2000, S. 85-100.

WEBER, Friedrich: „Äs dai oine unnerchenk, was dai annere all wuier do." Menschen und Familien auf einem mittleren Hof in der Soester Niederbörde, Welver 1994.

WELTER, Anton Karl: Theoretisch-praktisches Handbuch über das eheliche Güterrecht in Westfalen... nach den alten Provinzialgesetzen, Statuten und Gewohnheiten und nach dem Gesetz vom 16. April 1860, 2. Ausg., Paderborn 1883.

GEMEINDE WESTFELD (Hg.): 925 Jahre Westfeld im Wandel der Zeiten 1072-1997, o.O. 1997.

WETHERELL, Charles / Andrejs PLAKANS: Intergenerational Transfers of Headships Over the Life Course in an Eastern European Peasant Community, 1782-1850, in: The History of the Family 3 (1998), S. 333-349.

WEYERMANN, Moritz Rudolf: Zur Geschichte des Immobiliarwesens in Preussen mit besonderer Nutzanwendung auf die Theorie der Bodenverschuldung, Karlsruhe 1910.

WIGAND, Paul: Die Provinzialrechte des Fürstentums Minden, der Grafschaften Ravensberg [...], Leipzig 1834.

WINKEL, Harald: Die Ablösung der Grundlasten im Herzogtum Nassau im 19. Jahrhundert, in: VSWG 52 (1965), S. 42-62.

WINKEL, Harald: Die Ablösungskapitalien aus der Bauernbefreiung in West- und Süddeutschland. Höhe und Verwendung bei Standes- und Grundherren, Stuttgart 1968.

WINKEL, Harald: Kapitalbildung im ländlichen Raum, in: Zeitschrift für bayerische Sparkassengeschichte 11 (1997), S. 45-56.

WINKELMANN: Die gegenwärtigen bäuerlichen Verhältnisse in der Provinz Westfalen, in: VEREIN FÜR SOCIALPOLITIK (Hg.), Bäuerliche Zustände in Deutschland, Bd. 2, Leipzig 1883, S. 1-24.

WISCHERMANN, Clemens: Hungerkrisen im vormärzlichen Westfalen, in: Kurt DÜWELL / Wolfgang KÖLLMANN (Hg.), Rheinland-Westfalen im Industriezeitalter, Bd. 1, Wuppertal 1983, S. 126-146.

WISCHERMANN, Clemens: Preußischer Staat und westfälische Unternehmer zwischen Spätmerkantilismus und Liberalismus, Köln 1992.

WISCHERMANN, Clemens / NIEBERDING, Anne: Die institutionelle Revolution. Eine Einführung in die deutsche Wirtschaftsgeschichte des 19. und frühen 20. Jahrhunderts, Stuttgart 2004.

WITZIG, Hartmut: Die Rechtsverhältnisse der Bauern in der Soester Börde vom 14 bis zum 18. Jahrhundert, Göttingen 1967.

WIXFORTH, Harald (Hg.): Sparkassen in Mitteleuropa im 19. und 20. Jahrhundert, Wien 1998.

WRASMANN, Adolf: Das Heuerlingswesen im Fürstentum Osnabrück, Teil 1 und 2, in: Mitteilungen des Vereins für Geschichte und Landeskunde von Osnabrück 42 (1919), S. 53-171, und 44 (1921), S. 1-154.

WRIGLEY, Edward Anthony: Some Reflections on Corn yields and Prices in Pre-industrial Economies, in: ders., People, Cities and Wealth. The Transformation of Traditional Society, Oxford 1987, 92-130.

WRIGLEY, Edward Anthony / Roger S. SCHOFIELD: The population history of England 1541-1871: a reconstruction, Cambridge 1993.

WUNDER, Heide: Agriculture and Agrarian Society, in: Sheilagh C. OGILVIE (Hg.), Germany. A New Social and Economic History, Bd. 2: 1630-1800, London u. a. 1996, S. 63-99.

WUNDER, Heide: Finance in the "Economy of Old Europe": The Example of Peasant Credit from the Late Middle Ages to the Thirty Years War [erstmals 1987], in: dies., Der andere Blick auf die Frühe Neuzeit. Forschungen 1974-1995, Königstein / Taunus 1999, S. 77-103.

WYSOCKI, Josef: Kapitalbildungsprozesse ländlicher Regionen Bayerns im 19. Jahrhundert, in: ZAA 24 (1976), S. 202-213.

WYSOCKI, Josef: Untersuchungen zur Wirtschafts- und Sozialgeschichte der deutschen Sparkassen im 19. Jahrhundert, Stuttgart 1980.

ZEITLHOFER, Hermann: Besitztransfer und sozialer Wandel in einer ländlichen Gesellschaft der Frühen Neuzeit. Das Beispiel der südböhmischen Pfarre Kaplicky, 1640-1840, MS, Diss. Wien 2001.

ZEITLHOFER, Hermann: Arbeit und Alter in ländlichen Gesellschaften der Frühen Neuzeit. Die Erwerbstätigkeit im Alter zwischen eigenem Besitz und den Zwängen einer „Ökonomie des Auskommens", in: JWG 2008/1, S. 31-54.

ZIMMERMANN, Clemens: Ländliche Gesellschaft und Agrarwirtschaft im 19. und 20. Jahrhundert. Transformationsprozesse als Thema der Agrargeschichte, in: Werner TROßBACH / Clemens ZIMMERMANN (Hg.), Agrargeschichte. Positionen und Perspektiven, Stuttgart 1998, S. 136-163.

FSC
www.fsc.org
MIX
Papier | Fördert gute Waldnutzung
FSC® C083411

Kolibri 360 GmbH
Ferdinand-Jühlke-Straße 7
99095 Erfurt, Deutschland
produktsicherheit@kolibri360.de